남북한관계론

제성호 지음

집문당

머 리 말

한반도에 살고 있는 우리는 '분단'과 '통일'에 대해 마땅히 관심을 가져야 한다. 필자는 오래전부터 이렇게 생각해 왔다.

그 이유는 우리가 분단의 시대를 살고 있기 때문이다. 우리가 통일된 나라에서 태어나 살고 있다면, 굳이 분단과 통일을 생각할 필요가 없을 것이다. 하지만 현 시기의 분단이 7천5백만 겨레의 삶을 심대하게 제약하고 있는 것이 엄연한 현실이다. 그러기에 한반도의 남쪽에 터잡아 살아가고 있는 우리가 우리의 삶과 직결되어 있는 외적 환경 중 가장 중요한 요소로 작용하는 분단에 무관심할 수는 없는 일이다. 곧, 분단에 제3자적 내지 방관자적 위치에 있을 수 없는 것이다.

고향을 지척에 두고도 마음대로 가보지 못하는 이산가족의 아픔과 애환은 분단으로 인한 인간적 고통을 극명하게 말해주는 대표적인 사례다. 분단은 비단 이산가족들에게만 고통과 희생을 강요하는 것은 아니다. 많은 군사비 지출로 인해 국민복지 향상에 투입할 충분한 재원 마련에 어려움을 가져온다. 반면 남북한 간의 정치군사적 대결은 민족역량의 낭비를 초래하고 있다. 이런 점에서 우리 모두가 분단의 멍에를 지고 살아가는 피해자라고 해도 과언은 아닐 것이다.

당연한 이야기지만, 분단은 통일에 의해 극복될 수 있다. 두말할 것도 없이 통일은 자주적이고 민주적이며 평화적인 방법에 이루어져야 한다. 자주, 민주, 평화의 방법이 모두 중요하지만, 특히 평화통일에 방점을 찍을 수밖에 없다. 베트남식 무력통일은 민족의 재난을 가져올 뿐이기 때문이다.

그런데 한반도의 현상형태를 보면, 분단된 지 60년이 훌쩍 넘어가도 남북한이 하나의 나라로 통일될 기미를 보이지 않고 있다. 오히려 제2의 북핵 위기의 대두, 서해상에서의 무력충돌 등 정치·군사적 대결이 격화되고 있다. 하지만 크게 그리고 멀리 보면, 반만년의 우리 민족사에 있어 분열과 나누어짐은 일시적인 현상이었고, 예외적인 것이었음을 알 수 있다. 우리 민족 내부에는 통합의 의지와 열기가 샘솟고 있음을 간과해서는 안 된다. 그러기에 우리는 이 같은 한반도 위기를 슬기롭게 대처하여, 앞으로도 평화적 통일의 대장정을 계속 이어 나가야 할 것이다.

분단의 극복을 의미하는 통일은 '분단의 평화적 관리,' 특히 예상치 않은 시기에 터져 나오는 각종의 '위기관리'에 의해서 가능하다고 볼 수 있다. 따라서 우리는 대북정책의 주안점을 남북한관계의 안정적 관리에 두어야 한다. 상호 관계의 안정성은 서로 간에 신뢰를 싹트게 만들고 이를 공고하게 하는 토대가 되기 때문이다. 다시 말하면 분단의 안정적 관리는 평화적 통일의 기반이 되는 것이다. 더불어 대북정책은 분단의 안정적 관리에 그쳐서는 안 되며, 통일에 이바지하는 통일지향적인 것이 되어야 한다. 분단고착적인 대북정책은 비정상적인 상황인 분단과 그로 인한 고통을 지속케 하는 것이 되기 때문이다. 우리는 민족의 생명을 살리는 방향으로, 또한 많은 사람들이 자유와 인권을 향유하는 방향으로 정책을 펴 나가야 한다. 대북·통일정책을 수립하고 추진하는 정책결정자들은 이 점을 항시 명심해야 한다.

평소부터 필자는 남북한관계의 이론과 현실, 그리고 정책을 아우르는 체계적인 연구서(특히 교과서)를 저술하고 싶은 욕구를 갖고 있었다. 하지만 학문의 일천함과 시간 부족으로 이를 현실화시키지 못하였다. 그런데 중앙대 법학전문대학원에서 「남북한관계론」 강의가 개설되게 됨에 따라 이 강의를 위한 교과서의 집필 수요가 생겨났다. 이에 지난 20여 년 동안의 연구성과를 총정리하고 싶은 마음에서 『남북한관계론』을 집필하기 시작했다. 그 결과가 이 한 권의 책으로 농축되게 되었다.

물론 부족한 점이 적지 않지만, 그럼에도 이 책을 감히 발간하려고 한다. 그것은 일단 세상에 내놓고 난 다음, 독자제현의 질정(叱正)을 받아 앞으로도 계속 수정해 나가면 될 것이라는 생각 때문이었다.

이 책이 빛을 보기까지에는 중앙대학교 법학전문대학원의 장재옥 원장, 이성덕 부원장, 집문당의 임경환 사장님과 출판 관계자들을 비롯해서 많은 분들의 도움이 있었다. 여기서 그 이름을 다 열거하지는 못하지만, 그간 필자에게 여러 가지 모양과 형식으로 도움을 주신 모든 분들에게 감사의 뜻을 전하고자 한다. 끝으로 이 조그만 연구결과를 지난 60여 년 동안 남북분단의 고통을 다소나마 줄이고 '올바른 통일'을 위해 분투, 노력하신 분들에게 바치고자 한다.

2010년 1월
중앙대학교 연구실에서
저자 제성호

차 례

제 1 장

서 론

제1장 서 론

남북한은 일제 식민통치로부터 해방된 이래 지금까지 분단 상황을 유지해 오고 있다. 그렇지만 남북한은 이 같은 상황을 비정상적인 것으로 인식하고, 분단을 타파하고 민족의 재통일을 이룩하기 위한 노력을 꾸준히 전개해 왔다. 물론 그러한 노력이 냉전시기에는 대단히 미약했던 점을 부인할 수 없다. 남북한이 6·25라는 민족적 비극을 겪은 터라 상호간의 불신이 매우 깊었기 때문에 이는 어느 정도 불가피한 일이었다.

하지만 1980년대 후반 이래 탈냉전과 탈이념의 세계사적 조류가 밀어닥치면서 한반도에도 새로운 기운이 일어나기 시작했다. 그 구체적인 형태는 남북고위급회담이라는 형태로 나타났다. 6차례에 걸쳐 남북고위급회담이 열린 결과 1992년 2월 19일 「남북기본합의서」(정식 명칭은 「남북 사이의 화해와 불가침 및 교류·협력에 관한 합의서」)가 발효하였고, 이후 이에 따라 여러 가지 부속합의서들이 채택되었다. 그러나 남북한 간의 뿌리 깊은 불신과 대결의 관성으로 인해 남북 화해의 꽃을 피울 수는 없었다.

남북관계는 90년대 말까지 소강상태에 있다가 2000년 6월 역사적인 남북정상회담 개최 이후 새로운 시대를 맞이하게 되었다. 남북정상회담의 결과 6·15 남북공동선언이 채택됨으로 인하여 한때 남북한 간에 화해·협력의 분위기가 조성되었던 것이다. 이러한 분위기에 따라 다양한 형태의 남북대화가 동시다발적으로 개최되는 한편, 이산가족문제 해결, 경의선철도 연결 추진, 개성공단 건설, 사회·문화분야의 남북공동행사 거행 등 다방면의 남북교류협력이 실시되기도 하였다. 2007년 10월 평양에서 열린 2차 남북정상회담의 결과 「남북관계 발전과 평화번영을 위한 선언」(약칭 10·4 정상선언)이 채택된 것도 남북 화해·협력의 무드에 편승했기 때문에 가능했다고 할 것이다(다만, 6·15 공동선언과 10·4 남북정상선언에 대한 평가는 대북정책의 국내정치적 이용 여부를 둘러싸고 극과 극으로 갈려 있다. 때문에 좌우대립, 이념대결의 대상이 되고 있는 것이 작금의 현실이다).

어쨌든 북한이 2차례의 남북정상회담과 남북화해·협력에 호응해 온 것은 극심한 식량난과 경제난을 타개하기 위한 고육지책(苦肉之策)이었다는 것이 전문가들의 일반적인 시각이다. 주지하는 바와 같이 1990년대 말까지 북한은 대미관계 개선을 통한 체제생존을 모색했었다. 그러나 북·미 간의 관계 개선이 여의치 않자, 남북관계 개선을 통해 침체된 북한경제에 활력을 불어넣기 위한 방안을 강구하기 시작했다. 금강산 관광사업의 개시는 이런 배경에서 성사됐던 것이다. 북한이 자체의 노력만으로 당면한 경제난을 해결할 수 없는 한, 생존전략 차원에서 남북관계의 끈을 계속 이어갈 수밖에 없을 것이다.

작금 국제사회의 거듭되는 경고와 반대에도 불구하고 북한이 감행한 로켓 발사(2009.4.5)나 2차 북한 핵실험(2009.5.25), 그리고 장·단거리 미사일 발사 등으로 남북관계에 암운이 드리워져 있다. 무엇보다도 북한의 강력한 핵무기 개발(핵보유국 지위 확보) 의지는 한반도 평화와 민족의 생존·번영을 위협하고 있다. 북한이 근본적인 개혁·개방, 인권개선과 민주화의 길로 접어들지 않는 한, 앞으로도 이와 같은 돌출행위(혹은 규범 일탈행위)는 간헐적으로 되풀이될 가능성이 높다. 그러한 돌출행위는 북한체제의 폐쇄성과 경직성에서 비롯되는 것들이기 때문이다.

하지만 북한이 핵보유국이 되려 하는 한, 권력승계 위기(김정일 건강이상설과 관련이 있다), 경제난, 외교적 고립 등 3대 위기의 극복은 지난(至難)한 일이다. 핵무기 개발은 오히려 북한의 발전과 반영을 지체하게 만들 것이고, 궁극적으로 체제의 존립마저 위태롭게 할 것이다. 북한이 체제 유지를 위해서 전략적인 결단을 요청받는 시기가 조만간 도래할 것으로 내다보인다.

미시적으로 보면 이후에도 약간의 우여곡절이 있겠지만, 장기적인 시각에서 볼 때 남북관계 발전과 통일을 향한 민족적 노력은 이제 돌이킬 수 없는 역사적 대세를 이루고 있는 것이 엄연한 사실이다. 민족의 현안은 결국 남북한이 대화와 협상을 통해 해결할 수밖에 없기 때문이다. 남과 북이 으르렁거린다고 해서 해결되는 것이 하나라도 있는가. 이 점을 남북한의 최고당국자들도 잘 알고 있다.

사실 지난 시기의 남북관계를 돌이켜 보면, 하나의 사이클을 그려왔다고 할 수 있다. 순풍과도 같이 화해의 기류가 우세한 적이 있었는가 하면, 대결의 기류가 남북관계를 꽉 막힌 형국으로 몰아넣은 적도 있었다. 그래서 항상 낙관만 할 수도 없고, 또 언제나 비관만 할 필요도 없는 것이 남북관계였던 것이다.

이런 시각에서 보면, 작금 북한 핵문제가 남북관계 개선의 발목을 잡고 있지만, 결국 대화와 협상을 통한 평화적인 해결로 가닥을 잡을 것이다. 그럴 경우 남북기본합의서, 6·15 남북공동선언, 10·4 정상선언 등의 이행을 비롯해서 남북 화해·협력이 정상궤도로 재진입할 것이며, 민족에 의한 평화통일의 대장정은 다시 계속될 것이다. 이와 같은 민족사적 흐름이 한반도 상황을 규정하는 대세로 자리 잡을 때, 분단의 구조화를 의미하는 정전체제는 점차 평화체제로 대체될 것이다. 나아가 공고한 평화체제는 남북통일을 준비하는 체제로 이행하게 될 것이다. 다시 말하면 남북관계는 화해·협력단계(또는 6·15 공동선언/남북기본합의서 실천단계) → 남북연합단계 → 통일국가단계로 진행, 발전되어 나갈 것이다.

당면하게는 남북 화해·협력이 법적인 토대 위에서 실천되어야 안정성과 지속성을 가질 수 있다. 그런 점에서 남북교류·협력의 폭과 범위가 확대·발전할수록 남북관계는 지금보다 더욱 내실화되고 법적인 규율을 받게 될 것이다. 아니 남북 화해·협력뿐만 아니라, 남북한의 두 체제통합을 이룩하게 될 통일문제라는 것이 바로 법적인 문제라고 할 수 있다. 법적·제도적인 뒷받침이 없이는 통일의 과정과 절차가 진행될 수 없다고 해도 과언은 아닐 것이다. 많은 사람들이 동서독의 통일이 '법적 통일'로써 완성됐다고 이야기할 만큼, 양 독일의 통일은 국제법과 국내법의 지원하에 착실하게 진행되었던 사실을 우리는 기억할 필요가 있다. 같은 분단국인 남북한의 통일도 마찬가지이다.

이 같은 점을 고려하여 본서에서는 분단국 내부에서 존재하는 남북한관계의 성격(분단국 개념과 남북한 특수관계론)을 고찰하고, 이어 남북한관계를 규정하는 여러 요소를 체계적으로 살펴보기로 한다. 아울러 현행의 남북한관계와 통일과정에서 법적·정치적 및 정책적으로 문제가 되는 중요한 사안(한국의 통일정책 변천, 북한의 대남전략 현주소, 남북한의 통일방안, 남북대화의 전개와 남북합의서 채택, 대북·통일정책의 주요과제 등)들을 체계적으로 분석·고찰함으로써 남북관계 발전과 민족통일에 대한 이해를 돕기로 한다.

제 2 장

남북한관계의 법적 성격

제 2 장　남북한관계의 법적 성격

제1절　분단국 및 통일의 개념

1. 분단국의 개념

우리가 통일을 논하는 것은 대한민국이 분단국이기 때문이다. 이와 관련해서 아직까지 분단국의 개념 및 징표에 관하여 확립된 국제법원칙이나 누구나 동의하는 객관적인 기준이 존재하는 것은 아니다. 그래서 분단국 연구 혹은 남북한의 통일문제 연구는 왕왕 한계에 봉착하는 경우가 적지 않다.

분단국의 개념과 특성을 국제법적으로 잘 정리한 학자는 이미 고인이 된 석암 배재식 교수라고 할 수 있다. 그에 의하면, 분단국의 문제는 본래 하나의 정당(합법)정부에 의하여 대표되는 1국의 형태로 존재해야 할 것이 외견상 두 개의 국가형태로 나타나고 있을 경우에 존재한다.[1)]

과거의 동서독과 남북예멘, 그리고 현재의 남북한과 같은 분단국들은 대체로 다음과 같은 특징을 지니고 있다.

첫째, 동일한 영역 내에 실효적 정치권력을 행사하고 있는 두 개의 대립한 '정치조직'이 확립되어 있다.

둘째, 각 정치조직은 제3국과의 외교관계를 설정·유지하는 각기의 조직을 갖추고 있다.

셋째, 각 정치조직은 각기 자기 노선의 국가적 통일을 추구하면서 주관적으로는 1국가(다른 말로 하면, 총괄국가 또는 독일통일 이전 서독학자들이 주장한 이른바 Reichsdach, 즉 지붕에 비유되는 '전체국가'(Gesamtstaat))로 존재한다는 입장을 취하고 있다.

---

1) 배재식, "남북한의 법적 관계," 『국제법학회논총』, 제21권 1·2호(1976.12), pp. 234-235.

넷째, 대립하고 있는 양 당사자는 대체로 세력균형관계에 의하여 일단 안정된 상태를 유지하고 있다.

다섯째, 국제사회의 현상형태(객관)로는 별개의 국가로 보이면서도 당사자의 주관으로는 단일의 국가성(國家性)을 유지하고 있다. 이와 같은 현상은 특히 양자가 공히 제3국에 의하여 동시에 국가로서 승인된 경우에 두드러지게 나타난다.

여섯째, 전체국가를 대표할 수 있는 정통성(正統性)은 당사자의 주관이 아니라 현실로 유엔과 같은 국제기구와 개별국가의 승인에 의하여 인정된다는 점에서 기본적인 제약성을 안고 있다.

일곱째, 어느 일방(또는 쌍방)이 별개의 국가로 독립할 가능성과 타방에 통합(통합의 방법에는 무력에 의한 통일, 일방의 붕괴에 의한 타방의 흡수통일, 쌍방의 합의에 의한 통일 등 다양한 방법이 있다)될 가능성을 함께 가지고 있다.

여덟째, 지금까지 어느 일방만을 승인하고 있던 제3국이 쌍방을 동시에 승인할 가능성, 또한 양자가 별개의 단위로서 국제기구, 특히 유엔에 가입할 가능성이 존재한다.[2)]

이와 같은 개념적 징표를 활용할 경우, 우리는 분단국이란 "국제사회에서는 현실적으로(제3자들이 보기에 혹은 객관적으로는) 두 개의 국가로 존재(사실상의 2국가론)하지만, 주관적으로는 분단 당사자들이 서로 '하나의 국가'(1국가론)라고 주장하는 한편, 자기체제의 정통성을 강조함으로써 치열한 체제경쟁을 하는 가운데 자기중심의 통일을 추구하는 특수한 형태의 국가"를 말한다고 정의할 수 있다.[3)]

2. 통일의 법적 개념

옐리네크의 주장에 의하면, 국가는 국민·영토·주권의 3요소로 이루어진다. 대한민국의 영토는 전 한반도라는 점이 헌법 제3조에 천명되어 있으므로 북한주민은 헌법(국내법)상 대한민국 국민으로 간주된다. 즉 헌법규범상으로는 (실제와는 달리) 영토와 국민이 분열되어 있지 않고 통일돼 있는 것이다. 문제는 주권 내지 주권적 의사이다. 현실적으로

---

2) 위의 논문, pp. 234-235; 배재식, "남·북한의 UN가입과 법적 문제," 『한국통일정책연구논총』, 제2권(1993), pp. 12-14; 배재식·백충현, 『남북공동성명과 북한의 법적 지위』, 국토통일원 용역연구보고서(1972.12), pp. 6-7.

3) 제성호, "석암 배재식 선생의 학문세계－통일문제를 중심으로－," 『서울국제법연구』, 제11권 2호(2004), p. 35. 이와 관련, 小谷鶴次는 분단국을 "제2차 대전 후에 있어서 종래의 국가 또는 새로이 독립한 국가의 내부에 두 개의 정부가 대립하여 각각 그 정부를 근간으로 하는 국가를 유지 또는 수립하려 하여 비교적 장기간에 걸쳐 분열상태를 지속하고 있는 것"이라고 정의하고 있다. 小谷鶴次, "分裂國と國際法の適用," 『國際法外交雜誌』, 第71券 2號(1972), p. 4.

주권 내지 주권적 의사는 분열되어 남과 북의 두 개 정권에 의해 행사되고 있는바, 통일은 바로 이와 같은 주권적 의사의 통합을 의미한다. 달리 말하면 통일은 곧 남북한에 현존하는 2개 정권(또한 각각의 정권이 발포하는 법질서)의 통일을 의미하는 것이며, 이는 정치학적으로 표현하면 2개 정치권력의 통합을 가리킨다.

남과 북의 정치권력이 통합되면, 대한민국이 현재 제대로 행사하지 못하고 있는 북한지역과 북한주민에 대한 통치권(관할권)을 회복하게 된다. 그런 점에서 통일의 실질은 '국민'의 통일(인적 개념)이나 '영토'의 통일(공간적 개념)이 아니다. 그것은 곧 분열된 주권행사의 통일이요, 2개 정부의 통일이요, 분열된 정치권력의 통합을 말한다. 즉 2개의 정권이 1개의 정권으로 통합(단일화)되기 위해서는 어떤 형태로든 하나의 정권이 법적으로 정리(소멸)되어야 한다. 그것은 남북한의 정치 지도자들의 기득권 포기를 전제로 한다.[4)]

민족통일이니 생활권의 통일이니 하는 개념은 통일에 있어서 민족통합 내지 사회적 통합의 중요성을 강조한다는 점에서 그 효용성을 인정할 수는 있다. 하지만 이는 통일의 실체를 흐리게 하거나 제대로 설명하지 못할 위험이 있다. 따라서 우리가 이야기하는 통일은 국가인 대한민국과 국가유사단체인 북한의 통일로서 적어도 법적으로는 '국가통일'이라고 말하는 것이 보다 정확한 지적이라고 할 것이다.[5)]

한편 분단국으로서의 특성을 지닌 한국의 평화적 통일문제는 안으로는 국내문제인 동시에 밖으로는 국제문제로서의 양면성·이중성을 갖는다. 남북한의 '특수한 이원적 관계(二元的 關係)'에는 국내법과 국제법이 이원적으로 타당할 수 있고, 거기에는 양법체계가 조화되지 않는 모순적 현상이 일어날 수 있다.[6)] 여기서 이른바 '남북한 특수관계론'의 이론적 단초가 제공된다고 할 것이다.

3. 분단국 사례

전술한 바와 같이 분단국은 하나이어야 할 것이 둘로 나누어져 있을 때 존재하는 특수한 형태의 국가이다.[7)] 현대에 들어와 지금까지 분단국의 경험을 가진 나라로는 ① 남북

4) 제성호, "헌법상 통일관련 조항의 개폐문제,"『통일연구논총』(민족통일연구원), 창간호(1992), pp. 268-269.

5) 고 배재식 교수는 기회 있을 때마다 분단국인 남북한의 통일의 실질은 민족통일이 아니라 '국가통일'이라고 힘주어 강조했었다. 제성호, "석암 배재식 선생의 학문세계－통일문제를 중심으로－," pp. 36-37.

6) 배재식, "남북한의 법적 관계," p. 232.

7) 분단국의 원인과 과정, 분단국이 안고 있던 문제, 분단국의 통일과정과 교훈 등에 대해서는 김철수·김지운,『분단국의 문제』, 삼성문화문고 20(서울: 삼성문화재단, 1972); 김국신·김도태·여인

한(남한=대한민국, 북한=조선민주주의인민공화국), ② 동서독(서독=독일연방공화국, 동독=독일민주공화국), ③ 남북예멘(남예멘=예멘인민공화국, 북예멘=예멘아랍공화국), ④ 남북 베트남(월남=베트남공화국, 월맹=베트남민주공화국) 등이 있다. 이들 중 남북예멘은 1990년 5월 22일 통일을 이룩하였고,[8] 동서독은 1990년 10월 3일 평화적인 방법에 의해 각각 통일을 이룩하였다.[9] 베트남은 1975년 4월 30일 월맹에 의한 월남 공산화 방식에 의해 무력통일을 실현하였다.[10] 지금까지 분단국으로 남아 있는 것은 남북한뿐이다.

한편 엄밀히 말하면 분단국은 아니지만, 분단국과 유사한 사례로 중·대만이 있다. 현재 중국은 「하나의 중국」 정책(One China Policy)을 견지함으로써 대만을 국가로 인정하지 않고 있다. 이 같은 정책과 원칙이 유엔 등 국제사회 일반에 널리 수락되고 있다. 이에 따라 공식적으로 중·대만은 분단국이 아닌 것으로 취급되고 있다. 중국에서는 중·대만 관계(양안관계)를 '내란의 미종결' 상태 혹은 '혁명(해방)의 미완성' 상태로 이해한다고 한다. 하지만 그럼에도 불구하고 하나이어야 할 중국이 둘로 쪼개져 있고, 대만도 국제사회에서 '사실상의 국가'로서 존립하고 있는 한, 중·대만을 분단국의 범주에 넣어 설명하여도 크게 틀린 것은 아니라고 생각된다.

곤·황병덕, 『분단 극복의 경험과 한반도통일』, 1권/2권(서울: 한울 아카데미, 1994); 장석은, 『분단국 통일문제』, 통일총서/11(서울: 국토통일원 통일연수원, 1990); 장석은, 『분단국의 통일과 교훈』, 통일총서 20(서울: 통일연수원, 1993); 황인태, 『통일정책론』(서울: 국제평화연구소, 1995), pp. 303-357 등을 참조.

8) 예멘은 1967년 분단된 이후 1972~1979년 두 차례의 국경분쟁을 겪으면서 18년(1972~1990년)간 중단 없는 협상을 추진하여 무려 18회에 걸친 정상회담 끝에 136개 조항의 통일헌법을 제정하고, 1990년 5월 통일을 이룩하였다. 하지만 남북예멘의 경우, 양측 기득권 세력 간의 극심한 갈등과 이해관계 충돌 때문에 1994년 5월 5일 내전이 발발하였다. 2개월간의 무력충돌 끝에 동년 7월 7일 북측의 일방적 승리로 내전이 끝나게 되었다. 이후 1994년 10월 통일예멘은 헌법을 개정하여 양측의 이해관계 조정을 모색하기에 이른다. 1990년 5월 이루어진 예멘의 평화적 통일은 결국 1994년 동족상잔의 내전으로 인해 무력통일로 귀결되게 되었다. 양측 지도자 간의 권력투쟁으로 전쟁에 의한 재통일을 실현하였지만, 그래도 통일성취의 꿈을 이룩한 것은 사실이다. 기나긴 통일협상 및 통합과정상의 시행착오, 전쟁에 의한 재통일의 원인 등은 우리에게 많은 시사점을 주고 있다.

9) 독일은 1949년 분단 이후 다방면의 교류협력을 통하여 '접촉을 통한 변화' 정책을 추진하였다. 이를 통해 공존공영의 신뢰를 구축한 토대 위에 시민혁명에 의한 동독정권의 몰락과 더불어 평화통일을 이룩하였다. 통일 이전의 동서독 간의 지속적인 교류협력의 경험과 독일 정부와 국민의 통일 이후 노정된 통일후유증의 극복 및 극소화 노력은 우리에게 많은 시사점을 제공해 준다.

10) 베트남은 1955년 분단 이후 비극적인 동족상잔의 전쟁을 겪으면서 수많은 인명과 재산을 잃었다. 그러나 북베트남은 한편으로 미국과 힘겨운 전쟁을 전개하면서도, 다른 한편으로 남베트남 내의 민족해방전선과 결탁해 남베트남 정부의 전복을 기도하였다. 또한 미국과 8년에 걸쳐 175회에 이르는 끈질긴 협상 끝에 전쟁을 끝내고 공산화(적화) 통일에 성공하였다. 베트남의 통일은 공산측 월맹이 전개한 대(對) 월남 무력적화통일의 전략·전술, 협상전략, 남베트남의 패망 원인, 통합과정상의 오류, 선상난민(Boat People) 문제 처리 등에서 많은 교훈을 얻어야 한다.

제2절 분단국과 한국 헌법: 영토조항을 중심으로

1. 영토조항의 법적 의미

대한민국 헌법 제3조는 "대한민국의 영토는 한반도와 그 부속도서로 한다"고 규정하고 있다. 이는 영토조항을 명문화한 것이다. 영해와 영공은 영토에 당연히 종속하는 것이기 때문에 헌법은 이들에 관해서는 언급하지 않고 단지 영토에 관해서만 규정하고 있을 뿐이다.[11] 본 조는 대한민국의 영역의 한계를 규정한 것일 뿐만 아니라 전 한반도문제와 관련하여 중요한 법적 의미를 갖고 있다.

국제법상의 일반원칙에 따르면 일국의 영토는 국가권력이 미치고 국가권력이 통치할 수 있는 공간이라야 한다. 현실적으로 대한민국의 국가권력은 1953년 휴전협정에 의해 설정된 군사분계선 남방에서만 실효적으로 행사될 수 있고, 그 북방에는 미치지 못하고 있다. 이러한 사실에도 불구하고 헌법 제3조가 "대한민국의 영토는 한반도와 그 부속도서로 한다"고 밝힌 것은 기존의 (정통적인) 헌법해석론에 의하면 다음과 같은 법적 의미를 지닌다고 한다.

첫째, 대한민국의 영토가 구한국인 대한제국 시대의 국가영역에 입각하고 있음을 의미한다(구한말 영토승계론). 둘째, 대한민국 영토의 범위를 명백히 하여 타국의 영토에 대한 야심이 없음을 표시하는 국제평화주의적 의미가 있다(국제평화지향론). 셋째, 대한민국만이 한반도에 있어서 정통성과 법통성을 갖는 유일한 정부이고(유일합법정부론), 휴전선의 북방지역은 이른바 조선민주주의인민공화국이 불법적으로 점거하고 있는 미수복지역(未收復地域)이라는 것(미수복지역론, 반국가적 불법단체론)을 강조한 것이다.[12] 대법원 판례도 이러한 입장을 취하고 있다.

이것은 결국 한반도가 사실상(*de facto*) 분단되어 있는 것과는 별개로 적어도 법률상(*de jure*)으로는 분단되어 있지 않다는 것, 다시 말하면 대한민국의 영토가 통일되어 있다는 것을 의미한다. 영토조항은 건국 이래 북한을 국제법상 국가로 승인하지 않음은 물론, 북한의 국가성 또는 국가적 실체성까지도 부인하는 조항으로서 국가보안법의 근거규정으로 간주되어 왔다. 영토조항에 의하면, 대한민국의 헌법과 법률은 휴전선 남방지역뿐만 아니

11) 권영성, 『헌법학원론(상)』(서울: 법문사, 1979), p. 140.

12) 권영성, 『헌법학원론』(서울: 법문사, 1988), pp. 142-143; 권영성, 『헌법학원론』, 보정판(서울: 법문사, 2003), p. 124.

라 북방지역에도 적용되어야 하는바, 이에 따라 소위 조선민주주의인민공화국이라는 국명(國名)을 참칭(僭稱)하는 집단의 지배체제를 찬양하거나 지지하는 행위는 헌법위반행위로서 처벌을 받아야 하는 것이다. 그러한 법적 근거를 제시한 것이 바로 국가보안법이다.[13]

이와 같이 대한민국의 영토가 한반도와 그 부속도서라면 그 영토 안에는 대한민국 이외의 어떠한 국가도 존재할 수 없다. 만일 한반도 내에 대한민국 이외의 어떤 정치집단이 존재하고 그것이 대한민국에 도전한다면, 그 집단은 국제법상 교전단체의 승인대상이 되는 반란단체 또는 반도단체(insurgency)일 것이며, 국내법상으로는 국가보안법 제2조에 규정된 대로 정부를 참칭하거나 국가변란을 목적으로 하는 정치적 결사로서 반국가단체(反國家團體)가 된다.[14]

대한민국 헌법의 영토조항은 통일 전의 대한민국 영토와 통일 후의 그것을 구별하지 않고 있어 통일 이전의 서독기본법(Grundgesetz)과 중대한 차이를 보이고 있다. 옛 서독의 기본법은 그 전문에서 서독의 통일노력을 규정하는 한편, 제23조에서 기본법의 효력범위를 11개 주(Land)에 국한시키고, 제146조에서 통일헌법의 제정과 함께 기본법의 실효(失效)를 규정하여, 서독이 잠정국가(Provisorium)임을 전제로 하고 있다. 따라서 서독기본법은 서독영역 내에서만 효력을 가지는 데 불과하였다. 이에 반해 대한민국 헌법은 대한민국이 잠정국가가 아니라 통일된 완성국가임을 전제로 하여 그 완성국가의 장소적 범위를 규정하고 있는바, 이 점에서 서독기본법과는 그 구조에 있어서 상당한 차이가 있다.[15]

2. 영토조항의 규범적 유용성: '분단국'성 및 통일의지의 암묵적 시사

영토조항은 제헌헌법에 처음으로 들어간 이래 지난 60여 년간 계속해서 유지되어 왔

---

13) 김철수, 『헌법학개론』(서울: 박영사, 1988), p. 101. 이러한 맥락에서 1950년 1월 16일 국무원 고시 제7호로 공포된 「국호 및 일부지방명 지도색사용에 관한 건」은 북한을 북한괴뢰정권으로, 그리고 월남귀순용사특별보상법(1978년 12월 6일 법률 제3156호로 제정), 국가유공자예우 등에 관한 법률(1984년 8월 2일 법률 제3742호로 제정), 몰수금품 등 처리에 관한 임시특례법(1962년 11월 6일 법률 제1167호로 제정) 등은 북한을 북한괴뢰집단으로 규정하고 있다.

14) 이러한 입장에서 종래에는 다음과 같은 해석론이 우세하였다. 대한민국 대통령은 그 영토 내의 반국가단체를 즉각 진압하여, 국가보안법 제3조의 규정에 따라서 그 단체의 수괴와 간부들을 처벌해야 할 법적 의무를 지게 된다. 만일 대통령의 그러한 의무를 불이행하거나 해태(懈怠)할 경우 이는 국가를 보위하여야 할 그의 직책을 수행하지 않는 것으로서 직무유기가 된다. 장기붕, "남북한 평화통일의 기초조건," 『국제법학회논총』, 제35권 1호(1990), p. 24. 하지만 이와 같은 해석론은 오늘날 통용되지 않는다. 헌법 제4조 평화통일조항과의 관계에서 평화적 통일 추진의 결과 북한의 실체를 인정하는 것이 가능하게 되었으며, 평화적 통일은 반국가단체의 즉각적인 (무력)진압을 배제하는 것으로 해석되고 있기 때문이다.

15) 김철수, 『헌법학개론』, p. 101.

다는 역사성을 갖고 있다. '한민족의 단독대표권 논리'(그동안 정통성문제는 주로 이 같은 정치적 · 외교적 정통성의 관점에서 주로 논의되었다)는 1991년 9월 17일 남북한의 유엔 동시가입으로 이미 상실되었지만, '국가적 법통성'(대한제국과의 국가적 동일성 논리) 및 '민족사적 정통성' 주장의 근거가 된다는 점에서 헌법적으로 유의미한 조항이라고 할 것이다.

이 밖에도 통일을 지향하는 대한민국의 입장에서 헌법 제3조의 영토조항은 여러 가지로 유용한 측면이 있다. 예컨대, 영토조항은 ① 남북한이 분단국이라는 근거(그래서 민족자결과 남북한 특수관계를 주장할 수 있는 국제법적 논리와 명분 확보가 가능함), ② 통일의 정치적 · 역사적 당위성 제공 및 자유민주의 통일정책 추진의 근거(통일정책 추진은 제3장에서 보는 바와 같이 헌법규범적 명령이자 정부의 책무이다. 그 구체화는 헌법 제4조와 대통령의 책무에 관한 헌법규정 등에 명시되고 있다), ③ 탈북자 국내수용의 근거(탈북자를 외국인 혹은 난민이 아니라 자국민으로 받아들이는 근거), ④ 대북 인도적 지원의 근거(대북지원을 동포애와 인도주의 차원에서 실현함으로써 북한의 대남 적개심을 완화하고 민족 이질화를 극복하는 정책적 토대의 마련이 가능), ⑤ 정부의 북한 인권 증진 노력 및 북한 인권 개선 촉구의 근거(헌법 제3조와 헌법 제10조에 따라 대한민국 국민의 일부인 북한 주민들에 대해 인권 개선을 위해 노력하는 것은 국가의 중요한 의무이자 책무이다),[16] ⑥ 북한 급변사태 시 한국의 평화적 개입의 근거, ⑦ 통일과정에서 외세의 부당한 개입 및 방해를 반대할 수 있는 근거가 된다.

그럼에도 불구하고 일부에서는 영토조항이 북한의 실체를 부인하는 냉전적 대결의 논리 혹은 실지(失地) 수복의 논리를 담고 있어 남북 화해 · 협력을 구가하는 통일시대에 걸맞지 않다는 주장을 하기도 한다. 하지만 건국 60주년을 넘기면서 이제 와서 영토조항을 삭제한다면, 그것은 '헌법의 아버지' 혹은 '건국의 아버지'의 뜻을 거스르는 동시에, 그 자체로 '반역사적' 및 '반통일적'이라는 인식을 줄 수도 있다. 이 점을 깊이 고려해 영토

---

16) 합법정부인 대한민국 정부가 국내법상 반국가단체로 간주되는 북한 당국에 대해 북한 주민의 인권 개선을 촉구할 수 있는 근거를 영토조항에서 찾을 수 있는지에 대하여는 법적 논란이 일 수 있다. 하지만 일응 북한 주민의 인권 개선을 위한 정부의 노력 의무(헌법 제3조 영토조항과 제10조의 '국민의 기본권 존중 의무'에서 도출되는 의무)는 북한 당국에 대한 인권 개선 촉구를 포함한다고 보는 것이 타당하다고 할 것이다. 이 밖에도 대한민국이 '지방적 사실상의 정부'(local de facto government 또는 local de facto regime)로서 북한 주민에 대해 실질적으로 관할권을 행사하는 북한 당국에 대해 그들의 인권 개선을 촉구하는 근거는 첫째, 유엔 헌장 및 세계인권선언 등에 천명된 '인권은 보편적 가치'(universal value)라는 국제인권법 원칙, 둘째, 북한도 당사국인 1966년의 국제인권규약(자유권규약=국제인권 B규약과 사회권규약=국제인권 A규약), 셋째, 북한 인권 개선을 촉구한 일련의 유엔 총회 결의(2005~2009년간) 등에서 찾을 수 있다.

조항의 삭제나 개폐는 신중하게 접근하는 것이 옳다.[17)]

〈자료 1〉 헌법 제3조 영토조항 개정 여부에 대한 소견[18)]

영토조항은 대한민국 영토의 공간적 범위를 천명하고 있다. 그러나 실제로는 한반도의 이북지역에 북한이라는 정치실체가 통치권 내지 관할권을 행사하고 있다. 때문에 헌법규범과 헌법사실 간에 괴리가 발생한다. 그런 점에서 영토조항은 '실제 관할영토 개념'이라기보다는 '최종지향 목표 개념'(통일의지의 간접적 천명)이라고 할 수 있다. 곧 "대한민국의 영토는 한반도와 그 부속도서로 한다"는 규정은 "대한민국의 영토는 한반도와 그 부속도서로 이루어져야 한다"는 규정으로 해석되어야 한다는 것이다. 이렇게 해석한다면 헌법 제3조와 제4조는 상충되지 않는다. 헌법 제4조는 국가의 통일지향을 천명하는 외에, 통일의 내용, 그 방법과 절차에 대한 기본원칙을 밝힌 것이라고 볼 수 있기 때문이다.

그러기에 본 토론자는 영토조항의 전면삭제(필자의 주장처럼 국내 학자 중에서 영토조항의 삭제를 주장하는 자는 극히 소수이다)에 대해서는 강한 반대입장을 갖고 있다. 무엇보다도 영토조항은 제헌헌법에 처음으로 들어간 이래 지난 60년간 계속해서 유지되어 왔다는 역사성을 갖고 있으며, '한민족의 단독대표권 논리'(그동안 정통성문제는 주로 이 같은 정치적·외교적 정통성의 관점에서 논의되었다)는 이미 상실되었지만, '국가적 법통성'(대한제국과의 국가적 동일성 논리) 및 '민족사적 정통성' 주장의 근거가 된다는 점에서 헌법적으로 유의미한 조항이라고 할 것이다. 건국 60주년을 맞이하는 지금에 와서 영토조항을 삭제한다면, 그 자체로 '반역사적' 및 '반통일적'이라는 인식을 줄 수 있다는 점을 깊이 고려해야 한다.

이 밖에도 영토조항은 ① 남북한이 분단국(그래서 민족자결과 특수관계를 주장할 수 있는 명분 확보)이라는 근거, ② 통일의 당위성 제공 및 통일정책 추진의 근거(헌법규범적 명령이자 정부의 책무, 그 구체화는 헌법 제4조와 대통령의 책무에 관한 헌법규정 등에 명시되고 있다), ③ 탈북자 국내수용의 근거(외국인 혹은 난민이 아니라 자국민으로 받아들이는 근거), ④ 대북 인도적 지원의 근거, ⑤ 북한 인권 증진 노력 및 북한 당국에 대한 북한 주민 인권 개선 촉구의 근거, ⑥ 북한 급변사태 시 평화적 개입의 근거, ⑦ 통일과정에서 외세의 부당한 개입 및 방해를 반대할 수 있는 근거가 된다.

---

17) 제성호, "'영토와 통일관련 조항에 관한 검토'에 대한 토론문," 국회 미래한국헌법연구회, 『21세기 미래헌법, 무엇이 바람직한가-기본권·통일·경제·지방자치 조항을 중심으로』, 제2회 토론회 발표자료집(2008.7.22), pp. 56-57.

18) 위의 글, pp. 57-60.

그럼에도 불구하고 많은 국민들은 영토조항이 시대에 뒤떨어진 것으로 생각하는 경향—이 같은 사고가 반드시 타당한 것이라고 보기는 어렵지만—이 없지 않다. 냉전시대에 만들어진 영토조항이 통일시대를 준비하고 열어 나가는 데는 한계가 있다는 것이다. 야당의 일부 의원들이나 일부 여론도 그런 입장에 동조하고 있다는 것이 본 토론자의 판단이다.

물론 온고지신이라는 말처럼 고치는 것이 반드시 능사는 아니다. 하지만 영토조항의 정신에 반하지 않으면서 일부 내용을 수정하는 방안을 무조건 배격하는 것도 남북통일시대에 걸맞은 전향적인 자세라고 보기는 어렵다. 따라서 영토조항의 역사성과 통일지향성을 고려하면서 한반도에서의 남북관계 현실(지난 시기 남북관계 발전의 현실을 포함)을 감안한 영토조항 개정을 위한 대안의 마련을 진지하게 고려하는 자세가 필요하다고 할 것이다.

이 같은 시각에서 필자는 영토조항 개정 시 상정할 수 있는 대안을 다음 두 가지로 생각해 보았다(그간 필자는 여러 계기를 통해 영토조항에 관한 대안을 제시한 적이 있는데, 여기에서는 그간의 생각을 정리하여 두 가지로 다시 정리하였다).

<1안>

○ 제3조 개정안

"① 대한민국의 영토는 한반도와 그 부속도서로 한다.

② 대한민국은 통일 이전까지 (1953년 7월 27일 체결된 정전협정에 따라 설치된) 군사분계선 이북지역에 거주하는 북한 주민에 대한 관할권 행사를 유보(또는 중지)한다.

③ 남북관계의 성격과 운영 등은 법률로 정한다."

○ 개정안의 근거

"① 영토조항의 기본정신(최종목표로서의 한반도 통합 및 영토 보전의 의지 시현 및 그에 대한 헌법규범적 당위성 천명)을 유지한다는 점에서 다음의 개정에 대한 거부감을 줄일 수 있다.

② 제3조 제1항만을 존치시킬 경우, 대한민국 정부가 군사분계선 이북지역에 거주하는 북한주민에 대해 현실적으로 관할권 내지 통치권을 행사할 수 없는데도 불구하고, 마치 그렇게 할 수 있거나 그렇게 할 의지가 있는 것으로 해석될 여지가 없지 않은 점을 고려하여 제2항을 신설한다. 이것은 남북관계 현실을 적절히 반영함으로써 남북 화해·협력의 분위기를 조성할 수 있는 긍정적 측면이 있다. 이와 관련, 한 가지 유의할 것은 이 조항의 신설에도 불구하고 대한민국 정부는 군사분계선 이북지역에 거주하였다가 북한의 통치권으로부터 자발적으로 이탈한 탈북자(북한이탈주민)에 대한 관할권을 행사할 수 있다는 점이다. 이는 현행 영토조항의 정신 및 '북한이탈

주민의 보호 및 정착지원에 관한 법률' 제정과도 부합하는 것이라는 점이다.

③ 남북관계는 국제법적 관계로 우리 헌법 밖의 영역에 존재하는 것이 아니라, 대한민국 국내법(헌법)의 규율사항이며 그 구체적인 내용은 법률로 정한다(법률유보)는 점을 밝히는 것은 적절타당한 것이다. 이미 '남북관계 발전에 관한 법률'이 2005년 12월에 제정되어 있는바, 이런 입법 현실과도 조화되는 것이다.

※ 제3항 시안이 헌법 제4조 통일조항에 삽입하는 것이 보다 적절할 것인가 여부는 좀 더 깊은 검토를 요한다고 보나, 본 토론자는 이곳에 설치해도 무방하다고 본다. 북한은 군사분계선 이북지역에 존재한 정치실체인바, 그러한 정치실체와의 관계 규정은 대한민국 영토와 관련된 사항이라고 볼 수 있기 때문이다. 한편, 통일헌법 제4조는 통일의 내용, 그 방법 및 절차에 대한 대원칙과 기본방향을 정한 것으로 보면 될 것이다.

<2안>

○제3조 개정안

"① 대한민국의 영토는 한반도와 그 부속도서로 한다.

② (1953년 7월 27일 체결된 정전협정에 따라 설치된) 군사분계선 이북지역에 존재하는 북한과 그 주민의 법적 지위는 법률로 정한다."

○개정안의 근거

① 영토조항의 기본정신(최종목표로서의 한반도 통합 및 영토 보전의 의지 시현 및 그에 대한 헌법규범적 당위성 천명)을 유지한다는 점에서 다음의 개정에 대한 거부감을 줄일 수 있다.

② 앞으로 남북관계를 운영하고 발전시켜 나감에 있어서 북한과 북한주민의 법적 지위에 관한 규정은 불가피할 것으로 보인다. 이러한 점을 고려해 삽입한 것이다.

※ 과거 본 토론자는 "대한민국의 영토는 한반도와 그 부속도서로 한다"는 현행 영토조항 후단에 단서로 "대한민국의 영토적 관할권은 통일 이전까지 잠정적으로 군사분계선 이남지역으로 한다"는 것을 삽입하는 방안도 생각해 볼 수 있다고 제안한 바 있다(이러한 제안은 고 배재식 교수가 처음 제안한 것이다). 그런데 이 같은 단서 규정은 '이북5도에 관한 특별조치법'과 '이북5도에 관한 규정'의 근거를 소멸시키는 결과가 될 수 있기에 신중을 기할 필요가 있다는 생각을 갖게 되었다. 즉, 위의 단서 규정 설치방안에 의할 경우 이북5도위원회와 이북5도 도지사를 모두 폐지해야 하는데, 이는 통일 의지의 후퇴라는 인식을 가져올 수 있을 뿐만 아니라, 실향민의 반발

등 상당한 정치적 부담을 수반할 것으로 생각된다. 따라서 기존에 본 토론자가 제시한 상기와 같은 단서규정 설치방안은 차제에 철회키로 한다.

한편, 헌법 제4조 통일조항과 관련하여 일부에서는 '자유민주적 기본질서'라는 표현을 문제삼는 사람들이 있다. 자유민주라는 표현은 곧 자유민주주의를 의미하는 것으로 흡수통일의 근거가 된다는 것이다. 그러나 '자유민주적 기본질서에 입각한 통일'은 자유민주주의를 근간으로 하는 통일을 의미하는 것이며, 자유민주주의와 조화될 수 있는 범위에서 사회민주주의적 요소를 얼마든지 수용할 수 있는 포용적 개념이라고 할 것이다. 또한 '자유민주적 기본질서에 입각한 통일'은 흡수통일 외에도 합의통일 방식을 배제하는 것이 아니다.

그런 점에서 헌법 제4조에서 '자유'를 삭제해야 한다는 주장에 동의하기 어렵다. 일각에서는 '자유'라는 표현을 삭제하여 계급투쟁을 내포하는 민중민주주의 내지 인민민주주의까지 포용하려는 사람이 있는 것으로 의심하고 있기도 하다. 만일 그런 의심이 사실이라면, 이는 우리 헌법의 정신에 배치되는 것으로 심각하게 생각해야 할 문제라고 하겠다. 차제에 우리가 그렇게 할 능력과 여건이 되지 않아서 문제인 것인지, 독일식 자유민주주의 흡수통일이 반드시 나쁜 것인지, 또 우리가 언제나 배격해야 할 방식의 통일인지에 대해서 깊이 숙고할 필요가 있다는 점을 부언하고자 한다.

3. 영토조항과 통일조항의 관계

현행 헌법상 영토조항과 통일조항과의 관계, 특히 영토조항 개폐의 필요성 여부는 헌법학계는 물론 정치권에서 뜨거운 논란의 주제가 되고 있는, 특히 당면하게는 개헌의 범위와 관련해서 논의되고 있기도 한, 매우 중요한 헌법적 문제이다. 이 문제는 달리 말하면, 분단과 통일에 관한 헌법적 쟁점의 하나라고 할 수 있다. 여기서는 전체 구성과 내용적 체계의 면을 고려하여 자세한 설명은 약하기로 한다.[19] 다만, 이 문제에 관심을 가진 학도들을 위해 본서 말미에 필자의 관련 연구결과를 간략하게 정리해 〈부록 3〉으로 첨부하였으니 참고하기를 바란다.

---

19) 도회근, "헌법의 영토와 통일조항 개정론에 대한 비판적 검토," 『헌법학연구』, 제12권 제4호(2006.11), pp. 35-68; 제성호, "분단과 통일에 관한 법적 쟁점－헌법의 영토조항과 통일조항을 중심으로－," 『중앙법학』 제6집 제2호(2004.8), pp. 67-94 참조.

제3절 남북한관계의 법적 성격: 남북한 특수관계론

1. 내독관계(內獨關係)에 관한 서독의 논의

특수관계라는 용어는 본래 서독에서 유래된 것이다. 그러한 점에서 남북한 특수관계를 검토하기에 앞서 먼저 동서독의 경우 특수관계에 관한 논의를 살펴보는 것은 우리에게 많은 시사점을 준다고 생각된다.

독일통일의 기관차 역할을 한 고(故) 브란트 수상은 1969년 10월 28일의 정부성명(Regierungserklärung)에서 "서독정부에 의한 동독의 국제법상 인정은 고려될 수 없다. 비록 독일에 두 개의 국가가 존재한다고 하더라도 그들은 서로 외국이 아니다. 그들의 관계는 단지 서로 특수한 종류(von besonderer Art)이다"라고 천명하여 「1민족 2국가」론을 통독정책(統獨政策)의 기조로 표방하였다.[20] 브란트 수상은 동서독 간의 경직된 관계를 해소하여야 한다는 인식을 바탕으로 동독과의 통일접근을 위해서는 동독을 국가로 인정하는 것이 불가피하지만, 그것이 동독을 국제법상 외국으로 인정하는 것은 아님을 분명히 하였다. 그리고 브란트 수상은 양독관계(兩獨關係)를 동독에서 반대한 내독관계(내독관계, innerdeutsche Beziehungen) 대신 독일 간의 관계(zwischendeutsche Beziehungen)로 규정하였으며, 특수한 관계를 말할 때에는 독일에서의 특수조건에서 출발하는 것임을 강조하였다.[21]

주지하는 바와 같이 동서독은 통일정책상 기본적인 입장 차이를 보였다. 동독은 소위 「2민족 2국가」(Zwei Nationen Zwei Staaten)론에 따라 독일통일을 거부하면서 서독으로부터 국제법적인 승인을 받는 것이 대서독정책의 주요목표였다. 이에 반해 서독은 「1민족 2국가」(Eine Nation Zwei Staaten)론에 입각하여 단기적으로는 독일 내에 2국가의 존재를 잠정적으로나마 인정한다고 하면서도, 장기적·궁극적으로는 서독 역시 분단된 독일민족, 양 독일의 재통일을 지향하였다.[22)]

---

20) Margit Roth, *Zwei Staaten in Deutschland: Die sozialliberale Deutschlandpolitik and Ihre Auswirkungen 1969-1978*(Düsseldorf: Westdeutscher Verlag, 1981), p. 42.

21) *Ibid.*, pp. 42-45 참조.

22) 이와 같이 상대방에 대한 인식과 통일정책에 대한 동서독의 기본입장 차이로 양 독일은 기본조약 체결과정에서 수차례 난항을 겪기도 하였다. 이 점은 기본조약의 전문에서 "민족문제를 포함한 근본문제에 대하여 양독 간의 의견차이에도 불구하고"라는 규정으로 표명되게 되었다. 이러한 표현은 동서독이 양독 간의 관계를 그들 나름의 방식으로 계속해서 해석할 여지를 제공하였다.

양 독일이 1972년 12월 21일 동서독 기본조약을 체결하고,[23)] 동 조약 제1조에서 공식적으로 합의한 양독 간의 관계는 상호 동등성에 기초한 '정상적인 선린관계'(normale gutnachbarliche Beziehungen zueinander auf der Grundlage der Gleichberechtigung)였다. 여기서 양 독일은 '정상적인 선린관계'라는 표현의 의미에 관해 서로 다른 해석을 하였다.

동독 측은 '정상적인 선린관계'를 동독에 대한 서독의 국제법적 승인을 포함한 외국과의 관계설정으로 파악하였다. 아울러 동독은 동등한 주권을 가진 외국과의 관계를 규정하는 동독의 대외정책 추진상의 기본개념인 평화공존(friedliche Koexistenz) 관계하에서 서독과의 관계를 파악하였다. 따라서 동독 측은 동서독 간의 관계를 내독관계(innerdeutsche Beziehungen)라고 표현하는 것을 거부하였다.[24)]

반면 서독 측은 '정상적'이라는 표현은 국제법적인 「승인」 또는 「인정」(Anerkennung)을 의미하지 않고 단순한 실체 「존중」(Respektierung)을 의미하며,[25)] 「선린」(gutnachbarlich)이란 표현은 '공간적으로 밀접하고 인간적인 관계'를 지칭하는 것으로 해석하였다. 동독 측이 기본조약 제1조를 자의적으로 해석하며 동서독 관계를 외국과의 관계라고 주장했지만, 조약법에 관한 비엔나협약(Vienna Convention on the Law of Treaties: Wiener Vertragskonvention) 제31조에 따라 조약의 각 조항은 조약당사자 간의 신의성실에 기초한 쌍방의 합의에 의해서만 해석이 가능한데, 조약 협상 당시 서독 측은 분명하게 동독 측에게 이를 통해 국제법적인 승인을 하는 것은 아니라고 입장을 밝힌 만큼, 동독이 주장하듯 외국과의 관계는 아니라는 입장이었다. 서독 측은 동독과의 관계를 특수한 성격의 내부관계, 즉 "우방국이나 동맹국의 주민들 간에 존재하는 그러한 관계가 아니라 특수한 성격의 (민족 내부)관계(Beziehungen besonderer Art)"라고 공식적으로 규정하였다.[26)] 이와 관련해 1970

---

23) 동서독 기본조약의 정식명칭은 「독일연방공화국과 독일민주공화국 간의 관계의 기본원칙에 관한 조약」(Vertrag über die Grundlagen der Beziehungen zwischen der Bundesrepublik Deutschland und der Deutschen Demokratischen Republik)이다.

24) Margit Roth, *Zwei Staaten in Deutschland: Die sozialliberale Deutschlandpolitik and Ihre Auswirkungen 1969-1978*, pp. 51-54; 통일원, 『동서독 교류협력 사례집』(서울: 통일원, 1993.12), p. 1.

25) 서독 측은 이 「정상적인 선린관계」가 동독에 대한 국제법적 승인을 의미하는 것이 아니라는 입장을 통일 달성 시까지 고수하였다.

26) 통일원, 『동서독 교류협력 사례집』, p. 1. 동서독 관계와 관련하여 고 배재식 교수는 일반국제법이론, 분단국의 특성 및 독일연방헌법재판소 판결을 종합적으로 검토한 결과 다음과 같은 결론을 내리고 있다. "동서독관계에 관한 서독의 입장은 그것을 국내법상의 관계로 보는 것 같다. 그러나 객관적으로 고찰할 때 그것은 이른바 「1민족 2국가」의 특수한 형태의(부진정) 국가연합(Staatenbund)의 관계를 형성했다고 볼 수 있다. 이와 관련하여, 양독(2국가)의 전체국가에 대한 관계를 '부진정 국가연방'(sogennante unechten Bundesstaat)으로 보는 견해도 있으나, 그것은 연방의 본질적 요소(중앙권력)를 결하는 동서독 관계에서는 타당하지 않은 이론이라고 할 것이다. 오히려 양자가 남과 남이 아니라는 관점에서 「부진정 국가연합」이라고 보는 것이 더욱 사실에 가까운 이론구성이라고 할 것이다." 배재식, "남·북한의 법적 관계와 통일방안의 비교고찰－연방제에 관한 소고－," 『현

년 1월 16일자 「민족 현황에 대한 보고서」(Bericht zur Lage der Nation, 1970.1.14)에 관한 논의에서 당시 연방수상이던 빌리 브란트는 동서독관계는 국제법상의 문제가 아니고 그렇다고 서독 또는 동독 헌법에 의해 결정될 수 있는 사안도 아닌, '분단독일 양국 간에 존재하는 특수상황을 규정하는 구성요소'(Bestandteil des besonderen zwischenstaatlichen Verhältnisse)라고 강조한 바 있다.

이러한 입장 차이는 동서독 기본조약의 법적 성격에 관하여 양 독일이 상이한 해석을 하는 것으로 나타났다. 즉 동독은 기본조약을 '분단조약'으로 보아 서독으로부터 국제법적인 승인을 받은 것으로 해석하였다. 그에 비해 서독은 기본조약이 잠정적으로 양 독일의 관계를 상호 외국 간의 관계가 아니라 민족 내부의 특수관계(Besonderes Verhältnis)를 규정한 잠정협정(modus vivendi)이라고 보았다. 즉 이 조약이 결코 분단을 합법화하는 것이 아니라 통일지향의 잠정적인 특수관계를 기본조약에 반영하고 있다고 보았다.[27)]

동서독 특수관계 내지 기본조약의 특수성에 관해서는 1973년 6월 18일과 7월 31일 독일 연방헌법재판소(Bundesverfassungsgericht)가 2차례 기본조약의 법적 성격과 관련하여 내린 판결에서 잘 나타나고 있다.[28)] 연방헌법재판소는 1973년 6월 18일자 판결에서 양독 간의 관계에 대해 언급하면서 "양독 간의 가깝고도 특수한 관계는 포기할 수 없는 법적 지위(unaufgebbare Rechtsposition)를 부여받았다"라고 판시하였다. 7월 31일의 판결에서는 '양독 간에 존재하는 특수한 관계'와 "기본조약이 특수한 관계에 상응하는 특수성을 띠고 있다"는 표현과 관련하여 다음과 같은 부연설명을 한 바 있다.

첫째, 동독은 국제법상 국가로서 국제법주체(Völkerrechtssubjekt)이기는 하나, 이것은 서독에 의한 동독의 국제법상 승인문제와는 별개이다.

둘째, 서독이 동독에 대하여 긴장완화정책의 일환으로 취한 태도, 특히 기본조약의 체결은 동독에 대해 '특수한 형태의 사실상 승인'(Faktische Anerkennung Besonderer Art)을 부여한 것으로 간주될 수 있다.

셋째, 기본조약은 형식적으로는 국제법상의 조약으로 다른 국제법상의 조약과 같은 효력을 갖는 2국가 간의 쌍무조약이나, 내용상으로는 전체독일이라는 포괄적 국가(전체국가, 총괄국가)의 두 부분인 양독 간의 내부관계(Inter-se-Beziehungen)를 규정하는 '이중적

대공법의 이론』, 목촌 김도창박사 화갑기념논문집(서울: 학연사, 1982), p. 29; 배재식, 『국가의 유형에 관한 연구－복합국가를 중심으로－』, 『서울대학교 법학』, 제26권 1호(1985), p. 95 참조.

27) Benno Zündorf, *Die Ostverträge*(München: Verlag C.H. Beck, 1979), pp. 214-215 참조.

28) 바이에른 주 정부 법률자문관인 W. Wengler가 동서독 기본조약을 어떤 법질서(Rechtsordnung)에 귀속시킬 것인가 하는 질문을 제기함으로써 기본조약이 실제 헌법적용 측면에서 어떠한 의미를 갖는지에 관한 문제가 비로소 논란되기 시작하였다.

성격의 조약'(Vertrag mit Doppelcharakter)이다.[29)]

이와 같은 동서독 기본조약의 이중성 내지 양독관계의 특수성 인정은 곧 분단국 내부의 특수한 관계를 시사하는 것으로 대외적으로는 2개의 국제법상 주권국가이나, 대내적으로는 민족 내부의 특수관계로 규정되는 이중적 법구조를 의미한다고 하겠다.

동서독 기본조약에서 양독 간의 특수관계가 반영되어 있는 내용을 몇 가지만 들면 다음과 같다.

첫째, 동서독은 독일 내에 현실적으로 두 개의 국가가 존재하고 있다는 사실을 인정하였다. 이와 같은 현실인정의 측면을 반영하는 기본조약의 규정으로는 양독의 동등권 인정(제1조), 영토보전의 존중(제3조), 단독대표권의 포기(제4조), 대내외 관계에 있어서의 독립과 주권존중(제6조), 기체결조약의 존중 내지 효력불변(제9조) 등을 들 수 있다.

둘째, 그러나 이러한 현실인정에도 불구하고 서독은 동독의 국제법적 국가승인(두 개의 독립주권국가 인정) 요구를 물리치고 국제법적 승인을 명시하지 않았다. 즉 동서독은 특수관계에 있다는 것이 그 이유였다.

셋째, 동서독 특수관계는 양 독일이 국가 간 정상적인 외교관계 수립의 관례, 즉 대사를 교환하지 않고 통상 국가 간의 관계에서 보기 드문 상주대표부(常駐代表部, Ständige Vertretung)를 설치한 데서 잘 나타나고 있다(제8조).

넷째, 양독의 불가침선을 국경선이라 명시하지 않고 경계선이라 한 것도 역시 동서독 특수관계를 반영한 것이라 할 수 있다.

다섯째, 기본조약에서 가능한 한 외교적이거나 국제법적인 용어를 피하고 법적 의미가 약한 용어를 선택함으로써 기본조약을 분단고착화를 의미하는 규범으로 해석할 수 있는 여지를 줄이기 위해 세심한 배려를 하였다. 예컨대 전문에서 사용된 주권존중(Achtung der Souveranität)이나 제6조의 독립과 자주성의 존중(Respekt)이라는 표현은 승인(인정, Anerkennung)보다는 법적 의미가 약한 용어로서 국가 간의 관계설정을 배제하려는 의도가 담긴 것이라 할 수 있다. 요컨대, 서독은 동독의 정치적 실체를 인정하되, 국제법적 승인을 배제하여 양독 간의 특수관계를 명백히 하려고 하였다.[30)]

---

29) Günter Schmid, Die Deutschlandpolitik der Regierung, Brandt/Scheel(tudV Buch, 1975), pp. 228-236 참조. 이러한 독일연방헌법재판소의 판결은 동서독 관계를 전체국가 내의 두 개의 국가로 보는 「지붕이론」(Dachtheorie)에 입각하여 전체국가 내의 부분질서로서의 두 개의 국가를 인정하였다는 점에서 그 의의가 있다.

30) Benno Zündorf, *Die Ostverträge*, pp. 230-232; 장명봉, "남북 간 잠정적 특수관계의 법적 의미와 성격," 『통일』, 1992년 5월호, pp. 26-28 참조.

2. 남북한 특수관계론의 법적 · 정치적 함의

(1) 남북한 '특수관계' 규정의 성립경위

남북한 간에 (잠정적) 특수관계라는 용어가 처음 등장한 것은 1990년 9월 18일 중립국감독위원회 회의실에서 열린 유엔가입문제와 관련된 제1차 남북한 실무대표 접촉에서였다. 동 회의에서 우리 측 대표가 "남북한이 다 함께 유엔에 가입하는 것은 통일이 될 때까지의 '잠정적인 과도조치'이다. 남북한은 서로 실체를 인정하는 바탕 위에서 '통일지향적인 특수관계'를 전제로 해서 국제적으로 활약할 수 있을 것이다"라고 발언한 것이 그것이다.[31] 이러한 내용은 동 문제와 관련된 제2차 남북한 실무대표 접촉(1990.10.5, 중립국감독위 회의실)과 제3차 남북한 실무대표 접촉(1990.11.9, 중립국감독위 회의실)에서도 재확인되었다.[32]

그 후 1990년 9월부터 남북한 간에 총리를 수석대표로 하는 고위급회담이 열리게 되었다. 1990년 10월 17일부터 18일까지 평양에서 열린 제2차 남북고위급회담 기간 중 북한 측은 특수관계라는 용어를 직접 사용하지는 않았지만 그와 일맥상통하는 '민족내부문제'라는 용어를 사용하였다. 즉 북한 측 수석대표인 연형묵 총리는 "민족내부문제인 우리나라의 통일문제를 두 국가 간의 문제로 보고, 국가들 사이의 발전관계의 일반적 도식을 우리나라 통일문제에 그대로 적용하는 것이라든가, 서구라파식의 신뢰구축방안이나 동서독식의 통일과정을 모방하려는 것은 매우 비현실적인 것으로서 그것은 우리나라의 통일문제를 해결하는 것이 아니라 오히려 분렬을 지속시킬 뿐입니다"라고 발언하였다.[33]

1991년 10월 23일부터 24일까지 평양에서 열린 제4차 남북고위급회담 기간 중 우리 측 수석대표는 '대한민국과 조선민주주의인민공화국 간의 화해 · 불가침과 교류협력에 관한 합의서(안)'를 제시하였는데, 동 합의서(안) 서문에서는 "쌍방간의 관계가 통일을 지향

---

31) 유엔가입문제 관련 제1차 남북한 실무대표 접촉(1990.9.18, 중립국감독위 회의실)에서의 우리 측 대표 첫 발언. 국토통일원, 『유엔가입문제 관련 남북한 실무대표접촉 회의록』(서울: 국토통일원, 1990.9), p. 29.

32) 먼저 제2차 실무대표 접촉에서 우리 측 대표는 "유엔에 함께 들어가자는 것은 분단을 고착화하는 것이 아니라, 통일될 때까지 한시적 성격을 띠는 것이다. 즉 남북한이 잠정적으로 2개 의석으로 유엔에 가입한다 하더라도 남북한관계는 통일을 지향하는 잠정적인 특수관계라는 데에는 변함이 없다"는 취지의 발언을 하였다. 이어 제3차 실무대표 접촉에서는 "남북의 유엔동시가입은 결코 상대방을 국가로 승인하는 것을 의미하는 것이 아니다"(첫 발언)라고 한 데 이어, 토의과정에서는 "잠정적인 조치로서 그리고 통일지향적 특수관계를 유지하면서 유엔에 함께 가입하는 것이 가장 실현 가능하고, 이상적이며, 또한 통일을 앞당길 수 있는 방안"이라고 우리 측 기본입장을 밝힌 바 있다.

33) 제2차 남북고위급회담 제1일 회의에서의 북한 측 기조연설문. 국토통일원 남북대화사무국, 『남북대화』, 제51호(서울: 국토통일원, 1990), p. 125.

하는 과정에서 잠정적으로 형성되는 특수관계라는 점을 인정하고…"라고 명시하고 있었다.[34] 이에 대해 북한 측은 "귀측의 합의서 초안이 북남사이의 두개 조선을 합법화, 고착화시키자는 집념을 그대로 담고 있습니다"라고 비난하고, "새로운 합의서 제목에 공공연히 북남관계를 국가간의 관계로 정식화하고 있는데 대해서는 놀라움을 금할 수 없습니다. 귀측이 남북한관계가 이른바 특수한 관계라고 한 말과도 맞지 않으며 남북한 간의 경제교류를 민족내부의 교류라고 한 귀측의 '남북교류에 관한 법률'과도 상치되는 것입니다"라고 말하였다(2일회의 첫 발언). 여기에서 북한은 처음으로 특수관계라는 용어를 사용하고 있음을 발견하게 된다.

1991년 11월 11일 통일각에서 열린 남북고위급회담 제1차 대표접촉에서 우리 측 대표는 '남북사이의 화해와 불가침 및 교류협력에 관한 합의서(안)'를 제시하였다. 동 합의서(안) 서문에서는 "쌍방이 각기 국제연합 회원국으로 국제연합헌장에 규정된 모든 의무를 수락한 사실에 유의하며, 쌍방간의 관계가 통일을 지향하는 과정에서 잠정적으로 형성되는 특수관계라는 점을 인정하고…"라고 명시하여, 재차 남북한관계가 잠정적 특수관계임을 강조하였다.[35]

이에 대해 북한 측 대표는 '북남사이의 화해와 불가침 및 협력교류에 관한 합의서(초안)'를 제시하였다. 동 합의서 서문에서는 "쌍방사이의 관계가 나라와 나라사이의 관계가 아니라는 것을 인정하고…"라고 명기하고 있어,[36] 표현만 다를 뿐 '나라와 나라사이의 관계가 아님'이라는 용어로 남북한 특수관계에 대한 우리 측 입장에 화답하였다. 하지만 북한은 우리 측 안에 대해서는 "여기서 〈잠정적인 특수관계〉라고 한 것은 표현이 모호하고, 명확하지 않기 때문에 우리 의견으로서는 나라와 나라사이의 관계가 아니라는 것으로 명백히 지적했으면 좋겠다"라는 의견을 제시하였다.[37]

그 후 1991년 11월 15일 평화의 집에서 열린 남북고위급회담 제2차 대표접촉에서 북한 측 대표는 "'쌍방이 각기 국제연합 회원국으로 국제연합 헌장에 규정된 모든 의무를 수락한 사실에 유의하며'라고 하는 것이 있는데 우리는 이의 명기가 불필요하다고 생각한다. 이게 남북한관계문제인데 국제관계문제는 언급하지 말자 그런 의견이다. 오히려 귀측에서 만들어 놓은 대로 본다면 우리가 만든 「기본합의서」가, 국제기구 또 큰 나라들의

34) 제4차 남북고위급회담 제1일 회의에서의 북한 측 기조연설문. 국토통일원 남북대화사무국, 『남북대화』, 제53호(서울: 국토통일원, 1991), p. 59.
35) 남북고위급회담 제1차 대표접촉 우리 측 대표 첫 발언. 통일원, 『남북고위급회담 제1차 대표접촉 회의록』(서울: 통일원, 1991.11), p. 17.
36) 남북고위급회담 제1차 대표접촉 북측 대표 첫 발언. 위의 책, p. 31.
37) 남북고위급회담 제1차 대표접촉에서의 토의내용. 위의 책, pp. 40-41.

규제를 받는 것처럼 잘못된 인식을 줄 수도 있다”라고 발언하였다.[38] 이어서 북한 측 대표는 “귀측의 안에서 잠정적 특수관계라는 것은 의미가 해박하지 못하다. 우리 안대로 명백히 나라와 나라 사이의 관계가 아니라는 것으로서 이렇게 밝히는 것이 좋겠다”는 입장을 표명하였다.[39]

한편, 이와 같은 북한 측 입장에 대해 우리 측은 특수관계에 대한 입장을 다음과 같이 표명하였다. “국제연합에 들어갈 때 남과 북이 각기 냈던 그 각서의 내용에 담겨진 것을 이 서문에다가 담으면 남북한관계를 우리가 앞으로 평화를 정착시키고 긴장을 완화하고 신뢰를 구축하는 데 도움이 되면 됐지 뭐가 해로운가? 우리는 이 조항이 반드시 필요하다고 생각한다. 이것은 우리가 무슨 국제관계에다가 우리의 운명을 맡기는 것이 아니며, 국제연합헌장의 정신은 국제연합 화원국의 주권을 존중하는 데 있다.[40] 이것을 이용하면 분쟁해결에 관해서 아주 유권적이고, 권위 있고, 권능 있는 방법을 우리가 택할 수 있는 합의서가 나올 수 있는데 왜 이것을 안할려고 하는가? 이것이 없으면 결국 분쟁해결에 대해서 아무런 유권적인 조항이 없는 합의서가 탄생하는 것이다.[41] 과거 남북한 간의 관계라는 것은 국가와 국가 간의 관계가 아니고 민족내부의 문제이다. 혹은 특수한 관계다. 이렇게 줄곧 이야기해왔고, 귀측도 그렇게 이야기해왔기 때문에 굳이 특수관계라는 것을 인정한다는 것에 반대할 이유가 없다.”[42]

1991년 11월 20일 통일각에서 열린 남북고위급회담 제3차 대표접촉에서 우리 측 대표는 “쌍방이 각기 국제연합에 회원국으로 가입한 현실에서 국제연합헌장에 규정된 의무를 다 같이 준수해 나갈 것을 재확인하는 한편, 남북한 간에 화해와 불가침 및 교류·협력을 약속하고 그것을 실현해 나가는 하나의 준거를 마련하는 것이 필요하다. 그러나 이번에 귀측의 의견을 수용하여 이와 관련한 부분을 삭제하였으며, 서문의 나머지 부분도 ‘나라와 나라 사이의 관계’가 아니라는 사실을 명기하는 등 귀측의 안과 유사하게 조정하였다.”고 발언하였다.[43]

또한 1991년 12월 11일부터 13일까지 서울에서 열린 제5차 남북고위급회담에서 남북한이 채택한 「남북 사이의 화해와 불가침 및 교류·협력에 관한 합의서」 서문은 “쌍방사

---

38) 남북고위급회담 제2차 대표접촉에서의 토의내용. 통일원, 『남북고위급회담 제2차 대표접촉 회의록』(서울: 통일원, 1991.11), pp. 30-31.
39) 위의 책, p. 34.
40) 위의 책, p. 33.
41) 위의 책, p. 73 참조.
42) 위의 책, p. 34.
43) 남북고위급회담 제3차 대표접촉 첫 발언. 통일원, 『남북고위급회담 제3차 대표접촉 회의록』(서울: 통일원, 1991.11).

이의 관계가 나라와 나라 사이의 관계가 아닌 통일을 지향하는 과정에서 잠정적으로 형성되는 특수관계라는 것을 인정하고…"라고 명시하였다.

그러나 외형상 남북한이 남북한관계를 잠정적 특수관계로 본다는 점에 관해서 합의하였으나, 기본합의서 채택 후에도 여전히 남북한은 동 문언의 해석을 둘러싸고 기존의 입장을 되풀이하였다. 1992년 3월 27일 통일각에서 열린 남북정치분과위원회 제2차 회담에서 우리 측은 다음과 같이 언명하였다. "남과 북이 국제연합 회원국으로 가입한 것은 우선 대외적으로 두 개의 국제연합 회원국 간의 상호관계라는 것을 말해주고 있다. 우리는 지금의 분단상태를 부자연스런 현상으로 보고 통일을 지향하고 있기 때문에 남북한관계를 국가 간의 관계가 아니라 하나의 '잠정적인 특수관계'로 파악하기로 합의한 것이다. 즉, 남북한관계는 통일이 될 때까지는 남과 북에 실제로 존재하는 '실체'와 '실체' 간의 관계라는 데 합의한 것이라 할 수 있다. 기본합의서가 발효된 이후 화해·협력시대의 남북한관계는 '잠정적 특수관계'이며, '잠정적 특수관계'의 요체는 서로 상대방의 법질서를 인정하고 존중하며 이에 대하여 간섭하지 아니하는 데 있는 것이다."44)

이에 대해 북한 측은 이렇게 응수하였다. "북남합의서의 리행으로 하여 북남관계가 《공존공영의 관계》로 전환되게 되였다고 한다거나 북남합의서의 조항들이 《평화공존 5개원칙》과 맥을 같이하고 《국제련합헌장》의 정신과도 일치한다고 한다면, 그것은 북남합의서를 근본적으로 왜곡하는 것이다. 북남합의서를 통하여 쌍방이 그 무슨 《단계적 통일》에 대해 《의견》을 같이하였거나 《약속》이나 한 것처럼 한다면, 통일지향적인 북남합의서의 진의를 변질시키는 것으로 될 것이다."45)

이상에서 보듯이 우리 측은 유엔가입문제와 관련한 실무대표 접촉에서, 그리고 그 후 열린 남북고위급회담 등에서 남북한관계가 특수관계임을 일관되게 주장하였다. 즉, 남북한관계의 특수성과 남북한이 유엔에 동시가입한 사실을 고려하여, 국제연합헌장의 정신을 합의서에 수용하여 분쟁해결의 준거로 할 것과 남북한관계가 통일을 지향하는 과정에서 잠정적으로 형성되는 특수관계임을 역설했던 것이다. 이에 반해 북한 측은 남북대화 기간 중 남북한관계를 '나라와 나라 사이의 관계가 아니라고 명기할 것'과 '민족내부문제의 자주적 해결'을 강조하였다. 우리 측이 북한 측의 의견을 감안하여 남북한관계에 관한 쌍방의 주장을 절충함으로써 결국 기본합의서 서문에 명시된 바와 같은 잠정적 특수관계 규정에 합의하기에 이르렀던 것이다.

---

44) 남북정치분과위원회 제2차 회담에서 우리 측 기조연설.
45) 남북정치분과위원회 제2차 회담에서 북한 측 기조연설.

(2) 남북한 특수관계의 법적 성격과 정치적 의미

가. 남북한 특수관계의 법적 성격

(가) 이중관계: 정치실체 인정 · 존중관계

전술한 바와 같이 남북기본합의서 서문에서는 "쌍방사이의 관계가 나라와 나라사이의 관계가 아닌 통일을 지향하는 과정에서 잠정적으로 형성되는 특수관계"라고 규정하고 있다. 이어 제1조는 "서로 상대방의 체제를 인정하고 존중"할 것을 약속하고 있으며, 기본합의서 본문에서는 남과 북이라는 용어를 사용하고 있으나, 서명란에서는 남북한의 정식국호, 즉 대한민국과 조선민주주의인민공화국을 사용하고 있다.

기본합의서에서는 특수관계에 대한 개념규정을 두고 있지 않다. 따라서 남북한 간 「잠정적 특수관계」의 법적 의미, 또는 이러한 특수관계를 전제로 한 상호 실체 인정 · 존중의 법적 의미는 이러한 규정들과의 상호 관련하에 유기적으로 파악되어야 한다. 기본합의서에서 남북한이 상호 체제를 인정 · 존중한다고 하면서 정식 국호를 사용하고 있는 것은 일응 남북한이 상호 「정치적 실체」를 인정 · 존중한다는 것으로서, 이는 곧 대한민국과 조선민주주의인민공화국이 상호 상대방의 「국가적 실체성」과 함께 아울러 쌍방 당국을 「정부적 실체」로 인정 · 존중한다는 것을 의미하는 것이라 할 수 있다.[46)]

이와 같은 남북한 간 상호 체제 인정 · 존중 또는 특수관계의 법적 의미는 특히 국가승인과 관련시켜 볼 때 다음과 같은 이중관계 내지 이원적 관계로 설명될 수 있다.

첫째, 대외적으로 「1민족 2국가」(물론 2국가는 사실상의 2국가라는 의미임)의 관계라는 것이다. 이는 유엔동시가입 이후 남북한은 ① 각기 타방에 대해 유엔회원국으로서의 국제적 지위와 ② 어느 일방을 승인한 제3국과의 관계에서 각기 '국가'임을 인정 · 존중한

---

46) 필자는 국가적 실체와 정부적 실체라는 용어를 구별하여 사용하고자 한다. 국가는 법인격을 갖는 국제법주체인 반면, 정부는 국가를 대외적으로 대표하는 기관에 불과하다. 국가적 실체성의 인정이란 국가는 아니나 국가에 준하는 실체임을 인정 · 존중한다는 것을 의미하는 것이다. 이것은 '사실상의 국가승인'(de facto recognition of a state)에 해당될 수도 있다. 이에 반해 정부적 실체성의 인정이란 국민에 의하여 선출된 확립된 정통정부는 아니더라도 그와 같은 정부에 준하는 실체임을 인정한다는 것으로 보는 것이라고 하겠다. 따라서 남북한이 상호 체제를 인정한다는 것은 먼저 북한을 국제법상 국가로 승인하지 않더라도 사실상 법인격을 갖는 것으로 국제사회에서 널리 인정되고 있는 북한의 국가적 실체성을 인정한다는 것이며, 이러한 전제하에 북한을 대외적으로 대표하는 평양정권의 정부적 실체성을 인정한다는 것을 의미하는 것이라고 보아야 할 것이다.; 남북한 특수관계와 승인과의 관계에 대하여 남북고위급회담 대표였던 임동원 전 통일원 차관은 한국이 북한을 법률상 국가로 승인(*de jure* recognition of a state)한 것은 아니나 사실상 국가로 승인(*de facto* recognition of a state)한 것으로 볼 수 있다고 말한 바 있다. 이는 동인이 통일원 차관으로 재직 중인 1992년 5월 13일 민족통일연구원에서 행한 「남북대화의 현황과 전망」이라는 세미나에서 발표한 내용이다.

다는 것을 의미한다.[47)]

먼저 남북한은 유엔, 유엔산하기구 및 전문기구 등 국제무대에서 상호 유엔회원'국'으로서의 관계에 있다. 또한 현실적으로 북한을 승인한 국가와의 관계에서 북한이 국가임을 한국이 인정·존중하며, 한국을 국가로 승인한 국가와의 관계에서 한국이 국가임을 북한이 인정·존중할 수밖에 없는 입장에 있다. 이는 국제무대에서는 남북한이 '주권국가 간의 관계'를 형성·유지하고 있는 현실을 수용한 것이라 하겠다.[48)] 그러나 이는 비록 국제무대에서일지라도 한국이 북한을 '완전한 주권국가'로 인정(승인)하는 것은 아니라는 점을 유의하여야 한다.

기본합의서 및 부속합의서의 서명란에서는 비록 남북한의 정식국명을 사용하였기는 하나, 본문에서는 정식국명인 대한민국, 조선민주주의인민공화국은 물론 남한, 북한으로도 명시하지 않고 남측, 북측이라고만 언급하고 있다. 이것은 남북한은 대외적으로 상호 '국가적 실체성'을 인정하지만, 그렇다고 해서 이는 결코 국제법상 국가승인에 해당하는 것은 아니며, 더욱이 대한민국과의 관계에 있어서 북한은 결코 외국(other country, foreign country)이 될 수 없다는 우리의 국가의사를 표시한 것이라 할 수 있다.[49)]

둘째, 대내적으로 「1민족(1국가) 2체제 2정부」의 관계라는 것이다. 즉 남북한은 우리의 입장에서 볼 때 대내적으로는 1국가이며(북한도 「하나의 조선」 논리에 따라 전 조선반도를 1국가로 볼 것이다), 서울정부와 평양정부 간의 관계는 중앙적 법률상의 정부(central *de jure* government)와 지방적 사실상의 정부 또는 정권(local *de facto* government 또는 regime)의 관계에 있다.[50)] 따라서 남북한의 내부관계는 중앙적 법률상의 정부로 구성되는 대한민국과 지방적 사실상의 정부로 구성되는 정치실체인 북한의 관계로 파악된다.

---

47) 일찍부터 국제법학계에서는 분단국의 경우 국가승인과 관련하여 창설적 효과설(constitutive theory of recognition)이 타당한 것으로 간주되어 왔다. 일부에서는 이 같은 입장을 냉전시대의 산물로 인식하는 경향도 있었다. 이른바 교차승인이라는 정책 내지 발상은 이를 뒷받침하는 것이었다. 냉전시대가 종식된 금일의 화해·협력의 시대에 있어서도 그러한 입장이 근본적으로 바뀐 것 같지는 않다.

48) 이동복, "남북 기본합의서: 무엇이 문제인가," 『학술세미나 남북합의서 조인 이후의 과제와 해결방안』(국민대 사회과학연구소 주최), 1992.6.19, p. 5 참조.

49) 제성호, "헌법상 통일관련 조항의 개폐문제," pp. 276-277.

50) 통일원, 『남북기본합의서 해설』(서울: 통일원, 1992), p. 40. 주로 국제법적 측면을 중심으로 하여 북한의 이와 같은 이중적인 법적 지위를 한마디로 규정한다면, 「교전단체에 준하는 지방적 사실상의 정권」이라고 규정할 수 있을 것으로 생각된다. 한편, 북한의 정치실체(특히 북한당국의 「정부적 실체」)를 인정한다는 것은 앞으로는 북한을 단순히 지방적 사실상의 정권(local *de facto* regime)으로 보는 것에서 한걸음 더 나아가 일반적 사실상의 정부(general *de facto* government)로 보겠다는 의미가 내포되어 있다는 주장도 있다. 이장희, "독일통일이 남·북한통일에 주는 법적 의미," 『국제법학회논총』, 제36권 2호(1991), p. 134.

이와 관련, 특수관계는 남북한이 대내적인 차원에서도 제한된 국가성을 상호 인정하는 것을 내포하는 것인지 여부가 문제될 수 있다. 북한이 국가보안법상의 반국가단체에 해당된다고 할 때 이 같은 입장에 충실하면 북한에 대해 국가성을 인정하는 것은 부정적이다. 하지만 기본합의서의 정신에 충실하면 제한된 국가성을 부분적으로 긍정할 수 있는 여지가 있다.

요컨대, 남북기본합의서의 서문에서 말하는 특수관계의 의미는 대외적으로 「1민족 2국가」, 대내적으로 「1민족(1국가) 2체제 2정부」를 의미하는 이중관계를 말하는 것이라 하겠다.[51] 즉, 특수관계론의 핵심은 이중관계론에 있다. 이와 같은 특수관계론 내지 이중관계론은 「대외적으로는 2국가, 대내적으로는 1국가」를 표방하는 것으로서[52] 「민족공동체 통일방안」이 예정하고 있는 과도적 통일체제인 남북연합 개념과도 양립되는 것이다.[53]

---

51) 이와 관련, 1992년 4월 23일 판문점 우리 측 지역 평화의 집에서 비공개로 열린 남북정치분과위원회 제3차 회의에서 우리 측이 제시한 「남북사이의 상호 체제(제도) 인정·존중과 내부문제 불간섭에 관한 합의서(안)」 제2조 제2항은 "남북사이의 특수관계는 통일까지의 과도기간 동안 남북사이의 각기 상대방의 체제(제도)를 인정하고 존중하는 가운데 민족내부관계를 발전시키고, 대외적으로는 국제연합회원국 간에 이루어지는 상호실체를 발전시켜 나가는 이중의 관계이다"라고 규정하고 있다. 통일원 남북대화사무국, 『남북대화』, 제55호(서울: 통일원, 1992), p. 85. 다만 특수관계라는 용어는 대외적 측면보다는 주로 대내적 (또는 민족 내부적) 측면을 중시하여 사용되는 경우가 많다. 그러한 점에서 남북 간 특수관계는 주로 민족 내부적 측면에서의 특수관계를 의미하는 것이라고 할 수 있다.

52) 이와 같은 특수관계론 내지 이중관계론은, 정치적 수사(政治的 修辭)를 빌리자면, 남북한관계를 이른바 '1.5국가론'으로 보는 것이라고도 할 수 있다. 남북한 유엔동시가입과 기본합의서 채택 이전에도 물론 남북한은 각기 분단국의 구성체로서 상호 간의 관계는 국제법상 국가 간의 관계가 아니었다. 즉, 남북한은 상호 외국이라는 지위에 있지 않았다. 북한은 한국의 국내법상 반국가단체로 간주되는 것이 당연시되었고, 한국과의 관계에 있어서 북한의 법적 지위는 '교전단체에 준하는 지방적 사실상의 정권'에 불과하였다. 배재식, "남북한 통일방안에 대한 법적 평가," 『민족화합 민주통일론 I』(서울: 국토통일원, 1982), p. 128 참조. 따라서 기본합의서 채택 이전이나 이후에나 남북한의 내부관계에 대한 인식에 있어서 근본적으로 변화가 일어났다고는 볼 수 없다. 다만, 문제는 내부관계에서일지라도 국가보안법 등의 적용을 제한한다든가 또는 제한된 '국가적 실체성'을 인정한다면, 이는 무시할 수 없는 변화라고 할 수 있다. 한편, 유엔 가입이나 남북기본합의서 채택 이전에도 북한이 북한을 국가로 승인한 제3국과의 관계에 있어서 국가였음을 현실적으로 부인할 수는 없었으나, 우리는 이러한 사실을 의도적으로 무시하였던 것이 사실이었다. 하지만 이제는 그러한 사실(대외적인 측면에서의 국가적 실체성)을 공식적으로 인정하는 결과를 가져왔다는 점에서 대북인식과 정책적인 측면에서 중대한 변화라고 평가할 수 있을 것이다.

53) 「민족공동체 통일방안」에 의하면 남북한의 법적 관계는 '이중적인 관계'로 규정되고 있다. 내부적으로는 남과 북이 상호 실체인정을 기초로 하여 남북연합이라는 결합을 통해 민족공동체라는 특수관계를 형성한다. 그러나 대외적으로 남과 북은 독자적인 국제법주체성을 향유하며, 2개의 주권국가로 각기 활동한다. 따라서 남과 북은 외교 및 국방권을 독자적으로 행사하게 되며 유엔 등 국제기구에도 각기 개별적으로 가입하게 된다. 이러한 점에서 남북연합이라는 것은 제3국의 입장에서 보면 '국가연합'이다. 그러나 남북연합은 대내적으로는 2체제 간의 결합을 의미하는 '체제연합'에 해당한다. 따라서 남북연합은 대내외적으로 완전한 2개의 주권국가 간의 국가결합을 의미하는 보편적 개념의 국가연합은 아니다. 하나의 민족 안에서 통일을 지향하는 과정에서 내부적으로 민족

(나) 특수관계의 본질: 동등성 · 상호성 · 잠정성

우선 남북한 특수관계는 동등성과 상호성을 본질로 한다. 이와 관련, 남북기본합의서에서는 동서독기본조약과 같이 남북한이 '동등한 권리'(즉, 평등권)를 갖는다는 점을 직접 명시하지는 않았다.[54] 하지만 남북한이 분단국을 구성하는 2개의 정치실체(분단체)로서 상호 대등한 지위를 갖는다는 점은 남북기본합의서의 서문은 물론, 이 합의서에 관통하는 기본정신이라 할 수 있다.[55]

남북한의 대등한 혹은 동등한 지위에서 쌍방은 동등한 권리 · 의무를 갖게 된다. 이러한 대등한 지위에서 남북한관계의 상호성이 도출된다. 남북기본합의서의 거의 모든 조항에서는 「남과 북」으로 시작하고 있는데, 이것은 동등성과 함께 상호성을 내포하는 것으로 해석된다. 예컨대, 남북한이 서로 상대방의 체제를 인정 · 존중한다는 것, 상대방의 내부문제에 간섭하지 않는다는 의무를 명기한 것은 모두 남북한의 동등성과 함께 상호성을 기초로 한 것으로 볼 수 있다. 따라서 남북한관계에서 일방적 · 편무적인 관계의 성립은 원칙적으로 부정된다.

다음, 특수관계는 잠정성을 갖는다. 남북기본합의서 서문이 남북한관계를 "통일을 지향하는 과정에서 잠정적으로 형성되는 특수관계"라고 규정하고 있는 바와 같이, 특수관계는 통일을 이룩하기 전까지만 성립 · 존재하는 잠정성을 그 본질로 한다. 즉, 남북한 특수관계는 잠정적 · 과도적 · 한시적인 것이라고 할 수 있다. 그러한 점에서 남북한 사이의 특수관계는 통일까지의 과도기간 동안 상호관계의 주체인 대한민국과 조선민주주의인민공화국이 분단조국의 평화통일이 실현될 때까지 민족의 번영과 통일을 위하여 공동으로 노력하는 관계라고 할 수 있다.[56]

이와 관련, 남북기본합의서가 스스로 자신의 법적 성격을 잠정협정이라고 명시하고 있지 않다. 또한 합의서 내에 효력기간을 두고 있지도 않다. 그러나 동 합의서가 잠정적

공동체 형성과 특수관계 설정을 내용으로 한다는 점에서 '특수한 국가연합' 또는 '부진정 국가연합'이라 할 수 있다. 필자는 이를 '민족공동체로서의 준국가연합'으로 부르고자 한다.

54) 동서독기본조약의 제1조에서는 "독일연방공화국과 독일민주공화국은 동등한 권리(Gleichberechtigung)의 토대 위에서 정상적인 선린관계(normale gutnachbarliche Beziehungen)를 발전시킨다"고 규정하고 있다. 동등한 권리 내지 평등권은 국가의 기본권의 하나로 간주되고 있는바, 동서독기본조약에서 동등권을 명시한 것은 동서독이 상대방을 '사실상' 국가로 승인한 것으로 해석되기도 한다.

55) 이와 관련, 남북기본합의서 채택으로 남북한이 사실상의 국가승인을 한 것인지 여부는 좀 더 세심한 검토를 요한다. 일반국제법상 사실상의 국가승인을 부여할 경우 그러한 의사를 명시하여야(즉, 법률상의 국가승인을 유보한다는 의사를 분명히 하여야) 하는데, 남북기본합의서 채택 시 남한이 이에 관한 의사표시를 한 바 없다. 특수관계라는 표현만으로 남북한이 사실상의 국가승인을 부여한 것으로 속단하기는 어렵다.

56) 「남북사이의 상호 체제(제도) 인정 · 존중과 내부문제 불간섭에 관한 합의서(안)」 제2조 제1항 참조. 통일원 남북대화사무국, 『남북대화』, 제55호, p. 85.

특수관계를 제도화하기 위해 채택된 남북한 당국 간의 합의서인 점을 감안할 때 당연히 잠정협정(provisional agreement, modus vivendi)의 성격을 갖는다고 할 것이다. 즉, 남북기본합의서는 성격상 통일을 지향하는 현재의 화해·협력단계에서 남과 북의 관계를 규율하는 규범으로서 남북연합 또는 통일국가 형성 이전의 남북한 특수관계를 규율하는 한시적 성격을 갖는다는 데 이론이 있을 수 없다.[57)]

나. 특수관계 규정의 규범적·정치적 의미

(가) 분단국으로서의 남북한과 민족자결권 행사

기본합의서 서문의 특수관계 규정은 한민족의 자결권 행사의 정당한 표현이다. 남북한은 하나의 민족으로 구성되어 있고, 공통의 언어·문화·역사를 가진 분단국이다. 비록 현재 상태하에서는 남북한이 서로 분리된 영역과 정부를 가지고 각자 살아가고 있고 외형상 2개의 국가처럼 인식되고 있으나, 서로 하나의 국가(one state) ― 그것이 '하나의 한국'이든 아니면 '하나의 조선'이든 관계없이 ― 라는 신념을 가지고 있는 한, 국제사회에서 하나의 국가임을 주장할 수 있다. 분단은 어디까지나 잠정적·과도기적인 것으로서 어느 누구도 이를 영구화할 수 없다.

그리고 통일국가 실현에 대한 민족적 합의를 천명하고 특수관계에 입각한 1국가 논리를 국제사회에 대해 주장하는 것, 나아가 남북한 간의 문제를 민족내부문제로 간주하여 해결해 나가려고 하는 입장은 통일을 지향하는 한민족 전체 구성원의 지지를 받고 있는 것으로서 민족자결권의 정당한 행사라고 볼 수 있다. 통일에 관한 남북한의 정치적 의지에 대하여 제3국이 이를 부인하는 것은 분단국 내부에 관한 국제법원칙에 비추어 용인될 수 없다.[58)]

이와 관련, 1966년 국제인권규약 제1조는 (민족)자결권에 관해 규정하면서 '집단적 권리성'을 인정하고 있다. 뿐만 아니라 오늘날 민족자결권은 국제관습법상의 권리로서 확립되어 있고, 이를 존중하는 것은 일반국제법상 모든 국가의 의무로 간주되고 있다.

요컨대, 남북한이 주관적으로 하나의 민족, 하나의 국가, 하나의 국민임을 주장하는 것은 당연히 국제인권규약 제1조의 (민족)자결권에 속하는 것으로서 모든 국가는 한민족

57) 김명기, 『남북기본합의서 요론』(서울: 국제문제연구소, 1992), p. 41; 제성호, "기본합의서의 법적 성격과 효력," 『국제법학회논총』, 제37권 제1호(1992), pp. 152-154.

58) Ernst-Ulrich Petersmann, "Study on Legal and Political Aspects of Inter-Korean Transactions and their Relationship to the International Trade Regime under GATT," p. 2. 이 보고서는 한국개발연구원, 『GATT체제하의 남북한교역의 법적·정치적 측면에 관한 연구』(서울: 한국개발연구원, 1993.1)에 수록되어 있다.

의 자결권 행사, 즉 남북한이 하나의 국가로서 서로 특수관계를 형성한다는 범민족적인 합의를 존중해야 할 의무가 있다고 할 것이다.

(나) 분단의 현실인정과 통일지향

남북한 특수관계는 정치적 · 민족사적 함의를 지닌 함축적인 용어라고 할 수 있다.

첫째, 남북한 특수관계라는 용어에는 분단사를 청산하고 통일시대로의 진입을 열망하는 7,000만 전 민족 구성원의 통일의지가 담겨 있다. 즉 남북한이 기본합의서를 채택하여 화해 · 협력의 의지를 표명하였지만, 이것이 결코 통일을 포기한 것이 아니라 오히려 통일을 촉진하고 앞당기기 위한 것이다. 그러한 점에서 특수관계라는 용어는 바로 통일을 지향하는 민족의지의 표현이라고 할 수 있다.[59]

둘째, 남북한 특수관계는 남북 쌍방 사이의 관계가 정지되거나 완성된 관계가 아니라 '현실인정'과 '미래지향'이 복합된 가변적이고 역동적인 관계라고 할 수 있다.

남북한이 유엔회원국으로서 국제사회의 일원으로 활동하면서 상호 실체를 인정 · 존중해야 하는 것이 현실인정의 측면이라면, 평화를 정착시키고 화해와 협력을 통해 민족공동체를 회복하는 가운데 평화통일을 추구하는 것은 미래지향적 측면이라 할 수 있다.

우리는 대결시대에 집착해서도 안 될 뿐만 아니라, 지난 40여 년의 대결상태로부터 비롯된 현실을 무시한 채 미래만을 앞서 이야기해서도 안 된다. 그와 같은 자세는 비현실적인 것이고, 기본합의서의 정신, 특히 특수관계의 정신에 비추어 맞지 않는 것이라고 하겠다.

요컨대, 남북한 특수관계의 정치적 · 민족사적 의미는 어디까지나 현실인정의 바탕 위에서 상대방 체제를 인정 · 존중하는 가운데, 기본합의서를 성실하게 이행 · 실천해 나감으로써 남북한관계를 통일지향적 평화공존관계로 이끌어 나가야 한다는 것을 의미한다고 하겠다.[60] 이것이야말로 평화통일로 접근하는 바른 길이기 때문이다.

셋째, 기본합의서 서문의 특수관계 규정은 남북한이 화해 · 협력을 통한 '민족공동체 회복'과 '평화정착'을 이룩하고, 궁극적으로 통일에 접근하려는 기본구상을 선언한 것이라 할 수 있다. 그러한 점에서 특수관계는 평화정착 및 통일과의 관계에 관하여 양자가 서로 모순되는 것이 아니라 조화될 수 있는 것임을 시사하고 있다. 즉, 평화정착은 평화통일의 기반이 된다는 것이다.

만일 남북한이 화해 · 협력을 통한 평화정착을 주된 목표로 삼을 경우에는, 남북한관

---

59) 김명기, 『남북기본합의서 요론』, p. 117.

60) 제7차 남북고위급회담(서울) 우리 측 기조연설문. 통일원 남북대화사무국, 『남북대화』, 제55호, pp. 21-22.

계를 국가 간의 관계로 인정하는 방안도 긍정적으로 고려할 필요가 있을 것이다. 그러나 기필코 조국통일을 이룩하려 한다면, 통일에 역행·모순되는 국가승인을 할 수는 없는 일이다. 기본합의서는 "평화정착만을 목표로 하고 통일을 포기하는 입장"을 단호히 배격한다는 취지에서 남북한관계를 국가와 국가 간의 관계가 아닌 잠정적 특수관계로 규정하였다고 풀이할 수 있다.[61]

넷째, 특수관계라는 용어에는 우리 대한민국이 민족사적 정통성에 기초한 국가의 법통성(法統性)을 계속해서 이어 나가겠다는 국가의사(國家意思)가 아울러 내포되어 있다.[62] 물론 이 점은 북한의 경우에도 마찬가지이다.

물론 한국이 정통성과 법통성을 강조하고 이어 나가겠다는 입장은 다분히 이념적 측면이 강하다. 이와 같은 정통성 견지 입장이 한국이 앞으로도 계속 국제사회에서 한반도에서의 '단독 대표권'을 주장하고 이를 행사하겠다는 것을 의미하지는 않는다. 현실적으로 남북한은 유엔가입과 남북기본합의서 채택으로 일방의 타방대표성 주장을 포기한 것으로 인식되고 있기 때문이다.

또한 한국이 내면적으로 한민족의 정통성과 국가적 법통성을 계속 이어 나가겠다는 국가의사를 갖는 것이 반드시 남북한 특수관계, 특히 상호성과 대등성의 원칙과 배치된다고 볼 수는 없다고 생각된다.

(다) 특수관계론과 남북관계의 점진적 발전성

남북한 특수관계는 점진적 발전성을 갖는다. 이는 남북한관계가 적대적 대결관계에서 일시에 화해적 협력관계로 전환될 수는 없음을 말하는 것이다. 남북한관계는 「적대적 대결→적대적 공존→화해적 공존→화해적(평화지향적) 협력→통일지향적 평화협력」의

61) 통일원, 『남북기본합의서 해설』, p. 40.

62) 김명기, 『남북기본합의서 요론』, pp. 119-120 참조. 한편 남북한 간 특수관계의 의미와 관련, 북한은 (분열된) 북남관계의 특수성에 대해 ① 상호관계의 비국제성, ② 전향성, ③ 잠정성으로 집약된다고 보고 있다. 즉 "북남합의서 서문에 명문화되어 있는 바와 같이 첫째로 두 지역, 두 제도로 갈라져 있으면서도 나라와 나라 사이의 관계가 아니라는 데 있으며, 둘째로 분렬되여 있으면서도 그것이 고착된 것이 아니라 통일을 지향하는 과정에 있는 전향적인 관계라는 데 있으며, 셋째로 따라서 항구적인 관계인 것이 아니라 어디까지나 통일이 될 때까지 일시적으로 형성되는 잠정적인 관계라는 데 있는 것입니다"라고 주장한 바 있다. 제8차 남북고위급회담 제1일 회의에서의 북한 측 수석대표인 연형묵 총리의 기조연설문. 통일원 남북대화사무국, 『남북대화』, 제56호(서울: 통일원, 1992), p. 40. 대체로 북한 측 입장은 기본적으로 우리의 입장과 다르지 않다. 그러나 북한 측 입장은 남북한관계의 이중성, 특히 대외적인 측면(유엔회원국으로서의 관계 등 국제사회에서의 남북한관계)을 무시하려 한다는 점에서 현실성을 결여하고 있다고 할 수 있다. 그 대신 북한은 남북한관계의 비국제성 및 민족내부관계를 구실로(이와 관련, 민족자주성과 민족대단결 논리를 구사하여 남북한의 내부관계가 대외관계보다 우선한다는 점을 강조한다) 한·미·일 간의 관계를 이간·약화시키려는 전략을 사용하고 있는 것이다.

순으로 점진적으로 발전해 나갈 것이 분명하다. 물론 이것이 역사적 순리라고 할 수 있다. 남북한관계의 현주소를 어떻게 규정할 것인가에 대하여는 보는 시각에 따라 달라질 수 있다. 필자는 현재의 남북한관계가 기본적으로 '화해적 공존'의 언저리에 있으나, 때때로 이전 시기에 팽배했던 '대결의 관성'이 이따금씩 나타나는 것으로 이해하고자 한다.[63)]

이와 관련, 지난 햇볕정책 추진 시기, 특히 2000년 6월 평양에서 1차 남북정상회담이 열린 직후 일각에서는 이제 남북 화해・협력시대가 도래하였다고 주장한 바 있다. 하지만 정상회담을 한두 차례 개최했다고 해서, 또는 정치가들이 민의에 기초하지 않고 일방적으로 정치적 화해를 선언한다고 해서 곧바로 화해가 이루어졌다고 생각하는 것은 오산이다. 남북한 간에는 풀어야 할 응어리들이 여전히 산적해 있기 때문이다. 6・25 한국동란(전쟁?)이 그 첫째요, 버마 아웅산묘소 폭파사건(1983.10.9)과 KAL 858기 폭파사건(1987.11.29)이 그 둘째요, 서해교전(2002.6.29)이 그 셋째요, 박왕자 씨 총격사망사건이 그 넷째다. 이 밖에도 이산가족문제, 국군포로・납북자문제 등 남북한 주민들 간에 맺혀 있는 응어리는 적지 않다. 이러한 사건들에 대해 '포괄적인, 그러나 진심 어린, 사과 내지 유감 표명'과 더불어 이 같은 무력남침과 각종의 폭력 및 테러행위에 대한 재발방지를 보장[64)]해야 비로소 정치적 화해가 이루어지는 것이다. 그런 점에서 현 단계의 남북한관계를 화해적 공존단계라고 단정하기는 어려울 것 같다. 앞으로 다방면의 교류협력을 추진하는 한편, 정치적 화해와 평화공존을 위한 다각적인 조치를 강구해야 할 것이다. 현재의 남북한관계를 어떻게 이해하든 간에 분명한 것은 남북한관계는 점차 통일을 향해 앞으로 진전되어 나간다는 것이다. 이를테면 점진적 발전성이 남북한 특수관계의 본질적 특성이라고 할 수 있다.

한편, 우리 국내법적 규율의 관점에서 볼 경우에도 남북한관계의 점진적 발전성을 인정할 수 있다. 1990년 이전의 남북한관계는 국가보안법만이 적용되는 관계였다. 하지만 1990년 8월 1일 '남북교류협력에 관한 법률'(남북교류협력법)이 제정된 이후부터는 국가

---

63) 2008년 12월 1일 북한이 ① 군사분계선 통행 제한・통제, ② 경제협력협의사무소 폐쇄, ③ 개성관광・남북열차 운행 중단, ④ 개성・금강산 상주 체류인원 절반 감축 등을 포함한 이른바 '군사분계선 통행제한조치'(통칭 12.1 조치)를 취한 것이라든가 2009년 4월 5일 장거리 로켓 발사 및 동년 5월 25일 2차 핵실험을 감행한 것은 그 대표적인 예라 할 수 있다. 통일부, 『최근 남북관계의 이해－북한의 강경 위협 조치, 당장 중단되어야－』(서울: 통일부, 2009.6), pp. 5-6 참조.

64) 그와 같은 보장방안의 하나로 "북측은 분단 기간 중 6・25와 같이 북측 주도하에 일으킨 대남 파괴・전복행위에 대해 깊은 유감을 표명하며, 남과 북은 그와 같은 민족적 비극이 이 땅에서 다시 발생하지 않도록 노력한다"는 문구(합의사항)를 남북 정상선언(가칭 '한반도 평화선언')에 포함시키는 것을 고려할 수 있다. 하지만 이를 위해서는 북한 측이 무력남침 및 파괴・전복 행위에 관한 사실관계를 인정해야 하는 어려움이 있다.

보안법과 남북교류협력법이 쌍두마차 체제로 대북관계에 적용되기 시작하였다. 남북한관계가 진전되면 진전될수록 국가보안법의 적용비율이 점차 적어지고, 반대로 남북교류협력법의 적용비율은 더욱 커지게 될 것이다. 다만, 북한이 대남적화혁명전략을 포기하지 않는 한, 국가보안법이 폐지될 수는 없음을 유의해야 한다. 즉, 남북한관계는 국가보안법의 적용비율 대 남북교류협력법의 적용비율이 '90 : 10 → 70 : 30 → 50 : 50 → 30 : 70 → 20 : 80 → 10 : 90'로 점차 이행하는 구조를 갖는다고 할 것이다. 이런 동태적 발전의 과정에서 2005년 12월에는 남북관계 발전에 관한 법률도 제정되게 되었음은 주지하는 바와 같다. 요컨대, 남북한 특수관계는 '점진적 발전성' 혹은 '동태적 진화성'을 그 내포로 하는 관계라고 할 것이다.

3. 남북한 특수관계론과 유엔가입 및 1국가론의 관계

(1) 유엔가입과의 관계

1994년 말 현재 남북한의 수교현황을 보면, 남한은 175개국, 북한은 133개국과 각각 수교를 하고 있다. 이 중 남북한 동시수교국은 123개국에 달하고 있다. 특히 남북한은 지난 1991년 9월 17일 유엔에 나란히 가입하였다.

이처럼 남북한이 유엔에 가입하고 각기 국제사회에서 국가로 인정되고 있는, 즉 엄연히 객관적·국제법적으로 2개의 국가로 존재하는 상황하에서, 하나의 민족임을 이유로 또한 하나의 국가로의 통일을 지향하고 있다는 이유만으로 과연 남북한 간 잠정적 특수관계의 논리를 국제사회에 대해 주장할 수 있는 것인가? 이 문제의 해답은 국제기구, 특히 유엔 동시가입이 곧바로 남북한 상호 간의 (묵시적) 국가승인으로 볼 수 있는가 하는 점과 관련이 있다.

주지하는 바와 같이 유엔헌장 제4조 제1항은 유엔가입의 실체적 조건을 규정하고 있다. 그것은 헌장상의 의무를 수락하고, 동 의무를 이행할 의사와 능력이 있는 평화애호국(peace-loving state)이라는 것이다. 즉, 유엔에는 국가만이 가입할 수 있는바, 여기서 법이론상 몇 가지 문제가 제기된다. 첫째, 유엔가입은 기존 유엔회원국들의 신회원국에 대한 집단적 국가승인의 효과를 가져오는가, 둘째, 유엔가입으로 기존 회원국들은 신회원국에 대해 묵시적 국가승인을 했다고 볼 수 있는가, 셋째, 남북한은 유엔가입으로 상호 묵시적 국가승인을 한 것으로 볼 수 있는가 하는 점들이 그것이다.

첫째 문제에 관하여는 약간의 논란이 없는 것은 아니나, 유엔가입은 외교적 승인제도와는 본질상 다르기 때문에 어느 국가의 유엔가입으로 기존 회원국들이 당해 국가에 대해 — 특히 당해 국가의 유엔가입에 찬성투표한 회원국들의 경우에도 찬성투표라는 사실만으로 — 집단적인 승인(collective recognition)을 부여했다고는 볼 수 없다는 것이 유엔의 확립된 관행으로 간주되고 있다.[65] 이러한 입장은 국가승인이 본래 개별국가의 일방적 행위라는 승인제도의 본질에도 부합하는 것이며, 또한 이것이 대다수 국제법학자들로부터 지지를 받는 견해이다. 요컨대, 남북한의 유엔가입은 가입결정에 관한 투표에서 찬성투표한 국가를 포함하여 여타의 모든 기존 유엔회원국들이 남북한에 대해 각기 집단적 승인을 부여했다고 볼 수는 없다.

한편, 유엔가입 승인이 기존 회원국에 의한 신규 회원국의 집단적 승인은 아니지만, 유엔이라는 '국제기구 자체에 의한 승인'이라고 볼 수 있다는 유력한 견해가 있다. 즉, 유엔은 독자적인 법인격을 갖는 국제기구로서 국가승인 및 정부승인을 할 수 있다는 것이다.[66] 이 같은 입장에 따르면, 유엔가입으로 신규 회원국은 개별 회원국의 의사와는 별개로 유엔이라는 국제기구에 의해서 각기 국가로 인정받을 수 있다. 이러한 견해는 현재 국제법학계에서 널리 통용되고 있다. 그러므로 남북한은 유엔가입에 의해 유엔이라는 국제기구로부터 각기 국가로서 인정받게 되었다고 할 수 있다.

둘째, 유엔가입은 기존 회원국들의 신회원국에 대한 묵시적 국가승인을 의미하는가도 국제법상 흥미 있는 주제라고 할 수 있다. 이 문제에 대하여는 국가관행과 학설이 ① 묵시적 국가승인을 인정하는 견해, ② 묵시적 국가승인을 부정하는 견해, ③ 찬성투표한 나라를 포함, 전 유엔 회원국이 원칙적으로 '묵시적' 혹은 '사실상의' 국가승인을 부여한 것으로 간주하되, '명백한 반대의사 표시'(즉, 반증)가 있을 경우 승인 효과를 인정하지 않는 견해로 나누어진다. 묵시적 국가승인 인정설은 田畑無二郎을 비롯한 대다수 일본 학자들의 견해이며,[67] 한국의 고 배재식 교수도 이를 지지한 바 있다.[68] 묵시적 국가승인 부정

65) James Crawford는 유엔가입은 유엔의 다른 전체 회원국들에 의한 승인 또는 가입에 찬성투표를 한 회원국들에 의한 승인으로 되지 않는 것이 명백하다고 한다. James Crawford, *The Creation of States in International Law*(Oxford: Clarendon Press, 1979), p. 322; Gerhard v. Glahn, Rosalyn Higgins, G. J. Mangone 등이 이와 동일한 견해를 취하고 있다.

66) 실제로 유엔은 국가 및 정부승인을 해 온 관행을 갖고 있다. 예컨대, 유엔 총회는 1948년 12월 12일 결의 제195(Ⅲ)호에 의거 대한민국을 합법정부로 승인하였으며, 1958년 10월 23일 결의 제1253(XⅢ)호로 1960년부터 토고(Togo) 공화국의 독립을 인정하고, 1946년 12월 13일의 토고 신탁통치협정의 효력은 종료된다고 선언함으로써 토고공화국을 국가로 승인하였다. 이에 관해서는 김명기, "국제연합 총회의 결의 제195(Ⅲ)호에 관한 연구," 『국제법학회논총』, 제28권 1호(1983), pp. 18-19 참조.

67) 田畑無二郎, 『國際法における承認の理論』, 法學理論編 158, p. 82.

68) 유엔가입 승인이 기존 회원국에 의한 신규 회원국의 묵시적 승인이라고 보는 견해는 배재식, "남・북한의 UN가입과 법적 문제," 『한국통일정책연구논총』, 제2권(1993), p. 11.

설은 1949년 5월 이스라엘의 유엔가입에도 불구하고, 이집트가 이스라엘에 대한 국가승인을 부인한 선례에서 잘 나타나고 있다.[69] 그리고 절충설인 제3설은 고 이한기 교수 등이 제시한 견해[70]로서 작금 이 입장이 국제법학자들 사이에서 지지를 얻어가는 유력한 견해라고 보인다.

셋째, 어떠한 국가의 유엔가입이 기존 회원국들에 의한 당해 국가에 대한 집단적·묵시적 국가승인을 의미하지 않는 사실에서부터 당연히 추론되는 결과의 하나는 어느 정치실체 둘 이상이 유엔에 동시가입한 경우 그러한 실체들이 유엔가입으로 상호 묵시적 국가승인(implicit recognition)을 한 것으로 볼 수는 없다는 것이다.[71] 마찬가지로 남북한은 유엔가입으로 상호 묵시적 국가승인을 한 것으로 볼 수 없다. 왜냐하면 본질적으로 국가승인은 승인주체인 개별 회원국, 즉 남북한의 의사에 달려 있는 것이기 때문이다.

주지하는 바와 같이 동서독 유엔가입은 양 독일 간의 특수관계에 아무런 영향을 주지 않았다.[72] 그것은 특수관계의 '대외적 측면'에 의거하여 동서독이 민족 내부적으로 특수관계를 유지하면서도 국제사회에서 각기 개별적이고 독자적으로 국제활동을 할 수 있었기 때문이었다. 또한 동서독의 개별 유엔가입이 독일의 재통일을 방해하지도 않았다. 이것은 남북한의 경우에도 마찬가지라고 하겠다. 즉, 남북한의 유엔 동시가입은 남북한이 특수관계를 설정하려는 의사와 반드시 모순되는 것은 아니며, 또한 궁극적으로 남북통일을 저해하는 것은 아니라고 보아야 할 것이다.

(2) 1국가론과의 관계

이상에서 보듯이 남북한 특수관계의 대내적 측면은 「1민족 1국가 2체제」, 반면 그의 대외적 측면은 국제사회에서 「1민족 2국가」 내지 사실상 주권국가 간의 관계로 보되, 이것이 완전한 국가승인을 의미하는 것은 아니고 국가적 실체의 인정(認定)을 의미하는 것

69) Ernst-Ulrich Petersmann, "Study on Legal and Political Aspects of Inter-Korean Transactions and their Relationship to the International Trade Regime under GATT," 한국개발연구원, 『GATT체제하의 남북한교역의 법적·정치적 측면에 관한 연구』(서울: 한국개발연구원, 1993.1), p. 3.

70) 이한기, 『국제법강의』, 신정판(서울: 박영사, 1997), pp. 210-211.

71) Michael Akehurst 등 일부 국제법학자들은 분단국 내부에서는 국가승인과 관련해서 창설적 효과설이 타당하다는 견해를 피력한 바 있다.

72) 동서독은 1972년 12월 21일 기본조약을 체결하였고, 이듬해인 1973년 9월 18일 유엔에 동시가입하였다. 이에 비해 남북한은 1991년 9월 17일 유엔에 동시가입하였고, 그 후 1992년 2월 19일 남북기본합의서를 발효시켰다. 동서독과 남북한 간에는 기본조약 체결과 유엔가입의 선후에 있어서 차이가 있다. 그럼에도 불구하고 양 분단국은 모두 특수관계를 설정하려 한 점에 있어서는 근본적인 차이가 없다.

이다. 그리고 유엔가입은 유엔이라는 기구에 의한 승인일 뿐, 기존 회원국들이 남북한을 승인하는 것이 아니고 더욱이 남북한이 유엔가입을 계기로 상호 묵시적 승인을 한 것이라고 볼 수 없다는 것은 앞에서 기술한 바와 같다.

여기에서 한 가지 문제로 제기되는 것은 남북한이 유엔 동시가입이라는 사실에도 불구하고, 특히 우리가 국제적·대외적 무대에서 주권국가 간의 관계 내지 「1민족 2국가」를 말하면서 그와 모순되는 것으로 인식될 수도 있는 '하나의 국가'(1국가론)임을 국제사회에서 주장할 수 있는가 하는 점이다.

이것이야말로 남북한 특수관계와 관련해서 가장 설명하기 어려운 부분이라고 할 것이다. 그러나 우리 정부가 북한의 대외적 국가실체성을 인정하는 것은 특수관계의 '현실인정 측면'에서 비롯된 것으로, '남북한이 별개의 국제법주체(사실상 2국가)'라는 사실을 부인할 수 없다는 점을 지적한 것일 뿐이다. 반면 대내적으로는 남북한이 엄연히 「1민족 1국가 2체제」를 유지하면서 이 점을 강조하고 있는 만큼 남북한이 '1국가론'을 각기 견지하는 가운데, 이 같은 '특수관계론' 혹은 '1국가론'을 국제적으로 주장하는 것은 물론, 국제사회에 대해 이를 존중해 줄 것을 요구할 수 있다고 생각된다.

이와 관련, 사실상 2국가이면서도 1국가론을 견지한 국제선례로는 동서독의 예를 들 수 있다. 즉, 양 독일은 유엔에 별개로 가입하고 있었으나 그러한 사실이 동서독은 '하나의 국가'라는 구서독의 입장을 배척하지는 않았다. 한편, 구소련에 있어서도 백러시아(현재 벨로루시공화국의 전신)나 우크라이나는 각기 국제법상 국가가 아니었고 각각 소련연방의 1구성원에 불과하였으나, 독자적으로 유엔에 가입하고 있었다.

이상의 점에 비추어 남북한이 유엔에 동시가입하거나 또는 남북기본합의서를 채택하는 등 북한의 대외적인 국가적 실체성을 인정하는 것과 1국가론을 견지하는 것은 반드시 모순이라고 할 수 없다고 할 것이다.[73)]

---

73) 이와 관련, 남북한이 유엔에 가입할 당시에 "두 개의 한국이 유엔에 가입하는 것은 남북한 간의 대화에 기여하고 궁극적으로는 통일에 기여할 것"이라는 1991년 5월 28일자 미(美) 국무부의 Tutwiler 대변인의 성명, 남북한의 유엔가입은 남북 화해와 통일에 유리하게 작용할 것이라는 프랑스 외무성의 성명, 남북한의 유엔 동시가입은 한반도의 통일을 위한 과도적인 조치로서 환영할 만한 것이라는 일본 정부의 발표 등은 남북한이 유엔 동시가입에도 불구하고 주관적으로는 하나의 국가라는 1국가론을 견지할 수 있음을 묵인한 것으로 평가할 수 있을 것이다. Ernst-Ulrich Petersmann, "Study on Legal and Political Aspects of Inter-Korean Transactions and their Relationship to the International Trade Regime under GATT," p. 3.

제4절 남북한 특수관계와 남북합의서

1. 남북합의서와 남북관계 운영

1971년 남북적십자회담이 열린 이후 지금까지 수많은 남북대화가 개최되었고, 그 결과로 여러 가지 합의서가 작성되었다. 그동안에 채택된 남북합의서 중 가장 중요한 것은 ① 7·4 남북공동성명, ② 남북기본합의서, ③ 6·15 남북공동선언의 3가지이다. 여기서 보듯이 남북합의서의 명칭은 합의서, 성명, 선언 등으로 나타나고 있다. 이 밖에도 합의문, 잠정합의서, 공동보도문 등이 있다.

그간 남북한 간에 채택된 합의문건들은 상기 대표적인 3개의 문건을 포함해서 태반이 법적 구속력을 갖는 문서들이 아닌 것으로 간주되었다. 정부는 상기의 합의문건들이 정치적 선언이나 '신사협정'(gentlemen's agreement)[74]으로 채택됐다는 입장을 보였고, 또 당연히 그런 유(類)의 것으로 취급하여 왔다. 이는 우리 헌법재판소와 대법원의 입장이기도 하다.

하지만 이러한 비법적(非法的)인 문건들이 남북관계를 지도하고 이끌어 온 게 사실이다. 그것은 남북관계의 가변성과 유동성을 고려하여 규범적인 측면보다는 다분히 전략적이고 정치적인 관점에서 대북정책을 추진해 온 것과 무관하지 않은 것으로 보인다. 그러나 각종 남북합의서의 법적 구속력 결여는 남북관계를 불안정하게 만들 수밖에 없었고, 이는 다시 남북한 간의 불신을 증폭시키는 부정적인 결과를 낳았다.

하지만 6·15 남북공동선언이 채택된 지금 정치적 선언 내지 신사협정만으로 남북관계를 운영하던 기존의 관행이 바뀌려 하는 양상을 보이고 있다. 이른바 투자보장, 이중과세, 상사분쟁해결, 청산결제에 관한 2000년 12월 4대 남북경협합의서(투자보장합의서, 이중과세방지합의서, 청산결제합의서, 상사분쟁해결합의서) 채택은 그러한 추세를 단적으로 말해주는 사례라고 하겠다. 사실 남북경협을 확대·발전시키려면, 제도화·규범화를 통해

---

74) 본래 신사협정이라 함은 정치가나 외교관들이 정치적 신의에 기하여 서로 언약하거나 자발적 이행을 담보하는 정책수행상의 약속을 말한다. 신사협정의 대표적인 예로는 Entente Cordiale의 작성기초를 제공하고 기존의 구두합의를 보완하기 위해 1912년 11월 22~23일 영국의 외무장관 Edward Grey와 런던 주재 프랑스 대사 Paul Cambon 간에 이루어진 각서교환과 1941년 8월 14일 프랭클린 루즈벨트 미국 대통령과 윈스턴 처칠 영국 수상 간에 조인된 '대서양헌장'(The Atlantic Charter)을 들 수 있다. Wilfried Fiedler, "Gentlemen's Agreement," *Encyclopedia of Public International Law*, Vol. 7(Amsterdam·New York·Oxford: North Holland, 1984), p. 105.

법적인 틀 속에서 안정적으로 추진해야 한다. 그런 점에서 앞으로 남북 화해·협력이 심화되면 될수록 남북관계는 점차 정치적 규율에서 벗어나 법적인 규율의 영역으로 진입하게 될 것이다. 다시 말하면, 남북관계에서 '법적 구속력'을 갖는 남북 합의문건의 수가 지금보다 훨씬 많아질 것으로 내다보인다.

2. 남북합의서에 대한 소위 '특수조약'성의 인정

앞서 지적한 바와 같이 그동안 남북합의서들은 국내적으로 법적 구속력을 확보하지 못한 채(이는 정부가 남북합의서를 국내법에 따라 공포하지 않은 것과 관련이 있다.), 그 법적 성격이 불명확한 상태에 있었다. 왜냐하면 우리 국내법상 인정되는 입법형식에는 헌법·법률·명령·규칙 및 자치법규 외에, 헌법 제6조 제1항에 따라 체결·공포된 '조약과 일반적으로 승인된 국제법규'가 있는데, 남북합의서는 이상의 그 어느 것도 아니었기 때문이다.

그럼에도 우리 정부는 그동안 '남북기본합의서'를 위시해서 각종의 남북합의서들을 조약으로 인정하지 않으면서도 북한 측에 대해 성실한 이행·실천을 요구하는 상호 모순되는 행동을 해 왔다. 하지만 앞으로 남북관계를 진정 '통일지향적인 평화공존관계'로 만들어 가려면, 꼭 필요한 경우에는 관련 합의서들을 '조약으로 공포'하여 국내법적 구속력을 인정하는 보다 적극적인 자세가 요구된다.

이와 관련해서 혹자는 조약은 본래 국가 간에 체결되는 것인데 남북합의서를 조약으로 공포하면, 북한을 국가로 승인한다거나 또는 남북한 특수관계 논리와 상치되는 것이 아닌가 하는 문제를 제기하기도 한다. 그러나 이 같은 생각은 국제법상 근거가 없는 것이다. 조약은 국가 간에만 체결되는 것이 아니라 국가, 교전단체나 민족해방운동단체 등 국가유사단체, 국제조직 등 국제법주체 간에 체결되는 것이기 때문이다. 실제로 동서독의 경험에서 잘 나타나듯이 분단국을 구성하는 정치실체 간에도 얼마든지 법적 구속력을 갖는 조약이 체결될 수 있다(분단 기간 중 독일의 경우를 보면, 1972년 12월 21일 체결된 동서독기본조약은 조약이라는 법적 형식과 절차를 갖추어 체결·공포되었으며, 국내법적으로도 양 독일 의회의 비준동의를 받았다).

그러므로 향후 남북한 간에 체결되는 합의서, 예컨대 투자보장합의서, 이중과세방지합의서, 청산결제합의서, 상사분쟁해결합의서 등 핵심적인 남북경제합의서들을 법적 구속력을 갖는 조약으로 체결·공포하는 것이 남북통일시대에 걸맞은 조치라고 하겠다. 이는 남북한이 1민족 2체제를 전제로 하여 「남북연합」(the Korean Commonwealth)이라는 통일 이전의 과도적 결합체제를 형성하는 합의[75]의 경우에도 마찬가지일 것이다.

그런데 남북관계는 남북기본합의서 서문에 따라 '나라와 나라 사이의 관계가 아닌 통일을 지향하는 과정에서 잠정적으로 형성된 특수관계'이다. 곧, 북한과 대한민국과의 관계는 외국과의 관계가 아니고, '비국제적인 민족내부의 특수관계'에 해당된다. 때문에 남북합의서는 그것이 법적 구속력이 있는 합의서로 체결될 경우에도 통상 외국과 체결되는 '일반조약' 내지 '국제조약'과 구별된다.[76] 이 경우 그러한 남북합의서는 북한이라는 분단국을 구성하는 정치실체와 체결되는 '특수조약'(treaty sui generis)으로 규정되어야 한다.[77] 그러한 점에서 외국과의 조약체결업무를 수행하는 외교통상부가 남북합의서 체결사무를 관장하는 것은 타당하다고 할 수 없다. 통일부가 그것을 담당하는 것이 법리적으로나 남북관계의 관행에 비추어 보더라도 옳다고 하겠다.

한 가지 유의할 것은 남북경제협력합의서를 (특수)조약으로 체결한다고 해서 앞으로 남북한 간에 체결되는 모든 합의서를 다 조약으로 체결할 의무는 없다고 하겠다. 아직까지 남북한 간에 정치·군사적 신뢰가 부족한 상황에서 안보적으로 매우 민감한 정치·군사적 분야의 합의는 당분간 정치적 선언이나 신사협정의 성격을 갖는 것으로 체결해도 무방할 것으로 판단되기 때문이다. 이와 관련, 우호관계에 있는 나라들 간에도 국제협력의 원칙에 관한 사항이나 정치적 행동노선에 관한 사항은 정치적 선언이나 신사협정으로 체결되는 일이 비일비재하다는 점을 기억할 필요가 있다.

한편 남북한 간의 제 합의서를 유엔 회원국 간의 조약으로 보고, 유엔 사무국에 등록할 것인가가 문제로 제기될 수 있다. 이에 관해서는 우리 사회에서 찬반양론이 존재한다. 유엔 사무국 등록이 반드시 남북한 특수관계에 배치되는 것이라고 보기는 어려울 것 같다. 이와 관련해서 통일 이전 구서독은 동서독기본조약을 조약(Vertrag)으로 인정해 법적 구속력을 부여하기는 하였으나, 유엔 사무국에는 등록하지 않았음을 주목할 필요가 있다. 이 문제에 대해서는 등록에 따른 이해득실 등 보다 신중한 검토와 대응이 요구된다고 할 것이며, 필요 시 북한과의 협의를 거치는 것도 바람직하다고 생각된다(이 밖에 보다 자세한 내용은 본서 제6장을 참조).

---

75) 1989년 9월 우리 정부가 발표한 「한민족공동체통일방안」에 의하면, 그러한 남북합의서의 명칭으로 「민족공동체헌장」, the Charter of the Korean National Community가 제시된 바 있다. 그리고 이 「민족공동체헌장」은 남북정상회담에서 합의·채택될 것이 예정되고 있다.

76) 제성호, "남북기본합의서의 법적 성격," 『서울국제법연구』, 제5권 2호(1998), pp. 84-92.

77) 제성호, "남북합의서에 대한 국내법적 효력부여문제," 제성호 편저, 『통일시대와 법』(서울: 중앙대 출판부, 2003), pp. 237, 243-244.

〈자료 2〉 ‘민족 내부의 특수관계’ 제도화 문서: 남북기본합의서와 동서독 기본조약[78]

1. 동서독 기본조약의 정신과 기조 수용

남북기본합의서(이하 기본합의서라 함)는 브란트 수상의 이른바 동방정책(Ostpolitki)의 기조와 실천원칙을 수용하고 있다고 평가할 수 있다. 그 이유는 다음과 같다.

첫째, 기본합의서 제1조는 “남과 북은 서로 상대방의 체제를 인정하고 존중한다”고 규정하고 있다. 이것은 한국이 조선민주주의인민공화국이라고 불리는 북한의 정치실체를, 북한이 대한민국이라는 남한의 정치실체를 각기 인정하고 존중한다는 의미이다. 좀 더 구체적으로 말하면, 한국은 북한의 공산주의 체제와 중앙통제 계획경제체제를, 북한은 한국의 자유민주주의 체제와 자본주의 경제체제를 인정·존중한다는 의미이다.

그러나 상대방의 체제 인정 및 존중은 남북한이 상호 국가로 승인하는 것을 의미하는 것은 아니다. 합의서 전문이 “쌍방 사이의 관계가 나라와 나라 사이의 관계가 아닌 통일을 지향하는 과정에서 잠정적으로 형성되는 특수관계라는 것을 인정하고”라고 규정하고 있기 때문이다.

과거 북한이 한국을 ‘미제의 식민지’로 규정하고, ‘민족해방 인민민주주의 혁명’이란 기치 아래 ‘혁명의 대상’으로 규정해 온 것에 비하면, 이러한 합의서 내용은 이제 북한이 현실을 인정하는 태도로 전환하였음을 시사한다. 즉, 한국을 파괴와 전복의 대상이 아니라 화해와 공존의 대상으로 보게 된 것이다.

이는 한국의 경우에도 과거 북한을 반국가단체로 간주하던 자세 일변도에서 탈피하여 ‘선의의 동반자’요 ‘민족공동체의 성원’으로 본다는 인식의 전환을 내포한다고 할 수 있다.

동방정책의 기조는 분단을 극복하기 위해서는 ‘현실을 인정’해야 한다는 것이었다. 기본합의서는 상대방의 체제를 인정하고 존중하는 자세, 즉 현실을 인정하는 기초 위에서 “평화통일을 성취하기 위한 공동의 노력을 경주할 것을 다짐한다”(전문 참조)고 선언함으로써 위와 같은 동방정책의 기조를 수용하고 있다.

둘째, 기본합의서에서는 민족적 화해를 이룩하고, 긴장완화와 평화를 보장하는 가운데 “다각적인 교류·협력을 실현하여 민족 공동의 이익과 번영을 도모한다”(전문 참조)고 규정하고, 제3장에서 다각적인 교류·협력 방안을 구체적으로 명시하고 있다. 그 내용은 한마디로 말해 인적·물적 교류협력을 통해 북한을 개혁·개방으로 유도하고 민족공동체를 형성함으로써 평화통일의 여건을 조성한다는 것이다.

78) 제성호, 『남북한 특수관계론: 법적 문제와 그 대책』(서울: 한울아카데미, 1995.12), pp. 87-93을 일부 수정·보완해 전재한 것이다.

동방정책의 기조에 따른, 동서독 기본조약의 2가지 실천원칙은 「접촉을 통한 변화」(Wandel durch Annäherung)와 「무력사용의 포기」(Gewaltverzicht)였다.[79] 기 합의서의 경우에도 남북 화해와 불가침을 약속하는 기초 위에서 북한과 꾸준히 접촉하고 교류·협력을 추진함으로써 결국 북한을 개방·개혁시키고 민주화를 유도한다는 우리의 대북 정책과 통일의지가 반영되어 있다.

이상의 점에 비추어 기본합의서는 서독의 동방정책 정신과 기조, 그리고 그 연장선 상에서 동서독 기본조약의 목적과 정신 및 실천원칙을 수용하고 있다고 평가할 수 있다.[80]

2. 남북기본합의서와 동서독 기본조약의 내용 비교

이하에서는 기본합의서와 동서독 기본조약의 주요 내용을 항목별로 비교하기로 한다.

(1) 특수관계론에 입각한 상호 실체 인정

첫째, 기본합의서와 동서독 기본조약은 모두 상호 실체를 인정·존중하는 기초 위에서 체결되었다는 공통점을 갖는다.

기본합의서는 "남과 북은 서로 상대방의 체제를 인정하고 존중한다"(제1조)고 규정하고 있다. 그에 비해 동서독 기본조약은 "독일연방공화국과 독일민주공화국은 동등권의 바탕 위에서 상호 정상적인 선린관계를 증진한다"고 하여, 상호 평등과 정상적인 선린관계의 발전을 명시하고 있다. 표현만 다를 뿐 양자는 적대관계, 경쟁관계를 청산하고 상호 실체 인정의 토대 위에서 선린관계를 발전시킬 것을 의도하고 있다.

양자 간의 차이점을 찾는다면, 동서독 기본조약은 본문에서 동·서독의 정식 국호를 사용하고 있는 데 비해, 기본합의서는 본문에서 '남'과 '북'이라 하여 지리적 용어로써 합의서 당사자 각각의 정치적 실체를 지칭하는 한편, 서문에서 남북 간을 「쌍방사이」라고 표현하고 있다는 점이라 할 수 있다. 또한 기본합의서에서는 남과 북이 서로에 대해 '상대방'이라고 지칭하는 동시에 상대방을 국가로 승인하는 것을 피하기 위해 '체제'라는 용어를 사용하였다.

둘째, 상호 실체 인정·존중은 소위 특수관계론에 입각하고 있다는 점에서 양자 간에 유사성을 발견할 수 있다.

동서독의 경우 서독은 동독과의 관계를 「1민족 2국가」(Eine Nation Zwei Staaten)의

79) Günter Schmid, *Die Deutschlandpolitik der Regierung, Brandt/Scheel*(tudV Buch, 1975), pp. 53-68 참조.
80) 제성호, "남북한 기본합의서와 동서독 기본조약 비교," pp. 169-171. 동서독 기본조약에 대한 보다 자세한 내용분석은 이장희, "동서독 기본조약에 대한 연구," 『국제법학회논총』, 제35권 2호(1990), pp. 81-104 참조.

특수관계로 보고, 내부적으로 동독에 대하여 '일정한 국가성'을 인정하였다. 그러면서도 동독의 실체 인정이 '국제법상 국가승인에 해당하는 것이 아님'을 기본조약 체결 후 일련의 행위를 통하여 명백히 하였다. 반면 동독은 「2민족 2국가」(Zwei Nationen Zwei Staaten)의 입장에서 기본조약 체결에 의해 서독으로부터 국제법상 국가승인을 받은 것으로 간주하였다.

그에 비하여 기본합의서의 경우, 전문에서 '쌍방사이의 관계가 나라와 나라사이의 관계'가 아니라고 명문화함으로써 상호 실체 인정이 국제법상 국가승인을 의미하지 않음을 강력히 시사하고 있다.[81]

그러나 양자 간에는 중대한 차이점이 있다.

동서독 기본조약의 경우에는 동독이 서독으로부터의 국가승인을 전제로 한 '분단 논리'를 내세움으로써 통일문제에 관한 언급 내지 구체적인 관련 규정이 포함되지 못하였다. 하지만 기본합의서에서는 '통일을 지향하는 과정에서 잠정적으로 형성되는 특수관계'라고 명시하여 남북한 특수관계가 통일과정상에서 설정되는 잠정적·과도적인 관계임을 분명히 하고 있다. 이 같은 표현(문구)은 기본합의서의 이행·실천으로 남북한이 통일과정에 진입한다는 것을 의미하는 것으로서, 곧 통일지향성을 대내외적으로 천명한 것이라 할 수 있다.

한편 동서독 간의 특수관계는 기본조약의 해석(즉, 정부의 성명 및 연방헌법재판소 판결 등에 의한 해석)에 의하여 인정된 것이다. 이에 비해 기본합의서에서는 남북한 특수관계를 직접 명문화하였다는 점에서 분단고착화를 피하고 통일을 기필코 이룩하겠다는 남북한의 강한 통일의지를 반영하고 있다고 풀이할 수 있다.

(2) 화해적 공존관계 설정 및 '실질적인 평화체제'로의 전환 모색

남북한은 동족상잔의 피비린내 나는 전쟁을 치른 경험을 가지고 있다. 그 결과로 1953년 7월 정전협정이 체결된 후 지금까지 반세기 동안 남북한 간에는 상호 불신과 반목이 심화되어 왔다. 따라서 지금 남북한 간에 있어서 무엇보다 급선무는 정치적으로 화해하고 공존하는 것이다.

남북한은 기본합의서에서 정치적 화해를 위한 구체적인 방법으로서 상호 체제를 인정·존중하는 외에도 상호 상대방의 내부문제에 간섭하지 않을 것과 상호 상대방에 대하여 비방·중상을 하지 않을 것, 그리고 상대방을 파괴·전복하기 위한 일체의 적대

81) 다만, 기본합의서에는 과거 우리 정부가 견지하여 온 논리, 「1민족 1국가 2체제 2정부」의 논리에서 보다 현실적인 입장으로 전환, 진일보하여 남북한관계를 「1민족 2국가 2체제 2정부」의 특수관계로 보려는 의도(즉, 「1민족 1국가 2체제」의 대내적 측면과 「1민족 2국가」의 대외적 측면을 아우르는 이중관계를 특수관계라는 용어로 포괄적으로 수용한다는 진취성 및 전향성)가 엿보인다. 기본합의서의 수정·발효조항 다음에 남북한 총리가 서명함에 있어서 '정식국호'를 표기하고 있는 것은 바로 그러한 단서의 하나로 예시할 수 있다.

행위를 하지 않기로 약속하였다.

물론 동서독 기본조약에서도 정치적 화해를 의도하는 규정을 담고 있다. 제1조에서 양 독일이 상호 동등권의 토대 위에서 「정상적 선린관계」를 발전시킨다는 것과 제4조에서 "독일연방공화국과 독일민주공화국은 양국의 어느 일방이 상대방을 국제적으로 대표하거나 또는 자국의 명의로 상대방을 대신하여 행동할 수 없다"는 규정이 그것들이다.

여기서 후자는 '단독 대표권의 포기' 또는 '일방의 타방 불대표의 원칙'을 선언한 것이다. 이는 동서독의 국제법 주체성과 독자성(나아가 특수한 의미에서의 국가성)을 인정한 것으로서, 서독이 과거 아데나워 수상 시절 표명하였던 이른바 할슈타인원칙(Hallstein Doktrin)을 포기하였다는 것을 의미한다. 그러나 기본합의서의 경우 이러한 단독 대표권의 포기를 선언한 조항은 보이지 않고 있다.

한편, 남북한이 명실공히 정치적 화해를 이룩하기 위해서는 현재의 비정상적인 정전상태를 정상적인 평화상태로 전환하지 않으면 안 된다. 그것도 당사자 해결원칙에 따라 남북한 당국 간에 대화와 협상을 통해 자주적으로 평화상태로의 전환을 추진해야 한다. 평화상태로의 전환까지 남북한이 현재의 정전상태를 규율하는 유일한 법적 문서인 군사정전협정을 준수해야 함은 평화를 갈구하는 7천5백만 한민족 성원 전체의 당연한 요구이다. 기본합의서 제5조는 바로 이러한 점을 명문화하고 있다.

과거 북한은 한국의 평화협정 당사자성을 부인하는 동시에, 이른바 '3자회담'의 논리에 입각하여 '북남 불가침선언, 대미 평화협정 체결'을 고집해 왔다. 이 같은 북한의 전통적인 입장에 비추어 볼 때 기본합의서 제5조가 갖는 의의와 중요성은 평화협정은 한반도 문제에 주된 당사자인 남북한 간에 직접 체결되어야 한다는 한국의 입장이 반영되었다는 점, 곧 당사자해결 원칙, 민족문제(특히 한반도 평화구축문제)의 자주적 해결 원칙이 관철되었다는 데 있다.

그에 반해 동서독은 동족상잔의 전쟁을 치른 바 없다. 때문에 평화상태로의 전환 및 정전협정의 준수에 관한 규정이 있을 리 없다. 동서독의 경우에는 기존의 평화상태에서 평화유지 및 강화를 위한 조치를 마련하는 것으로 족하였다. 이와 관련, 동서독 기본조약은 분쟁의 평화적 해결 의무와 무력포기 및 불가침 의무를 명시하고 있다. 곧 기본조약 제3조는 "유엔헌장의 정신에 따라, … 분쟁을 오로지 평화적인 수단을 통해 해결하며, 무력위협과 무력사용을 포기한다. 쌍방은 현재 존재하며 또 앞으로 존재할 쌍방 간 경계선의 불가침성을 강조하고, 각기 영토보전을 무제한으로 존중할 의무를 지닌다"고 규정하고 있다.

기본합의서도 평화유지 차원에서 "상대방에 대하여 무력을 사용하지 않으며, 상대방을 무력으로 침략하지 아니한다"(제9조)고 하여 불가침 의무를 부과하는 한편, "의견대립과 분쟁문제들을 대화와 협상을 통하여 평화적으로 해결한다"고 하여 분쟁의 평화적 해결 의무를 부과하고 있다.

기본합의서가 동서독과 구별되는 중요한 차이점은 "유엔 헌장의 정신 또는 그 규정에 의하여"라는 문구가 없다는 것이다. 주지하는 바와 같이 동서독은 유엔 가입 이전에 기본조약을 체결하였다. 따라서 기본조약에서 '유엔헌장의 목적과 원칙을 준수한다'(제2조 참조)거나 '유엔헌장의 정신을 존중한다'(제3조 참조)는 뜻을 명기할 필요가 있었다. 이를 통해 유엔 헌장이라는 보편적인 국제규범의 동서독 간 적용이 가능하게 되었다.

그러나 이미 유엔에 가입한 남북한은 그 후 채택한 합의서에서 유엔 헌장에 관해 아무런 언급을 하지 않고 있다. 일부에서는 남북한이 모두 유엔 회원국인 이상 유엔 헌장의 명시와 관계 없이 유엔 헌장이 남북한 간에 적용될 수 있으며, 또 적용되어야 한다고 주장하기도 한다. 하지만 그렇게 속단할 수 있는지는 의문이다. 북한은 그들 방식의 특수관계 논리(즉, 나라와 나라 사이의 관계가 아니라는 논리)[82]에 따라 유엔 헌장 등 국제조약이 남북한 간에 적용되지 않는다는 입장을 일관되게 고수하고 있다. 아무튼 유엔 헌장의 문구 삽입이 좌절된 것은 북한의 민족내부논리를 배려한 때문이기는 하나, '현실 인정'의 측면에서 볼 때 다소 미흡한 대목이라고 생각된다.

(3) 불가침 경계선 명시

동서독 기본조약 제6조는 "… 각국의 국가권력이 각자의 영토 내에서만 행사될 수 있다"는 원칙에서 출발한다. 양국은 대내 및 대외문제에 있어서 상대방 국가의 독립과 자주성을 존중한다"고 규정하여 이른바 '영역한정의 원칙'을 천명하고 있다. 서독의 기본법(Grundgesetz, 우리의 헌법에 해당함) 제23조는 장소적 효력범위를 규정하고 있는바, 동독의 편입(가입) 전까지는 서독지역에만 기본법이 시행될 것을 예정하고 있었다. 따라서 동서독 기본조약에서 영역한정의 원칙을 선언한 것이 위헌(違憲)이 될 수는 없었다.

그러나 우리의 경우, 헌법 제3조의 영토조항이 존재하는 한 남북한 간에 영역한정의 원칙(내지 국경선 설정)을 명시할 수는 없다. 다만, 기본합의서에서는 불가침의 경계선과 구역을 명시하고 있을 뿐이다. 즉, 기본합의서 제11조는 국경선이라는 용어를 사용하지 않고, "… 불가침 경계선과 구역은 1953년 7월 27일자 군사정전에 관한 협정에 규정된 군사분계선과 지금까지 쌍방이 관할하여 온 구역으로 한다"고 규정하고 있다.

(4) 불가침의 실효적 보장 장치 마련

동서독 기본조약의 경우 단순히 불가침 의무만을 규정하고 있고, 그 실효성 보장장치에 대해서는 구체적인 언급이 없다. 그러나 남북한의 경우, 전쟁재발 방지를 위해서

82) 이 같은 입장은 종래부터 북한이 주창하여 온 이른바 '하나의 조선' 논리의 반영이라고 보인다.

는 불가침의 실효적 보장장치를 마련하는 것이 필수적이라 해도 지나친 말이 아닐 것이다.

이와 관련해서 기본합의서는 합의서 발효 후 3개월 내에 남북군사공동위원회를 구성·운영하고, 여기에서 대규모 부대이동과 군사연습의 통보 및 통제문제, 비무장지대의 평화적 이용문제, 군 인사교류 및 정보교환 문제, 대량살상무기와 공격능력의 제거를 비롯한 단계적 군축실현 문제, 검증문제 등 군사적 신뢰조성과 군축을 실현하기 위한 문제를 협의·추진할 것(제12조)과 우발적인 무력충돌과 확대방지를 위하여 쌍방 군사당국자 간 직통전화를 설치·운영할 것을 규정하고 있다(제13조).

동서독의 경우 남북한보다 더 적극적인 입장을 보인 것이 하나 있는데, 그것은 바로 군비축소 문제였다. 동서독 기본조약 제5조 3문은 "양국은 효과적인 국제통제 아래 전면적이고도 완전한 군비축소를 달성할 목적으로 세계의 안전보장에 기여하는 군비제한과 군비축소의 노력, 특히 핵무기와 대량살상 무기의 군비축소 노력을 지지한다"고 규정하고 있다. 이와 관련, 1972년 5월 미·소 간에 군비감축의 일환으로 1차 전략무기제한협정(Strategic Arms Limitation Treaty Ⅰ: SALT Ⅰ)[83]이 체결된 바 있었다. 이 같은 사실에 고무된 동서독이 양독 간에도 장래에 군비축소의 가능성이 있음을 서로 인정함으로써 상기 조항이 삽입된 것이 아닌가 풀이된다.

(5) 교류·협력의 원칙 명시

동서독 기본조약 제7조는 교류·협력 및 사회개방의 원칙을 천명하고 있다. 기본합의서의 경우에도 남북한 주민의 자유로운 왕래와 접촉(제17조), 이산가족 왕래와 상봉 및 재결합(제18조), 기타 각종 분야에서의 인적 교류·협력(제16조)에 관하여 자세하게 규정하고 있다. 특히 남북한 간의 물적 교류와 협력이 민족내부교류성 내지 역내거래성을 가짐을 명시하고 있음은 주목할 대목이다. 즉, 남북한 간의 경제 및 물자교류 등의 추진을 국가 간의 무역거래 방식에 의하지 않고 민족내부교류로 추진할 것을 명시하고 있는 것이다.

기본합의서의 이 규정은 동서독의 선례(기본조약 부속서에 관련 규정 있음)를 따른 것이라고 할 수 있다. 동서독 기본조약의 경우 부속서에 이를 명시한 데 비해 기본합의서는 합의서 내에 이 점을 명기하고 있다는 데 양자 간의 차이를 발견할 수 있다.

아울러 기본합의서와 동서독 기본조약은 모두 교류·협력을 뒷받침하고 활성화시키

83) 1차 전략무기제한협정의 정식명칭은 '전략적 공격무기 제한에 관한 미합중국과 소비에트사회주의 연방공화국 간의 잠정협정'(Interim Agreement between the United States of America and the Union of Soviet Socialist Republics on Certain Measures with Respect to the Limitation of Strategic Offensive Arms)이다. http://www.fas.org/nuke/control/salt1/text/salt1.htm. 그리고 이 1차 전략무기제한협정을 이끌어낸 미·소 정상 간의 협상을 전략무기제한협상(Strategic Arms Limitation Talks Ⅰ: SALT Ⅰ)이라고 한다. http://en.wikipedia.org/wiki/Strategic_Arms Limitation_Talks 참조.

기 위해 철도와 도로연결, 해로와 항로의 개설, 우편 및 전기통신 교류를 규정하고 있다.

(6) 기타

동서독 기본조약은 본(Bonn)과 베를린에 상주대표부(Die Ständige Vertretung: StäV)[84]의 교환 설치(제8조)를 규정하고 있다. 하지만 기본합의서에서는 판문점에 남북연락사무소를 설치(제7조)하도록 하는 것에 그치고 있다.[85] 이러한 결과는 상주대표부의 교환 설치가 분열주의적 행동이며 민족 내부의 특수관계 규정과 모순된다는 북한의 주장이 반영된 것으로 분석된다.

동서독 기본조약의 경우, 동서독이 각기 제3국과 체결한 조약의 상호 존중(제9조)을 명시하고 있다. 그에 반해 기본합의서에서는 우리 측의 강력한 요구에도 불구하고, 결국 북한 측 주장대로 그와 같은 규정이 포함되지 못하였다.

이 밖에도 동서독 기본조약의 경우, 양독관계가 상호 외국이 아닌 특수관계에 있다고 보고 있음에도 불구하고, 국제법상 조약체결의 절차와 형식을 갖추어 채택되었다. 즉, 동서독 기본조약은 명백히 조약(Vertrag)이라는 명칭을 사용하고 있고, 양 독일의 의회에서 정식의 비준동의 절차를 밟도록 하고 있다. 이에 반해 기본합의서의 경우, 조약이라는 명칭 사용을 피하고 단순히 합의서라는 명칭을 사용하였으며, 각기 '발효에 필요한 (내부)절차'를 거치도록 규정함으로써 반드시 비준동의를 거치지 않고 지지결의 등의 다른 방식에 의한 의회의 참여를 가능하도록 하고 있다.[86]

---

84) http://staev.de/index.php?id=59 참조.

85) 기본합의서 체결과정에서 한국은 서울과 평양에 상주대표부의 교환 설치를 제의한 데 대해, 북한은 두 개의 국가를 상징하는 정치적 기구를 상대방의 행정중심지에 설치하는 것은 통일지향 노력과 양립할 수 없다는 주장을 하였다. 한국은 북한의 주장을 수용하여 연락사무소 설치에 합의하였다. 이는 남북한 특수관계가 동서독 특수관계와는 차이가 있다는 점을 말해주는 대목의 하나라고 하겠다.

86) 제성호, "남북한 기본합의서와 동서독 기본조약 비교," pp. 171-176; 기타 양자 간의 차이에 관해서는 김명기, "남북기본합의서와 동·서독 기본조약의 비교," 『국제문제』, 제23권 5호(1992), pp. 54-62 참조.

제 3 장

한국의 통일정책

제3장 한국의 통일정책

제1절 통일정책의 개념과 구성요소

1. 통일정책의 개념

앞의 장에서 고찰한 바와 같이 통일은 분단국 혹은 분단 상태에서 논의 가능한 것이다. 통일에 반대되는 개념 혹은 정책은 통일의 회피 혹은 분단의 고착화이다. 분단 고착화에는 물론 2국가로의 분열도 포함된다.

통일정책(unification policy)의 개념은 이와 같은 분단과 통일의 상관관계를 고려하여 정립해야 한다. 일응 통일정책은 분단을 극복・타파하고 민족의 숙원인 통일을 이룩하기 위해 국가가 정치・경제・사회・문화・군사・외교 등의 분야에서 추진하는 정책을 총칭한다고 할 수 있다. 여기서 통일정책의 핵심은 현상유지(status quo)가 아닌 분단 현상(現狀)의 타파에 있다.

하지만 무력통일을 추진하지 않는 한 분단의 타파는 서서히 이루어지는 것이 순리이며 자연스러운 현상이다. 그리고 분단의 타파를 위해서는 분단 실체 상대방과의 대화 및 교류협력 등 분단을 평화적으로 관리하는 과정이 필요하다. 또한 통일을 지향하면서 통일 기반을 조성하는 다방면의 정책적 노력이 선행되어야 함은 두말할 것도 없다. 이러한 입장에 설 경우 분단 타파를 전면에 내세우지 않더라도 분단체 상대방과의 평화공존 및 공영을 모색하는 정책도 통일정책의 일부로 보아야 할 것이다. 이른바 통일을 '과정'(process)으로 이해할 때 적대적 공존에서 평화적 공존을 위한 레짐(regime)을 만드는 것 역시 통일정책의 일환으로 보는 것이 타당하다고 할 것이다.

이 같은 통일정책의 개념은 특히 남북한의 경우에 해당되지만, 같은 분단국이었던 동서독이나 남북예멘 등에서도 대체로 적용된다고 할 수 있을 것이다. 이와 관련, 통일 이전의 서독은 대동독정책 혹은 독일정책(Deutschlandpolitik)만이 있었을 뿐 통일정책은 없었다고 말하는 학자들이 있다. 서독의 동독정책은 평화공존정책 혹은 교류협력정책이었을 뿐 통일정책은 아니었다는 것이다. 그러나 이러한 입장은 통일정책을 협소하게 이해한 결과라는 것이 필자의 기본입장이다. 앞에서 지적한 바와 같이 평화공존이나 교류협력은 통일정책의 주요수단이기 때문이다.

통일정책의 기조 및 핵심골자는 통일부가 주무부처로서 책임을 지고 마련하고 있다. 하지만 통일정책을 모두 통일부가 추진할 수는 없다. 통일은 남북한이라는 두 개의 분열된 정권과 법질서를 통합하는 국가적 과제로서 국가통합을 위한 통일정책을 통일부 혼자서 추진하는 것은 불가능하기 때문이다. 통일정책의 입안 및 추진과정에서 통일부가 중심체 역할을 할지라도 통일부 외에 외교통상부, 국방부, 국가정보원, 기획재정부, 지식경제부, 문화관광부, 법무부, 청와대 외교안보수석실, 총리실 등 정부의 거의 전 부처들이 참여하는 것이 현실이다.

2. 통일정책의 구성요소(주요 영역)

통일정책을 구성하는 요소 내지 영역에는 여러 가지가 있다. 남북한을 중심으로 해서 이야기하면, 통일정책은 대략 대북정책, 통일외교, 대북공작, 통일대비 등으로 대별된다고 할 수 있다. 물론 논자에 따라서는 통일정책 구성요소의 범위에 차이가 있을 수 있다.

우선 대북정책(North Korea policy)은 분단체(分斷體, divided entities)의 하나인 북한과의 관계를 안정적으로 유지·관리함으로써 평화공존 및 공영을 실현하기 위한 정부의 제반 정책을 말한다. 대북정책의 목표는 한반도 평화 조성과 분단 고통의 완화 등이다. 대북정책의 수단은 대화, 교류협력, 지원(인도적 및 비인도적) 등이다. 현재 한국 정부가 대북정책의 추진과제로 설정하고 있는 것으로는 북한 핵문제 해결, 평화체제 구축(정전체제 대체), 이산가족문제 해결, 남북경협(개성공단 사업 및 금강산 관광사업 확대·발전 등), 사회·문화교류 실현, 북한 인권 개선, 인도적 지원, 북한의 개혁·개방 촉진·지원 등이 있다. 대북정책의 핵심은 '남북관계 관리' 혹은 '북한 관리'에 있기 때문에, 대북정책을 북한 관리(혹은 남북관계 관리) 정책이라 해도 큰 무리는 없을 것이다. 물론 대북정책의 주무부처는 통일부이다. 하지만 위의 사안들에 있어 외교통상부, 국방부, 국가정보원, 대한적십자사, 기획재정부, 지식경제부 등도 깊숙이 관여하는 경우가 적지 않다.

통일외교(unification diplomacy)는 통일과정에서 통일에 유리한 대외적 환경을 조성하고 통일을 저해하는 국제적 요인을 줄여나가는 외교정책을 실시하는 것을 말한다. 통일외교는 단기적으로는 분단질서를 안정적으로 관리하는 외교(분단질서 관리외교)[1]를 포함하지만, 중·장기적으로는 통일이라는 목표를 향해 통일환경을 조성하는 능동적 외교(통일환경 조성외교)를 그 본질로 한다는 점에서 분단고착화 외교와는 근본적으로 구별된다. 현재 통일외교의 과제로는 한·미동맹 유지·발전, 북한 핵문제 해결을 위한 6자회담 개최(재개) 및 국제사회와의 공조, 한반도 평화체제 구축, 국제무대에서의 남북한의 협력(북한의 국제사회 진출 지원 포함), 유엔 등 국제기구 등에서의 북한문제 논의(결의안 채택) 참여 및 해결 지원, 국제사회에서 한국의 대북·통일정책 및 통일방안 홍보, 통일 관련 한국의 외교역량 확충·강화 등을 들 수 있다. 통일외교는 주로 외교통상부 소관업무이지만, 이 같은 정책과제를 수행하는 과정에서 통일부, 국방부, 국가정보원, 청와대 외교안보수석실 등과 긴밀히 협의함은 두말할 것도 없다.

대북공작은 국가정보활동의 일부이지만, 동시에 통일정책을 구성하는 중요한 일부라는 것이 필자의 시각이다. 대북공작은 통일을 위해서는 북한의 긍정적인 변화(곧 개혁·개방, 인권 개선 및 민주화)가 선행되어야 한다는 전제 아래 북한의 변화를 유도하기 위해 은밀하게 실시하는 의도적인 정보활동을 말한다. 대북공작에 일정한 정형이 있는 것은 아니며, 정부가 추진하는 대북정책의 수준 및 성향에 따라 그 범위는 가변적이다. 각종의 대북 심리전 활동, 북한 내 외부정보 유입 및 북한 주민의 의식 변화 유도, 북한 내 민주화 세력 형성 촉진 등의 활동을 포함한다고 볼 수 있다. 이는 주로 국가정보원이 수행한다. 대북공작은 북한의 대남공작에 대응하는 차원에서도 적지 않은 의미가 있다.

통일대비는 통일을 무리 없이 추진하고 실현시키기 위해 국내적 및 국제적인 대비역량을 갖추는 것이다. 통일대비라고 할 때 그 범위는 매우 넓다. 통일비용을 감내할 수 있을 정도로 충분한 경제력을 확충하는 것이라든가 주변국이 남북한의 통일을 지원할 수 있도록 우리의 외교역량을 강화하는 것(부분적으로 통일외교와 중복될 수 있다)은 가장 중요한 통일대비라고 할 수 있다. 또한 통일과정에서 발생할 수 있는 북한의 무력도발을 무력화시키는 방안(확고한 안보태세 확립 및 통일에 기여하는 안보정책 수립·추진 포함)이나 북한 내 급변사태가 우리에게 미칠 영향을 최소화시키는 방책을 강구하는 것도 역시 통일대비 차원에서 매우 중요한 정책과제라고 할 수 있다. 하지만 통일대비는 여기에 그치지 않는다. 북한 주민들이 통일한국의 정치·경제체제를 지지할 정도로 우리의 정치

1) 김학성 교수는 통일 이전 서독의 대동독 외교를 적극적·공세적인 통일외교가 아니라 현상유지적인 '분단질서 관리외교'로 이해하고, 그 역사적 고찰을 시도한 바 있다. 김학성, 『서독의 분단질서 관리 외교정책 연구－한국 통일외교에 대한 시사점 모색－』, 연구보고서 95-07(서울: 민족통일연구원, 1995.9), pp. 1-142. 하지만 아이러니컬하게도 그와 같은 '분단질서 관리외교'가 양 독일의 통일을 앞당겼다는 점은 주목할 대목이라고 하겠다.

문화를 선진국 수준으로 끌어올리는 일, 부정부패를 척결하여 사회정의를 실현하는 일, 빈부격차를 해소하여 사회적 갈등을 줄이는 일, 지역감정을 줄여나감으로써 국민통합을 공고히 하는 일 등이 모두 통일대비라고 할 수 있다. 곧 통일한국의 미래상을 남한에서부터 구현해 나가는 모든 일이 바로 통일대비인 것이다. 이렇게 본다면 통일대비는 국가 차원의 과제이며, 모두 정부부처가 여기에 관여하고 있고, 또 그래야 한다고 말할 수 있을 것이다.

3. 통일정책의 실현수단

통일정책의 실현수단과 주요 정책과제를 엄밀하게 구분하기 어렵다. 양자가 내용 면에서 서로 교착될 수 있기 때문이다. 하지만 여기서는 편의상 양자를 구별하고, 전자를 개념 중심으로 설명하기로 한다.

(1) 통일정책의 실현수단

통일정책의 수단에는 남북대화, 교류협력, 통일방안 정립, 통일교육/홍보, 국제공조(공동보조를 위한 외교적 노력, 대북 설득 및 압박을 위한 협조) 등이 있다. 다음에서는 이들을 간단하게 설명하기로 한다.

남북대화(South-North dialogue, inter-Korean dialogue)는 남북한이 평화공존과 교류협력을 위해 당국(정부) 간, 준당국(주로 남북의 적십자사 혹은 책임 있는 체육협회) 간, 민간 차원에서 대화와 접촉을 실시하는 것을 말한다. 민간 차원의 대화는 남북한 주민 간의 접촉의 일환으로 이루어진다. 때문에 민간급 대화는 인적 교류로 취급되는 것이 일반적이다. 본서에서도 남북대화는 주로 앞의 둘만을 가리키는 개념으로 사용하기로 한다. 남북대화의 1차적인 목표는 전쟁을 방지하고 평화공존 및 공영관계 구축이다. 통일 그 자체를 목표로 하는 것이라고 볼 수 없다 하지만 동서독 및 남북예멘의 통일과정에서 보듯이 당국 간 대화가 통일을 이룩하는 주요 수단이 되는 것은 부인할 수 없다. 또한 남북대화를 통해 생산되는 합의문건과 그 이행・실천은 통일기반을 조성하고 이를 촉진하는 것으로 이해할 수 있다. 이런 점에서 남북대화가 통일정책에서 차지하는 비중을 결코 가볍게 보아서는 안 될 것이다.

교류협력(exchanges and cooperation)은 정치・경제・사회・문화・군사・외교・종교・법률 등 제반 분야에서 교류와 협력을 실시하는 것을 말한다. 교류협력에는 인적 교류협력과 물적 교류협력이 있다. 인적 교류는 다시 남북한 주민 간의 접촉(접촉수단: 대면접촉=회합, 전화, 팩스, 인터넷 등에 의한 통신 등, 접촉지역: 판문점 등 접경지역, 북한지역, 제3국), 방문·왕래, 체류(장·단기) 등이 있다. 아직 인적 협력이라는 말은 잘 사용되고 있지 않지만, 유학생 교류와 이를 뒷받침하기 위한 장학금 지원, 북한인력의 해외 인력송출을 위한 남북공동사업은 인적 협력의 예라고 할 수 있을 것이다. 청소년·대학생 등을 대상으로 하는 사회문화교류협력도 사안에 따라서는 인적 협력에 포섭될 수 있는 경우가 적지 않을 것이다.

물적 교류협력에는 교역(직교역, 간접교역), 임가공(위탁가공 및 수탁가공), 보상무역, 투자(직접투자 및 간접투자) 등이 있다. 여기서 투자는 통상 남북경제협력(약칭 남북경협)으로 간주된다. 「남북교류협력에 관한 법률」(이하 남북교류협력법이라 함, 1990.8.1 제정)은 물적 교류와 관련하여 '협력사업'이라는 개념을 사용하고 있고, 여기에 경제·사회·문화·종교·법률 등 다방면의 협력사업을 포함시키고 있다.

통일방안(unification formula)은 정부가 통일의 철학과 패러다임, 통일의 주체와 원칙, 통일의 주체, 통일실현절차 및 방법, 통일국가의 미래상 등을 종합, 체계화하여 하나의 방안으로 제시하는 것을 말한다.[2)] 통일방안에는 통일정책의 기조와 비전이 포함되지만, 통일방안 그 자체가 통일정책이라고는 할 수 없다. 통일방안을 마련해 대내외에 공표하는 이유는 미래 통일비전을 제시하여 국민들의 통일의지를 함양하기 위함이다. 또한 통일방안을 통해 한국이 추진하는 통일정책의 골자를 대내외에 소개함으로써 우리의 통일 노력에 대한 국제적 지원을 이끌어내고자 함에 있다. 현재 한국 정부의 공식적인 통일방안은 「한민족공동체 통일방안」을 업그레이드한 「민족공동체 통일방안」이다. 북한의 공식적인 통일방안은 「고려민주련방공화국 창립방안」이지만, 1991년 이후 이 방안에 대해 일부 수정(이를 「련방련합제 통일방안」이라고도 한다)이 이루어진 바 있다. 이에 관한 보다 자세한 내용은 제5장에서 설명하기로 한다.

통일교육/홍보(unification education and information services)는 통일정책을 국민들에게 교육하고 홍보하는 것을 말한다. 통일정책을 교육하고 홍보하는 것은 통일정책에 대해 국민이 알고자 하는 요구, 즉 알 권리를 충족시킴과 아울러 국민적 합의 및 지지 기반을 확대해 나가려는 목적 때문이다. 국민적 합의 및 지지 기반이 공고할 때 정부가 통일정책을 힘 있고 일관되게 추진할 수 있다. 통일교육과 홍보는 주로 통일부가 담당한다. 통일교육

2) 통일방안이라 함은 '통일에 대한 정부의 입장, 통일의 원칙, 통일에 대한 접근방식과 함께 그 실행계획까지 포함하는 구체적인 밑그림'이다. 통일부 통일교육원, 『통일문제 이해 2009』(서울: 통일부, 2009), p. 55.

은 정부(통일부 통일교육원) 차원의 공교육 외에도 민간 차원에서도 실시할 수 있다. 다만, 후자의 경우 책임성과 효율성 등 내실을 기하기 위해 일정한 정도의 사회적 감시와 조정이 필요하다. 민간 차원의 통일교육 지원을 위해 통일교육지원법이 제정된 바 있다.

국제공조(international cooperative response)는 외교채널을 통해 관련국 간에 대북 및 통일 관련 현안에 관한 입장을 협의·조율하고 공동의 대응방안을 마련하기 위해 이루어지는 국제협력을 말한다. 국제공조의 목표와 방향은 북한에 대한 특정 행동의 설득, 권유, 유도, 초청, 참여, 압박 등 다양하다. 국제공조는 양자 및 다자 차원에서 추진된다. 다자 차원의 국제공조는 유엔 외에도 지역협력체(아시아태평양경제협력체=APEC, 아세안지역안보포럼=ARF 등)에서도 실현될 수 있다. 이와 같은 국제공조는 통일외교의 주요한 방안이요 수단임은 두말할 것도 없다.

(2) 당면 주요 정책과제

통일과정에서 우리가 직면하고 있는 주요 정책과제로는 한반도 평화체제 구축, 북한 핵문제 해결, 남북경협 확대·발전, 사회·문화교류 추진, 인도적 사업(이산가족문제 해결, 인도적 지원 등) 추진, 북한인권 개선(북한 주민의 인권 개선, 해외 및 국내입국 탈북자 보호, 납북자·국군포로문제 해결 등) 등이 있다. 이에 관해서는 제7장에서 자세하게 상술하기로 하고, 여기서는 설명을 약하기로 한다.

4. 통일정책과 대북정책의 관계

많은 사람들이 통일정책과 대북정책을 구별하지 않고 혼용하는 경향이 있다. 하지만 본질상 양자는 다른 것이다. 앞에서 살펴본 바와 같이 전자가 후자를 아우르는 상위개념이다. 통일정책은 분단이라는 현상을 타파하는 정책을 말하지만, 대북정책은 분단을 안정적·평화적으로 관리하는 정책으로 현상유지적이라는 점에서 차이가 있다. 즉, 정책의 목표에 있어 양자는 구별된다고 할 수 있다.

정책의 수단 면에서 보면, 통일정책과 대북정책의 수단은 상당 부분 겹친다. 남북대화, 교류협력, 대북 지원 등이 그러한 예들이다. 하지만 통일정책의 주요 영역의 하나인 동시에 통일 추진을 위한 주요 수단이 되기도 하는 대북 공작(예컨대 북한민주화 공작)은 대북정책의 수단으로 선택·추진되기는 어렵다. 이 점에서 통일정책과 대북정책의 수단이 반드시 동일하다고 볼 수는 없다.

한편, 대북정책은 통일지향성 여부에 따라 통일지향적 대북정책이 있는가 하면, 분단고착적 대북정책이 있을 수 있다. 그러기에 모든 대북정책이 통일정책인 것으로 생각하는 것은 잘못이다.

〈자료 3〉 대북정책 및 통일정책 관련 시론[3)]

많은 사람이 대북정책과 통일정책을 혼용하지만 엄밀히 말하면 양자는 다르다. 전자는 분단 상황의 안정적 관리에 주안점을 둔 정책이다. 후자는 분단 극복 차원에서 통일을 향해 하나씩 초석을 쌓아나가는 중장기 정책이다. 대북정책은 현상유지적이지만, 통일정책은 현상타파를 그 본질로 한다. 따라서 양자는 상호보완적일 수 있지만 서로 배치될 수도 있다. 북한을 덜 자극하면서 교류협력을 확대하려 한 김대중-노무현 정부의 햇볕정책과 평화번영정책은 분단 상황을 어느 정도 평화적으로 관리할 수 있었으나 통일정책의 측면에서 보면 미비한 점이 적지 않았다.

우선 북한의 핵무장은 남북 간 군사력 균형을 파괴한 것은 물론 한국 주도의 자유민주통일을 어렵게 만드는 결과를 낳았다. 이 점에서 햇볕정책은 실패했고, 또 분단고착적이었다. 무원칙한 남북 교류와 퍼주기식 대북 지원, 북한 인권에의 침묵 등은 북한 체제의 변화를 가져오는 데 한계를 드러냈다. 또 대북 저자세는 북한 측이 우리를 얕보게 만들었고, 당당한 남북협상문화 정착에 도움이 되지 못했다. 이 때문에 햇볕정책은 통일지향성을 보여주지 못했다는 비판을 초래하기에 이른 것이다.

이제 이명박 정부는 햇볕정책 과정에서 등한시된 '통일지향성'을 회복 또는 강화하는 것을 대북정책의 방향으로 삼아야 한다. 평화협정 체결은 통일과정에서 반드시 달성해야 할 과제인 것처럼 보이지만 한반도 상황에 따라선 반통일적인 것이 될 수 있음을 유념해야 한다. 새 정부는 평화협정이라는 허울보다는 '실질적인 평화' 정착에 주력해야 한다.

한반도 평화는 군사적 긴장 완화와 교류협력만으로는 달성될 수 없다. 진정한 평화는 '비핵·평화' '대남혁명 전략이 중단된 평화' '내정간섭 없는 평화'를 말한다. 비핵은 한반도 평화의 가장 중요한 조건일 뿐 그 전부가 아니다. 비핵화만 되면 모든 것을 다 준다는 발상은 곤란하다.

새 정부가 제시한 '비핵·개방·3000' 구상에서 개방은 어떤 상태를 말하는지, 또 개방의 평가 지표는 무엇인지 분명치 않다. 전략적 모호성을 계속 유지할 경우 정책의 혼선을 초래할 위험이 있다. 따라서 이 정책의 실천 조건에 대한 분명한 기준과 원칙

3) 제성호, "통일의 날 앞당기는 대북정책," 『동아일보』, 2008년 2월 25일자.

을 세워야 한다. 또 비핵 개방이 실현되지 않는 시나리오에 대한 세부 대응책도 마련해야 한다.

대북정책을 위한 수단으로 대화와 협상, 교류협력, 지원 등이 동원된다. 그러나 모든 통일이 선이 아니듯이 모든 대화, 교류, 지원이 다 선은 아니다. 만남 자체를 위한 대화나 '고비용 저효율'의 교류 대신 '좋은' 대화, 교류와 지원의 모델을 만드는 것이 시급하다.

통일지향성은 민족공동체 형성 촉진 여부와 관련이 있다. 공동체는 체제가치의 유사성이 확보될 때 가능하다. 여기서 북한 인권 개선과 국가정상화(체제 민주화)란 정책과제가 도출된다. 만일 이전 정부처럼 북한 인권 문제에 미봉적으로 대처한다면, 반통일적·반민족적이란 비난을 피할 수 없을 것이다. 새 정부는 국군포로·납북자 대책, 북한인권기록보존소 설치, 북한 인권 개선 국제 네트워크 형성 등 다양한 전략을 강구해야 한다. 이산가족 및 탈북자 문제 등 인도적 현안은 남북 간 의사소통, 거주지 선택(혹은 귀향)의 권리 등 인권의 관점과 더불어 분단 고통 해소 차원에서 접근해야 한다.

요컨대, 이명박 정부는 평화와 인권 및 개방이라는 보편적 가치에 터 잡아 실효성 있는 통일지향적 대북정책을 수립하고 추진해야 한다. 그래야 대북정책이 국민적 지지와 추동력을 확보할 수 있다.

제2절 한국 통일에의 이론적 접근: 정치통합 접근법을 중심으로

1. 수렴이론과 통합이론

통일문제 혹은 통일정책에 대한 이해와 관련해서 국가들이 평화적 방법에 의해 하나의 공동체로 결합되어 가는 과정을 설명하려는 이론을 간단히 고찰할 필요가 있다. 이러한 이론은 보통 수렴(收斂)이론과 통합(統合)이론으로 대별된다.

수렴이론은 이질적인 체제가 사회발전 과정에서 하나의 동질적인 사회구조와 가치에 접근해 간다고 주장함으로써 이질적인 체제 간의 통합을 설명하려고 한다. 그러나 수렴이론은 체계적인 통합이론이라기보다는 체제발전 과정을 보는 하나의 시각에 머무르고 있다. 이에 반해 유럽의 통합과정을 구체적인 분석대상으로 하여 발전한 통합이론은 유럽국가들의 공통적인 문화적 속성 및 사회적 가치관을 바탕으로 하고 있기 때문에 근본적으로 '동질적인 체제 간의 통합'에 관한 이론이라고 할 수 있다.[4]

남북한의 정치통합 내지 정치적 통일이 서로 이질적인 두 개의 체제 간의 통합문제라는 점에서 통합이론의 기계적인 적용에는 물론 내재적인 한계가 있다고 볼 수 있다. 그럼에도 불구하고 통합이론이 국가 간에 분쟁의 평화적 해결 제도를 확립하고, 상호 협조를 통해 공영을 이룩하는 체제를 수립하는 '적극적 평화'(Positive Peace) 개념에서 출발하고 있다는 점에서 남북통일 과정에 나름의 시사점을 줄 수 있고 이론적 준거로서의 타당성을 일부 갖고 있다고 생각된다.[5]

이런 시각에서 다음에서는 국제정치통합(또는 정치공동체 형성)에 관한 이론(접근방법)을 개괄적으로나마 살펴보기로 한다. 국제정치통합의 이론에는 기능주의, 신기능주의, 연방주의, 다원주의 등이 있다. 이러한 이론에 관해서는 그간 국제정치학계에서 많은 논의와 연구가 이루어져 왔다.[6] 여기서는 그간의 연구성를 바탕으로 기능주의, 신기능주의, 연방주의와 정치통합의 모델을 간단히 정리 · 소개하기로 한다.

2. 통합이론의 갈래

(1) 기능주의 접근법(the Functionalist Approach)

기능주의 이론은 국가 간에 생산적 동반자 관계를 형성함으로써 전쟁 없는 국제사회를 달성하려는 이상에서 출발한다.[7] 대표적인 기능주의자인 미트라니(David Mitrany)는 기능주의와 통합의 관계에 대해 다음과 같은 가설을 제시한다.

(1) 사회적 · 경제적인 불균형은 전쟁의 근본적인 원인이다.
(2) 사회적 · 경제적인 복지가 평화의 선행조건이다.
(3) 민족국가체제는 지구촌 사회가 해결해야 할 문제들에 기반을 둔 단위이기보다는 오히려 영토를 기반으로 하는 단위들로 임의적으로 분할되었기 때문에 근본적인 사회 · 경제문제들을 다룰 수 없다.

---

4) 박영호 · 박종철, 『남북한 정치공동체 형성방안 연구』, 연구보고서 93-29(서울: 민족통일연구원, 1993), pp. 19-20.
5) 위의 책, p. 20.
6) 조정원, 『남북한통합론』(서울: 희성출판사, 1989), pp. 128-152 참조.
7) David Mitrany, *The Functional Theory of Politics*(London: Martin Robertson, 1975) 참조.

(4) 영토가 아닌 기능에 기반을 둔 기구들은 근본적인 사회·경제문제들을 해결하는 데 적합하다.

(5) 기능적인 협력은 우선 첫째로 비정치적이고 보다 기술적인 문제들로써 시작할 수 있다.

(6) 한 기능적 영역에서 얻어진 협력의 경험은 또 다른 영역에까지 전환될 수 있다.

(7) 협력으로 인하여 국제적인 활동과 기관의 연계망이 정치적 분단을 극복할 수 있는 수준까지 더욱 많은 기능이 확대될 것이다.

(8) 궁극적으로 이런 기관들은 조정단체를 필요로 하며 기획기관을 요청할 것이며, 결국에는 전반적인 조정을 위해 총체적 권위기구를 수립하게 될 것이다.[8)]

기능주의자들은 오늘날 세계가 직면하고 있는 수많은 문제들이 국가적 차원에서는 해결될 수 없다는 것과 그 해결이 궁극적으로 국제적인 협력을 필요로 한다고 믿는다. 즉, 현대의 사회적·경제적 및 기술적 조건들은 다국가체제를 침식시키고 세계적인 상호의존을 증가시키는 경향이 있으며, 그것은 국제협력과 통합의 증대를 조장한다는 것이다. 따라서 기능주의자들은 통합은 국제사회에서 그 구성단위가 국가영역에만 국한되지 않는 하나의 국제사회를 향한 변화과정이라고 생각한다.[9)]

요컨대, 기능주의는 사회·경제적 환경의 이행에 따른 구조적 진화의 역학에 기반을 두고 있다.[10)] 기능주의자들은 기술과 경제적 변화가 국제관계의 구조적 변화를 초래하며, 국경을 초월한 기술혁신과 경제활동의 팽창은 새로운 정치공동체를 형성하게 된다고 주장한다. 그 과정에서 국가들은 서서히 그들의 기능을 초국가기구로 이전시키게 된다는 것이다. 다만 그러한 정치통합은 의도적인 결과로서가 아니라 경제통합의 부산물로 등장한다고 한다.[11)]

기능주의 입장에 서는 사람들은 남북한이 경제·사회·문화 등 비정치·군사적인 분야에서부터 교류협력을 축적하고 확대해 나갈 경우, 점차 정치통합의 방향으로 나가게 될 것으로 믿는다. 1971년 남북대화와 이산가족교류를 추진하기 시작했을 때, 또한 1990년 9월부터 남북고위급회담을 개시하였을 때 우리 정부 당국자들은 이 같은 기능주의 접근

---

8) David Mitrany, *A Working System*(Chicago: Quadrangle Books, 1966); Peter Bock, "Functionalism and Functional Integration," *International Encyclopedia of Social Sciences*, Vol. 7(New York: Macmillan Company, 1968), pp. 534-541; 조정원, 『남북한통합론』, p. 134에서 재인용.

9) 위의 책, pp. 134-135.

10) 위의 책, p. 143.

11) 박영호·박종철, 『남북한 정치공동체 형성방안 연구』, p. 23.

방법을 취한 것으로 알려져 있다.

(2) 신기능주의 접근법(the Neo-Functionalist Approach)

신기능주의 이론은 정치공동체가 형성되는 과정을 자동적인 것으로 보지 않는다. 이들은 기능주의 이론이 무심했던 정치적 변수에 관심을 두고, 정치공동체의 형성과정에서 정치적 변수를 중시한다.[12] 즉, 정치적으로 중요한 과업을 선택하여 통합을 계획하는 것이 필요하다는 것이다. 따라서 통합과정에는 때때로 '정치적 추진'(political push)이 필요함을 강조한다.[13]

신기능주의자들은 대체로 정치통합을 하나의 상태가 아니라 궁극적으로 '정치공동체를 향해 나아가는 변화의 과정'으로 정의하려 한다. 따라서 이들은 목표보다 과정에 관심을 둔다.[14]

신기능주의는 사회적·경제적 및 기술적 조건들을 세계적 차원에서의 통합의 중요한 요인으로 간주한다는 점에서 기능주의와 유사하다. 그러나 기능주의와 다른 것은 통합을 진행시키기 위해서는 '의식적인 제도적 장치'가 필요하다는 점을 강조하는 데 있다.[15] 혹은 국제체제에서의 정치적 상호의존의 존재의 중요성을 지적하기도 한다.[16]

신기능주의에 따르면, 국가 간의 상호의존의 증가는 국제적 차원에서 정부와 관료가 협력하고, 그리하여 국제정치통합을 촉진하는 국내여건을 조장하기 위해 이익집단, 정당, 그리고 여론과 같은 다양한 정치세력들을 등장시킨다고 한다.[17]

요컨대, 기능주의가 사회적·경제적 및 기술적 조건을 통합의 중요한 요인으로 간주한 데 반해 신기능주의는 이에 더하여 정치적 및 군사적 조건도 아울러 고려한다. 통합을 촉진하기 위해 다방면의 교류협력을 추진하면서, 이와 더불어 민감한 사안인 정치적·군사적 신뢰구축, 나아가 군비통제 방안도 가능한 것부터 선별해 병행 추진하자는 발상이 이러한 신기능주의에 닿아 있는 것이다. 1991년 12월 남북기본합의서가 타결, 채택될 수 있었던 것은 우리 정부가 초기의 기능주의적 접근에서 벗어나 좀 더 열린 신기능주의적 접근자세를 취했기 때문이라고 볼 수 있다.

---

12) Jack C. Plano and Robert E. Riggs, *Forging World Order: The Politics of International* Organization(New York: Macmillan, 1967), p. 23.
13) 박영호·박종철, 『남북한 정치공동체 형성방안 연구』, p. 23.
14) 조정원, 『남북한통합론』, pp. 137, 143.
15) 박영호·박종철, 『남북한 정치공동체 형성방안 연구』, p. 23.
16) 조정원, 『남북한통합론』, p. 144.
17) 조정원, 『남북한통합론』, p. 144.

(3) 연방주의 접근법(the Federalist Approach)

연방주의 이론은 통합이 국가의 주권, 권력배분 및 정치엘리트의 행위와 직접적으로 연관된 정치적 현상으로 보고 있다. 즉, 국가 간에 공식적인 헌법이나 협정을 작성하여 초국가적인 제도를 창설함으로써 통합을 달성한다는 것이다.[18] 이와 관련, 메를레(M. Merle)는 연방주의를 "조직된 집단들 간에 지배권을 분할하는 기술"로서 묘사하였고, 베네트(W. H. Bennett)는 중앙조직과 체제 구성원들 간의 입헌적 권력배분이 연방체제를 위한 본질적 필요조건이라고 주장한 바 있다.[19]

연방주의 이론은 경제적·사회적 및 기술적인 영역에서부터 점진적으로 통합을 이루기보다는 급격한 정치적 타결을 중시하며, 정치지도자의 권력집중 능력과 대중의 합의 없이 통합결단을 내리는 의지를 강조한다. 다시 말하면 능동적·의식적인 정책결정을 통해 정치적 또는 경제적 연합체의 실질적인 형성에 보다 많은 관심을 기울인다.[20] 요컨대, 연방주의 접근방법은 최종결실인 초국가의 건설을 강조하면서, 통합의 촉진을 위해 정치적 해결과 정치제도를 중시한다.[21]

연방주의 속에 포섭되는 정치제도는 연방국가(Federal State)와 국가연합(Confederation)으로 대별된다. 하지만 연방을 위한 동맹(정치연합: 필자 주)이 그 기구 내의 중앙과 지방 간의 권력 분배가 한 극단에 위치해 있는 것이나 다른 극단으로 중앙집권적으로 관료화되더라도 이를 모두 다 연방으로 부르기 때문에 연방제도의 이론을 구성하는 것은 반드시 용이하지 않다.[22] 리커(W. H. Riker)는 연방주의의 이데올로기로서 민주주의 정치의 촉진, 구성국 이익의 촉진, 개인의 자유 보장을 제시한 바 있다.[23]

한국 정부가 제시한 「한민족공동체 통일방안」의 「남북연합」이나 북한의 「고려민주련방공화국 창립방안」의 「고려민주련방공화국」 창설 제의는 모두 연방주의적 접근이 반영된 구상이라고 할 수 있다. 작금 우리 사회에서 논란이 되고 있는 6·15 남북공동선언 제2항의 「남측 연합제」와 「북측 낮은 단계의 연방제」 간의 접점 도출도 역시 연방주의적

---

18) Amitai Etzioni, *Political Unification: A Comparative Study of Leaders and Forces*(New York: Holt, rinehart and Winston, 1965), pp. 67-96; 박영호·박종철, 『남북한 정치공동체 형성방안 연구』, pp. 21-22.

19) 조정원, 『남북한통합론』, p. 147.

20) 박영호·박종철, 『남북한 정치공동체 형성방안 연구』, p. 22.

21) 조정원, 『남북한통합론』, pp. 143, 148.

22) W. H. Riker, "Federalism," in *Governmental Institutions and Processes*, ed. by F. I. Greenstein and N. W. Polsby(Massachusetts: Addison Wesley, 1975), p. 93; 김명기, 『남북한 연방제통일론』(서울: 탐구원, 1991), p. 18에서 재인용.

23) 위의 책, p. 22. 연방주의에 대한 보다 자세한 내용은 위의 책, pp. 17-48; Valerie Earle 편/박재규 역, 『연방주의론』(서울: 경남대학교 극동문제연구소, 1974) 참조.

접근과 관련이 깊다고 할 것이다.

3. 정치통합의 모델[24)]

일찍이 통합이론을 제창한 대표적인 학자의 하나는 요한 갈퉁(J. Galtung)이다. 그는 통합 유형으로 ① 가치통합, ② 행위자 통합, ③ 부분과 전체의 통합으로 대별하고, 이를 기준으로 하여 총 6가지의 통합모델을 제시한 바 있다. 즉 첫째, 가치통합의 경우 형평형과 위계형을, 둘째, 행위자 통합의 경우 유사성 모델과 상호의존모델을, 그리고 셋째, 부분과 전체의 통합의 경우 충성심 모델과 배분형 모델의 6가지가 그것들이다.

조세프 나이는(J.S. Nye)는 그의 저서 『부분평화론』(*Peace in Parts: Integration and Conflict in Regional Organization*)에서 통합유형을 ① 경제적 통합, ② 사회적 통합, ③ 정치적 통합으로 나누어 설명하였다. 그는 특히 경제적 통합은 ㉠ 자유무역지대→㉡ 관세동맹→㉢ 경제동맹→㉣ 전면 경제통합의 순으로 단계적으로 발전하며, 정치통합은 ㉠ 기관통합→㉡ 정책통합→㉢ 태도통합→㉣ 안전공동체로 발전한다는 견해를 제시하였다.

푸찰라(D. Puchala)는 통합의 현상을 기구(기능과 권한), 정치제도 및 범국가사회의 측면에서 파악하면서, 궁극적으로 통합을 당사국 간의 구조, 스타일 및 분위기 등의 변화를 내포하고 있는 제도변형의 과정이라고 본다. 그에 따르면, 두 단위 간의 통합은 사회동화과정과 정치발전과정을 거치면서 전개된다. 이와 같은 두 과정의 상호강화 과정에서 기구가 증가하고 정치적·전문적 집단 간의 이해관계가 확대됨으로써 초국가적 정치기구가 발전되어 새로운 중심의 권력이 확장된다고 한다.[25)]

통일연구원의 박영호 박사와 박종철 박사는 이상의 통합모델을 소개한 다음, 그러한 모델들은 기본적으로 유럽의 다원주의 선진산업국가들 간의 다자간 통합과정을 경험으로 구축된 것으로서 이질적인 체제를 바탕으로 대립하고 있는 남북한에 그대로 적용되기에는 난점이 있음을 지적하고 있다. 그럼에도 불구하고 한국 정부가 단계적인 평화통일 구도를 제시하고 있음에 비추어 요한 갈퉁이 제시하는 통합의 유형과 그것을 성취하는 방

---

24) 이상우, "기능주의 통합이론과 남북관계," 국토통일원 편, 『분단국가 통합이론 연구』(서울: 국토통일원, 1986), pp. 166-175; 김용구, "서방측의 통합이론과 공산측의 합작전략과의 비교를 통한 대비책," 국토통일원 편, 『분단국가 통합이론 연구』(서울: 국토통일원, 1986), pp. 109-111; 박영호·박종철, 『남북한 정치공동체 형성방안 연구』, pp. 26-33 참조.

25) 이 밖에도 에치오니는 통합이전단계(예비적 준비단계)→통합의 힘이 분출되는 단계→인적 왕래와 물품 유통이 확대되고 파급효과(Spill Over)가 발생하는 부분통합단계→종결단계의 4단계 통합모델을 제시한 바 있다. Amitai Etzioni, *Political Unification: A Comparative Study of Leaders and Forces*, pp. 14-64; 조정원, 『남북한통합론』, p. 149.

법, 조세프 나이가 제시하는 정치통합 추진 시 고려해야 할 변수들, 그리고 도날드 푸찰라가 강조하는 사회동화과정으로서의 정치통합 등은 남북한의 정치통합 내지 정치적 통일을 추진하는 데 있어 유용한 모델이 될 수 있음을 언급하고 있다.

4. 통합과 (정치적) 통일

통합과 통일은 학자에 따라서는 개념상의 큰 구별을 하지 않고 혼용하는 경우가 있다. 특히 사회학자들은 통일보다는 갈등, 해체, 통합에 관심을 기울이는 경향도 있다. 하지만 통합과 통일은 반드시 동일한 개념은 아니다.

통합이란 말은 보통 이질적인 요소들이 존재함에도 불구하고 이를 극복, 유기적인 결합이 이루어지는 것을 의미한다고 볼 수 있다. 에치오니는 통합된 상태를 통합(integration)이라 칭하면서, 통합을 위한 노력을 통일(unification)이라고 규정하였다. 김영명은 "통일은 주로 국토통일과 정치적인 통일"을 지칭한다면서, "통합은 정도의 문제이고 통일은 가부간의 문제"라고 설명하고 있다. 이어 그는 "사회통합, 심리통합, 경제통합, 문화통합의 완전한 상태를 상정하기는 어렵다. 덜 통합되거나 더 통합되거나의 문제"라고 언급하고 있다.[26)]

통일의 개념이나 통합과 통일의 관계에 대해서는 정치학자 및 사회학자의 수만큼이나 많은 논의가 이루어질 수 있다. 통일이라는 말 앞에도 정치적, 경제적, 문화적 등 여러 가지 수식어가 붙는 경우가 있다. 그러므로 본서에서 필자는 특별히 이러한 용어들에 대하여 특별한 정의를 내리지 않고, 통일이라는 용어를 주로 사용하기로 하겠다.

제3절 헌법 제4조와 한국의 통일정책

1. 헌법과 통일정책

대한민국 헌법 제4조는 "대한민국은 통일을 지향하며 자유민주적 기본질서에 입각한

26) 김영명, "민족통합을 보는 정치학적 관점," 한림대학교 민족통합연구소, 『민족통합과 민족통일』, 총서 1(춘천: 한림대학교 민족통합연구소, 1999) 참조.

평화적 통일정책을 수립하고 이를 추진한다"고 규정하고 있다. 이 조항은 흔히 (평화)통일조항이라고 불리는데, 제6공화국 헌법에서 처음으로 신설, 명문화된 것이다. 이와 함께 헌법 전문(前文)은 '조국의 민주개혁과 평화적 통일의 사명에 입각하고 있음'을 선언하여, 조국의 평화적 통일이라는 민족적 대과업의 성취를 위한 역사적 사명을 국가와 국민에게 부여하고 있다.[27] 또 대통령은 취임에 즈음하여 "나는 헌법을 준수하고 국가를 보위하며 조국의 평화적 통일과 국민의 자유와 복리의 증진 및 민족문화의 창달에 노력하여 대통령으로서의 직책을 성실히 수행할 것을 국민 앞에 엄숙히 선서합니다"라는 선서를 하며,[28] "필요하다고 인정할 때에는 외교 · 국방 · 통일 기타 국가안위에 관한 중요정책을 국민투표에 붙일 수 있"는 권한을 갖는다.[29] 이 밖에 헌법은 "평화통일정책의 수립에 관한 대통령의 자문에 응하기 위하여 민주평화통일자문회의를 둘 수 있다"고 명시하고 있다.[30]

헌법 전문과 제4조를 위시한 이상의 여러 조항은 통일정책이 국가정책 중 핵심적 지위를 차지하고 있다는 점과 더불어 헌법적 규율의 대상이 된다는 점을 밝힌 것이라고 할 수 있다. 특히 헌법 제4조는 통일정책의 방향을 제시하고 있다는 점에서 그 법적 의의와 중요성을 발견할 수 있다.

이와 관련, 헌법 제4조에서 우리는 통일정책의 방향을 추론할 수 있다.

첫째는 자유민주통일이다. '자유민주적 기본질서에 입각한 통일'이라는 표현은 대한민국의 국가이념인 자유민주주의와 그에 기반한 시장경제질서에 입각한 통일을 가리키는 것이다. 우리 헌법상 공산화 통일이나 사회주의 통일은 생각할 수 없다. 1980년대 후반부터 사회주의 · 공산주의가 역사적으로 쇠퇴하였고, 세계사의 보편적 발전방향도 자유민주주의로 이행하고 있는 점을 감안할 때 자유민주통일의 통일정책 방향은 헌법적 정당성을 가짐은 물론이고, 역사적 당위에도 부합하는 것이라고 하겠다. 자유민주통일은 민주적 절차에 의한 통일과 민족 성원 모두의 자유와 인권 및 민족의 번영이 보장되는 통일을 가리키는 것이다.[31]

둘째는 평화적 통일이다. 평화통일은 무력통일을 배제하는 것을 말한다. 통일은 마땅히 민족구성원에게 더 많은 자유와 행복을 가져오는 것이 되어야 한다. 그렇다면 민족의 재난을 초래하는 전쟁이나 무력적 방법에 의한 통일은 반대하고 배격해야 한다. 1975년

---

27) 장명봉, "남북한 기본관계 정립을 위한 법적 대응," 『남북한 UN가입과 한반도 통일문제에 관한 공법적 대응』, 한국공법학회 제21회 학술발표회(1991.11.2). pp. 46-47 참조.
28) 대한민국 헌법 제69조.
29) 대한민국 헌법 제72조.
30) 대한민국 헌법 제92조 제1항.
31) 통일부 통일교육원, 『통일문제 이해 2009』, pp. 55-56.

4월 30일 이루어진 베트남식 전쟁통일은 통일과정에서 너무나 많은 희생과 비용을 치렀다. 이런 관점에서 볼 때 전쟁에 의한 통일은 무의미한 것이라고 할 수 있다. 이러한 역사적 경험을 바탕으로 하여 현행 헌법은 무력통일을 배격하고 평화통일을 지향함을 분명히 하고 있다. 다만, 평화적 통일은 이른바 '독일식 흡수통일'(unification by absorption)만을 의미하는 것은 아니라고 할 것이다.[32] 소위 '예멘식 합의통일'도 자유민주적 기본질서에 부합하는 것이라면, 우리 헌법체계상 인정된다고 해석된다.[33]

셋째는 점진적·단계적 통일과 민족공동체 통일이다. 이 같은 통일정책 방향은 헌법에서 직접 명시하고 있지만, 헌법 규정으로 연역되고 추론될 수 있다고 하겠다. 점진적·단계적 통일은 남북한이 일거에 통일하는 방식을 지양하고 통일을 점진적으로 추진하는 것을 말한다. 분단 60년 동안에 심화된 극심한 민족 이질화를 고려할 때 남북한이 갑작스럽게 통일하는 것은 바람직하지 않다. 충분한 시간을 두고 민족동질성 회복 등 민족공동체의 회복·발전의 과정을 먼저 선행적으로 진행하는 것이 필요하다. 이러한 점에서 우리 헌법이 명시하는 통일의 개념은 '결과'보다는 내용과 '과정'(process)을 중시하고 있다고 보아야 한다.

사실 대한민국이 자유민주통일과 평화적 통일을 지향한다고 한다면, 그러한 통일은 점진적·단계적으로 이루어질 수밖에 없다. 점진적·단계적 통일은 구체적으로 북한의 체제 변화, 특히 개혁·개방, 인권 개선과 민주화 등을 이룩하는 가운데 민족공동체 형성

---

32) 평소에 필자는 다수의 학자들과 언론 등에서 사용하는 '독일식 흡수통일'이라는 표현에 문제가 있다고 생각하고 있다. 우선 독일식 통일은 동독 주민의 의사에 반하는 강제적 병합에 의한 흡수통일이 아니다. 또한 서독은 흡수통일을 공식적으로 추진한 바 없다. 단지 동독 주민들이 서독의 자유민주주의와 시장경제에 흡수당하는 통일을 선택하였기에 결과적으로 흡수의 양상을 띠게 된 것이다. 물론 독일은 (서독)기본법 제23조에 의한 통일, 그리고 자유민주주의와 시장경제질서에 의한 통일을 이룩하였기에 흡수통일의 측면이 일부 있는 것은 부인할 수 없는 사실이다. 하지만 형식 및 절차 면에서 볼 때 양 독일은 1990년 5월과 8월 국가조약과 통일조약 등을 체결함으로써 외형상 합의와 자발적인 선택의 형식을 취하였다. 결국 독일통일은 내용적으로는 흡수의 면이 일부 있기는 하지만, 형식 및 절차상으로는 자발적 합의의 면이 있다. 이와 같은 점에 비추어 독일통일은 독일식 통일이라고 함이 옳으며 흡수통일이라고 규정하는 것은 부적절하다. 그럼에도 불구하고 독일식 흡수통일이라는 표현이 너무 많이 사용되고 있는 실정이다. 이러한 점을 감안해 본서에서는 이른바 '독일식 흡수통일'이라고 표현하기로 하였다.

33) '예멘식 합의통일'이라는 표현에도 역시 문제가 있다. 예멘식 통일의 경우, 1972년부터 1990년까지 남북예멘의 협상을 통해 이루어짐으로써 절차적으로 볼 때 합의통일의 측면이 두드러진 것이 사실이다. 남북예멘의 기득권 세력이 통일 후 권력을 분점하기로 한 것도 합의통일을 말해주는 중요한 증거가 된다. 하지만 내용적으로 본다면 통일예멘은 북예멘의 정치 및 경제질서인 자유민주주의와 시장경제체제를 도입하였다. 이는 북예멘에 의한 남예멘의 체제흡수라는 측면을 말해준다. 결국 남북예멘의 통일을 단순하게 합의통일로 규정하는 데 있어서도 문제점이 있다고 할 수 있는바, 예멘식 통일이라고 칭하는 것이 보다 적절하다는 생각을 갖게 되는 것이다. 이러한 점을 감안해 본서에서는 이른바 '예멘식 흡수통일'이라는 표현을 사용하기로 하였다.

및 남북한 간에 있어 '체제가치'(체제이념)의 유사성 확보를 목표로 하여 추진될 것이다. 이러한 점에 비추어 점진적·단계적 통일은 사실상 '민족공동체 통일'과도 같은 말이라고 할 수 있을 것이다.

2. 헌법 제4조 통일조항의 법적 의미와 해석론

여기서는 헌법 제4조 통일조항의 헌법적 의미를 좀 더 구체적으로 고찰하기로 한다. 통일조항은 세 부분으로 구성되어 있다. 첫째, 대한민국은 통일을 지향한다는 것(통일지향의 원칙), 둘째, 대한민국이 지향하는 통일은 자유민주적 기본질서에 입각한 평화적 통일이어야 한다는 것(평화통일원칙), 그리고 셋째, 대한민국은 평화적 통일정책을 수립하고 추진할 의무가 있다는 것(국가의 책임성 원칙)이 그것이다.[34]

첫째, "대한민국은 통일을 지향한다"는 것은 현재 대한민국의 국가영역인 한반도와 부속도서가 현재 사실상 통일되어 있지 않음(즉, 분단되어 있음)을 전제로 하는 것이다. 이는 한반도가 사실상(*de facto*) 지리적으로 분단되어 있음을 부인할 수 없는 현실을 인정하고, 분단을 극복하여 통일을 이룩하겠다는 강력한 통일의지(統一意志)를 천명한 것이라 할 수 있다. 여기에는 분단이 어디까지나 잠정적인 것이지 영구적인 것일 수 없다는 대한민국의 국가의사가 간접적으로 반영되어 있다.

이와 같이 통일조항은 한반도가 분단되어 있음을 전제로 하고 있는 규정인바, 이는 대한민국의 영토인 한반도가 법적으로 분단되어 있지 않은(즉, 통일되어 있는) 것으로 간주하는 제3조의 영토조항과 모순되는 것이 아닌가 하는 의문이 제기될 수 있다. 이와 관련, 김명기 교수는 통일조항은 영토조항과의 관계에서 일부 모순되는 규정이나, 그 모순을 피하기 위해서는 제4조의 통일을 다음과 같이 이해해야 한다고 주장하고 있다.

> "국가의 3요소는 국민·영토·정부이다. 통일은 국가의 3요소인 국민·영토·정부의 분단을 전제로 성립되는 개념인데, 제3조는 적어도 법적으로는 영토의 분단을 부정하고 있기 때문에 제3조는 제4조와 모순 또는 저촉된다. 이 모순 저촉을 피하기 위해서는 제4조의 통일은 영토를 제외하고 국민과 정부의 통일, 그중에서도 정부의 통일로 이해할 수밖에 없다. 그러므로 제4조의 통일은 대한민국의 영토로부터 북한정권을 축출하는 것을 뜻하게 된다."[35]

---

34) 제성호, "헌법상 통일관련 조항의 개폐문제," 『통일연구논총』(민족통일연구원), 창간호(1992.6), pp. 267-274; 제성호, "분단과 통일에 관한 법적 쟁점," 『중앙법학』, 제6집 제2호(2004), p. 69.

35) 김명기, 『북방정책과 국제법』(서울: 국제문제연구소, 1989), pp. 142-143.

주지하는 바와 같이 통일의 개념에 관해서는 보는 시각에 따라서 민족공동체의 완성, 단일 이념 및 생활권의 형성 등 여러 가지 입장이 있을 수 있다. 또한 통일의 대상이 무엇인가에 관해서도 국가통일, 민족통일, 경제적 통일, 정치적 통일 등을 운위하기도 한다. 그러나 법적인 관점에서 볼 때 헌법 제4조에서 규정된 통일의 개념 내지 실체는 무엇을 말하는 것인가를 고찰하기로 하자.

주지하는 바와 같이 국가는 국민·영토·주권으로 구성된다. 현재 북한지역의 주민에 대해 현실적으로 통치권이 미치고 있지 않음에도 불구하고, 북한주민을 대한민국의 국민으로 보는 것이 대한민국 헌법의 태도이다. 이는 "대한민국의 국민의 요건은 법률로 정한다"는 헌법 제2조와 제3조 영토조항으로부터 도출되는 논리적 귀결이다. 다시 말하면 대한민국의 국민이 사실상(*de facto*) 분단되어 있다고 할 수 있을지는 몰라도 법적(*de jure*)으로는 결코 분단되어 있지 않다는 것이 헌법의 기본입장인 것이다. 다음 영토가 문제되는데 영토는 헌법 제3조의 법리에 따르면 법률상 분단되어 있지 않다는 점은 이미 전술한 바 있으므로 이에 관한 설명은 생략하기로 한다.

문제의 핵심은 주권이다. 대한민국의 주권 또는 주권적 의사가 현상형태 면에서 분열되어 행사되고 있음은 명백한 사실이다. 국제법상 주권(또한 국내법상으로는 통치권)은 대내외적으로 확립된 정부에 의해 표시되고 행사되는 바, 주권이 분열되어 있다는 것은 하나의 국가에 하나의 정부가 있어야 할 것이 2개 이상의 정부로 분열되어 있다는 것과 같은 의미이다. 이러한 점을 고려하면 결국 헌법 제4조에 명시된 국법행위로서의 통일의 실질(實質)은 남북한에 있는 2개의 정부를 하나로 통일한다는 것을 말하는 것이다. 2개의 정부의 통일이란 곧 2개의 정치권력의 통합을 의미하는 것이며, 이는 다시 남북한이 하나의 법질서하에 통합되는 것을 의미한다.[36)]

정치권력의 통합 내지 정부의 통일이 이루어지면, 그동안 현실적으로 행사되지 못하였던 북한주민에 대한 통치권(imperium)과 북한지역에 대한 지배권(dominium)이 회복되게 된다. 따라서 적어도 법적인 관점에서 볼 때 통일의 실체는 민족의 통합도 국민의 통합도 아니며 영토의 통합은 더더욱 아닌 것이다. 요컨대, 법적인 의미에서 대한민국이 지향하는 통일의 개념 내지 실체는 남북한에 현존하는 2개의 정부와 법질서의 통합이라고 할 것이다.

둘째, "대한민국이 지향하는 통일은 자유민주적 기본질서에 입각한 평화적 통일이어야 한다"는 부분은 '평화적 통일'과 '자유민주적 기본질서에 입각한 통일'이라는 2부분으

---

36) 최대권, "통일논의의 법적 분석," 『한민족공동체 통일방안의 실천과 제도화 연구』, 통일방안 논문집, 제2집(서울: 통일원, 1990), p. 119 참조.

로 나누어 생각할 수 있다.

먼저 '평화적 통일'에 관해서 보기로 하자. 국제정치적 관점에서 보면 평화라는 개념은 현상유지(*status quo*)를 의미한다. 이에 대해 통일, 특히 결과로서의 통일은 현상의 변경 또는 타파를 의미한다. 이러한 점에 비추어 볼 때 대한민국의 평화적 통일이란 국제법의 견지에서 보면 '평화적 변경'(peaceful change)[37]에 당하는 것이라 할 수 있다.

앞에서 시사한 바와 같이 평화적 통일이란 현상유지와 현상변경이라는 일견 모순되는 것처럼 보이는 2가지 명제를 모두 포함하고 있는 개념이라고 할 수 있으나, 이는 결코 양립할 수 없는 개념은 아니다. 평화적 통일이 의미하는 바는 결국 현상유지적인 방법에 의하여, 즉 현상(평화)의 급격한 변경 없이 점진적·단계적으로 현상을 변경함으로써, 통일을 이룩한다는 것을 말한다고 보아야 한다. 이는 통일을 추구하는 방법으로서 소위 기능주의 혹은 신기능주의 접근방법에 의한 통일정책과 조화될 수 있는 개념이다. 반면 급격한 현상변경을 추구하는 구조주의적 접근방법과는 원칙적으로 상용할 수 없는 것이라 하겠다.

다음으로 '자유민주적 기본질서에 입각한 통일'이라고 할 경우 자유민주적 기본질서란 무엇인가, 그리고 그에 입각한 통일이란 무엇을 말하는가를 고찰하기로 한다.

자유민주적 기본질서라 함은 모든 폭력적 지배와 자의적(恣意的) 지배를 배제하고, 그때그때의 의사의 자유 및 평등에 의거한 국민의 자기결정을 토대로 하는 법치국가적 질서를 의미한다. 이러한 자유민주적 기본질서는 국민주권주의의 원리를 기초로 하여 ① 기본적 인권의 보장, ② 권력분립의 원리, ③ 책임정치의 구현, ④ 행정의 합법률성의 원칙, ⑤ 사법권의 독립, ⑥ 복수정당제, ⑦ 정당활동의 자유 보장 등을 그 내용으로 한다.[38]

학자에 따라서는 헌법이 이에 관해 명시적으로 규정하고 있지는 않으나, 이러한 자유민주적 기본질서와 조화·상용할 수 있는 경제질서는 사회적 시장경제질서라고 보고, 통일의 내용은 자유민주적 기본질서에 입각한 정치질서와 사회적 시장경제질서에 입각한 경제질서라야 한다고 주장하는 자도 있다.[39]

'자유민주적 기본질서에 입각한 통일'이라 함은 말할 것도 없이 통일의 방법이 자유민주적 기본질서에 합치하는 것이어야 함을 명시한 것이라고 하겠다. 이와 관련하여 "대한

---

37) 평화적 변경의 개념, 역사적 사례 및 적용범위 등에 관한 일반이론에 관해서는 *Encyclopedia of Public International Law*, Vol. 7(Amsterdam: North Holland Company, 1984), pp. 378-384; Charles de Visscher, *Theory and Reality in Public International Law*, trans. by P. E. Corbett(Princeton: Princeton University Press, 1968), pp. 333, 354 참조.

38) 권영성, 『헌법학원론(상)』(서울: 법문사, 1979), pp. 148-149.

39) 권영성, "우리 헌법의 영토조항과 통일조항," 『판례월보』, 제228호(1989.9), p. 9 참조.

민국이 추진하는 통일정책의 방법이 자유민주적 기본질서에 반할 수 없음을 표명한 것이라면 사회주의 내지 공산주의 체제와 제도를 승인하는 방법에 의한 통일정책의 수립 추진은 헌법위반이 된다. 또한 남북한 인구비례에 의하지 않는 통일방안은 위헌으로 된다."[40] 고 주장하는 견해가 있다. 그러나 이러한 견해는 남북한이 상호 상대방의 실체(체제)를 인정·존중하는 행위까지 금지하는 것으로 판단함으로써 자유민주적 기본질서에 입각한 통일이라는 문언의 의미를 지나치게 좁게 해석한 것이라고 생각된다.

민족구성원인 북한을 '선의(善意)의 동반자'로 포용하고, 그에게 상호 동등권을 인정하는 행위가 자유민주적 기본질서에 반하는 것이라고 속단할 수는 없을 것 같다. 북한의 실체를 인정하기로 하는 행위 또는 그와 같은 국가 의사결정이 국민적 합의를 기초로 하여 이루어지고 자유민주적 기본질서의 본질적 내용과 모순되지 않는다면, 그러한 행위는 통일정책의 추진과정에서 가능하다고 보아야 한다. 즉, 남북한이 상호 체제 인정을 하는 과정에서 국민주권주의의 원리, 구체적으로는 국민적 합의에 기초한 정부의 결정, 권력분립에 입각한 의회의 적절한 대정부통제, 국가의사결정에 대한 책임정치의 구현 등이 이루어진다면 자유민주적 기본질서와 모순되지 않는다는 것이다.

다시 말하여 북한의 존재를 있는 그대로 인정하는 행위가 자유민주적 기본질서에 반하는 것이라고 할 수는 없다. 물론 이것은 통일을 추진하는 과정에서 대한민국이 '국내적으로' 사회주의 내지 공산주의 체제와 제도를 인정하는 행위까지 정당화하는 것은 아니다. 가령 공산주의활동의 합법화는 자유민주적 기본질서에 입각한 통일의 과정에서 필연적으로 요구되는 방법이 아닐뿐더러 자유민주적 기본질서를 위협하는 것이 분명하다. 또한 남북한 인구비례에 의한 총선거 방식이 가장 바람직한 통일방안임은 분명하나, 그 이외의 통일방안은 모두 위헌이라는 발상도 통일정책 추진의 실제 면을 도외시한 것으로서 지나치게 형식논리에 입각한 이론이라고 생각된다.[41]

헌법 제4조의 평화적 통일에는 적극적 방식과 소극적 방식이 있음을 인식할 필요가 있다. 적극적 방식은 대한민국 헌법이 전 한반도에 그 효력을 미치게 하는 방식의 통일을 말한다. 이러한 통일은 동서독의 경우처럼 북한이 남한에 합류되는 통일, 즉 흡수통일을 이룩할 때 실현될 수 있다. 소극적 방식으로는 남북한의 정부가 전 한반도에 걸쳐 헌법제

40) 김명기, 『북방정책과 국제법』, p. 145. 이어 김명기 교수는 남북한 유엔동시가입과 자유민주적 기본질서조항과의 관계에 관하여, "남북한 유엔동시가입은 동시가입을 위해 대한민국이 북한과 합의를 해야 하는바, 이는 대한민국이 국제연합과의 관계에서 북한을 대한민국과 동등시하고 공산북한의 국가성의 인정을 전제로 한 것이므로 자유민주적 기본질서에 입각한 방법이 아니다. 따라서 남북한 유엔 동시가입을 제의하는 대북 및 통일정책은 헌법 제4조에 저촉되는 헌법위반행위가 된다"고 주장하고 있다. 위의 책, pp. 145-146 참조. 하지만 이러한 주장에 동의하기는 어렵다.

41) 제성호, "헌법상 통일관련 조항의 개폐문제," pp. 271-272.

정권력의 형성 및 행사를 가능하도록 만들어 통일된 헌법질서를 창출하고, 이 헌법질서에 따라 통일정부를 수립함으로써 결과적으로 대한민국이 발전적으로 해소되는 방식의 통일, 즉 '합병형(合倂型) 통일' 또는 '합의제 통일'을 들 수 있다.

대한민국 헌법의 효력은 엄밀히 말하여 1948년 제정 당시부터 시원적(始源的)으로 남한 지역에 국한되는 것이었기 때문에 애초부터 법규범과 현실 간에 괴리와 모순을 지니고 있었다. 따라서 이러한 모순을 극복하기 위해 전 한반도에 걸쳐 적용될 통일헌법의 제정권력을 형성하고, 그러한 헌법제정권력을 행사함으로써 통일헌법을 제정하였을 때, 그 결과로 부분적 또는 하위적 질서의 표현이었던 대한민국 헌법이 발전적으로 해소되는 방식의 통일도 그 방법과 절차가 민주적이고 평화적인 것이라면, 또한 그것이 본질적으로 자유민주적 기본질서에 반하는 내용의 통일이 아니라면, 그러한 통일은 헌법 제4조의 평화적 통일실현 의무의 성실한 이행이라고 보아야 한다.[42]

'자유민주적 기본질서에 입각한 통일'은 통일의 방법뿐만 아니라 통일의 내용도 자유민주적 기본질서에 위배될 수 없음을 선언한 것으로 해석된다. 따라서 통일한국이 자유민주적 기본질서를 전면적으로 부정하는 사회주의 내지 공산주의의 정부형태를 갖도록 하는 통일정책의 수립 추진은 헌법위반행위임이 명백하다.[43] 이와 관련하여 자유민주주의와 공산주의를 절충하는 방식의 통일은 위헌이라는 견해가 있다. 자유민주주의의 일부를 부정하고 공산주의의 일부를 긍정하는 합병형 통일은 통일한국이 대한민국으로도 북한으로도 통일되는 것이 아니며 새로운 주권국가를 창설하는 것이므로 이는 헌법 제4조에 반한다는 것이다.[44] 그러나 남북한이 합의를 통해 이질적인 이념과 체제를 절충하는 내용의 통일정책이 반드시 위헌이라고 보기는 어렵다고 생각한다. 대한민국의 자유민주적 기본질서의 본질적 내용을 전면 부정하지 않으면서도 적어도 양 체제의 긍정적 측면을 절충하는 방식의 통일, 예컨대, 형식적으로는 예멘식의 합의제 통일 내지 합병형 통일[45]이라든가, 혹은 내용상으로 통일한국 초기에 잠정적으로 북한지역에서 협동농장제도 및 토지의 전면적 재국유화를 인정하는 방식의 통일도 그것이 평화적 방법으로 추진되는 한에서는 전술한 바와 같이 합헌이라고 보는 것이 타당하다고 보기 때문이다. 이 밖에 6·15 공동

---

42) 최대권, "통일논의의 법적 분석," p. 148.
43) 김철수 외, 『콤멘탈 헌법』(서울: 법문사, 1988), p. 72.
44) 김명기, 『북방정책과 국제법』, p. 145 참조.
45) 한국이 추구하는 통일이 과거로 돌아가는 복고적 통일이 아니고, 21세기를 바라보는 미래지향적인 통일, 특히 국가주권의 벽을 허물고 인류의 화합과 단결을 추구하는 새로운 인류공동체 속에서 한민족공동체를 형성하고자 하는, 이른바 신통일(new unification)을 의미하는 것이라면 합병형 통일의 가능성을 배제하여서는 아니 될 것으로 생각된다.

선언 제2항에 명시된 바와 같이 남측 연합제(민족공동체 통일방안이 설치를 예정하고 있는 「남북연합」)과 북측의 「낮은 단계 연방제」 간의 접점을 찾는 방식의 과도적 통일체제를 형성하는 것도 그것이 자유민주적 기본질서의 본질을 침해하는 것이 아니라면 합헌이라고 보아야 한다는 것이 필자의 견해이다.

이와 같은 자유민주적 기본질서에 입각한 통일론은 일부 재야세력 및 운동권 학생들의 무분별한 친북 통일론에 대비하고 자유민주주의 체제수호를 위한 의미도 아울러 갖는다고 할 것이다.[46] 또한 통일조항을 삽입·명문화한 것은 1980년대 중반 이후 소련의 고르바초프 서기장에 의하여 제창된 개혁 및 개방정책의 진전을 목격하고, 자유민주체제의 우월성에 대한 법적 확신을 반영한 것이라고도 볼 수 있을 것이다.

셋째, "대한민국은 평화적 통일정책을 수립하고 추진할 의무가 있다"는 것은 일응 대한민국을 대내외적으로 대표하는 정부가 1차적으로 통일정책의 수립 및 추진의무를 가진다는 것을 의미한다.[47] 통일정책의 수립 및 추진은 원칙적으로 정부의 소관사항이기 때문이다. 하지만 국민대표기관인 국회 또한 이 조항의 적용을 받으며, 그에 따라 '올바른 통일정책의 수립 및 추진에 협조할 의무'가 있다고 보아야 할 것이다. 왜냐하면 통일정책의 수립 및 추진을 위해서는 국회의 입법이 필요한 경우가 많으며, 정부가 책정하는 통일정책 관련 예산 심의·확정과 결산 및 감사 등에서 국회가 정부를 감시·통제하는 역할을 할 수 있기 때문이다. 국민의 이해관계와 밀접한 관련이 있는 통일정책에 대해 국회가 무심할 수 없는 것은 지극히 당연한 일이다.

아무튼 헌법 제4조의 이 같은 조문에 의거하여 제6공화국 정부는 강력한 통일의지와 국민적 열망에 부응하여 1988년 7월 7일 이른바 「7·7선언」을 발표하여 대북 문호개방 및 교류를 허용하였으며, 1989년 9월 11일에 「한민족공동체 통일방안」을 발표하기에 이르렀다. 또 정부는 남북교류 협력을 활성화하고 이를 법적으로 뒷받침하기 위해 「남북교류협력에 관한 법률안」을 국회에 제출하였고, 국회는 1990년 8월 1일 이를 통과시켰다. 이와 같이 헌법 제4조의 평화통일조항은 남북 간 인적·물적 교류 활성화를 위해 제정된 「남북교류협력에 관한 법률」의 근거규정이 되고 있다. 그 후 김영삼－김대중－노무현 정부 아래서 제정된 「북한이탈주민의 보호 및 정착지원에 관한 법률」,[48] 「통일교육지원법」,[49] 「남북관계발전에 관한 법률」,[50] 「군사정전에 관한 협정 체결 이후 납북피해자의 보상 및 지원에

46) 장기붕, "남북한 평화통일의 기초조건," 『국제법학회논총』, 제35권 1호(1990), p. 24.
47) 제성호, "분단과 통일에 관한 법적 쟁점," 『중앙법학』, 제6집 제2호(2004), pp. 69-72.
48) 북한이탈주민의 보호 및 정착지원에 관한 법률은 김영삼 정부 시절인 1997년 1월 13일 법률 제5259호로 제정되었다.
49) 통일교육지원법은 김대중 정부 시절인 1999년 2월 5일 법률 제5752호로 제정되었다.

관한 법률」[51]「남북 이산가족 생사확인 및 교류 촉진에 관한 법률」[52] 등은 모두 헌법 제4조에 기하여 이루어진 입법조치라고 할 수 있다.

제4절 한국의 통일정책: 과거와 현재

1. 제1공화국(이승만 정부)의 통일정책

제1공화국은 건국 및 호국, 그리고 6·25 전란 이후 국가 재건의 시기였다. 그러므로 제1공화국이 정치적·이념적으로 대치하는 북한과의 통일에 대한 정책적 입장을 갖는 것은 자연스러운 일이었다.

1948년 8월 15일 대한민국 초대정부로 출범한 이승만 정부는 통일에 관한 기본입장을 천명하였는데 그 내용은 다음과 같다.[53]

① 대한민국 정부는 헌법 규정에 따라 한반도 전체에 대한 주권을 가진 유일한 합법 정부이다.[54]

② 선거가 보류된 북한에서 조속히 민주적 선거를 실시, 북한동포를 위하여 국회에 공석으로 남겨둔 100석의 의석을 채워야 한다.[55]

③ 북한 동포들의 자발적 의사가 계속적으로 공산주의자들에 의하여 억압받을 경우에

---

50) 남북관계 발전에 관한 법률은 노무현 정부 시절인 2005년 12월 29일 법률 제7763호로 제정되었다.

51) 「군사정전에 관한 협정 체결 이후 납북피해자의 보상 및 지원에 관한 법률」은 노무현 정부 시절인 2007년 4월 27일 법률 제8393호로 제정되었다.

52) 「남북 이산가족 생사확인 및 교류 촉진에 관한 법률」은 현재의 이명박 정부 통치시기인 2009년 3월 25일 법률 제9519호로 제정되어 2009년 9월 26일부터 시행에 들어갔다.

53) 황인태, 『통일정책론』(서울: 국제평화연구소, 1995), pp. 175-176; 통일부, 『1998 통일백서』(서울: 통일부, 1998), p. 17; 김병오, 『민족통일과 남북연합』(서울: 여강출판사, 2001), p. 118.

54) 이와 관련, 1948년 7월 17일 제정·공포된 제헌헌법은 제4조에 영토조항("대한민국의 영토는 한반도와 그 부속도서로 한다")을 두고 있었다. http://www.law.go.kr의 「법령연혁」 대한민국헌법(1948. 7.17) 참조.

55) 이승만 대통령은 유엔 총회의 대한민국 승인 결의(1948.12.12) 후에 있었던 제1회 제헌국회 폐회식에서 "우리가 유엔과 협의하여 이북에 자유선거를 실시하여, 100명 내외의 이북 의원들을 선출하여 국회의 비워둔 자리를 보충하도록 할 것"이라는 입장을 천명한 바 있다. 통일부 통일교육원, 『통일문제 이해 2009』, p. 56. 이 밖에도 1948년 6월 12일자 한국 국회가 북한동포에게 보내는 결의문 참조. 외무부, 『한국통일문제: 문헌과 약사(1948-1960)』(서울: 외무부, 1961), pp. 61-62; 김명기, 『남북한 통일정책』(서울: 국제문제연구소, 1995), p. 83에서 재인용.

는 대한민국은 (정통정부로서 무력에 의해서라도) 북한에 대한 주권을 회복할 권한이 있다.[56)]

이것은 대한민국 정부가 처음으로 북한에 대해 대한민국만이 한반도에서 유일한 합법정부(곧 북한은 괴뢰정부)이며, 북한은 유엔 총회 결의에 따라 북한지역에서 자유선거를 실시하여 대한민국에 합류(귀속 내지 수복)해야 함을 제시한 것이라고 하겠다.[57)] 이는 북한지역만의 자유총선거에 의한 통일구상을 밝힌 것으로서, 내용 면에서 극히 불충분하고 초보적인 것이기는 하지만, 한국 정부가 밝힌 최초의 공식적인 통일방안이라고 할 수 있다.[58)]

북한지역만의 자유총선거에 의한 통일구상은 1950년 10월 17일 이승만 대통령의 「남북통일」에 관한 담화, 1950년 10월 30일 「통일문제에 관하여」라는 담화, 1950년 11월 27일 「남북통일의 담화」발표 등에서 재확인되었다.[59)] 그러나 이후 1953년 11월 23일 남북한 총선거에 관한 성명을 통해 이승만 정부가 북한 주민이 원한다면 전국 총선거를 받아들일 용의가 있음을 표명하였다.[60)]

이승만 정부의 통일정책의 특징은 정부 수립 당시의 국제법적·도덕적 우월성에 기초하여 북한 당국을 철저히 부정하는 대북 인식에서 출발하였다. 북한지역에서의 자유총선을 가장 중요한 통일방법으로 간주하는 한편,[61)] 이를 구현하기 위한 방법론으로는 한반도 문제의 국제화, 특히 유엔 총회 결의의 중시 및 유엔을 통한 해결을 추구하였다. 이에 따라 북한 당국을 남한 당국과 대등한 지위에 두고 출발하는 모든 논의, 특히 평화적인 (협상)통일론은 금기시되었다.[62)] 1949년 2월 18일자 이승만 대통령의 성명[63)]에서 보듯이 이 당시 남북대화나 대공협상은 그 자체가 북한에 대한 묵시적 승인을 의미하는 것이라는

56) 외무부, 『한국외교 30년: 1948-1978』(서울: 신흥인쇄, 1979), p. 63.

57) 통일부, 『2002 통일백서』(서울: 통일부, 2002), p. 18; 이형, 『장면 정권과 민주당: 제2공화국의 재평가』(서울: 삼일서적, 2005), p. 176.

58) 양영식 전 통일부 차관은 이승만 정부의 통일정책을 십자군적 해방통일론이라고 그 성격을 규정하였다. 양영식, 『통일정책론』(서울: 박영사, 1997), p. 11.

59) 김명기, 『남북한 통일정책』, p. 85.

60) 그러나 이 남북한 총선거에 관한 성명도 북한만의 단독선거로 국회의 잔여 의석을 채우는 것이 원칙이란 점을 분명히 하였다. 공보부, 『광복이십년』(서울: 공보부, 1965), p. 243; 신영석, 『역대정권의 통일정책 변천사: 한반도 통일논의 60년』(서울: 평화문제연구소, 2008), p. 70에서 재인용.

61) 통일부, 『2002 통일백서』, p. 18.

62) 송건호, "한국 정당의 통일정책," 『한국통일의 이론적 기초』(서울: 고대연, 1973), p. 147.

63) "이승만 대통령, 통일문제 관련 성명 발표," 『동아일보』, 1948년 2월 20일자; 외무부, 『한국외교 30년: 1948-1978』, p. 63.

이유에서 결코 채택될 수 없는 것이었다.[64)]

북한의 6·25 남침 이후 이승만 정부 아래서는 미군 등 유엔군의 힘을 활용한 무력 북진통일론이 비등하였다. 이승만 정부와 집권 여당인 자유당도 이를 지지하였다. 하지만 그러한 통일을 실현시킬 능력이 우리에게는 없었다. 물론 당시의 국제정세와 남북한관계도 이를 허용하지 않았다.

1953년 7월 체결된 정전협정 제60항[65)]에 따라 1954년 6월 한반도문제의 평화적 해결을 위해 개최된 제네바 정치회담에서 변영태 외무부 장관은 14개 통일방안을 제시하였다.[66)] 그 골자는 '유엔 감시하의 인구비례에 의한 남북한 총선거'를 실시하는 것이었다. 이후에도 이승만 정부는 유엔 총회 결의에 따른 통일실현이라는 원칙을 견지하였다.[67)]

2. 제2공화국(장면 정부)의 통일정책

1960년 '4·19 의거(義擧)' 이후 보수·혁신의 많은 정당과 사회단체들이 정치활동에 나서게 되었다. 이에 따라 통일문제에 대한 논의도 활발하게 이루어졌고, 백가쟁명(百家爭鳴) 식의 다양한 통일방안이 대두되었다. 제2공화국은 집권기간이 1년여에 불과했지만 제1공화국에 비해 통일문제의 논의는 훨씬 활발했던 시기라고 할 수 있다.[68)]

내각책임제 헌법에 기초하여 출범한 장면 정부는 통일문제에 대한 비등하는 여론을 감안하여 1960년 8월 17일 '유엔 감시하의 남북 자유총선거'를 통일정책의 기조로 제시하였다. 즉, 정일형 외무부 장관은 같은 날 기자회견을 통해 "대한민국의 통일방안은 국제연합 감시하의 총선거 실시이며, 이에 의해서만 국민의 자유의사에 따른 통일정부 수립

---

64) 양영식, 『통일정책론』, p. 13; 김명기, 『남북한 통일정책』, p. 84; 황인태, 『통일정책론』, p. 175.

65) 정전협정 제5조 제60항은 "한국문제의 평화적 해결을 보장하기 위하여 쌍방 군사령관은 쌍방의 관계 각국 정부에 정전협정이 조인되고 효력을 발생한 후 3개월 내에 각기 대표를 파견하여 쌍방의 한 급 높은 정치회의를 소집하고, 한국으로부터의 모든 외국군대의 철거 및 한국문제의 평화적 해결 등 문제들을 협의할 것을 이에 건의한다"고 규정하고 있다. 이 조항에 근거하여 1954년 4월부터 6월까지 제네바에서 이른바 한국문제(the Korean Question)의 평화적 해결을 위한 정치회담이 개최되었다.

66) 김명기, 『남북한 통일정책』, pp. 86-87; 신영석, 『역대정권의 통일정책 변천사: 한반도 통일논의 60년』, pp. 71-73.

67) 통일부, 『1998 통일백서』, p. 18.

68) 이형, 『장면 정권과 민주당: 제2공화국의 재평가』, pp. 177-181 참조. 그러나 당시의 통일논의의 상당 부분은 분단의 원인과 그 배경이 되고 있는 한반도에서의 국제정치 상황을 냉철하게 파악하지 못한 측면이 있었다. 또한, 북한의 대남 적화혁명전략을 경시한 데 문제점이 있었다. 이 기간 동안 북한은 우리 사회의 혼란을 겨냥하여 다양한 대남 정치선전공세를 전개하였다. 특히 북한은 1960년 8월 14일 '남북연방제'를 처음으로 제시하였다. 통일부, 『1998 통일백서』, p. 18.

이 가능하다"고 언급하였다. 또한, 8월 24일 정일형 외무부 장관은 「7개항의 외교정책 성명」을 발표하면서, 제1항에서 "정부는 국제연합의 결의를 존중하여 한국 전역에서 국제연합 감시하의 자유선거를 실시함으로써 한국의 통일을 이룩하는 원칙을 고수한다"는 점을 분명히 하였다.69) 장면 총리도 1960년 8월 27일 시정연설을 통해 유엔 감시하의 남북한 총선거 통일방안을 제시하였다.70)

장면 정부는 북진통일론을 폐기하고 평화통일론을 주창했지만, 유엔 감시하의 총선거 통일방안은 그대로 계승하였다. 또한 통일정책을 외교정책의 일부로 보고, 추진하였다는 특징을 보여 주었다. 이에 따라 남북대화와 협상을 금기시하였는데, 이 점에서는 이승만 정부와 크게 다를 바 없었다.71)

3. 박정희 정부의 통일정책

5·16 군사정변과 1963년 10월 15일 제5대 대통령 선거를 통해 집권한 박정희 정부(제3공화국)는 1964년 1월 10일 연두교서를 통해 정부의 통일방안은 유엔을 통한 자유민주주의 원칙에 따른 통일, 실지회복에 의한 국토통일임을 밝히고, 통일을 위한 제반문제에 대비하기 위한 태세를 갖추어 나갈 것임을 강조하였다.72) 이후 박정희 대통령은 1965년 10월 29일 기자 서면질의에 대한 답변, 1965년 12월 23일 유엔 회원국 앞으로 제출한 「통일방안에 관한 각서」 등에서 유엔 감시하의 남북한 총선거 통일을 통일정책의 골자로 제시하였다.73)

박정희 대통령은 1966년 1월 18일 국회에 보낸 연두교서에서 "우리가 지향하는 조국근대화야말로 남북통일을 위한 대전제요, 중간목표이다. … (경제)자립은 통일의 첫단계가 된다"고 함으로써 「선 건설 후 통일」의 정책방향을 분명히 하였다. 이는 한국의 경제력이

69) 국회도서관 입법조사국, 『한국외교관계자료집』, 입법참고자료 제193호(서울: 국회도서관, 1976), pp. 371-372; 김명기, 『남북한 통일정책』, p. 91; 황인태, 『통일정책론』, p. 183.

70) 국토통일원, 『남북관계자료집(통일문제)』(서울: 국토통일원, 1977), pp. 55-56; 김명기, 『남북한 통일정책』, p. 91; 황인태, 『통일정책론』, p. 183.

71) 신영석, 『역대정권의 통일정책 변천사: 한반도 통일논의 60년』, p. 96 참조.

72) 통일부, 『1998 통일백서』, p. 19. 이에 앞서 5·16 직후 설치된 군사혁명위원회는 6개항의 「혁명공약」을 발표하였다. 그중 제1항은 "반공을 국시의 제1로 삼고 지금까지 형식적이고 구호에만 그친 반공태세를 재정비·강화한다"는 것이었다. 또한 제5항에서는 "민족적 숙원인 국토통일을 위하여 공산주의와 대결할 수 있는 실력배양에 전력을 기울인다"고 선언하였다. 즉, '반공태세의 재정비·강화'와 '통일을 위한 실력배양'이 통일의 기본방향으로 제시된 바 있었다. 통일부 통일교육원, 『통일문제 이해 2009』, p. 56; 황인태, 『통일정책론』, p. 184; 김병오, 『민족통일과 남북연합』, p. 120.

73) 김명기, 『남북한 통일정책』, pp. 94-95 참조.

북한을 압도적으로 능가하고, 또한 민주주의가 정착된 다음에야 비로소 통일노력이 실효성을 거둘 수 있다는 현실주의 입장이라고 할 수 있다.

한편 박정희 정부는 통일에 대한 국민들의 열망에 부응하고 통일문제에 대한 장기적이고 체계적인 방안수립을 위해 1969년 3월 1일 국토통일원을 창설하였다.[74] 이는 통일에 대한 국민적 열망에 부응하는 조치인 동시에, 외교정책과 차별화된 독자적인 통일정책 추진 의사, 특히 장기적이고 체계적인 통일문제 연구 및 통일정책 수립 의지를 대내외에 천명한 매우 의미 있는 조치였다고 할 수 있다.[75]

1970년대 초의 국제정세는 급변하고 있었다. 1968년 7월 닉슨 독트린 발표, 1970년 3~5월간 동서독 정상회담 개최,[76] 미·중 간의 핑퐁외교와 닉슨 미국 대통령의 중국 방문(1972.2.21), 1972년 5월 미·소 간의 1차 전략무기제한협정(Strategic Arms Limitation Treaty Ⅰ: SALT Ⅰ) 체결 등 범세계적인 데탕트 무드, 곧 긴장완화와 평화공존의 분위기가 조성되기 시작하였다. 이러한 국제정세의 변화와 더불어 1960년대 우리 경제력의 발전을 바탕으로 박정희 정부는 대북 및 통일정책에 더욱 적극성을 띠게 되었다.

박정희 대통령은 1970년 8월 15일 제25주년 광복절 경축사를 통해 남북한 간 선의의 경쟁을 촉구하는 「평화통일구상선언」을 발표하였는데, 그 주요 내용은 다음과 같다.

① 긴장상태의 완화 없이는 평화적 방법에 의한 통일에의 접근이 불가능하다.

② 북한이 무력에 의한 적화통일이나 폭력혁명에 의한 대한민국 전복 기도를 포기해야 한다.

③ 남북 간에 가로놓인 인위적 장벽을 단계적으로 제거해 나갈 용의가 있다.

④ 북한이 유엔의 권위와 권능을 수락한다면 북한의 유엔 참석을 반대하지 않는다.

⑤ 남북한의 어느 체제가 더 잘살 수 있는가 개발과 건설에서 선의의 경쟁을 벌일 것을 제의한다.[77]

---

74) 통일부, 『1998 통일백서』, p. 19; 통일부, 『2002 통일백서』, p. 19.

75) 신영석, 『역대정권의 통일정책 변천사: 한반도 통일논의 60년』, p. 120. 국토통일원의 기능과 한계에 관해서는 이상우, "남북관계, 내정과의 표리," 『박정권 18년, 그 권력의 내막』(서울: 동아일보사, 1987), pp. 225-226; 양영식, 『통일정책론』, p. 159.

76) 1970년 3월 19일 브란트 서독 수상이 동독의 에르푸르트(Erfurt)를, 그리고 같은 해 5월 21일 슈토프 동독 수상이 서독의 캇셀(Kassel)을 방문하여 두 차례 양 독일의 정상회담이 개최되어 화해무드가 조성되었다. 이 정상회담의 성립경위와 파급영향 등에 대해서는 윤경태, 『동서독 수상회담과 관계정상화 과정-자료를 중심으로-』, 국통정 80-5-1607(서울: 국토통일원, 1980), pp. 3-315; 민족통일연구원 정책연구실, 『동서독 사례를 통해 본 남북한관계 개선방안-정상회담과 기본조약체결사례 중심』, 연구보고서 91-09(서울: 민족통일연구원, 1991.9), pp. 3-48; 통일원, 『동서독 정상회담 사례집』, 통독과정연구 94-Ⅶ(서울: 통일원, 1994.12), pp. 1-117 참조.

77) 국토통일원 남북대화사무국, 『남북대화 백서』(서울: 국토통일원, 1988), pp. 34, 450-451; 통일부, 『1998 통일백서』, p. 20.

상기 제4항에서 "북한이 유엔의 권위와 권능을 수락"한다는 것은 종전에 제시된 바와 같이 유엔 감시하의 남북한 총선거 통일방안을 가리키는 것이다.[78] 그런 점에서 박정희 정부 역시 역대 한국 정부의 통일정책을 계승한 것으로 볼 수 있다.

1971년 8월 12일 최두선 대한적십자사 총재는 「평화통일구상선언」의 기본정신에 따라 북한적십자회에 1천만 이산가족문제 해결을 위한 남북적십자회담의 개최를 제의하였다. 이 제의를 북한적십자회가 수락함으로써 분단 26년 만에 인도적 문제에서부터 남북대화의 통로가 열리게 되었다.[79] 이후 1972년 7월 4일에는 남북 양측의 고위 당국자(이후락 중앙정보부장과 김영주 조선로동당 조직지도부장) 간의 비공개 접촉과 상호 방문을 거쳐 분단 이후 최초의 남북 당국 간 합의문서라 할 수 있는 「7・4 남북공동성명」이 서울과 평양에서 동시에 발표되었다.[80]

각기 상부(박정희 대통령과 김일성 수상)의 뜻을 받들어 채택된 「7・4 남북공동성명」에서 남북한 양측은 ① 통일은 외세에 의존하거나 외세의 간섭을 받음이 없이 자주적으로 해결하여야 한다, ② 통일은 서로 상대방을 반대하는 무력행사에 의거하지 않고 평화적인 방법으로 실현하여야 한다, ③ 사상과 이념, 제도의 차이를 초월하여 우선 하나의 민족으로서 민족적 대단결을 도모하여야 한다는 3원칙에 합의하였다. 또한 상호 중상・비방 중지, 군사적 충돌을 방지하기 위한 적극적 조치, 다방면의 교류 실시, 직통전화 설치 등 실천조치에 합의하고, 쌍방 간의 합의사항을 추진하고, 남북 사이의 제반문제를 개선・해결하기 위하여 남북조절위원회를 구성・운영하기로 하였다.[81]

한편 1972년 「10월 유신」을 단행한 박정희 정부(제4공화국)는 국제정세의 변화에 능동적으로 대처하는 차원에서 1973년 6월 23일 7개 항의 「평화통일외교정책선언」을 발표하였다. 그 내용은 ① 조국의 평화적 통일을 위한 모든 노력의 경주, ② 한반도의 평화유지, 남북한 간의 내정불간섭 및 불침략, ③ 성실과 인내로써 남북대화 계속, ④ 북한의 국제기구에의 참여 불반대, ⑤ 남북한 유엔동시가입 불반대, ⑥ 모든 국가에의 문호개방, ⑦ 평화선린에 기초한 대외정책의 추진 등이다.[82] 이는 그간 한국 정부가 견지하여 온 소위

---

78) 김명기, 『남북한 통일정책』, p. 97.

79) 황인태, 『통일정책론』, p. 187; 통일부, 『1998 통일백서』, p. 20; 김병오, 『민족통일과 남북연합』, p. 121.

80) 통일부, 『2002 통일백서』, pp. 19-20.

81) 국토통일원 남북대화사무국, 『남북대화 백서』, pp. 54-56; 통일부, 『1998 통일백서』, pp. 20-21; 양영식, 『통일정책론』, pp. 162-163; 신영석, 『역대정권의 통일정책 변천사: 한반도 통일논의 60년』, pp. 128-131; 김명기, 『남북한 통일정책』, pp. 97-98; 황인태, 『통일정책론』, p. 188.

82) 국토통일원 남북대화사무국, 『남북대화 백서』, pp. 453-457; 통일부, 『2002 통일백서』, p. 20; 양영식, 『통일정책론』, pp. 176-178; 신영석, 『역대정권의 통일정책 변천사: 한반도 통일논의 60년』, pp.

할슈타인 원칙(Hallstein Doctrine)[83]을 공식 포기한 것으로서 당시로서는 매우 획기적이고도 전향적인 대북정책(적극적인 통일공세?)이었다고 할 수 있다. 하지만 이 같은 원칙의 천명에도 불구하고, 한국의 외교정책에 있어 실제로 할슈타인 원칙을 포기하는 데는 1988년 노태우 정부의 「7·7 특별선언」 발표와 북방정책(Nordpolitik) 추진, 특히 1989년 2월 1일의 한-헝가리 국교 수립(공산권 국가로는 처음 이루어진 외교관계 수립)까지 좀 더 시간을 기다려야 했다.

이후 박정희 정부는 1974년 1월 18일 「남북 상호불가침협정」 체결 제의, 동년 8월 15일 「평화통일 3대 기본원칙」 천명, 1979년 1월 19일 '남북한 당국 간 무조건 대화 제의' 등을 통해 한반도의 긴장완화와 남북관계의 정상화를 위한 적극적인 정책의지를 표명하고, 이를 실현하기 위해 노력하였다. 특히 1974년 8월 15일의 「평화통일 3대 기본원칙」에서는 ① 한반도에 평화를 정착시키기 위하여 상호불가침 협정 체결, ② 남북 간에 상호 문호개방 및 신뢰회복을 위하여 남북대화, 교류와 협력 추진, ③ 이 바탕 위에서 공정한 선거관리와 감시에 의한 남북한 자유총선거 실시 등을 제시하였다.[84]

4. 전두환 정부의 통일정책

1981년 3월 출범한 전두환 정부(제5공화국)는 '통일되고 독립된 근대적 민족국가의 건설'이라는 통일정책 방향을 제시하였다. 이 같은 평화통일 추진 노력은 첫째, 1981년 남북한당국 최고책임자 상호방문(「1·12 제의」) 및 남북한당국 최고책임자회담의 개최 제의(「6·5 제의」), 둘째, 통일문제와 남북한 관계정상화 문제를 포괄적으로 해결하기 위한 「민족화합 민주통일방안」의 천명(1982.1.22), 셋째, 민족적 화해와 신뢰를 조성하기 위한 「20개 시범실천사업」 등의 제시(1982.2.1)로 구체화되었다.[85]

131-132; 김명기, 『남북한 통일정책』, pp. 99-100; 황인태, 『통일정책론』, pp. 189-190.

83) 할슈타인 정책은 1955년 서독 아데나워 정권하에서 외무차관직을 수행했던 할슈타인(Walter Hallstein)이 천명한 외교정책으로서 동독을 승인한 나라와는 외교관계를 맺지 않는다는 것을 말한다. 이 원칙은 서독이 1967년 루마니아와의 국교정상화로 사실상 폐기되었다. http://en.wikipedia.org/wiki/Hallstein_Doctrine. 할슈타인 정책에 반대되는 브란트 정부의 외교노선은 통상 셸(Walter Scheel) 독트린이라고 한다. 6·23 「평화통일외교정책선언」에서 '모든 국가에의 문호개방' 및 '평화선린에 기초한 대외정책 추진' 천명은 그간 한국 정부가 채용했던 할슈타인 원칙을 포기하는 것을 의미한다.

84) 국토통일원 남북대화사무국, 『남북대화 백서』, pp. 461-462, 469; 통일부, 『2002 통일백서』, p. 20; 양영식, 『통일정책론』, pp. 180-181; 신영석, 『역대정권의 통일정책 변천사: 한반도 통일논의 60년』, pp. 131-132; 김명기, 『남북한 통일정책』, pp. 100-101; 김병오, 『민족통일과 남북연합』, p. 122.

85) 국토통일원 남북대화사무국, 『남북대화 백서』, pp. 167-185; 통일부, 『2002 통일백서』, pp. 20-21; 양영식, 『통일정책론』, pp. 189-200; 신영석, 『역대정권의 통일정책 변천사: 한반도 통일논의 60년』,

이 중에서도 남북한당국 최고책임자 상호방문 및 남북한당국 최고책임자회담의 개최 제의는 한국 정부가 최초로 북한 측에 남북정상회담을 제의한 것으로서, 남북회담사에 있어 그 역사적 의미가 매우 큰 것이었다. 하지만 북한은 우리 측의 제의에 호응하지 않고, 무시 혹은 비난으로 일관하였다. 그러한 제의는 아직까지 남북한 간에 정상회담이 개최될 만큼 충분한 정치적 신뢰가 조성되지 않은 상태에서 전격 제의된 것이었기에 그와 같은 북한 측의 반응은 어쩌면 당연한 것이었다고 볼 수 있다. 그래서 남북정상회담 제의는 일과성 이벤트에 그칠 수밖에 없었다. 당시 우리 사회 일각에서는 정통성이 부족한 전두환 정부가 통일이슈를 선점해 적극적인 대북 선전공세를 전개한 것으로 해석하는 경향도 없지 않았다.[86]

1982년 1월 22일 전두환 대통령의 국정연설을 통해 「민족화합 민주통일방안」을 발표하였다. 이는 대한민국 정권 수립 이후 줄곧 견지해 온 평화통일정책을 종합·체계화한 것으로 처음으로 통일방안의 골격과 구색을 제대로 갖춘 것이었다. 「민족화합 민주통일방안」은 통일헌법의 제정으로부터 총선거를 통한 통일민주공화국 완성에 이르는 일련의 과정을 구체적으로 제시하였다. 통일이 민족자결의 원칙 아래 겨레 전체의 자유의사가 고루 반영되는 민주적 절차와 평화적 방법으로 성취되어야 한다는 기본원칙에 입각해 평화통일을 성취하는 가장 합리적인 길로서 통일헌법을 채택하고, 이 헌법에 따라 통일된 단일 주권국가를 완성시킨다는 것이 「민족화합 민주통일방안」의 기본골자였다.[87]

전두환 정부는 1982년 2월 1일 국토통일원 장관 성명을 통해 통일방안 후속 실천조치로서 북한에 대하여 민족화합을 위해 20개항에 걸친 구체적 시범사업을 함께 추진해 나갈 것을 북한에 제의하였다. 이 「20개 시범실천사업」의 내용에는 서울·평양 간 도로 연결개통, 남북 이산가족들의 편지교류 및 상봉실현, 설악산 이북과 금강산 이남 지역의 자유관광 공동지역 개방, 쌍방 정규방송의 자유로운 청취, 민족사의 공동연구, 남북 간 자연자원의 공동개발 및 공동이용 등이 포함되어 있다.

1984년 8월 20일 전두환 대통령은 "북한 측이 동의한다면 북한 동포들의 생활 향상에 실질적으로 기여할 수 있는 기술과 물자를 무상으로 제공할 용의가 있다"고 하면서, "남북한이 같은 민족으로서 화합과 공동번영을 이룩하기 위하여 교역과 경제협력을 실시할 것"을 제의했다. 이후 동년 9월 8일 북한의 대남 수재물자 제공 제의를 우리 측이 수락함

---

pp. 151-157; 김명기, 『남북한 통일정책』, pp. 102-105.

86) 황인태, 『통일정책론』, p. 192 참조.

87) 그리고 통일조국의 국호, 정치이념, 국내외 정책의 기본방향, 정부형태, 국회구성을 위한 총선거의 방법과 시기 및 절차 등은 「민족통일협의회의」를 구성하여 통일헌법을 기초하는 가운데 토의, 합의될 문제임을 지적하였다.

에 따라 교착상태에 빠져 있던 남북관계도 새로운 국면을 맞게 되었다. 1984년 11월 15일 남북경제회담이 시작되고, 이어 적십자회담, 국회회담, 체육회담 등 일련의 남북회담이 열리게 되었다. 특히 1985년 9월에는 남북이산가족 고향방문 및 예술공연단 교환방문이 성사되었다. 전두환 대통령은 1985년 1월 9일 서울과 평양에 상주연락대표부 설치를 제의하였고, 그 후 우리 측은 남북정상회담, 남북총리회담 등의 실현을 위하여 다각적인 노력을 경주하였다.[88]

5. 노태우 정부의 통일정책

1988년 2월 출범한 노태우 정부(제6공화국)는 소련의 개혁·개방, 동구 공산권의 민주화, 미·소 간의 중거리 핵미사일 폐기협정(Intermediate-Range Nuclear Forces Treaty: INF) 체결 등 범세계적인 탈냉전 추세와 점차 고조되는 국민적인 통일 여망에 부응하기 위해 동년 6월 2일 통일논의 자유화 조치를 취하였다. 이후 같은 해 7월 7일 「민족자존과 통일번영을 위한 특별선언」(약칭 「7·7 특별선언」)을 발표하였다. 이 선언은 북한을 대결의 상대가 아니라 '선의의 동반자'로 간주하고, 남과 북이 함께 번영을 이룩하는 민족공동체적인 관계로 발전시켜 나가는 것이 통일조국을 실현하는 지름길이라는 인식을 바탕으로 남북 간 대결구조를 화해구조로 전환하겠다는 정책선언이었다.[89]

특히 「7·7 특별선언」은 민족공동체 형성을 위해서는 무엇보다 남북한 간에 인적·물적 교류협력이 활성화되어야 한다는 인식에 따라 이를 위한 실천조치들과 정책방향을 제시하였다. 그리고 이를 법적·제도적으로 뒷받침하기 위하여 1990년 8월 1일 「남북교류협력에 관한 법률」을 제정, 시행에 들어갔다.[90] 이는 법규범의 틀 안에서 이루어지는 남북교류협력 시대의 개막을 대내외에 알리는 역사적 사건이었다.

이에 더하여 노태우 정부는 국민 각계의 의견을 수렴하여 통일의 원칙과 방향을 담은 「한민족공동체 통일방안」을 1989년 9월 11일 대통령의 국회연설을 통해 발표하였다. 「한민족공동체 통일방안」은 전두환 정부 시절 발표된 「민족화합 민주통일방안」의 미비점

88) 국토통일원 남북대화사무국, 『남북대화 백서』, pp. 188-190; 통일부, 『1998 통일백서』, p. 23; 통일부, 『2002 통일백서』, p. 21; 김병오, 『민족통일과 남북연합』, pp. 123-124; 양영식, 『통일정책론』, pp. 208-214; 신영석, 『역대정권의 통일정책 변천사: 한반도 통일논의 60년』, pp. 162-174.

89) 국토통일원, 『민족자존과 통일번영을 위한 7·7 특별선언－그 올바른 이해를 위하여』(서울: 국토통일원, 1988), pp. 7-48; 통일부, 『1998 통일백서』, p. 24; 통일부, 『2002 통일백서』, pp. 21-22; 양영식, 『통일정책론』, pp. 230-234; 신영석, 『역대정권의 통일정책 변천사: 한반도 통일논의 60년』, pp. 192-193; 김명기, 『남북한 통일정책』, p. 106; 김병오, 『민족통일과 남북연합』, pp. 125-126.

90) 신영석, 『역대정권의 통일정책 변천사: 한반도 통일논의 60년』, p. 194.

을 보완하는 동시에, 통일방안으로서의 틀과 체계성을 보강하는 내용으로 구성되어 있다. 「한민족공동체 통일방안」은 남북한 간에 누적된 불신과 대결의식, 그리고 이질화 현상을 그대로 둔 채 일시에 통일을 이룩한다는 것은 현실적으로 어렵다는 점을 전제로 하여, 남북교류와 협력을 통해 먼저 민족공동체를 회복·발전시키고, 이를 바탕으로 점진적으로 정치적 통일을 실현해 나간다는 구상을 바탕에 깔고 있었다.

「한민족공동체 통일방안」은 통일의 원칙으로 자주·평화·민주를 제시하고 통일국가의 미래상으로는 자유·인권·행복이 보장되는 민주국가를 제시하였다. 통일국가의 수립 절차로는 「남북대화를 통한 신뢰회복→남북정상회담 개최 및 「민족공동체헌장」 채택→과도적 통일체제인 「남북연합」 구성(남북의 공존공영과 민족사회의 동질화, 민족공동생활권의 형성 등을 추구)→통일헌법 제정→통일헌법이 정하는 바에 따라 총선거 실시→통일국회와 통일정부 구성」 등이 제시되어 있다. 이 같은 절차 및 방법에 의해 완전한 통일국가인 통일민주공화국을 건설하는 것으로 되어 있다.[91)]

노태우 정부는 「7·7 특별선언」의 후속조치의 일환으로 남북고위급회담을 비롯한 다각적인 대화와 교류를 추진하였다. 1988년 12월 28일 강영훈 국무총리는 연형묵 북한 정무원 총리 앞으로 서한을 보내 남북총리회담의 개최를 제의하였다. 1989년 2월 8일부터 1990년 7월 26일까지 여덟 차례의 예비회담과 두 차례의 실무대표접촉을 가진 끝에 제1차 남북고위급회담이 1990년 9월 4일 서울에서 개최되었다. 남북고위급회담은 예비회담에서 합의한 절차와 의제에 따라 1992년 9월까지 8차례에 걸쳐 진행되었다.[92)]

남북 쌍방은 상호 신뢰구축과 긴장완화문제 등 민족의 현안 및 상호 관심사를 협의하고 의견 접근을 위해 노력한 결과, 1991년 12월 서울에서 개최된 제5차 회담에서 전문과 25개 조항으로 된 「남북 사이의 화해와 불가침 및 교류·협력에 관한 합의서」(약칭 남북기본합의서)를 채택하였다. 아울러 한반도 핵문제를 협의하기 위해 대표접촉을 갖기로 하였다.

1992년 2월 19일 평양에서 개최된 제6차 남북고위급회담에서는 「남북 사이의 화해와 불가침 및 교류·협력에 관한 합의서」, 「한반도의 비핵화에 관한 공동선언」, 「남북고위급회담 분과위원회 구성·운영에 관한 합의서」가 발효되었다. 이후 남북 쌍방은 제7차 회담에서 「남북군사공동위원회 구성·운영에 관한 합의서」, 「남북교류·협력 공동위원회 구성·운영에 관한 합의서」와 「남북연락사무소 설치·운영에 관한 합의서」, 그리고 제8차

---

91) 황인태, 『통일정책론』, pp. 194-195; 김병오, 『민족통일과 남북연합』, pp. 127-128.

92) 통일부, 『1998 통일백서』, p. 25; 통일부, 『2002 통일백서』, pp. 21-22; 양영식, 『통일정책론』, pp. 230-234; 신영석, 『역대정권의 통일정책 변천사: 한반도 통일논의 60년』, pp. 192-193.

남북고위급회담에서 「남북화해공동위원회 구성·운영에 관한 합의서」, 「남북화해의 이행과 준수를 위한 부속합의서」, 「남북불가침의 이행과 준수를 위한 부속합의서」, 「남북교류·협력의 이행과 준수를 위한 부속합의서」를 채택·발효시켰다.

그러나 이후 북한의 핵무기개발 의혹이 증폭되었고, 북한 당국이 우리의 팀스피리트(Team Spirit: T/S) 훈련을 구실로 1993년 1월 29일 모든 남북 당국 간 대화 중단을 선언함으로써 90년대 초 모처럼 해빙을 맞았던 남북한관계는 다시 교착상태에 빠지게 되었다.

6. 김영삼 정부의 통일정책

김영삼 대통령은 1993년 2월 25일의 취임사 및 1994년 취임 1주년 기자회견에서 김일성과 만날 용의가 있음을 밝힘으로써 정상회담 추진 의지를 천명하였다. 그러나 1993년 3월 12일 북한이 핵무기 확산방지조약(NPT) 탈퇴를 선언하고, 핵무기 개발 의혹에 대한 제재조치에 '서울 불바다,' '전쟁 불사' 등의 발언으로 위협함으로써 남북한관계는 최악의 위기국면으로 치닫게 되었다.

북한 핵문제 해결을 위하여 고위급회담이 미·북한 간에 3차례 개최되었으며, 그 결과 미국과 북한은 1993년 6월 11일 북한 NPT 탈퇴 유보에 관한 공동성명을 발표하였다. 이후에도 북핵 협상이 계속 열렸고, 1994년 10월 21일 미·북한 간에 제네바 기본합의문이 채택됨으로써 북한 핵문제는 일단 고비를 넘기게 되었다.

1994년 6월 북한을 방문하고 돌아온 지미 카터 전 미국 대통령은 김일성 주석이 김영삼 대통령의 정상회담 제의에 대해 호응하겠다는 의사를 밝혔다고 전해 왔다. 이에 따라 1994년 6월 남북정상회담 개최 절차문제를 협의하기 위한 부총리급 예비접촉을 통해 「남북정상회담 개최를 위한 합의서」가 채택되었다. 이에 따라 남북정상회담 개최를 위한 준비가 진행되었으나, 1994년 7월 8일 김일성이 갑자기 사망함으로써 아쉽게도 남북정상회담은 개최되지 못하였다.[93)]

한편, 김영삼 대통령은 1994년 8월 15일 광복절 경축사를 통해 기존의 「한민족공동체 통일방안」을 보완·발전시키면서, 전반적인 통일환경의 변화를 반영한 「한민족공동체 건설을 위한 3단계 통일방안」(약칭 「민족공동체 통일방안」)을 천명하였다. 「민족공동체 통일방안」은 통일을 추진함에 있어서 견지해야 할 기본원칙으로서 '자주·평화·민주'를 제시하였다. 또한 통일은 하나의 민족공동체를 건설하는 방향에서 점진적·단계적으로 이루

93) 통일부, 『1998 통일백서』, pp. 27-28; 통일부, 『2002 통일백서』, pp. 22-23; 양영식, 『통일정책론』, pp. 380-387; 신영석, 『역대정권의 통일정책 변천사: 한반도 통일논의 60년』, pp. 257-259.

어 나가야 한다는 기조에서 통일의 과정을 「화해·협력단계→남북연합단계→통일국가 완성단계」의 3단계로 설정하였다.[94)]

1990년대에 들어 북한은 경제난 및 식량난이 심화되기 시작했는데, 특히 1995년의 수해로 심각한 식량난에 직면하게 되었다. 김영삼 정부는 같은 동포에 대한 인도적 견지에서 북한 주민의 식량난을 덜어주기 위한 노력을 전개하였다. 김영삼 정부는 1995년 6월부터 10월까지 국내산 쌀 15만 톤을 북한에 직접 전달하였다. 이 과정에서 '씨 아펙스'호에의 인공기 강제게양사건과 '삼선 비너스'호의 강제억류사건이 발생하기도 하였다.[95)] 김영삼 정부는 대북 쌀 직접 지원 외에도 1996년과 1997년 국제기구를 통해 2,737만 달러 상당의 식량 등 인도적 물품을 간접 지원하였으며, 민간 차원에서도 1995년 6월부터 1997년 말까지 2,229만 달러 상당을 지원하였다.[96)]

김영삼 정부는 한반도 평화정착을 위한 노력도 본격적으로 전개하였다. 김영삼 대통령은 1995년 8월 15일 광복절 경축사를 통해 「한반도 평화체제 구축 3원칙」을 천명하였는데, 그 주요 내용은 다음과 같다.

첫째, 한반도 평화체제 구축문제는 반드시 남북 당사자 간에 협의·해결되어야 한다.

둘째, 「남북기본합의서」와 「한반도 비핵화 공동선언」을 비롯한 모든 남북 간의 합의사항이 존중되어야 한다.

셋째, 한반도 평화체제 구축은 관련 국가들의 협조와 뒷받침이 있을 때 그 실효성이 더욱 보장될 수 있다.

이러한 입장에 따라 한·미 정상은 1996년 4월 16일 제주에서 정상회담을 갖고 남북한과 정전협정 서명 관련국인 미국과 중국이 참여하는 4자회담을 제의하였다. 1997년 8월부터 11월까지 세 차례의 4자회담 예비회담을 거쳐 4자회담 제1차 본회담이 같은 해 12월 9일 스위스 제네바에서 개최되었다.[97)]

1994년 10월 북한의 핵개발 저지를 위한 미·북 제네바 합의에 따라 대북 경수로지원사업이 추진되었다. 1995년 3월 9일 우리와 미국·일본 등이 중심이 되어 대북 경수로 지원사업 및 대체에너지 공급 등 제네바 기본합의문의 이행을 위해 한반도에너지개발기구

94) 통일부, 『1998 통일백서』, pp. 26-27; 통일부, 『2002 통일백서』, p. 22; 양영식, 『통일정책론』, pp. 363-374; 신영석, 『역대정권의 통일정책 변천사: 한반도 통일논의 60년』, pp. 234-237; 김병오, 『민족통일과 남북연합』, pp. 134-136.

95) 양영식, 『통일정책론』, pp. 436-452 참조.

96) 통일부, 『1998 통일백서』, p. 28; 통일부, 『2002 통일백서』, p. 23.

97) 통일부, 『1998 통일백서』, pp. 28-29; 통일부, 『2002 통일백서』, p. 22; 양영식, 『통일정책론』, pp. 411-431; 신영석, 『역대정권의 통일정책 변천사: 한반도 통일논의 60년』, pp. 240-243.

(KEDO)를 공식 발족시켰다. KEDO는 동년 12월 15일 북한과 「경수로 공급협정」을 체결하였고, 이로써 경수로 지원사업이 안정적으로 추진될 수 있는 법적 기반이 마련되었다. 이후 KEDO는 한국전력을 주계약자로 지정하고, 1996년 3월 20일 KEDO−한국전력은 주계약자 합의문에 서명하였다. 또한 KEDO와 북한 간에 경수로 공급협정 이행을 위한 후속 합의서 채택도 순조롭게 진행되어 「특권·면제 및 영사보호 의정서」, 「통행 의정서」, 「통신 의정서」 등이 체결됨으로써 1997년 8월 19일 북한 신포지역에서 경수로 부지준비공사가 착공되었다.[98)]

7. 김대중 정부의 통일정책

1998년 2월 출범한 김대중 정부(「국민의 정부」를 표방)는 집권 초기부터 통일의 달성보다는 남북한관계 개선이 우선적으로 실천되어야 한다는 시각에서 일명 「햇볕정책」(Sunshine Policy)이라고 불리는 대북화해·협력정책을 추진하였다. 김대중 정부는 평화·화해·협력이 실현을 통한 남북관계 개선을 대북정책의 목표로 설정하고, ① 북한의 무력도발 불용납, ② 흡수통일 배제(불추구), ③ 남북 간 화해협력의 적극적 추진을 대북정책 3원칙으로, 그리고 ① 안보와 화해협력의 병행 추진, ② 평화공존과 평화교류의 우선 실현, ③ 화해·협력으로 북한의 변화여건 조성, ④ 남북 간 상호이익 도모, ⑤ 남북 당사자 해결 원칙하에 국제적 지지 확보, ⑥ 국민적 합의에 의한 대북정책의 추진의 6가지를 대북정책의 기조로 제시하였다.[99)]

김대중 정부는 집권 첫해인 1998년 6월 정주영 회장의 소떼 방북을 계기로 (주)현대와 북한 아시아태평양평화위원회(약칭 아태평화위원회) 간에 금강산 관광사업이 성사될 수 있도록 지원하였다.[100)] 아울러 대북 인도적 지원에 있어 김영삼 정부가 견지하던 창구일원화(대한적십자사로 대북 지원 창구를 단일화한 것) 방침을 철회하고, 1998년 3월 18일 및 9월 18일 2차에 걸쳐 민간단체의 대북 지원을 활성화시키는 조치를 취하였다.[101)] 이와 같이 금강산 관광 등 남북경협 확대와 대북 신뢰회복을 위해 노력하는 한편, 2000년 3월 베를린 선언을 발표함으로써 남북정상회담 개최의 여건을 조성하였다.

이어 베이징에서 남북한의 비공개 특사 접촉을 거쳐 남북정상회담 개최를 위한 절차

---

98) 통일부, 『1998 통일백서』, p. 29; 신영석, 『역대정권의 통일정책 변천사: 한반도 통일논의 60년』, pp. 244-249.

99) 통일부, “국민의 정부 대북정책,” 팸플릿(2009.3); 통일부, 『통일백서 1998』, pp. 35-42 참조.

100) 위의 책, pp. 93-99 참조.

101) 위의 책, p. 111.

에 합의하고, 2000년 6월 분단 반세기 만에 처음으로 남북정상회담을 개최하였다. 정상회담의 결과 남북한의 두 정상은 6·15 남북공동선언에 서명하였다. 6·15 공동선언은 우리민족끼리 통일문제의 자주적 해결, 남북한의 통일방안 사이에 접점 도출 노력, 이산가족과 비전향장기수문제 해결, 경제·사회·문화 등 다방면의 교류협력 실천, 당국 간 대화 및 김정일 위원장의 서울 답방 등에 대한 합의를 담고 있다. 이 선언의 채택에 힘입어 남북한은 2000년 8월부터 2001년 2월까지 3차례에 걸쳐 서울－평양 간에 이산가족방문단을 교환하였다. 이는 1985년 9월 남북한 간에 이산가족 고향방문단이 처음 교환된 이래 15년 만에 이루어진 쾌거였다. 이후 우리 측은 북한 측의 입장을 고려하여 금강산에서 이산가족 상봉행사를 진행하였다. 한편 2000년 9월 63명의 비전향장기수가 일시에 북한 측에 송환되었다.

남북정상회담 개최된 이후 다양한 분야에서 남북 당국 간의 대화가 진행되었다. 장관급회담, 국방장관회담, 특사회담, 경제협력추진위원회 등 다양한 형태의 당국 간 대화가 진행되면서, 남북한 간의 실질적 문제들이 논의되고 실천방안들이 모색되었다. 이 시기 경의선과 동해선 철도·도로 연결, 개성공단 건설, 부산 아시안게임에 북한 측 선수단 참가 등 다방면에 걸쳐 남북교류협력이 양적으로 크게 증대하였다.[102] 무엇보다도 햇볕정책이 거둔 최대 성과는 이산가족의 고통을 완화하는 한편, 금강산 관광 실현 등 남북교류협력의 지평을 넓혔다는 점에 있다. 더불어 남북 화해·협력 및 정치적 신뢰 구축의 토대를 마련한 것도 역시 성과라고 할 수 있다.

하지만 남북정상회담 추진 과정에서 4억 5천만 달러의 대북 뒷거래 등 투명하지 못했던 점이 사회적으로 논란이 되었고, 6·15 공동선언문 속의 '우리민족끼리'의 협력과 '낮은 단계 연방제' 부분은 임기 후반 내내 남남갈등의 소재가 되기도 하였다.[103] 또한 지속적인 '대북 햇볕 쪼이기'에도 불구하고 북한은 1999년과 2002년 두 차례 서해교전을 일으켰으며, 북한의 서해 북방한계선(Northern Limit Line: NLL) 침범에 대해 김대중 정부가 무르게 대응했다는 비판적 지적도 제기되었다. 이 밖에도 제네바 기본합의문(1994.10.21) 상의 핵동결 의무에도 불구하고 북한이 은밀히 우라늄 농축 방식의 핵무기 개발을 추진해 왔다는 것이 2002년 10월 세상에 알려짐에 따라 제2의 북핵 위기가 발생하게 되었다. 이에 따라 햇볕정책은 안보에 둔감한 정책이라는 비판을 받기에 이르렀다.

---

102) 통일부 통일교육원, 『2009 통일교육지침서』(서울: 통일부, 2009), p. 46; 통일부, 『통일백서 2002』(서울: 통일부, 2002), pp. 38-42; 통일부, 『통일백서 2003』(서울: 통일부, 2003), pp. 41-50.

103) 통일부 통일교육원, 『2009 통일교육지침서』, p. 46.

8. 노무현 정부의 통일정책

참여정부를 표방하며 2003년 2월 출범한 노무현 정부는 햇볕정책의 후속편이라 할 수 있는 「평화번영정책」(Policy of Peace and Prosperity)을 추진하였다. 평화번영정책은 한반도 평화증진과 남북한 및 동북아의 공동번영을 목표로 한 것이었으며, ① 대화를 통한 문제 해결, ② 상호 신뢰 우선과 호혜주의, ③ 남북 당사자 원칙에 기초한 국제협력, ④ 국민과 함께 하는 정책을 4대 추진원칙으로 제시하였다. 또한 평화번영정책의 추진구도 내지 추진전략으로는 북한 핵문제 해결(1단계)→한반도 평화체제 구축(2단계)→동북아 경제중심 건설(3단계)의 3단계 구도가 제시되었다.[104]

노무현 정부의 입장에서는 김대중 정부 말기에 불거져 나온 북한 핵문제 해결이 당면한 최대의 현안이었다. 이를 위해 미국 및 중국과의 공조하에 2003년 8월부터 베이징에서 6자회담을 개최하기 시작하였다. 제4차 2단계 6자회담의 결과 2005년 9월 「9・19 공동성명」을 채택하여, 북한 핵문제 해결의 밑그림을 마련하였다. 하지만 이후 터져 나온 이른바 BDA('방코 델타 아시아' 은행의 북한 계좌 동결) 문제[105]가 「9・19 공동성명」의 합의사항 이행을 가로 막았다. 이후 북한은 2006년 7월의 장거리 미사일 발사와 동년 10월의 핵실험 등으로 남북한관계는 급속도로 냉각되게 되었다.

노무현 정부는 미국과의 긴밀한 공조 아래 미・북한 양자 간의 고위급 접촉을 거쳐 북한의 6자회담 복귀를 설득하였다. 그 결과 2007년 2월 13일 5차 6자회담에서 「9・19 공동성명 이행을 위한 초기조치」에 관한 합의서(일명 「2・13합의」, 「초기이행조치합의」)가 채택되었고, 이후 2007년 10월 3일 「9・19 공동성명 이행을 위한 2단계 조치」에 관한 합의서(일명 「10・3합의」, 「2단계 이행조치합의」)가 채택되었다. 이 합의서들에 따라 북한 핵문제 해결의 구도는 「핵폐쇄(Shut Down)→북핵 불능화(Disabling) 및 핵 프로그램 신고→핵폐기(Dismantlement)의 3단계」로 결정되었다.[106] 북한은 「2・13합의」에 규정된 대로 중유 5만 톤 가운데 1차 선적분이 2007년 7월 14일 도착하자 그 다음 날 곧바로 영변 핵시설 폐쇄(가동중단)를 단행하고, 이를 15일 오전 한국과 미국 등 관련국에 통보하였다.[107]

---

104) 통일부 통일정책실, 『참여정부의 평화번영정책』(서울: 통일부, 2003.12), pp. 1-30; 통일부, 『통일백서 2004』(서울: 통일부, 2004), pp. 27-35 참조.

105) BDA 문제라고 함은 2005년 9월 미국 정부가 북한이 '방코 델타 아시아 은행'을 통해 위조달러 지폐를 유통시키고 마약 등 불법 국제거래 대금을 세탁하는 등 자금 조달과 융통을 해 온 것으로 드러났다고 발표하면서, 이 은행의 북한계좌 2,400만 달러를 동결함으로써 발생한 문제를 말한다.

106) 신영석, 『역대정권의 통일정책 변천사: 한반도 통일논의 60년』, pp. 373-380.

107) "북, 핵시설 폐쇄, '불능화 협상' 단계 돌입," 『연합뉴스』, 2007년 7월 15일자.

「2 · 13합의」에 따른 1단계의 핵폐쇄가 취해진 후 2단계의 북핵 불능화는 「10 · 3합의」에 의거, 2007년 11월 1일부터 북한에 의해 시행되기 시작했다. 북한은 「10 · 3합의」 제1조 제2항에서 "2 · 13합의에 따라 모든 자국의 핵 프로그램에 대해 완전하고 정확한 신고를 2007년 12월 31일까지 하기로 합의"하였으나, 이를 이행하지 않았다.[108)]

노무현 정부는 6 · 15 공동선언에 기초하여 남북장관급회담과 남북경제협력추진위원회 및 분야별 실무회담 · 접촉을 개최하는 한편, 금강산지역에서의 이산가족 상봉, 금강산 관광사업과 개성공단 건설 등을 지속적으로 추진함으로써 남북 간 신뢰구축을 위해 노력하였다. 이산가족 상봉과 관련해서는 2005년 8월 31일 강원고 고성군 온정리 조포 마을에 이산가족면회소 건립을 위한 착공식을 거행하였다.[109)] 남북한은 금강산 관광의 경우 2007년 6월부터 내금강 지역으로까지 확대하였고, 2007년 12월부터 개성관광을 실시하기 시작하였다. 또 2007년 11월 3일 현대아산과 북한의 아태평화위원회는 백두산관광도 실시하기로 합의하였다.[110)]

다른 한편 노무현 정부는 2차 남북정상회담을 통해 남북관계 업그레이드를 위해 임기 내내 공을 들였다. 이와 관련해서 노무현 대통령은 몽골 방문 시 조건 없는 물질적 제도적 지원을 언급하기도 했다. 이런 노력이 결실을 거두어 2차 남북정상회담이 임기 만료 4개월을 앞둔 2007년 10월 마침내 평양에서 열리게 되었다. 그러나 야당과 일부 언론은 정부가 남북정상회담을 국내정치적으로 이용하려 한다는 정치적 의혹을 꾸준히 제기하였다.

2차 남북정상회담을 통해 남북한의 정상은 「남북관계 발전 및 평화번영을 위한 선언」에 합의하였다. 이 선언문을 통해 남북한은 상이한 체제에 대한 상호 존중을 토대로 정치 · 군사 · 경제 · 사회 · 문화 · 인도 · 외교 등의 영역에서 통일을 위한 공동사업들을 추진할 것에 합의하였다. 이후 남북한은 2007년 11월 1차 남북총리회담과 2차 남북국방장관회담을 열어 합의문을 채택하는 등 정상회담의 분위기를 이어가려고 노력하였다.[111)]

---

108) 핵 프로그램 신고 및 검증을 둘러싼 미 · 북한 간의 갈등으로 2008년 8월경부터 「10 · 3합의」 이행이 삐걱거리기 시작했다. 검증의정서 채택문제와 테러지원국 해제 지정시점에 대한 미국과 북한 간의 논란 때문이었다. 이에 북한이 2008년 8월 26일 북핵 불능화 조치 중단 및 영변 핵시설 원상복구 조치를 통보하였고, 이후 6자회담을 통한 핵문제 해결 프로세스는 정상적으로 진행되지 못하였다. 이후 2009년 10월 1일 현재까지 6자회담 본회담은 재개되지 않고 있고, 북핵 해결 프로세스도 중단된 상태이다.

109) 이산가족면회소는 금강산 인근 1만 5,000평(5만 m^2) 부지에 연면적 6,000평, 지상 12층 규모로 지어진다. 호텔과 콘도미니엄형 객실 206개와 행사장, 남북회담장, 전망대 등을 갖출 예정이고 1,000여 명을 동시에 수용할 수 있다. 이산가족면회소는 2005년 5월 31일 착공되고 2008년 7월 완공되었다. "이산가족 금강산 면회소 착공," 『한적 보도자료』, 2005년 8월 31일자; "금강산 이산가족 면회소 착공," 『한국일보』, 2005년 6월 1일자; "이산가족 면회소 착공… 상봉 규모 확대될 듯," 『Oh My News』, 2005년 8월 31일자.

110) 통일부, 『통일백서 2008』(서울: 통일부, 2008), pp. 157-159.

하지만 북한의 핵문제가 여전히 해결되지 않고 북한체제의 변화가 미미한 가운데 합의·추진된 남북교류와 협력, 대북지원 등은 국민적인 합의와 지지를 이끌어내는 데 크게 미흡하였다.[112] 노무현 정부 5년 동안 남북대화, 교류협력 및 대북지원 등이 외견상 풍성하였지만, 북한의 한국 정부 흔들기, 북한이 일방적으로 회담을 열었다 닫았다 하는 파행적인 남북관계의 반복, 대남 강경자세 이후 우리 측의 '대북 퍼주기'의 연속 등은 남북한 관계에 대한 불신과 더불어 남남갈등을 증폭시키는 요인으로 작용하였다. 이 밖에도 북한의 선의와 시혜에 기대는 대북 저자세와 눈치보기, 북한 인권문제 침묵과 국제무대에서의 일관성 없는 행보가 끊임없이 여론의 도마 위에 올랐다.

9. 이명박 정부의 통일정책

실용정부를 표방하며 2008년 2월 출범한 이명박 정부는 비핵개방3000 구상을 근간으로 하는 상생공영정책을 추진하기 시작했다. 상생공영정책은 햇볕정책과 그 후속편인 평화번영정책 10년에 대한 반성을 바탕으로 하고 있다. 곧, 햇볕정책－평화번영정책 10년 동안 왕래, 교역, 물자지원, 대화 등 남북교류협력은 외형적으로는 확대·성장했지만, 근본적인 문제점을 해소하지는 못했다는 것이다.

우선, 비핵화나 군사적 긴장완화 등 당면한 안보적 현안의 해결에 있어서는 국민들의 기대에 미치지 못하였다. 1차 북핵 실험과 장거리 미사일 발사 등 안보위협이 상존하고 있기 때문이다. 두 차례의 서해교전은 차치하고라도 남북한 간에 군사적 긴장완화 및 신뢰조치가 미흡했다. 또한, 우리의 대북 인도적 지원은 계속되어 왔지만, 북한의 식량난 등 경제난은 지속되고 있다.

나아가 적지 않은 대북 지원과 협력에도 불구하고 냉전과 분단의 상처로 남아 있는 이산가족, 국군포로·납북자 문제 등에서는 국민들이 납득할 수 있는 수준의 진전을 이룩하지 못하였다. 뿐만 아니라 북한이 여전히 개방과 변화를 거부함으로써 보다 많은 대화, 보다 많은 교류, 보다 많은 협력이 북한의 변화를 견인한다는 햇볕정책의 전제가 더 이상 통용되지 않게 되었다. 협박·공갈·교류 중단 등 대남 압박전술을 수시로 구사하는 북한의 일방적인 태도와 남북한관계 파행도 따지고 보면, 햇볕정책이 지나치게 북한의 잘못된 행동에 미온적인 자세를 보여 왔기 때문이라고 볼 수 있다. 이런 와중에 지난 시기에 대

111) 위의 책, pp. 79-85; 신영석, 『역대정권의 통일정책 변천사: 한반도 통일논의 60년』, pp. 380-399 참조.

112) 통일부 통일교육원, 『2009 통일교육지침서』, p. 47.

북 저자세와 퍼주기 논란 등 남남갈등이 한층 더 심화되었다.[113)]

이 같은 점을 고려할 때 남북관계가 지속가능하고 실질적인 발전을 이루어 나가기 위해서는 정치·군사, 경제·사회, 인도적 문제들에서의 불균형을 시정하는 문제가 시급한 과제로 제기된 것은 자연스러운 일이다. 이에 따라 이명박 정부는 기존정책의 성과와 한계를 바탕으로 남북관계를 한 차원 높은 실질적 협력관계로 발전시켜 나간다는 관점에서 2008년 7월 '실용과 생산성에 기초한 상생공영의 남북관계 발전'을 추구하는 「상생과 공영의 대북정책」을 제시하기에 이르렀다.[114)]

상생공영정책은 ① 평화공동체, ② 경제공동체, ③ 행복공동체의 3대 민족공동체 형성을 목표로 제시하고 있다. 이를 위한 추진원칙으로는 ① 실용과 생산성, ② 원칙에 철저하되, 유연한 접근 모색, ③ 국민적 합의, ④ 남북협력과 국제협력의 조화의 4가지 원칙을 제시하고 있다. 그리고 구체적인 대북정책 추진과제로 이명박 정부는 첫째, 진정성 있는 남북대화의 추진(남북 상설대화기구 설치 추진, 우리 측 및 북한 측 제기 문제에 대한 진정성 있는 입장에서 이행방안 검토, 상호 존중과 비방금지를 통해 남북이 서로 존중하는 회담문화 정착 등), 둘째, 한반도 평화정착의 실현(북한 핵문제의 해결을 위한 다각적인 노력 경주, 6자회담을 통해 북한이 핵을 포기하도록 국제사회와 협력, 남북관계를 통해서도 북핵문제 해결 촉진, 남북 간 군사적 긴장완화와 신뢰구축 추진, 비무장지대의 평화적 이용 등), 셋째, 상생과 호혜의 남북경협 추진(산림분야 협력, 농수산 협력, 자원개발 협력과 개성공단, 대북 투자사업 확대, 통행·통신·통관의 3통 문제 조기 해결, 남북 간 상사분쟁 해결을 위한 제도적 장치인 「남북상사중재위원회」의 조속한 가동, 넷째, 사회·문화교류 활성화(민간 차원의 교류 투명성 증대, 사회·문화교류의 제도화를 위한 당국 간 협의체 구성 등), 다섯째, 인도적 문제의 지속적인 해결(고령 이산가족 문제 해결 우선 추진, 이산가족 생사·주소 확인과 상봉의 전면적 실시, 서신교환, 고향방문 등의 단계적 추진, 국군포로·납북자 문제의 근원적 해결방안 강구, 북한 인권문제 개선 추진, 동포애와 인도적 견지에서 대북 인도적 지원 실시 등)을 제시하고 있다.[115)]

특히 이명박 정부는 새로운 대규모 경협사업을 추진할 경우, ① 북한 핵문제 진전, ② 경제적 타당성, ③ 재정 부담, ④ 국민 합의의 네 가지 원칙에 따라 진행해 나간다는 입장을 밝히고 있다.[116)] 이와 관련, 상생공영정책의 구체적 실행계획인 「비핵·개방·3000구

113) 청와대 외교안보수석실, "우리 대북정책 설명 및 최근 현안에 대한 정부입장," 「정책 브리프」(2009.2), p. 1 참조.

114) 통일부 통일교육원, 『통일문제 이해 2009』, pp. 64-65.

115) 위의 책, pp. 67-71; 통일부, 『2009 통일백서』(서울: 통일부, 2009), pp. 21-26 참조.

116) 위의 책, p. 24.

상」을 남북 간 협의와 국제사회와의 협력을 바탕으로 북핵 폐기의 진전에 따라 단계적으로 추진해 나가되, 이 과정에서 북한의 경제발전과 국제사회 참여를 지원하겠다는 입장을 갖고 있다.

여기서 「비핵·개방·3000구상」이라 함은 북한이 핵폐기의 대결단을 내리면 한국도 그에 상응하는 대결단을 내리겠다는 정책구상으로, 북핵문제 해결에 있어 '철저하고도 유연한 접근'의 일환이라 할 수 있다. 그 내용은 북한이 본격적인 비핵·개방에 나설 경우, 우리 정부가 5대 분야(경제, 교육, 재정, 인프라, 생활향상)의 포괄적 패키지 지원을 추진할 것이고, 이를 통해 10년 안에 북한의 경제를 1인당 3,000달러 수준으로 끌어올리겠다는 것이다. 이 같은 정책구상을 시간적 순서대로 배열하면, '북한의 핵포기→비핵·개방·3000구상 가동→북한경제, 수출주도형으로 전환→400억 달러 상당의 국제협력자금 투입→북한경제는 현재 1인당 소득 500달러 기준(한국은행 발표는 914달러)으로 매년 15~20%의 성장(평균 17%)을 지속(한국은행 기준으로는 10% 성장으로도 가능)→10년 후 국민소득 3,000달러 경제수준으로 도약'한다는 것이다. 이와 관련, 「비핵·개방·3000구상」 5대 중점 프로젝트를 적시하면 다음과 같다.

〈자료 4〉「비핵·개방·3000」 5대 중점 프로젝트[117]

1. 【경제】 300만 달러 이상 수출기업 100개 육성
   - 경제·법률·금융 분야의 전문컨설팅 인력파견(전직경제관료, 경영인)
   - 북한지역 내 5대 자유무역지대 설치
   - 연 300만 달러 이상 수출 가능한 100개 기업 육성
   - KOTRA 등 한국의 해외네트워크 활용

2. 【교육】 30만 산업인력 양성
   - 30만 북한 경제·금융·기술 전문인력 육성
   - 북한 주요도시 10곳에 기술교육센터 설립
   - 북한판 KDI 및 KAIST 설립 지원
   - 북한 대학의 경제, 금융, 통상 교육과정 지원

117) 한나라당, 『일류국가 희망공동체 대한민국: 제17대 대통령선거 한나라당 정책공약집』(2007.12), pp. 196-198 참조.

3. 【재정】 400억 달러 상당 국제협력자금 조성
－World Bank 및 ADB 국제차관
－남북교류협력기금
－해외직접투자 유치 협력
－북·일관계 개선에 따른 일본의 대북지원금

4. 【인프라】 新경의고속도로 건설
－에너지난 해소를 위한 협력
－기간통신망 연결 및 항만·철도·도로 정비
－400Km 新경의(서울－신의주) 고속도로 건설

5. 【생활향상】 인간다운 삶을 위한 복지 지원
－식량난 해소를 통한 절대빈곤 해소
－의료진 파견, 병원설비 개선 등 의료 지원
－주택 및 상하수도 개선사업 협력
－산림녹화를 위한 1억 그루 나무심기

이명박 정부가 출범한 지 1년 8개월 동안 이룩한 대북정책의 주요 추진현황 및 성과를 정리하면, 대체로 다음과 같다.

첫째, 6자회담을 통한 북한 핵문제의 평화적 해결의 기조를 유지하는 가운데, 북한의 회담 복귀를 위해 다각적인 외교적 노력을 기울이고 있다. 특히 2009년 5월 25일 북한의 2차 핵실험 이후 6월 12일부터 유엔이 안보리 결의 1874호에 의해 대북 제재를 실시하고 있는바, 이명박 정부는 대북 제재에 동참하는 등 국제사회와 보조를 맞추는 한편, 6자회담 재개를 통해 평화적 해결의 전기를 마련하기 위해 노력하고 있다(대화와 제재 병행). 6자회담 틀 내에서 미·북한 간의 양자대화에 반대하지 않는다는 유연한 입장을 이미 밝힌 바도 있다. 이와 관련, 이명박 대통령은 2009년 9월 21일 미국외교협회(Council on Foreign Relations: CFR)에서 행한 연설에서 북핵문제 해결을 위한 포괄적 접근 및 '일괄타결'을 포함하는 이른바 '그랜드 바겐'(Grand Bargain)을 제시하는 등, 북한 측의 호응을 겨냥한 능동적인 이니셔티브를 취한 바 있다.

둘째, 북한은 이명박 정부의 대북정책에 불만을 품고, 그간 당국 간 대화의 문을 걸어 잠갔지만, 그런 가운데서도 남북대화가 간간히 성사되고 있다. 2008년 10월 2일과 27일 대북 전단 살포문제와 군 통신망 현대화 문제 등을 협의하기 위해 한 차례의 남북군사실무회담과 한 차례의 남북군사실무 책임자접촉이 각각 열렸다. 또한 남북한 당국은 2009년 4월부터 7월까지 개성공단 내 억류자(유성진) 석방문제, 개성공단 체류자의 신변안전 문제, 근로자 임금 및 토지임대료 인상문제 등을 협의하기 위해 한 차례의 개성공단실무 접촉(4.21)[118)]과 세 차례의 개성공단 관련 당국 간 실무회담(6.11, 6.19, 7.4)[119)]을 개최하였다.

이후 김대중 전 대통령의 서거를 계기로 김기남 조선로동당 비서 및 김양건 통일전선부장 등 북한의 고위당국자들이 '특사조의 방문단'의 일환으로 2009년 8월 21일부터 23일까지 서울을 방문하였는데, 이 기간 중 현인택 통일부 장관−김양건 통일전선부장 간의 면담(8.22)과 이명박 대통령의 북한 조문단 접견(8.23)이 성사되었다.

이 밖에도 2009년 8월 26일부터 28일까지 금강산에서 남북적십자회담이 열려 남북 양측은 추석 직전인 9월 26일부터 10월 1일까지 남북 각기 100명의 규모로 이산가족 상봉행사를 거행하기로 합의하였다. 이는 이명박 정부에 들어서 처음으로 이산가족 상봉이 실현된 것이었다.

셋째, 이명박 정부는 개성공단 건설사업을 남북 상생공영의 사업으로 간주하고, 이를 안정적으로 발전시켜 나간다는 입장을 견지하면서, 이를 지원하기 위해 가능한 모든 노력을 기울이고 있다. 이와 관련, 우리 정부는 3차례의 개성공단 실무회담에서 ① 남북 간 합의・계약, 법규・제도를 반드시 준수할 것, ② 정치・군사적 상황에 영향받지 않는 경제원칙을 준수할 것, ③ 국제경쟁력 있는 공단으로 발전시키기 위한 미래지향적 관점・의지가 필요하다는 것 등 개성공단 발전을 위한 「3대 원칙」을 제시하고, ① 억류 근로자 조속 석방, ② 이른바 '12・1 군사분계선 통행제한조치' 철회, ③ 3통(통행, 통신, 통관) 문제 해결을 요구한 바 있다.

2009년 5월 말 현재 개성공단에는 남북한의 근로자 약 40,000여 명이 함께 일하고 있다(공단근무 북측 근로자: 39,238명, 남측 근로자 1,029명과 함께 근무). 개성공단 가동업체는 총 109개 사로 노동집약적 업종 중심으로 구성되어 있다. 2008년 중 개성공단에서의 생산액은 2억 5천만 달러(누적생산액: 5억 2천만 달러)이며, 이 중 해외수출액은 3,584만 달러로 전체 생산액의 약 14%에 달한다. 2009년 1∼5월 중 생산액은 9,236만 달러이

---

118) 통일부, "남북 당국 간 접촉(4.21) 결과보고," 국회 외교통상통일위원회 보고자료, (2009.4.22), pp. 1-6.

119) 통일부, "개성공단 관련 남북 당국 간 제3차 실무회담 결과," 「보도자료」(2009.7.2); 통일부, "최근 남북교류협력 추진현황," 「정책 홍보자료」(2009.7.30), p. 2. 북한의 중앙특구개발지도총국은 2009년 7월 10일 대변인 담화를 발표하였는데, 여기서 그간의 실무접촉 1회와 실무회담 3회를 모두 4차례의 실무접촉으로 규정하였다.

며, 수출액은 10,536만 달러로 집계되고 있다.[120)]

넷째, 이명박 정부는 사회·문화분야의 교류협력도 지속 추진하고 있다. 사회·문화분야에서는 민간단체를 중심으로 분야별 협력이 꾸준하게 진행되고 있는데, 남북협력기금 지원을 통해 이를 적극 지원하고 있다. ① 겨레말 큰사전 편찬사업, ② 개성 만월대 공동발굴, ③ 남북체육교류 등이 사회·문화분야 교류협력의 대표적인 예들이다. 이명박 정부는 정치적 행사를 지양하면서, 질서 있고 내실 있는 사회·문화분야 교류협력사업이 추진되도록 유도하고 있다.

다섯째, 이명박 정부는 인도주의와 동포애 구현 차원에서 대북 인도적 지원을 꾸준하게 실시하고 있다. 다만, 북한과의 대화 중단국면이 오래감에 따라 당국 차원의 인도적 지원사업은 아직까지 추진되고 있지 못하다. 이와 관련해서 2008년 5~6월 우리 정부가 옥수수 5만 톤의 제공을 위한 당국 간 회담을 북한 측에 제의하였으나, 북한 측이 이를 거부한 바 있다. 그에 비해 민간단체의 대북 인도적 지원사업은 꾸준히 진행되고 있다. 이명박 정부 출범 이후 2009년 6월까지 민간 차원에서 약 7,196만 달러 상당의 대북 인도적 지원이 실시된 것으로 나타나고 있다. 현재 정부는 정치·군사문제와 무관하게 인도적 지원은 지속해 나간다는 입장을 견지하고 있다.[121)] 이에 따라 북한의 2차 핵실험 이후 일부 방북 유보조치가 취해지기도 했지만, 그럼에도 불구하고 정부는 긴급한 순수 인도적 생필품(식량, 의약품)의 지원은 계속 허용하고 있다.[122)]

제5절 한국 정부 통일정책의 변천 및 특징

앞의 제4절에서 이승만 정부로부터 이명박 정부에 이르기까지 통일정책을 개괄적으로 살펴보았다. 앞에서 고찰한 내용으로부터 한국 정부 통일정책의 전개에 있어서 몇 가지 특징을 발견할 수 있다.[123)]

---

120) 통일부, "최근 남북교류협력 추진현황," p. 1.

121) 이와 관련, 현인택 통일부 장관은 2009년 9월 23일 대북 인도지원 단체인 「함께 나누는 세상」 출범식에서 행한 축사를 통해 ① 동포애와 인도주의적 차원에서 정치적 상황에 관계없이 중단 없는 지원 추진, ② 영유아·임산부 등 취약계층에 대한 우선적 지원, ③ 지원물자의 분배 투명성 강화의 대북 지원 3원칙을 밝힌 바 있다. "정부 대북 인도적 지원 '3원칙' 주목," 『연합뉴스』, 2009년 9월 23일자.

122) 통일부, "최근 남북교류협력 추진현황," p. 2.

첫째, 통일정책의 바탕이 되는 대북 인식이 3단계로 변천되어 왔다. 이승만 정부 때는 북한의 실체를 인정하지 않는 '실체 불인정론'(유일합법정부론에 터 잡은 논리라고 할 수 있다)이 확립되었고, 이것이 60년대 말까지 계속되어 왔다. 그러다가 박정희 정부 때, 특히 1970년대에 들어와서 '부분적인 실체인정론'으로 변하게 되었다. 남북적십자회담 및 고위당국자회담의 개최 및 7·4 남북공동성명의 채택이 그러한 부분(실체인정론)을 뒷받침하는 것이었다. 1990년대에 들어와서 북한에 대한 '부분 실체인정론'이 다시 '실체인정 및 상호 체제 존중론'으로 발전하게 되었다. 이 같은 입장은 6차례의 남북고위급회담의 결과 1991년 12월 13일 채택된 남북기본합의서에 의해 확인되고 있다. 하지만 '상호 실체인정 및 체제 존중론'은 합의서에 표현된 문구로 존재하였을 뿐, 그의 실천은 이루어지지 못하였다. 아직까지 남북한관계가 그것을 허용하지 않았기 때문이다. 8년 이상의 세월이 지난 후 분단 반세기 만에 처음 성사된 2000년 6월의 남북정상회담에 의해 비로소 '상호 실체인정 및 체제 존중론'이, 말과 실천이 일치하는 방향으로 진전되었다고 평가할 수 있을 것이다.

둘째, 통일정책의 핵심인 통일방식이 비합리적인 주장에서 합리적인 방향으로 변천되어 왔고, 점차 체계성을 갖추기 시작했다. 이승만 정부 수립 초기와 한국전쟁 직후에는 무력통일론 등 비현실적인 주장이 제기되기도 했지만, 이후 이 같은 주장은 1950년대 후반부터 사라지기 시작했다. 점차 유엔의 지원 및 감시하에 남북한 총선거 통일론이 주류를 형성하기 시작했다. 그러나 남북한 총선거통일론은 냉전의 가열화와 더불어 유엔 구조의 복잡화로 인해 더 이상 실천성을 가지기 어려워졌다.

이에 한국은 1980년대 초부터 협의와 실천가능성을 염두에 둔 통일방안을 제시하기 시작했다. 1982년 1월 발표된 「민족화합 민주통일방안」에서 '민족통일협의회의'를 구성하도록 한 것이나 1989년 9월 발표된 「한민족공동체 통일방안」에서 남북정상회의, 남북각료회의, 남북평의회, 공동사무처 등을 설치하기로 하고 남북정상회의에서 「민족공동체헌장」을 합의·채택키로 한 것 등은 모두 협의에 의한 통일 추진 가능성을 염두에 둔 것이었다. 이 때로부터 한국 정부의 통일방안의 내용이 보다 알차고 또한 정교해졌다고 볼 수 있다. 주목할 것은 협의에 의한 통일과정에서도 인구비례에 의한 남북한 총선거 통일방식을 적용토록 함으로써 1950년 후반 이래 힘을 얻어 온 기존의 남북한 총선거 통일론이 지금까지도 발전적으로 계승·유지되고 있다는 사실이다.

현재 한국의 통일방안은 첫째, 통일의 주체는 일부 계급이 아닌 전 민족 구성원이라는

123) 이하의 내용은 김병오, 『민족통일과 남북연합』, pp. 150-152를 참고해 필자가 수정·보완한 것이다.

점, 둘째, 오랜 분단으로 훼손된 민족공동체의 회복·발전 과정이 제시되어 있다는 점, 셋째, 통일국가의 미래상이 확실하게 제시되어 있다는 점 등의 특징을 보이고 있다. 이것이 북한의 통일방안과 구별되는 특징이라고 할 수도 있다. 다만, 통일방안 혹은 통일방식의 변화에도 불구하고, 한국 정부가 1민족 1국가 1체제에 의한 국가통일을, 또한 자유민주주의와 시장경제에 의한 통일을 최종목표로 설정하고 있다는 점은 이승만 정부 이래 지금까지 일관되게 유지되고 있는 입장이라고 할 수 있다.

셋째, 1980년대 중반까지만 해도 통일정책이나 통일문제의 논의는 사실상 정부가 독점하고 있었다. 북한에 대한 정보는 철저하게 차단되거나 왜곡되었고, 민간부문에서의 통일문제 공론화는 불온시되었다. 하지만 1987년의 6월 항쟁 등 민주화의 진전과 더불어 노태우 정부 시절 임수경과 문규현 신부의 방북을 계기로 북한 및 통일문제에 대한 논의가 서서히 개방되게 되었다.

1995년 북한의 수해로 인해 대북 인도적 지원이 실시되기 시작했는데, 김영삼 정부까지만 해도 이른바 창구일원화 방침이 유지되었다. 그러나 김대중 정부에 들어와서 창구일원화 방침은 창구다원화로 바뀌게 되었고, 대북 인도적 지원이 보다 활성화되기에 이르렀다. 인도적 지원뿐만 아니라 남북경협이나 사회·문화교류에 있어서도 민간의 역할은 그만큼 더욱 커지게 되었다. 이 밖에도 통일정책 관련 각종 위원회 구성에 있어서도 종전과는 달리 민간 전문가의 참여가 두드러지고 있다.

한편, 지난 시기 역대 정부는 남북한관계의 현안을 다루는 대북정책을 대부분 밀실에서 소수의 인원에 의해 결정하는 관행을 되풀이 해왔다. 이는 김대중 정부나 노무현 정부에 있어서도 마찬가지였다. 이에 2008년 출범한 이명박 정부는 국민적 합의와 설득을 중시하는 실용주의 대북정책을 제시하기에 이르렀다. 대북·통일정책의 추진이 과거의 '정부 주도' 및 '일방적 지도 및 안내'의 형태에서 벗어나 점차 '민'(民)의 역할과 참여가 확대되는 양상으로 이행하고 있다고 할 수 있다.

요컨대, 통일논의의 개방화 및 활성화, 민간 부문의 통일정책 수립에의 참여 확대, 대북 지원 및 교류협력 시 대북 창구다원화 추세, 국민적 합의의 강화 경향 등이 금일의 통일정책 추진상의 특징을 이루고 있다고 할 것이다.

넷째, 1980년 8월 이전에 남북관계에 적용되는 법률은 국가보안법 하나밖에 없었다. 하지만 그 이후부터 남북교류협력에 관한 법률, 북한이탈주민의 보호 및 정착 지원에 관한 법률, 통일교육지원법, 남북관계 발전에 관한 법률, 전후 납북피해자의 보상 및 지원에 관한 법률, 남북 이산가족 생사확인 및 교류 촉진에 관한 법률 등 다수의 법률이 제정되었다. 이는 남북한관계와 통일정책의 내용이 이전보다도 훨씬 풍부해지고 또 다양해졌음을 말해준다. 또한 정부 차원의 정책적 대응만으로는 한계가 있을 수밖에 없고, 이에 따라 일관성 있는 입법적 대응이 절실했음을 반증하는 것이라고 하겠다. 아무튼 통일정책 관련 입법의 증가는 통일정책과 남북한관계 운영이 종래의 통치행위 차원에서 벗어나 법규범의 규율을 받게 됨으로써 투명성 및 법적 안정성이 제고되는 긍정적 효과를 가져왔다고 할 수 있다.

다섯째, 과거 통일정책 제시나 각종의 남북교류방안의 발표는 실제 추진보다는 국민들에게 내보이기 위한 선전성 제의가 많았다. 특히 정통성이 부족한 정부일수록 통일문제를 국내정치에 이용하거나 정권유지에 활용하려는 경향이 없지 않았다. 하지만 민주화가 진전된 오늘날 국민의식도 많이 성숙해짐에 따라 그와 같은 구태의연한 방식은 더 이상 통하지 않게 되었다.

그동안 우리 국민들은 다양한 형태의 남북 당국 간 대화와 합의서 생산을 눈으로 보고 체험하였다. 그래서 국민들은 정상회담, 장관급회담 등 당국 간 회담 개최에 대해서 무조건 찬성하는 태도를 보이지 않는다. 회담 추진과정의 투명성, 회담의 절차와 격식, 합의문건의 내용과 성과 등을 보고 냉정하게 평가하는 입장을 보여주고 있다. 적지 않은 사람들이 정부의 안일한 대북 저자세나 퍼주기 혹은 지나친 성과주의를 비판하며, 이를 둘러싼 정부와의 충돌이나 보혁갈등을 불사하기도 한다. 이에 따라 정부도 국민의 다양한 목소리를 수렴하는 등 보다 더 책임성 있고, 또한 용의주도한 대북 및 통일정책 추진의 부담을 안고 있다고 할 수 있다. 요컨대, 국민들이 통일정책과 대북한관계에서 보다 더 실용주의적이고 균형잡힌 자세를 보여주고 있다고 하겠다.

제 4 장

북한의 대남전략

제 4 장　북한의 대남전략

제1절　대남전략과 대남정책, 그리고 남북한관계

남북한관계는 한국의 대북정책과 북한의 대남정책의 상호작용의 결과로 형성되는 것이다. 국내정치적 수요 때문이든 아니면 경제적 어려움 때문이든 아니면 국제환경의 변수 때문이든 불문하고, 남북한이 상대방에 대해 취하는 정책이 긍정적인 방향에서 접점을 찾을 때 남북대화나 교류협력이 성사되고, 또 확대·발전되어 간다고 해도 크게 틀린 말은 아닐 것이다.

그런데 북한의 대남정책은 대남전략이라는 상위개념에 의해 지도를 받아 추진되는 특징이 있다. 대남전략은 북한 정권과 조선로동당이 존립하게 만드는 존립근거 혹은 존재이유(raison d'être)가 되기 때문에 대남정책이 대남전략에 종속되는 현상을 보이는 것은 당연하다. 이를테면 대남전략이 대남정책을 향도하는 나침반이 된다고 볼 수 있다. 역으로 대남전략은 대남정책의 (최종 및 최대의) 목표로 기능하기도 한다. 그러기에 북한의 대남전략의 실체를 모르고 남북한관계를 이야기하는 것은 코끼리 다리를 만지고 코끼리에 관해 논하는 것과 별반 차이가 없다.

햇볕정책을 추진하던 지난 10년 동안 북한의 대남전략은 더욱 정교하게 추진되고 전개되어 왔다. 하지만 그에 관하여 우리 정부가 면밀한 분석을 통해 적절한 대응책을 강구했는지는 심히 의심스럽다. 대남전략에 관한 강의나 전문적인 연구결과도 이전 시기에 비해 대폭 줄어들었다. 그러기에 앞으로 대남전략의 연구가 보다 활성화되고, 또한 많은 전문가들이 배출되어야 할 것이다.

한편, 북한의 대남정책이 지향하는 목표는 최대목표와 최소목표로 나누어진다. 전자는 조선로동당규약 서문에 명시되어 있는 것처럼 남조선혁명, 곧 전 조선반도의 공산화에 기초한 조국통일이다. 사람에 따라서는 이 최대목표를 대남전략의 핵심으로 이해하기도 한다. 후자는 현존 사회주의체제 유지, 곧 김정일 정권의 유지·발전이라고 할 수 있다.[1)] 김정일은 북한에는 자주적으로 사회주의를 건설하는 사업과 조국통일을 이룩하기 위한 두 가지 사업이 있다고 언급한 바 있는데,[2)] 전자는 위에서 언급한 최소목표, 후자는 최대목표와 각기 연결되어 있다고 할 수 있다. 체제유지와 대남전략은 표리의 관계에 있다.[3)]

북한 전문가들 가운데는 1990년대 이후 북한은 전자에서 후자로 대남정책의 비중을 조정하고 있다는 이야기를 하는 사람들이 많다. 즉, 소련의 해체와 동구 공산권의 붕괴, 한·소 및 한·중 수교, 한국 내 문민정부의 등장과 김대중 정부에 의한 수평적 정권교체, 북한의 경제난 심화 등으로 북한이 최대목표인 한반도 공산화보다는 최소목표인 체제유지에 더 비중을 두고 있다는 것이다.[4)] 그러한 주장을 뒷받침하는 단초들이 여러 군데서 발견되는 것이 사실이다. 무엇보다 북한이 체제유지에 부심하면서, 1992년 이래 대외개방을 위한 일련의 행보를 보이는 것이 그러한 입장과 맥이 닿아 있다.

하지만 북한은 여전히 최대 국가목표인 남한 공산화 및 사회주의 통일을 포기하고 있다고 보기는 어렵다. 그간 남북한관계에 많은 변화가 있었지만, 조선로동당규약의 대남전략 규정에는 아무런 변화가 없다. 북한의 대남전략을 가동하는 각종의 대남공작기구[5)]도 여전히 존속하고 있다. 이런 가운데 북한의 대남전략이 남북한관계를 규정하는 것은 물론, 한국 사회 내부에서 때로는 은밀하게, 때로는 반공개적으로 작동하고 있다. 따라서 남북한관계를 연구하는 사람들은 북한의 대남전략의 실체, 그리고 그 지속성과 변화성을 면밀히 살피지 않으면 안 된다고 할 것이다.

---

1) 북한의 대외정책도 기본적으로 이 같은 최소목표와 최대목표를 지향하고 있다. 다만, 대외정책의 경우 '프롤레타리아국제주의와 국제무대에서의 사회주의의 승리'라는 것을 추가할 수 있다. 허문영, "외교정책," 김영수 외, 『김정일시대의 북한』(서울: 삼싱경제연구소, 2002.12), p. 411 참조.

2) 김정일, "반제투쟁의 기치를 더욱 높이 들고 사회주의, 공산주의 길로 힘차게 나아가자(1987.9. 25)," 조선로동당출판사, 『친애하는 지도자 김정일 동지의 문헌집』(평양: 조선로동당출판사, 1992), p. 191.

3) 정규섭, 『김정일체제의 대남정책 전망』, 연구보고서 94-14(서울: 민족통일연구원, 1994), p. 78.

4) 허문영, "통일정책," 김영수 외, 『김정일시대의 북한』(서울: 삼성경제연구소, 2006.4), p. 511; 제성호·김도태, 『핵관련 북한의 협상전략전술 분석』, 정세분석보고서 94-06(서울: 민족통일연구원, 1994.3), p. 4 참조.

5) 북한의 대남사업기구에 대해서는 북한연구소, 『북한대사전』(서울: 북한연구소, 1999), pp. 386, 972; 유동열, "북한의 통일전선론 체계와 구사실태," 『북한학보』, 제31집(2006.11), pp. 178-181; 장철현, "북한 통일전선사업부 해부 ③," 코나스 특집기획, 2008년 5월 29일(http://www.konas.net/article/article.asp?idx=14643) 참조.

제2절 북한의 대남전략의 의의와 목표

1. 대남전략의 의의

북한의 대남전략이란 북한 당국이 정권목표인 '온 사회(전 한반도)의 주체사상화와 공산주의 사회 건설'(일명 전조선혁명)을 위해 남한을 향해 전개하는 모든 실천적인 행동지침을 말한다.[6] 이는 북한의 조선로동당 규약 서문(전문)에 아래와 같이 명시한 데서 잘 나타나 있다.

> "조선로동당의 당면 목적은 공화국 북반부에서 사회주의의 완전한 승리를 이룩하여 전국적 범위에서 민족해방과 인민민주주의의 혁명과업을 완수하는 데 있으며 최종목적은 온 사회의 주체사상화와 공산주의사회를 건설하는 데 있다."

북한의 전조선혁명은 위와 같이, 1단계(당면목표): 민족해방 인민민주주의혁명 단계와 2단계(최종목표): 남북합작을 통한 사회주의혁명 단계로 구분된다. 북한의 대남전략은 바로 이 1단계의 「민족해방 인민민주주의혁명전략」을 말하는 것이다. 북한에서는 통상 「민족해방 인민민주주의혁명전략」을 「남조선혁명전략」이라고 일컫는다.[7]

〈자료 5〉 전략과 전술의 개념

스탈린은 『레닌주의의 기초』(1924)라는 공산혁명지침서에서 "전략전술이란 프롤레타리아(공산당세력)의 혁명적 계급투쟁을 지도하는 과학"이라고 강조하면서, 전략과 전술에 대하여 설명하였다. 그에 따르면, 전략(戰略)은 스탈린은 해당 혁명단계에서 프롤레타리아(공산당세력)의 주요 공격방향(주적)을 결정하고, 혁명역량(주력군 및 예비군)을 적절히 배치하여 혁명단계 전 기간에 걸쳐 그 계획을 실천해 나가는 투쟁"이다. 즉, 전략은 혁명단계에서 ① 타도할 대상을 결정하고 ② 혁명동력을 편성하여 이를 일관되게 실천하는 기본적인 투쟁지침이라 할 수 있다.

---

6) 유동열, "북한 김정일정권의 대남전략전술 분석," 『공안논총』, 제11집(1999), p. 19.
7) 정규섭, 『김정일체제의 대남정책 전망』, 8; 경찰수사보안연수소, "북한의 대남전략," 『보안수사지휘과정』(서울: 경찰수사보안연수소, 2004), pp. 190-191.

그에 비해 전술(戰術)은 "혁명운동의 간조와 만조, 혁명의 앙양과 침체 등 비교적 짧은 기간에 있어서 프롤레타리아트(공산당세력)의 행동노선, 곧 투쟁형태, 조직형태, 표어(선동슬로건) 배합 등을 결정하여 이를 실천해 나가는 투쟁"이라고 스탈린은 정의하였다. 달리 말하면 전술은 혁명과정에서 주어진 상황변화에 따라 공산당세력의 행동노선(조직노선, 투쟁노선, 표어노선)을 결정하여 투쟁하는 세부적인 투쟁지침이라 할 수 있는 것이다.

이상의 내용을 정리하면, 전략은 혁명운동단계에서 나가야 할 기본방향 또는 강령을 달성하기 위해 적에게 주된 타격을 하는 중요 방향(=목표)의 결정을, 그리고 전술은 전략적 성공을 확실하게 하기 위해서 시기상황에 맞춘 투쟁의 수단이나 형태(=방법)를 결정하는 것을 의미한다고 볼 수 있다.[8)]

2. 대남혁명전략: '민족해방 인민민주주의혁명' 전략

북한은 1950년대 초까지만 해도 대남 혁명전략, 즉 남조선혁명전략을 민주기지노선에 입각한 '무력해방노선'으로 규정했다. 그러나 6・25 남침에 실패한 후 1955년 4월 당중앙위원회 전원회의에서 남조선혁명을 '반제반봉건 인민민주주의혁명'[9)]으로 규정하게 된다. 이어 1961년 9월 제4차 당대회 시에는 "남조선혁명은 제국주의를 반대하는 민족해방혁명이며 봉건세력을 반대하는 민주주의혁명"이라고 밝혀, 종전의 반제반봉건 민주주의혁명과 민족해방 민주주의혁명을 혼용해 왔다.

그 후 1970년 11월 제5차 당대회에서 김일성 교시를 통해 남조선혁명의 성격을 「민족해방 인민민주주의혁명」(National Liberation People's Democracy Revolution: NLPDR)으로 규정하고, 이를 공식 채택하여 당규약 서문에 수정, 명시하기에 이르렀다. 북한은 제5차 당대회 이래 지금까지 일관되게 이 노선을 견지하고 있다.[10)]

이 전략은 북한의 남한사회에 대한 평가에서 비롯된다. 주지하는 바와 같이 북한은 남한사회를 미국에 정치・경제・사회・문화 및 군사적으로 종속되어 있는 식민지 사회로,

---

8) 공산주의 전략전술의 개념에 대해서는 김창순, 『김창순 북한연구전집』, 제9집(서울: 북한연구소, 1999), pp. 228-231 참조.

9) 여기서 반제(反帝)는 남조선혁명이 미제국주의에 반대하는 것임을, 반봉건(半封建)은 미제의 앞잡이인 남한정권과 지주 등 봉건세력에 반대하는 것임을 의미한다.

10) 북한연구소, 『북한대사전』, pp. 387-388. 이와 관련, 김일성은 "남조선혁명은 미제국주의침략자들을 반대하는 민족해방혁명인 동시에 미제의 앞잡이들인 지주, 매판자본가, 반동관료배들과 그들의 파쑈통치를 반대하는 인민민주주의혁명입니다"하고 강조한 바 있다. 조선로동당출판사, 『김일성저작선집』, 제5권(평양: 조선로동당출판사, 1972), p. 479.

남한정부를 미제의 식민지 대리통치정권(또는 친미 파쇼정권)으로 인식하고 있다.[11] 이러한 논리에 기초하여 '민족해방'은 남한사회의 실질적인 지배자인 미제국주의(주한미군 및 미 대사관 관료)를 남한 땅에서 축출하고, 이른바 식민지 해방을 실현하는 것이라고 주장한다. 그리고 '인민민주주의혁명'은 미제의 대리통치정권이며 독재정권인 남한정권을 남한인민의 힘으로 타도하고 민족자주정권이라는 인민정권을 수립하는 것을 말한다. 곧, 민족해방은 '미제 축출=주한미군 철수'를, 인민민주주의혁명은 '현정권 타도 후 인민정권 수립'을 각각 가리키는 것이다.

이어 북한은 2단계로 남북합작에 의한 사회주의혁명을 진행시킬 것을 강조하고 있다. 북한은 남북합작의 방법으로 평화적 방도와 비평화적 방도를 제시하고 있다. 평화적 방도란 연방제 통일과 같이 전쟁 없이 합작을 이룬다는 것이며, 비평화적 방도란 전쟁에 의하여 합작을 이룬다는 것이다. 여기서 유념해야 할 것은 평화적 방도에 의한 합작은 남한 내부의 사회주의혁명을 전제로 하기 때문에 결코 평화적 도가 아니라는 점이다.[12]

제3절 대남전략의 기조: 3대혁명역량 강화노선

북한의 대남혁명전략 기조는 한 마디로 1964년 2월 27일 당중앙위원회 제4기 8차 전원회의에서 김일성이 주장한, 전조선혁명 달성을 위한, 「3대혁명역량 강화노선」으로 집약된다. 여기서 3대혁명역량 강화라 함은 ① 북한혁명역량 강화, ② 남한혁명역량 강화, ③ 국제혁명역량 강화를 가리킨다.[13]

첫째, 북한혁명역량 강화는 북한지역의 힘, 곧 사회주의 역량을 기르는 것을 말한다.

11) 북한의 대남관에 대해서는 허문영, 『북한 지도부의 정세인식 변화와 정책 전망』, 연구보고서 94-16(서울: 민족통일연구원, 1994), pp. 30-31.

12) 유동열, "북한의 대남공작과 민족민주혁명당사건," 『공안연구』, 통권 제59집(1999.10), pp. 59-60 참조.

13) 이후 김일성은 1965년 4월 14일 인도네시아의 알리아르함 사회과학원에서의 연설을 통해 "우리 조국의 통일, 조선혁명의 전국적승리는 결국 3대력량의 준비에 달려있다고 말할수 있다. 첫째로, 공화국북반부에서 사회주의건설을 잘하여 우리의 혁명기지를 정치, 경제, 군사적으로 더욱더 강화하는 것이며, 둘째로, 남조선인민들을 정치적으로 각성시키고 튼튼히 묶어세움으로써 남조선의 혁명력량을 강화하는 것이며 셋째로, 조선인민과 국제혁명력량과의 단결을 강화하는 것이다"라고 언급하였다. 조선로동당출판사, 『김일성 저작선집』, 제4권(평양: 조선로동당출판사, 1968), p. 249; 국군정신전력학교, 『북한 대남적화전략전술분석』, 6판(서울: 국군정신전력학교, 1990), p. 100.

이와 관련, 김일성은 일찍이 북한지역을 적화통일의 혁명기지로 구축하고, 이 힘으로 남한을 접수(병합)함으로써 통일을 이룩할 수 있다고 강조한 바 있다. 이를 위해 김일성은 북한지역에 강력한 정치적・군사적 기지를 건설・구축할 것을 주장하였다. 달리 말하면, 첫째, 김일성 주체사상으로 무장・일색화(이는 북한인민을 주체사상으로 무장시켜 혁명화・노동계급화하며 혁명의 참모부인 조선로동당과 혁명건설의 무기인 프롤레타리아 독재를 강화하는 것으로 연결됨)하고, 둘째, 자립적 민족경제 건설을 공고히 하고 '사상・기술・문화'의 3대 기술혁명을 철저히 수행하며, 자원과 기술, 노동 등 사회주의의 물질적・기술적 토대를 튼튼히 다져 나가는 한편, 셋째, 남조선 적화혁명(무력남침 포함)에 필요한 군사력을 축적해야 한다는 것이다.

특히 군사력 축적과 관련하여 북한은 ① 전 인민의 무장화, ② 전군의 간부화, ③ 전 지역의 요새화, ④ 전 장비(금일에는 전군이라고 함)의 현대화'라는 이른바 「4대 군사노선」[14]을 제시하고 있다.

둘째, 남한혁명역량 강화는 남한지역에서 친공(親共)세력의 힘, 곧 남한의 혁명역량을 키우는 것을 말한다. 남한혁명역량 강화는 ① 남한 민주주의운동 적극 지원, ② 남한 인민의 정치사상적 각성, ③ 혁명당과 혁명의 주력군 강화 및 통일전선 형성, ④ 국군 와해 전취사업 수행 등 반혁명역량 약화 및 거세 등으로 집약된다. 이를 위해 북한은 지금까지도 남한 내에서 그들을 지지하는 용공세력의 부식 및 확대를 위해 각종의 대남 침투공작을 전개하고 있다.

과거 북한이 '통일혁명당'(통혁당)이란 지하당 구축을 기정사실화하며 이를 고무・선전・선동한 것[15]이나 '구국의 소리 방송' 등 대남선전선동 매체를 운용한 것, 그리고 '한국민족민주전선(약칭 한민전)－반제민족민주전선(약칭 반제민전)'[16]을 통해 남한 내 친북세력에 대해 반정부투쟁을 선동하는 것은 모두 남한혁명역량 강화 차원에서 북한이 집요

14) 북한은 1962년 12월 조선노동당 제4기 5차 전원회의에서 국방력 강화 차원의 4대 군사노선을 채택하였고, 이후 이를 헌법에 조문화하는 등 '전 인민의 무장화정책'을 추진해 왔다. 현행 사회주의 헌법 제60조에서는 "국가는 군대와 인민을 정치사상적으로 무장시키는 기초우에서 전군간부화, 전군현대화, 전민무장화, 전국요새화를 기본내용으로 하는 자위적군사로선을 관철한다"고 규정하고 있다. 이 같은 노선에 따라 대부분의 주민을 노농적위대와 교도대, 붉은청년근위대 등 군사조직의 예비전력으로 이용하는 한편, 김정일 시대에 들어와 군부 중심의 군사력을 앞세우는 선군정치를 강조하고 있다.

15) 이도형 외, 『북한의 대남전략 해부』, 북한탐구 시리즈 2(서울: 남북문제연구소, 1994), pp. 22-23, 29 참조.

16) 북한의 대남혁명 전위대인 한국민족민주전선은 2005년 3월 23일 반제민족민주전선으로 그 명칭이 변경되었다. 이 같은 사실은 한국민족민주전선의 인터넷 홈페이지인 「구국전선」과 북한의 관영통신사인 「조선중앙방송」이 2005년 3월 25일 '한민전 상무위원회 확대회의에 관한 공보'를 보도함에 따라 공식 확인되었다.

하게 추진해 온 대남공작사업들이라 할 수 있다.

셋째, 국제혁명역량 강화는 북한의 적화통일 구상과 계획을 지지·지원해 주는 국제적 지지세력 혹은 지원역량을 획득·확산시키는 것을 말한다. 국제혁명역량 강화는 ① 사회주의국가 및 제3세계 국가의 인민들과 유대 강화, ② 자본주의국가 내 노동운동세력과 단결, ③ 전 세계 반제평화 애호세력 지원 등을 의미한다. 북한이 일찍부터 비동맹권 국가들에게 진출해 연방제 통일방안의 지지를 획득하기 위해 다각적인 외교적 노력을 전개한 것은 국제혁명역량 강화의 대표적인 예라 할 수 있다.[17]

북한은 위와 같은 3대혁명역량 강화노선을 "혁명적 대사변을 주동적으로 맞이하며 조국통일의 역사적 위업을 완수하기 위한 준비과업"인 동시에, "조국통일의 평화적 및 비평화적 수행방도에 관계없이 혁명력량을 백방으로 강화하는 조건에서만 국토통일과 민족의 자주성을 옹호할 수 있는 … 혁명승리의 결정적 의의를 가지는 전략방침"으로 규정하고 있다.[18] 지난 시기 북한은 이 같은 기본입장에서 3대혁명역량 강화에 박차를 가해 왔다.

하지만 전술한 바와 같이 1990년대 중반 이후 북한이 위와 같은 대남전략 기조를 그대로 유지하는 데 어려움을 겪고 있다. 특히 2000년대에 들어와서 북한이 처한 국내외적 상황에 비추어 볼 때 내부혁명역량과 국제혁명역량의 강화를 추진하기는 힘든 것이 현실이다. 그러기에 북한이 지금 가장 비중을 두고 있는 노선은 바로 남한혁명역량 강화노선이다. 북한의 자체 혁명역량은 북한의 극심한 경제난 등 정치·경제적 상황 때문에 획기적인 개선 및 강화를 기대할 수 없고, 국제혁명역량 강화도 소련 및 동구 공산권의 붕괴로 극도로 취약한 상태에 있는 까닭이다. 결국 북한의 대남적화혁명을 위한 유일한 희망은 바로 남한혁명역량의 강화라고 할 수 있다. 이와 관련, 북한은 남한 사회 내부에 '주사파'(주체사상파의 약칭)와 같은 친북좌파세력이 여전히 발호하고 있는 상황에 고무되어 있음을 직시할 필요가 있다.

3대혁명역량 강화노선을 포함한 북한의 대남혁명전략 및 전술의 체계를 도표화하면, 다음 〈표 1〉과 같다.[19] 여기서 그에 관한 자세한 설명은 약하기로 한다.

---

17) 경찰수사보안연수소, "북한의 대남전략," pp. 191-195; 국방부, 『정신교육문답교본』(서울: 국방부, 1983), pp. 252-254 참조.

18) 허종호, 『주체사상에 기초한 남조선혁명과 조국통일리론』(평양: 사회과학출판사, 1975), pp. 271-273.

19) 장수련, "북한의 대남혁명전략," 통일연수원, 『민주통일론(통일문제)』, 통연 92-2-7(서울: 통일연수원, 1992), p. 167; 유동열, 『북한의 대남전략』(서울: 통일부 통일교육원, 1992.12) 참조.

<표 1> 대남전략 · 전술의 종합체계

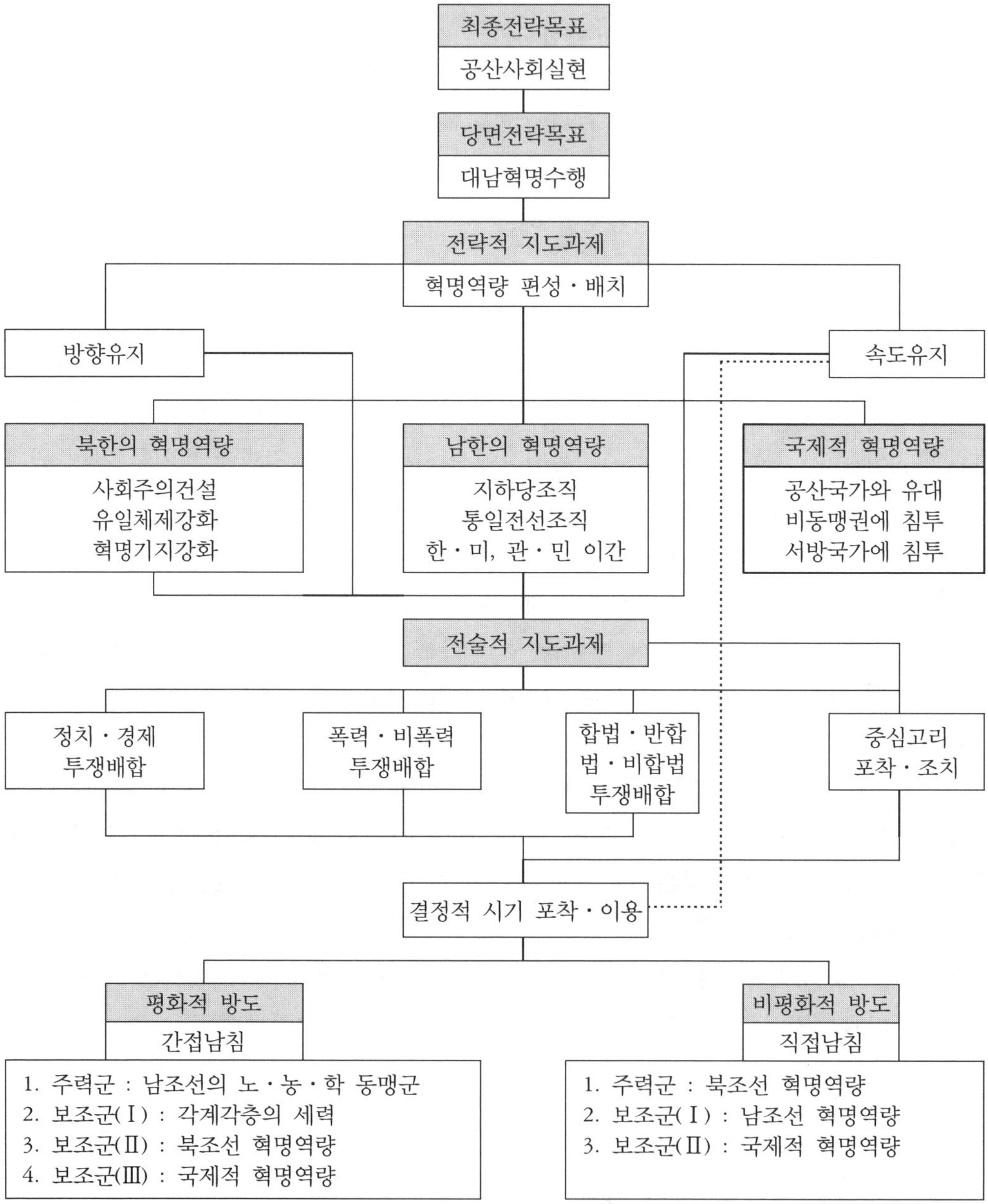

제4절 북한의 대남혁명전술

1. 대남혁명전술

북한의 대남혁명전술은 소위 남조선혁명단계에 있어서 전개되는 상황변화에 따라 비교적 짧은 기간에 있어서 혁명 주력군(노동자・농민・청년학생・진보적 지식인 및 전위당)과 보조역량(도시 소자산계급・애국적 군인・양심적인 민족자본가・반제애국인・종교인・동요하는 인테리 등)의 행동노선을 결정하는 것으로 '조직형태, 투쟁형태, 선동슬로건의 배합'을 실천해 나가는 투쟁을 말한다. 전술은 그 특성상 상황에 따라 수시로 변화하는데, 하나의 전략단계에 있어서도 여러 가지 다양한 전술의 변화가 일어날 수 있다.[20]

한편 북한은 공산주의자들의 전형적인 수법과 마찬가지로 대화와 협상을 정치투쟁의 연장으로 이해하고 있다.[21] 곧, 대화전술이나 유화전술도 혁명전술의 일환 혹은 그 연장으로 접근한다.

이상의 점을 고려하여 북한이 구사하는 대표적인 전술을 형태별로 분류해 소개하면, 대략 다음과 같다(기존 연구자들의 분류를 필자가 일부 수정・보완한 것임).

① 조직전술: 지하당구축전술,[22] 통일전선전술, 푸락치전술 등

---

20) 유동열, "북한 김정일정권의 대남전략전술 분석," pp. 21-22; 북한연구소, 『북한대사전』, pp. 389-390.

21) 애치슨 전 미 국무장관은 "공산주의원리에 있어 협상은 상대방으로부터 수락할 수 없는 목적을 달성하려는 정치적 수단으로서의 전쟁"이라고 갈파하였다. Dean Acheson, *Present at the Creation*(New York: W. W. Norton, 1969), p. 378. 또 헨리 키신저도 공산주의자들의 외교와 협상은 국가목표를 위한 또 다른 형태의 전쟁이라고 주장하였다. Henry A. Kissinger, *The Necessity for Choice*(New York: Harper, 1960), p. 214; 송종환, 『북한 협상행태의 이해』, 개정 증보판(서울: 오름, 2007), p. 65에서 재인용.

22) 김일성은 일찍이 남조선혁명 수행을 위해서는 혁명의 참모부인 전위당(마르크스레닌주의당) 구축이 필요하다고 역설한 바 있다. 레닌의 당조직론, 곧 한 나라의 공산혁명을 실현하기 위해서는 소수정예의 직업혁명가로 구성되는 전위당 건설이 우선적으로 수행되어야 할 혁명과업이라는 이론에 입각한 주장이었다. 북한은 '1보전진, 2보후퇴'(1904년 제시)란 레닌의 지하당조직원칙을 원칙으로 삼되, 한국 내에서 공산당이 불법화되어 있는 현실을 고려하여, ① 당건설과 활동을 철저히 비합법적으로 진행할 것, ② 투쟁 속에서 단련되고 검열된 핵심들로 당을 조직할 것, ③ 혁명의 주력군을 중심으로 광범위한 대중 속에 뿌리를 내릴 것, ④ 당기반 확대를 위해 대중조직사업(혁명적 대중단체: 인전대)을 강력히 전개할 것 등을 제시한 바 있다. 치안정책연구소의 유동열 연구관에 따르면, 북한은 이 같은 지하당 구축전술에 따라 1960년대에는 통일혁명당과 인민혁명당을, 1970년대에는 남민전(남조선 민족해방전선)을, 1980년대에는 한국민족민주전선(위장조직임)을, 1990년대에는 조

② 투쟁전술: 합법-비합법-반(半)합법전술, 경제-정치투쟁전술, 폭력-비폭력투쟁전술, 테러전술, 게릴라전술, 무장봉기전술, 국군와해전취전술,[23] 인민전쟁전술, 선거투쟁전술, 화전양면전술, 당민분리전술, 강경압박전술, 민족공조전술 등

③ 유화전술: 대화전술, 유화제스처 전술, 평화공존전술, 협력교류전술 등

④ 협상전술: 기선제압전술, 근본문제 제기전술, 전제조건 제시전술, 협상의제 전환전술, 기만전술, 지연전술, 벼랑끝전술, 일괄합의/동시실천 전술, 합의/실천 분리전술, 속도조절전술 등[24]

⑤ 표어전술: 선동슬로건의 배합전술, 폭로전술 등[25]

지면관계상 북한의 대남전술을 모두 자세하게 설명하기는 어렵다. 다만, 여기서는 전통적인 '통일전선전술'과 더불어 2000년 6월 남북정상회담 이후 북한이 즐겨 구사하는 '민족공조전술,' '당민(黨民)분리전술'과 '화전(和戰)양면전술'만을 간단히 소개하기로 한다.

본래 통일전선전술이라 함은 힘이 부족하여 적을 1대 1로 타도할 수 없을 때 다른 세력과 일시 제휴하여 적대세력을 하나하나 단계적으로 타도하는 공산주의혁명전술을 말한다.[26] 통일전선전술은 북한이 대남혁명전술 중에서도 가장 중요시하는 전술이다. 이는 상

선로동당 남부지역당을, 각각 한국에 은밀하게 구축한 바 있다고 한다. 유동열, 『한국좌익학생운동의 이론과 실제』(서울: 민족정론사, 1995), pp. 199-200.

23) 이와 관련, 김일성은 "국군병사들과 장교들을 인민과 민족의 편, 혁명의 편으로 돌려 세우는 것은 반혁명 세력을 약화시키고 혁명력량을 강화하는데서 매우 중요한 의의를 가집니다. 남조선의 혁명조직들과 혁명가들은 국군과의 사업을 잘 하여 병사대중과 중하층장교들을 혁명의 편에 전취하는데 깊은 관심을 돌려야 할 것입니다." 조선로동당출판사, 『김일성 저작선집』, 제4권, p. 337. 이에 따라 북한은 한국 군대를 와해시켜 소위 '결정적 시기'에 혁명군으로 전환, 활용한다는 전술방침 아래, 간첩을 남파하여 군장교의 포섭을 추진하고, 군내 좌익조직을 구축하며, 장교와 하사관, 병을 이간시키기 위해 다양한 형태의 공작을 전개하고 있다. 유동열, 『한국좌익학생운동의 이론과 실제』, p. 203.

24) 제성호 · 김도태, 『핵관련 북한의 협상전략전술 분석』, pp. 9-26; 김용호, "탈냉전시대 북한의 협상스타일과 행태분석: 남북기본합의서와 핵관련 협상을 중심으로," 『주요국제문제분석』(외교안보연구원), 제43호(1993.11.24), pp. 1-20; 이동복, "평화체제로 가는 협상전략," 『통일의 숲길을 열어가며 2』(서울: 삶과 꿈, 1999), pp. 239-249; 허문영, 『6 · 15 공동선언 이후 북한의 대남협상 행태』, 연구총서 05-14(서울: 통일연구원, 2005), pp. 42-55 참조.

25) 이 밖에도 북한이 상투적으로 사용하는 대남전술의 보다 자세한 내용은 경찰수사보안연수소, "북한의 대남전략," pp. 203-210 참조.

26) 이도형 외, 『북한의 대남전략 해부』, p. 26. 북한에서 '통일전선'이란 용어는 "로동계급이 당의 령도밑에 일정한 혁명단계에서 해당한 혁명의 승리에 리해관계를 같이하는 여러 정당, 사회단체, 개별인사들과 공동원쑤에 반대하기 위해 무은('묶은'이란 의미: 필자 주) 정치적 련합"을 말한다. 사회과학출판사, 『정치용어사전』(평양: 사회과학출판사, 1970), p. 615. 북한의 대남사업 전문가였던 전금진은 통일전선 형성의 3가지 기본원칙으로 첫째, '노동계급의 당'이 주도할 것, 둘째, 단결과

층-중층-하층 통일전선(통전)으로 구분된다. 상층 통전은 우리사회 정치・경제・종교계 등 지도층 인사를 대상으로 하는 것이며, 중층 통전은 우리 사회 내 중간층을, 하층 통전은 노동자, 농민, 청년학생 및 각계각층 민중들을 대상으로 하는 연합전술을 말한다.[27] 조국통일범민족연합(범민련)과 조국통일범민족청년학생연합(범청학련)은 북한이 주도해 만들어낸 하층 통일전선차원의 대표적인 조직체라고 할 수 있다.[28]

북한은 통일전선의 형성원칙으로 계급노선을 견지하면서 군중노선을 결합할 것을 강조하고 있다. 또한 전술상의 원칙으로는 첫째, 하층 통전을 기본으로 하고 상층 통전을 유기적으로 결합시킬 것, 둘째, 낮은 형태의 공동투쟁을 점차 높은 형태의 공동투쟁으로 발전시키며, 부분적인 연합에서 전면적인 연합으로 발전시켜 나갈 것, 셋째, 통일전선체 내에서 중간층, 민족자본가들과 단결하는 가운데 또한 투쟁할 것 등을 제시하고 있다.[29]

최근 북한이 구사하는 통일전선의 핵심 키워드(keyword)는 '민족대단결'과 '민족단합' 외에 '조선은 하나다' 등을 들 수 있다. 북한은 '민족'을 내세워 국내에 친북반미(親北反美)전선을 구축하고, 이를 통해 한・미관계 이간을 기도하고 있다.[30] 또한 통일되면 북한 핵은 우리(조선민족) 것이 된다는 이유로 한국 사회 내에 북한 핵문제에 대한 부정적 시각이 퍼지는 것을 막으려고 노력하는 동시에, 다른 한편 북한 핵의 '인질'로 한국 국민을 활용함으로써 미국의 대북정책 강경화를 견제하는 술책을 구사하고 있다.

다음 민족공조전술은 1차 남북정상회담에 따른 6・15 남북공동선언 채택 이후 파상적으로 전개되고 있는데, 이는 전통적인 통일전선전술의 21세기 변형이라고 할 만하다. 북한은 6・15 남북공동선언 제1항에 '우리민족끼리'라는 표현을 삽입한 이후 우리민족끼리의 '민족공조'를 강조하고 있다.[31] '민족중시' 혹은 '민족을 앞세워야 한다'는 표현도 같은 맥락의 것이라고 할 수 있다. 북한은 작금 '우리민족끼리' 기치(이념)와 민족공조노선

투쟁을 옳게 배합할 것, 셋째, 아래로부터의 통일전선을 기본으로 할 것을 제시한 바 있다. 전금진, 『조국의 자주적 통일을 위한 우리당의 정책』(평양: 조선로동당출판사, 1992); 이영진, 『1980년 5월 노동신문의 비밀-북한 정론-』(서울: 우딸사, 2009), pp. 141-142 참조.

27) 유동열, "북한의 통일전선전술분석," 『공안연구 51집』(서울: 공안문제연구소, 1998); 유동열, "북한의 통일전선론 체계와 구사실태," pp. 166, 178 참조.

28) 범민련은 범민련 북측본부, 남측본부, 그리고 해외본부로 구성되어 있어, 외형상 전 민족 구성원을 대표하고 있음을 대외적으로 표방하고 있다.

29) 유동열, 『한국좌익학생운동의 이론과 실제』, p. 201.

30) 유동열, "노무현 정부 출범 이후 북한의 대남전략 분석," 『북한학보』, 제29집(2004), p. 123.

31) 2001년 1월 4일 노동신문 기사에 "력사적인 북남공동선언발표 이후에 이룩되고 있는 경이적인 성과들은 민족공조가 제일이며 민족공조에 북과 남의 화해와 단합, 평화와 통일이 있다는 것을 명백히 실증해 주었다"고 주장함으로써 민족공조라는 표현이 나타났다. 류길재, "남북관계와 민족공조론의 의미와 대응," 민주평화통일자문회의 정치외교분과 제54차 회의자료(2004.4.16), p. 5. 민족공조론의 의도에 대해서는 위의 글, pp. 7-11 참조.

을 통해 반외세 및 반보수 세력의 척결을 선전선동하고 있다.

'당민(당국-민간) 분리전술' 역시 남북정상회담 이후 북한이 노골적으로 전개하는 전술의 하나이다. 북한은 한국 정부와의 대화나 접촉을 가급적 배제(필요할 경우 당국 간 대화에도 일부 호응한다)하면서도 경제적 이득이나 대남전략적 관점에서 유용하다고 판단되면 학술·문화·언론·종교·경제 교류라는 명분하에 민간 차원의 선택적 접촉을 실시하고 있다. 그 대표적인 사례로는 현대의 금강산관광 등 재벌그룹과의 대북사업, 민주노총의 방북축구, 현대농구팀 방북초청경기, 서울방송(SBS), 동아일보·중앙일보·월간 말 등 언론계 방북, 문규현 신부 등 종교계 인사 방북, 리틀엔젤스의 평양공연, 윤이상통일음악회 공동개최 및 남북 해외학자 통일회의 등을 들 수 있다. 이는 한국 정부와 국민을 이간, 우리 정부를 고립화(혹은 대북 협상력을 약화)시키며, 민간부분을 북한의 영향력하에 두려는 목적에서 이루어지고 있다고 볼 수 있다.[32]

화전양면전술은 본래 공산주의자들이 상황이 불리할 때는 대화를 제의하고, 상황이 유리하다고 판단될 때는 무력을 동원하여 상대방을 공격하는 전술을 말한다. 1970년대에 북한은 '일면 대화, 일면 무장간첩 침투' 혹은 대남 위장평화공세와 함께 정전협정을 위반하는 도발을 병행하는 전술을 적극 구사하였는데, 이것이 바로 화전양면전술의 대표적인 사례라고 할 수 있다.[33] 그런데 최근에는 북한이 대남 유화제스처와 강경행동을 병행하는 전술까지 포함하는 개념으로 사용되기도 한다. 예컨대, 1999년 6월 동해안에서 금강산 관광선의 방북을 허용하면서도 서해안에서는 북방한계선을 침범하여 정치·경제적 실리를 획득하려 한 경우가 그 대표적인 예라 할 수 있다. 2009년 8~9월간 북한이 개성공단에 억류된 유성진 씨 석방(8.13), 현대아산과 아태평화위 간의 금강산관광 재개 등에 관한 합의문 채택(8.17), '개성공단 통행제한 조치'(일명 12·1조치) 해제(8.21), 판문점 적십자 직통전화 재개(8.25), '800 연안호' 선원 송환(8.29) 등 일련의 대남 유화조치를 취하였지만, 만족스러운 결과를 얻지 못하자 우라늄 농축 마무리단계 진입 및 추출된 플루토늄의 무기화 선언(9.4), 임진강 상류의 황강댐 무단 방류(9.6) 등의 강경조치를 취한 것 역시 화전양면전술이라고 볼 수 있다.

북한은 6·15 공동선언 채택 이후 화전양면전술 혹은 대남유화-강경노선의 배합전술을 통해 톡톡히 재미를 보았다고 판단하는 것 같다. 이 같은 전술을 구사할 경우 북한은 국내외 정세를 관망하면서 대남강경-유화의 수준을 결정하는 양태를 보인다. 이때 강경조치는 충격적인 요법의 일환으로 기획되고, 치고 빠지는 식으로 진행된다. 화전양면전술

32) 유동열, "북한 김정일정권의 대남전략전술 분석," p. 24.
33) 박완신, 『마음으로 여는 통일』(서울: 도서출판 답게, 2007), p. 147.

혹은 대남유화－강경노선의 배합전술을 통해 북한은 우리 정부의 대북정책 구도와 대응 자세를 시험하는 한편, 그들의 요구가 수용될 경우 제한적·선택적으로 남북 당국 간 회담 및 관계개선에 호응해 오기도 한다.

2. 대남공작의 양상

북한의 대남공작이란 이른바 남조선혁명 실현을 위해 주로 비합법, 반(半)합법적으로 국내외에서 전개하는 모든 대남행동을 총칭하는 개념이다. 따라서 대남공작은 전략전술의 하위개념이며 세부실천 개념이다. 북한이 대남공작을 전개하는 당면목표는 남한혁명을 위한 남한사회주의혁명 역량을 강화하여 남한혁명의 주·객관적 상황을 조성하려는 것이다.

북한은 정권수립 이후 남조선혁명전략에 입각하여 국내외 상황 변화에 따라 대남공작을 일관되게 전개해오고 있다. 1990년대 이후에 드러난 공세적인 대남공작 사례로는 충남부여 출몰 김동식 간첩사건, 깐수간첩사건, 강릉 잠수함침투 사건, 이한영 피살사건, 최정남 부부간첩사건, 여수해안 반잠수정 격침사건, 민족민주혁명당사건 등을 들 수 있다.

북한은 6·15 남북공동선언 이래 우리 정부의 대북화해·협력 정책에 호응하면서, 대체로 대남테러 및 도발행위를 자제하는 등(2002년 6.29 서해교전과 같이 일부 충돌사례도 있었기는 하지만) 외형적으로는 유화적 자세를 보이고 있다. 그러나 이러한 외적 변화에도 불구하고 북한의 대남공작에는 큰 변화가 없다는 것이 북한 전문가 및 대공수사 실무자들의 일반적인 평가이다. 2000년 이후 북한의 대남공작상의 특징을 검토하면 다음과 같다.[34]

첫째, 북한은 6·15 공동선언 이전에는 김동식, 최정남을 남파하는 등 직접 침투에 주력해 왔으나, 6·15 공동선언 이후 조성된 남북 화해·협력 분위기를 의식해 우리 국민들을 자극할 수 있는 직접 침투를 전술적으로 자제하고 있다. 그러나 간첩 강태운(2003.8 검거)·이창성(2004.6 검거) 등의 사례에 비추어 북한이 간첩남파 또는 친북 인사 포섭을 전면 포기한 것은 아니라고 판단된다.

한편, 북한은 일본·중국 등 주변국을 무대로 공관·무역회사 등으로 위장한 공작거점을 확충, 국내 고정간첩과 접선하거나 우리 국민을 포섭하는 등 해외공작을 강화하는 한편, 제3국 우회침투를 기도하고 있다.

둘째, 북한은 소위 "우리민족끼리"라는 민족주의 이념[35]을 기초로 민족대단결 노선

34) 제성호, "통일시대 보안경찰의 역할," 『자유민주연구』, 제3권 제2호(2008.12), pp. 134-135.
35) 예컨대, 2006년도 북한의 신년공동사설은 "≪〈우리 민족끼리〉기치높이 자주통일, 반전평화, 민족

내지 통일전선 구축을 위해 다각적인 노력을 기울이고 있다. 특히 체육행사 등 각종 남북 민간급 교류행사 공간을 통해서도 민족공조를 내세우는 등 통일전선의 기반을 확대하기 위한 심리전 공작을 강화하고 있다. 특히 임동옥(통일전선부장 역임),[36] 최승철(통일전선부 수석 부부장 역임)[37] 김양건(현 통일전선부장)[38] 등 대남 및 외교부서의 요원을 남북관계의 전면에 배치한 데서 알 수 있듯이 공작부서의 영향력이 날로 증대하고 있다.

셋째, 북한은 지금 인터넷을 "국가보안법이 무력화된 해방공간이며 항일 유격대가 다루던 총과 같은 무기" 또는 "반미·반전투쟁을 고조시키기 위한 힘 있는 수단"[39] 등으로 인식하면서, 이를 대남공작의 수단을 삼는 외에 대남 심리전에 적극 활용하고 있다. 특히 인터넷을 통해 남한 등지에서 활동하고 있는 북한공작원과 친북단체 등에 각종 투쟁방향과 지침을 하달하는 한편, 국내에 암약하는 고정간첩 혹은 북한과 연계되어 있는 운동권의 지령수수 및 대북 보고 수단으로 활용하고 있는 것으로 알려지고 있다.

대단합의 3대 애국운동을 힘있게 벌려나가자!≫, 이것이 올해에 조국통일운동에서 들고나가야 할 구호이다. 자주통일의 길로 힘차게 전진해나가야 한다. 민족자주에 통일운동의 진로가 있고 우리 겨레의 운명과 전도가 달려있다. 우리는 통일위업실현에서 나서는 모든 문제를 ≪우리 민족끼리≫ 리념의 요구대로 민족의 존엄과 리익을 첫자리에 놓고 풀어나가야 한다. 우리 겨레가 사는 모든 곳에 민족중시, 민족제일의 기상이 나래치게 하고 자주통일의 열풍이 휘몰아치게 하여야 한다. 북남공동선언이 채택된 6월 15일을 ≪우리민족끼리의 날≫로 성대하게 기념하는 것을 전통화해야 한다"라고 선언한 데 이어, 2007년도 북한의 신년공동사설에서는 "당원들과 근로자들을 조선민족제일주의정신으로 무장시켜 그들이 우리 사상이 제일이고 우리의 문화와 도덕이 제일이라는 관점을 확고히 세우도록 하여야 한다. … 모든 문제에서 민족의 의사와 리익을 절대적인 기준으로 삼아야 하며 외부의 어떤 압력과 공갈에도 굴함없이 자주적대와 민족우선, 민족옹호의 원칙을 확고히 세워나가야 한다. 북남관계와 조국통일운동을 철저히 ≪우리 민족끼리≫리념에 맞게 발전공고화해나가야 한다"고 천명하고 있다.

36) 임동옥은 1993년 11월 이래 통일전선부 제1부부장으로 재직해 오다, 2006년 4월 통일전선부장에 임명되었다. 그는 2005년 8월 남북고위급회담 북측 대표단에 포함되어 서울을 방문한 적도 있다. 그는 2006년 8월 20일 사망하였다.

37) 노무현 정부 시절 북한에서 각종 남북교류협력 사업과 2차 남북정상회담 준비를 실무적으로 총괄했던 최승철 노동당 통일전선부 수석 부부장이 2008년 8월경 사형을 당한 것으로 알려지고 있다. 그는 명목상으로는 비리 연루 혐의로 처형됐지만, 실제로는 지난 10년 동안 남북교류협력에 내한 총체적 실패와 북한 주민들의 대남 의존심리 확산 및 대남 환상 고취 등에 책임을 지는 형태로 처형됐다고 한다.

38) 김양건은 1970년대부터 조선로동당 국제부에서 일하기 시작했으며, 1997년 5월 국제부장까지 오르는 등 본래 대외사업통이다. 이후 한동안 국방위원회 참사로도 활동하였다. 2007년 3월 임동옥 사망 이후 공석이던 통일전선부장에 임명됐고, 2009년 8월에는 조선아시아태평양평화위원회 위원장에 임명됨으로써 명실공히 대남사업 부문을 총괄하고 있다. 김양건은 2007년 11월 29일부터 12월 1일까지 3일간 서울을 방문, 당시 김만복 국정원장과 만난 적이 있고, 2009년 8월 4일 빌 클린턴 전 미국 대통령이 방북, 김정일 국방위원장과 회동할 때 배석하기도 했다. 같은 해 8월 21일~23일간 김대중 전 대통령의 서거에 따른 특사조의 방문단의 일원으로 서울을 방문, 현인택 통일부 장관과 면담 후 청와대에서 이명박 대통령을 예방한 바 있다.

39) 『중앙일보』, 2003년 2월 26일자; 2003년 7월 22일자 민민전 방송 등을 참조.

넷째, 북한은 김정일의 지시로 정예 인터넷 해킹부대를 운영하면서, 각종 정보를 수집하고 있다. 이와 관련, 2001년 5월 27일 우리 군의 소식통은 "미국은 북한과 중국의 컴퓨터 해킹 능력이 미 CIA의 수준에 도달한 것으로 평가하고 있다"면서, "특히 북한은 장거리 탄도미사일인 대포동 1호의 제어기술을 자체 개발하는 등 소프트웨어 분야에서 세계적인 수준을 유지하고 있다"고 말한 바 있다.[40)]

다섯째, 북한은 우리 사회 내 보혁갈등 및 친북 사조 확산을 기도하고 있는 것으로 관측되고 있다. 북한은 2004년 11월 8일 "우리민족끼리 강당" 홈페이지를 개설해, 그간 평양방송에서 국내 운동권을 대상으로 실시해 오던 「김일성방송대학」 강의를 인터넷 강의(홈페이지 주소는 http://www.ournation-school.com/)로 전환하였다.[41)]

제5절 북한의 대남전략과 국가보안법

한 마디로 국가보안법은 북한의 대남(혁명)전략에 대응하기 위해 제정된 법이다. 하지만 이 법은 제정될 때부터 논란이 많았고, 지금도 우리 사회에서 치열한 남남갈등 내지 보혁갈등의 주제로 남아 있다. 또 북한은 기회만 있으면 국가보안법의 철폐를 주장하면서, 이의 폐지를 위한 대남 선전선동을 강화하고 있다. 어떤 입장에서 보든 간에 국가보안법은 한편 국내정치적으로는 뜨거운 감자로 존재하면서, 다른 한편 지난 60여 년 동안 남북한관계를 규정 혹은 제약하는 대표적인 법·제도적 장치였음을 부인할 수 없을 것이다.

다음에서는 국가보안법에 대한 올바른 이해를 돕기 위해 보안법의 제정 배경과 목적, 보안법의 적용실태, 북한의 보안법 철폐 주장 의도와 논리적 모순, 보안법과 북한의 형법의 비교, 작금의 안보환경과 북한의 대남전략 및 보안법의 존속 필요성, 향후 바람직한 대처방향을 간단히 제시하기로 한다.[42)]

---

40) 이 소식통은 미 국방부 자료를 인용하며, "미국은 특히 북한이 컴퓨터를 이용한 군부대 지휘관리와 무기체계 연구를 위해 평양 자동화대학(구 미림대학)에 대한 연구지원을 강화하고 있으며, 사이버전쟁에 대비해 매년 100여 명의 전문 해커를 양성하고 있는 것으로 파악하고 있다"고 전했다. "북 컴퓨터 해킹 미 CIA 수준," 『연합뉴스』, 2001년 5월 27일자.

41) "북, 김일성방송대학 강의 인터넷 대남공세," 『동아일보』, 2004년 11월 12일자.

42) 제성호, "국가보안법 있어야 하나 없어야 하나," 민병천 편저, 『북한주장, 무엇이 문제인가: 남북간 쟁점 감상법』(서울: 북한연구소, 2008), pp. 38-50.

1. 보안법의 제정 배경과 목적

모든 법이 그렇듯이 국가보안법은 시대적 산물이다. 이 법은 1948년 4월과 12월에 각각 발생한 '제주 4·3사건'과 '여순반란사건' 등 극도로 혼란한 해방정국과 깊은 관련이 있다. 전자는 대한민국의 건국(혹은 정부 수립)을 방해한 사건이었고, 후자는 신생 대한민국의 국가 존립을 중대하게 위태롭게 한 사건이었다. 이 밖에도 해방공간에서는 각종 좌·우익 간의 충돌이 끊이질 않았다.

당시 좌익은 건국과 더불어 자유민주주의체제의 정당성을 부정하는 한편, 남한의 사회혼란을 조성하는 데 주력하고 있었다. 이들은 경찰서 등 관공서 습격, 살인, 파괴, 약탈, 허위사실 유포(유언비어 날조), 대중선동 등의 범법행위를 저질렀다. 때문에 국내 치안은 어수선하기 짝이 없었다.

대한민국의 초대 정부인 이승만 정부는 정치·사회적 혼란 상황을 수습하는 한편, 북한의 대남 공산화 위협에 대처하기 위한 법·제도적 장치를 강구하기 시작했다. 그런 노력이 바로 1948년 12월 1일 국가보안법의 제정(법률 제10호)으로 가시화된 것이다.

국가보안법에서 가장 중요한 핵심 개념은 「반(反)국가단체」라는 것이다. 여기서 반국가단체라고 함은 "정부를 참칭(僭稱: 분수에 넘치는 칭호를 스스로 붙이는 것)하거나 국가를 변란(變亂)할 것을 목적으로 하는 국내외의 결사 또는 집단으로서 지휘통솔체제를 갖춘 단체"를 말한다. 정통·합법 정부인 대한민국 정부를 부정하고 자신이 마치 한반도의 정통정부인 것처럼 정부를 참칭하거나 대한민국의 헌정 질서를 파괴하여 국가 변란을 획책할 경우 이러한 반국가단체에 해당되게 된다. 북한은 그런 대표적인 예다.

주지하는 바와 같이 북한은 대한민국의 정통성과 자유민주체제를 부정하는 데 그치지 않고, 1950년 6월 25일 대한민국의 존립과 안전에 가장 큰 위협이라 할 수 있는 전면적 무력 남침을 감행하였다. 다행히 유엔의 지원과 미군의 개입 등으로 김일성의 무력 적화통일 기도는 실패했지만, 이후에도 북한은 계속 주체사상의 기치를 내걸고 한반도 전역을 적화통일하기 위한 '민족해방 인민민주주의혁명' 과업을 포기하지 않고 있다. 즉, 북한 공산집단은 끊임없이 대한민국을 향해 파괴·전복활동 등 도발을 하는 한편, 남한 지역에 친북 동조세력(사회주의세력 혹은 민중민주주의세력)을 부식, 확산시키기 위한 이념·사상전을 전개하고 있다. 이런 배경에서 우리는 국가보안법이라는 안보 특별형사법을 유지하는 동시에, 북한을 반국가단체로 규정하고 있는 것이다.

국가보안법의 목적은 국가의 안전을 위태롭게 하는 내외의 반국가활동을 규제함으로써 국가의 안전과 국민의 생존 및 자유를 확보하는 데 있다(법 제1조). 1948년 당초 국가보안법이 제정됐을 때는 6개 조항으로만 구성된 작은 법률이었으나, 이후 11차례의 개정을 보게 되었다. 북한의 대남공작(특히 지하당 구축이나 파괴·전복 및 사회교란 등)이 보다 정교해지고 친북 용공세력의 반국가활동도 다양한 양상을 띠면서, 법의 규정내용도 그에 따라 확대되었기 때문이다(현재 25개 조문, 62개 항으로 구성).

2. 보안법의 적용실태

현재 사법당국은 국가보안법에 의거, 반국가단체나 반국가단체의 지령을 받은 공작원의 체제 전복활동을 처벌하고 있다. 국가보안법의 대표적인 범죄행위를 열거하면, 반국가단체 구성·가입, 간첩(국가기밀의 탐지·수집 등), 국가보안시설 파괴, 찬양·고무·선전·선동, 허위사실 날조·유포, 이적표현물 제작·반포, 반국가단체 및 그 구성원에 대한 자진지원과 금품수수, 편의제공, 반국가단체 구성원의 잠입, 반국가단체 점거지역으로의 무단 탈출, 반국가단체 구성원과의 불법적 회합·통신, 불고지죄 등이 그것들이다.

과거 1970~1980년대의 권위주의 정권 시절에는 국가보안법이 정권 안보의 차원에서 남용되는 일이 없지 않았다. 특히 민주화를 요구한 야당 정치인 및 재야인사의 탄압을 위해 오용된 적이 있었다. 그래서 이 법이 국제인권단체들에 의해 비판의 대상이 된 것도 사실이었다. 이 당시에는 대학생들이 막걸리를 마시다가 정부 비판을 한 경우 국가보안법에 따라 구속되는 일이 발생한 적이 있었다. 이런 배경에서 '막걸리 보안법'이라는 말이 등장하기도 했다.

하지만 1990년 8월 헌법재판소의 한정합헌 결정이 내려진 것을 계기로 1991년 5월 국가보안법의 남용을 방지하기 위한 대폭적인 개정이 있었다. 이후 국가보안법은 매우 엄격히 적용되고 있는 것이 현실이다. 특히 2000년 6월 평양에서 1차 남북정상회담이 개최된 이후 남북 화해·협력 추세를 고려해 검찰과 경찰의 국가보안법 적용은 더욱 신중해지고 있다. 2003년 법무부가 발표한 「국보법 위반사범 입건 및 처리 현황」에 따르면, 1999년 506명에 달했던 위반사범이 2003년 상반기(1~6월)에는 48명으로 대폭 감소한 것이 그러한 사실을 잘 말해준다.

그러나 안보 전문가들은 국가보안법의 남용이나 과잉적용은 절대 금물이지만, 정당한 법집행마저 위축되어서는 안 된다는 점을 강조하고 있다. 사실 지난 수년 동안 국가안보를 위한 간첩수사가 미진했던 점을 부인하기 어렵다. 북한의 대남전략이 근본적으로 변화되지 않고 있음에도 불구하고, 공안당국이 2000년~2005년 사이에 검거한 간첩의 숫자는 고작 7명에 지나지 않는다.

반면, 2006년 말 '일심회'(세칭 386 간첩단) 사건의 처리에서 보듯이 햇볕정책 추진 과정에서 북한을 지나치게 의식하는 행태가 지속되어 왔음은 잘못이라고 하겠다. 안보를 튼튼히 하는 기초 위에서 대북 화해·협력을 추진하는 것이 올바른 대북정책이다. 그런 점에서 국가보안법의 정당한 집행을 백안시하는 것은 옳지 못하다고 할 것이다.

3. 북한의 보안법 철폐 주장 의도와 논리적 모순

북한은 국가보안법이 평화통일을 방해하고 있고, 국가보안법을 그대로 두고서는 민족 화해와 조국통일은 물론 남북대화와 교류·협력은 생각할 수조차 없다고 주장한다. 또한 북한은 남북대화가 재개되지 않고 남북관계 개선이 부진한 것이 바로 우리 정부의 반공 정책과 국가보안법 때문인 것처럼 호도하고 있다. 심지어 북한은 국가보안법을 '남조선 내부에 높이 쌓은 법률상의 제2 콘크리이트장벽'이라고까지 강변하기도 한다.

북한은 기회 있을 때마다 외교부 대변인 기자회견, 『로동신문』 논설 또는 논평, 각종 노동당 외곽단체들의 발표문, 국제기구에서의 연설 등을 통해 국가보안법을 "냉전시대 대결의 산물이며 화해와 단합, 통일에 방해되는 법적·제도적 장치"라고 매도하면서, 이 법의 철폐를 주장하는 목소리를 높이고 있다.

기본적으로 북한의 국가보안법 철폐주장은 그들의 대남혁명전략 내지 연방제 통일전략과 밀접한 관계가 있다. 북한이 국가보안법 폐지를 연방제 통일의 선결조건(1980년 10월 10일 발표한 '고려민주련방공화국창립방안' 참조)으로 설정하고 있는 데서 그런 단서를 찾을 수 있다. 이후 북한은 남한 내 친북사회주의세력에 대해 국가보안법 폐지를 선전선동하고 있다(국가보안법 철폐투쟁을 대남 선전선동노선의 하나로 채택).

〈참조〉 보안법 관련 북한의 주장

1. "남조선의 《반공법》과 《국가보안법》을 비롯한 팟쇼적인 악법들을 페지하고 모든 폭압 통치기구들을 없애버려야 합니다.…"("1980년 10월 10일 조선로동당 6차 대회에서 김일성이 행한 당중앙위원회 사업총화보고," 『평양방송』, 1980년 10월 10일자)

2. 연방제 통일의 5대 선결조건(고려민주련방공화국창립방안, 1980.10.10)
   -사회의 민주화 및 현 정권 퇴진

–반공법과 국가보안법 폐지
–공산당을 포함한 모든 정치, 사회단체 및 개별인사들의 자유로운 활동 보장
–주한미군 철수 및 조·미평화협정 체결
–미국의 2개 조선 조작책동 및 내정간섭 중지

3. "민주애국세력은 … 「보안법」을 비롯한 군사파쇼독재시대의 낡은 유물들을 청산하고 민주, 민권을 쟁취하기 위한 투쟁을 힘차게 전개하여 민주화의 흐름을 힘 있게 떠밀어왔습니다. … 극우보수세력의 발악적 책동을 묵과한다면 과거사청산과 악명높은 「보안법」 폐지는 물론 이미 쟁취한 초보적인 민주화의 성과마저 무참히 짓밟히고 파쇼독재가 재현되며 전쟁의 재난밖에 가져올 것이 없습니다. … 각계 애국민중은 미국의 배후조종밑에 권력을 찬탈하기 위해 피를 물고 날뛰는 … 극우보수세력과 타협 없는 총력전, 중단 없는 전면전을 전개하여 「보안법」을 비롯한 과거 파쇼독재시대의 쓰레기들을 깨끗이 청산하고 진보개혁의 새로운 지평을 열어놓아야 합니다…"(북한의 대남혁명 전위대인 '한민전=반제민전의 전신'의 2005년도 신년메시지)

이처럼 북한이 연방제 선결조건의 하나로 국가보안법 폐지를 제시하며 대남 선전선동을 하는 목적과 노림수는 다음과 같이 요약, 정리된다. 북한은 통일전략의 1단계로 국가보안법이 남북화해와 조국통일에 역행하는 법률적·제도적 장치라는 구실 아래 국가보안법 철폐를 실현하고, 이를 통해 2단계에서 공산당 활동의 합법화와 지하당 구축을 이룩한 후, 3단계에서 대남혁명을 완수하여 우리의 자유민주주의질서를 와해시키고, 마지막 단계에서 연방제통일을 달성하려 한다는 것이다.

이상과 같은 대남전략의 기본구도하에 북한은 당면하게는 통일전선 구축에 유리한 환경을 조성할 목적에서 국가보안법을 적극 활용하고 있다. 북한은 국가보안법 철폐문제를 이슈화하여 정부와 민간을 분열시키는 한편, 사회민주화 및 인권 개선을 빙자해 국가보안법 철폐를 강요하기 위한 반정부투쟁을 부추기고 있다. 나아가 북한은 우리 재야 및 운동권 세력들이 국가보안법을 공공연히 위반한 가운데 각종의 통일전선전술 차원의 정치행사 개최를 강행토록 선동하고 있다. 북한의 이러한 행태는 그들이 남북관계와 통일문제에 있어서 주도권을 확보하려는 치밀한 계산과도 통하는 것이다.

북한이 국가보안법 폐지를 주장하는 논리는 한마디로 이 법이 '반통일악법'이라는 것이다. 곧, 동족인 북한을 적으로 규정하며 남북교류를 원천적으로 금지하고 있다고 주장한다. 그러나 국가보안법에서는 반국가단체의 정의에 관한 규정을 두고 있을 뿐, 북한을 적으로 규정하고 있지는 않다. 또한 국가보안법은 본질상 안보관련 형사법으로 대한민국

의 자유민주체제를 위협하는 반국가활동을 규율할 뿐, 정당한 목적의 남북교류를 금지하고 있지도 않다.

현재 남북한 주민 간에 실시되는 경제·사회·문화 등 제반분야의 교류협력은 '남북교류협력에 관한 법률'에 의해 규율되고 있다. 국가보안법이 현존하는 가운데서도 두 차례의 남북정상회담과 다방면의 남북 당국 간 대화가 성사되었다. 또한, 민족통일의 기반조성 차원에서 여러 가지 남북교류협력이 추진되고 있는 사실에 비추어 볼 때 국가보안법을 반통일악법으로 매도하는 것은 부당하다고 하겠다.

4. 국가보안법에 해당하는 북한 형법

북한 형법(2004년 4월 29일 최고인민회의 상임위원회 정령 432호로 수정보충)은 사회주의체제 수호를 위한 형사법이라는 점에서 우리의 국가보안법과 공통점이 있다. 우리는 국가보안법이란 형사 '특별법'을 유지하고 있는 데 비해, 북한은 일반법인 형법을 통해 체제안보를 지켜내고 있다는 점이 다를 뿐이다.

북한 형법에서 국가보안법과 유사한 내용은 제3장의 '반국가 및 반민족범죄' 조항들에 들어 있다. 제3장은 ① 반국가범죄(제59조~제66조), ② 반민족죄(제67조~제69조), ③ 반국가범죄 및 반민족죄에 대한 은닉 및 불신고죄(제70조~제72조)로 나누어진다.

첫째, 북한 형법 제60조에서는 "반국가 목적으로 간부들과 인민들을 살인, 랍치하였거나 그들에게 상해를 입힌 테로행위를 한 자는 5년 이상의 로동교화형에 처한다. 정상이 특히 무거운 경우에는 무기로동교화형 또는 사형 및 재산몰수형에 처한다"고 명시하고 있다. 이는 반국가단체의 구성원 또는 그 지령을 받은 자가 특정 목적의 수행을 위해 행하는 소위 '목적수행 살인죄 및 상해죄' 등을 명시한 국가보안법 제4조 제3항과 유사한 규정이다.

둘째, 북한 형법 제61조에서는 "반국가 목적으로 선전, 선동행위를 한 자는 5년 이하의 로동교화형에 처한다. 정상이 무거운 경우에는 5년 이상 10년 이하의 로동교화형에 처한다"고 규정하고 있다. 이는 '반국가선전·선동죄'를 명시한 것으로 국가보안법 제7조 제1항에 명시된 찬양·고무·선전·선동죄에 해당되는 규정이다.

셋째, 북한 형법 제62조는 "공민이 조국을 배반하고 다른 나라로 도망쳤거나 투항, 변절하였거나 비밀을 넘겨준 조국반역행위를 한 경우에는 5년 이상의 로동교화형에 처한다. 정상이 특히 무거운 경우에는 무기로동교화형 또는 사형 및 재산몰수형에 처한다"고 명시하고 있다. 이는 '조국반역죄'를 규정한 것으로 국가보안법상 제6조의 잠입·탈출죄에 해당되는 것이다.

넷째, 북한 형법 제63조는 간첩죄에 대하여 "공화국 공민이 아닌 자가 우리 나라에 대한 정탐을 목적으로 비밀을 탐지, 수집, 제공한 경우에는 5년 이상 10년 이하의 로동교화형에 처한다. 정상이 무거운 경우에는 10년 이상의 로동교화형에 처한다"고 규정하고 있다. 이는 국가보안법 제4조 2항에서 국가기밀을 탐지·수집·누설·전달하거나 중개하는 간첩죄를 처벌토록 한 규정과 유사하다.

<표 2> 북한형법과 남한의 국가보안법의 비교

범죄항목	형법(북)	국가보안법(남)	형벌
반국가단체 구성·국가 전복 가담	공화국을 전복하려는 무장폭동의 음모에 가담했거나 무장폭동에 참가하는 행위	반국가단체를 구성하거나 가입하는 행위	○북: 5년 이상 노동교화형·전 재산몰수·사형 ○남: 2년 이상 징역·사형
잠입·탈출	공화국을 전복할 목적으로 조국을 배반하고 다른 나라로 도망치는 행위	반국가단체의 지배하에 있는 지역으로부터 잠입하거나 그 지역으로 탈출하는 행위	○북: 5년 이상 노동교화형·전 재산몰수·사형 ○남: 10년 이하 징역
찬양·고무	공화국 전복 음모, 테로행위, 대역죄 또는 반국가적인 파괴암해행위를 감행하도록 선전·선동하는 행위	국가존립을 위태롭게 한다는 정(情)을 알면서도 반국가단체나 그 구성원 또는 지령을 받는 자의 활동을 찬양·고무·선전하는 행위	○북: 7년 이하 노동교화형·사형 ○남: 7년 이하 징역
테러행위·목적수행 살인	공화국에 반항할 목적으로 간부들과 애국적 인민들에 대하여 테로행위를 감행하는 경우	반국가단체의 구성원 또는 그 지령을 받은 자가 목적수행을 위해 살인 또는 상해를 한 경우	○북: 5년 이상 노동교화형·사형 ○남: 10년 이상 징역·사형
파괴행위	반국가적 목적하에 파괴암해행위를 하는 경우	반국가단체 또는 그 지령을 받은 자가 국가·공공단체가 사용하는 건조물 또는 중요시설을 파괴하는 행위	○북: 5년 이상 노동교화형 ○남: 5년 이상 징역·사형
간첩죄	정탐을 목적으로 간첩행위를 한 경우	국가기밀을 탐지·수집·누설·전달하거나 중개하는 행위	○북: 7년 이하 노동교화형 ○남: 7년 이상 징역·사형
은닉·불고지	반국가범죄자 또는 반국가범죄의 흔적을 감추어준 경우, 반국가범죄가 준비되고 있거나 감행되는 것을 알면서도 해당기관에 알리지 않은 경우	반국가단체 구성이나 반국가행위를 알면서도 수사기관 또는 정보기관에 알리지 않은 경우	○북: 3년 이하 노동교화형 ○남: 2백만 원 이하 벌금·5년 이하 징역

다섯째, 북한 형법 제64조는 "반국가 목적으로 파괴, 암해행위를 한 자는 5년 이상 10년 이하의 로동교화형에 처한다. 앞항의 행위를 여러번 또는 공모하여 한 경우에는 10년 이상의 로동교화형에 처한다. 정상이 특히 무거운 경우에는 무기로동교화형에 처한다"고 규정하고 있다. 이 같은 규정은 국가중요시설 파괴죄 및 항공기·선박 등 주요 물건 무단 이동죄 등을 명시한 국가보안법 제4조 제4항과 유사한 것이다.

여섯째, 북한 형법 제71조에서는 "반국가 범죄를 준비하고 있거나 저지른 것을 알면서 그것을 해당 기관에 알리지 않은 자는 3년 이하의 로동교화형에 처한다"고 명시하고 있다. 이는 국가보안법 제10조의 불고지죄에 상당하는 규정이다. 국가보안법에서는 친족이 범한 불고지죄의 경우 형을 감경 또는 면제토록 하고 있으나, 북한 형법에서는 일률적으로 의법 조치토록 함으로써 인도적 배려를 하고 있지 않다.

5. 최근 국내·외 안보환경과 북한의 대남전략

2000년 이후 국내·외 안보환경이 급변하고 있다. 이를 몇 가지로 요약해 보기로 한다.

첫째, 남북정상회담 개최와 다방면의 교류·협력 등으로 북한이 다소의 변화 조짐을 보이고 있으나, 핵보유 선언 및 2차에 걸친 핵실험 등 벼랑끝 외교전술로 미국을 비롯한 일본, 중국, 러시아 등 주변 강대국을 자극하는 등 한반도 긴장은 계속되고 있다.

둘째, 식량부족 및 경제난으로 탈북자 행렬이 지속되고 있는바, 북한의 내부사정에 따라서는 향후 대량 탈북이 발생할 가능성도 배제할 수 없다.

셋째, 중국 등을 통한 북한이탈주민의 대량 입국과 동시에 탈북자를 위장한 불순세력의 잠입 가능성은 항상 존재한다. 또한 대 중국 교류 활성화로 조선족 밀입국·해외교포로 위장한 북한의 우회침투 가능성도 배제할 수 없다. 이에 대비한 보안활동의 수요가 증대하고 있다.

넷째, 남북 화해·협력의 심화에 따라 북한의 대남전략에 대한 경계심이 이완되고 있는 한편, 민족주의에 편승한 감상적·낭만적 통일론이 확산되고 있다. 그러나 북한은 남조선혁명의 호기를 앞당겨 맞이하기 위해 친북세력 부식, 반미-민족공조전술 전개 등 남한혁명역량 강화를 위한 다각도의 전술과 수법을 치밀하게 구사하고 있다.[43]

---

43) 「자유북한방송」(http://www.freenk.net/)은 북한의 공작부서는 2003년 1월경 현 시기를 '혁명의 준비기'로 규정하고, "혁명역량을 보존보호하고 축적해 장성시킬 것, 노동자, 농민, 청년학생 등 기본군중의 대중투쟁을 중심으로 하여 여기에 다른 계층의 투쟁을 적극적으로 배합할 것(곧 노동자·농민·청년학생을 혁명의 주력군으로 삼아 반혁명세력을 최대한 고립시킬 것: 필자 주)과 모든 대중투쟁이 부단히 정권 전취(戰取-정권을 싸워서 빼앗음)를 위한 투쟁에로 발전되어 나가도록 할 것"

다섯째, 국내 안보환경의 변화 및 그 여파로 인해 대공수사 인력이 계속 축소돼 왔다. 이에 따라 대공수사 인력(특히 보안경찰)의 전문성 저하 및 국가 안보체제 약화의 우려가 지적되고 있다. 하지만 향후 급작스런 통일 실현이나 남북교류 활성화 및 대규모 민간인 왕래 성사 시 자유민주주의체제 유지를 위한 치안 확보 차원에서 다수의 대공수사 및 보안경찰 인력이 소요될 것으로 예상된다.[44]

위에서 든 환경변수와 관련하여 셋째 및 넷째는 국가보안법의 존속 필요성을 말해주는 것이라고 할 수 있다. 물론 앞의 여러 절에서 설명한 북한의 대남전략이 아직까지 근본적으로 변하지 않고 있는 상황이기 때문에 그에 효과적으로 대응하기 위해 제정된 국가보안법의 존재이유를 결코 가볍게 보아서는 안 될 것이다.

6. 국가보안법 개폐문제에 대한 대처방향

현재 우리 사회에서 국가보안법을 보는 시각은 크게 4가지로 대별된다. 존치론, 폐지론, 개정론과 대체입법론이 그것이다.

우선 당장의 보안법 폐지는 체제안보에 구멍을 낼 수 있고, 국민정서에도 부합하지 않는다. 국가보안법이 폐지될 경우 발생할 수 있는 '안보 누수' 사례를 들면, ① 친북 간첩활동 증가, ② 시장경제를 부정하는 공산당(사회주의정당) 창당, ③ 서울 시가지에서의 친북좌익 노선의 독립공화국 수립(방침) 선포, ④ 사설 연구소에서 주체사상 강좌 개설 및 강의교육, ⑤ 친북단체가 북한의 대남사업부서와의 무단 팩스 왕래 및 반국가적 목적의 의사소통, ⑥ 북한 공작원에게 돈을 받고 은신처를 제공하는 행위, ⑦ 북한 공작원의 내국인과의 접촉, ⑧ 광화문에서 인공기를 흔들거나 가옥에 게양하는 행위 등 국가정체성을 심대하게 훼손하는 행위, ⑨ 주체사상 및 북한 우상화 책자들을 무단 복제하여 판매하는 행위 등을 상정할 수 있다. 국가보안법이 없으면, 바로 이러한 반국가행위들을 처벌할 수 없게 된다.

대체입법도 국가보안법의 골격과 핵심내용이 삭제되면, 체제안보를 지탱할 수 있는 법제도로서 기능하기 어렵다는 점에서 한계가 있다. 당분간 국가보안법을 유지하면서, 인

등의 '대중투쟁에 대한 전략적 지도원칙'을 문건(노동당 제작문서인〈력사적인 6·15북남공동선언 실현을 위한 대중투쟁의 조직과 지도방법〉)으로 하달하였으며, 한국 내 친북세력들은 이를 활동지침서로 삼고 있다고 보도한 바 있다. 김수연, "북, 지금은 남조선혁명 준비기," 「자유북한뉴스」 2005년 8월 24일자. 여기서 조선로동당(우리 당)이 밝힌 '대중투쟁에 대한 전략적 지도원칙'은 남조선혁명의 준비기 대중투쟁에서 일관하게 견지하여야 할 지도적 지침을 말한다고 한다.

44) 제성호, "통일시대 보안경찰의 역할," pp. 132-133.

권 개선 및 증진의 방향에서 전향적인 개정을 검토하는 것이 타당하다. 불고지죄의 폐지나 찬양·고무죄의 축소 혹은 구성요건 강화 등이 그런 예라 할 수 있다.

요컨대, 국가보안법의 개폐문제는 북한의 대남혁명전략 불변과 남북한 간의 이념적 대치현실, 자유민주주의 '질서'와 '인권'의 공존(함께 숨쉴 수 있도록 포용하자는 것) 논리, 법의 개폐가 가져올 파장 등을 종합적으로 고려하여 신중하게 접근해야 한다. 그리고 인권 개선과 신장은 당분간 국가안보를 담보하는 국가보안법을 존속시키는 가운데, 국민적인 합의를 기초로 점진적으로 이루어져야 한다. 성급하고도 무리한 접근은 안보와 인권 개선 모두를 그르칠 수 있다.

제 5 장

남북한 통일방안의 고찰

제 5 장 남북한 통일방안의 고찰

제1절 통일방안의 개념과 기능

통일방안(unification formula)이란 무엇인가? 이에 대한 유권적인 혹은 합의된 정의는 존재하지 않는다. 따라서 이 문제는 학자의 이론에 맡길 수밖에 없는 영역이라 할 수 있다. 통일방안이라 함은 분단 실체가 분단 현상(現狀)을 타파하고 국가적・민족적 및 사회적 통합을 이룩하기 위한 기본구상과 통일정책의 골자를 담아 하나의 '방안'으로 제시된 것을 말한다. 통일방안에는 일반적으로 통일의 주체, 통일의 원칙, 통일의 구도 내지 단계, 통일의 방법과 절차, 통일국가의 형태 및 권력구조, 통일국가의 미래상 등이 포함된다.

통일방안은 정부만이 할 수 있는 것은 아니다. 학자가 개인적인 연구의 결과물로 제시할 수도 있고, 시민단체가 제시할 수도 있다. 국제기구가 결의의 산물로서 제시할 수도 있다. 물론 정부가 제시하는 통일방안에 가장 무게가 실리고, 또한 여기에 신뢰성, 체계성, 책임성이 부여되는 것은 두말할 것도 없다.

분단국인 남북한에 있어 통일방안은 먼저 북한이 제시하였다. 북한은 1960년 8월부터 연방제 통일방안(이른바 북남연방제안)을 제시하여 왔다. 한국은 당시까지 통일방안이라는 것을 미처 생각지 못하였다. '선 건설 후 통일'이란 입장을 취했기 때문이다. 그래서 한국에서 통일방안이 하나의 틀로 체계화된 것은 1982년 2월 민족화합민주통일방안의 등장에 의해 비로소 가시화되었다.

분단의 통일이 통일방안대로 이루어진다는 보장은 없다. 그럼에도 불구하고 분단국의 일방 구성체인 한국이 통일방안을 제시하는 데는 나름대로 이유가 있다. 우선 국민들에게 통일의 꿈과 비전을 제시하고, 통일에의 의지(意志, will)를 함양하려는 취지가 있다. 국가적 과제로서의 통일은 무엇보다도 무형적・심리적 요소인 통일 의지가 전제되지 않고서는 불가능하기 때문이다.

또한 통일방안은 통일정책의 기본 틀을 대내외에 밝힘으로써, 정책의 투명성과 신뢰성을 제고하는 데도 도움이 된다. 상대방(우리의 경우 북한)에 대해 통일방안 제시를 통해 우리 통일정책의 기조를 명확히 할 경우 불필요한 불신과 갈등을 미연에 피할 수 있는 장점이 있다. 통일방안은 통일정책의 예측가능성을 제고하는 데 유용한 것이다. 나아가 통일방안은 통일문제에 이해관계를 갖고 있는 주변국을 포함한 다른 나라와 국제사회의 (통일정책 대강에 대한) 지지를 이끌어내는 데 있어서도 적지 않은 효용성이 있다.

제2절 남북한 통일방안의 연혁

1. 한국 통일방안의 연혁 및 체계화

통일정책이나 통일논의는 1948년 8월 15일 대한민국 건국 이후 지금까지 계속 있어 왔다.[1] 그러나 1970년대까지는 통일방안보다는 주로 통일정책이 사회적 논의와 담론의 중심을 차지했다. 반공 내지 멸공 통일, 북진통일, 「선 건설 후 통일」 등이 그러한 대표적인 예라 할 수 있다. 어떤 의미에서는 종합적·체계적인 통일정책마저 없었다고 말하는 것이 옳을지도 모른다.

이때까지 한국이 제안한 변변한 통일방안은 '유엔 감시하에서의 남북한 자유 총선거 통일방안'이 유일했다. 이는 유엔을 활용한 방안인 동시에, 1947년 말 유엔 총회 결의에 의거해 구성된 유엔한국위원단(The United Nations Commission on Korea: UNCOK)이 추진하려 했던 방안의 완전 구현을 위한 것이었다고 볼 수 있다. 하지만 이 방안은 더 이상의 알맹이가 없는, 혹은 구체성을 결여한 것이었다. 더욱이 북한이 일관되게 반대의사를 표시함으로써 이미 실현가능성이 사라진 방안이기도 했다.

1960년 8월에 이어 1973년 6월 북한이 「고려연방제」라는 명칭의 연방제 통일방안을 제의한 이후 한국도 서서히 통일방안에 대한 기존의 무관심·무대응 입장을 바꾸기 시작했다. 말하자면 한국도 통일의 원칙이나 이를 포함한 통일방안의 제시 필요성을 인식하기

1) 제1공화국부터 제6공화국까지의 통일논의에 대해서는 조정원, 『남북한통합론』(서울: 희성출판사, 1989), pp. 13-125 참조.

에 이른 것이다. 한국의 경우 통일방안의 골격이 갖추어지는 것은 대략 3단계로 나누어 볼 수 있다.

(1) 8·15 「평화통일 구상」 선언(1970.8)과 평화통일 3대원칙

한국이 진정성을 가지고 통일문제에 접근하기 시작한 것은 1970년부터였다고 볼 수 있다. 그 이전에는 한국의 경제력이 북한보다도 열세였기 때문에, 북한에 대해 통일을 능동적으로 이야기하기에는 부담이 있었기 때문이다. 1970년에 들어서면서 한국의 경제력이 서서히 북한을 따라잡게 되었고,[2] 이에 자신감을 갖게 된 한국 정부가 통일문제에 적극성을 띠게 되었다.

곧, 1970년 8월 15일 박정희 대통령은 광복절 25주년 경축사에서 「평화통일 구상」 선언을 발표하게 된 것이다. 이 「평화통일 구상」 선언에서 박정희 대통령은 인도적 견지와 통일기반 조성에 기여할 수 있으며, "남북한에 가로놓인 인위적 장벽을 단계적으로 제거해 나갈 수 있는 획기적이고도 보다 현실적인 방안을 제시할 용의가 있다"는 것을 밝히고, 북한에 대해서는 "민주주의와 공산주의의 그 어느 체제가 국민을 더 잘살게 할 수 있으며, 더 잘살 수 있는 여건을 가진 사회인가를 입증하는 개발과 건설과 창조의 경쟁에 나설 것"을 촉구하였다.

이즈음 국제사회는 데탕트(Détente)라 불리는, 전 세계적 차원의 화해 및 긴장완화 추세로 진입하고 있었다. 이 같은 국제조류를 감안해 박정희 대통령은 남북한이 군비경쟁을 지양하고, 서로 통일수단으로서 무력행사를 포기한다는 전제하에 남북관계를 '개발과 건설과 창조'를 향한 선의의 체제경쟁관계로 전환시키고, 이 기조 위에서 남북한 간에 가로놓인 인위적 장벽을 단계적으로 제거하여 분단으로 인한 민족적 고통과 불행, 불편을 경감시킬 것을 제안하였다.[3]

1968년 1월 21일 남파간첩 김신조 일당의 청와대 기습미수사건(1.21사태), 푸에블로호(Pueblo) 사건, 울진삼척 무장공비 침투사건 등 남북한이 첨예한 군사적 대립과 갈등 상황에 있던 시기였기에, 이 「평화통일 구상」 선언은 당시로서는 획기적인 것으로 받아들여졌었다.

이후 1971년에 성사된 남북적십자회담, 1972년의 「7·4 남북공동성명」 채택, 1973년 한국 정부의 「6·23 평화통일외교정책성명」 발표, 1974년 「남북상호불가침협정」 체결 제

2) 1972년 남북한의 1인당 GNP는 200달러로 균형을 이루게 되었다.
3) 국토통일원, 『남북대화 백서』(서울: 국토통일원, 1988), pp. 34, 445-452 참조.

의 등 남북관계의 진전 상황과 전향적인 대북정책 추진을 감안해 박정희 대통령은 1974년 8월 15일 광복절 제29주년 기념 경축사를 통해 이른바 「평화통일 3대원칙」을 정식화하기에 이르렀다. 그 내용은 다음과 같다.

> "평화통일을 위한 우리의 기본원칙은
>
> 첫째, 한반도에 평화를 정착시켜야 한다. 이를 위하여 남북은 상호불가침협정을 체결하여야 한다.
>
> 둘째, 남북간에 상호 문호를 개방하고 신뢰를 회복해야 한다. 이를 위하여 남북대화를 성실히 진행시켜야 하며, 다각적인 교류와 협력이 이루어져야 한다.
>
> 셋째, 이 바탕 위에서 공정한 선거관리와 감시 하에 토착인구 비례에 의한 남북한 자유 총선거를 실시하여 통일을 이룩한다."[4)]

「평화통일 3대원칙」은 곧 ① 불가침협정 체결을 통한 한반도 평화정착, ② 다각적인 교류·협력을 통한 문호개방과 신뢰 회복, ③ 남북한 자유 총선을 통한 통일 실현으로 집약된다.

이상의 8·15 「평화통일 구상」 선언과 「평화통일 3대원칙」 천명은 1970년대에 우리 정부가 이니셔티브를 쥐고 북한에 제안한 매우 중요한 구상과 원칙이다. 이들은 통일방안 그 자체는 아니지만, 이후 한국 정부가 통일방안을 정식화·체계화하는 데 밑바탕이 되었다는 점에서 그 역사적 의의와 중요성이 매우 크다고 하겠다.

(2) 민족화합민주통일방안(1982.1)

한국에서 일관된 형태의 체계성을 갖춘 최초의 통일방안은 1982년 1월 22일 제5공화국 정부(전두환 정권)가 발표한 「민족화합민주통일방안」이다. 이 방안은 첫째, 60년대까지 북진통일론, 유엔감시하의 자유 총선거와 같은 전쟁 직후의 발상에서 완전히 탈각해 있고, 둘째, 1980년대 이후 통일방안의 원형을 제시하고 있다는 점에서 중요한 문서이다.[5)]

「민족화합민주통일방안」의 골자는 "통일은 민족자결의 원칙에 입각하여 전체 겨레의 자유의사가 반영되는 민주적 절차와 평화적 방법으로 성취되어야 한다"는 기본원칙에 따라 평화적 통일을 성취하는 가장 합리적인 길로서 통일헌법을 채택하고, 그 헌법에 따라

4) 위의 책, pp. 463-472; 김명기, 『남북한 연방제통일론』, 재판(서울: 탐구원, 1991), pp. 75-76; 유영옥, 『북한학』(서울: 학문사, 1996), p. 700.

5) "민경우의 통일운동사④: 민족화합민주통일방안," 2004년 7월 12일 작성, http://letmesay.egloos.com/1611989.

통일국가를 완성시킨다는 것이다.[6] 이 방안의 구체적인 내용은 다음과 같다.

(1) 남북 쌍방 주민의 뜻을 대변하는 대표들로 '민족통일협의회의'를 구성하고,
(2) 이 협의회에서 민족 · 자주 · 복지의 이상을 추구하는 통일민주공화국 실현을 위한 통일헌법 초안을 마련하고,
(3) 이와 같이 마련된 통일헌법 초안은 남북한 전역에 걸쳐 민주적 방식에 의한 자유로운 국민투표를 실시하여 확정 · 공포하고,
(4) 이렇게 확정된 통일헌법이 정하는 바에 따라 총선거를 실시하여 통일국회와 통일정부를 구성함으로써 통일국가를 완성한다는 것이다.

그리고 「민족화합민주통일방안」에서는 통일헌법의 절차에 의한 통일국가가 이룩될 때까지 남북관계를 평화적 · 정상적 관계로 전환시킬 수 있는 보완적 조치도 함께 제시하고 있다. 「남북한 기본관계에 대한 잠정협정」 체결 제의가 바로 그것이다. 그 내용은 다음과 같다.

(1) 통일까지 호혜평등원칙에 입각한 상호관계 유지
(2) 분쟁문제는 무력과 폭력을 지양하고 대화로써 평화적으로 해결
(3) 서로 상대방의 정치질서와 사회제도를 인정하고 내부문제 불간섭
(4) 휴전체제를 유지하고 군비경쟁 지양과 군사적 대치상태 해소문제 협의
(5) 다각적인 교류협력을 통해 상호 사회개방
(6) 통일까지 전세계 모든 국가들과 각기 체결한 쌍무적, 다자간 국제조약과 협정의 존중
(7) 서울과 평양에 각기 연락대표부의 설치[7]

이상의 내용을 간추리면, 첫째, 남북한의 대표들이 만나 '민족통일협의회의'를 설치하고, 여기서의 통일 협의과정과 합의절차를 거쳐 통일헌법 채택과 그에 따른 통일정부 구성을 추진하되, 둘째, 이 같은 통일이 실현되기 전까지의 잠정적 · 과도적 조치로서 먼저 「남북한 기본관계에 대한 잠정협정」을 체결하여 남북관계를 운영(곧, 통일헌법 절차에 따른 통일실현의 과정을 보완)해 나가자는 것이다.

---

6) 전두환 대통령은 하나의 민족이라는 입장에서 해결하려 할 때만 비로소 통일을 실현할 수 있다고 전제하고, 남북 간 민족적 화합을 이룩해 민족 전체의 통일의지를 한데 모아 통일헌법을 채택하고 그 헌법에 따라 통일국가를 완성시키는 것이 가장 합리적인 길이라고 주장하였다. 대통령 비서실, 『전두환 대통령 연설문집』, 제2집(서울: 대통령 비서실, 1982), p. 366; 유영옥, 『북한학』, pp. 696, 700; 심지연, 『남북한 통일방안의 전개와 수렴』(서울: 돌베개, 2001.12) 참조.

7) 국토통일원, 『남북대화 백서』, pp. 180-183; 김명기, 『남북한 연방제통일론』, pp. 116-117.

이렇게 볼 때 「민족화합민주통일방안」에서는 실제의 통일과정은 먼 훗날의 일(미래의 사건)로 유보하고 있음을 알 수 있다. 따라서 이 통일방안의 핵심은 「남북한 기본관계에 대한 잠정협정」의 체결에 있다. 그리고 「잠정협정」에서는 '정전협정 유지'(제3항)와 '이산가족 문제를 비롯한 사회·경제적 교류'(제4항)를 핵심과제로 설정하고 있다. 결국 「민족화합민주통일방안」의 골자는 통일은 장래의 일이니, 당장은 정전협정을 유지하면서 사회·경제적 교류부터 추진하자는 것이라고 요약된다고 하겠다. 이른바 기능주의(functionalism)가 「민족화합민주통일방안」의 철학적 기초로 설정되어 있는 셈이다.

(3) 「한민족공동체통일방안」(1989.9)

「민족화합민주통일방안」은 전두환 정권의 정통성 부족을 보완하기 위해 마련된 것이기는 하지만, 이 같은 통일방안의 제시는 당시로서는 획기적인 사건이었다. 그러나 이 통일방안에는 일정한 문제점이 있음이 지적되기 시작했다. ① 과도기구의 미제시, ② 정전체제의 유지 입장에 따른 평화상태(평화체제)로의 전환의 소극성, ③ 통일한국의 국호·정부형태·통치기구의 미제시 등이 그것이다.[8] 이에 제6공화국은 1989년 9월 기존의 「민족화합민주통일방안」을 수정·보완한 새로운 통일방안을 내놓게 되었다. 노태우 대통령이 정기국회 개원 국정연설에서 발표한 「한민족공동체통일방안」이 바로 그것이었다(자세한 내용은 후술 참조).

김영삼 정부 시절인 1994년 8월 15일 이 「한민족공동체통일방안」은 그 골격이 유지되는 가운데 다소의 내용이 현실에 맞게 보완되었다. 「한민족공동체 형성을 위한 3단계 통일방안」 혹은 「민족공동체통일방안」(약칭)이 바로 그것이다.

2. 북한 통일방안의 연혁 및 체계화

(1) 남북연방제(1960년)

김일성은 1960년 8월 14일 8·15해방 15주년 경축대회에서 행한 연설에서 통일 이전의 '과도적 대책'으로 「남북연방제」 채택을 최초로 제의하였다. 당시 북한이 제의한 남북연방제의 골자는 대략 다음과 같다.

미국군대를 축출하고 어떠한 외세의 간섭이 없는 민주주의적 기초 위에서 자유로운

8) 앞의 책, pp. 119-120.

‘남북 총선거’를 실시하되, 만일 남북 총선거가 불가능할 때에는 ‘과도적으로’ 남북조선의 연방제를 실시하도록 한다. 여기서 제시된 연방제의 골자는 첫째, ‘당분간’ 남북한의 현존하는 정치제도를 존속시키고, 둘째, 조선민주주의인민공화국 정부와 대한민국 정부의 독자적 활동을 보장하며, 셋째, 양 정부대표로 구성되는 최고민족위원회를 조직해 남북한 간의 경제·문화발전을 통일적으로 조절한다는 것이다.

그리고 연방제가 불가능할 경우 남북한의 실업계 대표들로 구성되는 경제위원회를 설치·운영하되, 이 경제위원회로 하여금 남북 간 물자교역, 경제건설에 있어 상호 협조 및 원조의 기능을 수행토록 하자는 것이다. 이 밖에도 북한은 남북한이 문화교류 및 인민들의 자유왕래를 실시할 것을 제의하였다.[9)]

북한이 이 같은 「남북연방제」를 제안하게 된 배경은 대내적으로는 김일성이 계속적인 숙청을 통해 노동당 내의 지위를 공고히 함으로써 1인 독재체제를 위한 기틀을 마련한 정치적 기초 위에서, 소련 및 동구국가로부터의 원조로 전후복구사업을 성공적으로 완수한 후 제4기 인민경제 5개년 계획기간(1957~1961년) 중 중공업 위주의 경제정책을 성공적으로 추진한 데 대해 자신감을 얻은 것이 작용했다고 볼 수 있다. 이에 힘입어 대남 통일공세 차원에서 연방제를 한국에 대해 처음 제의했던 것이다. 더불어 북한이 한국전쟁에서 미국의 막강한 군사력을 체험한 만큼 주한미군이 존재하는 조건하에서 무력에 의한 적화통일의 실현가능성은 매우 낮다는 전략적 판단도 한몫 했을 것으로 분석된다.

요컨대, 「남북연방제」 제의는 북한이 1950년대 이룩한 정치적·경제적 안정을 바탕으로 한국의 정치 불안정, 북한의 대남 경제력 및 군사력 우위, 미·소 간의 평화공존에 편승하여 북한의 대외 평화 이미지 구축과 통일의지를 대내외에 과시하기 위함이었다고 할 수 있다.[10)]

(2) 고려연방제(1973년)

이후 김일성은 1973년 6월 23일 발표한 「조국통일 5대강령」(1973.6.23, 후사크 체코공산당 서기장 환영대회 연설)의 일환으로 「고려연방제」를 제의하였다. 고려연방제 통일방안에서 북한은 당면하게는 남북한 관계개선과 평화적 통일을 촉진하기 위해 남북 간 군사적 긴장과 대치상태를 해소해야 한다고 강조하면서, ① 무력증강과 군비경쟁의 중지,

9) “조선인민의 민족적 명절 8·15 해방 15돐 경축대회에서 한 보고,” 1960년 8월 14일, 『김일성 저작집』, 제14권(평양: 조선로동당출판사, 1981); 국토통일원, 『북괴의 연방제 관련 자료집』, 국통정 78-6-1415(서울: 국토통일원, 1978), p. 19.

10) 제성호, 『북한연방제안의 분석 및 평가』, 연구보고서 91-02(서울: 민족통일연구원, 1991), pp. 5-8.

② 모든 외국군대의 철거, ③ 군대・군비의 축소, ④ 외국으로부터의 무기반입의 중지, ⑤ 평화협정의 체결을 주장하였다. 이 밖에 남북한 관계개선 및 통일촉진 차원에서 남북 간 정치・군사・외교・경제・문화 등 다방면적 합작과 교류를 실현하자고 제안하였다.

그리고 통일문제를 인민의 의사와 요구에 맞게 해결하기 위해 남북의 각계각층 인민이 조국통일을 위해 거족적 애국사업에 참여해야 한다고 하면서, 이와 관련하여 「대민족회의」를 소집하고, 여기서 통일문제를 협의・해결할 것을 제안하였다. 또한 통일은 단일국호에 의한 남북연방제를 실시하는 것으로 하되, 통일국가의 국호는 「고려련방공화국」으로 하자고 제안하였다. 이 밖에 남과 북이 두 개 조선으로 분열하는 것을 방지하고 대외관계 분야에서 함께 공동으로 나가야 한다고 하면서, 「고려련방공화국」이라는 단일국호에 의한 유엔 가입을 추진하자고 주장하였다.[11)]

고려연방제의 제의 배경은 대략 이러했다. 1970년대 초 북한은 국제적 긴장완화 추세에 따라 무력통일노선을 일시 후퇴시키고 대남 평화공세를 적극 전개하게 되었다. 이런 상황에서 베트남 평화협정 체결을 통해 베트남에서 미군이 철수하는 것을 목도한 북한은 주한미군의 철수를 실현하고 남한이 6・23선언(1973.6)을 통해 제의한 UN동시가입 주장을 저지하려는 목적에서 연방제를 제의하게 되었다고 볼 수 있다. 더불어 북한이 연방제를 주장하는 데는 대내외선전에서 자기들은 평화통일을 지향하는 데 반해, 한국은 분단고착화만을 추구하는 듯한 인상을 줌으로써 통일 홍보의 주도권을 장악하려는 의도가 있었다고 하겠다.[12)]

(3) 「고려민주련방공화국창립방안」의 정립(1980년)

북한은 1980년 10월 10일 조선로동당 6차 당대회에서 기존의 고려연방제 통일방안을 보완한 새로운 통일방안을 제시하였다. 그 새로운 통일방안의 명칭은 「고려민주련방공화국창립방안」이라고 한다(자세한 내용은 후술 참조). 북한은 지금 「고려민주련방공화국창립방안」과 함께 「조국통일 3대원칙」(7・4 남북공동성명에 천명되어 있는 자주, 평화, 민족대단결)과 「전민족대단결 10대강령」을 이른바 「조국통일3대헌장」 혹은 「조국통일3대기둥」으로 규정하고 있다.[13)]

---

11) 국토통일원, 『북괴의 연방제 관련 자료집』, pp. 107-108.

12) 제성호, 『북한연방제안의 분석 및 평가』, pp. 9-12.

13) 김정일, 『김정일선집』, 14권(평양: 조선로동당출판사, 2000), pp. 343-359; 김태영, 『애국애족의 통일방안』(평양: 평양출판사, 2001), p. 211; 장석, 『김정일장군 조국통일론연구』(평양: 평양출판사, 2002), pp. 33-42 참조.

북한이 이 같은 통일방안을 제의한 배경은 무엇이었는가. 1979년 10월 26일 박정희 대통령 피살과 1980년의 「서울의 봄」과 「5·18 광주사태」(지금은 광주민주화운동이라고 한다)로 남한의 정치상황이 극도로 불안정하였다. 게다가 경제적으로 불황기가 도래하여 (1979~1980년 경제성장률: −5.3%) 전반적으로 남한 내부의 정국은 극도로 혼란했다. 북한은 남한의 이 같은 사회·정치 불안에 편승하여 남한 내부의 분열을 더욱 조장함으로써 적화통일의 호기를 조성하고 평화통일의 이미지를 대내외적으로 과시하는 차원에서 「고려민주련방공화국창립방안」을 제안하였다. 이러한 제안은 1960년대 월맹의 '연립정부론'과 1978년 중국의 '일국양제안' 등에 영향을 받은 측면도 있었다.

또한 「고려민주련방공화국창립방안」은 한국의 통일원칙과 노선에 반대하면서, 비동맹 중립국가의 지지 획득, 한국의 국제적 고립화 유도, 한반도문제의 한국화(민족내부 문제화)로 제3국의 내정간섭의 배제, 해외동포의 지지기반 조성 및 침투 공작의 명분 확보를 위해 제의된 것으로 판단된다.

아울러 북한은 연방제안의 명칭에서 「연방국가」, 「고려」, 「민주」라는 어휘 자체가 함축하고 있는 명분상의 호소력에 의존하는 대남선전을 모색하는 한편, 한국의 점진적 통일 접근 원칙의 불명확성을 강조하여 한국국민의 정부에 대한 지지기반을 약화시키려 시도했다고 볼 수 있다. 이 밖에도 북한은 새로운 연방제안의 제의를 통해 김일성 1인 독재체제에 대한 북한주민의 불만을 해소하고 혁명적 긴장감을 유지하는 한편, 내부 경제난을 타개하기 위하여 일본, 미국 등 서방국가들에 접근하는 계기를 조성하려 했다는 분석도 있다.[14)]

(4) 김일성의 「느슨한 연방제」 제안(1991년 이후)

김일성이 1991년 1월 1일 신년사에서 남북한 지역정부에 대해 외교·군사권 등을 더 많이 부여하는 「느슨한 연방제」[15)]를 거론(자세한 내용은 후술 참조)한 이래 북한은 일련의 연방제 수정 제의 움직임을 보인 바 있다. 이것이 작금 인구에 회자되는 소위 「낮은 단계 연방제안」을 지칭하는 것이다.

북한은 당시는 물론이고 이후 2000년까지는 「낮은 단계 연방제」라는 용어를 사용하지

---

14) 제성호, 『북한연방제안의 분석 및 평가』, pp. 16-18.
15) 연방제 수정 동향과 관련하여 북한이 지역정부에 외교 및 군사권을 인정하고 있는 것은 매우 이례적인 것이다. 특히 구성국(지역) 정부에 대한 군사권의 허용은 2차대전 후 등장한 신생국 연방제에서는 찾아볼 수 없는 것이다. 이것은 1944년의 소련헌법에 채택된 연방제 선례를 따른 것으로 보인다.

않았다. 이 표현은 2000년 6월 남북정상회담의 결과 채택된 6·15 남북공동선언 제2항에서 처음 등장하게 된다. 동 제2항은 "통일을 위한 남측의 연합제안과 북측의 낮은 단계의 연방제안이 서로 공통성이 있다고 인정하고, 앞으로 이 방향에서 통일을 지향한다"고 규정하고 있다.

이처럼 「낮은 단계 연방제안」이라는 표현이 사용됨에 따라 1980년 10월 10일에 발표된 「고려민주련방공화국창립방안」은 「높은 단계 연방제안」 또는 '완성국가적 성격(완성된 통일국가)의 연방제 통일방안'으로 자리매김하게 되었다.

그러면 김일성이 「낮은 단계 연방제안」을 제안한 배경을 간단히 살펴보기로 하자. 한국이 1980년대 후반에 체제 자신감과 유리한 국제환경을 이용하여 보다 적극적인 대북 및 통일정책을 전개하기 시작하자,[16] 북한은 적잖이 당황하였다.[17] 이에 북한은 평화 이미지와 통일의지를 부각시키는 한편, 한국의 유엔 (우선) 단독가입을 저지 또는 지연시키기 위해 연방제 통일방안의 수정 필요성을 인식하게 되었다. 요컨대, 국제정세가 한국에 유리하게 전개되고 국제사회에서 남북한이 별개로 행동하는 현실을 더 이상 부인할 수 없게 된 상황에서 남북한 지역정부에 외교·국방 등의 분야에서 보다 많은 권한을 부여한다고 함으로써 유엔동시가입이 불가피할 경우를 대비하는 한편 남한으로 하여금 북한의 연방제를 수용하도록 촉구하기 위해 연방제 수정의사를 밝힌 것이라고 하겠다.

제3절 한국의 통일방안 분석

전술한 바와 같이 현재 한국의 통일방안은 1989년 9월에 발표된 「한민족공동체통일방안」이다. 이 방안은 1994년 8월 15일 광복절 제49주년 경축사를 통해 일부 내용이 보완

16) 한국은 1988년 7월 7일 「민족자존과 통일번영을 위한 대통령 특별선언」(일명 7·7선언), 1989년 9월 11일 「한민족공동체통일방안 발표」, 1990년 7월 21일 「민족대교류선언」 등을 통해 과거의 적대관계에서 탈피하여 북한을 공존공영의 협력자로 간주하고 민족공동체의 구성원으로 포용하는 등 남북관계 개선에 보다 적극적인 자세를 보이기 시작했다.

17) '88 올림픽 이후 국제사회에서의 한국의 지위 부상과 선진국으로의 지위 향상에 따른 북한의 상대적 약세(1990년 남한 1인당 GNP 5,000달러, 북한 1,000달러)를 감안하여, 북한은 체제유지를 위한 수세적인 방도로서 연방제안을 제의했다는 시각도 있다. 아울러 북한이 통일문제에 있어 남한보다 합리적이고 유연한 태도를 취하고 있음을 대외적으로 과시함으로써 국제적 지지를 획득하기 위함이라고도 볼 수 있다.

되었다. 그 명칭도 「한민족공동체 형성을 위한 3단계 통일방안」, 약칭 「민족공동체통일방안」으로 정식화되었다고 함은 앞에서 언급한 바와 같다.

2000년 6월 「6 · 15 남북공동선언」 채택 직후 정부는 6 · 15 공동선언 제2항에 명시된 '남측의 연합제'의 의미와 관련해, 1980년대 말 국회공청회 등을 통해 국민적 합의하에 마련된 「민족공동체통일방안」을 계승하고 있다고 언급하면서,[18] 한국의 통일방안은 바로 이 「민족공동체통일방안」이라는 점을 재확인한 바 있다. 따라서 다음에서는 「한민족공동체통일방안」을 골격으로 하는 「민족공동체통일방안」에 관해 살펴보기로 한다.[19]

1. 통일의 철학과 접근시각

(1) 통일의 기본철학과 이념

오늘날 자유민주주의는 세계사의 큰 흐름일 뿐만 아니라 시대정신이며, 모든 인류가 지향하는 보편적 가치가 되고 있다. 지난 1세기 동안 우리가 일관되게 지향해 온 공통의 가치도 민족의 자주독립과 함께 부강한 자유민주주의 국가를 건설해 나간다는 것이었다. 특히 과거 권위주의 통치에 종지부를 찍고 민주화를 이룬 것도 자유민주주의가 갖고 있는 내재적인 힘의 덕분이었다고 할 수 있다. 따라서 앞으로도 자유민주주의는 어떠한 희생을 치르더라도 반드시 수호해야 할 가치이며, 이에 대한 도전은 결코 용납될 수 없다.

통일은 헌법 제4조가 "대한민국은 통일을 지향하며, 자유민주적 기본질서에 입각한 평화적 통일정책을 수립하고 이를 추진한다"고 명시한 바와 같이 자유민주주의에 입각해 추진되어야 한다. 자유민주주의는 통일로 나아가는 과정뿐만 아니라 통일국가의 미래상에서 공통적으로 추구해야 할 가치이자 통일의 준거이다. 「민족공동체통일방안」은 바로 이와 같은 통일철학을 분명히 하였다는 데 그 의의를 찾을 수 있다.

한편, 「민족공동체통일방안」은 민족주의를 통일을 추진해 나가는 과정에서 근본바탕을 이루는 통일이념으로 삼고 있다고 할 수 있다. 민족통일이 기본적으로 근대 이래의 「1민족 1국가」를 실현하는 것이라는 점에서 볼 때, 단일민족국가로서의 통일국가 건설은 당연히 민족주의의 완성을 의미하는 것이기 때문이다.

---

18) 통일부, 『남북공동선언 조항별 해설 및 주요 현안문제 관련 질의 · 응답자료』(서울: 통일부, 2000. 6), p. 12.

19) 이하의 내용은 제성호, "남북한의 통일방안 비교," 『「민족공동체통일방안」의 이론체계와 실천방향』(서울: 민족통일연구원, 1994), pp. 186-199; 제성호 · 유동열, 『한반도 통일과 재야단체 통일론의 실체』(서울: 자유기업원, 2007.12), pp. 29-39를 참조.

여기서 통일이념으로서의 민족주의는 저항적 민족주의나 제국주의적 민족주의와는 본질적으로 다른 것이며, 또한 복고주의나 감상주의와도 다른 미래지향적인 「열린 민족주의」라 할 것이다. 그것은 대외적으로 반외세 일변도의 저항적 민족주의를 극복하여 국제주의와 병존할 수 있는 포용성을 지향하는 동시에, 대내적으로는 민족구성원 전체의 자유·평등·복지 신장을 구체적인 내용으로 삼고 있다.

(2) 통일에의 접근시각: 점진적·단계적 통일론

나라 안팎의 동향에 비추어 볼 때 우리에게 통일의 기회가 현실로 다가오고 있음은 의심할 여지가 없다. 그러나 통일을 서두른다고 해서 통일이 그만큼 빨리 이루어지는 것은 아니다. 통일을 이룩하기 위해서는 먼저 북한의 변화가 선행되어야 하는데, 아직까지 북한이 본질적인 정책변화를 보이고 있지 않은 것이다. 통일을 이룩하기 위해서는 우리사회 내부에 있어서도 통일대비역량이 보다 강화되어야 한다. 우리는 통일 전의 서독과는 달리 아직 북한을 흡수통일할 만한 경제력을 갖고 있지 못하다. 서독의 경우 세계 최대의 경제력과 동독보다 4배 이상의 인구를 보유하고 있었으며, 동독도 사회주의 국가들 중 가장 앞선 경제력을 갖고 있었다. 그럼에도 불구하고 통합과정에서 엄청난 경제적 난관을 겪고 있는 점을 볼 때 남한이 인구는 1/2, 경제력 규모(명목 GNI)는 1/36, 1인당 국민총소득은 1/17, 무역총액 1/240 이상 차이가 나는 북한[20]을 한꺼번에 흡수통일한다면 엄청난 통일비용 소요로 남북한이 모두 경제적으로 파산하는 결과를 초래할 공산이 크다. 이와 같이 남북한의 변수 외에도 주변국의 협조 없이는 통일을 이룩하기 어려운 것이 또한 한반도의 현실임을 직시할 필요가 있다.

한편, 조기 흡수통일이 반드시 바람직한 것이라고 볼 수도 없다. 그 이유는 독일통일의 교훈에서 보듯이 충분한 준비가 없는 상태의 급격한 통일은 도리어 정치·사회적으로 엄청난 후유증을 가져다 줄 수 있기 때문이다. 독일의 경우는 1972년 12월 21일 동서독 기본조약이 체결된 이후 꾸준한 교류·협력을 통해 양 국민 간에 충분한 커뮤니케이션이 이루어진 상태인데도 불구하고 현재 엄청난 사회적 갈등을 초래하고 있는 점을 감안할 때, 분단 반세기 동안 교류는 고사하고 서신왕래조차 제대로 이루어진 적이 없는 우리에게 있어서는 갑작스런 통일이 사회적으로 엄청난 혼란을 야기할 것임은 명백하기 때문이다. 이상과 같은 점에 비추어 통일은 점진적이고 단계적으로 추진되어야 한다.

---

20) "북한경제 2년 연속 마이너스 성장," 『연합뉴스』, 2008년 6월 18일자.

(3) 통일정책의 패러다임

「민족공동체통일방안」은 통일정책의 패러다임(paradigm)으로 '민족공동체'[21] 혹은 '공동체'를 강조하고 있다. 민족공동체는 민족을 하나로 묶고 있는 뿌리이며, 우리 민족이 재결합할 수밖에 없는 당위일 뿐만 아니라 그 자체가 통일의 실현을 가능케 하는 힘의 원천이라 할 수 있다.[22] 그동안 우리는 남북이 상호 교류와 협력을 통하여 민족공동체를 회복·발전시켜 나가면서 궁극적으로 하나의 민족·민주·복지공동체를 건설해 나간다는 일관된 입장을 견지해 왔다.

이러한 민족공동체 개념은 통일을 특정집단 또는 계급의 국가권력 장악과정이나 국가체제의 조립으로 보기보다는 우리 민족이 어떻게 함께 살아가느냐에 초점을 맞추고 있다.[23] 즉, 남과 북이 더불어 살아가는 민족공동체를 어떻게 건설해 나가는가를 더욱 중시함으로써, 민족사회의 통일이 이루어지는 과정에서 정치적 통합의 여건이 성숙되어 궁극적으로 단일 민족국가의 건설 즉 국가통일을 완성해 나간다는 것이다.

---

21) 민족공동체는 민족의 생존공간으로서 영토적으로 경계지워진 사회체계 또는 서로 맞물려 있거나 통합되어 있는 기능적 하위체계들로 정의된다. Jessie Bernard, "Community Disorganization," David Sills(ed.), International Encyclopedia of Social Sciences, vol. Ⅲ(New York: The Free Press, 1979), p. 163. 그러므로 민족공동체는 정치적, 경제적, 종교적, 윤리적, 교육적, 법적, 사회화, 재생산 등의 하위체계들이 작동하고 있는 사회체계라고 할 수 있다. 이용필, "통일정책의 패러다임으로서의 민족공동체의 개념과 기능," 『민족공동체 통일방안의 이론체계와 실천방향』(서울: 민족통일연구원, 1994), pp. 74-75.

22) 민족공동체가 경제·사회·문화·정치·군사적인 통합의 기능을 수행하고 궁극적인 국가통일로 나가는 원동력이 되려면, 추상적·이념적인 사유의 양식이나 민족통합을 이끄는 명분적(名分的) 힘에 그치는 것이 아니라 현실세계(통일과정)에서 실재하는 실체여야 한다. 그러기 위해서는 민족공동체가 제도적으로 조직화·체계화되어야 한다. 이러한 요구에서 창설되는 민족공동체의 법적·제도적 장치 내지 유형적 실체(corporeal entity)가 바로 「남북연합」이라고 할 수 있다. 그러나 「남북연합」이 민족공동체의 궁극적인 목표는 아니다. 민족공동체가 최종적으로 지향하는 바는 어디까지나 단일민족국가로의 통일이다. 「남북연합」은 민족공동체 회복·발전을 위한 제도적 장치로서 이를 통해 하위단위들 간의 기능적 통합이 촉진될 수 있는 기초를 제공하는 것을 그 임무로 할 뿐이다. 이런 점에서 민족공동체는 진화적이며 복합적인 구조를 갖고 있다고 한다면, 「남북연합」은 민족공동체의 회복과 부흥을 위한 수단적이고 제도적인 측면이 강하다고 볼 수 있다. 그러면서도 양자는 상호 영향을 주고 상승적인 효과를 갖는 매우 긴밀한 관계에 있음을 부인할 수 없다. 제성호, "남측 연합제와 북측의 '낮은 단계의 연방제' 비교－국제법적 시각에서－," 『국제법학회논총』, 제46권 제1호(2001.6), pp. 263-264.

23) 통일원, 『통일백서 1994』(서울: 통일원, 1994), p. 65.

2. 통일의 주체와 원칙

(1) 통일의 주체

우리가 민족공동체를 형성하여 점진적이고 단계적인 통일을 추진하는 한, 통일의 주체는 당연히 민족이 되어야 한다. 이러한 점에서 어느 특정 계층이나 계급이 아니라 마땅히 남북한지역과 해외에 거주하는 7천만 한민족의 전 구성원이 통일의 주체가 되어야 함은 두말할 필요가 없다. 즉, 통일은 반드시 민족구성원 전체의 참여기회를 보장하는 민주적 절차에 따라야 하며, 통일된 조국은 7천만 민족구성원 모두가 주인이 되는 민주국가여야 한다.

(2) 통일원칙

「민족공동체통일방안」은 통일의 3원칙을 제시함에 있어 자유민주주의의 기본철학 위에서 민족구성원 개개인의 자유와 민주적 참여를 강조하고 있다. 그리고 통일원칙을 '자주·평화·민주'의 3원칙으로 제시하고 있다. 자주의 원칙은 우리 민족의 뜻에 따라, 우리 민족의 역량에 의해 통일을 이룩하겠다는 민족자결의 정신에 따라 자주적으로 통일을 실현한다는 원칙을 말한다. 평화의 원칙은 전쟁이나 무력행사 또는 기타 상대방을 전복하려는 방식에 의하지 아니하고 평화적으로 통일을 이룩한다는 원칙을 말한다. 민주의 원칙은 민족구성원 모두의 자유와 권리를 바탕으로 민주적 통합절차와 방법에 의해 통일을 이룩한다는 원칙을 말한다.[24] 7·4 남북공동성명에서 합의한 민족대단결의 원칙은 민족구성원 모두의 자유와 권리를 바탕으로 민주적으로 통합되어야 한다는 측면에서 이 민주의 원칙에 수용되고 있다.

<표 3> 통일 3원칙

〈자주〉	우리 민족의 뜻에 따라, 또한 우리 민족의 역량에 의해 자주적으로
〈평화〉	전쟁이나 상대방에 대한 전복을 통해 이루어져서는 안 되며, 평화적으로
〈민주〉	민족구성원 모두의 자유와 권리를 바탕으로 이루어지는 민주적 통합으로

24) 여기서 민주의 원칙은 과거 「한민족공동체통일방안」에서 제시된 민주의 원칙과 마찬가지로 북한의 통일 3대원칙의 하나인 「민족대단결」 도모 원칙을 포용하는 넓은 개방적인 민주원칙으로 이해된다. 국토통일원, 『한민족공동체통일방안』, 기본해설자료(서울: 국토통일원, 1989.9), p. 14; 국토통일원, 『한민족공동체통일방안』, 통일방안 해설자료(서울: 국토통일원, 1989.9.11), p. 7 참조.

우리 정부는 이처럼 통일을 추진함에 있어 견지해야 할 기본원칙으로 자주·평화·민주를 제시하고 있는바, 통일원칙에 관해서는 과거 통일방안과의 일관성을 유지하고 있다고 하겠다.

3. 통일과정: 3단계 통일구도

통일은 하나의 민족공동체를 건설하는 방향에서 점진적·단계적으로 이룩해 나가야 한다. 「민족공동체통일방안」은 통일과정을 ① 화해·협력단계, ② 남북연합단계, ③ 통일국가단계의 3단계로 설정하고 있다.

(1) 화해·협력단계: 「남북기본합의서」 이행·실천단계

1단계인 화해·협력단계는 남북한이 냉전구조의 산물인 적대와 불신·대립관계를 청산하고, 상호 신뢰 속에서 남북 화해와 불가침을 제도적으로 정착시켜 나가면서 교류·협력을 실시함으로써 화해적 공존을 추구하는 단계이다. 말하자면 남북한이 상호 체제를 인정하고 존중하는 가운데 분단상태를 평화적으로 관리하면서 경제·사회·문화 등 각 분야의 교류·협력을 통해서 서로 간의 적대감과 불신을 해소해 나가는 단계라 하겠다.

그러나 주지하는 바와 같이 남북관계는 2006년 10월 9일 북한의 전격적인 핵실험으로 현재 교착상태에 처해 있다. 따라서 현재의 화해·협력단계에서 가장 시급히 요청되는 것은 중단된 남북대화를 재개하여 「남북기본합의서」와 「6·15 공동선언」을 성실하게 이행·실천하는 것이며, 이를 위해 먼저 남북장관급회담을 비롯한 각종의 기구들을 정상적으로 가동시키는 것이다. 또한 이들 기구를 통해 남북한이 당면한 최대현안인 북한 핵문제를 해결하고, 상호 신뢰를 구축하는 가운데 화해·불가침 및 교류·협력 분야에 있어서 균형 있게 「7·4 남북공동성명」, 「남북기본합의서」, 「한반도 비핵화공동선언」, 「6·15 남북공동선언」 및 「10·4 남북정상선언」 등을 실천해 나가는 것이 필요하다.

무엇보다도 남북한이 불신을 해소하고 신뢰구축을 이룩하는 가장 쉬운 길은 경제·사회·문화부문의 교류·협력을 추진하고 이를 활성화·제도화하는 것이다. 경제적으로는 상호 보완성이 있는 분야부터 교류·협력을 통하여 점차 경제공동체로 발전될 수 있는 기틀을 마련하고, 사회·문화적으로는 서로 간에 공통점이 있거나 공유할 수 있는 부분이 비교적 많이 남아 있는 전통문화에서부터 교류를 시작하여 공동체 의식을 높이고 나아가 여타 분야에까지 교류·협력을 확대하는 것이 중요하다. 이러한 교류·협력을 통해 남북한은 자연스럽게 민족의 동질성을 회복할 수 있을 것이다.

이러한 점에 비추어 화해·협력단계는 곧 「남북기본합의서」 및 「6·15 남북공동선언」(또한 「6·15 남북공동선언」의 후속편인 「10·4 남북정상선언」의 부분적 수용) 이행·실천단계라고 할 수 있다. 따라서 현 상황에서 북한을 남북대화의 장으로 유도하여 현재 동면상태에 있는 남북대화를 재개하고 각종 협의·실천기구들을 정상적으로 가동함으로써 「남북기본합의서」 및 「6·15 남북공동선언」을 이행·실천하는 것이 가장 급선무임은 두말할 필요도 없다.

(2) 남북연합단계: 「남북연합헌장」 이행·실천단계

분단된 남과 북이 1단계인 화해·협력단계를 거치는 동안 상호 간에 신뢰가 증진될 것인바, 다음 단계에서 남북한은 이러한 상호신뢰를 바탕으로 민족공동체(특히 「경제·사회공동체」)를 형성하여 본격적으로 통일을 준비하게 될 것이다. 이를 위해서는 남북한 간의 평화공존 및 공영을 정착·제도화하기 위하여 쌍방이 합의를 통해 연합기구를 설치하는 것이 필요하다.

이러한 점을 감안해 「민족공동체통일방안」(「한민족공동체통일방안」의 경우에도 동일)은 공존공영의 토대 위에서 남과 북이 연합하여 단일 민족공동체 형성을 지향, 궁극적으로 단일민족국가(통일민주공화국)를 건설한다는 목표를 설정하고, 먼저 남북한 간의 이질화를 극복하기 위한 중간과정으로서 과도적 통일체제인 「남북연합」(The Korean Commonwealth)의 결성을 예정하고 있다. 여기서 「남북연합」은 교류·협력을 통해 민족의 공존공영, 민족사회의 동질화, 민족공동의 생활권을 형성함으로써 궁극적으로 단일국가 통일의 기반을 조성하고 준비하는 역할을 수행하는 과도체제로서의 특수한 기능적 결합체(Commonwealth)를 의미한다.[25)]

따라서 이 단계는 남북한의 통합과정을 안정적이고 질서 있게 관리하면서 민족공동체, 즉 민족공동의 생활권 내지 단일 생활공동체를 구축하는 단계라고 할 수 있다. 남북연합단계에서 남북한은 「1민족, 2체제, 2정부」를 유지하는 가운데 외교·국방·경제권을 각기 보유한 채 「남북연합」이라는 기구를 통해 쌍방의 현안문제를 협의·해결하게 된다. 당연히 이 단계에서 남북한은 양측의 동수대표로 각종 연합기구를 구성·운영함으로써 통합문제를 본격적으로 논의하게 될 것이다. 물론 이러한 기구의 조직과 임무는 남북 간

---

25) 말을 바꾸면 「남북연합」은 남북한의 통합과정을 안정적이고 질서 있게 관리하면서 민족공동의 생활권 내지 단일한 '생활공동체'를 구축하는 중간단계라고 할 수 있다.

의 합의에 의해 구체적으로 결정될 것이다.

민족공동체통일방안은 남북한이 남북정상회담을 통하여 「남북연합헌장」 또는 「민족공동체헌장」을 채택함으로써 남북연합단계에 진입하게 될 것을 예정하고 있다.[26] 김영삼 정부가 이에 관한 내용을 더 이상 구체적으로 제시한 것이 없으나, 현 정부하에서도 「한민족공동체통일방안」에서 제시된 「남북정상회의」, 「남북각료회의」 및 남북한의 의회대표로 구성되는 「남북평의회」 및 공동사무처가 설치되어 상설적으로 운영되고, 여기에서 남북한간의 현안을 논의하고 통일을 제도적으로 준비하는 것으로 보아도 무방할 것이다. 요컨대, 이상과 같은 점에 비추어 남북연합단계는 곧 「남북연합 헌장」 또는 「민족공동체헌장」 이행·실천단계라고 할 수 있다.[27]

〈참고 1〉 남북연합의 법적 성격

우리 학계에서는 「남북연합」의 법적 성격에 관해서 견해가 구구하다.

첫째는 「남북연합」을 '국가연합'(confederation)의 한 형태로 이해하는 견해이다. 이장희 교수는 「남북연합」이 통일 이전의 남북한관계를 규율하기 위해 창설되는 잠정성을 고려하여 '시한부 국가연합'이라고 규정한다.[28] 장명봉 교수도 역시 「남북연합」은 실은 국제법상의 국가연합을 의미하는 것으로 인식하고 있다.[29]

---

26) 「한민족공동체통일방안」에서는 이러한 합의문서의 명칭을 「민족공동체헌장」으로 명명하였다. 그러나 김영삼 정부에서는 「남북연합헌장」이라는 명칭을 사용하기도 하였다. 통일원, 『94년도 통일홍보 기본방향』(서울: 통일원, 1994), p. 11 참조.

27) 「한민족공동체통일방안」은 남북연합의 기구로 ① 남북정상회의(최고결정기구), ② 남북각료회의(집행기구), ③ 남북평의회(대의기구), ④ 공동사무처(지원기구)를 제시하였다. 이 중에서도 특히 남북각료회의는 남북의 총리를 공동의장으로 하여 각각 10명 내외의 각료급 위원(정부대표)으로 구성하되, 산하에 정치·외교, 경제, 사회·문화, 군사, 인도 등의 5개 상임위원회를 두어 남북한의 현안문제를 조정하도록 하고 있다. 그리고 남북평의회는 100명 내외로 쌍방을 대표하는 동수의 남북국회의원(남: 50명, 북: 50명)으로 구성될 것이 제안되고 있다. '남북연합'은 이러한 기구들을 통해 분야별 현안을 협의·해결함으로써 민족공동체를 심화·발전시키는 한편, 통일을 제도적으로 준비하는 임무와 역할을 수행하게 된다. 국토통일원, 『한민족공동체통일방안—이렇게 통일하자는 것이다』(서울: 국토통일원, 1989), pp. 49-50.

28) 이장희, "남북연합시대를 대비한 법제도적 과제," 이장희 외, 『개혁과 한국법치민주주의』, 아·사·연 법·언론 연구총서 제3권(서울: 아시아사회과학연구원, 1994), p. 98. 그는 '남북국가연합'이라는 표현을 사용하기도 한다.

29) 장명봉, "남한의 '연합제안'과 북한의 '낮은 단계의 연방제안' 비교," 『고시계』, 통권 제522호(2000년 8월), p. 26. 그는 "「남북연합」의 법적 성격은 국가연합으로서 실제로는 영연합과 같은 결합형태"로 분석하기도 했다. 장명봉, "국가연합(Confederation)에 관한 연구: 우리의 통일방안의 발전과 관련하여," pp. 27-49. 이 밖에 구종서 박사도 '체제연합'이라는 개념을 허구적인 것으로 보고, 「남북연

둘째는 「남북연합」의 법적 성격을 '체제연합'으로 규정하는 견해이다. 1989년 「한민족공동체통일방안」을 입안했던 이홍구 통일부 장관은 「남북연합」을 체제연합이라고 규정하였다.[30] 이는 남북한이 두 개의 정치실체(체제)로서 존재하되, 서로 상대방을 국가로 승인하지 않고 있는 점을 고려한 용어(즉 남북한 특수관계를 반영하기 위한 표현)라고 생각된다. '체제연합'이라는 개념을 수용하는 김학준 교수(현 동아일보 회장)는 이 '체제연합'을 '국가연합과 연방국가 사이의 중간적 위치에 있는 것'으로 보고 있다.[31]

셋째는 「남북연합」을 국가연합과 영연합(英聯合, the British Commonwealth of Nations: 약칭 Commonwealth)의 중간쯤으로 설명하는 견해도 있다. 이 견해는 정부가 「남북연합」의 영문 명칭을 Korean Commonwealth로 표기하여 영연합에서 사용되는 용어를 차용하고 있는 데서 착안한 것으로 보인다.[32] 그러나 이와 관련, 정부가 「남북연합」의 영문표기 사용 시에는 Commonwealth라는 단어를 사용하면서도 공식 해설서에서는 국가연합보다는 '유럽공동체나 노르딕연합체(Nordic Council)와 유사한 것'으로 설명하고 있음은 주목을 요한다.[33]

필자는 「남북기본합의서」 서문에 명시된 남북한 특수관계와 관련하여 「남북연합」의 법적 성격을 규정하는 것이 타당하다고 보고 있다. 남북한은 대외적·국제적 차원에서는 「1민족 2국가(사실상의 국가)」로 존재하고, 상호 간의 관계에서는 「1민족 2체제」로 존재한다. 전자는 남북한이 별개의 국제법주체로서 각기 100여 개 국을 훨씬 상회하는 국가들과 수교하고, 유엔 등 국제기구에 가입하는 현실을 설명한 것이다. 후자는 남북한이 독자적인 정치실체로서 존재하면서도 각기 헌법 등에 의해 상대방이 관할하는 지역을 內國으로 보고 있는 현실을 반영한 것이라고 볼 수 있다.

이러한 이중성에 비추어 「남북연합」을 곧 국제법상 상호 승인한 두 국가 간에 성립되는 진정한 국가연합으로 규정하거나 또는 단순한 체제연합으로 보려는 자세는 타당한 것이라고 볼 수 없다. 왜냐하면 「남북연합」은 대외적 또는 제3국의 입장에서 보면 국가연합이로되, 남북한 간에는 체제연합의 성격을 갖고 있기 때문이다. 이처럼 「남북연합」을 이중적으로 파악하는 것은 분단국의 특수한 현실에 비추어 불가피한 현상이라고 하겠다. 이러한 점을 고려할 때 필자는 「남북연합」을 '부진정(不眞正) 국가연합' 또는 '민족공동체로서의 준(準)국가연합'으로 규정하고자 한다.[34]

합」을 국가연합과 동일시하고 있다. 구종서, "한민족공동체 형성에 관한 이론구조," 통일원, 『한민족공동체 통일방안의 실천과 제도화연구』(서울: 통일원, 1990), p. 36 참조.

30) 이홍구 통일부 장관은 1994년 8월에는 통일 부총리로서 「한민족공동체통일방안」을 보완·체계화하여 「민족공동체통일방안」을 발표하였음은 주지하는 바와 같다.

31) 김학준, "민족공동체와 남북한 체제연합 연구: 제6공화정 「한민족공동체 통일방안」의 배경," 『통일문제연구』, 제1권 3호(1989), pp. 28-32 참조.

32) 국토통일원, 『한민족공동체통일방안－이렇게 통일하자는 것이다』, pp. 38-39.

33) 통일원, 『1990 통일백서』(서울: 통일원, 1990), p. 86.

34) 제성호, 『남북한 특수관계론: 법적 문제와 그 대책』(서울: 한울아카데미, 1995), p. 32; 제성호, "헌

「한민족공동체통일방안」에 의하면 이러한 과도체제하에서 남북한은 「1민족, 2국가, 2체제, 2정부」를 유지하는 가운데 외교·국방·경제권을 각기 보유한 채 「남북연합」이라는 기구를 통해 쌍방의 현안문제를 협의·해결하게 된다. 당연히 이 단계에서 남북한은 양측의 동수대표로 각종 연합기구를 구성·운영함으로써 남북한의 통합문제를 본격적으로 논의하게 될 것이다. 물론 이러한 기구의 조직과 임무는 남북한 간의 합의에 의해 구체적으로 결정되게 된다.[35]

(3) 통일국가단계: 「통일헌법」 이행·실천단계

마지막 3단계인 통일국가단계는 남북연합단계에서 구축된 민족공동의 생활권을 바탕으로 남북한 두 체제의 기구와 제도를 완전히 통합, 정치공동체를 실현하는 것으로서 「1민족 1국가」의 단일국가 통일을 완성하는 단계이다.

「남북연합」 후기에 남북 간의 공존공영이 정착되고 통일여건이 완비될 경우, 남북한은 「남북평의회」를 통해 통일헌법안을 마련하여 이를 남북한 주민 전체의 국민투표 또는 기타의 방법에 의하여 확정하고,[36] 통일헌법에 따라 남북총선거를 실시함으로써 통일국회

<표 4> 통일과정: 3단계 통일구도

통일국가단계(3단계) • 1민족 1국가의 통일국가 완성 －정치공동체 실현 －단일민족국가 통일	「통일헌법」 이행·실천단계
⬆	
남북연합단계(2단계) • 공존공영과 평화정착을 통한 경제·사회공동체 형성·발전 －경제·사회공동체 실현 －민족공동생활권 구축	「남북연합헌장」 이행·실천단계
⬆	
화해·협력단계(1단계) • 적대와 대립관계를 화해·협력관계로 전환 －평화정착 －교류·협력 제도화 추진	「남북기본합의서」/ 6·15 공동선언 이행·실천단계

법상 통일관련 조항의 개폐문제," 『통일연구논총』(민족통일연구원), 창간호(1992), p. 27.

35) 제성호, "남북한의 통일방안 비교," pp. 194-195.

36) 여기에서 기타의 방법으로는 남북한의 정부가 통일헌법을 남북한의 국회에 상정, 각자의 국회로부

와 통일정부를 수립하고 통일국가를 선포하게 될 것이다. 따라서 통일국가단계는 통일헌법에 따른 총선을 통해 통일정부를 결성함으로써 선진민주국가를 건설하고 평화통일을 완성하는 단계, 곧 「통일헌법」 이행・실천단계라고 할 수 있다. 이상의 3단계 통일과정을 도표화하면 〈표 4〉와 같다.

4. 통일의 방법 및 절차

전술한 바와 같이 「민족공동체통일방안」은 통일국가 실현과정의 과도체제로서 「남북연합」을 설치할 것을 규정하고 있을 뿐, 이 「남북연합」의 기능과 구체적인 통일방법과 절차에 관해서는 언급하고 있지 않다. 그러나 이 부분에 관해서는 기존의 「한민족공동체통일방안」의 내용을 그대로 답습하고 있는 것으로 판단된다.

이 방안에 따르면 이 기구(구체적으로 남북평의회)에서 통일헌법을 기초・채택하는 등 정치적 통일(정치공동체 형성)의 기반을 마련하고 민주적이고 평화적으로 통일정부와 통일국회를 구성한다는 것을 예정하고 있다. 그리고 구체적인 통일국가 수립절차를 보면, ① 남북평의회에서 통일헌법 기초(초안 작성)→② 민주적 방법과 절차에 따라 확정・공포→③ 통일헌법이 정하는 바에 따라 민주적 총선거 실시→④ 통일정부와 통일국회 구성 등이다.[37] 그리고 통일국회는 양원제로 구성하되, 상원은 지역대표성, 하원은 국민대표성을 띠도록 하고 있다.[38]

5. 통일국가의 미래상

「민족공동체통일방안」은 통일한국의 국가형태로서 단일(민족)국가, 선진민주국가를 제시하고 있다.[39] 또한 통일국가의 미래상으로 7천만 민족구성원 모두가 주인이 되며, 개개인의 자유・복지・인긴 존엄성이 보장되며 세계평화에 앞장서는 선진민주국가를 제시하고 있다. 구체적으로 통일국가의 미래상으로 정치적・경제적 자유의 보장, 복지와 인권존중이 설정되고 있는바, 이는 자유민주주의와 복지주의를 기반으로 하여 민족구성원 모두의 자유・복지・인간 존엄성이 최대한으로 보장되는, 곧 민족 전체의 복리가 구현되는 통

터 승인을 받는 방법을 생각할 수 있다.

37) 제성호, "남북한의 통일방안 비교," p. 198.

38) 국토통일원, 『한민족공동체통일방안－이렇게 통일하자는 것이다－』, p. 51.

39) 「한민족공동체통일방안」은 통일국가의 정책기조로는 ① 민주공화체제, ② 민족성원 모두의 복지증진, ③ 민족의 항구적 안전보장, ④ 대외 선린우호관계를 제시하였다.

일된 조국의 모습이라 할 수 있다.[40] 물론 이러한 통일국가는 통일과정에서 형성된 민족공동체를 토대로 건설되어야 한다. 나아가 통일국가는 세계평화와 인류의 복지증진에도 이바지하는 세계 속의 중심국가가 될 것을 예정하고 있다.[41] 이러한 점에 비추어 통일국가는 자유민주주의, 복지주의, 인간존중주의, 국제평화주의('열린 민족주의') 등의 가치를 지향하고 있다고 하겠다.

제4절 북한의 통일방안 분석

1. 연방제 통일방안 총설

(1) 북한의 대남전략과 연방제 통일방안

북한은 「조선로동당규약」(1980.10.10 6차 당대회에서 채택) 서문에서도 명시하고 있듯이 민족해방 인민민주주의혁명을 통한 전 한반도의 공산화 통일을 대남전략의 기본목표로 삼고 있다.[42] 그 방법으로 「비평화적 방도」와 「평화적 방도」라는 두 가지를 상정하고 있다. 비평화적 방법이란 무장력을 동원하여 전쟁의 방법으로써 남한을 공산화 통일하는 것인데, 이 방법을 적용하기 위한 중심고리 전술이 바로 주한미군 철수 주장이다. 평화적 방법이란 남한 내에서 남한 주민에 의한 인민민주주의(또는 민중민주주의) 혁명이 수행된 다음, 북한이 남한의 혁명정권을 흡수하거나 또는 남한의 현 체제가 연공정권이나 용공정권으로 교체된 후 이 정권과 '합작통일'을 실현하는 방법을 말한다. 이러한 평화적 방법을 적용하기 위한 중심고리 전술이 바로 연방제 통일방안이다.[43]

---

40) 「한민족공동체통일방안」에서는 통일국가의 미래상으로 자유・인권・행복이 보장되는 통일민주공화국을 제시했었다. 통일원, 『1990 통일백서』, p. 46. 이러한 미래상이 1994년에 발표된 「민족공동체통일방안」에서는 자유・복지・인간 존엄성이 보장되는 선진민주국가로 수정되었다. 하지만 이러한 용어상의 변경에도 불구하고 그 본질에는 큰 차이가 없다고 할 것이다.

41) 통일원, 『통일백서 1994』, pp. 62-63.

42) 조선로동당규약(1980년 10월 10일 채택) 서문은 "조선로동당의 당면목적은 공화국북반부에서 사회주의의 완전한 승리를 이룩하며 전국적 범위에서 민족해방과 인민민주주의의 혁명과업을 완수하는 데 있으며 최종목적은 온 사회의 주체사상화와 공산주의사회를 건설하는 데 있다"고 천명하고 있다.

43) 허종호, 『주체사상에 기초한 남조선혁명과 조국통일리론』(평양: 사회과학출판사, 1975), pp. 264-270.

북한이 주장하는 연방제 통일방안은 1960년 이래 계속 주장된 것으로 시대별로 그 명칭 및 내용이 약간씩 변화되어 왔다. 하지만 근본적으로는 「선 남조선혁명, 후 남북합작 통일」을 기조로 하고 있음에 변함이 없다. 1964년 2월 이래의 '3대 혁명역량강화노선'(북조선 혁명기지역량과 남조선 혁명역량, 국제적 혁명지원역량)은 그러한 연방제 실현을 위한 수단으로서의 성격을 가지고 있다.

첫째, 북조선(북한 내부) 혁명역량을 강화하기 위한 방도로는 ① 주체사상(主體思想) 체계에 의한 북한주민의 정치사상적 무장 강화, ② 정치력·국방력을 뒷받침하기 위한 경제역량강화, ③ 혁명의 승리를 보장하는 수단으로서의 국방역량의 강화 등 세 가지 방법이 강조되고 있다. 1998년 이후 김정일이 이끄는 '선군정치' 노선도 이를테면 북조선 혁명기지역량 강화노선의 최신판이라 할 수 있다.

둘째, 남조선 혁명역량 강화의 방도로써 남한 내부 모순의 최대한 첨예화와 지하당 구축·확대, 나아가 반미구국(反美救國) 통일전선과 반파쇼민주연합전선을 비롯한 형태의 통일전선 형성에 의해 사회혼란을 유도하고 「반혁명력량」을 약화시킴으로써 남한 내부에서 인민혁명이 일어날 수 있는 정세를 조성해 나가는 데 초점을 맞추고 있다.

셋째, 국제적 혁명역량과의 연대성 강화는 남한의 국제적 고립을 도모하고 혁명차원에서 추진되는 남한의 공산화 통일을 용이하게 할 수 있는 국제적 여건을 조성하려는 목적에서 외교적 투쟁과 노력을 병행한다는 것을 말한다.[44)]

북한은 이처럼 통일의 방도로서 '비평화적 방법'과 '평화적 방법'을 동시에 중시해 왔다. 그러나 1980년대 말부터 탈냉전 및 탈이념이 지배하는 새로운 국제질서가 태동하고 심각한 경제난 등으로 북한 내부 혁명역량이 약화되게 되었다. 이 같은 상황을 반영하여 북한은 김일성체제 유지와 연방제의 실현을 위한 방법으로 '평화적 방법'을 보다 중시하는 경향을 보이기 시작했다.

(2) 연방제 통일방안의 패러다임과 구조

가. 통일의 철학과 접근시각

(가) 통일의 기본철학과 이념

북한의 통일방안의 기저에 깔려 있는 철학은 주체사상에 기초한 「남조선혁명론」이다. 북한은 「하나의 조선」 논리에 입각하여 저들이 말하는 공화국의 남반부, 즉 대한민국의 영역을 미제국주의의 식민지 또는 미제의 식민지상태에서 해방되지 못한 지역으로 보고

44) 앞의 책, pp. 271-283 참조.

있고, 대한민국 정부를 미제의 앞잡이로 간주하고 있다. 따라서 북한이 말하는 통일은 대한민국의 합법정부를 타도하고 이 미해방지역(未解放地域)인 남조선을 혁명에 의해 해방시키는 것을 말한다. 따라서 북한의 「고려민주련방공화국창립방안」에는 당연히 남한실체 부인의 논리가 함축되어 있다.

(나) 통일에의 접근시각: 국가체제의 조립

북한의 연방제 통일방안은 우리의 점진적·단계적 통일(곧 통일을 과정으로 보는 접근시각)과는 달리, 지금 당장 즉각적이고 구조적인 방식으로 연방국가를 만들자는 것이라고 할 수 있다. 그러나 이러한 방안은 국가체제의 조립에만 관심을 가지고 있고, 훼손된 민족공동체와 민족의 이질화 심화현상을 도외시한 측면이 있다.

(다) 통일정책의 패러다임

북한의 통일방안은 통일의 패러다임으로서 연방제를 제시하고 있다. 이는 「1민족, 1국가, 2제도, 2정부」라는 방식에 의한 연방국가의 창설을 의미한다. 북한 연방제(특히 「고려민주련방공화국창립방안」)의 주요 골자는 ① 남과 북에 현존하는 사상과 제도를 그대로 두고 연방제 통일을 이루어 나가며, ② 남북한 동수의 대표와 적당한 수의 해외대표들로 「최고민족련방회의」를 구성하여, 이 연방회의가 연방정부격인 「련방상설위원회」를 조직하되, 연방정부(「련방상설위원회」)는 남과 북의 지역자치 정부를 지도하며, 군사권·외교권 등 민족 전반의 이익에 관련된 사업을 관할하며, ③ 연방이 성립되면 남북교류협력, 민족연합군 창설 등 소위 「10대 시정방침」을 실시한다는 것이다.[45]

나. 통일의 주체와 원칙

(가) 통일주체

북한의 연방제 통일방안이 상정하는 통일주체는 '조선민족'인데, 여기에는 물론 노동자·농민 등이 통일을 주도한다는 계급적 관념이 내포되어 있다.

(나) 통일원칙

북한이 연방제 통일을 추진하는 과정에서 견지하여야 할 통일원칙은 7·4 남북공동성명에서 명시된 「자주·평화통일·민족대단결」의 3원칙이다. 특히 통일 3원칙에 대해 북한은 자주의 원칙을 외세배격 입장으로, 평화(통일)의 원칙을 한반도에서의 전쟁위험 제거로, 민족대단결의 원칙을 각계 각층 인민들의 자유접촉·왕래 및 이를 위한 사상적·제도

45) 제성호, 『북한 연방제안의 분석 및 평가』, pp. 13-15.

적 장벽 제거로 해석하고 있다.

다. 통일과정: 제도의 통일은 후대에 일임

1980년 10월에 제시된 연방제 통일방안은 통일의 '과정'을 무시함으로써 통일에 이르는 과도기구를 제시하고 있지 않다. 단지 통일국가의 기구로서 전술한 「최고민족련방회의」와 「련방상설위원회」를 제시하고 있을 뿐이다. 다만, 김일성은 이러한 연방제안이 비현실적임을 인정하고, 1991년 1월 1일 신년사를 통해 "잠정적으로 지역자치정부에 더 많은 권한을 부여하고, 장차로는 중앙정부의 기능을 더욱 높여나가는 방향에서 연방제 통일을 점차적으로 완성"하자고 함으로써 '제도의 통일'은 후대(後代)에 일임할 것을 주장한 바 있다. 이것은 남북한에 「2제도 2정부」를 그대로 두고 일단 연방국가를 수립한 후에, 그 다음 연방국가 내에서 상이한 2제도를 하나로 통합해 나가자는 것을 의미한다. 물론 이 같은 제안은 순수한(혹은 보편적 개념의) 연방제와는 다른 것이다.

라. 통일국가 수립절차

그리고 통일국가를 수립하는 절차는 1980년 6차 당대회에서 천명된 「고려민주련방공화국창립방안」과 전술한 1991년 김일성 신년사 등을 종합해 볼 때, ① 남북한 당국・정당 및 단체 대표를 중심으로 「민족통일정치협상회의」 개최 → ② 통일방안 협의・결정 → ③ 「고려민주련방공화국」 선포 등이라 할 수 있다. 북한이 통일방안의 협의를 위해서 군중집회 성격의 민족통일정치협상회의를 제의하고 있는 점이 주목된다.

마. 통일국가의 미래상

「고려민주련방공화국창립방안」은 통일국가의 성격과 형태에 관해서는 연방공화국(1민족 1국가 2제도 2정부), 즉 남북한 두 지역정부가 동등하게 참가하는 연방국가이며, 통일국가의 정책방향으로서 「자주・평화・비동맹의 독립국가」를 설정하고 있다. 그러나 북한의 통일방안은 구체적인 미래상 내지 통일국가의 모습은 제시하지 않고 있다.

(3) 전제조건

북한이 제시하는 연방제 통일방안의 특징은 연방국가 형성을 위한 전제조건 내지 선결조건을 제시하고 있다는 점이다(자세한 내용은 후술 참조). 이 점은 북한의 연방제 통일방안이 갖는 흡수통합적 성격, 위장평화공세 수단으로서의 본질을 말해주는 부분이라고 하겠다.[46]

2. 「고려민주련방공화국창립방안」

(1) 의의

현재 북한의 공식적인 통일방안은 「고려민주련방공화국창립방안」이다. 이는 1980년 10월 10일 조선노동당 제6차 당대회 연설에서 김일성이 밝힌 통일방안을 말하며, 아직까지 이에 관한 기본입장이 바뀌었다고 할 수 없다. 「고려민주련방공화국창립방안」은 '하나의 민족, 하나의 국가, 두 개 제도, 두 개 정부'에 기초한 연방제방식의 통일국가를 수립하자는 것으로, 남과 북이 서로 상대방에 존재하는 사상과 제도, 정부를 그대로 용납하는 기초 위에서 연방국가를 창립하여 조국을 통일하는 것으로 요약된다. 당시 김일성은 「고려민주련방공화국창립방안」에 대하여 "오랜 역사에 걸쳐 같은 말과 풍습과 문화를 가지고 살아오다가 일시적으로 갈라진 한민족의 두 부분을 련방제로 결합"하는 것으로서, "정치·경제·문화·군사·외교 면의 민족적 연계를 보다 촉진, 즉 완전한 합작"을 하는 데에 그 목표를 두고 있다고 말하였다.

이 방안은 북한이 1960년 이래 여러 차례에 걸쳐 제시한 통일의 '중간걸음'(과도적 대책)으로서의 남북연방제와는 달리 그 자체가 완성된 통일을 실현하는 방안으로 선전되고 있다. 과거 남북연방제가 총선거를 통해 통일적 중앙정부의 수립에로 나아가는 과도적 형태였다면, 「고려민주련방공화국창립방안」은 연방국가 형성으로 통일국가 수립을 완성하는 형태라는 것이다.

「고려민주련방공화국창립방안」은 김일성이 제시한 연방제 방식의 통일국가 수립전략이 구체화·체계화된 것인데, 김정일은 이 방안에 대하여 "통일국가의 전모와 그 실현방도를 밝힌 설계도이다. … 나라의 통일을 북과 남의 사상과 제도를 서로 용납하는 기초우에서 가장 공정하고 순조롭게 실현할 수 있는 기본방도가 제시되여있다"고 설명하고 있다.[47] 또한 이 방안만이 한반도의 실정에 맞는 가장 이상적이고 현실적이며 합리적인

---

46) 북한은 1993년 4월 최고인민회의 제9기 3차 회의에서 「전민족대단결 10대 강령」(약칭 10대 강령)을 채택하였는데, 이때 강성산 총리의 보고문을 통해 ① 외세의존정책의 포기, ② 미군철수 의지 표명, ③ 외국군대와의 합동군사연습 영구 중지, ④ 미국의 핵우산 탈피의 4가지 사항은 우리 신정부가 "자주적인 문민정권인가 아닌가를 가르는 척도"가 될 것이라고 강조하였다. 이는 '자주'를 내세워 한국 사회의 국론분열 및 한·미동맹 관계 이간을 획책하려는 의도에서 나온 것이다. 더욱이 북한은 「4개 대남요구사항」을 남한 당국이 수용하면 남북대화도 진척시키고 통일을 위하여 함께 손잡고 나아가게 될 것이라고 주장함으로써 이를 남북대화 및 통일방안 논의의 전제조건으로 삼고 있음을 분명히 하였다. 이러한 점에 비추어 「10대 강령」은 국가보안법 철폐, 창구다원화 및 정치협상회의 소집 주장 등에 활용되는 것으로 통일전선전술에 입각한 기존의 이중적 대남전략의 연장선상에 있다고 할 수 있다.

완성된 통일방안이라고 주장하고 있다.[48)]

(2) 선결조건

「고려민주련방공화국창립방안」안은 ① 자주적 평화통일을 위한 선결조건, ② 연방제 구성 및 운영원칙, ③ 10대 시정방침으로 구성된다. 아래에서는 이와 같은 순서로 설명하기로 한다.

김일성은 연방제를 실시하기 위해서는 먼저 다음과 같은 조건이 실현되어야 한다고 주장했다.

> "남조선의 《반공법》과 《국가보안법》을 비롯한 팟쇼적인 악법들을 폐지하고 모든 폭압 통치기구들을 없애버려야 합니다. 이와 함께 모든 정당, 사회단체들을 합법화하고 정당, 사회단체, 개별적인사들의 자유로운 정치활동을 보장하여야 하며, 부당하게 체포 투옥된 민주인사들과 애국적 인민들을 석방하고 그들에게 가해진 모든 형벌을 무효로 하여야 합니다. 남조선에서 … 군사팟쇼《정권》을 평범한 인민대중의 의사와 리익을 옹호하며 대변하는 민주주의적인 정권으로 교체하여야 할 것입니다…. 우리나라에서 긴장상태를 완화하고 전쟁위험을 제거하는 문제는 오직 정전협정을 평화협정으로 바꿈으로서만 해결될 수 있습니다. … 미국당국자들은 … 남조선에서 지기의 군대를 하루빨리 철거함으로써 미국인민을 포함한 세계인민들의 일치한 념원과 의사에 맞게 행동하여야 할 것입니다"("1980년 10월 10일 조선로동당 6차 대회에서 김일성이 행한 당중앙위원회 사업총화보고," 「평양방송」, 1980년 10월 10일자).[49)]

이상에서 보는 바와 같이 연방제 통일을 위한 선결조건은 ① 한국의 반공법, 국가보안법 폐지 및 폭압통치기구 해체, ② 모든 정당·단체 합법화 및 정치활동 보장, ③ 한국 사회의 민주화(인민민주주의 정권으로 교체), ④ 미·북 평화협정 체결 및 주한미군 철수, ⑤ 조선의 내정간섭 및 두 개의 조선책동 중지 등이다.

---

47) 김정일, 『위대한 수령 김정일동지의 조국통일유훈을 철저히 관철하자』(평양: 조선로동당출판사, 1997.8.4), p. 7.

48) "우리 민족의 절박한 요구와 나라의 현실에 비추어 볼 때 조국통일을 하루 빨리 실현할수 있는 최선의 방도는 하나의 민족, 하나의 국가, 두개 제도, 두개 정부에 기초한 련방제방식의 민족통일국가를 창립하는 것이다." 위의 책, p. 22.

49) 국토통일원, 『남북대화 백서』(서울: 남북조절위원회, 1985), pp. 240-242.

(3) 연방제 구성과 운영원칙

「고려민주련방공화국」의 구성과 운영원칙을 보면 다음과 같다.

첫째, 북과 남이 서로 상대방에 존재하는 사상과 제도를 그대로 인정하고 용납하는 기초 위에서 동등하게 참가하는 민족통일정부를 내오고 그 일에서 남과 북이 같은 권한과 의무를 지니고 각각 지역자치제를 실시하는 「고려민주련방공화국」을 창립하여 조국을 통일한다.

둘째, 북과 남의 같은 수의 대표들과 적당한 수의 해외동포 대표들로 「최고민족련방회의」를 구성하고, 여기에서 「련방상설위원회」를 조직하여 북과 남의 지역정부를 지도한다. 연방정부는 정치문제·조국방위문제·대외관계문제·나라와 민족의 전반적 이익과 관계되는 공동문제 등에 대해 토의·결정하고(토의·결정기능), 나라와 민족의 통일적 발전을 위한 사업을 추진하고 모든 분야에서 남북 간의 단결·합작을 실현한다(사업추진기능).

셋째, 「최고민족련방회의」와 그 상임기구인 「련방상설위원회」는 연방국가의 통일정부로서 모든 분야에서 단결, 합작을 실현한다.

넷째, 북과 남의 지역정부는 연방정부의 지도 밑에 전 민족적 이익과 요구에 맞는 범위에서 독자적인 정책을 실시하며 나라와 민족의 통일적 발전을 위해 노력한다. 지역정부는 연방정부의 지도 밑에 전 민족의 근본이익과 요구에 맞는 범위에서 독자적 정책을 실시하고, 모든 분야에서 남북 간의 차이를 해소하며 나라와 민족의 통일적 발전을 도모한다.

다섯째, 통일국가인 연방국가의 국호는 「고려민주련방공화국」으로 한다. 「고려민주련방공화국」은 중립국가로 되어야 한다.[50)]

(4) 10대 시정방침

북한은 1980년 10월 10일 「고려민주련방공화국창립방안」을 제시하면서, 연방제가 실현되었을 때 시행할 정책으로 이른바 「10대 시정방침」을 발표했다.

이를 보면 ① 국가활동의 모든 분야에서 자주성을 확고히 견지, 자주적인 정책 실시, ② 나라의 전 지역과 사회의 모든 분야에서 민주주의 실시, 민족대단결 도모, ③ 북과 남의 경제적 합작·교류실시, 민족경제의 자립적 발전 보장, ④ 과학·문화·교육분야에서 남북교류·협력실시, 과학기술·민족문화예술·민족교육의 통일적 발전, ⑤ 남북 간의 교통·체신연결, 전국적 범위에서 교통·체신수단의 자유로운 이용 보장, ⑥ 노동자 농민을

50) 국토통일원, 『남북한 통일·대화제의 비교(1945-1988)』(서울: 국토통일원, 1988), p. 225.

비롯한 근로대중과 전체인민의 생활안정 도모 복리증진, ⑦ 남과 북의 군사적 대치상태 해소, ⑧ 해외에 있는 조선동포의 민족적 권리와 이익옹호 보호, ⑨ 남북이 통일 이전에 타국과 맺은 대외관계 처리, 두 지역정부의 제 활동 통일적 조절, ⑩ 전 민족을 대표하는 통일국가로서 세계 모든 나라들과 우호관계 발전, 평화애호적인 대외정책 실시 등이다.[51]

(5) 연방국가 통일정부의 장

1983년 9월 9일 김일성은 9·9절 35주년 경축대회 연설에서 남과 북이 각각 연방국가의 통일정부인 「최고민족련방회의」의 공동의장과 「련방상설위원회」의 공동위원장을 선출하고 쌍방에서 윤번제로 운영할 것을 제의하였다.[52] 이는 곧 (연방국가) 통일정부의 장을 남북 윤번제로 운영하자는 것이다. 이 같은 연방국가 통일정부의 장 선출·운영방식은 「고려민주련방공화국창립방안」(1980년 10월 10일의 대남제의)에는 포함되어 있지 않았으나, 그 후 이를 보완한 것이라 할 수 있다.

<표 5> 「고려민주련방공화국창립방안」의 제의 내용

항 목	제 의 내 용
연방제 선결조건	-사회의 민주화 및 현 정권 퇴진 -반공법과 국가보안법 폐지 -공산당을 포함한 모든 정치, 사회단체 및 개별인사들의 자유로운 활동 보장 -주한미군 철수 및 조·미 평화협정 체결 -미국의 2개 조선 조작책동 및 내정간섭 중지
연방제의 구성 및 운영원칙	-남북의 사상과 제도를 그대로 두고 남북이 연합하여 하나의 연방국가를 형성 -상대방에 존재하는 사상과 제도를 인정하고 용납하는 기초 위에서 동등한 권한과 의무를 지닌 지역자치제 실시 -남북 동수의 대표와 적당한 수의 해외동포 대표로 연방국가의 통일정부인 「최고민족련방회의」를 구성 -「최고민족련방회의」에서 상임기구인 「련방상설위원회」(연방정부기구)를 조직하고, 상설위원회는 남북 지역정부를 지도하며 연방국가의 전반적 사업을 관할 -연방국가의 국호: 「고려민주련방공화국」
연방정부/지역정부	-연방정부는 정치문제·조국방위문제·대외관계문제·나라와 민족의 전반적 이익과 관계되는 공동문제 등에 대해 토의·결정하고(토의·결정기능), 나라와 민족의 통일적 발

51) 유석렬, 『남북한통일론』(서울: 법문사, 1994), p. 201; 제성호, 『북한연방제안의 분석 및 평가』, pp. 14-15.

52) "김일성이 조선민주주의 인민공화국 창건 35돐 경축연회에서 한 연설," 조선중앙통신사, 『조선중앙연감 1984』(평양: 조선중앙통신사, 1984), pp. 39-44; 국토통일원, 『남북한 통일·대화제의 비교(1945~1988)』, p. 259.

의 기능	전을 위한 사업을 추진하고 모든 분야에서 남북 간의 단결・합작을 실현함(사업추진기능). －지역정부는 연방정부의 지도 밑에 전 민족의 근본이익과 요구에 맞는 범위에서 독자적 정책을 실시하고, 모든 분야에서 남북 간의 차이를 해소하며 나라와 민족의 통일적 발전을 도모함.
10대 시정방침	－자주성 견지 및 자주적 정책 실시: 국가활동의 모든 분야에서 자주성을 확고히 견지, 자주적인 정책을 실시, '불럭' 불가담 국가로 되어야 함. －민주주의 실시: 나라의 전 지역과 사회의 모든 분야에서 민주주의 실시, 민족대단결 도모 －경제적 합작과 교류: 북과 남의 경제적 합작・교류실시, 민족경제의 자립적 발전보장 －과학・문화・교육분야의 교류・협조: 과학・문화・교육분야에서 남북교류・협력실시, 과학기술・민족문화예술・민족교육의 통일적 발전 －교통・통신 연결과 자유로운 이용: 남북 간의 교통・체신 연결, 전국적 범위에서 교통・체신수단의 자유로운 이용 보장 －근로대중의 생활안정 도모: 노동자・농민을 비롯한 노동대중과 전체인민의 생활안정 도모, 복리증진 －군사적 대치상태 해소: 북과 남의 군사적 대치상태 해소, 민족연합군조직, 외래침략으로부터 민족보위 －해외동포의 권리・이익 옹호: 해외에 있는 조선동포의 민족적 권리와 이익 옹호・보호 －대외활동의 통일적 조절: 남북이 통일 이전에 타국과 맺은 대외관계 처리, 두 지역정부의 제 활동 통일적 조절 －평화애호적 대외정책 수행: 전 민족을 대표하는 통일국가로서 세계 모든 나라들과 우호관계 발전, 평화애호적인 대외정책 실시
연방국가 통일정부 의장	・연방국가 통일정부의 장, 남북이 윤번제 운영 －북과 남이 각각 연방국가의 통일정부인 최고민족련방회의의 공동의장과 련방상설위원회의 공동위원장을 선출하고 쌍방에서 윤번제로 운영

3. 「낮은 단계 연방제안」의 제시: 「고려민주련방공화국창립방안」의 수정

(1) 「낮은 단계 연방제안」의 연원과 골격

전술한 바와 같이 1990년대 말까지 북한은 「낮은 단계 연방제안」이란 용어를 명시적으로 사용한 바 없다. 물론 「낮은 단계 연방제안」이란 것이 북한이 대내외에 공식적으로 발표한 통일방안도 아니었다.

「낮은 단계 연방제」와 관련한 북한 측의 입장은 1991년 1월 1일 김일성의 신년사를 통해 처음 표명되었다. 그는 동 신년사에서 "고려민주련방공화국창립방안에 대한 민족적 합의를 보다 쉽게 이루기 위하여 잠정적으로는 련방공화국의 지역자치정부에 더 많은 권한을 부여하며, 장차로는 중앙정부의 기능을 더욱더 높혀 나가는 방향에서 련방제통일을 점차적으로 완성하는 문제도 협의할 용의가 있다,"[53] "… 하나의 의석으로 가입하는 조건에서라면 그 (필자 주: 연방제통일) 전에라도 북과 남이 유엔에 들어가는 것을 반대하지 않을 것이다," "… 빠른 시일안으로 북과 남의 당국과 정당, 단체 대표들이 한자리에 모여 조국통일방도를 확정하는 민족통일정치협상회의를 소집할 것을 제의한다," 그리고 "북과 남의 서로 다른 제도를 하나의 제도로 만드는 문제는 앞으로 천천히 순탄하게 풀어나가도록 후대에 맡겨도 된다"는 등의 제안을 하였다.[54]

김일성의 이러한 신년사 발표가 있은 이후 북한은 일련의 고위층 인사들의 발언을 통해 연방제 통일로 가는 과정에서 우선 남북한 간에 「느슨한 연방제」를 채택하는 방식의 통일과도체제 설정이 가능하다는 입장을 보였다.[55] 손성필 당시 주소(駐蘇) 북한대사는 1991년 3월 중순경 로가쵸프 소련 외무차관과의 면담 시, "북한은 국제여건 변화에 맞게 고려련방제 통일방안을 수정하여 완성단계에 있다," "련방최고기관으로 최고민족련방회의, 상설집행기관으로 련방상설위원회 또는 련방정부를 두며, 련방상설위원회는 남북한 지역정부의 활동과 관심사항을 조정하되 남북한의 독립성을 저해하지 않는다," "남북한 지역정부는 국방, 외교, 입법, 경제업무를 독자적으로 수행하되, 단 주요 국제문제는 련방정부와 지역정부가 협의하여 결정하며 외부의 위협에 공동대처한다," "이 같은 방안은 남한의 통일방안 중 긍정적 요소를 반영한 것으로 북한은 「한민족공동체통일방안」을 연구할 용의가 있다"는 등의 발언을 하였다.[56] 정준기 대외문화연락위원회 위원장은 1991년 4월 8일 일본 방문 중 교도(共同)통신과의 회견에서 "통일과정에서 남북 양 지역정부가 잠정적으로 외교 및 군사적 권한을 각각 따로 보유함이 가능하다"는 입장을 밝혔다.[57] 윤기복 노동당서기도 1991년 5월 3일 국제의원연맹(International Parliamentary Union: IPU) 제8차 정기총회(평양 개최) 취재기자들과의 인터뷰를 통해, "남북한의 2개 정부가 일정한도 내에서 잠정적으로 외교·군사권을 보유하는 방향으로 연방제를 수정할 수 있다"고

53) 1991년 1월 1일자 김일성의 신년사는 이러한 내용의 제안을 하기 전에 먼저 연방제통일의 기본원칙을 재확인하고 있다. 김일성은 다음과 같이 언급하였다. "북과 남에 서로 다른 두 제도가 존재하고있는 우리 나라의 실정에서 조국통일은 누가 누구를 먹거나 누구에게 먹히우지 않는 원칙에서 하나의 민족, 하나의 국가, 두개 제도, 두개 정부에 기초한 련방제방식으로 실현되여야 합니다. 하나의 민족, 하나의 국가, 두개 제도, 두개 정부에 기초한 련방제방식의 통일방안은 북과 남에 존재하는 서로 다른 제도와 정부를 그대로 두고 그우에 하나의 통일적인 민족국가를 세우는 방법으로 통일을 실현하자는것입니다. 우리의 하나의 민족국가안에 서로 다른 두 제도와 두 정부가 함께 있을수 있다는데로부터 출발하고있습니다." 『로동신문』, 1991년 1월 1일자, p. 2.

54) 위의 글.

55) 제성호, 『북한연방제안의 분석 및 평가』, pp. 18-25 참조.

56) 통일원, "북한의 고려연방제 관련 주요언동 분석－최근 정보보고를 중심으로－," 통일원 내부정책자료(1991.4), p. 1.

57) 『조선일보』, 1991년 4월 9일, p. 1.

언급하였다.[58)]

그 후 한시해 조국평화통일위원회 부위원장은 1991년 6월 2일 뉴욕 타임스지(誌)와의 회견 시 미국 건국 초기 13개 주 사이의 연방제를 한반도에 적용할 수 있을 것이라고 하면서, 북한이 구상하는 새로운 연방제안을 거론하였다. 그는 "미국은 13개 식민지가 련방을 만들어 그들의 이익을 도모하면서 점차 련방정부의 권한을 키워 나갔다," "코리아도 그 같은 길을 밟지 못할 이유가 없다," "남북한은 서로 같은 핏줄, 같은 문화, 같은 언어를 가지고 있는 만큼 사회체제가 다르더라도 단일 민족공동체를 가질 수 있다," "남북한의 련방정부가 처음에는 강력한 권한을 가질 수 없고, 따라서 외교와 국방을 각기 독자적으로 행사하게 될 것이다," "그러나 련방은 두 개의 한국이 유엔에서 단일 회원국이 되는 것을 허용하게 될 것이므로 유엔에 단일가입신청서를 제출해야 할 것이다"는 등의 언급도 하였다.[59)]

이상에서 살펴본 바와 같이 북측의 「낮은 단계의 연방제안」의 핵심은 당장 남북한이 정치적 통일을 이룩하기 어렵다는 사실을 인정하고, 통일국가 내지 완성국가적 연방을 구성하기에 앞서 잠정적으로 지역자치정부에 '외교권·군사권' 등의 권한을 더 많이 부여하고, 점차 중앙정부의 기능을 더욱 높여나감으로써 연방제 통일을 완성하자는 것, 그리고 완전한 의미의 '제도적인 통일'은 후대에 일임하자는 것이다.

그리고 북한 측은 김일성이 행한 「낮은 단계 연방제안」 제의의 필요성과 불가피성을 다음과 같이 언급하고 있다.

> "우리 민족의 절박한 요구와 나라의 현실에 비추어 볼때 조국통일을 하루 빨리 실현할수 있는 최선의 방도는 하나의 민족, 하나의 국가, 두개 제도, 두개 정부에 기초한 련방제방식의 민족통일국가를 창립하는것이다."[60)]

이후 2000년 10월 6일 「낮은 단계 연방제안」이라는 용어는 「고려민주련방공화국창립방안」 제시 20주년 평양시보고회에서 공식적으로 등장하였다.

> "낮은 단계 연방제안은 하나의 민족, 하나의 국가, 두 개 제도, 두 개 정부의 원칙에 기초해 북과 남에 존재하는 두 개의 정부가 정치, 군사, 외교권을 비롯한 현재의 기능과 권한을 그대로 가지게 하고 그 위에 민족통일기구를 내오는 방법으로 북남관계를 통일

58) 『조선일보』, 1991년 5월 5일, p. 1.
59) 『조선일보』, 1991년 6월 3일, p. 2.
60) 김정일, 『위대한 수령 김일성동지의 조국통일유훈을 철저히 관철하자』, p. 22.

적으로 조정해 나가는 것을 기본내용으로 하고 있다"(고려민주련방공화국창립방안 제시 20돌 기념 평양시보고회, 2000.10.6).[61]

(2) 「낮은 단계 연방제안」의 법적 성격

「낮은 단계의 연방제안」에서는 남과 북의 지역정부에 대해 외교권과 군사권의 독자적 행사를 인정한다. 이 점에서 그것은 국제법상의 연방 혹은 보편적인 개념의 연방과 다르다. 또한 「낮은 단계의 연방제」는 북한이 1980년에 제안했던 「고려민주련방공화국창립방안」과도 다른 것이다. 후자가 완성국가형태의 연방제라고 한다면, 전자는 '국가연합적 성격을 갖는 연방제안'이라고 할 수 있다.[62]

하지만 「낮은 단계의 연방제안」은 「고려민주련방공화국창립방안」과 전혀 무관한 것이 아니다. 전자는 후자의 연장선상에 있는 것으로 후자가 당장 실현되기 어려운 점을 고려해 거기에 일부 수정을 가한 것이라고 보아야 한다. 다시 말하면 「낮은 단계의 연방제안」도 결국 연방(연방중앙정부)의 창설 — 비록 지역정부가 외교권과 군사권을 가짐으로써 연방중앙정부가 상징적·명목적인 것에 불과하더라도 — 을 예정하고 있는 점에서 「고려민주련방공화국창립방안」의 실천구도 아래에 있다고 볼 수 있다.[63]

그러기에 「낮은 단계의 연방제」의 내용과 본질을 검토함에 있어서는 '높은 단계의 연방제안'인 「고려민주련방공화국창립방안」과의 관계를 자세하게 살피지 않으면 안 된다. 다만, 양자는 모두 북한에 의한 전 한반도의 공산화통일이란 전략적 목표와 거시적인 구도하에서 제의된 것이라는 점, 그들이 추진하는 대남전략의 연속선상에 있다는 점을 유념할 필요가 있다고 하겠다.[64]

---

61) 안경호 조국평화통일위원회 서기국장의 보고. 그는 또 "공동선언의 합의대로 통일방도의 공통점에 기초하여 민족공동의 통일방도를 모색하고 자주통일을 실현해 나가야 한다"고 주장하면서, "연방통일국가 창립에 저촉되는 모든 정치적, 물리적 장벽을 제거해야 하며, 여러 분야의 남북대화를 진행해 나가야 한다"고 강조하였다. 2000년 10월 6일자 「조선중앙방송」과 「평양방송」 보도. 통일부, 『주간 북한동향』, 제507호(2000.9.30~10.6), p. 39 참조.

62) 장석, 『김정일장군 조국통일론연구』, p. 148.

63) 이 『고려민주련방공화국창립방안』은 점진적·단계적 통일론을 거부하고, 즉각적이고도 구조적인 방식에 의해 당장 연방국가를 만들자는 것이라고 할 수 있다. 그러나 이러한 방안은 국가체제의 조립에만 관심을 가진 것으로서, 반세기 동안에 심화된 민족이질화와 훼손된 민족공동체의 현실을 도외시한 면이 있다고 하겠다.

64) 제성호, "남측 연합제와 북측의 '낮은 단계의 연방제' 비교-국제법적 시각에서-," pp. 257-276.

(3) 김정일 시대 「낮은 단계 연방제」규정: 장군님의 「련방련합제 통일방안」

가. 김정일 장군의 「련방련합제 통일방안」화

2000년대에 들어와 북한은 김일성이 1991년 1월 1일 처음 제기한 이른바 「낮은 단계 연방제안」에 대하여 이를 김정일 장군의 것으로 재규정, 설명하고 있다. 그 단초를 6·15 남북공동선언 제2항에서 찾고 있음은 두말할 것도 없다. 경위와 내용이 어찌됐든 간에 「낮은 단계 연방제안」이란 명칭은 김정일 국방위원장이 김대중 전 대통령과 합의, 생산한 6·15 공동선언에 비로소 나타난 것이기 때문이다.

그리하여 북한은 6·15 공동선언에서 명시된 '남측의 연합제와 북측의 낮은 단계 연방제의 절충에 의한 통일'을 「련방련합제 통일방안」(이른바 낮은 단계 연방제)이라고 표현하면서, 이것이 김정일 장군의 연방제통일론이라고 선전하고 있다. 이와 관련하여 장석이란 학자는 다음과 같이 기술하고 있다.

> "김정일장군께서는 김일성주석과 꼭 같으신분으로 공인되고 있다. 이것은 김일성주석의 사상, 리론, 령도풍모가 그대로 김정일장군에 의해 계승, 체현되고 있음을 의미한다. 이런 시각에서 김일성주석의 련방제에 관한 사상리론은 김정일장군의 련방제통일론으로 계승, 혁신되고 있다고 리해할수 있을 것이다. 따라서 김정일장군의 련방제통일론에서 고려련방제에 관한 리론적분석과 《련방련합제》에 관한 해석을 제기하고 연구하는것은 김정일장군의 조국통일론을 총체적으로 리해하는데서 반드시 필요한 일이라 하겠다. …중략… 특히 북조선의 낮은 단계의 련방제와 김대중씨의 《공화국련합제》와의 통일지향적인 조률을 제기하고 있는 《련방련합제》가 6·15남북공동선언에 중요한 합의사상으로 명기된 조건에서 《련방련합제》는 오늘의 현실에 부응한 김정일장군의 통일방안으로서 새롭게 연구되여야 할 것이다."[65]

그는 이어 김정일의 연방제통일론이 김일성이 제시한 「고려민주련방공화국창립방안」을 계승하여 혁신(수정·보완)한 것이라 말하고 있다.

> "하나의 민족, 하나의 국가, 두개 제도, 두개의 정부에 기초한 련방제방식으로 통일하는것은 김정일장군의 조국통일론이 견지하고 있는 통일방도의 대원칙이다. 김정일장군께서는 고려련방제에 의한 통일국가창립방안이 민족적합의의 기초로 될수 있는 공명정대한 민족공동의 통일방안으로 된다고 인정하신다. 그러면서도 김정일장군께서는 고려련방

65) 장석, 『김정일장군 조국통일론연구』, p. 134.

제에 대한 민족적합의를 보다 쉽게 이루어 내기 위하여 잠정적으로 련방국가의 지역자치정부에 더 많은 권한을 부여하며 장차로는 중앙정부의 기능을 더욱더 높여 나가는 방향에서 련방제통일을 점차적으로 완성하는 문제의식을 가지고 계신다고 리해된다. 김정일장군의 이러한 문제의식은 드디여 지난해 6월의 력사적인 6・15남북공동선언을 통하여 가시화되고 남북정상의 합의로서 확인되였다.[66]

이상의 점에 비추어 우리는 다음과 같은 결론을 내릴 수 있다. 애초에 「낮은 단계 연방제안」은 북한의 김일성이 연방제에 대한 남한의 부정적인 태도를 인식하고, 한국인의 호응을 유인하기 위한 전략에서 내놓은 것이었다. 그러나 이제 6・15 공동선언에 의해 남북한 통일방안에 대한 협상의 동력을 얻은 상황에서, 「낮은 단계 연방제」는 「연방연합제 통일방안」 혹은 김정일 장군의 통일방안으로 둔갑해 버린 것이다. 여기서 더 나아가 「낮은 단계 연방제」는 본래 북한 측의 「고려민주련방공화국창립방안」의 수정 형태이지만, 슬그머니 '남측의 연합제와 북측의 낮은 단계 연방제 사이의 접점을 도출하는 방안'을 칭하는 것으로(또는 그러한 전술적 의미로) 전화하는 양상을 드러내고 있다고 하겠다.

나. 「민족통일기구」의 실체

6・15 공동선언 채택 직후부터 북한은 기회 있을 때마다 「낮은 단계 연방제」를 거론하기 시작했는데, 이 틀 내에서 민족통일기구를 구성하는 것이 연방제 통일의 진입에 있어 결정적인 계기를 마련하는 것임을 누차 강조해 왔다. 이와 관련해 전술한 바와 같이 안경호 조평통 서기국장은 2000년 10월 6일 「고려민주련방공화국창립방안 제시 20돌 기념 평양시 보고회」에서 「낮은 단계 연방제」는 "「1민족 1국가 2제도 2정부」의 원칙에 기초하여 남북의 현 정부가 정치, 군사, 외교권을 비롯한 현재의 기능과 권한을 그대로 보유한 채 민족통일기구를 구성하는 것"이라고 설명하였다.

그러면 북한이 「낮은 단계 연방제」의 중앙기구인 「민족통일기구」란 도대체 무엇을 말하는 것인가? 이 문제에 관해서는 평양출판사가 발간한 『김정일장군 조국통일론연구』(2002년)와 범민련 남측본부에서 발간한 『자주통일원년해설자료집』(2004.12.27)에 그 골격이 언급되어 있다.

이 책들에 의하면, 「민족통일기구」란 남북지역정부를 포괄한 상징적 형태의 정부로 향후 통일국가를 건설하기 위한 방향에서 남북지역정부를 통일적으로 조절하는 역할을 하며, 대외적으로 민족을 대표하는 유일한 통일국가기구(낮은 단계의 준통일정부)라고 성

66) 위의 책, p. 147.

격지워진다. 그리고 이 기구는 민족공동의 이익에 맞게 통일적으로 남북관계를 조절하는 역할을 한다고 밝히고 있다. 이와 관련하여 장석은 다음과 같이 말한다.

> "김정일장군의 《련방련합제》형성의 기본방향은 남북상방대표의 동수로 민족통일기구를 창설하고 그 아래에 국방, 내정, 외교권을 가진 남북의 두 지역정부가 공존하는 련방국가를 창출하는 것이며 이때의 우리 나라는 초보적인 통일을 달성한 것으로 된다. 김정일장군의 위대한 결단과 예지에 의해 력사적인 6·15남북공동선언이 발표됨으로써 《한》반도정세의 물길은 통일에로 방향을 틀었다. 이제 전 민족은 공동선언에서 천명된 《련방련합제》의 실천으로 그 물길을 통일의 대하로 이끌어 가야 한다."[67]

그리고 『자주통일원년해설자료집』에 따르면, 이 「민족통일기구」가 활동하는 사항은 대략 다음과 같다.

① 통일국가의 헌법, 국기, 국호 등 통일국가의 초석 마련, ② 군사분야: 외부 무기 반입 금지, 상대방을 겨냥한 군사 훈련 중지 및 공격무기의 후방 배치, 대규모 군사 훈련의 상호 통보 등, ③ 외교분야: UN 의석 단일화 조치, 남북이 부의하는 사안에 대한 투표권 행사, 이전에 맺은 각종 국제조약 중 민족적 관점에서 지극히 불리한 조약의 개폐 등, ④ 통일경제 건설에 대한 본격적인 실천(공존·공영·공리의 원칙하에 진행) − 불평등한 조약(IMF/ WTO/FTA 등) 개폐, 분단비용 삭감, 서민 생계비로 전환, 남북 경제협력 본격화, 동북아 경제협력 추진, ⑤ 민족의 동질성을 회복하기 위한 각종의 사업 등등.

그리고 「민족통일기구」는 최고정상회의와 최고민족회의로 구성된다. 최고정상회의 남북한의 수반이 큰 틀의 합의를 이루어내며, 최고민족회의는 남북 동수의 대표단과 적정수의 해외동포 대표로 구성되며, 이의 집행을 담당하는 상설위원회와 공동사무국으로 구성된다(「민족통일기구」의 체계도에 관해서는 〈표 6〉을 참조).[68]

이러한 「민족통일기구」를 견인하는 단체로 '연석회의'와 '범민련'을 들고 있고, 이들을 통해 '범민족 통일전선'의 형성을 주장하고 있다. 이는 결국 북한 주도로 민족통일기구를 조정하며, 통일국가 수립을 견인하겠다는 의도를 내비친 것이라고 하겠다.

---

67) 위의 책, p. 153.

68) 범민련 남측본부, 『자주통일원년해설자료집』(2004.12.27), p. 23; 우성이, "우리민족끼리 열어나가는 자주통일원년" 참조. http://blog.naver.com/usung2?Redirect=Log& logNo=20008967042.

<표 6> 민족통일기구 체계도

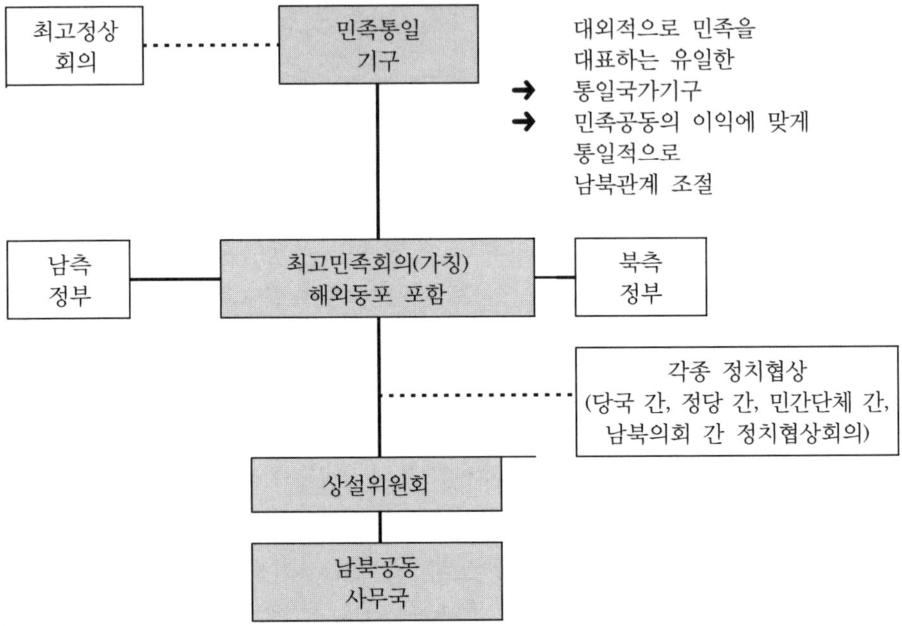

주: 민족통일기구는 대외적으로 민족을 대표하는 유일한 통일국가기구로서 민족공동의 이익에 맞게 통일적으로 남북관계를 조절하는 역할을 하며, 최고정상회의는 향후 통일을 지향하는 방향에서 큰 틀의 합의를 이루어냄.
출처: 범민련 남측본부, 『자주통일원년해설자료집』(2004.12.27).

다. 6·15 민족공동위원회와 「민족통일기구」

2005년 3월 4일 금강산에서 전 민족적이면서도 상설적인 통일운동연대기구로서 이른바 「6·15 공동선언 실천을 위한 남북(북남)해외 공동행사 준비위원회」란 것이 결성되었다. 여기에는 자칭 통일애국인사라는 사람들이 많이 참여하고 있는데, 많은 경우 친북적이고 북한포용적 입장을 취하는 자들이 대부분이다. 이 기구는 6·15 공동선언의 근본이 되는 「우리 민족끼리」 정신을 민간차원에서 구현하고 조국통일을 촉진하기 위해 결성된 것이었다. 이른바 전 민족적인 통일전선을 구축, 발전, 확산시키며, 제2의 6·15시대를 활짝 열겠다는 것이 바로 그것이다.

이 「6·15 공동선언 실천을 위한 남북(북남)해외 공동행사 준비위원회」는 2005년 12월 10일 심양회의를 통해 조직의 명칭을 현실의 발전요구에 맞게 「6·15 공동선언실천민족공동위원회」(약칭: 6·15 민족공동위원회)로 발전시키게 된다. 이와 관련해서 같은 날 「6·15 민족공동위원회 운영규약(안)」[69]이란 것이 채택되었다. 이로써 조직의 성격과 목적, 원칙과 구조, 운영 등의 내용을 담는 규약을 생산해 냄으로써 6·15 민족공동위원회는 조직의 면모를 일신하게 된다(기구 설립에 참여한 관계자들의 설명에 의하면, 2006년 자주통일운동의 새로운 전환을 가져오는 데 대한 의지를 표시하게 되었다고 한다).[70)]

여기서 「6·15 민족공동위원회 운영규약(안)」의 전문을 옮겨본다.

1조 6·15 공동선언실천민족공동위원회의 성격과 목적

1) 6·15 공동선언실천민족공동위원회(이하 6·15 민족공동위원회)는 6·15 공동선언을 실천하여 민족의 화해와 단합, 통일을 이룩하려는 남, 북, 해외의 각 정당, 단체, 인사들을 폭넓게 망라하기 위한 상설적인 통일운동연대조직이다.
2) 6·15 민족공동위원회는 민족의 화합과 통일을 촉진하기 위한 민족공동행사들을 비롯하여 다양한 민간통일운동을 조직하고 집행해나간다.

2조 6·15 민족공동위원회의 조직 원칙과 구조

1) 6·15 민족공동위원회는 6·15 공동선언을 존중하고, 지지하는 남과 북, 해외의 정당, 단체, 인사들로 구성한다.
2) 6·15 민족공동위원회는 남측위원회, 북측위원회, 해외측위원회의 합의에 따라 조직되고 운영된다.
3) 6·15 공동선언실천 남측, 북측, 해외측 각 위원회는 부문별, 지역별 조직들을 둘 수 있다.

3조 6·15 민족공동위원회의 운영

1) 6·15 민족공동위원회는 남측, 북측, 해외측위원회의 공동회의와 공동위원장회의, 실무자회의를 통해 운영한다.
2) 공동회의는 연 1~2회 개최하며 필요에 따라 임시 공동회의를 소집할 수 있다.
   (1) 공동회의는 남측, 북측, 해외측위원회의 합의에 따라 소집한다.
   (2) 공동회의에서는 6·15 민족공동위원회가 주최하는 주요 민족통일행사들과 공동의 통일운동 방향 등을 토의, 결정한다.
3) 공동위원장회의는 남측, 북측, 해외측 위원장이 협의하여 소집하며, 6·15 민족공동위원회의 사업과 운영에 관련된 주요 사안을 조정하고 합의한다.
4) 6·15 민족공동위원회는 공동회의와 공동위원장회의에서 채택된 결정과 합의를 실천하기 위하여 실무자회의를 운영한다.
5) 6·15 공동선언실천 남측, 북측, 해외측위원회는 각기 실정에 맞게 조직 및 운영과 관련한 규정들을 만들 수 있다.

---

69) http://blog.daum.net/park21um/5511000 참조.
70) "6·15민족공동위원회의 기능과 역할을 높여내자," 「6·15시대 청춘예찬」, 번호 24(2006.2.14); http://www.615.or.kr/board/view.php?&ss[fc]=3&bbs_id=colum&page=&doc_num=24.

4조 6·15 민족공동위원회의 공동사무국

1) 6·15 민족공동위원회는 남측, 북측, 해외측위원회 사이의 원활한 의사소통을 위해 공동사무국을 둔다.
2) 공동사무국의 설치시기, 구성 및 기타 운영과 관련한 사항은 남, 북, 해외공동위원장들의 합의에 따른다.

5조 6·15 민족공동위원회 운영규약의 개정

1) 이 운영규약의 개정은 공동회의가 한다.

부 칙

1) 이 운영규약은 2005년 12월 10일 6·15공동위원회 회의에서 통과 즉시 발효한다.

위에서 지적한 바와 같이 「6·15 민족공동위원회」는 "6·15 공동선언을 실천하여 민족의 화해와 단합, 통일을 이룩하는 것을 목적으로 남, 북, 해외의 각 정당, 단체, 인사들로 구성된 상설적인 통일운동연대조직"이다. 이 기구는 어디까지나 민간조직으로서 민족공동행사들을 비롯하여 다양한 민간통일운동을 조직하고 집행하는 것을 주요활동으로 삼고 있다. 따라서 「6·15 민족공동위원회」는 「낮은 단계 연방제안」에서 상정하는 남과 북의 지역정부를 아우르는 「민족통일기구」가 아님은 두말할 것도 없다.

하지만 양자는 전혀 무관하다고 볼 수도 없다. 「6·15 민족공동위원회」의 인적 구성을 보면, 지역적으로는 '남과 북 및 해외'의 동포로 구성되어 있고, 또 기능별로는 정당, 단체, 민간부문의 인사를 두루 포함하고 있다. 즉, 「고려민주련방공화국창립방안」에서 예정하는 「최고민족련방회의」와 유사한 점이 있다고 할 것이다.

더불어 「6·15 민족공동위원회」는 앞으로 「낮은 단계 연방제안」의 「민족통일기구」를 추동하는 구심체 역할을 할 가능성이 높다. 이와 관련, 2005년 8월 15일을 기해 평양에서 열린 8·15 해방 60돌 기념 민족통일대축전 행사 때 남북한 및 해외의 민간대표들 외에도 남과 북의 당국 대표단이 참석한 바 있고, 금년 6월 15일 광주에서 개최될 「6·15 공동선언 6주년 기념 남북공동행사」에도 역시 남과 북의 당국 대표단이 참석하도록 예정되어 있음을 상기할 필요가 있다. 이 같은 사실은 향후 북한 당국의 조종하에 남북한 및 해외의 친북세력 중심으로 이루어진 「6·15 민족공동위원회」가 「낮은 단계 연방」 진입을 위한 구심점으로서의 역할을 자임하고 적극 수행하려 할 것을 예고하는 것이다. 그러기에 우리는 이와 관련한 북한의 대남전략이 어떻게 전개되고,[71] 또 「6·15 민족공동위원회」

71) 이와 관련, 2006년 1월 26일 평양 인민문화궁전에서 개최된 '정부, 정당, 단체 합동회의'에서는 "우리민족끼리 기치 높이 자주통일·반전평화·민족대단합의 「3대 애국운동」을 힘있게 벌여 나갈

가 앞으로 어떤 일을 기획하고 실행하는지를 면밀히 지켜보고 대응전략을 강구해야 할 것이다.

4. 북한 연방제안의 문제점과 노림수

(1) 북한 연방제안의 문제점: 「고려민주련방공화국창립방안」을 중심으로

가. 제도상의 문제점

북한연방제안, 특히 「고려민주련방공화국창립방안」에 포함되어 있는 제도적 측면의 문제점으로는 다음과 같은 것을 들 수 있다.

첫째, 북한연방제안은 사상과 제도의 차이를 인정하는 연방제를 상정하고 있다. 그러나 사상과 제도가 상이한 국가 간의 연방 성립은 역사적으로 그 선례가 없다. 또 실천적인 면에서도 그 실행이 곤란하다. 하나의 헌법으로 이질적인 정치이념을 같이 포용할 수는 없기 때문이다. 특히 민주적 개방체제와 폐쇄적 독재체제는 상호융합이 불가능하다고 할 것이다.

둘째, 북한연방제안은 연방기구 구성상의 문제점을 안고 있다. 즉, 「최고민족련방회의」와 「련방상설위원회」의 구성에 있어서 적당한 수의 해외동포 대표를 참여시키도록 하고 있다. 이것은 통일전선을 형성하여 북한에 유리한 의사결정을 함으로써 연방정부를 장악하려는 의도를 가지고 있다고 판단된다.

셋째, 북한은 연방제 실시를 통일실현의 가장 합리적인 방도라고 주장함으로써 토착인구 비례에 의한 총선거 통일에 반대하고 있다. 하지만 이는 곧 북한이 통일과정에서 민주적 방법을 배제하겠다는 의도를 나타낸 것이다. 반면에 연방제 제의가 인구비례에 의한 선거나 민주적 방식을 배척하는 도구로써 이용되고 있음을 말해주는 것이라고 하겠다.

넷째, 현재로서는 연방제 구성에 필요한 기본조건이 성숙되어 있지 못하다. 우선 남북한 간에 군사적 대치 해소, 상호 신뢰기반 구축의 조건이 미흡하다. 특히 북한은 남북한 간의 직접적인 평화제도화를 거부하고 있다. 곧, 한국전쟁의 실질적 당사자인 남북한 간

데 대하여"라는 내용의 주제를 가지고 토의를 진행한 후, 「온겨레에 보내는 호소문」을 채택하였다. 이 합동회의에서 북한 측은 "우리민족끼리 시대의 새로운 전민족통일련대조직인 ≪6·15 민족공동위원회≫를 더욱 확대 강화하고 그의 기능과 역할을 결정적으로 높여 나감으로써 통일애국역량의 련대를 강화하고 온 민족의 애국적 통일열의를 하나로 모아 나가야 할 것이다"고 선언한 바 있다. 「조선중앙통신」, 2006년 1월 26일자 보도; 통일부 정보분석국, 『주간북한동향』, 제775호(2006. 1.20~2.2), pp. 16-17.

에 평화체제의 구축을 회피하고 아직까지 대미 평화협정 체결을 고집하고 있는 것이다.

다섯째, 북한은 연방제를 통일방안으로 제시하면서도 연방국가의 연방정부의 구성과 기능에 대해서는 구체적으로 언급하지 않고 있다. 단지 제도적 측면에서 연방최고기관으로 「최고민족련방회의」와 상설집행기관으로 「련방상설위원회」를 제시하고 있을 뿐이다.

이 밖에 연방헌법 제정에 필요한 남북한 간의 합의의 어려움과 이를 극복하기 위한 실천적·제도적 방안, 연방헌법 해석기관으로서 연방헌법재판소 설치문제에 관해서는 북한이 아무런 언급도 하고 있지 않다.[72]

나. 운영상의 문제점

「고려민주련방공화국창립방안」에 의한 남북한 연방 구성을 위해서는 체제의 상용성, 가치의 공통성 확보를 통해 필요한 정도의 상호 신뢰를 구축하고 민족적 동질성을 회복하는 과정이 필요하다. 그러나 북한의 연방제안은 이와 같은 과정을 도외시하고 있다. 때문에 설령 남북한 간에 연방이 구성되더라도 효과적인 운영은 매우 불확실하다.

첫째, 1980년 10월 10일 북한이 제안한 「고려민주련방공화국창립방안」에서는 연방정부가 '전반적으로' 사업을 관리하고 지역정부를 '지도'하게 되어 있다. 이는 지나치게 연방정부의 권한을 강화함으로써 구성국인 남한의 고유한 자치권을 침해하고, 구성국의 대내적 사항에 지나친 간섭을 초래할 가능성이 있다.

둘째, 「낮은 단계 연방제」하에서 북한은 남북한 지역정부가 국방, 외교, 입법, 경제업무 등에서 독립성을 유지한다고 강조한다. 그러나 이상의 권한이 구성국에 완전히 허용되는 것인지는 불분명하다. 다분히 선전용일 가능성이 높다. 또한 북한의 연방제에서는 구성국의 '탈퇴권'에 대해 언급하고 있지 않은데, 연방정부의 정책이나 결정에 불만이 있는 지역정부가 탈퇴할 경우 연방이 붕괴될 가능성이 상존한다.

셋째, 「고려민주련방공화국창립방안」의 경우 10대 시정방침 중 제9항에서는 주요 국제문제에 대해서는 연방정부와 지역정부가 협의, 결정하도록 하고 있다. 하지만 양자 간에 의견차나 분쟁이 발생할 경우 이를 조정할 장치가 없으며, 그 결과 대외적으로 통일적인 행동을 하지 못할 가능성이 있다.

넷째, 「고려민주련방공화국창립방안」의 경우 10대 시정방침 중 제7항은 민족연합군의 조직과 함께 남북한의 상비군을 10~15만으로 감축할 것을 규정하고 있다. 하지만 양자 간의 관계는 현재로는 불분명하다. 「낮은 단계 연방제」하에서 지역정부의 국방권을 인정

72) 제성호, 『북한연방제안의 분석 및 평가』, pp. 75-76.

한다고 하고 있는데, 이와 같은 입장이 곧 민족연합군의 조직을 완전히 포기한 것으로 해석하기는 어려울 것 같다. 만일 민족연합군과 더불어 지역정부의 군대보유(내지 군사권)를 인정할 때, 남북한 간의 의견 차이나 분쟁이 평화적으로 해결되지 못할 경우 내란으로 비화할 가능성이 존재한다.

다섯째, 한반도에서 북한이 주장하는 연방제가 실시된다 하더라도 정치·경제적 측면에서 제2차 대전 후 신생국 연방제의 운영사례에서 나타난 순기능이었던 영토확장과 인적·물적 자원 증대에 따른 국가안보의 공고화와 규모의 경제를 이룩하여 통일국가의 발전을 기대하기는 쉽지 않을 것이다. 북한은 현 체제 유지를 위하여 선별적인 교류, 합작을 주장하고 있어 연방제가 실시되더라도 남북한 주민, 특히 남한 주민들의 기대에 부응하지 못하고 좌절감만 증폭시킴으로써 연방국가 구성에 회의를 불러일으킬 공산이 크다. 또한 연방국가를 형성한다 하더라도 사회·문화적 측면에서 민족의 이질성을 극복하려는 정책수행이 현실적으로 어려울 것이며, 남한 측의 정치·경제적 부담만 가중될 위험성이 높다.[73)]

요컨대, 북한이 제안한 연방제에 의해 남북한이 통일이 된다 하더라도 과거 국제사례에서 나타난 긍정적 측면을 기대하기는 어려울 것으로 내다보인다.

(2) 북한연방제안의 전략전술적 성격

가. 북한연방제안의 전략전술적 성격

김일성은 일찍이 1973년 6월 23일 "고려련방공화국의 창설은 나라의 분열을 막고 북과 남 사이의 연계와 '합작'을 전면적으로 실현함으로써 완전한 통일을 앞당기는 길에서 결정적인 국면을 열어 놓게 될 것"이라고 말한 바 있다. 말하자면 연방제를 '합작' 개념과 연결시키고 있는 것이다. 여기서 '합작'이란 힘을 합쳐 사업을 같이하는 것이나, 이것을 대남관계에 적용할 때는 남한의 반공태세를 철폐한 조건에서 북한과 힘을 합쳐 사업을 하는 것을 의미한다.

남북의 현재와 같은 대결관계에서는 설사 다방면의 교류 내지 정치협상이 실현되더라도 상호 대립된 이념 및 체제의 안전보장이라는 울타리 안에서 행동이 제한될 수밖에 없다. 따라서 제휴보다는 경계에 중점이 두어질 것이다. 이런 배경에서 북한은 먼저 대결을 '합작'으로 전환하고 그 가운데서 합법적인 대남침투와 자유로운 활동에 의해 「인민민주주

73) 위의 책, pp. 76-79.

의혁명」을 달성하려고 한다.[74] 연방제는 바로 북한의 이러한 대남전략이 가동될 수 있는 '틀 거리'라 할 수 있고, 또한 지금까지 그와 같이 북한에 의해 이용되고 있다고 하겠다.

이러한 시각에서 볼 때 북한의 「고려민주련방공화국창립방안」은 한마디로 위장 평화통일방안, 즉 대남 적화통일을 은폐하기 위한 선전전술에 불과하다고 할 수 있다. 그 이유를 보다 구체적으로 살펴보기로 하자.

첫째, 북한이 주장하는 '사상과 이념과 제도의 차이를 존중(초월)하는 연방제방식의 통일'이란 겉으로는 그럴듯하게 보이지만, 앞에서도 지적한 바와 같이 이는 실현 불가능한 통일론이다. 정치학적인 측면에서 보더라도, 연방제란 미국(자본주의연방)이나 구소련(사회주의연방)과 같이 체제를 통일해서 하는 것이지 체제를 달리하면서 연방제를 하는 것이 아니기 때문이다. 이는 이론적으로도 불가능하며 역사적 선례도 찾아볼 수 없다.

둘째, 북한의 연방제안은 '국가보안법 폐지, 폭압통치기구(당시 안기부 등 대공수사기관을 지칭) 해체, 북・미 평화협정 체결, 주한미군철수, 모든 정당, 사회단체의 합법화(공산당 합법화를 의미), 남한의 민주정부 수립(용공정권 수립 의미)' 등을 선결조건으로 내세우고 있다. 따라서 이러한 선결조건이 해결되지 않으면 통일을 하지 않겠다는 것이다. 이는 결국 대남 적화통일의 걸림돌을 제거하여 무력통일을 용이하게 하자는 것임을 명백히 말해주고 있다.

셋째, 북한은 연방제 통일의 상대로 한국의 현 정권이 아니라 현 정권을 타도하고 들어서는 '민족자주정권'(또는 자주적 민주정권)을 설정하여, 현재의 대한민국 정부를 배제하고 있다. 여기서 민족자주정권이란 한국정부가 미국에 종속된 식민지 정권이기 때문에 미제를 축출하고 정권을 타도한 후 들어서는 '용공정권'을 지칭하는 것이다.

넷째, 이 방안은 통일국가인 「고려민주련방공화국」 수립 후 남북교류를 실현하자는 것으로 그 선후가 전도된 내용을 포함하고 있다. 게다가 민주적인 통일절차와 방식, 곧 남북 자유총선거의 절차를 완전히 배제하고 있다.

다섯째, 북한은 「10대 시정방침」을 연방제로 통일된 이후에 실시할 방침임을 분명히 하고 있다. 그렇다면 이는 통일방안과는 사실상 전혀 관계가 없는 것이 될 수밖에 없다. 그럼에도 불구하고 북한이 「10대 시정방침」을 함께 제시한 것은 연방제방안이 구체적이고 통일의 미래상을 제시하고 있는 것으로 선전함과 동시에 국내 통일논의 과정에 논쟁거리를 제공하려는 의도에서 비롯됐다고 평가할 수 있을 것이다.[75]

---

74) 위의 책, pp. 70-71 참조.

75) 유동렬, "북한의 통일전략," 『2006 공안사범수사』(서울: 경찰수사보안연수소, 2006), pp. 456-459 참조.

이 밖에 북한연방제안이 위장 평화통일공세 차원에서 제시된 것으로 사회주의 공산화 통일을 위한 중심고리라는 점은 북한의 서적에서도 잘 드러나고 있다. 예컨대, 북한의 대남혁명지침서인 『주체사상에 기초한 남조선혁명과 조국통일리론』(1975)에서 "남조선혁명과 조국통일리론은 남조선혁명을 완수하고 분렬된 조국을 통일하여 조선혁명의 전국적 승리를 이룩할데 대한 리론이다"(7면)라며 통일방안 자체를 혁명의 관점에서 다루고 있다. 또한, 『위대한 주체사상총서 제5권: 사회주의, 공산주의 건설리론』(1985)에서는 조국통일리론(연방제 창립방안)을 소개하면서, 연방제 통일방안이 사회주의-공산주의 건설의 수단으로 활용됨을 분명히 하고 있다. 이상의 점에 비추어 볼 때 「고려민주련방공화국창립방안」 등 북한의 연방제안들은 북한이 대남적화혁명의 일환으로 내놓은 위장 평화통일 방안이라고 결론지을 수밖에 없다고 할 것이다.

나. 「낮은 단계 연방제안」의 함정과 노림수

「낮은 단계 연방제안」은 종래 북한의 연방제안(소위 「높은 단계 연방제안」)과는 달리 연방정부가 행사하던 외교・군사권도 각 지역자치정부가 행사하도록 하고, 다만 연방정부인 민족통일기구에서는 민족공동의 이익에 맞게 통일적으로 남북관계를 조절하는 역할을 한다는 것을 내용으로 함은 전술한 바와 같다. 또한 이 방안에서는 미군철수 등 선결조건을 제시하고 있지 않다는 점이 「높은 단계 연방제안」과 구별되는 특징이다.

그러나 여기서 주목할 것은 6・15 공동선언에서 언급된 '남측의 연합제와 북측의 낮은 단계 연방제의 절충에 의한 통일'이라는 것이 실제는 북한의 진성(眞性) 연방제 통일방안(「높은 단계 연방제」)으로 가기 위한 술책에 불과하다는 사실이다. 북한은 6・15 공동선언 직후 각종 언론보도 등을 통해 이 선언이 북측의 연방제안에 남측이 합의해 준 것이라고 일관되게 선전해 왔다. 그러한 대표적 사례를 들면, 2001년 10월 9일자 북한의 『로동신문』이 "낮은 단계의 련방제안은 련방제로 가기 위한 잠정적 조치"라고 밝힌 데서도 확인된다.

우리가 「낮은 단계 연방제」를 경계해야 하는 이유는 「높은 단계 연방제」와는 달리 이른바 선결조건을 제시하고 있지 않다는 점에 있다. 종래의 「고려민주련방공화국창립방안」의 경우에는 선결조건(미군철수, 국가보안법 철폐, 평화협정 체결, 공산활동 합법화 등)이 제시되어 있어 우리가 수용하기 어려웠다. 그에 비해 「낮은 단계 연방제안」에는 이러한 선결조건이 명시되어 있지 않아 남한주민들이 이를 우호적으로 생각할 수 있다.

바로 여기에 함정이 있다. 남북한이 이른바 '련방련합제(연합연방제) 절충'에 의해 연방제 통일을 하게 되면, 남북이 일단 불완전하나마 1국가를 형성하는 것이 된다. 때문에 먼저 남한에 있는 외국군(미군)의 철수문제가 자연스럽게 제기되게 된다. 종국에는 연방제 틀 거리 내에서 '민족공조 노선'의 결과로 미군이 철수할 수밖에 없다. 또한, 사상과 제도를 서로 인정한다는 명분과 논리에 따라 남한에서 공산당의 활동을 합법화시켜야 한다. 자연히 북한 당국을 고무·찬양하는 이적행위도 처벌대상이 되지 않게 되는 것이다. 우리만 법률·제도상으로 일방적 무장해제당하는 꼴이 된다.

이 밖에도 「낮은 단계 연방」이 구성되면, 외형상 남북한이 초보적인 통일국가가 형성되는바, 이러한 국가구조하에서 남한은 같은 민족이라는 이름과 구실하에 북한에 대해 무조건적인 퍼주기 지원을 할 수밖에 없게 된다. 또, 북한의 인권문제를 제기하는 등 대북 민주화조치를 취하는 데 상당한 제약을 받게 된다. 그러한 행동이나 조치는 민족자해적인 것으로 치부되고 반평화적－반통일적 망동으로 비난받을 수도 있다. 결국 「낮은 단계 연방제」하에서는 남한은 북한의 불량국가적 내지 불법적 행위를 따끔하게 따지지 못하면서, 북한의 '대남 공갈 및 퍼주기 대북지원 구조'가 제도화되게 되는 것이다.

나아가 '련합련방제'라는 느슨한 통일을 한 다음, 우리 내부의 체제보위 장치를 하나 둘씩 해체하여 남한 내부의 군사적 공백과 사회혼란을 조성하고 이를 바탕으로 해서 남한 내부의 사회혁명을 일으키거나, 북한 지역정부에 의한 남한점령(남한 민주화운동 지원과 사회질서 유지 명분 등을 내세워)으로 적화통일을 성사시키려는 의도가 짙게 깔려 있다고 보인다. 만일 북한 측의 의도대로 진행될 경우 「낮은 단계 연방제」는 「높은 단계 연방제」의 실현으로 이어지고, 종국에는 조선로동당에 의한 전조선혁명이 달성되게 될 것이다.

요컨대, '남측의 연합제와 북측의 낮은 단계 연방제의 절충에 의한 통일'은 북한의 대남전략상 '(위장) 평화적 방도'의 일환인 것이며, 「낮은 단계 연방제안」에는 바로 이러한 엄청난 함정이 도사리고 있다고 할 것이다.

제5절 남북한의 통일방안 비교

1. 「민족공동체통일방안」과 「고려민주련방공화국창립방안」 비교: 총론적 관점

앞의 제4절에서 북한의 연방제 통일방안이 갖는 전략적 의도와 전략전술적 측면을 개괄적으로 살펴보았다. 본 절에서는 그와 같은 전략전술적 관점은 일단 무시하고, 이론적 측면에서 「민족공동체통일방안」과 「고려민주련방공화국창립방안」을 비교해 보기로 한다. 이는 제3절과 제4절에서 고찰한 내용을 종합하는 의미가 있을 뿐만 아니라, 다음 절에서 시도하는 남북한 통일방안의 접점도출 노력(6 · 15 남북공동선언 제2항 참조)을 위한 전제가 되는 작업이라고 할 수 있다.

첫째, 통일의 기본철학과 관련, 「민족공동체통일방안」은 자유민주주의를 제시하고 있는 데 비해, 「고려민주련방공화국창립방안」은 주체사상을 기초로 하고 있다. 자유민주주의는 개인의 인격과 가치를 존중하는 기초 위에서 각자의 자유와 창의, 인간 존엄의 발현을 최고의 덕목으로 간주하는 이념이라 할 수 있다. 따라서 자유민주주의는 인간중심적인 이념이며, 본질상 반전체주의적 성향을 지니고 있다.

한편, 북한도 사람이 모든 것의 주인이며 모든 것을 결정하는 주체인 바, 주체사상은 사람을 위해 복무하는 사람중심의 철학사상이라고 설명함으로써 겉으로는 인간중심을 표방하고 있다. 그러나 실제에 있어서는 북한이 말하는 사람이란 모든 북한주민을 말하는 것이 아니라 곧 계급성을 띤 인민만을 의미한다. 따라서 북한에서 사람으로 대접받기 위해서는 수령을 정점으로 하여 수령－당－인민대중이 일체화되어 있는 북한식 사회주의 체제 속에서 이른바 「사회 · 정치적 생명」을 가진 자로 인정되어야 한다. 이처럼 주체사상은 사람을 각자가 인간으로서의 존엄과 가치를 갖는 개체로서의 인간이 아니라 계급적 관념을 전제로 한 집단(전체) 속의 구성원으로만 파악하고 있다. 따라서 주체사상은 본질적으로 개인보다는 집단을 우선시하는 계급중심의 이념이라 할 수 있다.[76)]

둘째, 통일이념에 있어서 「민족공동체통일방안」은 자유민주주의와 국제주의와 조화될 수 있는 「열린 민족주의」를 표명하고 있으나, 북한의 「고려민주련방공화국창립방안」은 주체사상에 입각한 「조선민족제일주의」, 즉 반외세적 · 배타적 · 저항적 성격의 민족주의를 전제로 하고 있다.

셋째, 통일정책의 접근시각과 관련하여, 「민족공동체통일방안」은 남북한의 상호 실체 인정을 전제로 한 민족공동체 형성 및 점진적 · 단계적 통일을 제의하고 있다. 그러나 「고려민주련방공화국창립방안」은 남한의 실체부인의 논리, 즉 「하나의 조선」 논리에 입각한 남조선 혁명과 즉각적인 국가체제의 조립을 통일방식으로 상정하고 있다.

넷째, 남북한은 통일정책의 패러다임으로서 각기 '공동체'와 '연방제'를 설정하고 있다. 남한은 인간중심의 자유민주주의에 기초하여 우리 민족이 어떻게 함께 살아가느냐,

---

76) 주체사상에 대한 보다 자세한 내용에 관해서는 김창하, 『불멸의 주체사상』(평양: 사회과학출판사, 1985); 김정일, 『주체철학에 대하여』(평양: 조선로동당출판사, 2002); 도흥렬, 『김일성 주체사상: 그 사실적 검증』(서울: 남북문제연구소, 1993) 등을 참조.

<표 7> 통일정책의 패러다임

공 동 체 (남)	연 방 제 (북)
○우리 민족이 어떻게 함께 살아가느냐 ○인간중심의 자유민주주의 ○민족공동체의 건설	○어떻게 권력을 배분하느냐 ○계급·집단중심 ○국가체제의 조립

즉 어떻게 하면 평화적인 민족공동체를 건설하고 있는가에 관심을 가지고 있다. 반면, 북한은 계급·집단 중심의 주체사상에 입각하여 어떻게 권력을 배분하느냐, 즉 국가체제의 조립에 관심을 가지고 있다.

다섯째, 통일주체로 「민족공동체통일방안」은 민족구성원 전체를, 「고려민주련방공화국창립방안」은 「조선민족」을 각각 설정하고 있다. 북한이 상정하는 「조선민족」과 이와 연계된 통일개념에는 「반제자주」라는 계급적·폐쇄적 관점이 내포되어 있다.

여섯째, 통일원칙과 관련하여 「민족공동체통일방안」은 「자주·평화·민주」의 3원칙을 제시하고 있다. 그에 비해 북한은 그들이 자의적(恣意的)으로 해석하고 있는 「7·4 남북공동성명」의 「자주·평화통일·민족대단결」이라는 통일 3원칙을 고수하고 있다.

일곱째, 「민족공동체통일방안」은 통일을 '과정'으로 이해하고 있다. 특히 통일과정과 관련하여 「민족공동체통일방안」은 현재의 냉전구조와 대결의식을 극복하기 위해서는 점진적·평화적인 단계를 거친다는 단계적 통일과정의 필요불가결함을 강조하고 있다. 특히 「화해·협력의 단계」를 설정하여 「기본합의서」 및 「부속합의서」가 발효된 남북관계의 현실 상황을 충분히 반영하고 있고, 「남북연합」이라는 과도체제의 설정을 예정하고 있다.

이에 반해 「고려민주련방공화국창립방안」은 중간단계(잠정체제)를 생략한 즉각적인 연방제 통일국가 건설을 지향함으로써 통일과정을 도외시하고 있다. 다만, 1991년 김일성의 신년사 발표 후부터 북한의 연방제안이 과도적 성격의 연방제로 수정되는 양상을 보여주고 있기는 하다. 하지만 이것은 일종의 '시기에 맞춘 전술적 변용'이라고 함이 타당하다고 할 것이다.

여덟째, 「민족공동체통일방안」 자체에서는 과도기구, 통일국가 수립절차를 공식 표명하지 않고 있다. 그러나 이미 「한민족공동체통일방안」이 이에 관해 구체적으로 명시하고 있고(통일헌법안 마련, 국민투표에 의한 통일헌법안 확정, 통일헌법에 따른 총선거 실시, 통일국회 구성과 통일정부 수립 등), 여기에서 설정되어 있는 내용을 견지하고 있는 점에 비추어 통일국가 수립절차는 비교적 합리적이고 분명하다고 할 수 있다.

그러나 북한의 「고려민주련방공화국창립방안」은 통일과정을 무시함으로써 통일에 이르는 과도기구를 제시하고 있지 않다. 다만, 통일국가의 기구로서 「최고민족련방회의」, 「련방상설위원회」를 언급하고 있을 뿐이다. 또 이 방안은 통일국가 수립절차에 관해 「민족통일정치협상회의 개최→통일방안 협의·결→고려민주련방공화국 선포」만을 제시하고 있다. 반면, 평화적 통일의 방법과 절차로서 반드시 있어야 할 전국적인 「총선거」나 「국민투표」 등에 관해 아무런 언급도 하고 있지 않다.

아홉째, 통일국가의 형태와 관련하여 「민족공동체통일방안」은 「1민족 1국가 1체제 1정부」의 단일민주공화국 수립을 궁극적인 통일로 규정하고 있다. 그에 반해 북한은 「1민족 1국가 2제도 2정부」의 연방국가를 통일국가 형태로 규정하고, 제도통일은 후대에 일임한다는 입장을 취하고 있다. 따라서 북한이 제의하는 연방제는 불완전한 통일을 상정하고 있다고 할 수 있다.

열째, 「민족공동체통일방안」은 통일국가의 미래상으로 민족구성원 모두에게 자유·복지·인간 존엄성이 보장되는 통일민주국가 및 「열린 민족주의」의 가치를 제시하는 등 자유민주주의·복지주의·인간존중주의·국제평화주의를 지향하고 있다. 이에 반해 북한의 「고려민주련방공화국창립방안」은 이에 관해 아무런 언급도 하고 있지 않고, 통일국가의 성격 내지 정책추진방향으로 「자주·평화·비동맹의 독립국가」를 제시하고 있을 뿐이다.

열한째, 북한의 「고려민주련방공화국창립방안」은 주한미군 철수·국가보안법 철폐 등 한국이 수용할 수 없는 선결조건을 제시하는 점에서 우리의 「민족공동체통일방안」과 기본적인 차이를 보이고 있다. 이것은 1993년 4월에 발표된 「전민족대단결 10대강령」에서도 마찬가지이다. 남한의 민주화와 「4개 대남요구사항」[77]에서 보는 바와 같이 한국 정부의 자주성 확보 등 북한에게 유리한 통일환경 조성을 연방제 통일의 선결과제로 제시하고, 동 조건이 충족된 후의 남북연방제 실현을 강조하고 있는 것이다.

2. 남측 연합제(남북연합)와 「낮은 단계 연방제」의 비교

여기서는 6·15 남북공동선언 제2항에 명시된 남측 연합제,[78] 즉 「민족공동체통일방안」

---

77) 앞의 주 46) 참조.

78) '남측의 연합제안'이 무엇인가에 대하여 일각에서는 김대중 전 대통령이 재야시절 주장했던 「공화국연합제안」을 의미한다고 주장하기도 한다(이동복 전 남북고위급회담 대표, 김영호 성신여대 교수, 전성훈 통일연구원 선임연구위원 등의 견해). 그러나 전술한 바와 같이 2000년 6월 6·15 남북공동선언 채택 직후 통일부가 작성·배포한 자료 등에서는 남측의 연합제안이 1994년 8월 우리 정부의 통일방안으로 체계화되어, 대내외에 공식 발표된 「민족공동체통일방안」에서 통일과도체제로 상정되고 있는 남북연합 설치구상을 말한다고 시사한 바 있다. 또한 6·15 남북공동선언 채택 이후 박재규 통일부 장관과 임동원 국가정보원장은 남측의 연합제는 「민족공동체통일방안」에서 말하

이 상정하는 「남북연합」과 북측의 「낮은 단계의 연방제안」을 비교하기로 한다.

(1) 남북한 통일방안의 공통점

남측의 연합제안과 북측의 「낮은 단계의 연방제안」을 비교하면 몇 가지 공통점(유사점)이 발견되고 있다.

첫째, 남측의 연합제안과 북측의 「낮은 단계의 연방제안」은 모두 '완전통일'의 형태가 아니라는 점에서 서로 통한다. 남북 양측의 통일방안은 현 단계에서 당장 통일을 실현하는 것은 어렵다는 현실인식을 기초로 점진적·단계적인 방법으로 통일을 추진한다는 면에서 공통점이 있다. 즉, 남과 북이 통일 이전의 과도체제 내지 잠정적인 결합을 거쳐 점차 정치적인 통일로 접근해 나간다는 것이다. 「부진정(不眞正) 국가연합」[79]의 성격을 갖는 「남북연합」은 그 자체 통일 이전의 과도체제를 의미하는 것이고, 낮은 단계의 연방을 거쳐 통일을 이룩하되 제도의 통일은 후대에 일임한다는 북측의 입장은 역시 단계적 통일론의 취지를 언급한 것으로 해석될 수 있다.[80]

둘째, 남과 북은 연합제안 또는 「낮은 단계의 연방제안」에서 각기 대내적으로나 대외적으로 '주권성·독립성을 갖는 정치실체'로서 존재한다.[81] 따라서 남북한은 각기 별개의 정체성(separate identity)을 유지하며, 상호 상대방의 내부문제에 간섭하지 아니할 의무를 진다. 또 남과 북은 외교권과 군사권을 독자적으로 행사하며, 국제무대에서도 개별적으로 활동한다.[82] 어느 일방이 제3국과 각기 체결한 조약관계는 「남북연합」 또는 「낮은 단계의

고 있는 「남북연합」이라는 점을 여러 차례 확인했었다. 이러한 점을 감안해 이하에서는 '남측의 연합제안'은 「민족공동체통일방안」의 「남북연합」을 지칭하는 것으로 이해하고 논지를 전개하기로 한다.

79) 일찍이 독일의 국제법학자 Berber는 통일 이전의 동서독관계를 이른바 전체국가(Gesamtstaat)인 구 독일과의 관련하에서 파악하여 부진정 연방국가(sogenannte unechten Bundesstaat)라고 파악한 바 있다. Friedrich Berber, Völkerrecht, Band Ⅰ(München: C.H. Beck'sche Verlagsbuchhandlung, 1975), §17 참조. 그러나 연방의 본질적 요소는 첫째, 중앙권력(연방중앙정부)의 존재, 둘째, 연방과 구성국 간의 권한배분에 관한 합의(구체적으로 연방헌법에서 정해짐)에 있는데, 동서독관계에서는 이러한 요소를 찾아볼 수 없다. 따라서 부진정 연방국가로 보는 견해는 타당하다고 할 수 없다. 오히려 동서독기본조약 체결 후 양 독일 간에 공동위원회가 설치되어 쌍방 간의 관심사를 조정하는 연합체를 구성했다고 이해함으로써 '부진정 국가연합'(sogenannte unechten Staatenbund, Konföderation)으로 보는 것이 더욱 타당한 이론구성이라고 할 것이다. 배재식, "국가의 유형에 관한 연구－복합국가를 중심으로－," 『서울대학교 법학』, 제26권 1호(1985), p. 95 주 24) 참조.

80) 이서행, 『남북한의 통일정책과 통일방안 비교』(서울: 통일부 통일교육원, 2006), p. 131.

81) 우리 측의 연합제안에서는 남북한이 '완전한 주권'(full sovereignty)을 갖는 것을 전제로 하고 있는데 비해, 북측의 '낮은 단계의 연방제안'에서도 남북한이 완전한 주권을 갖는 것인지에 대해서는 다소 의문의 여지가 있다.

82) 현실적으로 남북한은 유엔 등 국제기구에서 별개의 회원국으로 활동하고 있다.

연방」 구성에 의해 아무런 영향을 받지 않는다. 남북한이 원칙적으로 외교·군사 면에서 독자적인 권한을 행사하지만, 일정 범위 내에서 연합적인 기구를 통해 남북한의 정책(특히 외교·경제·사회·문화부문)을 통일적으로 조정하고 조절하는 것을 인정하는 점도 공통적이라고 하겠다.[83)]

셋째, 연합제안이나 「낮은 단계의 연방제안」은 모두 남북협력체제의 구축(그것이 연합기구인가 아니면 「낮은 단계의 연방」 기구인가 하는 명칭의 차이가 있기는 하지만)을 예정하고 있다. 그리고 이 단계에서 남과 북은 남북협력체제를 통해 경제·사회·문화 등 제 분야의 교류협력을 실시하고, 민족동질성 회복을 위한 노력을 전개하는데, 이것 또한 공통점 내지 유사점이라고 볼 수 있다.

요컨대 북측의 「낮은 단계의 연방제안」은 남북지역정부에 외교·군사권 등을 더 많이 부여하는 내용의 연방제로서 국가연합적 요소가 강하며, 우리의 「민족공동체통일방안」에서 상정하는 「남북연합」과 유사한 측면이 있다고 하겠다.

(2) 남북한 통일방안의 차이점

남측의 연합제안과 북측의 「낮은 단계의 연방제안」 사이에 위와 같은 공통점이 있는 반면, 여전히 적지 않은 차이점이 존재하고 있다(위의 남북한의 통일방안에 대한 "총론적 관점의 비교"에서 다루지 않은 내용을 중심으로 설명하기로 한다).

첫째, 남측의 연합제는 북한을 사실상 국가로서 인정[84)]하고(단 헌법의 영토조항과 「남북기본합의서」 서문에 명시된 남북한 특수관계에 비추어 법률상의 국가승인을 부여하고 있지는 아니하다) 있고, 남북한 정부의 상위에 있는 권력기구의 창설을 고려하지 않고 있다(단지 협의체 성격의 연합기구만을 설치할 것을 예정). 즉, 남측의 연합제안은 「2국가 2체제 2정부」(단, 여기서 2국가라고 함은 한국은 법률상의 국가, 북한은 사실상의 국가를

---

83) 이서행, 『남북한의 통일정책과 통일방안 비교』, p. 132.

84) 여기서 북한을 '사실상 국가로 인정한다'는 것은 국제법상 '사실상의 국가승인'(de facto recognition of state)을 부여한다는 의미가 아니라 어느 정도 북한의 '국가적 실체성'을 승인함으로써 북한을 대화 및 접촉·교류의 상대방으로 인정하겠다는 소위 '사실상의 특별승인'(faktische Anerkennung)을 의미하는 것으로 사용하였다. 이는 '사실상의 국가승인'보다 그 효과 면에서 더 제한적이라고 하겠다. 국가승인법상 「사실상의 승인」은 승인을 부여하는 국가가 원칙적으로 당해 승인이 잠정적·과도적이라는 유보(명시적 의사표시)를 해야 한다. 그렇지 않을 경우 승인행위는 정식승인 또는 법률상의 승인으로 간주된다. 본래 '사실상의 특별승인' 개념은 냉전체제하에서 공산권 국가들 간에 적용되었던 이론인데, 비적성(非敵性) 공산권 국가 또는 북한과의 관계에서 원용할 수 있는 이론이라고 볼 수 있다. Dietrich Frenzke, *Die kommunistische Anerkennungslehre*(köln: Verlag Wissenschaft und Politik, 1972), pp. 178, 180-181 참조.

전제로 한 것이다)의 연합을 상정하고 있다고 할 것이다.

그에 비해 북측의 「낮은 단계의 연방제안」은 연방중앙정부의 설치 — 비록 그것이 상징적 내지 명목적인 것이라 하더라도 — 를 예정하고 있고, 남북한 정부는 지역(자치)정부로 불리고 있다. 따라서 「낮은 단계의 연방제안」은 여전히 「1연방국가 2제도 2지역정부」를 전제로 하되, "연방정부의 권한은 미약, 지역정부의 권한은 강함"이라는 구도를 설정하고 있다고 하겠다.[85)]

둘째, 남측의 연합제안에서는 「남북연합」의 형성 후에도 남북한이 각각 주권적인 정치실체로서 대한민국과 조선민주주의인민공화국이라는 별개의 국호(國號)를 사용하도록 하고 있다. 그에 비해 북측의 「낮은 단계의 연방제안」은 「고려민주련방공화국」이라는 단일국호를 제시하고 있다.[86)]

셋째, 남측의 연합제하에서는 남북한이 국제사회에서 2개의 주권국가로서 활동하고 유엔에도 별개로 가입한다. 그러나 북측은 '낮은 단계의 연방제'하에서 2개의 한국이 단일의석으로 유엔에 가입, 공동으로 활동할 것을 제안하고 있다(1991년 김일성의 신년사 및 동년 6월 2일자 한시해 발언 참조). 북한이 1991년 9월 남북한 유엔동시가입 이전에 우리 측에 대해 남북한의 단일의석 유엔가입을 집요하게 주장한 바 있었던 사실은 바로 그러한 점을 잘 말해주는 것이라고 하겠다.[87)] 그러나 그 같은 제의는 현실성을 결여한 것이었을 뿐만 아니라 남한의 반대로 실현되지 못하였음은 주지하는 바와 같다.

넷째, 남측의 연합제안은 「남북연합」의 기구를 정부대표로 구성할 것을 예정하고 있다. 그에 반해 북측의 '낮은 단계의 연방제안'에서는 남북한 정부의 대표 외에 적당한 수의 해외동포 대표도 연방구성에 참여할 것을 예정하고 있다. 이 부분은 1980년의 「고려민주련방공화국창립방안」에 포함되어 있는 내용이지만, 1991년 김일성 신년사를 비롯하여 90년대 이후의 연방제 수정 움직임에서는 자세한 언급이 없는 대목이다(단, 손성필 주소 북한대사는 약간의 언급을 하였다). 하지만 이에 관해서는 지금까지 기존의 입장과 배치되는 새로운 입장 표명이 없는 상황이기 때문에 북한 측이 기존의 입장을 유지하고 있

85) 이서행, 『남북한의 통일정책과 통일방안 비교』, p. 133 참조.

86) 『로동신문』, 1991년 1월 1일자.

87) 남북한은 1990년 9월 5일부터 6일까지 이틀간 서울에서 개최된 제1차 남북고위급회담에서 유엔가입문제에 관해 쌍방이 대표들을 선정하여 별도의 접촉을 갖도록 하는 데 동의하였다. 그 결과 1990년 9월 18일~11월 9일 사이에 세 차례에 걸쳐 유엔가입문제와 관련한 실무대표 접촉이 판문점 중립국감독위원회 회의실에서 비공개로 열렸다. 이 실무대표 접촉에서 북한 측은 '단일의석하의 유엔공동가입'을 일관되게 주장하였다. 국토통일원 남북대화사무국, 『남북대화』, 제51호(서울: 국토통일원, 1990), pp. 85, 152-164; 국토통일원, 『유엔가입문제 관련 남북한 실무대표접촉 회의록』(서울: 국토통일원, 1990.9), pp. 7-76 참조.

는 것으로 해석될 수 있다고 하겠다.

다섯째, 남측의 연합제는 남북정상회의, 남북각료회의, 남북평의회, 공동사무처 등 4개의 연합기구와 특히 남북각료회의 산하에 5개 상임위원회라는 구체적인 협의·실천기구의 설치를 예정하고 있다. 그에 반해 북측의 「낮은 단계의 연방제」하에서는 연방기구에 관해 아무런 언급도 하지 않고 있다. 단지 「낮은 단계의 연방제안」이 추구하는 「높은 단계의 연방제안」에 해당되는 「고려민주련방공화국창립방안」에서 연방국가로서 「최고민족련방회의」(남북평의회에 상당)와 「련방상설위원회」(남북각료회의에 상당)의 설치만을 명기하고 있을 뿐이다. 따라서 북한 측의 연방제안은 제도적 측면에서 남측의 연합제안보다 구체성을 결여하고 있다.

여섯째, 남측의 연합제하에서는 구체적인 통일방식의 협의·결정, 통일국가 구성절차 등을 「남북평의회」라는 기구(남과 북의 국회의원 100명으로 구성되는 남북연합의회)에서 정하도록 하고 있다. 즉, 국민대표성을 갖는 국회의원들로 하여금 통일국가의 구성방식을 협의·결정할 것을 예정하고 있다. 그러나 북측의 「낮은 단계의 연방제」하에서는 이를 「민족통일정치협상회의」라는 군중집회성 정치협상회의에서 결정하도록 하고 있다. 여기서 민족통일정치협상회의에는 남과 북의 당국, 정당·단체 대표가 참여하도록 되어 있다. 요컨대, 남북 양측의 통일방안에서는 통일방식의 협의·결정을 위한 회의체의 인적 구성이 전혀 다르다.

일곱째, 남측의 연합제안은 「남북평의회」에서의 통일헌법 제정과 그에 따른 민주적 총선에 의한 통일국가기구의 구성을 예정하고 있다. 그에 반해 북측의 「낮은 단계의 연방제안」은 물론 높은 단계에 해당되는 「고려민주련방공화국창립방안」에서도 연방헌법의 제정방법과 절차를 언급하고 있지 않다. 연방헌법은 연방국가 성립의 기초이자 그 골격을 제시하는 틀인데도 불구하고, 북한 측은 이에 관해 아무런 언급도 하지 않고 있는 것이다.[88]

여덟째, 북측 연방제안에서는 연방국가의 운영에 관해 남북 지역자치정부의 장(長, 최고당국자)의 윤번제(輪番制)를 주장한 바 있다. 물론 이러한 제의는 1980년대 초에 행해진 대남제의에서 나타나고 있는데, 연방제 논의가 구체화될 경우 북한 측이 이를 다시 거론할 가능성이 높다. 반면 남측 연합제안에서는 「남북연합」이 그 자체 통일정부가 아니기 때문에 윤번제 운영을 언급하고 있지 않다. 그 대신 대등성을 전제로 남북정상회의의 제도화 및 정례화를 예정하고 있을 뿐이다(남북 양측의 통일방안 비교 종합에 관해서는

88) 제성호, "남북한의 통일방안 비교," p. 211.

〈표 8〉 참조).[89]

〈표 8〉 남 · 북한 통일방안의 비교(종합)

방 안 내 용	한민족공동체 건설을 위한 3단계 통일방안(민족공동체통일방안)	고려민주련방공화국창립 방안(고려연방제통일방안) －북측의 '높은 단계 연방 제안'	북측의 '낮은 단계 연방제안'(6 · 15 남북공동선언 제2항)
통일철학	자유민주주의(인간중심)	주체사상(계급중심)	좌 동
통일주체	민족구성원 모두	프롤레타리아 계급	좌 동
통일원칙	자주 · 평화 · 민주	자주 · 평화통일 · 민족대단결	좌 동
전제조건	없 음	· 국가보안법 폐지 · 공산주의활동 합법화 · 주한미군 철수	· 전제조건 유무 불확실 (단 1991년 김일성 신년사에서는 불가침선언 채택을 언급)
통일과정	화해 · 협력 →「남북연합」→ 1민족 1국가의 통일국가 완성의 3단계 과정 * 민족사회 건설우선 (민족통일 → 국가통일)	즉각적인 연방국가 구성: 통일과정의 측면 무시 * 국가체제 조립우선 (국가통일 → 민족통일)	지역정부에 보다 많은 권한 부여(외교 · 국방권 등) → 연방국가의 점차적 완성 * 제도통일은 후대에 일임
과도체제 및 과도기구	〈「남북연합」기구〉 · 남북정상회의 · 남북각료회의 · 남북평의회 · 공동사무처	없 음	상징적인 연방(낮은 단계 연방) 중앙정부 구성 · 주요 상급(장관급)회담
통일국가 실현방법	남북평의회에서 통일헌법 기초 → 적절한 절차에 의해 통일헌법 확정 · 공포 → 통일헌법에 의한 민주적인 남북한 총선	각계 각층이 참가하는 연석회의 방식에 의한 정치협상	민족통일정치협상회의 개최 → 통일방안 협의 · 결정 →「고려민주련방공화국」 선포
통일국가 형태	'1민족 1국가 1체제 1정부'의 통일국가(국체: 단일국가)	1민족 1국가 2제도 2정부의 연방국가	좌 동
통일국가 기구	통일정부 통일국회(양원제)	최고민족연방회의 연방상설위원회	좌 동
통일국가 미래상	자유 · 복지 · 인간 존엄성이 보장되는 선진민주국가	없 음	좌 동

89) 위의 논문, p. 209.

〈참고 2〉 국제법상 국가연합과 연방국가의 비교

1. 국가연합과 연방국가의 개념

남북공동선언의 제2항에 명기되어 있는 '연합제'와 '낮은 단계의 연방제'는 각각 일반국제법상의 국가연합(confederation) 및 연방국가(federation)와 비슷한 개념이라고 볼 수 있다. 그러기에 이들 방안의 내용을 검토하고, 양자를 서로 비교하기에 앞서 먼저 국제법상의 국가연합과 연방국가의 개념 및 특징을 살펴볼 필요가 있다.

국가연합과 연방국가는 모두 국가결합의 한 형태라는 점에서는 공통적이다. 하지만 그 실질에 있어서 양자는 현격한 차이가 있다.[90)]

먼저 국가연합은 국가평등의 원칙에 따라 복수의 주권국가가 개별적인 법인격(individual legal personality)을 상실하지 않고 자체의 기관을 갖는 새로운 법적 실체(juridical entity)로 결합하는 것을 말한다.[91)] 국가연합은 하나의 새로운 법적 실체로 존재하되, 국제법상의 독립된 인격자(주권을 갖는 독자적인 국제법주체)는 아니다. 국가연합이란 어디까지나 구성국들이 독자적인 법인격자로서 주권과 독립권을 중앙조직에 이양하지 않는 가운데 결합하는 것이기에, 내정에 대한 권한(대내적 권한)은 거의 전적으로 구성국이 보유한다.[92)]

국가연합의 본질은 둘 이상의 국가가 대외적으로 공동보조를 취하기 위해 기능적으로 결합한다는 점에 있다. 이러한 특성에도 불구하고 외교권(대외적 권한)과 군사권은 원칙적으로 국가연합의 구성국이 보유한다. 단지 Congress 또는 Diet로 불리우는 국가연합의 중앙조직[93)]은 예외적으로 조약에서 인정한 범위 내에서 제한적인 외교능력을 가질 뿐이다.[94)] 요컨대, 국가연합에 있어서 중앙조직은 한정된 범위 내의 사항에 관하

---

90) 국가연합과 연방국가의 비교에 관한 국내학자들의 연구로는 김명기, 『남북연방제통일론』, pp. 29-32; 장명봉, "국가연합(Confederation)에 관한 연구－우리의 통일방안의 발전과 관련하여－," 『국제법학회논총』, 제33권 2호(1988), pp. 32-34; 배재식, "국가의 유형에 관한 연구－복합국가를 중심으로－," 『서울대학교 법학』, 제26권 1호(1985), pp. 83-58; 안창호, "연방국가와 국가연합에 관한 일반적 고찰," 『법조』, 통권 530호(2000.11), pp. 108-146 참조.

91) J. H. W. Verzihl, *International Law in Historical Perspective*, vol. 2(Leiden: A. W. Sijthoff, 1969), p. 159.

92) Charles G. Fenwick, *International Law*, 4th ed.(New York: Appleton, Stering Publishers, 1983), pp. 241-242.

93) 1781년 미 대륙 13개 주(州)들 간에 채택된 「국가연합규약」(Articles of Confederation)에 의해 열린 대륙회의(Continental Congress, 북미연합의 회의체)는 각 주가 동등한 권한을 가진 외교사절협의회의 성격을 가지고 있었다. E. Allan Farnsworth, *An Introduction to the Legal System of the United States*, Corrected First Edition(New York: Oceana Publications, 1975), p. 3.

94) Majorie M. Whiteman, *Digest of International Law*, vol. 1(Washington D. C.: United States Government Printing Office, 1963), p. 222.

여 구성국에 대해 법적 구속력을 갖는 결정을 할 권한을 가지며, 그러한 한도 내에서 구성국의 주권에 대한 제약이 있게 된다.[95)]

이에 반해 연방국가는 복수의 지분국(지분국, 연방국가의 경우 구성국은 보통 지분국으로 불린다)으로 구성되는 국가로서 중앙정부(연방정부)만이 완전한 국제적 인격을 향유하고 국제법상의 능력을 가지며, 구성국들은 극히 제한된 특정 사항에 관해서만 국제법상 능력을 갖고 있는 복합적 국제인(composite international persons)을 말한다.[96)] 따라서 연방국가는 그 자체의 정부기관을 갖고, 구성국과 구성국의 인민들에게 직접 통치권을 행사하는 국가이다.[97)] 연방국가의 특징적 요소로는 ① 중앙정부와 지분국 간의 권한배분, ② 헌법상 그러한 권한배분을 제도적으로 보장하는 일정한 수단의 존재, ③ 중앙정부와 지분국 간 일정한 정도의 독자성 인정, ④ 중앙정부 및 지분국 주민에 대한 연방의 직접적인 권력행사 등이 지적되고 있다.[98)] 이 밖에도 연방국가의 징표로서 중앙정부의 외교·군사권 행사[99)] 및 지분국의 국내문제에 대한 독립적 권한(대내적 주권성)을 들 수 있다.[100)]

2. 국가연합과 연방국가의 이동(異同)

국가연합과 연방국가는 모두 국가결합의 한 형태라는 점에서 공통성을 갖는다. 어느 특정 국가를 중심으로 해서 나머지 구성국들이 종속적인 지위에 서지 않고, 모든 구성국들이 서로 대등한 입장에서 결합한다는 점에서 위의 두 가지 국가결합 형태는 유사하다. 또한 국가연합과 연방국가의 경우 공히 구성국들은 결합의 근거와 당위성을 인권보장 및 향상, 외교·안보협력 증대, 경제적 이익의 제고 필요성에서 찾는다.[101)] 다시 말하면 구성국들이 제각기 따로 성립하고 존재하는 것보다는 공동체를 형성함으로써 더 나은 삶을 구가할 수 있다는 믿음하에 결합한다.

---

95) J. H. W. Verzihl, *International Law in Historical Perspective*, p. 159.

96) James Crawford, *The Creation of States in International Law*(Oxford: Clarendon Press), p. 291; Gerhard von Glahn, *Law Among Nations*, 4th ed.(New York: Macmillan Publishing Company, 1981), pp. 63, 65 참조.

97) *Ibid*., p. 64; J. G. Starke, *Introduction to International Law*, 8th ed.(London: Butter－worths, 1977), p. 130.

98) Ivan Bernier, *International Legal Aspects of Federalism*(London: Longman Group Limited Group, 1973), p. 2.

99) 연방국가에 있어서는 외교·군사(국방)권 외에도 통화발행권이 중앙정부의 전속적인 권한으로 유보되어 있는 것이 일반적이다.

100) James Crawford, The Creation of States in International Law, pp. 291-292; 주요국의 연방헌법에 나타나고 있는 연방국가의 특징에 관해서는 권영설, 『자유권 및 공산권 연방헌법 비교연구』, 통일헌법관련연구(3)(서울: 국토통일원, 1982), pp. 1-58 참조.

101) 김명기, 『남북한연방제통일론』, pp. 22, 37-40 참조.

위와 같은 유사점에도 불구하고 국가연합과 연방국가는 실질에 있어서 근본적인 차이가 있다.

첫째, 양자는 복수국가의 결합 시 구성국이 주권을 상실하는가 여부, 즉 주권보유의 면에 있어서 근본적인 차이가 있다. 연방국가의 경우 구성국들을 지배하는 상위권력으로서 새로운 단일주권이 형성되는 데 비해, 국가연합의 경우는 구성국의 주권에 변동이 없다.

둘째, 양자는 국제법상의 인격의 면에서 차이가 있다. 국가연합 자체는 국제적 인격을 가지지 못하며 구성국들이 각기 국제적 인격을 보유하나, 연방국가의 경우 연방 자체만이 국제적 인격을 가지며 구성국은 국제적 인격을 갖지 못한다.[102] 그러므로 연방국가는 국제법상 진정한 의미의 국가(real state)이나, 국가연합은 그렇지 아니하다.[103]

셋째, 양자는 결합근거의 면에서 차이가 있다. 국가연합 형성의 법적 근거는 구성국 간에 체결되는 조약이다. 말하자면 국제법이 결합근거이다. 그러나 연방국가 형성의 법적 근거는 연방헌법, 즉 국내법이다. 따라서 국가연합의 구성국들은 각기 자신의 헌법을 가지나, 연방국가의 구성국들은 모두 단일의 연방헌법에 구속된다. 다만 구성국들도 연방헌법이 인정하는 범위 내에서 자치권 행사를 위한 자신의 헌법(주 헌법)을 가질 수 있다.

넷째, 양자는 존속의 안정성 면에 있어서 차이가 있다. 국가연합은 본질상 한시적·잠정적·과도적 성격을 갖는 국가결합의 형태이다. 이는 이론적 측면에서나 역사적 경험에서 보더라도 그러하다. 미국이나 스위스의 경우에서 보듯이 국가연합이 연방(통일)국가로 이행하는 과정에서 일시적으로 존재했던 사실(1781년~1787년간의 북미연합과 1815년~1948년간의 스위스연합 등)과 1958년 2월부터 1961년 9월까지 이집트와 시리아 간의 국가연합이었던 통일아랍공화국(United Arab Republic: UAR)이 결국 해체되어 각기 단일국가로 환원된 경험은 그러한 사실을 잘 말해주고 있다.[104] 즉, 국가연합은 연방국가 내지 단일국가로 통일되든가 또는 해체의 길로 들어서는 경우가 대부분이다. 그에 비해 연방국가는 미국의 남북전쟁에서 보듯이 연방 구성국 간의 내란이 발생할지라도 연방헌법이 폐지되지 않는 한, 영구적 내지는 반영구적으로 존재하는 국가결

102) 이와 관련, 1933년의 「국가의 권리·의무에 관한 몬테비데오협약」(The Convention on Rights and Duties of States signed at Montevideo) 제2조에서는 "연방국가는 국제법의 관점에서 볼 때 단일의 인격을 형성한다"고 규정하고 있다.

103) J. G. Starke, *Introduction to International Law*, p. 129; Gerhard von Glahn, Law Among Nations, p. 64.

104) Robert Jennings and Arthur Watts(eds.), *Oppenheim's International Law*(9th ed.), vol. 1(London: Longman, 1992), pp. 246-248; Wilfried Fiedler, "Confederations and Other Unions of States," Rudolf Bernhardt(ed.), *Encyclopedia of Public International Law*, vol. 10(Amsterdam: North-Holland, 1986), pp. 60-61; 장명봉, 『국가연합사례연구』, 통일대화정책개발자료 86-7(서울: 국토통일원 남북대화사무국, 1986), pp. 19-42, 90-101 참조.

합이라고 할 수 있다.

다섯째, 양자는 주민의 국적 면에서 차이가 있다. 국가연합의 경우 구성국 국민은 국가연합의 국적이 아니라 소속국(당해 구성국)의 국적을 갖는다. 이에 반하여 연방국가의 경우 각각의 구성국의 국민은 그 구성국의 국적을 갖는 것이 아니라 연방국가의 국민으로서 공통의 단일국적을 갖는다.

여섯째, 양자는 대내적 통치권의 면에서 차이가 있다. 국가연합의 경우 주민들에 대한 대내적 통치권(입법권·행정권·사법권)은 각 구성국들이 행사한다. 특히 국민들이 부담하는 납세의 의무는 국가연합 자체에 대해 지는 것이 아니라 그 구성국에 대해 지는 것이다. 그리고 군사권(병력의 보유 및 군통수권)과 통화발행권은 각 구성국들이 가지며, 국가연합 자체는 그러한 권한을 갖지 못한다. 다만 군사적으로 공동의 행동을 취할 수는 있다.

이에 반해 연방국가의 중앙정부는 구성국과 구성국의 주민들에 대해 직접 대내적 통치권을 행사한다. 또한 구성국들도 연방헌법이 정하는 바에 따라 자체의 대내적 통치권을 행사한다.[105] 예컨대, 주민들이 부담하는 납세의 의무는 연방국가 자체와 구성국에 대해 공히 지게 되는 것이다. 그에 따라 연방국가의 경우에는 대내적 통치권 행사와 관련하여 연방과 구성국 간에 권한배분의 문제가 발생하게 된다. 그리고 연방국가의 경우 군사권[106]과 통화발행권은 연방 자체만이 갖는다.

일곱째, 양자는 대외적 통치권의 면에서 차이가 있다. 국가연합의 경우 외교권을 비롯한 대외적 통치권(조약체결, 외교사절의 파견·접수, 선전포고와 강화의 권리 등)은 원칙적으로 구성국들이 행사하되, 국가연합은 그 설립문서(조약)가 인정한 범위 내의 특정사항에 관해서만 대외적 통치권을 행사한다.[107] 반면 연방국가의 경우 원칙적으로 중앙정부가 대외적 통치권을 행사하며, 지분국들은 대외적 통치권을 행사하지 못한다. 단 조약체결의 경우 연방의 지분국들이 연방정부의 동의를 얻어 타국과 조약을 체결하는 예외적 사례[108]들이 없지 않다.[109]

---

105) Majorie M. Whiteman, *Digest of International Law*, p. 384; J. G. Starke, *Introduction to International Law*, p. 130.

106) 국가연합의 경우 구성국이 병력을 보유하며, 국가연합은 자체의 병력을 보유하지 않는다. 그에 반해 연방국가는 연방중앙정부만이 병력을 가지며, 구성국은 병력을 보유하지 않는다.

107) Gerhard von Glahn, *Law Among Nations*, p. 63.

108) 독일연방공화국(통일독일)의 기본법 제32조(외교관계) 3항에서는 "주가 입법에 관한 권한을 갖는 때에는 주는 연방정부의 동의를 얻어 외국과 조약을 체결할 수 있다"고 규정하고 있다. 헌법재판소, 『독일통일 관련 연방헌법재판소의 판례 및 기본법개정에 관한 연구』(서울: 헌법재판소, 1996), p. 492. 미국 헌법 제1조 10항 (1)호는 원칙적으로 "어떤 주든지 조약동맹 또는 연합을 체결하거나 … 할 수 없다"고 하고, 동 (3)호는 "어떤 주든지 합중국 의회의 동의 없이는 … 외국과 협정 또는 협약을 체결하거나 … 할 수 없다"고 규정하고 있다. (3)호를 반대해석하면 합중국 의회의 동의가 있으면, 주도 외국과 조약을 체결할 수 있다는 것이 된다. 미국헌법연구소, "미합중국헌법 역문," 『미국헌법연구』, 제2호(1991), pp. 353-354. 미연방헌법 제1조 10항 (3)호의 반대해석에 의

여덟째, 국가연합의 경우 구성국이 행한 국제법 위반행위에 대해 국가연합이 국제책임을 지지 않는다. 어디까지나 국제법 위반행위를 행한 직접 당사국(국가연합의 1 구성국)만이 국제책임을 지며, 당해 행위와 무관한 다른 구성국은 아무런 책임을 지지 않는다. 이에 반해 연방국가의 경우 연방 자신의 국제법 위반행위 외에 지분국들이 행한 국제법 위반행위에 대해서도 책임을 진다.[110)]

이상의 내용을 정리·도표화하면 〈표 9〉와 같다.

〈표 9〉 국가연합과 연방국가의 비교

번호	기준	국가연합	연방국가
1	주권보유	• 국가연합: × • 구 성 국: ○	• 연방국가: ○(상위의 단일주권창설) • 구 성 국: ×(주권 소멸)
2	국제법인격	• 국가연합: × • 구 성 국: ○	• 연방국가: ○ • 구 성 국: ×
3	결합근거	조약(국제법)	연방헌법(국내법)
4	존속의 안정성	한시적·잠정적·과도적 결합	영구적 또는 반영구적 결합
5	주민의 국적	• 구성국의 개별국적 보유	• 연방국가의 단일국적 보유
6	대내적 통치권(1): 주민 통치권 및 과세권	• 국가연합: × • 구 성 국: ○	• 연방국가: ○ • 구 성 국: ○ ※ 양자 간 권한배분문제 발생
	대내적 통치권(2): 군사권 및 통화발행권	• 국가연합: × • 구 성 국: ○	• 연방국가: ○ • 구 성 국: ×
7	대외적 통치권	• 국가연합: △ • 구 성 국: ○ ※ 국가연합도 제한적인 외교권 행사 및 군사적인 통일행동 가능, 또한 제한적인 범위의 국제적 합의 가능	• 연방국가: ○ • 구 성 국: × ※ 원칙적으로 외교권 행사는 불가능하나, 조약체결의 경우 예외 존재(미국, 독일 등)
8	국제책임	• 국가연합: × • 구 성 국: ○	• 연방국가: ○ • 구 성 국: ×
9	무력충돌(구성국 간)	전쟁(국제법상의 문제)	내란(국내법상의 문제)

하면 미합중국 동의가 있을 경우, 평시에 주도 군대를 보유할 수 있고, 전쟁행위를 수행할 수 있도록 되어 있다.

109) J. G. Starke, Introduction to International Law, p. 130. 과거 구소련연방하에서 지분국이었던 백러시아공화국과 우크라이나공화국은 유엔 총회에 자신의 대표를 참석시키고 표결권을 행사하였으며, 일정한 범위의 조약을 외국과 체결하는 등 상당한 범위의 외교권을 갖고 있었다. 그러나 소련연방이 해체된 후 오늘날 연방국가의 지분국이 외교사절 파견·접수권을 행사하는 경우는 거의 없다. 지분국들이 예외적으로 대외적 통치권을 행사하는 경우에 관해서는 山本草二, 『新版 國際法』(東京: 有斐閣, 1994), pp. 46, 233 참조.

110) G. G. Fenwick, International Law, p. 243.

제6절 남측 연합제와 북측 '낮은 단계 연방제'의 접점 도출방안

1. 남북한 간 통일방안의 접점도출을 위한 법제도적 준비

(1) 법제분야의 준비와 뒷받침

가. 「남북관계 발전법」의 제정

전술한 바와 같이 「남북기본합의서」 서문에서는 남북한관계를 '나라와 나라 사이의 관계가 아닌 통일을 지향하는 과정에서 잠정적으로 형성된 특수관계'라고 명시하고 있다. 여기서 남북한 특수관계는 이중성, 잠정성, 상호성과 대등성, 역동성(점진적 발전성) 등의 특성을 갖는다고 함은 이미 살펴본 바와 같다. 특히 남북한관계의 이중성은 '대외적으로 1민족 2국가(사실상의 국가), 대내적으로 1민족 2체제'의 이원성을 갖는 것뿐만 아니라, 북한의 지위가 한국과의 관계에서 형사법적 측면에서는 반국가단체로, 그리고 교류법적 측면에서는 남북교류협력의 상대방, 민족통일을 위한 동반자라는 양면성을 의미하는 것으로 풀이된다.

향후 남북한관계의 진전에 보조를 맞추어 우리가 진실로 북한의 정치실체를 인정하고 함께 통일을 만들어 나가야 할 동반자로 받아들일 자세가 되어 있다면, 북한의 실체부인의 논리를 바탕으로 하고 있는 현행 법체계를 대폭 수정하거나[111] 또는 그것이 어렵다면 헌법 제3조 영토조항의 존치를 전제로 보다 통일지향적인 대북 법인식을 내포하는 가칭 「남북관계 발전법(혹은 기본법)」을 새로이 제정하는 방안을 검토할 필요가 있다. 그럼으로써 대북정책 및 남북한관계의 현실과 현행 법체계 간의 괴리를 줄여 나가는 것이 바람직하다고 하겠다.

이러한 조치는 정부가 대북정책을 제도화된 틀 속에서 객관적이고 투명하게 추진할 수 있는 제도적인 기반이 되는 것으로서 매우 중요한 의미를 갖는다고 할 것이다. 아울러 「남북관계 발전법」 제정은 민족통일의 과정에서 야기될 수 있는 사회 구성원들 간의 이념적 대립(이른바 남남갈등)을 조화롭게 해결하는 한편, 국민적 합의와 지지하에 일관성 있는 대북 및 통일정책을 창출하는 데 도움이 될 것이다. 이와 관련, 노무현 정부 아래서 정부와 여당이 「남북관계 발전을 위한 법률」 제정을 적극 추진, 결실을 맺은 것은 시의적

111) 이 경우 헌법 제3조 영토조항, 국가보안법, 북한을 괴뢰, 그리고 북한지역을 미수복지구라고 표현하는 법령 등을 우선적으로 고려할 수 있을 것이다.

절한 조치였다고 할 것이다.

그동안 필자를 포함해 학계에서는 「남북관계 발전법」을 제정할 경우, 이 법에 다음과 같은 내용을 포함시켜야 한다고 주장하여 왔다.

첫째, 전향적·통일지향적인 입장에서 북한의 법적 지위에 관한 규정을 두어야 한다. 그러한 법적 지위 규정으로 다음과 같은 내용을 예시할 수 있다. "대한민국은 분단국으로서 한반도 내에 2개의 정치실체가 존재함을 인정한다. 북한은 우리와 대등한 정치실체로서 함께 통일을 이루어 나가야 할 민족동반자이다(제×조 제1항)." "남한과 북한 사이의 관계는 나라와 나라 사이의 관계가 아닌 통일을 지향하는 과정에서 잠정적으로 형성되는 특수관계이다. 대한민국은 필요 시 남북 쌍방 간의 관계에 대해 '1민족 2체제'의 지위를 부여할 수 있다(제×조 제2항)." "대한민국은 「남북기본합의서」의 체제인정·존중 정신에 따라 북한당국이 자기 측 지역에 대해 관할권을 가짐을 인정하며, 북한의 내부문제와 시책에 간섭하지 아니한다(제×조 제3항)." 다만, 우리 헌법 제3조와의 법적 관련성과 정치·외교적인 논란 가능성을 고려해서 제2항에서 대외적으로 「1민족 2국가」 부분을 명시하지 않는 것이 바람직하다. 그 대신 국제무대에서 사실상 그러한 취지의 관행을 축적해 나감으로써 상호 대외적인 실체를 인정하여 정치적 신뢰를 쌓아 나가는 것이 더욱 적절하다.

둘째, 북한주민의 법적 지위에 관한 규정은 대한민국의 인적 관할권을 축소하는 것이기는 하나, 지금까지 북한주민에 대해 통치권을 행사하지 못한 현실에 비추어 볼 때 「남북한관계기본법」을 제정할 경우, 법현실에 맞게 북한주민의 법적 지위에 관한 규정을 두는 방안을 긍정적으로 생각할 필요가 있다. 예컨대, "대한민국은 조국의 평화적 통일이 실현되기 전까지 또한 남북한이 달리 합의하지 않는 한, 군사분계선 이북지역에 거주하는 주민(이하 북한주민이라 한다)에 대한 인적 관할권은 북한당국이 행사함을 인정·존중한다. 그러나 북한주민은 어떠한 경우에도 외국인으로 취급되지 아니한다"는 규정이 그러한 예가 될 수 있을 것이다.

한 가지 유념할 것은 통치권이란 표현은 북한의 국가성을 인정할 여지가 있으므로 가능한 한 사용하지 않고, 인적 관할권이란 용어로 표기하는 것이 타당하다는 점이다. 이와 같은 북한주민의 법적 지위에 관한 규정은 북한주민이 탈북·귀순해 올 때 우리 국민으로 취급할 수 있는 가능성을 허용하면서, 동시에 남북 간 인적 교류과정에서 북한주민(행정 및 당관료 포함)이 남한에 체류 중일 때 우리 측이 관할권을 행사하지 못하는 현실(현실적으로 북한주민은 非國民)을 반영하는 장점을 갖고 있다고 할 것이다.

셋째, 남북합의서 체결의 권한 및 주무부처를 명시해야 한다. 대통령은 일반적으로 대외적 대표권을 가지며, 국제법적 의미의 조약을 체결·비준하는 권한을 갖는다. 남북합의서 체결권도 기본적으로 국가원수인 대통령의 권한이다. 그러한 점에서 대통령이 남북합의서의 체결권자라는 사실과 더불어, 대통령은 법률이 정하는 바에 따라 권한 있는 정부대표에게 남북합의서 체결의 권한을 위임할 수 있음을 명기하도록 해야 한다. 아울러 남북한 특수관계를 고려할 때 남북한 간 합의서 체결사무는 통일부가 이를 전담하도록 하는 것이 타당하다. 일반 외국과의 조약체결사무는 외교통상부가 담당하고 있으나, 남북한 간의 합의서에 대해서는 원칙적으로 외교통상부가 개입하지 않는 것이 바람직하다. 또한 그것이 「남북기본합의서」 및 6·15 남북공동선언의 정신에도 부합하는 것이라고 할 것이다.

넷째, 남북합의서의 법적 성격 및 효력에 관한 규정을 두어야 한다. 남북합의서는 필요 시 '나라와 나라 사이의 관계가 아닌 통일을 지향하는 과정에서 잠정적으로 형성되는 특수관계'에 있는 북한과 특수조약(treaty sui generis)으로 체결될 수 있음을 명기해야 한다.[112] 그러나 앞으로도 사안의 성질상 법적 구속력을 갖는 합의보다 정치적 선언이나 신사협정으로 체결함이 더욱 상당하다고 할 경우가 적지 않을 것이다.

그런 점에서 특수조약 체결의 가능성을 인정함에도 불구하고 과거에도 그랬던 것처럼 장래에 있어서도 남북한이 신사협정을 얼마든지 체결할 수 있음을 분명히 해야 할 것이다. 이러한 점을 고려해서 '필요 시' 하는 수식어를 붙인 것이다. 아울러 특히 중요한 남북한 간의 특수조약에 대하여는 국회의 비준동의를 거쳐야 한다는 점을 규정해야 한다.

다섯째, 그동안 남북한이 여러 가지 합의서를 체결했음에도 불구하고 북한 측의 불성실한 태도 때문에 제대로 이행되지 않는 것들이 적지 않다. 민족통일의 대장전이라고 불리는 「남북기본합의서」는 그 대표적인 예라 할 수 있다. 앞으로도 '남한은 이행, 북한은 불이행'이라는 상황에 직면할 가능성은 충분히 존재한다. 북한이 합의서를 이행하지 않는데도 우리 측만 합의서에 구속되어 일방적으로 이행하는 불균형적인 사태는 적절치 못하다. 마땅히 그에 대한 대응조치를 강구해 두어야 한다. 이런 점을 감안해서 상대 측이 남북합의서를 중대하게 위반할 경우, 우리 측이 당해 합의서의 (작용)정지에 관한 조항을 두는 것이 바람직하다. 이와 관련, 조약의 작용(효력)정지에 관한 법리는 조약법에 관한 국제법상 일반적으로 널리 인정되고 있는 원칙이라고 할 것인바, 이를 남북한관계에 준용하여 남북합의서의 정지에 관한 규정을 두는 것은 필요하고도 또한 매우 의미 있는 조치라고 할 것이다.

노무현 정부와 17대 국회가 이 같은 「남북한관계기본법」 제정의 필요성에 대한 학계의 주장과 국민여론을 수용해, 2005년 12월 29일 「남북관계 발전에 관한 법률」을 법률

112) 여기서 '필요 시'라는 단서(제한)를 부가한 것은 남북한 간의 모든 합의서를 반드시 법적 구속력을 갖는 특수조약으로 체결해야 하는 것은 아니라는 점 때문이다.

제7763호로 제정하였다. 자세한 내용 분석은 생략하기로 한다.

〈자료 6〉 남북관계 발전에 관한 법률

(2005.12.29 법률 제7763호로 제정, 2006.6.30 시행)

제1장 총칙

제1조 (목적) 이 법은 「대한민국헌법」이 정한 평화적 통일을 구현하기 위하여 남한과 북한의 기본적인 관계와 남북관계의 발전에 관하여 필요한 사항을 규정함을 목적으로 한다.

제2조 (기본원칙) ① 남북관계의 발전은 자주 · 평화 · 민주의 원칙에 입각하여 남북공동번영과 한반도의 평화통일을 추구하는 방향으로 추진되어야 한다.

② 남북관계의 발전은 국민적 합의를 바탕으로 투명과 신뢰의 원칙에 따라 추진되어야 하며, 남북관계는 정치적 · 파당적 목적을 위한 방편으로 이용되어서는 아니 된다.

제3조 (남한과 북한의 관계) ① 남한과 북한의 관계는 국가 간의 관계가 아닌 통일을 지향하는 과정에서 잠정적으로 형성되는 특수관계이다.

② 남한과 북한 간의 거래는 국가 간의 거래가 아닌 민족내부의 거래로 본다.

제4조 (정의) 이 법에서 사용하는 용어의 정의는 다음과 같다.

1. "남북회담대표"라 함은 특정한 목적을 위하여 정부를 대표하여 북한과의 교섭 또는 회담에 참석하거나 남북합의서에 서명 또는 가서명하는 권한을 가진 자를 말한다.
2. "대북특별사절"이라 함은 북한에서 행하여지는 주요 의식에 참석하거나 특정한 목적을 위하여 정부의 입장과 인식을 북한에 전하거나 이러한 행위와 관련하여 남북합의서에 서명 또는 가서명하는 권한을 가진 자를 말한다.
3. "남북합의서"라 함은 정부와 북한 당국 간에 문서의 형식으로 체결된 모든 합의를 말한다.

제5조 (다른 법률과의 관계) 이 법 중 남북회담대표, 대북특별사절 및 파견공무원에 관한 규정은 다른 법률에 우선하여 적용한다.

제2장 남북관계 발전과 정부의 책무

제6조 (한반도 평화증진) ① 정부는 남북화해와 한반도의 평화를 증진시키기 위하여 노력한다.

② 정부는 한반도 긴장완화와 남한과 북한 간 정치 · 군사적 신뢰구축을 위한 시책을 수립 · 시행한다.

제7조 (남북경제공동체 구현) ① 정부는 민족경제의 균형적 발전을 통하여 남북경제공동체를 건설하도록 노력한다.

② 정부는 남북경제협력을 활성화하고 이를 위한 제도적 기반을 구축하는 등 남한과 북한 공동의 경제적 이익을 증진시키기 위한 시책을 수립·시행한다.

제8조 (민족동질성 회복) ① 정부는 사회문화분야의 교류협력을 활성화함으로써 민족동질성을 회복하도록 노력한다.

② 정부는 지방자치단체 및 민간단체 등의 교류협력을 확대·발전시켜 남한과 북한 간 상호이해를 도모하고 민족의 전통문화 창달을 위한 시책을 수립·시행한다.

제9조 (인도적 문제 해결) ① 정부는 한반도 분단으로 인한 인도적 문제 해결과 인권개선을 위하여 노력한다.

② 정부는 이산가족의 생사·주소확인, 서신교환 및 상봉을 활성화하고 장기적으로 자유로운 왕래와 접촉이 가능하도록 시책을 수립·시행한다.

제10조 (북한에 대한 지원) ① 정부는 인도주의와 동포애 차원에서 필요한 경우 북한에 대한 지원을 할 수 있다.

② 정부는 북한에 대한 지원이 효율적이고 체계적이며 투명하게 이루어질 수 있도록 종합적인 시책을 수립·시행한다.

제11조 (국제사회에서의 협력증진) 정부는 국제기구나 국제회의 등을 통하여 국제사회에서 남북공동의 이익을 증진시킬 수 있도록 노력한다.

제12조 (재정상의 책무) 정부는 이 법에 규정된 정부의 책무를 이행하기 위하여 필요한 재원을 안정적으로 확보하기 위하여 노력한다.

제13조 (남북관계발전기본계획의 수립) ① 정부는 남북관계발전에관한기본계획(이하 "기본계획"이라 한다)을 5년마다 수립하여야 한다.

② 기본계획은 통일부장관이 남북관계발전위원회의 심의를 거쳐 이를 확정한다. 다만, 예산이 수반되는 기본계획은 국회의 동의를 얻어야 한다.

③ 기본계획에는 다음 각 호의 사항이 포함되어야 한다.

1. 남북관계 발전의 기본방향
2. 한반도 평화증진에 관한 사항
3. 남한과 북한 간 교류·협력에 관한 사항
4. 그 밖에 남북관계발전에 필요한 사항

④ 통일부장관은 관계중앙행정기관의 장과 협의를 거쳐 기본계획에 따른 연도별 시행계획을 수립하여야 한다.

⑤ 기본계획 및 연도별 시행계획을 수립한 경우 통일부장관은 이를 국회에 보고하여야 한다.

제14조 (남북관계발전위원회) ① 기본계획, 그 밖에 남북관계 발전을 위한 중요사항을

심의하기 위하여 통일부에 남북관계발전위원회(이하 "위원회"라 한다)를 둔다.
② 위원회는 위원장 1인을 포함하여 25인 이내의 위원으로 구성하며, 제3항 제2호의 위원의 임기는 2년으로 한다.
③ 위원장은 통일부장관이 되고, 위원은 다음 각 호의 자가 된다. 다만, 제2호의 위원 중 7인은 국회의장이 추천하는 자로 한다.
1. 대통령령이 정하는 관계중앙행정기관의 차관급 공무원
2. 남북관계에 대한 전문지식 및 경험이 풍부한 자 중에서 위원장이 위촉하는 자
④ 위원회에 간사 1인을 두되, 간사는 통일부 소속 공무원 중에서 위원장이 지명하는 자가 된다.
⑤ 위원회의 구성·운영 등에 관하여 필요한 사항은 대통령령으로 정한다.

제3장 남북회담대표 등

제15조 (남북회담대표의 임명 등) ① 북한과 중요사항에 관하여 교섭 또는 회담에 참석하거나 중요한 남북합의서에 서명 또는 가서명하는 남북회담대표의 경우에는 통일부장관이 관계기관의 장과 협의한 후 제청하고 국무총리를 거쳐 대통령이 임명한다.
② 통일부장관은 북한과의 교섭 또는 회담 참석, 남북합의서의 서명 또는 가서명에 있어 남북회담대표가 된다.
③ 제1항 및 제2항의 경우를 제외한 남북회담대표는 통일부장관이 임명한다.
④ 대북특별사절은 대통령이 임명한다.
⑤ 2인 이상의 남북회담대표 또는 대북특별사절을 임명할 경우에는 서열을 정하고 수석남북회담대표 또는 수석대북특별사절을 지정하여야 한다.
⑥ 그 밖에 남북회담대표 및 대북특별사절의 임명 등에 관하여 필요한 사항은 대통령령으로 정한다.
제16조 (공무원의 파견) ① 정부는 남북관계의 발전을 위하여 필요한 경우 공무원을 일정기간 북한에 파견하여 근무하도록 할 수 있다.
② 공무원의 파견과 근무 등에 관하여 필요한 사항은 대통령령으로 정한다.
제17조 (정부를 대표하는 행위금지) 이 법에 의하지 아니하고는 누구든지 정부를 대표하여 다음 각 호의 어느 하나에 해당하는 행위를 할 수 없다.
1. 북한과 교섭 또는 회담하는 행위
2. 북한의 주요 의식에 참석하는 행위
3. 북한에 정부의 입장과 인식을 전달하는 행위
4. 남북합의서에 서명 또는 가서명하는 행위
제18조 (지휘·감독 등) ① 통일부장관은 남북회담대표 및 파견공무원의 임무수행, 남

북회담 운영에 관하여 필요한 지휘·감독을 한다.

② 남북회담대표 및 파견공무원의 임무수행, 남북회담 운영 등 그 밖에 필요한 사항은 대통령령으로 정한다.

제19조 (공무원이 아닌 남북회담대표 등에 대한 예우) 정부는 공무원이 아닌 자를 남북회담대표 또는 대북특별사절로 임명한 때에는 대통령령에 의하여 예우를 하고 수당을 지급할 수 있다.

제20조 (벌칙 적용에 있어서의 공무원 의제) 공무원이 아닌 자가 남북회담대표 또는 대북특별사절로 임명되어 이 법에 의한 직무를 수행하는 때에는 「형법」 제127조 및 제129조 내지 제132조의 적용에 있어서는 이를 공무원으로 본다.

제4장 남북합의서 체결

제21조 (남북합의서의 체결·비준) ① 대통령은 남북합의서를 체결·비준하며, 통일부장관은 이와 관련된 대통령의 업무를 보좌한다.

② 대통령은 남북합의서를 비준하기에 앞서 국무회의의 심의를 거쳐야 한다.

③ 국회는 국가나 국민에게 중대한 재정적 부담을 지우는 남북합의서 또는 입법사항에 관한 남북합의서의 체결·비준에 대한 동의권을 가진다.

④ 대통령이 이미 체결·비준한 남북합의서의 이행에 관하여 단순한 기술적·절차적 사항만을 정하는 남북합의서는 남북회담대표 또는 대북특별사절의 서명만으로 발효시킬 수 있다.

제22조 (남북합의서의 공포) 제21조의 규정에 의하여 국회의 동의 또는 국무회의의 심의를 거친 남북합의서는 「법령 등 공포에 관한 법률」의 규정에 따라 대통령이 공포한다.

제23조 (남북합의서의 효력범위 등) ① 남북합의서는 남한과 북한 사이에 한하여 적용한다.

② 대통령은 남북관계에 중대한 변화가 발생하거나 국가안전보장, 질서유지 또는 공공복리를 위하여 필요하다고 판단될 경우에는 기간을 정하여 남북합의서의 효력의 전부 또는 일부를 정지시킬 수 있다.

③ 대통령은 국회의 체결·비준 동의를 얻은 남북합의서에 대하여 제2항의 규정에 따라 그 효력을 정지시키고자 하는 때에는 국회의 동의를 얻어야 한다.

부칙 〈제07763호, 2005.12.29〉

① (시행일) 이 법은 공포 후 6월이 경과한 날부터 시행한다.

② (경과조치) 이 법 시행 전에 국회의 동의를 받아 체결·비준한 남북합의서는 이 법에 의한 남북합의서로 본다.

나. 「남북교류협력법」의 정비

남북한이 6 · 15 남북공동선언 제2항에 따라 남북 양측 통일방안의 접점 도출을 추진할 때 이를 위한 기반조성 차원에서 현행 「남북교류협력법」에 대한 대폭 손질을 하는 것도 필요하다고 생각된다. 현행 「남북교류협력법」 체제를 개편할 경우 그것은 교류규제법이 아니라 명실공히 교류촉진법으로서의 제 기능을 수행하도록 해야 한다. 그러기 위해서는 「남북교류협력법」이 남북교류협력에 관한 기본법으로서의 기능을 수행할 수 있도록 편제부터 바꾸어야 할 것이다.

주지하는 바와 같이 현행 「남북교류협력법」에서는 남북교류협력에 관한 절차에 관하여 단지 30개의 조문만을 두고 있다. 이것은 인적 · 물적 교류와 협력에 관한 사항을 포괄적으로 규정하고 있는 것에 어울리지 않는 것이며, 이 때문에 그동안 체계성의 면에서 불충분하다는 비판을 받아 왔다. 조문나열식의 법과는 달리 시행령은 장별 편성으로 되어 있는데, 이 점에서도 법률과 시행령이 균형을 이루지 못하고 있다. 「남북교류협력법」의 규정 내용의 다양성에 비추어 「남북화해 · 협력기본법」이라는 새로운 입법을 추진할 경우에는 장 · 절의 편성을 도입함으로써 기본법으로서의 위상에 걸맞는 체제를 갖추도록 해야 한다.[113)]

또한 현재 「남북교류협력법」과 그 하위법령인 「남북교류협력법 시행령」에 명시된 내용 중 중요한 사항은 대폭 법률로 끌어올려 규정해야 할 것이다. 그리고 상위법에서 구체적으로 위임된 범위 내에서 시행령을 마련하고 이를 집행함으로써 법치주의에 입각한 남북교류협력 추진을 제도적으로 뒷받침하도록 해야 한다.[114)] 이와 함께 남북 화해 · 협력의 독자성 확보를 위해 다른 법령의 준용을 최소화하는 한편, 현행 「남북교류협력법」 제26조에 의거하여 준용되는 법률의 관계규정을 가능한 한 동법에 흡수하여 규정하도록 해야 한다. 부득이 다른 법률을 준용할 경우에는 준용법률만을 열거할 것이 아니고 준용법률의 조문을 구체적으로 명시해야 한다.[115)]

이 밖에도 현재와 같이 여러 가지 유형의 다양한 남북한 간의 협력사업을 모두 「협력사업」이라는 범주 속에 포함시켜 일률적으로 규율하는 것은 타당하지도 않으며, 또한 적

---

113) 박윤흔, "「남북기본합의서」 이행에 따른 남북교류협력법령의 보완과 그 발전방향," 서울대학교 법학연구소, 『남북교류협력의 본격화과정에서 제기될 법적 문제점 및 대책』, 법학연구소 주최 세미나 주제발표문(1992.9.25), p. 33.

114) 오준근, "남북교류 · 협력에 관한 현행법제와 그 개선방향," 『통일문제연구』, 제4권 1호(1992), p. 46 참조.

115) 위의 논문, pp. 43, 48; 장명봉, "남북기본합의서 · 부속합의서 실천에 따른 국내법적 문제," 『통일』, 통권 제135호(1992.12), p. 51.

절하지 않은 점이 있다. 따라서 앞으로 「남북교류협력법」을 정비할 경우, 새 법에서는 인적 교류·물자교역·합작투자·공동개발 등 경제교류협력에 관한 구체적 양태별로 나누어 규정해야 할 것이다. 이 점은 인적 교류의 경우에도 마찬가지이다. 현재는 인적 교류를 북한주민 접촉과 북한방문으로 나누어 규정하고 있으나, 이러한 구분은 지나치게 단순한 것이라고 하겠다. 북한주민 접촉도 회합의 경우와 정보통신수단을 사용하는 경우에 엄청난 차이가 있다. 그런 점에서 북한주민 접촉을 단순접촉, 통신에 의한 접촉으로 대별하고, 후자를 다시 ① 우편통신교류, ② 전신·전화, ③ 인터넷을 활용한 컴퓨터통신 등 정보통신교류 등으로 나누어 규정토록 해야 한다. 그리고 남북교류 활성화 차원에서 현행과 같이 일률적인 승인제를 지양하고, 북한주민 접촉신청에서부터 신고제로 전환토록 해야 할 것이다.

다. 초보적인 군사적 긴장완화 추진을 위한 남북합의서 채택

남북한은 6·15 남북공동선언의 정신에 따라 다방면의 교류협력을 확대하고 인도적 문제를 지속적으로 해결해 나감으로써 정치적 신뢰를 쌓는 것이 무엇보다 중요하다. 또한 제2차 남북장관급회담에서 합의한 바와 같이 남북국방장관회담을 개최하여 군사적 긴장완화를 위한 조치를 협의·실시해 나가야 한다.[116] 남북국방장관회담에서는 예컨대, 군사당국자 간 직통전화 설치·운영이나 군인사교류와 같은 군사적 신뢰구축조치를 우선적으로 실시해 나갈 수 있을 것이다. 뿐만 아니라 당면현안으로 제기되고 있는 서울−신의주간 경의선 철도연결을 위해서는 비무장지대 내의 지뢰제거가 필요불가결한바, 이에 관한 구체적인 조치에 합의하는 것도 가능할 것으로 생각된다. 남북한이 현실적으로 가능한 것부터 시작해서 꾸준히 군사적 긴장완화를 위한 조치를 취해 나간다면, 이는 실질적인 평화조성에 상당한 기여를 하게 될 것이다. 물론 이를 위해서는 남북장관급회담이나 남북군사실무회담을 통해 군사분야의 합의서를 생산해야 하며, 이 과정에서 법학자 및 법률실무가들의 지원이 신속하고도 체계적으로 이루어져야 한다.

---

116) 2000년 9월 1일 제2차 남북장관급회담의 결과 채택된 공동보도문에서는 "남과 북은 긴장을 완화하고 평화를 보장하기 위하여 노력한다. 이와 관련하여 쌍방 군사당국자들이 회담을 조속한 시일 내에 가지도록 협의한다"고 규정하고 있다. 제2차 남북장관급회담 공동보도문 제2항. 통일부, "제2차 남북장관급회담 개최결과 해설자료," 『통일속보』, 제2000-8호(2000.9.2), p. 9. 이에 따라 남북한은 2000년 9월 17일 같은 달 25일부터 26일까지 제주도에서 제1차 남북국방장관회담을 열기로 최종 합의하였다. 『조선일보』, 2000년 9월 18일, p. 1.

(2) 당국 간 협의체 가동을 통한 남북협력체제 구축방안

가. 기본방향

남북한이 통일방안의 접점을 도출하여 남북협력체제(후술하는 '남북연합' 진입 준비체제 또는 초보적인 민족공동체, 이는 '6·15 남북공동선언체제'라고 부를 수 있을 것이다)를 형성·구축해 나갈 때 다음과 같은 방향성과 원칙을 견지해야 한다고 본다.

첫째, 우리 측의 연합제안에 기초하여 남북한 통일방안의 공통적인 부분을 추출, 구체적인 접점을 도출하도록 해야 한다.

둘째, 점진적·단계적 통일론의 기조하에서 양측 통일방안의 내용 중 쉬운 것, 필요한 것, 합의도출이 가능한 것부터 접점도출을 모색해야 한다.

셋째, 접점도출이 원칙적·총론적인 합의에 그치지 않고 구체적인 이행·실천을 확보하도록 함으로써 남북한관계 개선 및 통일기반의 여건 조성에 기여하도록 해야 한다.

나. 남북공동선언에 기초한 남북협력체제 구축

북측의 '낮은 단계의 연방제안'에서 상정하는 중앙연방정부(최고민족연방회의와 연방상설위원회)의 기능은 우리 측 연합제안에서 상정하는 남북정상회의, 남북각료회의 및 남북평의회가 수행하는 기능과 유사한 것이라고 볼 수 있다. 이러한 점을 고려하면서 우리 측은 접점을 찾을 수 있는 부문부터 남과 북이 대등한 입장에서 참여하는 연합적 기구들을 설치·운영해 나가야 한다. 남북한이 협력체제를 구축할 때에는 남북 동수의 당국대표 참여 원칙을 견지해야 할 것이다.

우리 측은 남측 연합제안에 명시된 기구구성을 목표로 하여 먼저 현재 가동 중인 남북장관급회담을 정례화한 다음, 이를 기반으로 해서 남북장관급회담 산하에 부문별 협의체를 구성해야 할 것이다. 그리고 그러한 협의체의 상설적인 운영을 통해 남과 북의 정책을 조절 내지 조정함으로써 상호 정치적 신뢰구축을 쌓아나가는 한편, 이를 통해 장차 우리 측 연합제안에서 상정하는 남북각료회의로의 진입을 준비하도록 해야 한다. 이러한 전략은 우리 측이 북측의 예상되는 '우선적인 중앙연방정부 구성 제의'[117]를 우회 내지 무력화하면서, 실질적인 남북협력체제(이것은 후술하는 '남북연합'과는 다른 것이다)를 만들

---

117) 북한 측은 남북공동선언의 제2항을 근거로 '낮은 단계의 연방제'하에서도 우선 상징적인 차원의 중앙연방정부를 구성하자고 제의해 올 가능성이 있다. 이와 같은 예상이 현실화될 경우 북측은 '낮은 단계'이든 '높은 단계'이든 연방제를 실현하기 위해서는 중앙연방정부가 — 당장 강한 통제력을 행사하는 것은 아니더라도 — 상징적 또는 통일지향적인 노력의 가시화 차원에서 필요하다는 주장을 할 것으로 관측된다.

어 가는 장점이 있다고 생각된다.

남북장관급회담 산하에는 정치, 경제, 사회·문화, 군사 등의 공동위원회를 설치·운영하여 사실상 「남북기본합의서」 이행체제를 가동시켜야 한다. 이와 함께 주요 국제기구 및 다자 간 협력기구의 회의에서 수시로 남북외무장관회담을 개최하여 쌍무적인 협력관계를 유지하고,[118] 남북국방장관회담[119]의 활성화 및 정례화를 모색함으로써 남북각료회의 산하 5개 분야별 상임위원회(정치·외교, 군사, 경제, 사회·문화, 인도)로의 발전을 준비해야 할 것이다. 그리고 김정일의 서울 답방이 실현되면, 이를 계기로 남북정상회담의 정례화를 모색해야 한다. 남북정상회담의 정례화는 「남북연합」 체제로의 진입 전에 우리 측 연합제안에서 예정하고 있는 남북정상회의의 조기실현을 의미하는 것으로서 매우 중요한 조치라고 할 것이다.

남북한의 국회의원을 비롯한 정치인 교류도 조심스럽게 추진하는 것이 바람직하다. 이와 관련, 남북정상회담 중 김대중 대통령을 수행한 우리 국회의원들이 북한 측에 남북국회회담 개최를 제의한 것으로 전해지고 있다. 사실 지난 1980년대 2차례 남북국회회담 예비접촉이 열린 전례가 있는 만큼 우리의 노력 여하에 따라서는 북한이 성의 있는 자세로 호응해 올 가능성이 있다.[120] 남북한 국회의원들 간의 만남은 아니었지만, 노동당 창건 55주년 기념행사에 우리 측 인사들이 방북, 참석한 것과 같은 정치인 교류는 앞으로 남북국회회담 개최 분위기 조성에 다소나마 기여할 수도 있을 것이다. 남북한관계 진전에 맞추어 우리 측이 먼저 남북국회회담 개최를 위한 예비회담을 선제의하는 것도 고려할 필요가 있다.

---

118) 2000년 7월 27일 태국 방콕에서 개최된 아세안지역안보포럼(ASEAN Regional Forum: ARF)에 남북외무장관이 모두 참석하였는데, 이를 계기로 하루 전날인 7월 26일 남북외무장관회담이 분단 이후 처음으로 열리게 되었다. 동 회담의 결과 남북한의 외무장관은 공동보도문을 채택하여 "… 쌍방은 남북공동선언을 바탕으로 남북 간에 화해와 협력을 증진시키기 위해서 대외관계와 국제무대에서 상호 협조해 가기로" 합의하였다. 2000년 7월 26일자 '남북외무공동발표문' 참조. 『조선일보』, 2000년 7월 27일, p. 3.

119) 2000년 9월 25일부터 26일까지 제주도에서 사상 최초로 남북국방장관회담이 개최되었다. 이 회담에서 남북국방장관은 경의선철도 및 개성－문산 간 4차선 도로 개설을 위한 군사적 차원의 지원문제를 논의하였고, 이를 뒷받침하기 위해 11월 초 남북한의 군사실무자들이 접촉하기로 합의하였다. 특기할 것은 남북국방장관회담 결과 발표된 공동보도문에서는 경의선 철도연결사업과 관련, 비무장지대 안에 인원과 차량, 기자재의 출입을 허가하고, 안전을 보장키로 하였으며(제3항), 철도와 도로주변의 군사분계선과 비무장지대를 개방하여 남북관할지역을 설정하는 문제는 정전협정에 기초하여 협의·추진할 것을 약속하고 있다(제4항)는 점이다. 통일부, 『제1차 남북국방장관회담 개최결과 해설』(서울: 통일부, 2000.10.6) 참조.

120) 통일원 남북회담사무국, 『남북국회회담 쌍방주장 비교－예비접촉(1985), 준비접촉(1988～1990)』(서울: 통일원, 1996). 남북국회회담 추진을 위한 세부적인 구상에 관해서는 제성호, "남북국회회담 추진방안," 『의정연구』, 제5권 1호(1999), pp. 168-193 참조.

중·장기적으로 우리 측은 남북국회회담 개최를 정례화하고, '남북연합' 설치 시 이를 남북평의회로 발전·대체시키도록 해야 한다. 남북국회회담의 운영과 관련해서는 공동의 장제로 회의를 주재하는 것이 좋을 것이다.

한편 북측의 제 정당·사회단체연석회의 등 군중집회성 정치협상회의 개최 주장에 대해서는 민족화해협력범국민협의회와 북측의 민족화해협의회 간 또는 통일연구원(외교안보연구원, 통일정책연구소 등 관련 기관 포함 가능)과 조국통일연구원 등 국책연구기관 간의 민간급 대화, 그리고 그동안 해외에서 간헐적으로 개최되어 온 민간통일포럼(한국통일학술포럼, 한반도통일연구회 등)을 통해 남북한의 학자 및 통일운동가들이 민족의 단합문제, 평화적 통일문제 등을 논의하여 남북한 당국에 건전한 정책대안을 제시할 수 있도록 지원하는 것으로 대체하는 것이 바람직하다.[121)]

다. 남북협력체제하에서의 기능적 결합 추진

남북협력체제, 즉 남측 연합제와 북측 '낮은 단계 연방제' 간의 접점을 모색하여 만들어 내는 협력체제는 기본적으로 남과 북이 외교권 및 국방권을 독자적으로 행사하되, 특정문제에 대해서는 당국 간의 협의를 통해 통일적으로 조절·조정하는 체제를 가리키는 것이 될 것이다(그것은 전술한 바와 같이 「6·15 남북공동선언체제」라고도 할 수 있을 것이며, 이전 정부하에서 강조되어 왔던 「남북기본합의서체제」와 유사한 것이 될 것으로 보인다). 조정의 대상은 반드시 외교·군사에만 한정되는 것은 아니며 다양한 분야를 포괄한다. 그러나 우리 측은 외교·경제 등 덜 민감한 분야에서부터 결합을 추진하고, 상호의 존도를 제고해 나가는 방향으로 남북협력체제를 구축·운영해 나가는 것이 보다 현실적인 방안이 될 것이다. 다음에서는 외교·군사·경제·사회·문화 등의 남북협력체제 구축에 관해 간단히 살펴보기로 한다.[122)]

(가) 외교분야

현 단계에서 우리 측은 남북한이 외교권의 독자적 행사를 전제로 국제무대에서 최대한의 외교적인 협력을 모색할 수 있다. 이를 위해서는 대외적으로 남북 간 협의체를 구

121) 이는 한·일포럼이나 한·미 안보포럼과 같은 국제적인 민간차원의 협의방식을 남북한 간에도 적용하는 것을 의미하며, 남북한 당국은 이러한 민간급 대화협의체가 활성화되도록 지원함으로써 남북한관계 개선에 활용하는 것이 바람직하다.

122) 제성호, "남북 법·정치공동체 형성방안," 성신여자대학교 사회과학연구소, 『민족공동체 형성과 통일방안』, 2000년도 교수 통일문제 세미나 발표문집(2000.10.12), pp. 43-48. 필자는 남북협력체제 구축 내지 남북 간 법·정치공동체 형성 시 견지해야 할 원칙으로서 ① 민족우선의 통일지향 원칙, ② 상호체제 인정과 존중원칙, ③ 민족상생과 민족복리 증진의 원칙, ④ 점진적·단계적 통합원칙: 평화적 변경원칙, ⑤ 합의 이행·준수의 원칙을 제시한 바 있다. 위의 논문, pp. 36-38.

성・운영하여 공동의 대외정책 추진을 모색하는 것이 시급하다고 할 것이다. 이와 관련, 앞에서 언급한 바와 같이 남북한은 2000년 7월 27일 남북외무장관은 아세안지역안보포럼에서 회동하여 앞으로 국제무대에서 상호 협력하기로 한다는 내용의 공동보도문을 채택하였다. 이 같은 남북외무장관 합의에 따라 앞으로 남북한은 국제무대에서 상호 협력하는 체제를 구축해 나갈 수 있을 것이다. 그러기 위해서는 무엇보다 남북한 외무당국 책임자 간의 만남이 자주 이루어져야 한다. 우선 아세안지역안보포럼, 아시아태평양경제협력체(Asia Pacific Economic Cooperation: APEC) 등을 비롯한 주요 국제무대에서 남북외무장관 회담을 지속적으로 개최하고 사실상의 정례화를 모색해야 한다. 또한 뉴욕, 제네바, 비엔나 등 주요 국제기구 본부가 소재하는 국가에서 '남북대사협의체'를 구성・운영하는 것이 필요하다.[123] 이렇게 하여 남북한의 공관이 주재하는 국가에서 남북한 간의 연락 채널을 구축, 상시적인 협조관계를 유지함으로써 국제사회에서 민족의 존엄과 국가이익을 극대화할 수 있다.

국제무대에서 외교분야의 남북협력을 위한 구체적인 방안으로는 예컨대 유엔 총회 결의안을 남북 공동명의로 발의・제출하거나 국제회의 연설문 공동작성, 회의에 대비한 상호 입장과 의견의 교환・조율 등의 부문에서 협조하는 것을 생각해 볼 수 있다.[124] 2000년 10월 17일 제55차 유엔 총회에 '한반도의 평화・안보・통일'이라는 의제를 공동으로 발의하였는데, 이는 유엔외교 사상 남북한이 공동으로 총회에서 토의할 의제를 발의한 것일 뿐만 아니라, 유엔 총회 결의안 초안을 작성하는 데 있어서도 공동보조를 취한 최초의 사례로 기록되고 있다.[125] 앞으로도 남북한은 국제무대에서 이와 유사한 협력을 계속 확

---

123) 이와 관련, 1992년 2월 1일 당시 주 제네바 유엔 한국대표부의 박수길 대사는 현지의 이철 북한대표부 대사를 오찬에 초청하여, 남북한 대사 간의 월 1회 정례협의를 제안한 바 있었다. 이에 대해 이철 대사는 대사 간 접촉뿐만 아니라 참사관급의 접촉에도 동의한다는 입장을 표명하였다. 이는 필자가 1992년 말 당시 외교통상부의 관련 실무자들과의 면담에서 확인한 내용이다.

124) 전술한 1992년 2월 1일의 남북한 대사 접촉에서 이철 북한대사는 향후 양측이 남북대사협의체를 통해 협력할 분야로서 종군위안부문제에 관련한 대일 공동입장 조정, 일본의 핵무장 견제, 「한반도 비핵화공동선언」의 국제기구 공식문서화 배포 등을 제시했었다. 그 후 1992년 3월 30일 제네바 주재 박수길 한국대사와 이철 북한대사가 영어와 불어로 번역된 「남북기본합의서」와 「한반도 비핵화공동선언」에 각기 서명한 후 공식문서로 배포・회람될 수 있도록 이 두 문서를 당시 개회중인 유엔군축회의(Conference on Disarmament) 사무국에 제출하였다. 『동아일보』, 1992년 3월 21일, p. 2; 제성호, "기본합의서의 법적 성격과 효력," 『국제법학회논총』, 제37권 1호(1992), p. 170 각주 67.

125) 『조선일보』, 2000년 10월 18일, p. 2. 유엔 총회는 「한반도의 평화・안보・통일」이라는 제목의 결의안을 검토한 후 2000년 10월 31일 이를 총회결의로 정식 채택하였다. 총 150개국이 공동발의한 이 결의문은 첫째, 남북정상회담과 6・15 남북공동선언 채택을 지지・환영하며, 둘째, 남북한에 평화통일의 확고한 기반을 마련할 것을 권고하고, 셋째, 한반도 평화에 대한 국제사회의 지지와 지원을 요청하는 등의 내용을 골자로 하고 있다. 이러한 한반도 통일지지에 관한 총회 결의는

대·발전시켜 나가야 할 것이다.

또한 유엔 총회와 경제사회이사회 및 그 산하기관 또는 유엔전문기관 등을 비롯하여 주요 국제기구에서 공동의 대외정책을 추진할 수도 있다. 가령 종군위안부문제, 동해의 영어표기문제와 같이 민족적 권익의 옹호가 필요한 분야에서 공동보조를 취하는 것은 그 대표적인 예가 될 수 있을 것이다. 뿐만 아니라 주요 국제기구에서 공통의 이해관계 사항 또는 어느 일방의 이익에 관한 사항에 대해서는 타방의 이익이 현저하게 침해되지 않는 한 공동보조(예컨대 동일한 방향의 투표를 실시)를 취하는 것도 적극 검토할 필요가 있다.

국제무대에서 남북한이 경제적 분야의 협조를 추진하는 것도 가능하다. 이와 관련해서 북한의 IMF, IBRD, ADB 등 주요 국제기구 가입 지원, WTO 등 국제사회에서 남북교역의 민족내부교류성 인정 확보를 위한 긴밀한 협력, UNDP 후원의 두만강지역개발계획 추진과정에서 공동보조 및 행정적인 지원 등이 우선적으로 고려될 수 있다.[126)]

(나) 경제분야

현재 남북장관급회담 산하의 남북경제협력 추진기구인 남북경제협력추진위원회를 본격 가동하여 민족경제의 균형적 발전과 남북한 간의 경제공동체 형성을 촉진하는 데 우선적인 노력을 기울여야 한다. 이를 위해 먼저 경의선철도 연결을 통한 물류비용 절감 및 남북 간 철도수송체계 구축과 더불어 개성공단 조성사업을 통한 남북자유무역지대(경기북부와 개성공단 연결), 남북관광자유지대(설악산-금강산관광지구 등), 남북상품교역장(장단지구 또는 철원지구 등) 등을 설치하여 초보적인 경제통합을 추진해야 한다. 이와 같은 경제특구에서는 무관세교역, 출입 및 통관 시 절차간소화, 기타 각종 편의 및 특혜 부여 등을 인정해야 한다.

또한 남북한은 위와 같은 경제교류와 더불어 제한적인 전력지원을 추진할 수 있을 것이다. 이를 바탕으로 해서 초보적인 남북경제통합을 모색하는 한편, 북한경제 현대화계획 수립을 지원토록 해야 할 것이다. 아울러 남북협력체제하에서 남북한은 제3국에서 공동출자 형식의 합작투자와 남북한 주민의 해외인력 송출도 적극 모색할 필요가 있다.[127)]

남북대화의 중요성을 국제사회의 결집된 의사로 재확인하고 남북한이 당사국으로서 평화통일 지지를 공식적으로 천명했다는 점에서 중요한 의미를 갖는다고 하겠다. "남북한 통일지지 유엔 총회 결의안 만장일치 채택(종합)," 『연합뉴스』, 2000년 10월 31일자; "의미있는 유엔의 한반도 결의안," 『연합뉴스』, 2000년 11월 1일자 참조.

126) 제성호, 『남북한 특수관계론: 법적 문제와 그 대책』, p. 111. 백영옥, 『국제기구를 통한 남북한 교류·협력 증대방안 연구』, 연구보고서 94-36(1994), pp. 84-90 참조.

127) 박순성, "「민족발전공동계획」의 경제분야 실천방안," 『남북화해협력의 실천지표: 민족발전공동계획』, 세미나시리즈 95-02(서울: 민족통일연구원, 1995.8), pp. 113-122.

(다) 사회 · 문화 · 체육분야

남북한은 남북장관급회담 산하에 사회·문화협력추진위원회를 설치하여 남북사회·문화교류를 활성화시킬 수 있는 다양한 방안을 강구·추진할 수 있다. 비무장지대 내에서 민속제, 음악제, 8도음식제 등 남북공동의 이벤트성 행사를 지속적으로 개최함으로써 민족동질성 회복 및 통일문화의 형성을 촉진하는 것은 그 대표적인 예가 될 수 있다. 또한 민족구성원(예컨대, 남북한의 교수 및 대학생들 또는 작가 및 예술인들)이 만남과 교류를 통해 자연스럽게 민족동질성을 회복하고 통일의지를 함양하도록 하는 사업을 추진할 수 있을 것이다.[128] 그러한 방안으로 예컨대 비무장지대 내 3.8선과 휴전선이 마주치는 지역에 가칭 「백범통일광장」을 설치하고,[129] 여기에서 남북한의 민간학자들이 양측 통일방안 간의 수렴문제와 DMZ의 평화적 이용문제 등을 토의하도록 주선하는 것을 고려할 수 있다.[130] 나아가 이곳을 남북한의 어린 청소년들이 통일의지를 고양하는 장소로도 활용할 수 있을 것이다.

체육분야의 경우 남북 단일팀을 구성하여 주요 국제경기대회에 참가하고, 경평축구 부활, 도핑기술 지원 등 다양한 남북체육교류를 제도적 차원으로 끌어올려 활성화시켜야 할 것이다. 이와 관련, 2000년 시드니 올림픽 개막식에서 남북한의 선수단이 동시 입장한 것은 향후 남북체육교류의 전망을 밝게 해주는 것으로 받아들여진다.

나아가 남북한 당국은 해외동포들이 가능한 한 많은 남북공동의 행사를 개최하여 친남 및 친북으로 갈라진 교포사회의 고질화된 갈등 및 반목을 줄이고, 하나의 민족사회로

---

128) 이와 관련, 2001년 8월 15일부터 21일까지 평양에서 열린 민족통일 대축전 행사기간 중 우리 측의 「평화촌(Peace Camp) 개최 추진위원회」(가칭)는 조선문학예술총동맹의 장철 위원장과 동년 10월 경의선 철도의 연결지점인 비무장지대 내의 적절한 지점에서 규모와 일정에 상관 없이 남북한의 작가 및 예술인들이 참여하는 평화촌 행사 개최에 대해서 합의한 것으로 알려지고 있다. 장명봉, "2001 평양 민족통일대축전의 평가," 통일연구원 발표문(2001.9.12), p. 4. 하지만 아직까지 이 같은 평화촌 행사 개최에 관한 합의가 이행되지 않고 있다. 그러나 앞으로 이 같은 민간 차원의 합의 실천을 위해 정부와 민간단체가 함께 다각적인 노력을 기울일 필요가 있다고 생각된다.

129) 이와 관련, 1994년 8월에 설립된 해외동포 통일운동단체인 「한반도통일연구회」(필자는 1994.8~1998.8간 이 단체의 사무총장을 역임하였다)는 과거와 현재의 민족분단선인 3.8선과 군사분계선이 교차하는 지점, 즉 판문점 북동북 방향에 위치한, 경기도 두일리와 대덕산리 및 마지리 사이의 비무장지대에 가칭, 「백범통일광장」 건설을 추진할 것을 제의한 바 있다. 이 단체는 1999년 8월 독일 프랑크푸르트에서 열린 제5회 조국통일에 관한 국제학술토론회에서 남북한 당국에 보내는 건의문을 채택, "3.8선을 베고 쓰러질지언정 단독정부 수립에 협력하지 않겠다"는 백범 김구 선생의 뜻을 받들어 남북공동으로 비무장지대 내에 「백범통일광장」을 건설할 것을 제안하면서, 남북한 양측 당국의 협조를 요청하였다. 『연합뉴스』, 1999년 8월 24일자; 『세계일보』, 1999년 8월 25일, p. 25.

130) 비무장지대의 단계별 평화적 이용방안에 관해서는 제성호, 『한반도 비무장지대론』(서울: 서울프레스, 1997), pp. 99-155 참조.

통합함으로써 민족동질성을 회복하도록 지원해야 한다. 그러한 방안으로서 ① One Korea Parade 행사,[131] ② 한민족의 날 제정 및 실시 등을 고려할 수 있다.

(라) 군사분야

정치·경제·사회·문화 등의 분야에서의 교류협력 및 통합 진전과 더불어 남북한은 지금까지 1차례밖에 열리지 않은 남북국방장관회담을 다시 열고, 이를 지속적으로 개최(정례화)되도록 해야 한다. 남북국방장관회담 산하에는 실무자로 구성된 남북군사실무회담을 두고, 이러한 실무회담을 수시로 개최하여 남북한 간의 세부사항 협의 및 실천을 담당할 수 있을 것이다.

남북국방장관회담 및 남북군사실무회담에서는 군사분야의 가능한 교류협력을 추진하되, 무엇보다 먼저 군사직통전화 설치·운영, 군인사교류, 주요 군사훈련의 통보 등 군사적 신뢰구축조치를 협의·실천해야 한다. 남북협력체제하에서의 남북공동의 군사기구들에서는 가능한 운용적 군비통제를 추진하고, 시범적 차원의 군축도 협의·실시하도록 해야 한다.[132] 시범적 군축은 남북한이 합의하는 비무장지대의 특정지역을 비무장화(지뢰제거, 병력 및 무기 철수)하고, 이곳을 평화적으로 이용하는 것에 초점을 맞추어 추진해야 할 것이다. 한편, 이러한 군사적 신뢰구축 및 운용적 군비통제 경험을 기반으로 해서 장차 남북국방장관회담을 남북각료회의의 산하 군사분야 상임위원회로 발전시켜야 한다.

2. 「남북연합」(본격적인 통일과도체제) 구성·운영방안

(1) 서설

앞에서는 6·15 남북공동선언의 제2항을 기초로 해서 남측 연합제와 북측 '낮은 단계 연방제' 간의 접점도출방안을 주로 살펴보았다. 하지만 6·15 공동선언 체제하에서는 제한된 분야의 남북협력체제 구축과 합의된 범위 내에서의 협력만이 가능할 뿐이다. 따라서

---

131) 일본의 교토(京都)에 있는 민단과 조총련 지부는 1993년과 1995년에 One Korea Parade 행사를 성공적으로 실시하여 민족화해와 단합의 경험을 쌓은 바 있다. 김재하, "민단과 조총련의 화합문제," 한반도 통일연구회, 『조국통일과 해외동포의 역할』, '97 일본 오사카 조국통일에 관한 국제학술토론회 발표문집(오사카: 한반도통일연구회, 2000), pp. 51-56 참조. 이념과 문회적 차이로 갈라진 해외동포사회의 통합을 위해 남북한이 공동으로 이와 같은 One Korea Parade 행사를 일본, 미국, 중국, 독립국가연합 지역에서부터 추진하고, 이를 점차 전 세계적으로 확대해 나갈 필요가 있다.

132) 이헌경, 『남북연합을 위한 기본방안』, 용역 연구보고서(서울: 민족통일연구원, 1993), pp. 115-118 참조.

이러한 체제하에서는 본격적인 통일준비를 하기가 어렵다. 그러기에 본격적인 통일과도체제 내지 과도기구를 구성·운영해야 한다. 그것은 다름 아니라 우리 통일방안에서 상정하고 있는 「남북연합」이나 이를 다소 변형시킨 새로운 연합체제가 될 것이다(이런 점을 감안하여 이하에서는 「남북연합」이라는 명칭을 그대로 사용하여 기술하기로 한다).

「남북연합」의 초기단계에서는 남북정상회의와 남북각료회의의 역할과 기능이 강조될 것이며, 이들 기구를 통해 주된 합의가 도출되고 하위집행기구에서 그러한 합의를 이행·실천하는 구도로 운영될 것이다. 그러나 「남북연합」이 정착됨에 따라 점차 입법기관인 남북평의회와 집행기관인 공동사무처 및 여타 기구의 역할과 비중이 더욱 증대되게 될 것이다.

한편 남북한 간 현안의 복잡다기함을 감안하여 남북각료회의 산하에 분야별 상임위원회를 설치하여 소관업무를 전담케 하는 방향으로 운영하는 것이 바람직하다. 그리고 각 「남북연합」기구의 권한, 인원구성, 회기, 의사진행방식, 의사결정방식 등에 대해서 각각 별도의 세부합의서를 채택해야 할 것이다. 아울러 「남북연합」 단계에서는 남북한 주민들 간 및 단체 간의 각종 분쟁에 대비하여 분쟁조정기구를 설치하는 것이 필요할 것이다.

(2) 「남북연합」 진입을 위한 법제 정비

가. 국가보안법의 정비: 대체입법 제정 또는 대폭 개정

「남북연합」에 진입하는 단계에서는 북한의 실체를 부인하는 전제하에서 제정된 현행 국가보안법의 전면적인 재검토가 필요할 것으로 내다보인다. 가칭 「민주질서기본법」 제정이나 '국가보안법 폐지 및 관련 규정의 형법에의 흡수' 등은 그러한 방향의 대안이 될 수 있을 것이다. 그러나 현재 대법원과 헌법재판소의 입장에 비추어 국가보안법이 남북한관계의 이중성 중 일면을 반영하는 것이라는 논리하에 존치될 가능성도 배제할 수 없다. 그만큼 보수의 벽이 높은 것이 현실이기 때문이다. 그런 점에서 국가보안법 존치를 전제로 일부 개정되는 방식이 선택될 가능성도 적지 않다고 생각된다.

이런 점을 감안해서 다음에서는 국가보안법 존치를 전제로 일부 개정하는 방안을 중심으로 기술하기로 한다. 「남북연합」 진입을 위해 각별히 검토되어야 할 조항으로는 다음 몇 가지를 들 수 있다.

첫째, 국가보안법 제2조, 반국가단체의 정의와 관련하여 정부참칭조항의 삭제를 고려할 수 있다. 현행 정부참칭조항을 그대로 둘 경우, 북한은 대남적화활동과 관계없이 당연히(*ipso facto*) 반국가단체가 된다. 왜냐하면 북한은 군사분계선 이북지역에서 '조선민주주의인민공화국'이라는 국호하에 대한민국의 주권과 부딪치는 정부를 참칭하는 단체로 간주되기 때문이다. 그렇지만 북한을 원초적으로, 그리고 무조건적으로 반국가단체로 규정하려는 자세는 「남북기본합의서」 제1조의 상호 실체 인정·존중정신에 맞지 않는 점이 있다. 또한 2000년 6월의 남북정상회담 개최, 6·15 남북공동선언의 채택 등으로 남과 북이 상호 실체를 인정하는 전향적인 태도와 배치되는 것이라고 볼 수 있다. 그러한 점에서 앞으로 국가보안법을 개정할 경우 반국가단체의 정의와 관련, 정부참칭 부분은 삭제하고 '국가변란을 목적으로 하는 결사'로 제한하는 것이 바람직하다고 생각된다.[133)]

이러한 수정된 반국가단체 정의조항하에서도 북한의 대남적화혁명노선으로부터 우리의 안보를 효과적으로 지킬 수 있다고 하겠다. 만일 북한이 대남전략을 포기하지 않고 대한민국을 전복하거나 자유민주주의체제를 위협하는 반국가적 활동을 지속할 경우, 북한은 '국가변란을 목적으로 하는 결사'로서 반국가단체로 규정될 수 있기 때문이다. 그러나 북한이 대남적화활동을 하지 않을 경우에는 반국가단체가 아니라 「남북교류협력법」에 따라 화해·협력의 대상, 민족통일을 위해 대화하고 접촉해야 할 실체가 된다. 즉, 남북한관계의 이중성이 국가보안법과 적절하게 조화될 수 있는 것이다.

둘째, 국가보안법 제7조의 찬양·고무죄를 엄격하게 제한하여 적용하는 것이 바람직하다. 현재 국가보안법 위반사범의 90% 이상은 이 찬양·고무죄와 관련되는 것이라고 한다.[134)] 이 같은 점을 고려할 때 일차적으로 찬양·고무죄를 삭제하도록 노력하되, 이것이 여의치 않을 경우 동 범죄의 처벌과 관련해서 ① 자유민주적 기본질서를 위태롭게 할 정을 알면서 한 행위일 것이라는 조건 외에도 ② 명백하고 현존하는 위험이 존재하고, ③ 선전·선동이나 위계 등의 불법적 요소가 존재하며, ④ 옥외의 장소에서 불특정 다수인을 대상으로 찬양·고무 등의 행위를 할 것 등 구성요건을 엄격히 제한하여 적용하는 것이 좋을 것으로 생각된다. 그러할 경우 국가안보 유지의 공익적 필요(헌법 제37조 2항 참조)와 표현의 자유 간의 조화를 기하면서 인권침해의 소지를 상당히 줄일 수 있다고 본다. 물론 국민의 대다수가 원할 경우 제7조의 찬양·고무죄를 예컨대 '반국가단체나 그 구성원 또는 그 지령을 받은 자의 활동에 동조하여 국가변란을 선전·선동하는 행위'로 제한하는 방안도 적극 고려할 필요가 있다고 생각된다.[135)]

셋째, 국가보안법 제10조의 불고지죄도 역시 개정검토의 대상이 된다고 본다. 그동안

133) 이동복, "국가보안법 개폐문제 검토," 새정치국민회의 인권위원회·정책위원회, 「국가보안법 개정을 위한 대토론회」에서 배포된 별지 토론문(서울: 새정치국민회의, 1999.9.29), pp. 4-5.

134) 한인섭, "국가보안법 개폐론에 대한 대화적 접근," 『인권과 정의』, 통권 제280호(1999년 12월), p. 66.

135) 이동복, "국가보안법 개폐문제 검토," p. 6.

불고지죄의 처벌은 양심의 자유를 침해하는 것이라는 비판이 있어 왔다. 가능한 한 불고지죄를 완전 폐지하도록 노력하되, 이것도 역시 여의치 않을 경우 친족 간에 있어서는 불고지죄의 성립을 부정토록 해야 할 것이다.

넷째, 이적표현물에 관한 죄도 일부 개정해야 할 것이다. 1999년 10월부터 가정에서 파라볼라 안테나만 설치하면, 누구나 북한이 송출하는 해외위성방송을 자유로이 수신할 수 있게 되었다. 또 지방에서는 단파 라디오방송 수신기만 부착하면 누구나 북한의 단파 라디오방송을 청취할 수 있다. 그리고 아무나 마음만 먹으면 북한위성방송이나 단파 라디오방송을 일부 녹화 또는 녹취하여 그러한 자료를 가정에서 소지할 수 있게 되었다.

이러한 사실에 비추어 우선적으로 이적표현물의 소지 또는 복사의 죄를 국가보안법에 의한 처벌대상에서 제외시키는 것이 바람직하다. 하지만 이적표현물의 취득·판매·반포 등의 범죄는 현행대로 존치토록 하되, 남북한관계 진전 및 우리 사회에 대한 영향 등을 고려하여 단계적으로 폐지하는 것이 바람직하다.[136)]

다섯째, 국가보안법상의 회합·통신, 반국가단체 점거지역에로의 탈출과 그 지역으로부터의 잠입에 관한 죄이다. 이러한 범죄들은 외관상 「남북교류협력법」에 의거하여 정부(통일부장관)의 승인을 받지 않고 행한 무단의 북한주민 접촉과 북한방문과 유사한 것들이다. 그런 점에서 「남북화해·협력기본법」에서 그러한 행위유형들을 규율하도록 하고, 국가보안법에서는 이러한 범죄를 삭제하는 것이 바람직할 것으로 생각된다.[137)]

한편 국민적인 합의하에 가칭 「민주질서기본법」을 제정하게 될 경우, 위의 지적사항을 감안해서 대한민국의 자유민주적 기본질서를 위태롭게 한다는 정을 알면서 행한 반국가단체를 위한 간첩행위, 명백하고 현존하는 위험을 갖는 반국가단체의 찬양·고무, 국가전복을 위한 소요 또는 파괴, 이 같은 행위의 선전·선동 등의 행위를 엄정하게 규율하도록 해야 할 것이다.

나. 남북 평화협정의 체결 등 실질적인 평화체제 구축

「남북기본합의서」 제5조에서는 "남과 북은 현 정전상태를 남북 사이의 공고한 평화상태로 전환시키기 위하여 공동으로 노력하며, 이러한 평화상태가 이룩될 때까지 현 군사정전협정을 준수한다"고 규정하고 있다. 이 조항에서도 분명하게 나타나듯이 현재의 남북한관계는 정전상태(법적으로 전시의 연장)이며 공고한 평화상태가 아니다. 즉 법적 측면에

136) 제성호, "북한방송 개방의 방법론과 법적 문제," 『통일정책연구』, 제8권 1호(1999), pp. 76-77.
137) 제성호, "국가보안법에 대한 남한의 입장," 『정책연구』, 통권 137호(국가안보정책연구소, 2001. 12), pp. 178-187 참조.

서의 남북한관계는 통일을 지향하는 과정에서 잠정적으로 형성되는 민족 내부의 특수관계이면서, 동시에 그 법적 상태는 정전상태라는 것이다.[138]

「남북연합」 추진을 위해서는 현재의 불안한 정전상태를 공고한 평화상태로 전환하기 위해 공동으로 노력하는 것이 필요하다. 법적으로 전시의 연장인 정전상태를 그대로 두고서 민족공동체(정치공동체 및 경제·사회·문화공동체)의 법적 제도화라고 할 수 있는 「남북연합」을 만든다는 것은 어불성설이기 때문이다.

또한 앞에서 언급한 바와 같이 남북한 당국 간 대화를 한 축으로 하여 군사적 긴장완화조치를 꾸준히 협의·실천함으로써 실질적인 평화조성에 매진토록 해야 한다. 이와 함께 미·중과의 협조하에 4자회담 틀 속에서 정전협정을 평화협정체제로 전환하는 노력을 병행해 나가야 한다.[139] 남북 화해·협력의 지속적인 추진은 한반도 평화체제 수립의 필요조건임에 틀림없으나, 그것만으로는 당연히 항구적인 평화체제 구축이 이루어지는 것은 아니다. 북한이 여전히 대미 평화협정 체결주장을 견지하고 있고, 중국이 정전협정의 당사자로 존재하기 때문이다. 그러한 점에서 민족 내부적인 노력만으로는 한반도에 공고한 평화체제를 수립하는 데 한계가 있다. 그리고 관련국인 미·중의 협조는 여전히 긴요하다. 따라서 정부는 앞으로 빠른 시일 내에 4자회담을 재개하여 한반도 평화체제 구축을 위한 다자간 평화협상을 재가동해야 할 것이다.

(3) 「남북연합 헌장」의 채택

「남북연합 헌장」(또는 「민족공동체헌장」)은 통일에 이르기 전의 중간단계, 즉 과도적인 결합으로서의 「남북연합」을 제도화하는 것으로서 그러한 헌장의 채택은 결국 국체에 대해 일정한 수정을 가하는 것을 의미한다. 따라서 「남북연합 헌장」은 남북정상회의(남북정상회담)에서 채택되는 것이 타당하며, 또한 국민의 대표기관인 국회의 비준동의 및 범국민적 지지절차를 거쳐 발효되도록 해야 한다.

「남북연합 헌장」에는 대략 다음과 같은 내용들이 포함될 수 있을 것이다.

첫째, 통일 이전의 남북한관계를 규율하는 대원칙으로서, 자주(당사자해결), 평화, 민주(또는 민족대단결)의 3원칙을 명시하는 한편, 남북한 간의 비국제적 특수관계에 기초하여 남북한관계 발전의 실천원리로서 통일지향성(민족자결 및 단합추구 포함), 상호성과

138) 제성호, "한국정전협정의 법적 재검토," 『국제법학회논총』, 제45권 1호(2000), pp. 231-232.
139) 제성호, 『한반도 평화체제의 모색: 법규범적 측면을 중심으로』(서울: 지평서원, 2000), pp. 276-278, 422-423 참조.

대등성(호혜평등), 잠정성, 민의존중 및 민족복리 증진 등의 원칙을 반영토록 해야 한다.

둘째, 「남북연합」의 기구, 즉 남북정상회의, 남북각료회의, 남북평의회 및 공동사무처의 설치를 규정하는 한편, 필요하다고 판단할 경우 남북한 간의 합의하에 별도의 기구(상주연락대표부, 분쟁해결기구, 남북각료회의 산하 분야별 상임위원회 등)를 설치할 수 있음을 명시해야 한다.

셋째, 「남북연합」 기구의 구성 및 운영원칙을 명시해야 한다. 구성원칙은 남북상호 동수, 의결방식은 과반수 찬성으로 하며, 각 주요기구 및 분야별 하급기구의 회의 개최 및 진행방식 등에 관해 자세하게 규정해야 한다.

넷째, 분쟁의 평화적 해결, 무력의 불사용 및 불위협 등을 통한 분단 현상(現狀)의 평화적 변경을 통해 민주적이고 평화적인 통일을 지향한다는 점을 밝혀야 한다.

다섯째, 「남북연합」과 구성국 정부 간의 관계, 특히 남북한의 주권성 보존을 명시하는 한편, 남북한의 기존지위(유엔회원국 지위, 제3국과의 조약관계 등)를 유지함을 명시해야 한다. 다만 이 같은 규정에도 불구하고 남북한의 기존지위는 「남북연합」의 심화·발전과정에서 쌍방이 합의함에 따라서는 일부 변경될 수 있음에 유의해야 한다.

여섯째, 「남북연합 헌장」의 법적 구속력 부여(특수조약성 인정) 및 남북한 국회의 비준동의를 비롯한 구체적인 발효절차를 규정해야 한다.

일곱째, 「남북연합」 설치 이전에 체결된 남북한 간 각종 합의사항의 유효성을 확인하고, 기존 이행·실천기구와 '남북연합' 기구와의 관계를 설정 내지 정리하도록 해야 한다.

이 밖에 남북한의 정상은 남북평화협정을 통해 이루어진 평화상태를 더욱 공고히 하는 한편, 한반도에서 불행한 동족상잔의 발생을 미연에 방지하면서 평화적인 민족통일을 추진하기 위해 공동노력을 경주할 것에 합의한다는 내용도 명기하는 것이 바람직할 것이다.[140)]

(4) 「남북연합」의 기구 구성방안 및 실천과제[141)]

가. 「남북연합」의 기구 구성방안

〈남북정상회의〉

• 남북정상회의는 「남북연합」 단계에서 남북현안 및 통일문제 전반에 대한 최고의사

140) 제성호, "남북한 평화공존과 '남북연합' 추진을 위한 법제정비방안 연구," 통일연구원, 『남북한 평화공존과 '남북연합' 추진방안』, 2001협동연구 국내학술회의 발표논문(2001.11.1∼2), pp. 37-38.

141) 위의 논문, pp. 39-47 참조.

결정기구이다.

- 남북정상회의는 2000년 6월 13일부터 15일까지 평양에서 열린 제1차 남북정상회담을 서울 남북정상회담으로 연결시키는 한편, 이를 지속적으로 개최하여 정착시킴으로써 제도화해야 한다.
- 남북정상회담은 정례화되어야 한다.
- 남북정상회의에서는 가칭 「남북평화통일선언」(혹은 한반도 평화통일선언)의 채택 등 한반도 평화의 제도화문제, 통일의 기본방향 및 구도, 분단으로 인한 인간적 고통(국군포로 및 납북자문제의 근원적 해결 포함)의 해소방안 등 민족의 핵심현안을 허심탄회하게 협의하고 기본적인 합의를 도출하도록 한다.
- 남북정상회의에서는 남북각료회의에서 합의된 사항을 최종승인하며, 승인된 사항에 대한 시행지침을 하달하며, 중요하면서도 남북각료회의에서 다루기 어려운 현안문제를 협의하여 정치적으로 타결하도록 한다.[142]

〈남북각료회의〉

- 남북각료회의는 남북한 간의 모든 현안을 협의·조정하고 결정사항을 실천하는 '집행기구'이다.
- 현재의 남북장관급회담을 지속 개최함으로써 이를 정례화하고, 동 회담방식을 확대하여 남북각료회의로 발전시키도록 한다.
- 남북각료회의는 남북한의 총리를 포함하는 각료 각각 10명씩, 총 20명으로 구성되며, 남북한의 총리가 공동의장이 된다.
- 남북각료회의의 인원 및 선정기준, 구성방법 등에 대해서는 다각적 검토를 통해 가장 효과적이며 유용한 방안을 채택하도록 한다.
- 남북각료회의의 산하에는 「한민족공동체통일방안」에서 제시되고 있는 바와 같이 인도, 정치·외교, 경제, 군사, 사회·문화분야의 「상임위원회」 외에도 교통·통신, 환경, 법률, 교육 등에 대한 「상임위원회」를 설치·운영토록 한다.
  - 상임위원회 위원장은 남북고위급회담의 전례에 비추어 장·차관급 대표로 한다.
  - 이와 관련, 필요 시 유럽공동체의 사례[143]를 참고로 하여 통일관련 장관이 참여하는 「일반위원회」와 각 분야별 관련 장관들로 구성되는 「상임위원회」를 설치하는

142) 김국신, 『남북연합 형성 및 운영방안연구』, 연구보고서 94-13(서울: 민족통일연구원, 1994), p. 75.

143) 이와 관련, 유럽연합의 기구로 「각료이사회」(council of ministers)가 설치되어 있는데, 여기에는 회원국 외무장관으로 구성되는 「일반이사회」(general council meetings)와 전문분야의 관련 장관들로 구성되는 「전문이사회」(specialized council meetings)로 나누어진다.

방안도 고려할 수 있을 것이다.

－남북각료회의 산하에 1992년 9월 채택된 「남북화해분야 부속합의서」에서 설치를 예정하고 있는 「남북법률실무협의회」와 유사한 기구를 구성하여 상호주의에 입각, 민족통일에 저해가 되는 법령개폐를 추진할 수도 있다.

〈남북평의회〉

• 남북평의회는 '남북연합'이 추진해야 할 정책과제에 대하여 남북각료회의에 대해서 자문하고, 통일헌법의 초안을 협의하는 한편, 통일국가 수립을 위한 방안과 절차에 대하여 협의하는 기구이다.

－남북평의회는 '남북연합'의 정책과제에 대해 남북각료회의에 자문을 하는 한편, 통일의 실현방법과 구체적 절차를 협의하는 기능도 수행할 수 있을 것이다.

• 남북평의회는 동등성원칙에 따라 남북한 국회의원(우리 국회의장 및 북측 최고인민회의 의장을 포함) 각각 50명씩, 총 100명으로 구성하되,[144] 필요 시 증감할 수 있게 함으로써 최대한 신축성을 발휘하도록 한다.

• 남북평의회의 의원선출 및 의사결정방식에 관해서는 세심한 고려가 필요하다. 특히 의원선출방식과 관련해서 남한의 국회의원과 북한의 최고인민회의 대의원에서 각각 선출하는 방식과 남북평의회의 대표성과 권한을 높이기 위하여 별도의 남북 동시선거를 통하여 평의회 의원을 선출하는 방식 중 남북한이 선호하는 방안을 채택하도록 한다.

• 남북평의회 산하에 정치・외교, 경제, 군사, 사회・문화, 인도, 교통・통신, 환경, 법률, 교육 등 각 분야별로 「특별위원회」(또는 「전문위원회」)를 구성・운영함으로써 남북평의회의 효과적인 활동을 제도적으로 뒷받침하도록 한다.

• '남북연합'이 정착됨에 따라 남북평의회의 권한을 점차 강화하고 입법권을 행사하도록 함으로써 남북한 각각의 이익이 아니라 한민족 전체의 이익을 최대한 반영하도록 한다.

〈공동사무처〉

• 공동사무처는 남북각료회의 및 남북평의회의 개최 및 운영, 합의사항의 이행 등과 관련된 실무업무를 수행하는 실행기구이다.

• 공동사무처는 결정사항의 단순 집행기관의 성격에서 벗어나서 점차 남북한 전체의 이익을 도모하는 「남북연합」의 독자적 행정기구로 발전되도록 한다.

144) 통일원, 『1990 통일백서』, p. 81.

– 현재 「남북기본합의서」에 따라 판문점에 남북연락사무소가 설치 · 가동되고 있으나,[145] 이 기구는 단순히 남북한 당국 간 연락사무와 회담지원업무만을 보고 있는 실정이다. 따라서 중 · 장기적으로 남북연락사무소를 우리 측 연합제안의 공동사무처로 확대 · 개편하고, 상주대표부와도 유기적인 협조관계를 맺도록 해야 한다.

- 공동사무처 내에 인도, 정치 · 외교, 군사, 경제, 사회 · 문화, 교통 · 통신, 환경, 법률, 교육 등 각 분야별 전문부서를 설치 · 운영한다.
- 공동사무처는 상설기구로서 비무장지대 내에 건설될 「통일평화시」 내에 설치한다.
- 공동사무처의 인원구성, 직원의 신분, 운영 및 관리방법 등에 관해서는 남북각료회의에서 별도의 합의서를 채택함으로써 동 기구의 법제화를 추진한다.

〈상주연락대표부〉

- 상주연락대표부는 남북한 간의 정보교환 및 연락기능 외에 수시 정책협조의 업무를 수행한다. 또한 일차적으로 상대측에 거주하는 자기 측 주민의 영사보호업무와 분쟁해결을 측면에서 지원하는 기능도 담당한다.
- 상부연락대표부는 서울과 평양에 교환 · 설치한다.[146]
- 상주연락대표부 대표는 차관급 내지 차관보(실장)급으로 임명하되, 대표부에는 통일부, 외교부, 국가정보원, 산업자원부, 문화관광부 등의 직원을 파견하여 운영토록 한다.

〈남북분쟁해결기구〉

- 「남북연합」 단계에서 경제 · 사회 · 문화 · 교육 · 과학기술 · 정보통신분야 등의 교류협력이 활성화될 경우 개인과 집단 차원에서 여러 가지 분쟁이 발생할 것인바, 이에 대비하여 다양한 형식의 분쟁해결방안을 강구한다.
- 남북분쟁해결기구로 교섭위원회, 사실심사위원회, 조정위원회, 중재재판소 등을 설치, 상설적으로 운영한다. 이와 관련, 「남북사이의 상사분쟁 해결에 관한 합의서」에

145) 남북연락사무소는 「남북연락사무소 설치 · 운영에 관한 합의서」에 따라 1992년 5월 18일부터 개설되어 남북한 간의 공식 연락창구로서의 역할을 수행하였다. 그러다가 1996년 11월 20일 북한측이 일방적으로 남북연락사무소의 업무중단을 통보해 옴으로써 그 기능이 중지되었다. 하지만 남북공동선언 채택 후 열린 제1차 남북장관급회담에서 채택된 공동보도문 제2항에서 "남과 북은 … 판문점 남북연락사무소 업무를 2000년 8 · 15를 계기로 재개한다"고 규정하였고, 이에 따라 남북연락사무소는 2000년 8월 14일 업무를 재개하였다. 통일부, "제1차 남북장관급회담 개최결과 해설자료," 『통일속보』, 제2000-7호(2000.7.31), pp. 2, 5-6.

146) 서울과 평양에 상주연락대표부를 교환 · 설치하여 남북한관계를 한 단계 끌어올리도록 하기 위해서는 상주연락대표부의 설치, 법적 지위, 권한과 임무, 직원의 신분보장 등을 명기한 별도의 합의서가 채택되어야 한다. 상주연락대표부가 교환 · 설치되면, 이 기구는 각기 상대측에서 자기 측을 대표하고, 관련 부처와의 협의, 당국 간 회담 지원, 자기 측 주민의 영사보호 및 분쟁해결 지원 등의 업무를 수행하게 될 것이다.

따른 분쟁해결(조정 및 상사중재)의 경험을 최대한 반영토록 한다.

－교섭위원회는 분쟁당사자 간의 직접 교섭에 의한 분쟁해결을 지원한다.

－사실심사위원회는 분쟁의 원인을 규명하고 판단한다.

－조정위원회는 분쟁원인이 된 사실의 판단뿐 아니라 분쟁에 관련된 법률적 쟁점까지 판단하여 해결안을 남북한 당국에 제시한다.

－중재재판소는 분쟁에 대해서 법적 구속력을 갖는 판결을 통해 분쟁의 평화적 해결을 도모한다.

• 그리고 각 분쟁해결기구 산하에 통상・투자・어업・가족관계・형사분야・민사분야 등 전문 분야별로 위원회를 설치・운영하는 방안을 적극 모색한다.

• 남북분쟁해결기구의 구성 및 상설적 운영, 각 기구 간의 상호관계 등에 관하여는 남북각료회의에서 가칭 「남북사이의 분쟁해결에 관한 합의서」를 채택, 분쟁의 평화적 해결을 제도화한다.

• 각 분쟁해결기구의 위원은 남북한의 유관부처 소속 공무원, 법률 전문가 및 학자 중에서 선임하되, 필요 시 해외교포 전문가 등의 참여를 허용토록 한다.

나. 「남북연합」의 분야별 추진과제

〈정치분야〉

• 상호 체제 인정・존중, 정치적 대결상황 완화, 내부문제 불간섭, 비방・중상 중지, 파괴・전복행위 중단 등 정치적 화해 및 신뢰구축조치를 지속적으로 협의・추진해 나간다.

• 정치단체 및 정당 간 상호교류를 실시함으로써 이념적・정치적 영역에서 상호이해 및 협력범위를 넓혀 나간다.

－남북한 정치인(국회의원 포함), 정치단체 및 정당 간 인적 교류를 확대하고, 공동 세미나와 합동연수 등을 실시한다.

－이 밖에 남북한 주민들 간의 이질화를 극복하고, 정치적・이념적인 동질성 증대를 위한 사업을 발굴・추진함으로써 남북정치통합을 위한 준비작업을 가속화한다.[147]

• 아울러 북한에서의 정치적 변화속도에 맞추어 북한의 민주화와 인권개선을 촉구한다.

－북한의 민주화, 인권문제, 정치범 석방 등을 위해 동서독의 경우에서와 같이 경제

147) 두말할 것도 없이 '남북연합' 초기에는 정치분야의 인적 교류가 통일헌법 작성보다 더 우선적으로 이루어져야 할 것이며, 또한 그 중요성이 강조되어야 할 것으로 생각된다.

원조와 경제협력을 반대급부로 제공하는 방안을 고려한다.

• 남북한 주민의 의사를 최대한 반영하는 가운데 통일헌법의 초안을 마련한다.[148)]

〈외교분야〉

• 국제무대에서 치열한 외교적 경쟁을 지양하고, 외교 및 대외활동에서 상호 긴밀하게 협력하고 최대한 공동보조를 취한다.
  - 남북한이 기설치한 재외공관에서 남북대사협의체를 구성·운영을 계속 확대해 나가는 한편(「남북연합 진입 준비단계」에서는 뉴욕, 제네바, 비엔나 등 주요 국제기구 본부가 있는 지역으로 한정되어 있다), 남북한의 재외공관 간에 업무협조 범위를 넓혀 나간다.
  - 유엔 등 국제기구에서 상호 정보교환, 공동의제 발의 등 외교적 협력을 제도화·상설화한다.
  - 남북평화봉사단 해외파견 등 대외문제에서 사안별로 협조하는 한편, 공동보조의 범위를 확대해 나간다.
• 유엔평화유지활동(PKO) 참여 시 남북공동의 협력을 비롯하여 남북한 간의 군사외교분야의 협력을 적극 모색한다.
  - 제3국에 유엔평화유지군 및 감시단 파견 시 남북한의 공동파견을 추진하되, 우리 측이 북한 측 인원의 유지를 위한 경비를 지원하는 방안을 고려한다.
  - 이 밖에 동북아 다자간 안보협의기구 창설문제에 대해 심도 있게 협의하고, 대외적으로 공동의 입장을 취하도록 한다.
• 남북한 중 어느 일방만이 제3국에 공관을 개설한 경우, 해당국 공관이 타방의 업무까지 수행하는 겸임 공관장제를 도입하여 외교적 비용을 줄이도록 한다.[149)]
  - 남북한의 공관이 별개로 설치되어 있는 지역에서는 해외교포 신년교례회를 공동주최한다.

〈경제분야〉

• 남북한은 경의선 및 경원선을 비롯한 남북 간 철도 및 도로 연결을 실천함으로써 한반도의 1일 생활권화 및 본격적인 경제통합을 위한 하부구조 구축을 이룩한다.
  - 남한은 북한 내 철도·도로·항만 등 인프라 건설에 협력 또는 지원을 제공한다.

---

148) 박영호·박종철, 『남북한 정치공동체 형성방안 연구』, 연구보고서 93-29(서울: 민족통일연구원, 1993), pp. 174-176 참조.

149) 제성호, 『남북한 특수관계론: 법적 문제와 그 대책』, pp. 106-108; 박영호·오재완, 『국제사회에서의 남북한 간 협력방안 연구』, 연구보고서 92-08(서울: 민족통일연구원, 1992), pp. 107-108 참조.

• 남북한 간에 상호보완적인 경제협력체제를 수립하고, 민족경제공동체 형성을 위해 산업구조를 조정한다.

–남한의 임금상승 및 노동력 부족으로 인한 자체의 산업구조조정과 북한의 경제개혁과정에서 수반되는 산업구조조정을 보완적으로 결합한다.

–가칭 「남북 산업구조조정 협의회」를 결성하여 산업구조조정의 대상산업, 품목선정, 구조조정방법, 유망산업의 선정 및 지원방법, 쇠퇴산업의 이전, 실업대책 등에 대해서 협의 · 실천한다.

–동북아지역 국가들과의 다자간 경제협력 및 지역경제권 형성과 밀접한 관련 속에서 남북 간 산업구조조정을 추진한다.

• 유럽공동체 초기의 부문별 경제협의체와 유사한 형태의 「남북한 석탄 · 철강공동체」나 「남북한 원자력공동체」, 「남북한 전자산업공동체」 등의 부문별 통합기구를 설립 · 운영한다.

• 북한의 경제력 향상을 도모하고 장기적으로 통일한국의 경제구조개편을 고려하여 북한의 사회간접자본에 대해 공동 투자한다.

–대북한 에너지 · 전력의 공급을 확대하는 한편, 통일 이후를 대비한 종합계획 수립 차원에서 북한의 에너지 · 전력산업에 대해서 공동개발 · 공동투자를 모색함으로써 남북에너지공동체 건설을 모색한다.

–통일 이후를 대비한 거시적 차원에서 남북 간 육상교통로 건설 및 해상교통로 연결에 대해서 공동협의 · 공동투자한다.

• 북한의 가격자유화조치 및 민영화계획에 대해서 협의하고 북한의 개혁조치들을 지원할 수 있는 방안을 모색한다.

–가칭 「남북금융 · 통화위원회」를 설치하여 북한의 가격개혁과정에서 통화관리, 재정, 환율 · 이자율 조정, 국제수지관리 등에 관한 문제를 협의한다.

–「남북 민영화관리협의회」를 설치하여 남북기업 간 기술제휴, 북한민영화계획에 대한 남한기업의 참여, 민영화과정에 수반되는 재정문제 등에 대해서 협의한다.

• 남북 간 상품의 이동을 자유화하는 가칭 「남북사이의 자유무역지대 설치에 관한 합의서」와 대외적으로 공통관세를 채택하는 가칭 「남북사이의 관세동맹 설치에 관한 합의서」를 체결한다.

–남북한이 합의하는 특정산업 및 상품, 북한의 보호희망산업 등은 자유무역협정의 대상에서 제외한다.

–관세협정을 체결하여 대외적으로 공동관세를 부과한다.

• 남북 공동의 균형적인 국토개발계획을 수립하고, 실현가능한 것부터 단계적으로 실천한다.

〈사회 · 문화분야〉

• 사회 · 문화분야의 남북한 간 인적 교류 확대 및 교류 · 협력체제 구축을 기반으로 해서 점차 이를 남북사회 · 문화공동체로 고양 · 발전시킨다.
  - 학술 · 문화 · 교육 · 체육 · 과학기술 · 종교 등 다양한 분야에서 남북한의 민간단체들 간에 공동행사 및 연계활동을 확대한다.
  - 학생 · 교수 · 교사 · 문화예술인 등의 합동수련회를 개최한다.
  - 학술 · 문화 · 교육 · 체육 · 과학기술 · 종교분야의 남북공동시설을 건립한다(후술하는 「통일평화시」 내에 「공동체육시설」, 「청소년공동생활센터」, 「공동문화센터」 등 건립 추진).
  - 학생 · 교수 · 과학자의 장기 교환방문 및 공동연구사업을 실시한다.
• 남북한의 민간단체 및 지역 간 교류 · 협력을 실시하고, 이를 확대해 나간다.
  - 학술단체, 연구단체, 종교단체, 청소년단체, 학생단체, 부녀단체 등 각종 민간단체 간 자매결연을 추진한다.
  - 중소기업협회, 노동조합, 농민단체, 변호사단체, 교원단체 등 각종 직능단체 간 교류를 실시한다.
  - 시, 도, 군 등 지방자치단체 간 교류확대 및 자매결연을 추진한다.
• 신문 및 방송 개방을 통해서 남북 간 상호이해 증진과 민족동질성 회복을 도모함과 동시에 북한주민의 민주의식 형성을 촉진한다.
  - 남북한 간에 방송프로그램을 교환하고, 공동방송 및 공동제작사업을 실시한다.
  - 남북언론교류의 일환으로 상호 간에 특파원을 교환하여 취재활동을 최대한 보장한다.
  - 남북한이 언론 · 방송교류에 관한 합의서를 체결하여 각기 자기 측 지역에서 상대방을 소개하는 자유를 법적 · 제도적으로 보장토록 한다.
• 갈라진 해외동포사회의 민족 동질성 회복을 추진하는 한편, 통일지원세력으로 발전시켜 나간다.
  - 해외동포들이 다수 거주하는 지역에 남북한 공동의 민족학교를 건립하고, 민족통합에 이바지하는 공통의 교재를 개발함으로써 통합적인 민족교육을 추진한다.
  - 해외동포들을 위한 민족학교의 운영과 관련, 최대한 자율성을 보장하면서, 재정문

제에 관한 한 해외동포 자신의 기금 외에 남북한이 일정 부분을 출연함으로써 보조토록 한다.

* 해외동포부문의 남북협력은 북한이 제시한 「고려민주련방공화국창립방안」 중 10대 시정방침의 제8항을 참조하여 남북한의 합의하에 보다 세부적인 방안을 마련해야 할 것이다.

〈군사분야〉

• 첨예한 군사적 대결상태를 해소하고, 긴장완화방안을 강구 · 추진한다.

–비무장지대에 설치된 모든 군사시설과 장비 및 병력을 완전 철수함으로써 비무장지대를 비무장화한다.

–남북 간 불가침분야의 합의사항 이행 · 실천을 포함해서 군비통제(보다 광범위한 운용적 군비통제와 구조적 군비통제)를 단계적으로 실시한다.

–판문점 공동경비구역(Joint Security Area: JSA)에서의 남북합동 근무경험을 여타 지역에 확대하고, 비무장지대에서의 합동순찰 · 감시업무를 수행토록 한다.

–군사분계선 및 비무장지대에서의 군사활동을 금지하는 한편, 「공세전력배치 제한지대」를 설치하여 공격용 무기 및 병력을 후방지역으로 이동배치한다.

• 비무장화된 지역에 「평화구역」을 설치하고 점차 이를 「통일평화시」로 발전시킨다.

–「평화구역」 내에는 「남북연합」의 기구 및 각종 회의시설을 설치하고, 남북각료회의 산하 다른 상임위원회와 긴밀한 협조하에 남북문화센터, 이산가족면회소, 민속박물관, 남북교류행사장 등을 설치 · 운영한다.

• 남북한 간에 구조적 군비통제, 즉 군비감축을 본격적으로 실시한다.

–핵무기와 생화학무기 등 대량살상무기를 전면폐기하고 장갑차, 미사일, 상륙함정 등 공격용 무기를 감축한다.

–이후 재래식 무기 및 병력을 단계적으로 감축한다.

–공동감시단 및 검증위원회를 구성하여 군비감축을 감시 · 검증함으로써 군사적 투명성을 증대해 나간다.[150)]

• 남북한 간의 군사적 신뢰구축 및 영토수호 의지 고양 차원에서 남북한의 해군사관학교 생도(또는 초급장교)들이 공동의 해상 순시선에 승선하여 한반도 전역을 순항하도록 한다.[151)]

---

150) 이 밖에 「남북연합」을 비롯하여 남북정치공동체 형성을 위한 단계별 추진방안에 관한 여러 아이디어에 관해서는 박영호 · 박종철, 『남북한 정치공동체 형성방안 연구』, pp. 130-196; 박상철, 『남북연합의 법적 성격과 전망』, 연구보고 94-11(서울: 한국법제연구원, 1994), pp. 79-83 참조.

• 이 밖에도 남북한은 각기 군사권을 가지면서도 군사문제의 통일적인 조정을 통해 군사적인 신뢰를 쌓아나간다.

(5) 「남북연합」 단계하에서 남북 법통합 추진

가. 「남북연합」 단계에서의 남북법률교류의 추진

통일 이후의 법통합을 보다 성공적으로 달성하기 위해서는 통일 전단계부터 남북한 간의 법적 이해와 협조가 이루어질 수 있도록 법률교류를 추진할 필요가 있다. 남북한 간의 법률교류는 통일 이후의 법통합을 순조롭게 추진하는 사전 정지작업의 의미를 가지고 있다는 점에서 결코 소홀히 할 수 없다.

남북법률교류는 그 실행가능성과 현실적 유용성 면에서 중요도가 큰 분야부터 우선순위를 설정하여 추진해야 한다. 그러한 분야로는 예컨대, 경제협력, 환경보호, 원자력의 평화적 이용, 에너지협력, 사회간접자본의 구축 등을 생각해 볼 수 있다. 남북법률교류의 구체적인 방식에는 법률정보의 교환, 법학자 교류, 제한적인 분야에서의 법통합 추진 등을 들 수 있다. 물론 남북법률교류는 가능한 한 최대 한도로 이들 문제들에 대한 법률지식과 경험을 제공·교환하고 공유하는 호혜·평등 및 상호주의원칙으로부터 출발해야 한다. 경우에 따라서는 남북법률교류를 위해 대북 지원이나 투자를 병행 추진하는 것이 필요할 수도 있다.

한국의 입장에서 법률교류는, 특히 경제협력과 관련지어 볼 때, 우리의 이익을 확보하는 동시에 북한경제와 북한사회의 자생력이 확보되도록 배려하는 동시에, 북한사회의 개방속도를 감안해서 점진적으로 추구해야 한다. 북한이 '흡수통일'에 대한 체질적 반발과 두려움을 가지고 있음은 이제까지 남북한관계의 진행과정에서 충분히 드러났다. 또한 남북법률교류의 문제 역시 법에 관한 선전(propaganda)의 차원에서 접근할 경우, 서로 간에 하등의 유익한 결과를 달성할 수 없음도 유념해야 할 것이다. 북한 측에 있어 남한 측의 법적 경험이나 법제운영 능력은 대단히 유용할 뿐만 아니라 적은 비용으로, 그리고 상호 신뢰라는 무엇보다도 긍정적인 결과를 얻으면서, 배울 수 있는 자산이 될 것이므로 이러한 유인을 적극적으로 활용할 필요가 있다고 하겠다.

151) 특히 남북한 해군의 사관학교 생도 또는 초급장교들이 서해안 북부에서 서해안 남쪽, 남해안, 동해안을 거쳐 동해안 북부지역까지 함께 승선, 순항하는 과정에서 독도를 방문하여 우리 영토의 수호의지를 확인하고 고양하는 방안은 좋은 남북군사교류사업이 될 수 있을 것이다.

나. 「남북연합」하에서 제한적인 통일법 형성

「남북연합」의 구성은 남북한 간의 법통합 추진에 있어서 중요한 계기를 제공하게 될 것이다. 「한민족공동체통일방안」에 따르면 「남북연합」은 남북정상회의에서 채택되는 가칭 「민족공동체헌장」에 의해 설치되도록 예정되어 있다. 이 「민족공동체헌장」은 남북 법통합을 지도하는 기본원리가 될 것이다.

「남북연합」 체제하에서 남북 법통합을 추진하는 계기는 우선적으로 비무장지대의 평화적 이용에서 찾을 수 있다. 가령 경기북부지역과 개성지역을 연결하는 합작공단을 건설하거나 또는 비무장지대의 일부 지역을 포함하는 남북자유무역지대나 남북자유관광지대(설악산-금강산을 연결하여 공동개발을 추진하고, 이러한 광역을 남북공동의 단일관광지구로 설정할 경우)를 설치·운영할 경우를 상정해 보기로 하자. 이 같은 공동사업을 추진할 때는 남북한이 해당 지역의 관리 및 이용에 관해 통일적인 규칙(공통의 준거법)을 만들어 적용하는 것이 편리하다. 그것이 비무장지대의 남과 북에 걸쳐 있는 자유무역지대·자유관광지대 또는 공동개발지역 간의 상호 연계체제 유지, 이용 및 관리상의 편의 및 효율성 확보, 불필요한 분쟁의 예방 등 여러 가지 면에서 유리한 점이 많기 때문이다.[152] 그렇지 않고 남과 북이 자기 측 지역에 대해서 서로 다른 법을 적용하려 할 경우 여간 번거롭고 불편한 점이 적지 않을 것이다. 요컨대, 남북한은 합의를 통해 공통의 준거법을 마련하고, 그에 따라 각기 동일 또는 유사한 내용의 국내법을 제정하여 공동이용 및 관리를 제도적으로 뒷받침하도록 해야 한다. 이와 같은 통일규칙의 제정은 남북 법통합의 좋은 선례가 될 것이다. 「남북연합」이라는 과도적 통일체제하에서 이러한 경험을 여타 분야로 계속 확대해 나가야 할 것이다.

한편, 남북한 인적 교류가 활성화될 경우 그에 따른 실체법상의 문제가 적지 않게 발생하게 된다. 남북한 주민의 결혼문제, 이산가족 재결합에 따른 친족·상속문제 등 민사상의 문제와 상대방 지역에서 발생하는 범죄의 처리, 특히 범죄인 인도와 형사사법공조 등 형사문제는 그 대표적인 예가 될 것이다. 이러한 문제들에 관해서는 기본적으로 남북합의서를 통해 해결하되, 남북한이 각기 그에 따른 국내법의 정비를 추진함으로써 사실상 남북한의 법동화를 모색하는 것이 바람직하다고 하겠다. 이는 결과적으로 남북 법통합을 촉진할 뿐만 아니라 통일실현 후에는 그러한 작업을 보다 용이하게 할 것이다.

---

152) 특히 금강산·설악산 관광단지 공동개발의 경우, 그 이용 및 관리에 있어서 남북공동의 통일적인 규칙제정의 필요성에 관해서는 박윤흔, "설악산·금강산 관광단지 남북한 공동개발을 위한 공법적 제문제," 한국공법학회, 『남북한 UN가입과 한반도 통일문제에 관한 공법적 대응』(제21회 한국공법학회 학술발표회 발표논문, 1991.11.11~12), pp. 54, 58 참조.

(6) 남한 내부의 법개혁 및 지속적인 법제정비

한국의 경우 오랜 군사독재를 거치는 동안 누적되어 온 반민주적·반법치주의적 잔재가 여전히 사라지지 않고 있다. 그러한 과거의 잔재가 상존하고 있는 한 이를 해결하지 않고는 법통합을, 그것도 남한에서 적용되었던 법령들을 북한지역에 연장하는 방식으로 추진하는 것은 그 정당성을 손상시키는 결과가 된다. 따라서 민주주의와 법치주의원칙에 따라 법제를 정비하고 반민주적·통일저해적인 법령과 관행을 척결하기 위한 자체적인 법개혁이 이루어져야 한다. 법개혁의 최우선적인 실천과제는 법과 법질서가 그 본래의 기능을 회복하고 신뢰할 수 있는 정의의 기준으로 복원될 수 있도록 하는 데 있다. 이를 위해서는 8·15 해방 이래 한국사회에서 법이 수행한 역할, 즉 사회적 모순들이 확대 재생산되는 과정에서 법이 기여한 몫과 그것이 초래한 법현실의 왜곡, 그리고 그동안 법의 실패, 즉 법치주의의 좌절을 가져온 원인에 대한 냉철한 비판적 자기진단이 요구된다.[153] 법개혁은 민주주의와 법치주의의 회복을 위한 개혁의 전략이며 통일을 위한 정당성의 기초를 구축하는 것임을 잊지 말아야 할 것이다.

(7) 통일국가로의 이행준비 및 절차

- 「남북연합」 단계의 후기에는 각 부문별 남북통합을 완성하여 통일국가(정치적 통일)로의 이행을 준비한다. 통일국가로의 이행은 「남북연합」의 발전 여하에 따라서 단축될 수도 있으며 지연될 수도 있다.
- 남북한이 통일국가 형성을 추진하기 위해서는 북한에서 민주화와 정권교체가 진행되어 쌍방 간에 통일추진 절차와 분야별 남북통합방향, 통일 미래상 등에 대해서 다양한 정책토론을 할 수 있고, 합의를 이룩할 수 있는 여건이 조성되어야 한다.
- 남북한은 통일시기, 통일에 이르기까지의 과도조치, 통일국가의 대내외 정책, 남북한의 분야별 법제통합의 방법 및 절차 등에 관해 「남북통일에 관한 합의서」(통일조약)를 체결한다.

  –「통일조약」은 독일의 경우와 같이 몇 단계[154]로 나뉘어 체결될 수도 있으며 하나

---

153) 법통합을 위하여 요구되는 법개혁의 주요 과제들에 대하여는, 여기서 상론(詳論)할 여유가 없다. 따라서 주요 항목을 제시하는 것으로 그치기로 한다. 지속적인 정치개혁 입법의 추진, 경제민주화를 위한 입법의 추진, 남녀평등과 여성의 사회적 지위향상을 위한 법제정비, 사회복지법령의 정비 및 노동자의 권익을 신장하기 위한 노동관계법의 개혁, 행정민주화를 위한 법제도 및 행정개혁입법의 추진, 지방자치단체의 자치입법권의 확대를 위한 법개혁, 사법제도의 개혁 등이 그러한 예에 해당할 것이다.

의 합의서로 체결될 수도 있는바, 통일상황에 따라 신축적이고도 기민하게 대응하도록 한다.

- 정치적 통일의 실현단계에서 남북평의회에서 「통일헌법안」을 채택하고, 통일국가의 구성에 착수한다.
  - 남북한은 각각 통일헌법 초안을 마련하여 남북평의회에 상정한다.
  - 통일헌법에는 과도조치, 권력구조, 정치제도, 경제제도, 분단기간의 과거청산문제에 관한 기본원칙 등이 포함되어야 한다.[155)]
  - 「통일헌법」은 남북한의 국내법적 절차를 거쳐서 효력을 발생토록 한다.
  - 「통일헌법」이 확정되면 「통일헌법」에 따라 남북한 총선거를 실시하여 통일정부와 통일국회를 결성함으로써 통일국가를 이룩한다.

(8) 「남북연합」 운영과 관련 있는 법적 문제

가. 「남북연합」의 대외적 명칭문제

「남북연합」을 설치할 경우 남과 북의 개별국호와 함께 대외적으로 하나의 명칭을 사용할 수 있다. 이는 1958년 2월부터 1961년 9월까지 시리아와 이집트 간에 창설된 국가연합인 통일아랍공화국(United Republic of Arab)처럼 대외적으로 단일명칭을 사용한 전례에 따른 것이라고 하겠다. 그러나 그러한 공통의 대외적 명칭은 남북한의 통일의지를 나타내는 상징적 의미만을 가질 뿐이며, 그것이 국가연합 자체의 국호라고 볼 수 없다. 국가연합은 실질적인 의미에서 국가가 아니므로 엄격한 법적인 관점에서 볼 때 자체의 국호를 가질 수 없기 때문이다.

「남북연합」의 대외적 명칭은 쌍방이 받아들일 수 있는 것을 사용하되, 최대한 신축성·융통성을 발휘하도록 해야 할 것이다. 먼저 정상 간의 협의체의 경우 남북연합정상회의, 남북정상회의, 남북최고당국자회의 등을, 의회 간의 협의체의 경우 한민족평의회, 남북평의회, 남북연합의회 등을, 그리고 정부 간의 협의체는 남북상설각료위원회, 남북각료회의, 남북상설집행위원회 등을 고려할 수 있다.

---

154) 주지하는 바와 같이 동서독은 「화폐·경제·사회통합에 관한 조약」(일명 국가조약, 1990.5.18 서명)과 「독일의 단일성 회복에 관한 조약」(일명 통일조약, 1990.8.31 서명)을 체결, 먼저 경제통합을 실현하고 나중에 정치적 통합을 추진함으로써 2단계의 통일을 달성하였다.

155) 통일헌법 초안의 구체적인 내용은 남북한 간의 합의에 의해 정해질 것이나, 여기에는 기본적으로 자유민주주의, 법치주의, 권력분립제, 사회적 시장경제질서, 국제평화주의 등이 반영되어야 할 것이다.

한편, 남과 북이 「남북연합」을 구성할 경우, 대외관계에서 각각의 국호와 더불어 필요시 쌍방이 수용할 수 있는 공통의 대외적 명칭을 사용할 수 있을 것이다. 현재 우리나라의 정식국호는 ROK(Republic of Korea), 북한의 정식국호는 DPRK(Democratic People's Republic of Korea)이다. 그리고 「민족공동체통일방안」에서 상정하는 '남북연합'의 명칭은 the Korean Commonwealth, 북한의 통일방안에서 상정하는 「고려민주련방공화국」의 명칭은 Democratic Confederal Republic of Koryo이다. 이러한 점을 감안할 때 남북한이 '남북연합'의 명칭으로서 Confederal Republic of Korea라는 표현을 수용할 수 있을 것으로 사료된다.[156] 이러한 명칭으로 올림픽, 월드컵, 유니버시아드 등 주요 국제스포츠행사에 단일팀으로 출전하거나 또는 개·폐회식에서 공동으로 입장할 수 있을 것이다. Confederal Republic of Korea라는 명칭의 대안으로는 South-North Korean Confederation을 고려할 수 있을 것이다. 그러나 이 경우는 South-North의 표기순서와 관련하여 남북한이 합의점을 찾기가 쉽지 않을 것으로 생각된다.

나. 한반도 시민권의 인정문제

「남북연합」은 남과 북의 상호 실체를 인정하는 기초 위에서 형성되는 것이다. 그런 점에서 남북한의 주민은 각기 자신이 소속된 정치실체가 부여한 공법상의 신분(국적)을 갖는다고 보아야 한다. '남북연합'이 효과적으로 운영되어 남북한 정치통합이 상당한 정도로 진전될 경우, 통일을 지향하는 관점에서 남북한은 'Korea 시민권' 또는 '한반도 시민권' 제도를 도입·운영할 필요가 있다. 이러한 구상은 영연합 시민권(commonwealth citizenship)에서 차용해 온 것이다. 동 구상은 「남북연합」 발전기에 남북한 주민은 각기 대한민국 국적과 조선민주주의인민공화국 국적을 갖는 동시에, Korea의 시민권을 보유하도록 하는 것이다. 그리고 어느 일방 주민이 타방의 국적을 가지려 할 경우 일반 외국인의 귀화절차를 거치지 않고, 단순히 신고 또는 등록의 절차에 의해서 타방의 국적을 취득하도록 하는 것이 바람직하다.[157] 나아가 해외동포들에게도 이 '한반도 시민권' 개념을 확대·적용할 수 있을 것이다. 다만 중국과 러시아의 경우 인적 관할권의 충돌에 따른 반발이 예상되므로 신중한 검토가 요망된다고 하겠다.

---

156) 민족통일연구원, 『한민족공동체 통일방안의 구체화방안』(서울: 민족통일연구원, 1991), p. 10.

157) 영연합 구성국들 상호 간에 있어서 영연합 시민은 귀화의 절차를 거치지 않고 단순한 등록에 의하여 다른 구성국의 국적을 취득할 수 있으며, 국회의원의 선거권·피선거권과 추밀원(Privy Council)의 일원이 될 수 있는 자격이 인정된다. Robert Y. Jennings, "The Commonwealth and International Law," British Yearbook of International Law, vol. 30(1953), pp. 340-349 참조.

다. 한반도 기(旗)의 공식적 사용문제

그동안 주요 민간 국제스포츠행사에서 제한적으로 또한 비공식적으로 사용되어 왔던 한반도 기를 정부차원에서도 남북정상회담 등 당국 간 대화에서 공식 사용하는 방안을 긍정적으로 고려할 필요가 있다. 뿐만 아니라 각종의 민간행사와 통일포럼 등에서도 한반도 기를 사용함으로써 민족의 동질성과 자긍심을 고양하도록 해야 한다. 하지만 한반도 기는 정치적 상징성을 가질 뿐이며, 그 이상의 국제법적 의미를 갖지 않도록 유의해야 한다. 특히 남북한이 상호 상대방의 주권적 실체를 인정한다는 의사표시를 분명히 하기 위해서 당국 간 회담이나 정부 간 공식행사에서는 반드시 각자의 국기를 표시 또는 게양하도록 해야 한다. 이러한 조건하에서 남북한 간의 합의하에 남북화해·협력 촉진, 하나의 민족의식 고양, 나아가 평화적 통일 지향의 차원에서 '제한적으로' 한반도 기를 동시에 사용하는 것은 무방할 것이다.

제7절 남북한 통일방안의 접점도출 및 「남북연합」 형성 시 고려사항(법적 제한)

1. 「선 화해·협력 및 신뢰구축, 후 통일방안 협의」 기조 유지

우리 측이 남북한 통일방안의 접점도출을 서두르면 자칫 통일논의의 주도권을 상실할 가능성이 있다. 통일은 7천만 겨레의 삶의 양식과 직결되어 있고, 민족의 명운이 걸린 중대사인 만큼 신중의 신중을 기해야 할 문제이다. 또한 우리가 모든 면에서 대북우위에 있음을 감안하여 '시간은 우리편'이라는 자세로 의연하게 대처해야 할 것이다.

남북공동선언의 이행·실천에 있어서 우리 측은 '선 평화 후 통일,' 내지는 '선 교류협력·신뢰구축, 후 통일방안 협의'의 기조를 유지하는 것이 바람직하다. 따라서 남북한 통일방안의 협의문제와 관련해서 북측이 상징적인 연방중앙정부 구성을 비롯하여 합의생산에 집착할 경우, 우리 측은 남북한 간에 정치·군사적 신뢰구축의 미비, 선 화해·협력을 통한 통일기반조성의 필요성 등을 들어 점진적인 협의·해결이 바람직하다는 입장을 강조해야 할 것이다. 요컨대, 한국은 통일방안 협의에 앞서 평화조성 차원에서 다방면의 교류협력 활성화와 충분한 정치·군사적 신뢰구축을 추진함으로써 통일방안 접점 도출을 위한 기반조성에 노력을 경주하는 것이 타당하다고 하겠다.[158)]

2. 우리 헌법 및 대한민국의 국체에 부합되는 합의도출

남북한이 통일방안의 접점을 도출해 나감에 있어서 우리 헌법의 기본 틀, 특히 대한민국의 국체(국가형태)와 정체성에 위반되는 합의를 해서는 안 된다. 그것은 위헌적인 행위가 되기 때문이다.

주지하는 바와 같이 대한민국은 단일국가, 민주공화국의 국체(國體)를, 그리고 자유민주주의를 국가이념으로 채택하고 있다. 또한 3권분립과 대의제, 복수정당제도 등을 정치제도의 기본으로 삼고 있다. 따라서 우리 정부는 통일을 추진해 나감에 있어서 이와 같은 우리 헌법의 기본원리와 국체의 틀 내에서 남북한 통일방안의 접점을 모색하고, 그 구체적인 합의를 도출해야 한다.

이와 관련, 혹자는 통일과정에서 또는 통일국가의 형태로서 연방제를 채택할 수 있다고 생각하는 이들이 있다. 그러나 우리 헌법상 대한민국의 국체는 단일국가이기 때문에 이와 양립될 수 없는 연방제를 채택하기 위해서는 먼저 현행 헌법을 개정하지 않으면 안 된다. 그 과정에서 국민투표와 같은 국민적 동의를 얻지 않으면 안 된다.[159)] 만일 그렇지 않고 "어떠한 통일도 선이다"라는 소위 통일지상주의에 빠져 무리하게 연방제 형태의 통일을 추진하려 한다면, 그 자체가 헌법을 파괴하는 것이 된다. 또 그러한 방식의 통일을 추진하는 정권의 최고책임자(대통령)는 탄핵소추의 대상이 될 수 있음은 두말할 것도 없다.

그러나 이러한 결론이 곧 남북공동선언의 제2항이 위헌이라는 뜻은 아니다. 동 조항은 남측의 연합제안과 북측의 「낮은 단계의 연방제안」에 공통성이 있음을 인정하고, 앞으로 이 방향에서 통일을 추진한다"고만 규정하고 있을 뿐이기 때문이다. 이러한 합의는 통일지향적인 합의로서 헌법의 틀을 벗어나지 않는다고 생각된다.

하지만 분명히 북측의 '높은 단계의 연방제'는 연방중앙정부의 존재와 권력집중, 남북한 (지역)정부의 주권성의 소멸, 중앙정부와 지역정부의 권한배분, 그리고 그에 관한 남북한 당국차원의 합의 및 연방헌법의 제정 등을 포함하는 것이다. 이렇게 볼 때 우리가 채택하고 있는 단일국가의 일원적(자유민주주의) 헌법질서와 구성국들 간에 법질서를 인정

---

158) 제성호, "남북 법·정치공동체 형성방안," p. 55.

159) 백진현 교수도 기본적으로 필자의 견해에 동조하고 있다. 『조선일보』, 2000년 6월 17일, p. 8 참조.

하는 연방제는 양립될 수 없다. 더구나 우리 헌법적 틀 내에서 대립되는 2개의 사상과 제도의 인정을 전제로 하는 북한의 연방제안과의 타협은 불가능하다고 할 것이다. 그러므로 우리는 연합제안의 틀을 유지하는 가운데 북측의 「낮은 단계의 연방제안」과 접점을 찾아야 하며, 완전한 의미의 연방제와는 접점을 찾을 수 없다는 점을 인식해야 한다. 결국 우리 정부는 헌법제정권력자인 국민의 범국민적 동의와 수권 내지는 그 표현인 헌법의 개정[160](즉 연방제를 허용하는 내용의 삽입)이 없이는 결단코 연방제 통일에 관한 합의를 할 수 없다고 할 것이다.

이상의 여러 점을 고려할 때 통일과도체제는 우리 측의 연합제안을 중심으로 설치하고, 그러한 테두리 속에서 남북한 통일방안의 접점을 찾는 노력을 지속적으로 확대해 나가야 한다. 그래야 남북한 통일방안의 접점 도출에 관한 당국 간의 협상과 합의가 합헌성, 국민적 지지와 정당성을 확보할 수 있을 것이다. 그리고 「남북연합」이 심화·발전되어 거의 통일 직전의 상황에 도달하는 경우에도 현재와 같은 헌법이 개정되기 전에는 그러한 남북한 간의 과도적 결합체제를 '강화된(높은 단계의) 남북연합' 내지는 '후기(2단계) 남북연합'이라고 규정해야지, 결코 남북연방이라는 표현을 사용해서는 안 된다는 점을 명심해야 할 것이다.[161]

제8절 결 어

남북공동선언 채택 후 남북한관계가 급속한 진전을 보이고 있다. 남북장관급회담의 정례화, 경의선 철도 연결공사 착공, 남북경협 관련 제도적 장치 마련을 위한 실무협의, 남북국방장관회담의 개최 등은 과거에는 상상할 수 없었던 엄청난 변화라고 하겠다. 최근의 남북한관계 발전은 향후 민족공동체 형성을 촉진하고, 궁극적으로는 민족의 평화적 통일을 위한 밑거름이 될 것이다.

---

160) 우리 헌법의 개정을 위해서는 국회 재적의원 과반수 또는 대통령의 발의로 제안된 헌법개정안이 국회 재적의원 2/3의 찬성을 얻어 의결된 다음 다시 국민투표에 회부하여 국회의원 선거권자 과반수의 투표와 투표자 과반수의 찬성을 얻어야 한다. 헌법 제128조 내지 제130조 참조.

161) 이러한 '강화된 남북연합'과 비교할 때 남북한이 민족공동체헌장을 채택하여 남북연합체를 결성한 '초기의 남북연합'에 대해서는 '느슨한(낮은 단계의) 남북연합,' '전기 남북연합' 또는 '1단계 남북연합'이라고 부를 수 있을 것이다.

통일은 분단된 한반도를 하나의 국토로 만들고, 여기에 살고 있는 7천만 동포를 하나의 생활권 속으로 묶는 것, 나아가 남북한의 정치권력을 하나로 통합하는 정치적 사건이다. 그리고 분단된 실체를 하나의 국가로 통일하는 작업은 종국에 있어서는 이질적인 두 개의 법질서를 하나의 법질서로 통합·재편하는 작업으로 귀결된다. 따라서 통일은 남과 북을 하나의 법·정치공동체로 만드는 과정인 동시에, 그 결과라고 할 것이다. 남북한의 통일방안은 그러한 법·정치공동체 형성의 방향과 기초를 제공하는 의미를 갖는다.

남북한은 6·15 남북공동선언의 제2항에서 남측의 연합제안과 북측의「낮은 단계의 연방제안」간에 공통성이 있음을 인정하고, 이 방향에서 통일을 추진하기로 하는 데 합의하였다. 이 조항은 앞에서 지적한 바와 같이 분단 이후 남북한의 최고당국자들이 남북한의 통일방안을 공식적으로 협의한 끝에 나온 절묘한 타협안이라고 볼 수 있다. 물론 이 조항은 우리 측이 북한의 '높은 단계의 연방제안'을 수용한 것이 아니다. 단지 북측의「낮은 단계의 연방제안」과「남측의 연합제안」간에 공통성이 있다는 것을 인정한 것일 뿐이라는 점에 유의해야 한다.

그러나 제2항은 남북한의 통일협상을 촉진할 고리가 될 것임에 틀림없다. 십중팔구 앞으로의 남북한관계에 있어서 양측 통일방안의 접점을 찾아 남북협력체제를 구축하는 일이 가장 중요한 당면과제의 하나로 부각될 것으로 예상된다. 그러기에 지금부터 정부는 남북 양측 통일방안에서 접점을 찾을 수 있는 최대공약수를 찾아 이를 구체적으로 실천할 수 있는 세부이행방안(협상대책 포함)을 강구해야 한다.

위에서 필자가 생각하는 남북한 통일방안의 접점도출방안을 나름대로 스케치해 보았다. 그것은 개략적인 밑그림과 방향제시 정도에 지나지 않는다. 앞으로 많은 사람들의 지혜와 중지를 모아 계속 수정·보완하는 후속작업이 뒤따라야 할 것이다. 그럼으로써 법·정치적 측면에서 평화적인 민족통일을 촉진하고 뒷받침하기를 기대해 본다.

제 6 장

남북대화의 전개와 남북합의서 채택

제 6 장 남북대화의 전개와 남북합의서 채택

제1절 남북대화의 시기별 특징

1. 개 요

남북대화가 시작된 것은 1971년 8월 남북적십자회담 예비회담부터이다. 여기서는 70년대부터 지금까지의 남북대화 역사를 시대별로 간단히 고찰하기로 한다.

남북한은 1971년 8월 20일 적십자접촉을 시작으로 2009년 10월 16일 개성공단 내의 남북경제협력협의사무소에서 열린 이산가족 실무접촉까지 총 597회의 남북회담을 하였다(2009년 11월 1일 현재). 분야별로 살펴보면, 정치분야는 248회, 인도분야 146회, 경제분야 103회, 사회분야 54회 등의 순으로 남북회담이 진행되었다.[1)]

우선, 70년대 들어 국제적 냉전의 완화를 배경으로 제한적인 대화와 교류가 시작되었다. 1972년 7월 남북한은 자주·평화·민족대단결의 통일원칙을 담은 '7·4 남북공동성명'을 발표하였다. 그러나 1980년대까지는 냉전체제를 기반으로 한 적대적 대결구도라는 근본적인 제약을 극복하기 어려워 실질적인 남북 간 화해와 협력으로 이어지지는 못하였다.

이후 1980년대 후반 들어 남북회담에도 짧은 해빙기가 도래하였다. 즉, 남북한의 총리를 수석대표로 하는 고위급회담을 개최하여, 1991년 12월 13일 「남북 사이의 화해와 불가침 및 교류협력에 관한 합의서」를 채택하였다. 다른 한편으로 「한반도 비핵화에 관한 공동선언」도 합의되었다. 하지만 1993년 3월에 북한의 핵무기확산방지조약(NPT) 탈퇴선언으로 야기된 제1차 북핵 위기 발생으로 이러한 해빙기는 오래 지속되지 못하였다.

2000년 6월 남북정상회담을 계기로 정치, 군사, 경제, 인도, 사회 등 각 분야별 남북회

1) http://dialogue.unikorea.go.kr/sub1/sub1_2.asp; http://dialogue.unikorea.go.kr/sub1/sub1_3.asp.

담을 통한 실질적인 교류와 협력이 확대되기 시작하였다. 또한 남북장관급회담을 중심으로 국방장관회담, 경제협력추진위원회, 적십자회담과 분야별 실무회담이 활발히 진행되었다. 2007년 10월 제2차 남북정상회담 이후에는 장관급회담이 총리회담으로, 차관급인 경제협력추진위원회도 부총리급 경제협력공동위원회로 격상되었다. 하지만 북한은 2008년 2월 이명박 정부가 출범한 이래 현 정부의 대북정책에 대한 불만 표시의 일환으로 남북대화의 문을 일방적으로 닫는 조치를 취하였다. 그 결과 총리회담과 경제협력추진위원회, 장관급회담 및 남북국방장관급회담 등이 열리지 않고 있다.

따라서 지금은 남북회담이 일종의 조정기를 거치고 있다고 볼 수 있다. 이명박 정부 들어 전반적으로 남북관계가 소강국면에 있기는 하지만, 그동안 남북대화가 전혀 열리지 않은 것은 아니다. 예컨대, 2008년 10월 대북 전단(삐라) 문제와 군 통신선문제로 남북한 간에 제37차 군사실무회담(10.2)과 군사실무접촉(10.27)이 각각 1차례 열린 바 있고, 2009년에는 개성공단 관련 현안문제 협의를 위해 1차례 개성실무접촉(4.21)과 3차례 개성실무회담(6.11, 6.19, 7.2)이 개최된 바 있다. 또한 2009년 8월 26일부터 28일까지 금강산에서 이명박 정부 들어 처음으로 남북적십자회담이 성사되었다. 남북적십회담 합의서에 따라 추석 직전인 9월 26일부터 10월 1일까지 이산가족 상봉행사가 금강산에서 거행되었다. 이후 남북협력의 분위기 속에서 동년 10월 14일 임진강 수해방지를 위한 실무회담, 그리고 10월 16일 이산가족 실무접촉이 각각 개성공단 내의 남북경제협력협의사무소에서 열렸다.

이러한 추세에 비추어 앞으로 남북 당국 간 대화가 전면 재개되면 지난 정부의 성과를 바탕으로 남북관계의 질적 도약을 이룰 수 있을 것이라고 예상된다.

2. 분야별 회담

지난 38~39년간의 분야별 남북회담의 진행경과는 통일부 통일교육원에서 나온 자료 등에서 잘 정리되어 있다. 여기서는 그 내용을 그대로 옮겨 소개하기로 한다.[2)]

(1) 남북조절위원회 회담

1972년 5월 2일부터 4일간 이후락 당시 중앙정보부장이 평양을 방문하여 김일성수상과 회담을 가진 데 이어 북한의 부수상 박성철이 서울을 방문하여 박정희 대통령과 회담

2) 통일부 통일교육원, 『통일문제이해 2009』(서울: 통일부, 2009), pp. 85-92.

을 가졌다. 그 결과로 「7·4 남북공동성명」이 발표되고, 남북조절위원회가 발족되었다. 남북조절위원회 회의는 3차례의 공동위원장 회의, 3차례의 남북조절위원회 본회의와 함께 3차례의 간사회의가 개최되었다.

그러나 북한은 1973년 8월 우리의 「6·23 특별선언」을 이유로 일방적으로 대화 중단을 선언하였다. 이후 1979년 2월 17일부터 남북조절위원회 대표 간에 3차례 접촉이 있었으나, 아무런 성과를 거두지 못했다.

(2) 남북고위급회담

가. 본회담

1988년 12월 28일 강영훈 국무총리는 연형묵 북한 정무원 총리에게 서한을 보내 남북한 간의 상호 신뢰구축과 긴장완화 문제를 포괄적으로 협의·해결하기 위한 남북총리회담 개최를 제의하였다. 이에 대해 북한은 남북고위급 정치·군사회담 개최를 제의하면서, 이를 위한 예비회담을 1989년 2월 8일에 열 것을 제안하여 왔다. 쌍방은 1989년 2월부터 1990년 7월까지 판문점에서 8차례의 예비회담과 2차례의 실무접촉을 통해 「남북고위급회담 개최에 관한 합의서」를 채택하였다. 이에 따라 1990년 9월 4일부터 7일까지 서울에서 제1차 회담이 개최되었으며, 1992년 9월까지 서울과 평양에서 총 8차례의 회담이 진행되었다. 제4차 회담(1991.10.22~25, 평양)에서 쌍방은 「남북사이의 화해와 불가침 및 교류·협력에 관한 합의서」(약칭 남북기본합의서)를 채택할 것과 합의서 내용의 구성에 대해 합의하였다.

남북한은 이 같은 합의를 토대로 제5차 회담(1991.12.10~13, 서울)에서 기존 쟁점사항들에 대한 조정을 거쳐 전문과 25개 항으로 된 남북기본합의서를 채택하였다. 이와 함께 한반도 핵문제를 협의하기 위한 대표접촉을 12월 안에 개최하기로 하는 등 3개 항의 공동발표문을 채택하였다. 이 합의에 따라 1991년 12월 26일부터 12월 31일까지 판문점에서 3차례에 걸쳐 대표접촉이 진행되어 「한반도의 비핵화에 관한 공동선언」이 채택되었다. 남북기본합의서와 한반도 비핵화 공동선언은 1992년 2월 18일부터 21일까지 평양에서 진행된 제6차 남북고위급회담에서 정식 발효하였다.

제7차 회담(1992.5.5~8, 서울)에서는 「남북연락사무소 설치·운영에 관한 합의서」와 「남북군사공동위원회 구성·운영에 관한 합의서」, 「남북교류협력공동위원회 구성·운영에 관한 합의서」를 발효시키고, 남북화해공동위원회를 구성·운영하기로 합의하였다. 또한 제8차 회담(1992.9.15~18, 평양)에서 남북한은 「남북화해의 이행과 준수를 위한 부속합의서」, 「남북 불가침의 이행과 준수를 위한 부속합의서」, 「남북교류협력의 이행과 준수를 위한 부속합의서」를 발효시켰으며, 「남북화해공동위원회 구성·운영에 관한 합의서」의 발효와 함께 4개 공동위원회의 제1차 회의 일자와 장소를 합의하였다.

그러나 북한은 같은 해 10월 31일 화랑훈련과 한·미 연합 독수리훈련, 팀스피리트(T/S) 훈련 등 우리의 연례적인 군사훈련을 구실로 11월 5일부터 1주일 간격으로 열릴 예정이던 4개의 공동위원회의 참석을 일방적으로 거부하고, 제9차 회담에도 불참함으로써 남북고위급회담은 중단되었다.

나. 분야별 분과위원회

제6차 남북고위급회담의 합의에 따라 남북한은 남북정치분과위원회 회의(1992.3.9)를 시작으로 남북군사분과위원회(1992.3.13)와 남북교류협력분과위원회 회의(1992.3. 18)를 각각 판문점에서 개최하였다. 아울러 한반도 비핵화 공동선언에 따라 남북한은 그 이행기구인 남북핵통제공동위원회의 구성·운영문제 협의를 위해 1992년 2월 19일 제1차 대표접촉을 진행한 데 이어, 7차례의 대표접촉을 갖고 「남북핵통제공동위원회 구성·운영에 관한 합의서」를 채택(1992.3.14)하였으며, 1992년 3월 19일 남북핵통제공동위원회 1차 회의를 개최하였다.

그 후 분과위원회 및 핵통제공동위원회 회의 각각 3차례, 정치분과위원회 위원 접촉 1차례, 교류협력분과위원회 위원접촉 4차례 등 총 17회의 회의가 진행되었다. 그러나 남북고위급회담 중단과 함께 성과 없이 중단되었다.

(3) 남북정상회담

김영삼 대통령은 취임 1주년에 즈음한 기자회견(1994.2.25)에서 "북한의 핵개발을 저지하는 데 도움이 된다고 판단될 경우 남북정상회담을 추진하겠다"고 밝혔다. 이에 따라 정부는 1994년 6월 20일 국무총리 명의의 전화통지문을 북한 정무원 총리 앞으로 보내 남북정상회담 개최문제를 협의하기 위해 부총리급을 수석대표로 하는 예비접촉을 가질 것을 제의하였고, 북한이 이에 호응함으로써 1994년 6월 28일 판문점 평화의 집에서 정상회담 예비접촉이 개최되었다.

이 예비접촉에서 남북한은 정상회담을 1994년 7월 25~29일 평양에서 개최하기로 하는 「남북정상회담 개최를 위한 합의서」를 채택하였다. 이후 남북정상회담 실무절차를 협의하기 위한 제1차 대표접촉이 1994년 7월 1일 판문점 통일각에서, 제2차 대표접촉이 7

월 2일 판문점 평화의 집에서 개최되어 남북정상회담 개최를 위한 실무절차 합의서가 채택되었다. 그러나 김일성이 갑자기 사망(1994.7.8)함에 따라 7월 11일 북한은 "우리측 유고(有故)로 예정된 북남최고위급회담을 연기하지 않을 수 없게 되었음을 위임에 의하여 통지한다"는 서한을 보내옴으로써 남북정상회담은 무기 연기되고 말았다.

한편, 김대중 대통령이 1998년 2월 취임사에서 "북한이 원한다면 정상회담을 개최할 용의가 있다"고 한 이래, 당시 정부는 기회 있을 때마다 남북정상회담과 특사교환을 제의해 왔다. 더불어 기존의 채널과 여러 경로를 통해 북한의 호응을 촉구하였다. 이러한 과정에서 한반도 냉전구도 해체와 항구적인 평화 및 남북 화해·협력을 촉구하는 베를린 선언(2000.3.9)이 발표되었다. 이후 북한이 남북정상회담을 개최할 수 있다는 의사를 표명해 옴에 따라 2000년 3월 17일 중국 상하이에서 남북 당국자 간 첫 접촉을 가졌으며, 그 후 베이징에서 수 차례 협의를 가졌다. 그 결과 4월 8일 남북한은 "김정일 국방위원장의 초청에 따라 김대중 대통령이 평양을 방문하여 남북정상회담을 개최한다"는 데 합의하였다.

이후 5차례의 남북 간 판문점 준비접촉 과정에서 북한은 절차문제 등에 대한 우리 측 안을 대부분 수용하고, 항목별 구체적 내용은 1994년 남북정상회담 절차합의서를 기준으로 하기로 하였다. 또한, 경호·통신 등 실무접촉과 체류 일정 및 선발대 방북 등의 일정도 합의하였다. 2000년 6월 13일 평양공항을 통해 방북한 김대중 대통령은 김정일 국방위원장과 처음으로 남북정상회담을 갖고, 이산가족문제 해결, 경제 및 사회·문화교류 등 5개 항을 담고 있는 6·15 남북공동선언을 채택하였다.

2007년 10월 2일부터 4일까지 평양에서 노무현 대통령과 김정일 국방위원장 간에 열린 정상회담에서 남북한은 정전체제의 종식과 항구적인 평화체제 구축의 필요성에 대해 공감하고, 직접 관련된 3자 혹은 4자 정상들이 한반도 지역 내에서 만나 종전(終戰)을 선언하는 문제를 추진하기 위해 협력하기로 합의하였다. 또한 경제협력과 서해평화협력지대 설치, 사회·문화교류와 민족 동질성 회복 등 10개 항에 합의하였다.

(4) 남북장관급회담 등 당국 간 회담

2000년 남북정상회담 이후 남북 당국 간 고위 협의기구인 남북장관급회담을 중심으로 각 분야별 회담을 개최하였다. 2007년 정상회담 이후 장관급회담은 총리회담으로 격상되었다. 남북 쌍방은 장관급회담을 통해서는 남북관계 주요 일정을 조정하고 제반 현안을 협의하였다. 경제협력추진위원회(경추위) 등 실무회담에서는 합의사항의 구체적 이행문제에 대해 협의하였다.

북한의 핵문제, 이라크전쟁 등 여러 위기 속에서 남북회담은 간헐적으로 중단과 재개를 반복하기도 하였으나, 경제협력 분야와 관련해서는 구체적 이행사항이 많아지고 회담 내용도 전문화되었다.

가. 남북장관급회담과 남북총리회담

6·15 공동선언의 합의사항을 이행하기 위한 당국 사이의 대화채널로 개설된 남북장관급회담은 2008년 2월까지 총 21차례 진행되었다. 장관급회담 초기에는 정상회담에서 합의한 사항의 이행문제를 해결하는 데 주력하였다. 이산가족 등 인도주의 문제, 남북 간 경제·사회·문화 등 제반 분야의 협력활성화 방안 등이 주로 협의되었다. 특히 철도·도로 연결사업, 임진강 수해방지사업, 개성공단 건설사업 등 경제협력 사업에 중점을 두고 합의를 도출하였다.

그러나 2002년 10월 제임스 켈리 미 국무차관보가 조지 W. 부시 미국 대통령 특사 자격으로 방북한 이후 북한 핵개발 의혹 제기로 인한 이른바 2차 북핵 위기가 대두되면서 한반도의 정세는 불안정해졌다. 이러한 상황에서 개최된 남북장관급회담에서는 북핵문제 해결과 남북관계 병행 발전이라는 기조를 바탕으로 북핵문제의 평화적 해결을 위해 북한을 설득하면서 남북 간 교류협력 사업에 대한 논의를 계속하였다.

경제분야에서는 경제협력사업 추진(제16차 장관급회담)과 상호 이익을 낼 수 있는 새로운 경협모델의 발굴(제18차 장관급회담)에 합의하였다. 이는 이후 남북경제협력추진위원회 제12차 회의에서 경공업 및 지하자원 개발협력이라는 구체적인 사업에 대해 합의하는 계기가 되었다.

또 인도분야에서 이산가족 화상상봉 및 면회소 착공(제15차 장관급회담), 국군포로·납북자 문제의 실질적 해결을 위한 협력(제18차 장관급회담)에 합의하였다. 군사분야에서는 남북군사당국자 회담 개최(제14차 및 제15차 장관급회담) 등에 합의하였다.

남북총리회담은 2007년 남북정상회담 개최 이후 11월 14일부터 16일까지 서울에서 열려 정상회담 합의사항의 전반적인 이행을 위한 합의문을 채택하였다.

나. 남북군사회담

2000년 9월 25일부터 26일까지 남북국방장관회담이 제주도에서 개최되어 군사적 신뢰구축 문제와 남북 철도·도로 연결공사에 따른 협력 문제를 협의하고 군사적 긴장완화 및 한반도의 평화를 위해 공동으로 노력해 나가기로 합의하였다. 이 같은 합의에 따라 남북군사실무회담이 37차례에 걸쳐 판문점의 '평화의 집'(남측)과 '통일각'(북측)에서 번갈아 개최되어, 남북관리구역 설정과 통행, 남북 철도·도로 연결 공사 등과 관련한 합의를 타결하였다.

2004년에는 2차례의 남북장성급 군사회담을 개최하여 「서해상 우발적 충돌방지와 군사분계선 지역에서의 선전활동 중지 및 선전수단 제거에 관한 합의서」를 체결하였다. 이를 통해 서해상에서는 우발적 충돌방지 조치를 이행하고, 육상에서는 군사분계선 지역에서 상대측에 대한 모든 선전활동을 중지하고 선전수단을 제거하기로 하였다.

2006년에는 2차례, 2007년에는 3차례 남북장성급 군사회담이 개최되어 서해 공동 어로수역 및 평화구역 설정 문제 등 남북 군당국 간 현안과 철도·도로 통행의 군사보장 등 각종 화해·협력사업을 뒷받침하는 문제를 협의하였다.

또한, 제2차 남북국방장관회담이 제1차 회담 이후 7년 만인 2007년 11월 27일에서 29일까지 평양에서 개최되어 2007년 정상회담 합의사항 이행을 위한 군사적 대책을 협의하고, 군사적 긴장완화 조치를 포함한 7개 항의 합의문을 채택하였다.

다. 경제분야 남북회담

경제분야에서는 경제협력추진위원회 등 총 100차례의 회담이 개최되었다. 분야별로 철도·도로, 개성공단, 경협제도, 경공업 및 지하자원 등 10여 개의 실무회담이 구성·운영되었다. 이를 통해 남북한은 투자보장과 이중과세 방지 등 남북경제협력에 필요한 제도적인 장치를 마련하는 한편, 금강산 관광과 개성공단, 철도·도로 연결 등 주요 경협사업을 추진하였다.

철도·도로 분야에서는 총 22차례의 회담을 개최하여 19개의 합의서를 채택하였으며, 이를 통해 남과 북은 50여 년간 끊어져 있던 경의선과 동해선의 철도와 도로를 연결하였고, 남북철도연결 구간에서의 열차 시험운행(2007.5.17)과 경의선 문산역-판문역 간의 화물열차 운행 개시(2007.12.11) 성과를 거두었다. 개성공단 건설분야에서는 북한의 군사지역이었던 개성지역을 산업공단으로 개발하고, 공단 개발사업이 원활히 이루어질 수 있도록 당국 차원의 지원문제에 대해 협의하였다. 남북경협 제도분야 실무회담과 병행하여 「개성공단·금강산 출입 및 체류에 관한 합의서」 등 제도적 장치도 마련하였다.

한편, 2005년 10월 남북경제협력추진위원회 제10차 회의에서는 우리 측이 북한에 경공업 제품의 원자재를 제공하고, 북한은 우리 측에 지하자원으로 상환하는 방식의 경제협력 사업을 추진하기로 합의하였다. 또한 경제분야에서의 당국 간 연락업무와 민간 차원의 직접거래와 투자를 활성화하기 위하여 개성에 남북경제협력협의사무소를 설치·운영하기로 합의하였다. 이어 2006년 6월 남북경제협력추진위원회 제12차 회의를 통해 우리는 경공업 제품 원자재를 제공하고, 북한은 우리 측이 지하자원을 개발하는 것을 지원하기로 합의하였다. 이 밖에 한강하구 골재채취, 제3국 공동진출 등에도 합의하였다.

2007년 남북정상회담 이후에는 기존에 차관급으로 운영되어 오던 남북경제협력추진위원회가 부총리급의 남북경제협력공동위원회로 격상되었으며, 제1차 회의가 2007년 12월 4일부터 6일까지 서울에서 개최되었다. 하위 실무회담도 도로, 철도, 개성공단, 조선·해운, 농수산, 보건의료·환경보호, 자원개발, 경협제도의 8개 분과위원회로 재편되었다.

(5) 남북적십자회담

1971년 8월 12일 대한적십자사는 이산가족문제 해결을 위한 남북적십자회담을 북한에 제의하였다. 이를 계기로 1972년 8월부터 7회에 걸쳐 이산가족들의 주소와 생사 확인, 방문과 상봉, 서신왕래, 재결합, 기타 인도적 문제해결 등 5개 항을 의제로 하는 남북적십자 본회담이 개최되었다.

1985년 8월 열린 제8차 본회담에서는 분단 40년 만에 처음으로 이산가족 상봉에 합의하였다. 그 후 1992년 5월 서울에서 개최된 제7차 남북고위급회담에서 남북한은 8·15를 계기로 '이산가족 노부모 방문단 및 예술단의 서울·평양 동시교환'을 실시하기로 합의하였으나, 북한이 정치적 색채가 강한 혁명가극 공연을 고집함으로써 성사되지 못하였다.

한편, 1990년대 중반 이후 계속된 북한의 식량난을 돕기 위해 1997년 남북적십자 간의 5차례 접촉이 베이징에서 이루어져 「남북적십자 간 구호물자 전달절차에 관한 합의서」가 채택되었고, 이에 따라 대북구호 물자의 전달이 이루어졌다.

남북한은 2000년 6월의 남북정상회담 개최 이후 10차례의 적십자회담 및 7차례의 적십자 실무접촉 등을 통해 18차례의 대면상봉과 7차례의 화상상봉을 실시하였다. 2007년 11월 개최된 제9차 남북적십자회담에서는 이산가족 상봉의 규모를 확대하고 영상편지를 교환하기로 합의하였다. 또한 상시적인 이산가족 상봉과 기존 상봉자들의 재상봉 기회 확대 등 이산가족 상봉의 제도화를 위한 금강산면회소 건설사업은 2007년 12월 7일 면회사무소 준공식을 가졌다.

정부는 그동안 이산가족들의 생사·주소확인 사업과 서신교환 사업 등의 정례화를 위해 노력하여 왔으나, 아직 만족할 만한 합의에 도달하지는 못하고 있다. 이와 함께 납북자 및 국군포로 문제도 남북적십자회담 등을 통해 지속적으로 문제를 제기하여 생사 확인 등이 조속히 이루어질 수 있도록 노력하였으나, 가시적 성과를 이루지는 못하였다.

(6) 사회 · 문화분야 남북회담

사회 · 문화분야 회담의 경우, 체육분야 실무접촉을 통해 2002년 부산 아시안게임 · 2003년 대구 하계 유니버시아드대회에 북한 선수단 파견, 2004년 아테네 올림픽 공동입장 등을 성사시켜 스포츠 분야에서 남북의 진전된 모습을 보여주었다. 2005년 말부터 2007년까지 4차례에 걸쳐 2008 베이징올림픽 단일팀 구성을 위한 체육회담을 개최하였으며, 2007년 12월과 2008년 2월에 2008 베이징올림픽 남북응원단 참가를 위한 실무접촉이 2차례 개최된 바 있으나, 합의에 이르지는 못하였다. 또한 안중근 의사 유해 공동발굴 및 봉환을 위한 실무접촉도 진행하였다.

제2절 주요 남북합의서 채택 실태

지금까지 남북한이 합의 · 채택한 문건은 수없이 많다. 당국 간, 준당국(적십자사 등) 간, 민간단체 간의 합의를 모두 포함할 경우, 그 정확한 통계를 내기 어려울 정도이다. 이 중에서도 가장 중요한 것은 물론 당국 간의 합의문건이다. 1971년 이후 개최되기 시작한 남북대화를 통해 생산된 합의문건 중에서도 대표적인 것을 몇 가지만 꼽는다면, 그것은 ① 7 · 4 남북공동성명(1972.7), ② 남북기본합의서(1991.12)와 한반도 비핵화 공동선언(1991.12), ③ 6 · 15 남북공동선언(2000.6), ④ 10 · 4 남북정상선언(2007.10) 등이다. 다음에서는 이 문건들의 채택배경과 의미에 대해 간단히 알아보기로 한다.

1. 7 · 4 남북공동성명

(1) 서언

7 · 4 남북공동성명이 채택된 지 어느덧 35년이 지나고 있다. 당시 필자는 중학교 2학년이었는데, 그때의 기억을 더듬어 보면 이 공동성명 발표가 국민들에게 놀라움과 충격을 안겨줌과 동시에 통일에 대한 희망과 기대를 한껏 불러일으켰던 것으로 생각된다.

이후 이 문건은 때론 사장(死藏)되는 듯이 보인 적도 있었다. 하지만 잊어버릴까 하면 북한이 남북회담에서 금과옥조라도 되는 양 이를 다시 거론함으로써 되살아나게 했던 게 바로 7·4 남북공동성명이었다. 특히 1991년 12월 13일 제5차 남북고위급회담에서 서명된 남북기본합의서 서문에서는 7·4 남북공동성명과 '조국통일 3대원칙'을 명시하고 있다. 2000년 6월에 열린 남북정상회담의 결과 채택된 6·15 남북공동선언에서는 7·4 공동성명을 직접 언급하고 있지는 않지만, 제1항의 '통일문제의 자주적 해결' 규정은 '조국통일 3대원칙'의 제1원칙인 '자주의 원칙'을 반영한 것으로서, 결국 7·4 남북공동성명을 간접화법으로 표현한 것으로 보는 것이 일반적이다.

이렇게 볼 때 7·4 남북공동성명은 직·간접의 영향이란 차이가 있기는 하지만, 여전히 남북관계의 대장전 내지 핵심적인 규범으로 기능하고 있다고 말할 수 있다. 특히 북한의 경우 김일성 생전은 물론이고 이후에도 각종의 공식문건이나 논설 등에서는 거의 빠짐없이 이 성명이 인용되어 왔음은 주지하는 바와 같다. 이하에서는 7·4 남북공동성명의 채택 배경과 역사적 의미 등에 대하여 알아보기로 한다.[3)]

(2) 7·4 남북공동성명의 채택 배경

결론부터 말하면, 7·4 남북공동성명은 당시 국내외 환경의 종합판이라 할 수 있는 정치적 산물이었다.

이 말의 의미를 새겨보기 위해 70년대 초의 국제환경을 살펴볼 필요가 있다. 당시 월남에서는 티우 정권과 이를 지원하는 미국의 패배가 가시화된 데 반해, 월맹(북베트남)과 베트콩(Vietcong)으로 불리던 월남인민해방전선, 곧 공산주의세력의 승리가 기정사실화되고 있었다. 미국은 철군을 위한 명분으로 파리에서 평화협상을 준비하고 있었다. 다른 한편 미국은 우리의 어깨 너머로 적성국이었던 소련 및 중국과 데탕트(détente), 곧 긴장완화정책을 추구하기 시작했다. 특히 '핑퐁외교'와 닉슨 미 대통령의 베이징 방문은 해빙무드 조성에 절정을 이루는 대사건이었다. 월남전에서 미국의 패퇴와 함께 미국과 중·소 간의 정치적 화해 및 선린관계 추진을 목도하면서, 한국은 심각한 안보 위기와 정치적 혼돈을 느끼게 되었다. 곧 "영원한 우방은 없다"는 것을 절감하게 된 것이다.

한편 북한은 1970년대 초 국제적 긴장완화 추세에 편승해 무력통일노선을 일시 후퇴시키고 평화공세를 적극 전개하기 시작했다. 이는 1960년대 대남 적화통일노선의 강공드라이브(1968년 1월 1.21 청와대 기습미수사건=세칭 김신조 사건, 1968년 11월 울진삼척 무장공비 침투사건 등)가 소기의 성과를 거두지 못한 반면, 우리 국민은 물론 국제사

3) 이하의 내용은 제성호, "7·4 남북공동성명의 채택배경과 의미," 『북한』, 통권 제427호(2007.7)를 전재한 것이다.

회로부터 극도의 불신과 강력한 비난을 초래한 데 따른 일시적인 '전술적 후퇴' 혹은 '화전(和戰)양면전술'로의 전환을 시도했다고 볼 수 있다. 더불어 북한은 남북대화에 제한적으로 호응함으로써 대내외 선전에서 자기들은 평화통일을 지향하는 데 반해, 한국은 분단고착화를 추구하는 집단이란 인상을 줌으로써 통일문제의 주도권을 장악하려 하였다. 이와 관련해서 김일성은 외국기자들이 제기한 질문에 대한 대답의 형식으로 "우리는 남조선 민주공화당을 포함한 모든 정당, 사회단체 및 개별적 인사들과 아무 때나 접촉할 용의가 있음"을 처음으로 언급하였다(김한길 저, 『현대조선력사』, 사회과학원력사연구소간, 1983년, 504쪽). 이 같은 발언은 남북대화 여건 조성에 다소나마 도움이 됐다고 평가할 수 있을 것이다.

한국은 북한의 계속된 무력도발행위로 인하여 전례 없이 긴장이 고조되자, 극심한 안보불안을 완화하기 위해 1970년 8월 15일 광복절 25주년을 맞이해 박정희 대통령의 「8 · 15 선언」을 통해 '평화통일기반조성에 관한 구상'을 발표하기에 이른다. 이 선언을 계기로 남북한 간에 과도적인 평화공존관계의 정립과 이를 바탕으로 한 선의의 체제경쟁을 모색하기 시작했다.

1971년 8월 12일 최두선 대한적십자사 총재의 남북적십자회담 제의 이래 남북적십자사 간에 20여 차례의 예비회담이 열렸는데, 이는 한국의 적극적인 대북정책이 일부 결실을 거둔 것을 의미하는 것이었다. 박정희 정부의 수뇌부로서는 이러한 대화 분위기를 활용해, 별도의 정치회담을 개최하려는 생각을 갖게 된 것은 자연스러운 일이었다. 이 같은 정치회담은 당시 3선 개헌, 야당 및 학생 운동권의 강렬한 저항, 위수령 발동 등으로 이어진 정국의 불안에 직면해 집권세력이 정통성 위기를 타개하기 위한 방편으로 구상된 측면도 있었다고 볼 수 있다(이와 관련, 남북적십자 예비회담과 별도로 정치회담 개최를 추진한 것은 적십자회담의 지나친 정치화를 막고, 별개의 정치적 대화통로의 개설을 통해 여기서 현안문제를 토의하기 위함이었다는 설명도 있다).

이 같은 배경에서 남북한은 1971년 11월부터 72년 3월까지 대한적십자사의 정홍진과 북한적십자사의 김덕현을 실무자로 하여 판문점에서 비밀접촉을 가졌다. 이 접촉의 성과를 바탕으로 72년 5월 2일부터 5일까지 이후락 중앙정보부장의 평양 방문과, 5월 29일부터 6월 1일까지 김영주 조선로동당 조직지도부장을 대신한 박성철 제2 부수상의 서울 방문이 실현되었다. 이후락 중앙정보부장은 방북 시 김일성과 두 차례, 그리고 김영주와 두 차례 회담을 하였다. 이를 통해 남북한 간에 높은 수준의 정치적 의견 교환이 처음 이루어졌다. 동년 6월 29일 이후락과 김영주는 그동안의 회담내용을 정리, 합의문건화하여 서명하였고, 마침내 7월 4일 오전 10시 서울과 평양에서 동시에 남북공동성명을 발표하게 되었다.

(3) 7·4 남북공동성명의 내용

7·4 남북공동성명은 전문과 7개항으로 구성되어 있다. 먼저 전문에서는 "… 쌍방은 조국의 평화적 통일을 하루빨리 가져와야 한다는 공통된 염원을 안고 허심탄회하게 의견을 교환하였으며 서로의 이해를 증진시키는 데서 큰 성과를 거두었다. 이 과정에서 쌍방은 오랫동안 서로 만나보지 못한 결과로 생긴 남북사이의 오해와 불신을 풀고 긴장의 고조를 완화시키며 나아가서 조국통일을 촉진시키기 위하여 다음과 같은 문제들에 완전한 견해의 일치를 보았다"고 밝히고 있다.

제1항에서는 쌍방은 다음과 같은 조국통일원칙들에 합의를 보았다고 하면서, 구체적으로 3가지의 통일원칙을 제시하고 있다. 그것들은 첫째, 외세에 의존하거나 외세의 간섭을 받음이 없이 '자주적으로 해결'하여야 한다는 것, 둘째, 서로 상대방을 반대하는 무력행사에 의거하지 않고 '평화적 방법으로 실현'하여야 한다는 것, 셋째, 사상과 이념 및 제도의 차이를 초월하여 우선 하나의 민족으로서 '민족적 대단결을 도모'하여야 한다는 것이다. 이는 '자주·평화·민족대단결'의 소위 '조국통일 3대원칙'을 공식 천명한 것을 의미한다.

이 밖에 7·4 남북공동성명에서는 상호 상대방에 대한 중상·비방·무력도발 금지 및 불의의 군사적 충돌사고 방지(제2항), 다방면의 제반 교류 실시(제3항), 남북적십자회담 성사를 위한 적극 협조(제4항), 서울-평양 간 상설 직통전화 개설(제5항), 남북조절위원회의 구성과 운영(제6항), 합의사항의 성실한 이행(제7항) 등을 명시하고 있다.

위에서 보듯이 7·4 남북공동성명은 조국통일의 3원칙을 선언하는 외에, 군사적 긴장완화 및 신뢰분위기 조성, 평화통일 촉진을 위한 다방면의 교류협력, 정치적 상설대화기구 설치·운영, 남북적십자회담 성사를 통한 인도적 문제의 해결 등 정치, 경제, 군사 및 인도적 문제를 포괄적으로 다루고 있다. 또한 대화 촉진수단으로 직통전화 가설을 규정하고 있다. 즉, 남북한 쌍방 당국은 돌발적 군사사고를 방지하고 남북한 간에 제기되는 현안문제들을 직접, 신속·정확하게 처리하는 데 직통전화를 이용할 것임을 예정하고 있다. 나아가 이와 같은 합의사항의 성실한 이행을 전 민족 성원 앞에서 엄숙히 약속한다고 밝히고 있다.

(4) 조국통일 3대원칙에 대한 남북한의 상이한 해석

7·4 남북공동성명의 핵심은 이후 남북회담사를 통해 잘 확인되다시피, 바로 제1항에 명시된 '자주·평화·민족대단결'의 조국통일 3대원칙에 있다 해도 과언은 아닐 것이다. 북한은 이 통일 3원칙을 남북한 간의 모든 대화, 교류 및 협력을 지배하는 지도적 지침이자, 남북관계 전반을 관통하는 기본원리(정신)로 이해하고 있다. 문제는 남북한이 이 조국통일 3대원칙을 전혀 딴판으로 해석하고 있다는 점에 있다. 그래서 혹자는 남북공동성명은 '진정한 의사의 합치 없는 합의'라고 평가하기도 한다.

먼저, 북한은 자주의 원칙을 외세의존 및 외세간섭 반대의 원칙으로 풀이하고, 이를 한·미 간의 유대 및 동맹의 해체로 연결시키고 있다. 즉, '자주=반외세=반미=주한미군 철수와 미국의 한반도문제 간섭 금지'와 동일시하고 있는 것이다. 때로는 유엔사 해체를 주장하기도 한다. 그러나 한국은 자주의 원칙을 '민족자결의 원칙' 혹은 '당사자 해결의 원칙'으로 인식하고 있다. 한반도문제는 직접 당사자인 남과 북의 대화와 협상을 통해 해결해야 한다는 것이다. 또한 통일은 우리 민족의 뜻에 따라 우리 민족의 자주적인 역량에 의해 이루어져야 한다는 것이다. 때문에 주한미군 철수와 자주는 무관하다고 본다.

다음, 북한은 평화의 원칙을 무력증강의 반대 및 군축으로 이해하고 있다. 이런 입장에서 북한은 한국의 군사력 현대화 및 군사연습(한·미 합동군사훈련 포함)의 중단을 집요하게 주장하고 있다(종전에는 미국의 핵무기 철거 및 한반도 비핵지대화까지 요구하였다). 이와 관련, 이른바 '콘크리트 장벽 철폐'란 제안을 들고 나와 우리 측에 강요하려 한 적도 있다. 그에 비해 한국은 통일은 오로지 평화적인 방법에 의해 이루어져야 하며, 전쟁이나 상대방에 대한 전복을 통해 이루어져서는 안 된다는 것을 의미한다고 본다. 특히 당면하여 한반도 평화를 정착시키기 위해서는 군비감축이 아니라, 군사적 긴장완화와 신뢰구축이 더 시급하다고 보고 있다.

마지막으로, 북한은 민족대단결의 원칙을 북한식 민족단합을 저해하는 법제도적 장치의 철폐로 간주한다. 그래서 민족대단결의 명목으로 국가보안법 철폐, 주적론 철회, 통일애국인사(비전향장기수나 양심수 등) 석방, 이적단체 규정 삭제, 공산당활동 합법화 등을 요구해 왔다. 반면 한국은 민족대단결을 다방면의 교류협력을 통한 북한사회의 개방 및 민족동질성 회복으로 이해한다. 특히 진정한 민족단합과 단결을 이룩하려면, 북한체제의 민주화 및 인권개선이 선결적으로 필요하다고 본다.

한마디로 북한은 '남조선 혁명의 논리'에 입각해 조국통일 3대원칙을 자의적으로 해석하고 있다고 할 수 있다. 이런 까닭으로 북한의 통일3원칙에 대한 입장은 한국 측 해석

과 충돌을 빚게 됨은 너무도 당연한 일이다.[4)]

(5) 7·4 남북공동성명의 의의와 한계

7·4 남북공동성명은 남북한이 분단 27년 만에 처음으로 가진 고위당국자 간의 회담 결과 나온 합의문건이었다. 그리고 이 성명에 따라 남북조절위원회가 구성됨으로써 분단 이후 처음으로 남북 간 정치대화의 통로가 마련됐다. 이 점에서 7·4 남북공동성명은 역사적 의의가 매우 큰 것이었다.

이 합의문건은 서명주체인 이후락 중앙정보부장과 김영주 조선로동당 조직지도부장이 서로 상부의 뜻을 받들어 서명한다는 점을 밝히고 있는데, 이는 곧 남북한의 최고 통치권자인 박정희 대통령과 김일성 주석의 의사가 반영되어 있음을 말하는 것이다. 서명자들이 대통령을 지근거리에서 보좌하는 핵심적 위치에 있던 자들이고, 합의가 남북정상회담의 직접적인 결과물은 아니었지만, 정상 간에 간접대화가 이루어졌다고 볼 수는 있기 때문에, 이러한 점에서 최고위급 대화의 산물이라고 보아도 무방할 것이다.

7·4 남북공동성명은 냉전시대의 한 복판에서 남과 북이 적대적 대결관계를 유지하면서도 서로의 정치실체를 제한적으로나마 인정하였음을 말해주는 것이었다. 곧, '하나의 한국' 논리와 '하나의 조선' 논리가 극명하게 맞부딪치는 가운데 북한이 한국 정부를, 또 한국은 북한 당국을 '공식적인 대화의 상대'로 인정하였음을 의미하는 것이었다.

일부에서는 7·4 남북공동성명의 채택은 북한이 그간 전개하여 온 모험주의적인 대남 정책을 대폭 수정했음을 방증하는 것으로 상당한 의미를 부여하기도 한다. 하지만 이 같은 평가에 대해서는 신중을 기할 필요가 있다는 생각이다.

북한이 정치대화의 국면을 열기는 했지만, 이것은 어디까지나 대남 공산화전략이란 큰 틀 안에서의 전술적인 변용에 불과했기 때문이다. 즉, 무력도발을 통한 공산화 기도가 실패로 돌아가자, 남북대화와 7·4 남북공동성명을 매개로 하여 한국 국민들이 통일의 기운에 들뜰 것으로 판단하고, 이에 편승해 우리 사회에 용공분위기를 조성함으로써 대북 경각심을 이완시키려 했던 것이다. 요컨대, 북한은 남북대화라는 우회적 방법을 써서 공산화 혁명의 여건을 조성하겠다는, 소위 '공세적 방어형 전술'(또는 '우회공격형 전술')을

---

4) '자주, 평화, 민족대단결'의 조국통일 3대원칙에 대한 남북한의 상이한 해석에 관한 보다 자세한 내용은 이동복, "남북기본합의서 무엇이 문제인가?" 국민대학교 사회과학연구소/동북아문화연구원, 『남북합의서 조인 이후의 과제와 해결방안』, 1992 국내학술회의 자료집(1992), pp. 13-17; 이동복, 『통일의 숲길을 열어가며 2』(서울: 삶과 꿈, 1999), pp. 169-175; 한국자유총연맹, 『남북합의서와 평화통일』(서울: 한국자유총연맹, 1992), p. 78 참조.

구사했던 데 지나지 않았다고 할 것이다.

이 점은 북한이 처음으로 성사된 70년대 초 남북대화의 장 혹은 그 이면에서 어떤 정치투쟁을 했는가를 회고하면 금방 알 수 있다. 북한은 남북대화에서 대남선전선동을 강화하더니 드디어는 대화의 지속 및 진전의 조건으로서 공산주의자들의 한국 내에서의 합법적인 활동을 요구하며, 이를 보장받으려고 획책했던 것이다. 그와 같은 의도하에 내건 것이 바로 반공법 및 국가보안법의 철폐, 용공인사의 석방, 소위 「통일혁명당」(약칭 통혁당)을 포함한 각 정당·사회단체의 대화참여 요구였다. 이것을 두고 당시 북한의 협상가들은 일명 '남한사회의 법률적·사회적 조건환경 개선론'이라고 칭하였다.

이 시기에 북한이 전술적 중심고리로 삼았던 것은 '공산주의 활동의 합법화'였으며, 이를 통해 공산혁명의 여건을 강화하는 것이 그들이 대남전략 추진에 있어 가장 중시했던 부분이었다. 그러나 이와 같은 의도가 쉽사리 달성될 수 없음을 알게 되자, 북한은 남북대화와는 아무런 관계도 없는 엉뚱한 문제(특히 73년 8월 발생한 김대중 납치사건)를 가지고 생트집을 잡으면서, 1973년 8월 28일 일방적인 대화중단을 선언하기에 이르게 된 것이다.

이 밖에 7·4 남북공동성명은, 이 합의문건이 채택된 지 얼마 되지 않아 박정희 정부가 단행한 '10월 유신'(1972.10.17)과 유신헌법 채택(1972.12.27), 그리고 북한의 사회주의 헌법 채택(1972.12.27) 등에서 보듯이, 남북한의 최고통치자들이 각기 통일논의를 자신의 권력기반 강화에 이용하려는 정치적 의도로 인해 그 빛을 잃게 되었다는 냉혹한 역사적 평가가 뒤따랐음을 명심할 필요가 있다.

그럼에도 이 같은 7·4 남북공동성명이 그로부터 20년이 지난 1992년 2월 발효한 남북기본합의서(정식명칭은 '남북사이의 화해와 불가침 및 교류협력에 관한 합의서') 서문에서 다시 등장한 것은 역사의 아이러니가 아닐 수 없다. 정치적 필요와 명분상의 실리가 있다고 판단하면 얼마든지 되살아나는 것이 남북관계의 특수성인지도 모를 일이다.

(6) 7·4 남북공동성명과 통일방안, 그리고 통일논의

현재 북한에서 7·4 남북공동성명에 천명된 「조국통일 3대원칙」은 이른바 「조국통일 3대헌장」의 한 축을 이루는 것으로 설명되고 있다. 나머지 두 개의 헌장은 「고려민주연방공화국 창립방안」(1980.10.10)과 「전민족대단결 10대강령」(1993.4.7)을 일컫는다. 이와 관련해 김정일 국방위원장은 1996년 11월 24일 판문점을 시찰하면서 북측지역 통일각 앞에 있는 김일성의 '통일친필비'를 둘러본 후 "수령님께서 내놓으신 조국통일 3대원칙과 고려민주련방공화국창립방안, 전민족대단결 10대강령은 조국통일의 3대기둥, 3대헌장"이라고 말했다고 평양방송이 나중에 보도한 바 있다. 그리고 「조국통일 3대헌장」이 공식적으로 처음 언급된 것은 1997년 북한의 신년 공동사설에서였다.

아무튼 지금 북한에서 '자주, 평화, 민족대단결'의 조국통일 3대원칙은 '고려연방제 통일방안'의 실현을 위한 핵심원리로 작동하고 있다고 볼 수 있다. 이 때문에 「조국통일 3대원칙」은 대한민국의 자유민주통일노선(헌법 제4조 참조), 특히 민족공동체 통일방안과 상충되는 양상을 드러내고 있다고 할 수 있다.

요컨대, 아직까지도 7·4 남북공동성명의 정신은 남과 북에서 공히 소중히 여기는 것으로 되어 있다. 하지만 그 의미를 남북한이 서로 다르게 새기고 있는바, 이런 상황에서 통일논의에 진전을 이룬다는 것은 매우 어렵다는 것을 새삼 확인할 수 있을 것이다

2. 남북기본합의서와 한반도 비핵화 공동선언

(1) 채택배경

남북기본합의서의 채택은 탈냉전·탈이념시대의 도래와 범세계적인 화해 추세와 깊은 관련이 있다. 1985년 구소련에서 고르바초프의 등장과 그의 개혁·개방정책(페레스트로이카와 글라스노스트) 추진은 정치적으로 반세기 동안 국제질서를 지배하여 온 냉전체제를 붕괴시키는 촉매제가 되었다. 그에 따라 사회주의의 종주국인 소련이 1991년 12월 해체되었고, 독일이 통일되어 유럽의 세력질서가 전면적으로 재편되기에 이르렀다. 경제적으로는 1993년 11월 미스트리히트조약의 발효 및 유럽연합(EU)의 출범과 유럽의 단일시장화, 북미자유무역지역(North American Free Trade Area: NAFTA) 형성, 동북아경제권 논의 등 지역경제 블럭화 현상이 심화되었다. 이념이나 정치·군사적 요인이 국제질서를 지배하던 시대는 거(去)하고 경제와 복지가 지배하는 시대가 임(臨)한 것이다.

이와 같은 탈냉전·탈이념의 세계화는 남북한관계에도 적지 않은 영향을 주었다. 지금도 마찬가지이지만 남북한관계는 국제정세의 변화에 민감한 영향을 받으며 발전 혹은 후퇴하여 왔던 것이 사실이다.

고르바쵸프의 등장과 소련의 개혁·개방정책은 남북한관계에도 많은 영향을 미쳤다. 이것은 한국에게는 「민족자존과 통일번영을 위한 7·7 대통령특별선언」(1988.7.7) 표명과 함께 북방정책(Nordpolitik)을 적극적으로 추진하는 기회를, 그리고 북한에게는 남방정책을 추진케 하는 계기를 동시에 제공하였다. 한국의 북방정책은 중·소의 개혁과 개방에

부응한 것이었기 때문에 국제적 지위의 향상 및 민족의 웅비와 생존권 확대를 위한 위대한 기회가 되었다. 이에 비해 북한의 남방정책은 미·일의 대북한 개방 및 개혁의 압력에 대한 저항의 형식으로 표출되었기 때문에 하나의 커다란 도전이었다.

남북한이 서로 다른 방향의 외교정책을 추진하고 있던 1989년 12월 베를린 장벽이 무너지고 1990년 10월 3일 동서독은 45년의 분단사를 청산하고 마침내 통일을 이룩하였다. 이 역사적 사건은 우리 민족에게 통일이 먼 장래의 일이 아니라 오늘의 현실문제라는 사실을 새롭게 인식시키는 계기가 되었다. 국제질서의 변화와 남북한에게 동시에 부여된 기회와 도전이 맞물려 한반도에도 현상(status quo) 변경 내지 타파의 움직임이 나타나기 시작하였다. 1990년 9월부터 시작된 남북고위급회담이 그것이다.

남북한은 5차례의 고위급회담을 통해 1991년 12월 13일 「남북 사이의 화해와 불가침 및 교류·협력에 관한 합의서」(약칭 남북기본합의서라 함)를 채택·서명하였고, 1992년 2월 19일 평양에서 열린 제6차 남북고위급회담에서 동 합의서를 발효시킬 수 있었다.

이와 함께 남북한은 한반도에서 핵무기의 위협을 제거하기 위해 「한반도의 비핵화에 관한 공동선언」을 채택하였다. 즉, 제5차 남북고위급회담(1991.12.13)에서 합의된 바에 따라 3차례에 걸친 대표접촉 끝에 1991년 12월 31일 한반도 비핵화를 약속하는 남북공동선언을 타결할 수 있었다. 이 공동선언은 제6차 남북고위급회담에서 남북기본합의서와 함께 발효하였다.

(2) 남북기본합의서 채택의 의의

남북한이 기본합의서에 합의한 것은 기본적으로 한반도의 평화와 통일은 민족문제로서 민족문제는 우리 민족이 자주적으로 해결해야 한다는 데 인식을 같이한 것이며, 탈냉전과 탈이념이라는 세계사적 변화추세에 맞추어 남북분단과 분단 고착화의 주원인인 이념적 대결을 스스로 청산할 수 있는 의지와 능력을 대내외에 과시한 것이라 할 수 있다.

여기서는 남북한 특수관계를 명문화한 '민족통일의 대장전(大章典)'이라 할 수 있는 기본합의서 채택이 갖는 정치적 의의를 몇 가지로 나누어 살펴보기로 한다.

첫째, 기본합의서는 통일을 하나의 '과정'(process)으로 전제하고 남북관계 개선과 평화공존을 위한 기본적인 틀을 제시하고 있다. 반세기 동안 서로 다른 체제와 이념 속에서 반목과 불신을 키워왔을 뿐만 아니라, 같은 민족 간에 이질화가 심화된 오늘의 분단상황 아래서 남북한이 어떤 극적인 합의를 이룬다 할지라도 하루 아침에 민족구성원 모두에게 자유와 인권(인간존엄성), 그리고 행복(복지)을 보장할 수 있는 통일민주국가를 건설할 수는 없는 일이다. 통일국가를 이룩하기 위해서는 먼저 이 땅에 평화를 정착시키고 남북한 관계를 하나씩 개선해 나갈 수 있는 평화공존의 중간과정 또는 과도적 단계를 거치지 않을 수 없다. 이러한 견지에서 볼 때 남북한이 기본합의서를 채택한 것은 급격한 통일로부터 오는 부작용을 피하고 단계적으로 통일을 실현하겠다는 의지의 표명이라 할 수 있다.

둘째, 남북기본합의서는 분단 이후 제3자의 개입·중개·조정 없이 책임 있는 남북한 당국이 자주의 원칙, 당사자 해결의 원칙에 입각하여 서로 간에 놓인 모든 현안문제에 대한 입장을 허심탄회하게 털어 놓고, 그 해결방안에 대해 모색한 결과 채택된 최초의 공식문서라는 점에서 정치적 의의가 매우 크다. 이러한 문서의 채택은 곧 남북한이 상호 정치적 실체를 인정한다는 의미를 내포하는 것이다. 구체적으로 남북기본합의서 제1조는 남과 북이 서로 상대방의 체제를 인정·존중한다고 규정하고 있는데, 이는 분단의 극복을 위해서는 현실을 인정하는 자세로부터 출발해야 한다는 가장 기본적인 사실에 남북한이 합의하였음을 의미한다.

셋째, 남북기본합의서는 비정상적인 남북한관계를 청산하고 평화통일 기반조성의 기틀이라 할 수 있는 '화해·협력의 제도화'를 이룩한 것으로 평가된다.[5] 남북기본합의서는 상대방 체제인정 및 존중 외에도 내부문제 불간섭, 비방·중상 중지, 파괴·전복행위 금지 등을 규정하고 있다. 이러한 합의내용이 성실하게 이행되기만 한다면 북한의 대남혁명노선이 부분적으로 포기 또는 수정될 수밖에 없다.

또한 남북기본합의서는 현 정전상태를 남북한 간의 공고한 평화상태로 전환시키기 위한 토대를 마련하는 한편, 군사적 신뢰구축과 군축에 관해 규정함으로써 대결상태 해소와 긴장완화에 크게 기여할 수 있게 되었다. 아울러 남북기본합의서에는 각 부문의 교류협력을 제도화함으로써 북한을 개방·개혁으로 유도할 수 있는 법적 근거가 명시되어 있다. 교류협력의 활성화는 민족의 동질성 회복과 민족공동체의 회복·발전을 촉진시키게 될 것이다.

넷째, 남북기본합의서의 내용 중에는 그동안 남북한 간에 팽팽하게 대립된 상반된 입장이 병행추진이라는 방법에 의해 절충·타결되어 있음을 알 수 있다. 예컨대, '교류협력을 통한 선 신뢰구축 및 후 정치·군사문제 해결'의 입장(남한)과 '선 정치·군사문제 해결 및 후 신뢰구축'의 입장(북한), 또는 '선 군사적 신뢰구축 및 후 군축'의 입장(남한)과

5) 1994년 8월 15일 광복절 제49주년을 맞이하여 김영삼 대통령이 발표한 「민족공동체 통일방안」에 따르면, 통일과정을 '화해·협력단계 → 남북연합단계 → 통일국가단계'의 3단계로 설정하고 있는바, 남북기본합의서는 이 화해·협력단계에서의 남북한관계를 규율하는 장전으로서의 성격을 갖는다.

‘선 군축 및 후 군사적 신뢰구축’의 입장(북한) 등이 절충된 것은 그 대표적인 예이다. 이는 남북한 간에 본격적인 협상시대의 개막을 의미하는 것으로서 아무리 어렵고 힘든 문제라 하더라도 남북한이 인내와 끈기를 가지고 대화하고 협의하면 해결하지 못할 문제가 없음을 잘 시사해 준다.

다섯째, 남북기본합의서와 함께 발표된 비핵화 공동선언은 한반도를 비핵화함으로써 핵전쟁 위험을 제거하고 평화와 평화통일에 유리한 환경과 조건을 조성하며 아시아와 세계의 평화와 안전에 이바지하겠다는 남북한의 약속을 내외에 천명하고 있다.[6] 곧 남북 쌍방이 핵무기가 없는 한반도를 선언함으로써 핵 없는 세계를 지향하는 금일의 국제적 조류에 부응하면서, 북한 측이 고수해 온 「조선반도 비핵지대화」 주장을 사실상 철회케 할 뿐만 아니라 우리 측의 비핵화정책을 구체적으로 명시함으로써 한반도의 평화정착에 기여할 수 있는 틀을 만들었다는 점에 그 의의가 있다고 볼 수 있다.[7]

요컨대, 남북한이 기본합의서를 채택하고 그 실천을 약속한 것은 이 땅에서 불신과 대결의 역사를 청산하고 화해와 협력의 새 시대를 열어 나가고자 하는 통일의지의 표명이라고 할 수 있다. 이것은 반세기 동안의 남북 분단사에 있어서 민족사 발전의 전환점이자 분수령으로서의 의미를 갖는다고 하겠다.

(3) 남북기본합의서와 한반도 비핵화 공동선언의 내용

가. 남북기본합의서의 내용

남북기본합의서는 서문(전문), 본문(실체적 조항), 최종조항(수정 및 발표조항), 서명란으로 구성되어 있다. 합의서의 내용은 그 정식명칭에서 알 수 있듯이 남북 화해, 남북불가침, 남북교류협력에 관한 사항 등 남북한관계 현안 전반을 다루고 있다.

서문에서는 ‘자주, 평화, 민족대단결’이라는 조국통일 3대원칙의 재확인, 민족적 화해, 평화보장과 교류협력 실현의 천명, 잠정적 특수관계의 인정 등의 내용을 담고 있다.

본문의 첫 번째 장인 ‘남북화해’의 장은 모두 8개 조문으로 이루어져 있고, 화해 증진 및 정치적 대결상태 해소를 규율하고 있다. 이 중 제1조 내지 제4조의 규정(체제 인정 ·

---

6) 제성호, “통일의 봄을 기다리며－남북기본합의서 발효 1주년을 돌아본다－,” 『2000년』, 1993년 3월호, pp. 41-43; 한편 통일원은 남북기본합의서 채택이 갖는 정치적 의미를 ① 통일추진의 기본틀 마련, ② 남북한 간의 자주적 합의, ③ 북한의 혁명전략 수정 및 개방 촉진, ④ 한반도 비핵화를 위한 실천의지 구체화로 설명하고 있다. 통일원, 『남북기본합의서 해설』(서울: 통일원, 1992), pp. 17-21 참조.

7) 통일원, 『남북기본합의서 해설』(서울: 통일원, 1992), p. 74.

존중, 내부문제 불간섭, 비방·중상 중지, 파괴·전복행위 중지)은 북한의 남조선 혁명전략 및 한국의 북한 수복전략을 중단함으로써 냉전적 대결을 종식할 것을 명시한 것이라고 할 수 있다.[8] 이 같은 합의가 제대로 이행될 경우 남북한은 평화공존에 입각한 통일과정을 진행시킬 수 있게 된다. 제5조에서는 이 같은 남북화해를 기초로 해서 현 정전체제의 평화체제로의 전환을, 그리고 제6조에서는 국제무대에서의 대결과 경쟁 중지를 규정하고 있다. 이어 제7조와 제8조는 남북화해 및 정치관계 발전을 뒷받침하기 위해 판문점 연락사무소 설치·운영과 남북정치분과위원회 구성을 각각 명시하고 있다.

두 번째 장인 '남북 불가침'의 장은 모두 6개 조문으로 이루어져 있고, 불가침과 군사적 대결상태 해소를 규율하고 있다. 제9조는 무력 불사용과 불가침 약속, 제10조는 분쟁의 평화적 해결, 제11조는 불가침 경계선과 구역, 제12조는 남북군사공동위원회 설치와 추진사항(군사적 신뢰구축과 군비감축), 제13조는 군사직통전화 설치·운영, 제14조는 남북군사분과위원회 구성을 각각 명시하고 있다.

세 번째 장인 '남북교류·협력'은 모두 9개 조문으로 이루어져 있고, 경제·사회·문화·인도분야 등 다방면의 교류협력을 규정하고 있다. 제15조는 여러 가지 형태의 경제교류협력, 제16조는 다양한 부문의 사회·문화교류협력, 제17조는 민족구성원의 왕래접촉, 제18조는 이산가족문제 등 인도적 문제 해결, 제19조는 철도·도로 연결 및 해로·항로 개설, 제20조는 우편 및 전기통신교류, 제21조는 국제무대에서의 협력 및 공동 대외진출, 제22조와 제23조는 남북경제교류협력공동위원회와 남북경제교류협력분과위원회의 구성 등을 명시하고 있다.

끝으로 제4장은 최종조항으로 2개 조로 이루어져 있다. 여기서는 합의서의 수정 및 발효에 관하여 규정하고 있다.

〈자료 7〉 남북기본합의서 전문

남과 북은 분단된 조국의 평화적 통일을 염원하는 온 겨레의 뜻에 따라, 7·4 남북공동성명에서 천명된 조국통일 3대원칙을 재확인하고, 정치 군사적 대결상태를 해소하여 민족적 화해를 이룩하고, 무력에 의한 침략과 충돌을 막고 긴장 완화와 평화를 보장하며, 다각적인 교류·협력을 실현하여 민족공동의 이익과 번영을 도모하며, 쌍방 사

8) 위의 책, pp. 19-20; 김명기, 『남북기본합의서 요론』(서울: 국제문제연구소, 1992), pp. 29-30; 한국자유총연맹, 『남북합의서와 평화통일』, pp. 75-76.

이의 관계가 나라와 나라 사이의 관계가 아닌 통일을 지향하는 과정에서 잠정적으로 형성되는 특수관계라는 것을 인정하고, 평화 통일을 성취하기 위한 공동의 노력을 경주할 것을 다짐하면서, 다음과 같이 합의하였다.

제1장 남북화해

제1조 남과 북은 서로 상대방의 체제를 인정하고 존중한다.

제2조 남과 북은 상대방의 내부문제에 간섭하지 아니한다.

제3조 남과 북은 상대방에 대한 비방・중상을 하지 아니한다.

제4조 남과 북은 상대방을 파괴・전복하려는 일체 행위를 하지 아니한다.

제5조 남과 북은 현 정전상태를 남북 사이의 공고한 평화상태로 전환시키기 위하여 공동으로 노력하며 이러한 평화상태가 이룩될 때까지 현군사정전협정을 준수한다.

제6조 남과 북은 국제무대에서 대결과 경쟁을 중지하고 서로 협력하며 민족의 존엄과 이익을 위하여 공동으로 노력한다.

제7조 남과 북은 서로의 긴밀한 연락과 협의를 위하여 이 합의서 발효 후 3개월 안에 판문점에 남북연락사무소를 설치・운영한다.

제8조 남과 북은 이 합의서 발효 후 1개월 안에 본회담 테두리 안에서 남북정치분과위원회를 구성하여 남북화해에 관한 합의의 이행과 준수를 위한 구체적 대책을 협의한다.

제2장 남북불가침

제9조 남과 북은 상대방에 대하여 무력을 사용하지 않으며 상대방을 무력으로 침략하지 아니한다.

제10조 남과 북은 의견대립과 분쟁문제들을 대화와 협상을 통하여 평화적으로 해결한다.

제11조 남과 북의 불가침 경계선과 구역은 1953년 7월 27일자 군사정전에 관한 협정에 규정된 군사분계선과 지금까지 쌍방이 관할하여 온 구역으로 한다.

제12조 남과 북은 불가침의 이행과 보장을 위하여 이 합의서 발효 후 3개월 안에 남북군사공동위원회를 구성・운영한다. 남북군사공동위원회에서는 대규모 부대이동과 군사연습의 통보 및 통제문제, 비무장지대의 평화적 이용문제, 군인사교류 및 정보교환 문제, 대량살상무기와 공격능력의 제거를 비롯한 단계적 군축 실현문제, 검증문제 등 군사적 신뢰조성과 군축을 실현하기 위한 문제를 협의・추진한다.

제13조 남과 북은 우발적인 무력충돌과 그 확대를 방지하기 위하여 쌍방 군사당국자 사이에 직통 전화를 설치・운영한다.

제14조 남과 북은 이 합의서 발효 후 1개월 안에 본회담 테두리 안에서 남북군사분과

위원회를 구성하여 불가침에 관한 합의의 이행과 준수 및 군사적 대결상태를 해소하기 위한 구체적 대책을 협의한다.

제3장 남북교류 · 협력

제15조 남과 북은 민족경제의 통일적이며 균형적인 발전과 민족전체의 복리향상을 도모하기 위하여 자원의 공동개발, 민족 내부 교류로서의 물자교류, 합작투자 등 경제교류와 협력을 실시한다.

제16조 남과 북은 과학 · 기술, 교육, 문화 · 예술, 보건, 체육, 환경과 신문, 라디오, 텔레비전 및 출판물을 비롯한 출판 · 보도 등 여러 분야에서 교류와 협력을 실시한다.

제17조 남과 북은 민족구성원들의 자유로운 왕래와 접촉을 실현한다.

제18조 남과 북은 흩어진 가족 · 친척들의 자유로운 서신거래와 왕래와 상봉 및 방문을 실시하고 자유의사에 의한 재결합을 실현하며, 기타 인도적으로 해결할 문제에 대한 대책을 강구한다.

제19조 남과 북은 끊어진 철도와 도로를 연결하고 해로, 항로를 개설한다.

제20조 남과 북은 우편과 전기통신교류에 필요한 시설을 설치 · 연결하며, 우편 · 전기통신 교류의 비밀을 보장한다.

제21조 남과 북은 국제무대에서 경제와 문화 등 여러 분야에서 서로 협력하며 대외에 공동으로 진출한다.

제22조 남과 북은 경제와 문화 등 각 분야의 교류와 협력을 실현하기 위한 합의의 이행을 위하여 이 합의서 발효 후 3개월 안에 남북경제교류 · 협력공동위원회를 비롯한 부문별 공동위원회들을 구성 · 운영한다.

제23조 남과 북은 이 합의서 발효 후 1개월 안에 본회담 테두리 안에서 남북교류 · 협력분과 위원회를 구성하여 남북교류 · 협력에 관한 합의의 이행과 준수를 위한 구체적 대책을 협의한다.

제4장 수정 및 발효

제24조 이 합의서는 쌍방의 합의에 의하여 수정 · 보충할 수 있다.

제25조 이 합의서는 남과 북이 각기 발효에 필요한 절차를 거쳐 그 문본을 서로 교환한 날부터 효력을 발생한다.

1991년 12월 13일

남북고위급회담 남측대표단 수석대표 대한민국 국무총리 정원식

북남고위급회담 북측대표단 단장 조선민주주의인민공화국 정무원 총리 연형묵

나. 한반도 비핵화 공동선언의 내용

한반도 비핵화 공동선언은 그 서문에서 "남과 북은 한반도를 비핵화함으로써 핵전쟁 위험을 제거하고 우리나라의 평화와 평화통일에 유리한 조건과 환경을 조성하며 아시아와 세계의 평화와 안전에 이바지하기 위한 것"이라고 선언 채택의 목적을 밝히고 있다. 이러한 목적에 따라 남북한은 첫째, 핵무기의 시험, 제조, 생산, 접수, 보유, 저장, 배비, 사용을 하지 아니하며(제1항), 둘째, 핵에너지를 오직 평화적 목적에만 이용하고(제2항), 셋째, 핵 재처리시설과 우라늄 농축시설을 보유하지 아니하며(제3항), 넷째, 한반도의 비핵화를 검증하기 위하여 상대측이 선정하고 쌍방이 합의하는 대상들에 대하여 남북핵통제공동위원회가 규정하는 절차와 방법으로 사찰을 실시하며(제4항), 다섯째, 한반도 비핵화 공동선언 발효 후 1개월 안에 남북핵통제공동위원회를 구성・운영한다는 것(제5항)을 그 내용으로 하고 있다.

한반도 비핵화 공동선언의 제1항은 비핵화의 내용을 명시하고 있다. 이는 일본이 1968년 1월 발표한 비핵 3원칙, 즉 핵무기의 ① 불제조, ② 불보유, ③ 불사용보다 훨씬 더 나아간 것으로, 이를 통해 그만큼 한반도 비핵화 의지를 강조하고 있다고 볼 수 있다. 제2항의 핵에너지의 평화적 이용을 천명한 것은 핵무기확산방지조약(정식명칭은 Treaty on the Non-proliferation of Nuclear Weapons: 약칭 Nuclear Non-proliferation Treaty 혹은 NPT라고 함)상의 원자력(핵에너지)의 평화적 이용 및 핵무기 개발로의 전용 방지 의무를 재확인한 것이다.[9)]

제3항은 이른바 핵주권에 관한 것이다. 핵 에너지를 평화적으로 이용하는 한, 핵 재처리시설과 우라늄 농축시설을 보유해도 무방하지만, 우리의 평화적 핵정책을 대내외에 천명・과시하는 한편, 북한의 핵무기 개발 포기를 선도하기 위해 핵 재처리시설과 우라늄 농축시설을 보유하지 아니하기로 한 것이다. 하지만 이 조항에 대해서는 '핵주권 포기' 논란 등 국내에서 사회적 논란을 초래한 바 있음은 주목을 요한다.

제4항은 남북 상호사찰에 관한 규정이다. 이는 국제원자력기구(International Atomic Energy Agency: IAEA)의 대북한 핵사찰이 미흡할 수도 있고, 또한 한반도 핵문제는 우리 민족의 생존과 직결된 중대한 문제라는 인식 아래, 북한의 국제 핵사찰 수용과는 별도로 남북 상호사찰을 통해 북한의 핵개발 포기를 확인하려는 한국의 입장을 반영시킨 조항이

9) 이와 관련, NPT 제3조 제1항은 "핵무기 비보유 조약당사국은 원자력을, 평화적 이용으로부터 핵무기 또는 기타의 핵폭발장치로 전용하는 것을 방지하기 위하여 본 조약에 따라 부담하는 의무이행의 검증을 위한 전속적 목적으로 국제원자력기구 규정 및 동 기구의 안전조치제도에 따라 국제원자력기구와 교섭하여 체결할 합의사항에 열거된 안전조치를 수락하기로 약속한다"고 규정하고 있다.

라고 할 것이다. 이로써 우리가 지정하는 북한의 핵관련 장소·시설·물질을 직접 확인할 수 있게 됨으로써 북한의 핵개발을 막을 수 있는 제도적 장치를 일단 마련해 놓았다고 볼 수 있다. 다만, 사찰대상을 정함에 있어 우리 측의 당초 의도와는 달리 협상과정에서 북한 측의 완강한 반대로 인해 '상대측이 선정하고 쌍방이 합의하는 대상'으로 한정하게 되었다.[10)]

제5항은 핵사찰의 방법과 절차, 검증 등의 임무를 수행하게 될 남북핵통제공동위원회의 구성에 관한 조항이다. 그리고 마지막 제6항은 이 선언의 효력발생에 관한 조항이다.

〈자료 8〉 한반도 비핵화에 관한 공동선언 전문

남과 북은 한반도를 비핵화함으로써 핵전쟁 위험을 제거하고 우리나라의 평화와 평화통일에 유리한 조건과 환경을 조성하며 아시아와 세계의 평화와 안전에 이바지하기 위하여 다음과 같이 선언한다.

1. 남과 북은 핵무기의 시험, 제조, 생산, 접수, 보유, 저장, 배비, 사용을 하지 아니한다.
2. 남과 북은 핵에너지를 오직 평화적 목적에만 이용한다.
3. 남과 북은 핵재처리시설과 우라늄 농축시설을 보유하지 아니한다.
4. 남과 북은 한반도의 비핵화를 검증하기 위하여 상대측이 선정하고 쌍방이 합의하는 대상들에 대하여 남북핵통제공동위원회가 규정하는 절차와 방법으로 사찰을 실시한다.
5. 남과 북은 이 공동선언의 이행을 위하여 공동선언이 발효된 후 1개월 안에 남북핵통제공동위원회를 구성·운영한다.
6. 이 공동선언은 남과 북이 각기 발효에 필요한 절차를 거쳐 그 문본을 교환한 날부터 효력을 발생한다.

1991년 12월 31일

남북고위급회담 남측대표단 수석대표 대한민국 국무총리 정원식
북남고위급회담 북측대표단 단장 조선민주주의인민공화국 정무원 총리 연형묵

10) 통일원, 『남북기본합의서 해설』, pp. 75-76.

(4) 남북기본합의서와 한반도 비핵화 공동선언의 함의와 영향

남북기본합의서와 한반도 비핵화 공동선언은 당시로서는 한반도에서의 평화와 비핵화를 향한 획기적인 문서였다. 이 두 가지 문서만 제대로 이행되기만 했다면, 벌써 한반도에서 핵문제는 해결됐을 것이며, 공고한 평화의 기반을 쌓을 수 있었을 것이다. 하지만 역사는 반대의 방향으로 흘러왔다. 이 같은 사실은 동구 공산권의 와해와 체제전환, 그리고 서독 주도의 자유민주주의 방식에 의한 독일통일 등에 놀란 북한이, 남북기본합의서 제1조에 명시된 상호 체제의 인정・존중 조항 등에 기대어, 남한의 흡수통일 방지 및 남북한 간의 체제공존을 확보하기 위해 전술적으로 남북합의서 채택에 호응해 온 것이라는 분석을 가능케 한다.

이런 소기의 목적을 달성한 북한은 1992년 10월 31일 한・미 합동군사훈련(팀스피리트훈련 등)을 구실로 삼아 일방적으로 남북고위급회담의 중단을 발표하기에 이른다. 이에 따라 남북 당국 간 대화가 중단되게 되었고, 어렵사리 생사된 남북기본합의서와 한반도 비핵화 공동선언은 사장(私藏)의 길로 접어들게 된다. 하지만 그럼에도 불구하고 남북기본합의서와 한반도 비핵화 공동선언은 이후 올바른 남북한관계 설정에 있어 일종의 향도 역할을 하였고, 또한 북한의 핵무기 개발 등 핵무장의 불법성을 지적, 비판하는 근거문서로 기능하게 되었음은 주지하는 바와 같다.

3. 6・15 남북공동선언

(1) 채택배경

가. 햇볕정책 천명과 적극적인 화해・협력 추구

김대중 대통령은 1997년 12월 19일 대통령에 당선된 직후 "남북 간의 교류와 협력을 위해 특사교환을 재개하고, 필요하다면 김정일 총비서와 정상회담을 하자"고 제의하였다. 이후 1998년 2월 25일 발표한 대통령 취임사에서는 "남북기본합의서 이행을 위한 특사교환을 제의하며, 정상회담에도 응할 용의가 있다"고 밝혔다. 또한 몇 차례의 CNN방송과의 인터뷰에서도 "북한의 김정일과는 시간・장소에 구애받지 않고 언제 어디서든 만날 준비가 돼 있다"(1998년 6월 13일), "우리는 북한에 무력을 사용하지 않고 북한을 전복도 하지 않을 것"이며, "서로 교류・협력하면 양쪽 모두에게 도움이 된다"고 밝힌 바 있다(1998년 11월 23일). 또한 김대중 대통령은 1999년 10월 19일 북한 측에 남북경제공동체 건설을 제의하기도 하였다.

이후 김대중 대통령은 2000년도 신년사(1.3)에서 대북정책 중점사항으로 한반도 냉전 종식을 위한 남북 화해·협력을 강조하였다. 아울러 대북 인도적 지원을 성의껏 제공하되, 상호이익·공존공영의 틀에서 경제교류를 추진할 것임을 밝힌 바 있다. 김대중 정부가 제안한 남북경제공동체는 교역과 경협 등 다양한 남북경협의 폭과 심도를 확대함으로써 실질적인 협력관계를 발전시켜 남북관계의 틀을 새롭게 구축하자는 것이었다.

김대중 정부는 출범 초기 대북정책을 온건·유화 성향의 햇볕정책(Sunshine Policy)으로 명명하였다. 특히 남북경제공동체 건설을 촉진하기 위해 남북경협을 정치·군사적 상황 변화와 연계하지 않을 것이라는 「정경분리 원칙」을 발표하였다. 더불어 남북경협 활성화 및 규제완화 조치를 취하였다. 또한 남북관계 운영과 관련하여 엄격한 상호주의 대신에 비등가·비대칭·비동시적 이행을 내용으로 하는 이른바 「신축적 상호주의」를 표명하였다.

김대중 정부는 이러한 정책적 기초 위에서 임기 첫 해에 금강산 관광사업을 성사시키기에 이르렀다. 이처럼 김대중 정부가 남북경제공동체 건설을 표명한 데 이어, 그 일환으로 금강산 관광사업을 적극 추진함에 따라 남북한 당국 간에 상당한 정도로 신뢰가 조성될 수 있었다.

나. 김대중 대통령의 베를린 선언 발표

김대중 대통령의 대북 화해 메시지 전달은 2000년 3월 10일 천명된 '베를린 선언'을 통해 보다 구체화되었다. 베를린 선언에서 김대중 대통령은 대북정책 4대과제로서 ① 남북경협을 통한 북한경제 회복 지원, ② 한반도 냉전 종식(냉전구조 해체)과 평화공존, ③ 이산가족문제 해결, 그리고 ④ 남북 화해·협력을 위한 정부 당국 간 대화를 제의하였다. 특히 정부 차원의 대북 협력사업으로 본격적인 경협을 위한 도로, 항만, 철도, 전력, 통신 등 사회간접자본의 확충, 투자보장협정과 이중과세방지협정 등 민간기업이 안심하고 투자할 수 있는 환경조성, 식량난 해결을 위한 비료지원, 농기구 개량, 관개시설 개선 등을 제안하였다.[11] 이 선언은 베를린에서 발표되기 직전 북한 당국을 비롯하여 모든 주한 외국공관에 전달되었다. 이를 통해 김대중 정부는 베를린 선언의 내용과 그의 실천에 대한 자신감과 의지를 보여주었다. 이는 북한의 남북정상회담 호응을 유도하는 촉매제로 작용하였다.

11) 통일부 홈페이지(http://www.unikorea.go.kr/) 중 〈간행물자료〉 기타 간행물 30번 "김대중 대통령 베를린 선언" 참조.

(2) 6 · 15 남북공동선언의 내용

6 · 15 남북공동선언은 5개 항으로 구성되어 있다. 제1항은 통일문제의 자주적 해결, 제2항은 남북한 통일방안의 공통성 인정 및 통일지향노력, 제3항은 8 · 15에 즈음하여 이산가족 방문단의 교환 및 비전향장기수 송환 등 인도적 문제의 해결, 제4항은 경제 · 사회 · 문화 · 보건 · 체육 · 환경 등 다방면의 교류협력 실시, 제5항은 당국 간 대화의 재개를 규정하고 있다. 그리고 공동선언의 말미에 김정일 국방위원장의 서울 답방에 관해 명시하고 있다.[12] 이하에서는 각 조항의 의미를 간단히 살펴보기로 한다.[13]

가. 통일문제의 자주적 해결

통일문제는 우리 민족의 운명과 관련된 것이다. 따라서 당연히 그 운명의 주인인 우리 겨레가 자주적으로 풀어 나가야 한다. 즉, 남북한이 당사자 해결원칙에 따라 대화를 통해 평화적으로 해결해야 한다. 이러한 내용은 이미 7 · 4 남북공동성명에서도 통일 3원칙 중의 하나로 합의한 바 있으며, 남북기본합의서 전문에서도 이를 명시하고 재확인하고 있음은 전술한 바와 같다.

민족문제이면서도 국제적 성격을 띠고 있는 한반도 문제의 이중성을 감안할 때 우리 자신의 노력과 함께 국제사회의 지지와 협력을 확보하는 것이 중요하다. 때문에, 여기서 말하는 '자주'는 외세배격 등 배타적 의미가 아니라 국제사회의 지지와 협력에 바탕하는 것이라고 할 것이다. 이 점에 대해 남북한은 일응 공감대를 형성하였다고 풀이할 수 있다.

6 · 15 공동선언 채택 과정에서 김대중 대통령은 그동안 북한이 자기 체제를 위해하는 것으로 인식하여 왔던 한 · 미 · 일 간 국제적 공조 문제에 대해서도 한반도 평화와 안정, 그리고 북한의 국제사회 참여와 경제적 진출에 도움이 되는 환경을 조성하기 위한 것임을 강조하고 북한 측의 이해를 촉구하였다. 따라서 여기서 말하는 자주적 해결은 북한이 기존에 주장해 왔던 외세 배격, 미군철수 주장 등과 연결되는 개념이 아니라고 할 것이다. 그것은 어디까지나 국제사회와의 적극적인 협조를 바탕으로 남과 북이 주인이 되어 우리의 통일문제를 해결함을 의미한다.

나. 남북 통일방안의 공통성 인정

그동안 남과 북은 통일을 지향하면서 통일방안에서는 서로 다른 내용을 제시해 왔다. 전술한 바와 같이 한국의 통일방안은 1980년대 말 국회공청회와 폭넓은 국민의견 수렴을

12) 통일부, "남북정상회담 결과 해설자료," 『통일속보』, 제2000-5호(2000.6.15), pp. 1-2.
13) 통일부, 『2001 통일백서』(서울: 통일부, 2001.2), pp. 44-50.

거쳐 마련된 「민족공동체 통일방안」이다. 남북한 간의 정치적 불신과 군사적 대결, 사회·문화적 이질화 등 한반도의 냉엄한 현실에 비추어 볼 때 당장 통일을 이루는 것은 가능하지도 않고 바람직하지도 않다. 따라서 남과 북이 점진적·단계적으로 통일을 이루어 나가며, 우선 상호 체제를 인정하는 토대 위에서, 곧 현존 그대로 2체제 2정부를 유지하는 가운데 「남북연합」을 이루어 평화적으로 공존하면서 1체제 1정부의 완전한 통일국가를 이루어 나가자는 것이 한국이 제시하는 통일방안의 골자라고 할 수 있다.

그에 반해 1980년에 북한이 주장한 「고려민주연방공화국 창립방안」은 1국가 내의 2체제를 두고 연방정부가 외교권, 군사권을 갖되 2개의 지역정부가 자치를 하자는 것으로 남과 북 사이에 완성된 형태의 연방제 통일국가를 당장 이루자는 방안을 일컫는다.

1차 남북정상회담에서 김대중 대통령의 연합제안 설명에 대해 김정일 국방위원장은 그 현실성을 인정하고, 「낮은 단계의 연방제」는 남북이 현존하는 2체제 2정부를 유지하면서 상호 협력하여 단계적으로 통일을 지향한다는 것으로서 남북연합과 유사성이 있음을 인정하였다. 또 북한이 제시한 「낮은 단계의 연방제」는 과거의 연방제와는 차이가 있다.

남측의 「연합제안」과 북측 「낮은 단계의 연방제안」의 공통점으로는 다음과 같은 것을 들 수 있다고 통일부는 설명하고 있다.

첫째, 두 가지 방안 다 통일의 형태를 말하는 게 아니라 통일의 전(前)단계, 준비과정의 형태를 말하고 있다. 즉, 통일의 모습이 아니라 통일과 통합을 준비해 나가는 접근방법을 의미한다.

둘째, 2체제 2정부를 유지하면서 두 정부 간에 협력체제를 필요로 하고 있다는 것이다. 즉 남북 정부가 정치·군사·외교권을 각각 갖고 협력기구를 운영해 나간다는 점에서 공통점이 있다.

셋째, 먼저 교류·협력과 정치·군사·경제·사회 등 분야별 대화를 통해 통일의 기반을 넓혀나간다는 측면에서 단계적·점진적 접근방식을 특징으로 하고 있다.

넷째, 남북 양측이 전제조건을 붙이지 않고 있다. 「낮은 단계 연방제」는 과거 북측이 연방제 진입조건으로 주장했던 국가보안법 폐지, 주한미군 철수 등의 전제조건이 없다는 것을 분명히 밝히고 있다.

6·15 공동선언 2항은 남북정상회담에서 이러한 점을 인정하고 합의점을 모색해 나가기로 함으로써 앞으로 통일문제를 논의해 나갈 수 있는 토대를 마련했다는 것이다.

다. 인도적 문제 해결

이산가족문제는 분단 고통의 가장 대표적인 상징물이라 할 수 있다. 그러기에 이산가족문제의 해결은 분단 고통의 완화 차원에서 가장 시급하고도 중요한 일이다. 이 점에 착안해 김대중 대통령은 남북정상회담에서 이산가족문제의 시급성과 함께 구체적인 해결방안을 제시하면서, 김정일 국방위원장의 호응을 촉구하였다. 그리고 '광의의 이산가족문제' 해결 차원에서 북한 측의 비전향장기수 송환 요구를 수용키로 하였다. 우리 측은 인도적 문제와 비전향장기수 송환에 관한 6·15 공동선언 제3항의 합의에 따라 2000년 9월 2일 남쪽에 살고 있던 비전향장기수 63명을 북한으로 돌려보냈다.

이산가족문제 해결에 관한 합의에 따라 남북한은 2000년 한 해 동안, 쌍방 각기 100명씩 이산가족방문단을 2차례 교환(8.15~8.18 및 11.30~12.2, 서울·평양)하였고, 2001년 2월 말에 1차례 더 교환한 바 있다.[14] 이후 이산가족 방문단의 교환은 중단되고, 그 대신 금강산 지역에서 이산가족 상봉행사가 진행되게 되었다(남과 북에서 각각 2박3일의 일정으로 실시).

이 밖에 남북한은 조총련 동포들의 고향방문 사업추진도 합의하였다. 이에 따라 남한에 고향을 둔 조총련 동포들이 2차에 걸쳐(1차: 9.22~27, 2차: 11.17~22) 고향을 방문할 수 있었다.

하지만 비전향장기수의 일방적 송환에도 불구하고 국군포로와 납북자 문제에는 진전이 없었고, 이에 국내여론이 악화되었다. 이에 우리 측은 인도적 차원에서 국군포로와 납북자 문제도 조속히 해결해 나가야 한다는 점을 꾸준히 북한 측에 설득, 긍정적인 호응을 촉구하였다. 그 결과 제2차 이산가족고향방문단 교환 시 납북자 가족이 방북하여 상봉을 할 수 있게 함으로써 이 문제를 풀어갈 수 있는 계기를 마련하게 되었다.

라. 민족경제의 균형발전 및 제반 분야의 교류 활성화

남북 교류와 협력은 상호 신뢰와 민족적 동질성을 회복하게 하며 남북관계를 실질적으로 진전시키는 견인차이다. 특히 남북경협은 상호에게 이익이 됨은 물론 민족의 복리를 도모한다는 점에서 의미가 크다. 남북경협은 우리의 자본과 기술을 북한의 노동력과 결합시켜 상호 호혜적인 경제이익을 창출함으로써 민족경제의 균형적인 발전을 꾀할 수 있으며, 우리의 기업들은 국제적 경쟁력을 갖게 되어 남과 북 모두에게 이익이 될 것이다. 사회, 문화, 체육, 보건, 환경 등 제반 분야에서의 남북협력과 교류 활성화는 상호 간의 이해와 신뢰감을 증진시킴으로써 남북 간 군사적 긴장을 완화하고 민족동질성을 회복하는 계기가 된다. 이 점에서 사회·문화교류협력은 경제협력에 못지않게 중요하다고 할 수 있

14) 이 밖에 이산가족들의 생사·주소 확인을 시범적으로 추진함으로써 2001년 1월과 2월에 각각 100명씩, 서신교환은 3월에 300명 정도로 실시된 바 있다.

다. 이미 남북은 예술단 교환 및 예술행사 공동 개최, 체육인 교환 및 공동 체육행사 개최, 언론인 방북, 관광단 방북 등을 실현시킨 바 있다.

마. 남북 당국 간 회담 개최와 김정일 국방위원장의 서울 방문

남북 정상이 아무리 좋은 선언이나 합의를 하여도 구체적으로 실천되지 않는다면 의미가 없다. 이에 남과 북은 양 정상이 합의한 내용을 조속히 실천에 옮기기 위하여 빠른 시일 안에 당국 사이의 대화를 개최하기로 합의하였고, 그 결과로써 정상회담 개최 후 약 한 달 뒤 남북장관급회담을 개최하였다. 또한 남북장관급회담에서의 합의를 바탕으로 남북국방장관회담과 군사실무접촉, 남북적십자회담, 남북경협실무접촉 등을 통해 남북협력사업들의 구체적인 이행방안이 협의·추진되고 있다.

한편, 6·15 남북공동선언은 김정일 위원장이 향후 적당한 시기에 서울을 방문하겠다는 약속을 언급하고 있다. 물론 김정일 국방위원장이 서울을 방문하여 제2차 남북정상회담이 개최되면, 남북한관계가 또 다시 한 단계 발전하는 계기가 될 수 있다. 또한 김정일의 서울 답방은 남북한 간에 있어 상호 실체 인정과 정상회담의 상호성을 담보하는 정치적 이벤트로서 그 자체 역사적 의미와 상징성을 갖는다. 그런 점에서 이 같은 합의는 남북관계 발전에 있어 중요한 의미를 가진다고 볼 수 있다. 하지만 이후 북한이 김정일의 서울 답방을 통한 남북관계 정상화 의지를 보여주지 못한 것은 아쉬운 대목이라 하지 않을 수 없다.

(3) 6·15 남북공동선언의 주요 특징과 파급영향

가. 6·15 남북공동선언의 의의와 주요 특징

6·15 남북공동선언에 나타나고 있는 내용적인 특징을 몇 가지로 정리하면 다음과 같다.[15)]

첫째, 남북공동선언은 7·4 남북공동성명과 같이 남북한관계를 규율하는 원칙적이고 기본적인 합의내용을 담고 있다. 그래서 남북공동선언은 총론적·강령적 성격의 합의라고 볼 수 있다. 이 점에서 구체적인 문제를 포괄적으로 다루었던 남북기본합의서와 차이가 있다. 그럼에도 불구하고 남북한의 두 정상(최고당국자)이 직접 협의·서명했을 뿐만 아니라, 구체적인 이행방안과 후속조치까지 협의했다는 점에서 이전의 합의들과 다르다.

둘째, 남북공동선언은 민족내부문제와 국제문제를 분리하고 주로 전자에 관한 해결방

---

15) 위의 책, pp. 50-54 참조.

향을 제시하고 있다. 즉, 남북공동선언은 국제문제이면서 합의도출이 어려운 긴장완화 및 평화정착문제를 일단 합의대상에서 제외시켰다. 평화체제 전환문제, 북한의 핵·미사일문제, 주한미군문제, 한반도 군비통제문제 등은 남북한 간의 현안이면서도 국제문제로서의 비중이 상대적으로 큰 것들이고, 또한 단기간 내에 해결되기 어려운 것들이기 때문이다. 그래서 남북한은 남북공동선언의 채택을 통해 민족 내부적으로 시급한 것(인도적 문제 해결), 비교적 해결이 용이한 것(다방면의 교류협력), 통일을 지향해 나가는 데 근본적으로 제기되는 것(통일문제의 자주적 해결과 남북한의 통일방안 협의)들을 중심으로 해결책을 강구하기로 합의하였다.

셋째, 남북공동선언은 남북한관계에서 지향해야 할 단기적인 목표(및 해결과제)와 중·장기적인 목표(및 해결과제)를 동시에 규정하고 있다. 인도적 분야(제3항)와 경제·사회·문화분야의 협력(제4항), 그리고 당국 간 대화의 재개(제5항)는 현 상황에서 남북한관계를 개선하기 위한 과제들이다. 그와 동시에 남북협력 및 남북대화의 목표인 통일방안의 협의(제2항)도 명시하였다. 즉, 현상유지의 틀 위에서 가능한 협력방안을 모색할 뿐만 아니라, 현상변경적이고 목표지향적인 통일방안에 대해서도 언급한 것이다.[16]

넷째, 남북공동선언은 명분과 실리, 그리고 실천적 측면을 조화롭게 규정함으로써 남북한이 모두 그런대로 — 비록 완전하지는 않지만 — 만족할 수 있는 합의가 될 수 있었다. 제3항과 제4항에 명시된 화해·협력(특히 이산가족교류와 비전향장기수문제 해결, 경제교류협력)은 남북한이 정치·경제적인 면에서 얻게 되는 '실리'에 관한 것이고, 제1항과 제2항의 통일문제에 관한 부분은 다분히 '명분'에 관한 것이라고 하겠다. 그리고 당국 간 대화 재개는 화해·협력 및 통일지향을 위해 공통된 실천수단을 명시한 것이라고 볼 수 있다. 이와 같은 조화로운 합의가 될 수 있었던 것은 말할 것도 없이 남북한의 입장이 실사구시적인 측면에서 절충·타협된 결과라고 하겠다.

하지만 이상과 같은 내용적 특징(특히 긍정적인 평가)에도 불구하고 한반도 긴장완화와 평화정착에 관한 부분이 명시되어 있지 않은 것[17]이나 1992년 2월에 발효한 「남북기본합의서」에 관한 언급이 없는 것은 아쉬운 대목이라고 하지 않을 수 없다. 앞으로 이 부분은 남북한 당국 간 대화를 통해 계속 보완책을 마련하고 그 해결을 모색해 나가야 할 것이다.

16) 박종철, "정상회담 이후 남북관계의 전망과 과제," 한국정치학회·한국언론재단 주최 남북정상회담 평가학술회의 발표논문, 2000년 6월 17일, pp. 7-9 참조.

17) 6·15 남북공동선언에 한반도 긴장완화와 평화정착에 관한 규정이 없다는 비판에 대해 일부에서는 긴장완화 및 평화정착문제는 제2항에 숨어 있다고 하면서, 남북한 통일방안의 공통성 인정을 전제로 통일을 지향해 나가는 과정에서 이 문제를 다룰 수 있다는 견해를 표명하기도 한다.

나. 특히 통일 관련 조항(제1·2항)의 의미와 파급효과

남북공동선언의 5개 조항 중에서 남북통일과 직접 관련이 있는 것은 제1항과 제2항이다.

제1항은 "통일문제를 그 주인인 우리 민족끼리 서로 힘을 합쳐 자주적으로 해결한다"고 규정하고 있다. 이것은 남북통일을 지도하는 원칙적·강령적 성격의 조항이라고 할 수 있다. '통일문제의 자주적 해결'을 명시한 제1항은 7·4 남북공동성명에 천명된 통일 3원칙의 하나인 자주의 원칙을 재확인한 것이다.[18] 이 원칙은 「남북기본합의서」에서도 간접적으로 명기되고 있다.[19] 여기서 자주라 함은 배타적 자주가 아니라 국제사회의 적극적인 협조를 바탕으로 하는 '열린 자주'를 말한다. 이 조항은 남북한이 '당사자해결원칙'에 입각, 대화를 통해 통일문제를 평화적으로 해결해 나간다는 의미를 갖고 있다.[20]

다음 제2항은 "통일을 위한 남측의 연합제안과 북측의 낮은 단계의 연방제안이 서로 공통성이 있다고 인정하고, 앞으로 이 방향에서 통일을 지향한다"고 규정하고 있다. 이 조항은 분단 이후 최초로 남북의 최고 당국자들이 남북한의 통일방안을 공식 거론하고, 통일문제 협의를 위한 접점(방향성)을 찾아냈다는 점에서 역사적이고 상징적인 의미를 지니고 있다. 그동안 남북한은 서로 각자의 통일방안을 마련하여 상대방에 제의하였다. 하지만 상대방에 대해서 자기의 통일방안을 수용할 것을 일방적으로 강요함으로써 실천성을 갖지 못하였다. 다분히 선전적인 차원에서의 제의였다고 볼 수 있다. 그러나 평양 남북정상회담을 통해 남북한의 통일방안이 남북대화의 공식의제로 상정되고 구체적인 협상의 대상으로 된 것이다.

전체적으로 볼 때 남북한 정상 간에 제2항이 합의·타결, 삽입되었기에 6·15 남북공동선언이 채택될 수 있었다고 분석된다. 만일 통일에 관한 제1항 및 제2항(특히 제2항)이 포함되지 않았다면, 남북공동선언 채택 자체가 무산되었을 가능성이 농후하다. 북한은 제2

---

18) 7·4 남북공동성명 제1항은 조국통일원칙의 하나로서 "통일은 외세에 의존하거나 외세의 간섭을 받음이 없이 자주적으로 해결하여야 한다"고 명시하고 있다. 국토통일원, 『남북대화 백서』(서울: 국토통일원, 1988), p. 55.

19) 「남북기본합의서」 서문에서는 조국통일 3대원칙을 재확인한다고만 명시하고 있을 뿐이며, 자주의 원칙을 특정하여 표기하고 있지는 않다. 이어 「남북기본합의서」 서문은 통일 이전의 남북한관계를 '나라와 나라사이의 관계가 아닌 통일을 지향하는 과정에서 잠정적으로 형성된 특수관계'로 규정하고, 통일을 위해 화해·협력·불가침 등의 분야에서 공동노력을 경주하기로 약속하고 있다.

20) 통일부, 『남북공동선언 조항별 해설 및 주요 현안문제 관련 질의·응답자료』(서울: 통일부, 2000. 7), p. 1. 하지만 과거 북한은 자주를 반외세, 곧 반미로 이해하고, 이 자주의 원칙을 통해 주한미군 철수를 주장해 왔다. 이동복, "남북기본합의서 무엇이 문제인가?" 국민대학교 사회과학연구소·동북아문화연구원, 『남북합의서 조인 이후의 과제와 해결방안』, 1992 국내학술회의, p. 14.

항의 이행·실천에 높은 비중을 두고 있는 것으로 판단되며, 현재 남북공동선언이 이행되고 있는 것도 제2항의 상징성과 보이지 않는 효력 때문이라고 해도 과언은 아닐 것이다.

또한 6·15 남북공동선언의 제1, 3, 4, 5항의 실천은 결국 제2항에서 명시된 통일지향(목적조항)의 이행을 위한 기반조성이라는 의미를 지니며, 제2항은 여타 조항의 이행을 촉진하는 촉매제 역할을 한다고도 볼 수 있다. 즉, 남북공동선언의 제2항은 제1항 및 제3~5항의 이행을 견인함으로써 경제·사회·문화교류 등을 통한 민족동질성 회복 및 민족경제공동체 형성을 앞당길 수 있는 기제가 될 수 있는 것이다.

제2항은 앞으로 상호 정치실체 인정, 긴장완화 및 신뢰회복, 다방면의 교류협력 확대 등 남북한관계 전반에 긍정적인 영향을 미칠 것으로 예상된다. 또 제2항은 남과 북의 내부에서 통일분위기 및 남북화해·협력 무드를 고조시킬 것으로 관측된다. 특히 우리 사회 내부에서 통일방안 논의의 활성화를 자극하게 될 것이며, 민간통일운동의 활성화에도 이바지할 수 있다.

그러나 다른 한편 제2항에 대한 남북한 당국 간의 협의 및 실천과정에서 남북한의 내부에서 급속한 통일추진에 우려를 표명하는 보수세력의 반발을 초래할 것이다. 특히 남한에서는 남북문제, 통일문제가 여야 간에 정치쟁점화하는 등 보수와 진보 세력 간의 갈등이 야기될 공산이 크다. 그러한 갈등이 첨예화될 경우, 국론분열과 정치·사회적 혼란으로 발전될 가능성이 있으며, 결과적으로 남북한관계 진전을 가로막는 발목으로 작용할 수도 있다.

〈자료 9〉 6·15 「남북공동선언」 전문

조국의 평화적 통일을 염원하는 온 겨레의 숭고한 뜻에 따라 대한민국 김대중 대통령과 조선민주주의인민공화국 김정일 국방위원장은 2000년 6월 13일부터 6월 15일까지 평양에서 역사적인 상봉을 하였으며 정상회담을 가졌다.

남북정상들은 분단 역사상 처음으로 열린 이번 상봉과 회담이 서로 이해를 증진시키고 남북관계를 발전시키며 평화통일을 실현하는 데 중대한 의의를 가진다고 평가하고 다음과 같이 선언한다.

1. 남과 북은 나라의 통일문제를 그 주인인 우리 민족끼리 서로 힘을 합쳐 자주적으로 해결해 나가기로 하였다.

2. 남과 북은 나라의 통일을 위한 남측의 연합제안과 북측의 낮은 단계의 연방제안이 서로 공통성이 있다고 인정하고 앞으로 이 방향에서 통일을 지향시켜 나가기로 하였다.
3. 남과 북은 올해 8・15에 즈음하여 흩어진 가족, 친척 방문단을 교환하며, 비전향 장기수 문제를 해결하는 등 인도적 문제를 조속히 풀어 나가기로 하였다.
4. 남과 북은 경제협력을 통하여 민족경제를 균형적으로 발전시키고, 사회, 문화, 체육, 보건, 환경 등 제반분야의 협력과 교류를 활성화하여 서로의 신뢰를 다져 나가기로 하였다.
5. 남과 북은 이상과 같은 합의사항을 조속히 실천에 옮기기 위하여 빠른 시일 안에 당국 사이의 대화를 개최하기로 하였다.

김대중 대통령은 김정일 국방위원장이 서울을 방문하도록 정중히 초청하였으며, 김정일 국방위원장은 앞으로 적절한 시기에 서울을 방문하기로 하였다.

2000년 6월 15일

대 한 민 국	조선민주주의인민공화국
대 통 령	국 방 위 원 장
김 대 중	김 정 일

4. 「10・4 남북정상선언」

(1) 「10・4 남북정상선언」의 채택배경

노무현 대통령은 기본적으로 남북관계 발전을 위해 "남북정상회담은 전략적으로 유효"하다는 생각을 갖고 있었다. 하지만 임기 초기 노무현 대통령은 남북정상회담에 그리 연연하는 태도를 보이지 않았다. 상황이 녹록지 않았기 때문이다.[21] 2005년 2월 북한의 핵보유 선언 발표 등 북한 핵문제가 오랫동안 남북관계 진전의 발목을 잡았다. 그래서 정상회담의 기회는 찾아오지 않았다.

하지만 2006년 5월 몽골 방문에서의 발언에서 보듯이 집권 중반기에 접어들면서 노무

21) 노무현 대통령은 임기 초기라고 할 수 있는 2004년에 "정상회담을 하느냐 마느냐는 결국 북핵 문제, 남북관계 진전에 얼마만큼 도움이 되느냐는 판단이 앞서야 한다"(2004년 7월)거나 "북핵 6자회담이 진행되는 동안에는 남북 정상회담의 가능성을 매우 낮게 보고 있다"(2004년 12월)고 언급한 바 있다.

현 대통령은 김정일을 정상회담의 장으로 끌어들이기 위해 공을 들였다. 그는 몽골 방문 중인 5월 9일 "언제 어디서든 무슨 내용을 얘기해도 좋으니 만나서 얘기해 보자. 북한에 많은 양보하려 한다. 제도적·물질적 지원을 조건 없이 하려고 한다"고 발언하였다.[22)]

하지만 2006년 10월 9일 북한이 전격적으로 단행한 핵실험은 남북관계를 극도의 경색국면으로 몰아갔다. 이후 노무현 정부는 정상회담을 통해 남북관계 경색의 돌파구를 여는 데 집착하기 시작했다. 북·미 간의 고위급 접촉과 6자회담 재개, 그리고 2007년 초 북한 핵문제 해결을 위한 3단계 구도를 만든 「9·19공동성명 이행을 위한 초기조치」 합의, 곧 「2·13 북핵 초기이행조치 합의서」 채택은 정상회담 개최에 유리한 여건을 조성하게 되었다.

이에 노무현 정부는 남북관계 발전을 한 단계 업그레이드하는 차원에서 정상회담 추진에 가속도를 붙이기에 이르렀다. 임기 말 정권 차원의 '통일 치적(治績) 쌓기'라는 정치적 고려도 없지 않았던 것으로 보인다. 반면 북한도 남한 내의 정권 교체에 관계없이 '햇볕정책－평화번영정책'의 기조 지속을 바라고 있었다. 또 정상회담을 통해 북한은 향후 대남전략상의 유리한 국면 전개를 모색하는 동시에, 남북경협 및 대북지원 확대 등 실리를 도모하려 하였다. 이 같은 상호 이익과 계산이 맞아 떨어져 2007년 10월 2~4일간에 2차 남북정상회담이 열릴 수 있었던 것이다.

한편, 2차 정상회담이 평양에서 열리던 기간 중인 2007년 10월 3일 6자회담이 베이징에서 개최되었고, 여기서 「9·19공동성명 이행을 위한 2단계 조치」, 즉 「10·3 북핵 2단계 이행조치 합의서」가 채택되었다. 이는 평양에서 남북정상회담의 순조로운 진행과 결실을 촉진했다고 볼 수 있다.

(2) 「10·4 남북정상선언」의 내용

2차 남북정상회담의 결과 2007년 10월 4일 평양에서 「남북관계 발전과 평화번영을 위한 선언」, 약칭 「10·4 남북정상선언」이 채택되었다. 「10·4 남북정상선언」은 모두 8개 항으로 이루어져 있다. 그 내용을 조항별로 살펴보면, ① 6·15 남북공동선언의 고수 및 적극 구현(특히 6·15를 기념하는 방안 강구), ② 상호 존중과 신뢰의 남북관계로 전환(내부문제 불간섭, 통일에 걸림돌이 되는 법률적·제도적 장치 정비, 남북국회회담 등 다방

22) "'북한에 많이 양보' 노 대통령 '몽골 발언'은," 『중앙일보』, 2006년 5월 13일자. 이 몽골 발언의 함의는 당시 세 가지로 분석되었다. 첫째, 남북 정상회담에 어떤 전제조건도 달지 않겠다, 둘째, 김정일 북한 국방위원장의 서울 답방이 어렵다면 평양 방문도 할 수 있다, 셋째, 제도적·물질적 지원을 조건 없이 하겠다는 것이 그것들이었다. "'몽골 발언' 대통령이 직접 설명하시오," 『동아일보』, 2006년 5월 13일자.

면의 대화·접촉 추진 등), ③ 군사적 긴장 완화 및 평화보장을 위한 협력(대화와 협상을 통한 분쟁의 해결, 불가침 의무의 확고한 준수 등)과 군사적 신뢰구축을 위한 국방장관회담 개최(서해에서의 우발적 충돌 방지를 위한 공동어로수역 설치와 평화수역으로의 발전 방안 및 기타 군사적 신뢰구축조치 협의), ④ 6자회담의 2·13합의 이행 협력, 평화체제 구축과 종전선언 논의 실현 노력, ⑤ 남북경협의 확대·발전과 서해평화협력특별지대 설치(이와 관련, 경제특구건설과 해주항 활용, 민간선박의 해주 직항로 통과, 한강하구 공동이용 등 추진), 개성－신의주 철도와 개성－평양 고속도로의 공동이용을 위한 개보수 협의·추진, 부총리급 경제협력공동위원회 개최, ⑥ 사회·문화분야 교류협력의 발전(백두산관광 실시 및 이를 위한 백두산－서울 직항로 개설, 경의선 열차를 이용해 2008년 북경올림픽경기대회에 남북응원단의 참가), ⑦ 남북 간 인도적 사업 협력(이산가족 상봉 확대 및 영상편지 교환사업 추진, 금강산면회소에 쌍방 대표 상주 및 상설적인 면회소 운영, 자연재해 등 재난 발생 시 적극 협력), ⑧ 국제무대에서의 공동 노력(민족의 이익과 해외동포의 권리와 이익을 위한 협력 강화)으로 되어 있다. 이 밖에도 선언에서는 총리급의 회담 개최 및 정상회담의 수시 개최를 명시하고 있다.

(3) 「10·4 남북정상선언」의 파급영향과 향후 대처방향

2차 남북정상회담 개최 과정에서 새로운 기록이 만들어졌다. 노무현 대통령이 직접 군사분계선을 걸어서 통과한 것이라든가 우리 대통령의 북한 내 주요 산업시설 참관, 당국 간 회담 틀의 격상(총리회담 및 부총리급 경제협력공동위원회 개최 합의), 서해평화협력특별지대 설치 약속 등이 그 대표적인 예다. 정상회담이 개최된 지 한 달 정도 지난 후에 제1차 남북총리회담이 열렸고, 제2차 남북국방장관회담, 남북군사실무회담, 남북경제협력추진위원회 등 다양한 형태의 남북 당국 간 회담이 그 뒤를 이었다. 일시적이기는 했지만, 정권 말기에 남북대화가 풍성하게 이루어진 것이다.

하지만 이 같은 성과에도 불구하고 「10·4 남북정상선언」 채택 직후부터 2차 남북정상회담 개최와 남북정상선언의 의미를 둘러싸고 정치·사회적 논란이 끊이질 않았다. 임기 말에 서둘러 기획된 이벤트성 '정치쇼'라느니, 정권 교체에 관계없이 노무현 정부의 대북정책과 남북관계 운영을 지속시키려는 '무리한 대못질'[23]이라는 비판이 그런 예라 할

---

23) 이와 관련, 노무현 전 대통령은 2008년 10월 1일 10·4 남북정상선언 1주년 기념행사에서 "전임 사장이 한 계약은 후임 사장이 이행하는 것이 맞다"는 말을 한 바 있다. 이는 임기 말 남북정상선언의 채택이 참여정부의 대북정책과 남북관계 운영에 지속성 및 일관성을 갖도록 하려 한 의도가 있었음을 간접적으로 시인한 것으로 해석될 수 있다.

수 있다. 특히 야당인 한나라당은 국민적 합의 없이 밀어붙인 밀실 대북정책의 소산이라는 부정적 시각을 숨기지 않았다.

아무튼 남북정상선언은 이명박 정부의 대북정책 추진에 일정한 영향을 준 것이 사실이다. 북한이 이명박 정부의 실용주의 대북정책에 노골적인 불만을 표시하면서, 남북관계 개선을 원하거든 이명박 정부가 먼저 「6・15 남북공동선언」과 「10・4 남북정상선언」에 대한 분명한 태도를 밝히라고 압박하고 나서고 있기 때문이다. 이에 대해 이명박 정부는 "그간의 남북 간 합의들의 합의정신을 존중하며 남북 당국 간 대화와 협의를 통해 상호 존중과 현실을 바탕으로 실천가능한 이행방안들을 마련하자"는 입장을 보이고 있다.[24] 또 현인택 통일부 장관은 「6・15 남북공동선언」과 「10・4 남북정상선언」의 정신과 합의내용을 존중한다는 입장을 피력한 바도 있다. 다만, 이명박 정부는 「10・4 남북정상선언」의 이행에는 적지 않은 재정적 부담을 초래한다는 점을 감안해, 우선적으로 추진할 것과 추후에 추진하거나 혹은 추진을 유보할 것 등을 구분해서 대처해야 한다는 생각을 갖고 있는 것으로 보인다.

한편, 「10・4 남북정상선언」은 우리 사회에서 극심한 남남갈등을 유발한 바 있다. 특히 정상선언 제1항에 명시된 6월 15일 기념방안과 관련해서 「6・15 남북공동선언」 채택일을 국가기념일로 제정하는 문제가 사회적 논란의 대상이 된 바 있다. 「6・15 남북공동선언」 채택과 이행은 현재 미완의 진행 중인 사건으로, 우리 사회에서 그에 대한 평가가 극명하게 엇갈리는 만큼, 역사적 평가는 후세에 맡겨야 한다는 것이다. 따라서 기념일 채택은 시기상조라는 것이다.

또 「10・4 남북정상선언」은 북한의 대남전략이 교묘하게 투영되어 있다는 비판적 지적도 있다. 비판론자들에 따르면, 북한은 내부문제 불간섭(제2항)을 빙자해 한국 정부와 NGO들의 북한인권 상황 비판 및 개선 요구를 반박, 무력화시키는 한편, 통일지향적인 방향의 법률적・제도적 장치 정비 규정(제2항)을 들어 우리의 국가보안법 폐지를 요구할 수 있는 근거를 확보하게 되었다는 것이다. 또한 남북한이 서둘러 종전선언 추진(제4항)

---

24) 더불어 이명박 정부는 「6・15 남북공동선언」과 「10・4 남북정상선언」의 이행방안을 협의할 용의가 있으며, 이를 위해 2008년 4월부터 대화를 북한에 제의해 왔다고 언급하고 있다. 통일부, 『상생공영의 남북관계 발전 노력』, 이명박 정부 출범 1주년 언론보도 참고자료(2009.2), p. 6. 또한 통일부 홈페이지에 게시된 상생공영정책 해설자료에는 "과거 남북 간에는 여러 차례에 걸쳐 「7・4 남북공동성명」, 「남북기본합의서」, 「한반도 비핵화공동선언」, 「6・15 남북공동선언」, 「10・4 남북정상선언」 등 많은 합의가 채택되었다. 이 같은 합의에도 불구하고 이행되지 못한 것들이 많았다. 앞으로는 남북 당국 간 대화에서 상호존중과 현실을 바탕으로 남북 간에 실천가능한 이행방안들을 만들어 가야 한다. 진정성을 가지고 대화를 하되, 선언의 시대에서 실천의 시대로 나가야 한다"고 밝히고 있다. http://www.unikorea.go.kr/kr/CMSF/CMSFBsub.jsp?topmenu=2&menu=0&sub=2(2009년 11월 1일 검색).

을 통해 설익은 평화체제를 만들어 놓을 경우, 이는 북한의 주한미군 철수투쟁노선에 영합하는 결과가 될 것으로 우려한다. 북한은 종전선언이나 평화체제를 구실로 해서 한·미 양국에 대해 주한미군 철수 압박을 해 올 것이라고 경고한다.

이 밖에도 한국은 「10·4 남북정상선언」의 군사적 긴장완화(제3항) 및 서해평화협력특별지대 설치(제5항) 조항에 따라 사실상 북방한계선(Northern Limit Line: NLL)을 포기하고 북한 측에 상당한 범위의 서해수역을 내줄 수밖에 없게 될 것으로 예상한다. 그리고 이 같은 국가보안법 철폐 여건 조성, 주한미군 철수요구에의 직면, 북한 측의 집요한 NLL 허물기에의 영합은 한마디로 대북 '안보 퍼주기'에 해당한다는 것이다. 그럼에도 한국은 이 정상선언에 의할 경우, 제5항의 남북경협 추진을 위해 많게는 50조 원 이상의 '경제 퍼주기'를 해야 할 것으로 비판론자들은 우려한다.

결론적으로 이들은 「10·4 남북정상선언」은 우리의 안보시스템을 약화시키는 반면, 북한의 쇠락하는 경제시스템을 회복하는 데 기여하는 문서이며, 이는 자유민주통일의 방향이 아니라 북한의 연방제 통일의 방향으로 가는 것이라고 신랄하게 비판하고 있다. 위와 같은 비판이 모두 타당하다고 할 수는 없을지라도 우리가 경청하고 경계해야 할 부분이 있음도 사실이다. 이명박 정부는 「10·4 남북정상선언」에 담겨 있는 북한의 전략적 의도를 간파하고, 향후 남북 당국 간 대화에서 지혜롭게 대처함으로써 실질적인 남북한관계 개선을 이룩해야 할 것이다.

〈자료 10〉 남북관계 발전과 평화번영을 위한 선언 전문

대한민국 노무현 대통령과 조선민주주의인민공화국 김정일 국방위원장 사이의 합의에 따라 노무현 대통령이 2007년 10월 2일부터 4일까지 평양을 방문하였다. 방문기간 중 역사적인 상봉과 회담들이 있었다.

상봉과 회담에서는 6·15 공동선언의 정신을 재확인하고 남북관계발전과 한반도 평화, 민족공동의 번영과 통일을 실현하는 데 따른 제반 문제들을 허심탄회하게 협의하였다.

쌍방은 우리 민족끼리 뜻과 힘을 합치면 민족번영의 시대, 자주통일의 새 시대를 열어 나갈 수 있다는 확신을 표명하면서 6·15 공동선언에 기초하여 남북관계를 확대·발전시켜 나가기 위하여 다음과 같이 선언한다.

1. 남과 북은 6·15 공동선언을 고수하고 적극 구현해 나간다.

남과 북은 우리 민족끼리 정신에 따라 통일문제를 자주적으로 해결해 나가며 민족의 존엄과 이익을 중시하고 모든 것을 이에 지향시켜 나가기로 하였다. 남과 북은 6·15 공동선언을 변함없이 이행해 나가려는 의지를 반영하여 6월 15일을 기념하는 방안을 강구하기로 하였다.

2. 남과 북은 사상과 제도의 차이를 초월하여 남북관계를 상호존중과 신뢰 관계로 확고히 전환시켜 나가기로 하였다.

   남과 북은 내부문제에 간섭하지 않으며 남북관계 문제들을 화해와 협력, 통일에 부합되게 해결해 나가기로 하였다. 남과 북은 남북관계를 통일 지향적으로 발전시켜 나가기 위하여 각기 법률적·제도적 장치들을 정비해 나가기로 하였다. 남과 북은 남북관계 확대와 발전을 위한 문제들을 민족의 염원에 맞게 해결하기 위해 양측 의회 등 각 분야의 대화와 접촉을 적극 추진해 나가기로 하였다.

3. 남과 북은 군사적 적대관계를 종식시키고 한반도에서 긴장완화와 평화를 보장하기 위해 긴밀히 협력하기로 하였다. 남과 북은 서로 적대시하지 않고 군사적 긴장을 완화하며 분쟁문제들을 대화와 협상을 통하여 해결하기로 하였다. 남과 북은 한반도에서 어떤 전쟁도 반대하며 불가침의무를 확고히 준수하기로 하였다.

   남과 북은 서해에서의 우발적 충돌방지를 위해 공동어로수역을 지정하고 이 수역을 평화수역으로 만들기 위한 방안과 각종 협력사업에 대한 군사적 보장조치 문제 등 군사적 신뢰구축조치를 협의하기 위하여 남측 국방부 장관과 북측 인민무력부 부장 간 회담을 금년 11월 중에 평양에서 개최하기로 하였다.

4. 남과 북은 현 정전체제를 종식시키고 항구적인 평화체제를 구축해 나가야 한다는 데 인식을 같이하고 직접 관련된 3자 또는 4자 정상들이 한반도지역에서 만나 종전을 선언하는 문제를 추진하기 위해 협력해 나가기로 하였다. 남과 북은 한반도 핵문제 해결을 위해 6자회담 「9·19 공동성명」과 「2·13 합의」가 순조롭게 이행되도록 공동으로 노력하기로 하였다.

5. 남과 북은 민족경제의 균형적 발전과 공동의 번영을 위해 경제협력사업을 공리공영과 유무상통의 원칙에서 적극 활성화하고 지속적으로 확대 발전시켜 나가기로 하였다.

   남과 북은 경제협력을 위한 투자를 장려하고 기반시설 확충과 자원개발을 적극 추진하며 민족내부협력사업의 특수성에 맞게 각종 우대조건과 특혜를 우선적으로 부여하기로 하였다. 남과 북은 해주지역과 주변해역을 포괄하는 「서해평화협력특별지대」를 설치하고 공동어로구역과 평화수역 설정, 경제특구건설과 해주항 활용, 민간선박의 해주직항로 통과, 한강하구 공동이용 등을 적극 추진해 나가기로 하였다.

남과 북은 개성공업지구 1단계 건설을 빠른 시일 안에 완공하고 2단계 개발에 착수하며 문산-봉동 간 철도화물수송을 시작하고, 통행・통신・통관 문제를 비롯한 제반 제도적 보장조치들을 조속히 완비해 나가기로 하였다.

남과 북은 개성-신의주 철도와 개성-평양 고속도로를 공동으로 이용하기 위해 개보수 문제를 협의・추진해 가기로 하였다. 남과 북은 안변과 남포에 조선협력단지를 건설하며 농업, 보건의료, 환경보호 등 여러 분야에서의 협력사업을 진행해 나가기로 하였다.

남과 북은 남북 경제협력사업의 원활한 추진을 위해 현재의 「남북경제협력추진위원회」를 부총리급 「남북경제협력공동위원회」로 격상하기로 하였다.

6. 남과 북은 민족의 유구한 역사와 우수한 문화를 빛내기 위해 역사, 언어, 교육, 과학기술, 문화예술, 체육 등 사회・문화분야의 교류와 협력을 발전시켜 나가기로 하였다. 남과 북은 백두산관광을 실시하며 이를 위해 백두산-서울 직항로를 개설하기로 하였다. 남과 북은 2008년 북경 올림픽경기대회에 남북응원단이 경의선 열차를 처음으로 이용하여 참가하기로 하였다.

7. 남과 북은 인도주의 협력사업을 적극 추진해 나가기로 하였다.

남과 북은 흩어진 가족과 친척들의 상봉을 확대하며 영상편지 교환사업을 추진하기로 하였다. 이를 위해 금강산면회소가 완공되는 데 따라 쌍방 대표를 상주시키고 흩어진 가족과 친척의 상봉을 상시적으로 진행하기로 하였다.

남과 북은 자연재해를 비롯하여 재난이 발생하는 경우 동포애와 인도주의, 상부상조의 원칙에 따라 적극 협력해 나가기로 하였다.

8. 남과 북은 국제무대에서 민족의 이익과 해외 동포들의 권리와 이익을 위한 협력을 강화해 나가기로 하였다.

남과 북은 이 선언의 이행을 위하여 남북총리회담을 개최하기로 하고, 제1차 회의를 금년 11월 중 서울에서 갖기로 하였다.

남과 북은 남북관계 발전을 위해 정상들이 수시로 만나 현안 문제들을 협의하기로 하였다.

2007년 10월 4일

평 양

대 한 민 국	조선민주주의인민공화국
대 통 령	국 방 위 원 장
김 대 중	김 정 일

제3절 남북합의서의 법적 성격과 효력

1. 남북 간 합의의 유형

(1) 국제적 합의의 형식: 조약과 신사협정

가. 조약과 신사협정의 의의

(가) 조약의 개념과 요건

일반국제법상 조약이라 함은 명칭에 구애되지 않고 국제법주체 간에 권리·의무의 발생·변경 또는 소멸을 내용으로 하는 서면의 합의를 말한다. 여기서는 국제법 일반론의 입장에서 조약의 개념을 분설하기로 한다.

첫째, 조약은 국제법주체 간의 합의이다. 종래에는 조약은 곧 국가 간의 합의를 지칭하는 것으로 이해되어 왔으나, 오늘날 조약은 여기에 국한되지 않는다. 그것은 국가와 국제조직 등 '능동적 국제법주체'[25]뿐만 아니라 교전단체(전시를 전제로 한 제한적·잠정적 주체), 나아가 '국제법 적용범위의 확대현상'[26]에 따라 분단국 구성체, 민족해방운동단체 등 이른바 국가유사단체(quasi-state organization)까지 포함하는 국제법주체들 상호 간의 합의를 의미한다.

특히 국가 상호 간의 조약과 국가와 국제조직 간 또는 국제조직 상호 간에 체결되는 조약에 관해서는, 그러한 국제법주체 간에 체결되는 조약에 관한 국제법규가 성문화(법전화)되어 있다. 1969년 5월 22일 채택된 「조약법에 관한 비엔나협약」(Vienna Convention on the Law of Treaties)의 제2조 1항 (a)호에서는 "조약이라 함은 단일의 문서에 또는 2 또는 그 이상의 관련 문서에 구현되고 있는가에 관계 없이 또한 그 특정의 명칭에 관계

25) Alfred Verdross, *Völkerrecht*(Wien: Springer Verlag, 1964), p. 189.

26) Wolfgang Friedmann은 2차대전 후 국제법 적용범위의 팽창현상과 관련하여 ① 과거 국제법의 영역 외에 있었던 주제들이 국제법의 규율대상으로 편입되게 되었고, ② 국제기구, 법인, 개인 등이 국제법의 새로운 주체로 등장하였으며, ③ 비서구국가들이 국제사회에 가입함으로써 국제법의 적용범위가 수평적으로 확대되었고, ④ 초국가적인 정치·경제·사회조직들이 수립한 기본원칙들이 국제법의 보편성 획득에 상당한 영향력을 발휘하였으며, ⑤ 특히 국제기구들이 국제법의 새로운 사명을 완수함에 있어서 다양한 역할을 수행하고 있다는 점을 지적하고 있다. Wolfgang Friedmann, *The Changing Structure of International Law*(New York: Columbia University Press, 1964), p. 366 참조. 이러한 현상은 국제법 적용범위의 '수평적 확대'(horizontal expansion)와 '수직적 심화'(vertical intensification)로 집약적으로 설명되고 있다.

없이, 서면형식으로 국가 간에 체결되며 또한 국제법에 의하여 규율되는 국제적 합의를 말한다"고 규정하고 있다. 그리고 1986년 3월 21일 채택된 「국가와 국제조직 및 국제조직 상호 간에 체결된 조약법에 관한 비엔나협약」(Vienna Convention on the Law of Treaties between States and International Organizations or between International Organizations) 제2조 1항에서도 이와 유사한 규정을 두고 있다.[27] 그런데 이러한 규정들이 조약은 국가 상호 간 또는 국가와 국제조직 간 또는 국제조직 상호 간에만 체결되는 것이라는 주장을 정당화하지는 않는다. 소위 국가유사단체도 조약을 체결할 수 있는 능력을 갖는다는 것이 널리 일반적으로 인정되고 있기 때문이다.

둘째, 조약은 국제법주체 간에 권리・의무의 설정・변경・소멸 등을 내용으로 하는 합의이다.[28] 명백한 권리・의무의 설정・변경・소멸 등을 대상으로 하지 않고, 단지 정치적・경제적 협력의지를 천명하거나 당사자들의 공통적인 정책노선이나 행동방침을 선언하는 합의는 조약이 되지 않는다.

셋째, 조약은 서면(문서)에 의한 합의를 말한다. 조약은 통상 하나의 문서로 체결되지만, 반드시 하나의 문서로써만 체결되어야 한다는 법은 없다. 조약이 교환공문(교환각서)이나 교환서한처럼 두 개의 서면으로 성립되는 경우도 있다.

이와 관련, 서면의 형식을 취하지 않는 합의도 조약이라고 볼 수 있다는 견해가 있다. 물론 구두합의가 법적 구속력을 갖는 경우가 있지만,[29] 일반적으로 구두합의를 조약으로 보지 않는 것이 통상적인 외교관행이라고 할 것이다. 외교통상부가 간행한 「조약업무처리지침」에서 조약을 '서면에 의한 명시적인 합의'로 정의하고 있는 데서 알 수 있듯이 우리 정부는 구두합의를 조약으로 보지 않는 입장을 취하고 있다.[30]

넷째, 조약은 국제법을 배경으로 하여 체결되고 국제법에 의해 규율되며, 그에 따라 법적 구속력을 갖는 합의이다.[31] 이것은 다분히 '의도의 영역'에 속한 문제임을 말해준다.

---

27) 다만 이 1986년 협약에서는 1969년 협약과 달리 '조약이라 함은 … 국제법주체들이 법적 구속력을 받도록 체결되고 국제법에 의해 규율되는 협정'이라고 규정하고 있나. 그러나 이러한 규정상의 차이는 실질적인 의미를 갖지 않는다. 이러한 정의규정은 조약의 본질을 확인한 것에 불과하기 때문이다. 두말할 필요도 없이 법적 구속력이 없는 국제법주체 간의 합의는 어떠한 경우에도 조약이 될 수 없는 것이다.

28) Pierre-Marie Dupuy, *Droit International Public*, 4éd. (Paris: Dalloz, 1998), p. 235.

29) 1969년의 「조약법에 관한 비엔나협약」 제3조 본문과 (a)호는 이 점을 확인해 주고 있다.

30) 외무부, 『조약업무처리지침』, 집무자료 85-86 (조약) (서울: 외무부, 1985), p. 7. 이와 관련, 우리 나라가 외국과 구두합의를 체결한 실행은 존재하지 않는다. 외교통상부의 한 실무자는 "구두합의에 관한 정부의 명백한 입장을 정한 바 없으나, 조약을 구두합의로 체결하는 것은 상상할 수 없다"고 말한 바 있다. 또한 그는 우리 헌법상 모든 국법행위는 문서로서 하게 되어 있는바, 구두합의를 조약으로 인정할 수 있겠느냐고 필자에게 반문하기도 했다. 1995년도 판의 외무부 간 『조약업무처리지침』에서도 역시 조약을 서면에 의한 명시적 합의로 규정하고 있다.

국제법상 조약을 체결할 의사를 라틴어로 animus contrahendi라고 한다. 따라서 어떤 합의를 생산하면서 당해 합의가 국제법에 의해 규율되고 법적 구속력을 가질 것을 의도하고 (조약체결의사를 가지고) 체결된 합의는 조약이 된다.[32] 그에 반해 법적 구속력이 아니라 단지 '도의적 구속력' 또는 '정치적 구속력'을 가질 것을 의도하고 체결되는 합의는 조약이 아니다.[33]

다섯째, 조약은 상기의 4가지 요건을 갖추기만 하면 반드시 조약이라는 명칭을 사용할 필요는 없다. 즉 명칭에 구애되지 않는다. 이와 관련, D. P. O'Connell은 "당사자가 국제법상 조약체결능력을 갖고 있고, 또한 그들의 합의가 권리·의무의 창설 또는 국제법에 의해 규율되는 관계의 설정을 의도하는 것이라면, 문서에 부여되는 명칭은 중요하지 않다"고 강조한다.[34] 조약에는 특별히 '조약'(treaty)이라는 명칭 외에도 협약(convention 또는 pact), 협정(agreement 또는 accord), 약정(arrangement, 이 용어는 협정으로 번역되기도 함), 규약(covenant), 헌장(charter), 규정(規程, statute), 결정서(act, 이 용어는 의정서로 번역되기도 함), 의정서(protocol), 합의의사록(agreed minutes), 합의양해사항(agreed understandings), 선언(declaration), 공동선언(joint declaration), 양해각서(memorandum of understandings), 교환공문(교환각서라고도 함, exchange of notes), 교환서한(exchange of letters), 잠정협정(modus vivendi) 등 다양한 명칭이 붙여질 수 있다.[35] Denys P. Myers의 연구에 의하면 조약이라는 합의문건을 표시하기 위해 무려 39종의 명칭이 사용되고 있다고 한다.[36] 이와 같이 명칭을 묻지 않고 국제법주체 간 서면에 의한 합의를 총칭하여 학리상 '광의의 조약' 또는 '실질적 의미의 조약'이라고 한다. 그에 비해서 특히 '조약'(treaty)이라는 용어가 붙여진 합의를 '협의의 조약' 또는 '형식적 의미의 조약'이라고 한다.[37]

---

31) 山本草二, 『新版 國際法』, 第2刷(東京: 有斐閣, 1994), p. 233.

32) Lord McNair, *The Law of Treaties*(Oxford: Clarendon Press, 1961), p. 6; J. E. S. Fawcett, "The Legal Character of International Agreement," *British Yearbook of International Law*, vol. 30(1953), pp. 380, 400 참조.

33) Robert Jennings & Arthur Watts(eds.), *Oppenheim's International Law*, vol. I, 9th ed. (London: Longman Group, 1993), pp. 1199-1203 참조.

34) D. P. O'Connell, *International Law*, vol 1, 2nd ed. (London: Stevens and Sons, 1970), p. 195.

35) 山本草二, 『新版 國際法』, p. 233.

36) Denys P. Myers, "The Names and Scope of Treaties," *American Journal of International Law*, vol. 51(1957), p. 576.

37) '협의의 조약'의 대표적인 예로는 한·미 상호방위조약(Mutual Defense Treaty between the Republic of Korea and the United States of America, 1956), 한·미 우호통상항해조약(Treaty of Friendship, Commerce and Navigation between the Republic of Korea and the United States of America, 1956), 한·일 기본관계에 관한 조약(Treaty on Basic Relations between the Republic of Korea and Japan, 1965), 동·서독 기본조약(1972) 등을 들 수 있다.

(나) 신사협정의 개념과 조약과의 구별기준

법적 구속력을 갖는 (광의의) 조약의 범주에 들지 않는 국제법주체 간의 합의는 일반 국제법상 신사협정(gentlemen's agreement)으로 총칭되고 있다. 신사협정이라 함은 당사국의 신의(good faith, 여기서 신의는 비법적(非法的)인 개념이다)에 기한 자발적인 이행에 의존하는 합의로서 도의적 내지 정치적인 구속력(도덕적 효력)을 가지나 법적 구속력을 갖지 않는 문건을 말한다.[38]

본래 신사협정 체결관행은 앵글로 색슨 민족의 전통에서 그 기원을 갖고 있다. 일찍부터 앵글로 색슨계의 국가들 간에는 정치가나 외교관들 간에 법적 구속력이 없이 체결되는 합의의 형식이 있었던 것으로 알려지고 있다. 이 같은 합의에 의해 형성된 약속은 정치적인 색채가 짙고 도덕적 구속력만을 가졌으며, 그것도 신의의 기초하여 합의문건의 이행을 서약한 참가자들에게만 그 효력이 미쳤다고 한다.[39]

오늘날 국제관계에서의 신사협정은 이러한 영미법상의 전통적인 개념이 확장된 것으로서 '모든 형태의 법적 구속력이 없는 협정'(all forms of legally non-binding agreements)을 가리키는 것으로 사용되고 있다.[40] 즉 신사협정은 정상급의 정치가나 외교관들이 정치적 신의에 기하여 서로 언약하거나 자발적 이행을 담보하는 정책수행상의 약속을 말하는 것으로 이해되고 있다.[41] 현대의 외교관행에 있어서 정치적 합의로서 신사협정이 체결되는 이유로는 다음 몇 가지가 지적되고 있다.

첫째, 현대 국제사회의 급속한 변화와 그로 인한 불확실성의 증대로 인해 조약이라는 경직된 수단만으로는 가변적이고 유동적인 국제관계를 규율하는 데 어려움이 있다. 조약은 번거로운 국내법적 절차를 필요로 할 뿐만 아니라 일단 체결되면 개정이 용이하지 않고, 조약으로부터의 탈퇴도 매우 어렵다. 따라서 가변성이 높은 국제관계에서 신사협정이라는 정치적이고 잠정적인 합의를 통해 당사자 상호 간의 행동상의 기대나 예측가능성을 제고하는 한편, 사정변경이 발생하는 경우 법적 책임을 부담함이 없이 당해 합의로부터 빠져 나오려는 경향이 있나.[42]

둘째, 조약과 같은 국제법적 구속력을 갖는 합의를 체결할 경우 유관부처 또는 국회

38) 日本 國際法學會 編, 『國際法辭典』(東京: 鹿島出版會, 1980), p. 360.

39) Wilfried Fiedler, "Gentlemen's Agreement," *Encyclopedia of Public International Law*, vol. 7(Amsterdam · New York · Oxford: North Holland Publishing Company, 1984), p. 105; 제성호, 『남북한 특수관계론: 법적 문제와 그 대책』(서울: 한울아카데미, 1995), p. 222.

40) 박희권, "국제관계에서의 신사협정," 『고시계』, 통권, 제415호(1991년 9월), p. 143.

41) 외무부, 『알기 쉬운 조약업무』(서울: 외무부, 1996), pp. 8-9 참조.

42) Michael Bothe, "Legal and Non-legal Norms－A Meaningful Distinction in International Relations?," *Netherlands Yearbook of International Law*, vol. 11(1980), p. 91.

내의 여러 정파 간의 의견불일치로 인해 조약체결이 지연될 수 있고, 국내법적 요건을 모두 충족할 경우 상당한 시간이 소요될 수 있다. 이러한 장애를 제거 내지 우회하기 위해 정치적 · 도덕적인 신사협정이 선호되는 일이 적지 않다.

셋째, 국제문서를 채택하는 당사자들이 상호 국제법적 차원에서 교섭 또는 거래하는 것이 곤란한 경우, 특히 어느 일방 당사자가 타방 당사자에 대해 국가 내지 정부로서의 승인을 부여하길 원치 않는 경우, 정식의 조약보다는 정치적 합의인 신사협정 체결을 선택하는 일이 있다.[43)]

법적 구속력을 갖지 않는 신사협정에는 보통 헌장(charter), 협정 또는 합의서(agreement 또는 accord), 약정(arrangement), 결정서(act), 잠정협정 또는 잠정합의서(modus vivendi), 교환각서(exchange of notes), 교환서한(exchange of letters), 양해사항(memorandum of understandings), 기본합의문(agreed framework),[44)] 선언 또는 공동선언(declaration 또는 joint declaration), 공동성명(joint statement 또는 joint communiqué), 합의성명(agreed statement) 등의 명칭이 주로 붙여지고 있다. 그리하여 조약, 협약, 규약 등 일부의 예외를 제외하고는 조약이나 신사협정인가의 구별은 어떤 합의문건에 붙여지는 명칭이나 형식에 의해 선험적으로 결정되지는 않는다.[45)]

양자의 본질적 차이는 결국 당사자가 법적 구속력을 갖는 합의로 체결하였는가 아닌가에 달려있다고 하겠다. 이 문제에 관해서 일부 학자들은 어떤 국제적 문서가 법적 구속력을 갖는 조약인가 아닌가를 구별하기 위한 몇 가지 기준을 제시하고 있다.

그 대표적인 학자로는 Oscar Schachter를 들 수 있는데, 그에 의하면 ① 법적 권리 · 의무를 창설하려는, 또는 국제법에 의해 규율되는 관계를 설정하려는 의도(intention), ② 합의내용의 명확성, ③ 합의에 의해 명시된 원칙의 일반성, ④ 합의문건 채택 후의 국가관행(이를 추후관행, subsequent practice라고 함), ⑤ 사용되는 용어, ⑥ 합의서에 서명하는

---

43) 이근관, "남북기본합의서의 법적 성격에 대한 고찰," 『일감법학』, 제4권(1999.12), pp. 167-168 참조. 이근관 교수는 같은 논문에서 국제법학회에 제출한 Virally의 보고서에 기초하여 국제관계에서 법적 구속력을 갖는 문서와 법적 구속력을 갖지 않는 문서의 개념과 그 외연, 구별기준 등 이론적 문제들을 포괄적으로 분석하고 있다.

44) 「북 · 미 기본합의문」의 산파역을 한 갈루치 전 미국무부 차관보는 의회에서 열린 청문회에 출석하여 동 합의문이 법적 구속력을 갖는 조약이 아니며, '정치적 약속'(political commitment)이라고 그 법적 성격을 규정하였다. 『중앙일보』, 1994년 12월 2일, p. 2. 이후 미국 회계감사원(GAO)도 1994년 10월 21일 북 · 미 간에 체결된 「북 · 미 기본합의문」(Agreed Framework)이 '국제법 및 미국법하에서 시행될 수 없는 정치협정'(신사협정)이라고 규정한 바 있다. "미-북 제네바협정 구속력 없다: 美GAO," 『연합통신 속보』, 1997년 1월 14일자.

45) 다만 한 가지 특기할 것은 조약의 경우와는 달리 신사협정의 성격을 갖는 어떤 국제적 합의에 대해 특별히 '신사협정'이라는 명칭이 붙여지는 경우는 거의 없다는 점이다.

정부대표의 수준 또는 권위 등을 들고 있다.46) Wilfried Fiedler는 조약과 신사협정의 구별 기준으로서 전자는 구속력 있는 법적 의무를 발생케 하며 강제성과 집행성을 갖는 데 비해서, 후자는 그러하지 않다는 점을 들고 있다.47) 우리 외교부는 조약인가 아닌가 여부를 결정하는 기준으로서 ① 당사자의 의사, ② 실체적 내용의 성격 및 중요도, ③ 권리·의무의 구체적 규정, ④ 둘 이상의 당사자의 존재, ⑤ 형식 등을 제시하고 있다.48) 이 외에도 Oscar Schachter는 어떤 특정의 문서가 조약인가 아닌가를 판별함에 있어서 첫째, 당해 국가의 조약집에 수록되어 있는가 여부, 둘째, 유엔헌장 제102조에 따라 유엔사무국에 등록되었는가 여부, 셋째, 국내에서 의회나 법원에 당해 문서를 송부함에 있어 법적 성격을 가진 조약 또는 협정으로 기술되고 있는가 여부도 부차적인 기준이 될 수 있다고 논하고 있다.49) 이상에서 보건대 조약과 신사협정의 구별과 관련하여 여러 가지 기준들이 제시되고 있지만, 그중에서도 당사자의 의도가 제일의적이고 가장 중요한 것으로 간주되고 있다. 그리고 당사자의 의사가 분명치 않을 경우에는 문서의 내용 및 사용된 용어, 당해 문건의 채택상황, 추후관행 등을 종합적으로 고려하여 법적 구속력 여부를 결정할 수 있는 것이다.50)

신사협정은 법적 구속력을 갖지는 않지만 정치적 책임과 도의적 구속력을 수반하며, 위반 시 국제사회의 여론 악화 및 정치적 비난을 받게 된다. 나아가 정치적인 합의인 신사협정을 위반한 경우 그에 대한 대응조치로서 보복(retorsion)이 행해질 수 있다.51) 그러나 조약에 기한 법적 의무 위반의 경우 대항조치(counter-measures)로써 행해질 수 있는

---

46) Oscar Schachter, "The Twilight Existence of Nonbinding International Agreements," *American Journal of International Law*, vol. 71(1977), pp. 296-304(특히 그는 합의서에 서명하는 주체가 국가원수 내지 총리급으로 올라가면 갈수록 법적 구속력을 갖는 합의가 될 가능성이 낮음을 암시하고 있다. *Ibid*., p. 299). 제성호, 『남북한 특수관계론: 법적 문제와 그 대책』, pp. 227-230 참조.

47) Wilfried Fiedler, "Gentlemen's Agreement," pp. 105-106.

48) 외무부, 『조약업무처리지침』, pp. 10-12 참조.

49) Oscar Schachter, "The Twilight Existence of Nonbinding International Agreements," p. 298.

50) 이와 관련, 국제사법재판소(International Court of Justice: ICJ)는 에게 해(海) 대륙붕사건에서 어떤 문서가 국제법상의 합의를 형성하는지 여부에 관한 판단은 당해 문서의 형식만을 보아서는 해결할 수 없으며, 합의문건에 담고 있는 행위 또는 거래의 실질적 성격, 사용된 실제의 용어와 합의문건 작성 시의 상황 등을 고려해야 한다고 설시하였다. Aegean Sea Continental Shelf Case(Greece v. Turkey), Judgment of 19 December 1978, I.C.J. Reports(1978), p. 39. ICJ는 당사자의 의도에 관해 명시적으로 언급하지는 않았지만, 그럼에도 불구하고 어떤 합의의 법적 구속력 존부에 대한 판단에 있어서 당사자의 의도는 여전히 제1차적인 고려요소가 된다는 점에 의문이 없다. 이는 Virally와 Schachter도 지지하는 견해이다. 이근관, "남북기본합의서의 법적 성격에 대한 고찰," pp. 173-174 참조.

51) 보복의 가능한 형태로는 항의의 제출, 외교관의 소환, 외교적 방문의 연기, 진행 중인 외교협상의 중단, 다양한 분야에서의 협력의 중지, 외교 또는 통상관계의 단절 등을 들 수 있다.

복구(復仇, reprisal)는 신사협정 위반의 경우에는 인정되지 않는다. 그리고 신사협정의 경우 조약보다는 사정변경의 원칙(principle of rebus sic stantibus)이나 긴급피난(necessity)의 항변이 비교적 용이하게 인정된다.[52)]

나. 조약으로서의 선언과 정치적 선언의 준별

전술한 바와 같이 국가 간의 외교관행에서 '광의의 조약'을 위해 사용되는 명칭은 반드시 조약에 한정되지 않는다. 또 신사협정에 대해서도 여러 가지 다양한 용어들이 사용되고 있다. 그중에서도 선언이나 헌장 등은 조약과 신사협정에 공히 사용되는 대표적인 명칭이라 할 수 있다. 여기서는 선언에 관해서만 살펴보기로 한다.

'선언'이라는 용어는 법적 구속력을 갖는 조약에 사용될 수도 있고, 법적 구속력을 갖지 않을 것을 의도하여 체결되는 신사협정에도 붙여지는 경우가 있다. 그 때문에 선언이라는 명칭의 합의문은 조약인지 아니면 신사협정인지를 분간하기 어려울 때가 있다. 어쨌든 선언이 법적 구속력을 가질 것으로 의도하여 체결되었으면 '조약으로서의 선언'이 되고, 그렇지 않을 경우 '신사협정으로서의 선언'이 된다. 보통 '신사협정으로서의 선언'은 '정치적 선언' 또는 '정책표명으로서의 선언'으로 호칭되기도 한다.[53)]

선언은 둘 이상의 당사자 간에 협의와 합의의 결과로서 선언이 채택되는 경우도 있고, 어느 국가가 일방적으로 선언을 발표하는 경우도 있다. 전자를 공동선언(joint declaration)이라 하고, 후자를 '일방적 선언'(unilateral declaration)이라고 한다.[54)]

---

52) M. Virally, "La Distinction entre Textes Internationaux de Portée Juridique et Textes Internationaux Dépourvus de Portée Juridique: Rapport Provisoire," *Annuaire de l'Institut du Droit International* (1983), pp. 232, 236; M. Virally, "Textes Internationaux ayant une Portée Juridique dans les Relations Mutuelles entre leurs Auteurs et Textes qui en sont Dépourvus: Rapport Définitif," *Annuaire de l'Institut du Droit International*(1984), p. 338; 이근관, "남북기본합의서의 법적 성격에 대한 고찰," pp. 172-173 참조.

53) 김명기, "남북관계 및 남북 간 합의문서·후속조치의 법적 성격," 한국법학교수회 주최, 『New Millennium법－법 환경의 변화와 그 대응책－』, 제3주제: 국가와 시민 (4) 통일, 제2회 한국법률가대회 발표논문, 2000년 10월 27~28일, pp. 9-14 참조.

54) 공동선언은 앞서 지적한 바와 같이 '조약으로서의 선언'으로 채택될 수도 있고, '신사협정으로서의 선언'으로 채택될 수도 있다. 그에 비해 '일방적 선언'은 하나의 국가가 독자적으로 선언하는 것이기 때문에 다수국 간의 집합적인 행위 내지 쌍방행위로서의 조약이 될 수는 없다. 그렇다고 '일방적인 선언'은 언제나 법적 구속력이 없고 도덕적 효력 내지 도의적 구속력만을 갖는 것은 아니다. 노르웨이 외무장관 Ihlen이 1919년 7월 22일 덴마크의 그린란드 전역에 대한 영역주권 주장에 대해 반대하지 않는다고 언명한 선언(소위 Ihlen Declaration)은 지금까지도 법적 구속력을 갖는 선언의 대표적인 예로 기록되고 있다. Legal Status of the Eastern Greenland Case, P.C.I.J. Series A/B, no. 53(1933), pp. 70-73 참조. 호주와 프랑스 간의 핵실험사건에서도 국제사법재판소는 일방적 선언의 법적 구속력을 인정하는 입장을 취한 바 있다. Nuclear Tests Case (Australia v. France), Judgment of 20 December 1974, I.C.J. Reports(1974), pp. 267-268 참조. 그리고 '일방적 선언'은 타

일찍이 Oppenheim은 선언(declaration)이란 용어가 세 가지 의미로 사용되고 있다고 갈파한 바 있다. 첫째, 당사국이 장래에 일정한 행동노선(lines of conduct)을 추구하기로 약속하는 조약규정의 총체를 의미하는 것으로 사용되는 경우(예: 1856년의 파리선언, 1868년 성 페테스부르그선언 등), 둘째, 타국에 대해 특정한 권리와 의무를 창설하는 일방적 선언으로서 국제적인 약정(international transactions)을 맺는 것으로 간주될 수 있는 경우(예: 전쟁선언, 교전국의 전시금제품선언, 중립선언 등이 있는데, 이 같은 부류의 선언들에서는 어떤 획일성을 발견하기 어렵다), 셋째는 과거에 자신이 추구하던 행동노선의 석명(釋明) 또는 해명을 타국에 통보하거나 또는 일정한 사항 또는 정책에 관한 견해와 의도에 대한 설명을 고지하는 경우[55] 등이 그것들이다.[56] 위에서 첫째의 경우는 조약으로서의 선언이고, 둘째는 법적 권리 · 의무를 창설하는 일방적 선언이며, 셋째의 경우는 법적 권리 · 의무를 창설하지 않는 '정치적 선언'이라고 할 수 있다.

그러면 조약으로서의 선언과 정책표명으로서의 선언은 어떻게 구별할 수 있는가? 이와 관련, Robert Jennings와 Arthur Watts는 양자는 '법적 구속력을 갖는 합의문건을 체결할 의사의 존부'(당사자의 의도)와 사용된 용어 등에 의해서 구별될 수 있다고 한다.[57] 그는 단순히 어떤 정책을 일반적으로 진술하는 선언의 경우 조약적인 의무를 창설하지 아니하지만(정치적 선언 내지 정책표명으로서의 선언), 어떤 공식적인 선언이나 성명이 특정회의의 보고서 형태로 작성되고, 거기에 주요 정부대표가 서명하며, 합의된 결론을 구체화하되 그러한 합의가 특정의 행위규범을 표시할 경우에는 법적 구속력을 가질 수 있다(조약으로서의 선언 또는 성명)고 주장한다.[58]

생각건대, 조약으로서의 선언과 정치적 선언 내지 정책표명으로서의 선언은 6가지의 면에서 구별될 수 있다고 본다. 첫째, 의사의 면에서 조약은 조약체결의사가 존재하나, 정치적 선언은 그러하지 아니하다. 둘째, 내용의 면에서 조약은 권리 · 의무에 관한 규정이 존재하나, 정치적 선언은 그러하지 아니하다. 셋째, 형식의 면에서 조약은 '조'의 형식(제

방 당사자가 차후에 그 선언을 수락한다 또는 그에 동의한다는 '수락선언' 내지 '동의선언'을 할 경우 당사자 간에 의사의 합치가 존재함으로써 사실상 공동선언을 채택(법적 약속 내지 권리 · 의무의 설정 내지 수정 등을 내포할 경우에는 조약체결에 해당된다)한 것과 같은 결과를 가져오는 경우도 있다.

55) 이러한 선언에는 특정한 권리와 의무를 창설하는 국제적인 약속은 포함되지 않는다.

56) Hersch Lauterpacht(ed.), *Oppenheim's International Law*, vol. I 8th ed. (London: Longmans, 1955), p. 872 참조.

57) Robert Jennings & Arthur Watts(eds.), *Oppenheim's International Law*, p. 1189. 대부분의 학자들은 이 중에서도 당사자의 의도가 가장 선차적이라고 보는 것 같다.

58) *Ibid*.

1조, 제2조 등)으로 되어 있으나, 정치적 선언은 '항'의 형식(제1항, 제2항 등)으로 되어 있다. 넷째, 절차의 면에서 조약에서는 비준서의 교환이 이루어지나, 정치적 선언에서는 비준서의 교환이라는 절차가 존재하지 않는다(단지 서명만이 있을 뿐이다). 다섯째, 효력의 면에서 조약은 법적 구속력을 가지나, 정치적 선언은 그러하지 아니하다. 여섯째, 합의사항 위반 시 조약은 국제재판의 대상이 되나, 정치적 선언은 그러하지 아니하다.[59)]

(2) 2000년 후 남북한 간 합의의 형식과 채택현황

가. 남북한 간의 합의의 형식

남북한은 상호 국가로 승인하지 않은 정치실체로서 그동안 조약이라는 명칭의 합의문건 체결을 기피하여 왔다. 지금까지 남북한 당국 간 및 준당국 간에 채택된 문건들 중에서 가장 격식을 갖추고 있고 내용적으로 풍부한 합의문건은 '합의서'라는 명칭의 문건들이다. 이러한 남북합의서들은 주로 경제교류협력, 경의선철도 연결을 위한 군사적·기술적 실무지원, 개성공업지구 출입·체류 및 3통(통신·통행·통관)의 보장, 이산가족문제 해결, 체육교류 등을 그 내용으로 하고 있다. 그 밖에도 남북정상회담 및 총리회담, 국방장관회담 개최 결과 혹은 그 운영 등 비교적 중요하거나 실질적인 사항은 물론이고 실무접촉의 결과나 실무절차 등에 관한 사항에 대하여도 합의서라는 명칭을 사용한 경우가 있다. 합의서라는 용어를 사용할 때에도 그냥 합의서라고 하는 경우도 있지만, 잠정합의서, 부속합의서, 세부합의서, 실무접촉 합의서 등 수식어를 사용함으로써 그 내용과 성격을 보다 분명히 하기도 한다.

이 밖에 합의문, 공동보도문이라는 문건의 형식도 나타나기 시작했다. 이는 이른바 6·15선언 이행체제의 특징이라고 할 만하다. 이 중에서 공동보도문은 엄밀히 말하면 남북한 당국 간의 합의문건이라고 말하기 어렵다. 남북회담 진행상황 또는 개최결과를 언론에 공개, 보도함으로써 국민들에게 널리 알리도록 하기 위한 문서이기 때문이다. 그러나 공동보도문에 남북한 간에 의견일치를 본 사항들을 적시하고 있어, 합의문건의 성격도 일부 내포하고 있다고 볼 수 있다. 이런 점을 고려하여 여기서는 공동보도문도 넓은 의미의 합의문건으로 이해하고 아울러 포함시키기로 한다. 아무튼 명칭 여하에도 불구하고 다양한 형태의 합의문건들은 모두 6·15 남북공동선언의 이행 차원에서 이루어진 것임은 두말할 것도 없다.[60)]

---

59) 김명기, 『불가침조약의 개념과 북한의 '불가침선언' 제의 검토』(서울: 국토통일원, 1990.12), p. 6; 제성호, "기본합의서의 법적 성격과 효력," 『국제법학회논총』, 제37권 1호(1992), p. 148.

지난 시기 남북한 간 합의문건의 체결관행을 보면, 남북 당국 간 및 준당국 간의 '합의서'들은 합의서(영어 표기는 agreement)라는 호칭에도 불구하고 정치적 구속력 내지 도의적 구속력만을 갖는 신사협정 내지 정치적 선언으로 채택된 경우가 대부분이었다. 다시 말하면 법적 구속력을 갖는 합의서로 채택된 것들이 아니었다. 이러한 사실은 1차 남북정상회담 이전이나 이후에나 기본적으로 변함이 없다.

예컨대, '남북 간 식량차관 제공에 관한 합의서'(2002.8.30)나 '동해지구와 서해지구 남북관리구역 설정과 남과 북을 연결하는 철도·도로 작업의 군사적 보장을 위한 합의서'(2002.9.17), '동·서해지구 남북관리구역 임시도로 통행의 군사적 보장을 위한 잠정합의서'(2003.1.27) 등은 외형상으로는 분단국 구성체들 간에 체결되는 '광의의 조약'으로서의 실질을 갖추고 있기는 하지만, 종전의 남북합의서 체결관행과 같이 신사협정으로 채택되었다. 필자가 확인한 바에 의하면, 우리 정부(통일부)도 이와 같은 입장(비조약 내지 신사협정이라는 입장)을 취하고 있는 것 같다. 아마도 정부는 대북 식량차관 제공과 같은 행위를 1회적인 사건으로, 또한 일종의 급부이행을 목적으로 하는 것으로 보기 때문인 것으로 풀이된다.[61] 경의선철도 연결을 위해 남북군사실무회담에서 채택된 뒤의 2개 합의서에 대해서도 정부(국방부)는 엄격한 법적 구속력을 갖는 문건이라기보다는 신사협정으로서의 효력을 갖는 문건으로 간주하는 것으로 파악된다.

물론 우리 정부는 이들 문건들이 법적 구속력을 갖지 않는 신사협정이라고 해서 전혀 규범력이 없다거나, 또 어느 일방이 함부로 무시해도 되는 문건으로 보고 있지는 아니하다. 이들 문건들도 남북한의 책임 있는 당국자들이 합의·서명한 것으로서 남북한 간에 성실하게 이행·준수되어야 할 것으로 생각하고 있다.

그런데 유의할 것은 6·15 남북공동선언 이후 채택된 남북합의서(특히 경제교류협력에 관한 합의서)들 가운데는 단순히 신사협정 내지 선언적(규범확인적) 성격의 합의문건 형식으로 체결해서는 안 되는 것들이 나타나고 있다는 점이다. 주로 경제분야의 합의서에서 이러한 현상을 엿볼 수 있다. 남북한이 상호 간의 경제교류협력을 제도화하고 이를 쌍무적으로 실천하는 과정에서 필연적으로 각기 국내법 정비가 요구되는 것들이 발생하기 때문이다. 말하자면 남북합의서에 대해 (후술하는 바와 같이 '특수조약'으로 체결하여) 법적 구속력을 부여함으로써 안정성과 지속성을 확보할 필요성이 새롭게 등장한 것이다.

---

60) 제성호, "남북합의서에 대한 국내법적 효력부여문제－국제법상 조약의 개념과 우리 헌법과의 관련성을 고려하여－," 『법조』, 통권 제571호(2004.4), p. 48.

61) 하지만 차관방식의 대북 식량제공 후 장차 그 대금을 상환받기 위해서는 법적 구속력을 갖는 합의문건으로 채택했어야 했다는 반론이 제기될 수 있을 것이다.

나. 2000년 이후 남북한 간의 합의문건 채택 현황

2000년 6월 남북정상회담이 개최된 후 지금까지 적지 않은 합의문건이 채택되었다. 이 합의문건들은 대부분 남북한 당국 간에 채택된 것이지만, 일부는 남과 북의 적십자사 혹은 체육단체 등 민간 차원에서 채택된 것들이다. 후자의 단체라는 것도 사실은 순수한 민간기관이라고 하기보다는 남북관계의 특성상 '준당국'이라고 부를 수 있는 것들이다. 6·15 남북공동선언 관련 회담[62]부터 2009년 10월 말 현재 남북한 당국 간 및 준당국 간 채택된 합의문건(단, 현대아산과 조선아시아태평양평화위원회 등 사업주체 간에 채택된 민간합의서 등 민간단체들 간의 합의서는 제외)들을 전부 열거하면 다음과 같다.

〈남북정상회담 및 정상 간 합의 관련, 남북 당국 간, 5건〉

남북합의서(남북정상회담 개최를 위한 남북합의서)(2000.4.8)

남북합의서(2000년 4월 8일) 이행을 위한 실무절차 합의서(2000.5.18)

－통신·보도, 의전·경호 관련

6·15 남북공동선언(2000.6.15)

노무현 대통령의 평양방문에 관한 남북합의서(2007.8.5)

남북관계 발전과 평화번영을 위한 선언(통칭 10·4 정상선언, 2007.10.4)

〈남북장관급회담 및 총리회담, 남북 당국 간 총괄, 23건〉

제1차 남북장관급회담 공동보도문(2000.7.31)

제2차 남북장관급회담 공동보도문(2000.9.1)

제3차 남북장관급회담 공동보도문(2000.9.30)

제4차 남북장관급회담 공동보도문(2000.12.16)

제5차 남북장관급회담 공동보도문(2001.9.18)

제7차 남북장관급회담 준비를 위한 실무대표접촉 공동보도문(2002.8.4)

제7차 남북장관급회담 공동보도문(2002.8.14)

제8차 남북장관급회담 공동보도문(2002.10.22)

제9차 남북장관급회담 공동보도문(2003.1.24)

제10차 남북장관급회담 공동보도문(2003.4.29)

제11차 남북장관급회담 공동보도문(2003.7.12)

---

62) 6·15 남북공동선언 이전에 채택된 것이지만, 남북정상회담과 관련 있는 합의문건 2건이 있다. 당연히 그 내용은 남북정상회담 개최 및 회담 진행의 원활한 절차를 위한 합의문건이었다. 또한 2007년 10월 열린 남북정상회담 준비와 관련해서 체결된 합의서가 있다.

제12차 남북장관급회담 공동보도문(2003.10.17)
제13차 남북장관급회담 공동보도문(2004.2.6)
제14차 남북장관급회담 공동보도문(2004.5.7)
남북차관급회담 공동보도문(2005.5.19)
제15차 남북장관급회담 공동보도문(2005.6.23)
제16차 남북장관급회담 공동보도문(2005.9.16)
제17차 남북장관급회담 공동보도문(2005.12.16, 제주)
제18차 남북장관급회담 공동보도문(2006.4.24)
남북장관급회담 대표접촉 공동보도문(2007.2.15)
제20차 남북장관급회담 공동보도문(2007.3.2)
제21차 남북장관급회담 공동보도문(2007.6.1)
「남북관계 발전과 평화번영을 위한 선언」 이행에 관한 제1차 남북총리회담 합의서 (2007.11.16)

〈남북국방장관회담 및 남북군사실무회담 합의문건, 남북 군사당국 간, 12건〉

남북국방장관회담 공동보도문(2000.9.26)
동해지구와 서해지구 남북관리구역 설정과 남과 북을 연결하는 철도·도로 작업의 군사적 보장을 위한 합의서(2002.9.17)
동·서해지구 남북관리구역 임시도로 통행의 군사적 보장을 위한 잠정합의서(2003. 1.27)
동·서해지구 남북관리구역 임시도로 통행의 군사적 보장을 위한 잠정합의서(2003. 9.17)
동해지구와 서해지구 남북관리구역 경비(차단)초소 설치 및 운영에 관한 합의서(2003. 12.23)
서해해상에서 우발적 충돌 방지와 군사분계선 지역에서의 선전활동 중지 및 선전수단 제거에 관한 합의서(2004.6.4)
「서해해상에서 우발적 충돌방지와 군사분계선지역에서의 선전활동 중지 및 선전수단 제거에 관한 합의서」의 부속합의서(2004.6.12)
제5차 남북장성급군사회담 공동보도문(2007.5.11)
동·서해지구 남북열차시험운행의 군사적 보장을 위한 잠정합의서(2007.5.11)
제2차 남북국방장관회담 합의서(2007.11.29)
문산－봉동 간 철도화물 수송의 군사적 보장을 위한 합의서(2007.12.6)
동·서해지구 남북관리구역 통행·통신·통관의 군사적 보장을 위한 합의서(2007. 12.13)

〈특사회담 관련, 남북 당국 간, 2건〉

김용순특사 방문 공동보도문(2000.9.14)
임동원특사 방북 공동보도문(2002.4.5)

〈경제교류협력분야, 남북 경제당국 실무자 간, 96건〉

제1차 남북경제협력 실무접촉 공동보도문(2000.9.26)
남북사이의 투자보장에 관한 합의서(2000.12.16)
남북사이의 소득에 대한 이중과세방지 합의서(2000.12.16)
남북사이의 청산결제에 관한 합의서(2000.12.16)
남북사이의 상사분쟁 해결절차에 관한 합의서(2000.12.16)
남북경제협력추진위원회 제1차 회의 합의문(2001.1.30)
남북경제협력추진위원회 구성·운영에 관한 합의서(2001.2.3)
남북경제협력추진위원회 제2차 회의 합의문(2002.8.30)
남북 간 식량차관 제공에 관한 합의서(2002.8.30)
　-부록: 식량 인도·인수 절차(2002.8.30)
남북철도 및 도로연결실무협의회 제1차 회의 합의서(2002.9.17)
남북철도 및 도로 연결공사 자재·장비 제공에 관한 합의서(2002.9.17)
개성공단건설실무협의회 제1차 회의 합의서(2002.11.2)
남북임진강수해방지실무협의회 제2차 회의 공동보도문(2002.11.2)
남북경제협력추진위원회 제3차 회의 합의문(2002.11.9)
남북해운합의서 채택을 위한 실무접촉 공동보도문(2002.11.20)
제2차 남북철도·도로연결 실무접촉 합의서(2002.11.20)
남북사이 차량의 도로운행에 관한 기본합의서(2002.12.6)
제1차 남북개성공단건설실무접촉 공동보도문(2002.12.8)
개성공업지구 통신에 관한 합의서(2002.12.8)
개성공업지구 검역에 관한 합의서(2002.12.8)
개성공업지구 통관에 관한 합의서(2002.12.8)
제3차 남북철도·도로연결 실무접촉 공동보도문(2002.12.17)
제2차 남북해운협력실무접촉 합의서(2002.12.28)
남북철도·도로연결 실무협의회 제2차 회의 합의서(2003.1.25)
남북경제협력추진위원회 제4차 회의 공동보도문(2003.2.14)
남북경제협력추진위원회 제5차 회의 합의문(2003.2.14)
제5차 남북철도·도로연결 실무접촉 합의서(2003.6.9)
　-부록 1: 남북철도연결 행사를 위한 합의서

–부록 2: 남북철도·도로연결 장비 기술지원을 위한 합의서
–부록 3: 1차분 자재·장비 품목 및 수량 조정

남북철도·도로연결실무협의회 제3차 회의 합의서(2003.7.4)
남북경제협력제도 실무협의회 제2차 회의 합의서(2003.7.31)
남북 사이에 거래되는 물품의 원산지 확인 절차에 관한 합의서(2003.7.31)
제6차 남북철도·도로연결 실무접촉 합의서(2003.8.22)
남북경제협력추진위원회 제6차 회의 합의문(2003.8.28)
남북경제협력제도 실무협의회 제3차 회의 공동보도문(2003.10.12)
남북상사중재위원회 구성·운영에 관한 합의서(2003.10.12)
제3차 남북해운협력 실무접촉 공동보도문(2003.10.12)
제7차 남북철도·도로연결 실무접촉 합의서(2003.10.28)
남북경제협력추진위원회 제7차 회의 합의문(2003.11.8)
제8차 남북철도·도로연결 실무접촉 합의서(2003.12.5)
남북청산결제실무협의 제1차 회의 공동보도문(2003.12.20)
남북원산지확인실무협의회 제1차 회의 공동보도문(2003.12.20)
남북경제협력제도 실무협의회 제4차 회의 공동보도문(2003.12.20)
남북원산지확인 실무협의회 제1차 회의 공동보도문(2003.12.20)
남북청산결제실무협의 제2차 회의 공동보도문(2004.1.29)
개성공업지구와 금강산관광지구 출입 및 체류에 관한 합의서(2004.1.29)
제9차 남북철도·도로연결실무접촉 합의서(2004.2.26, 개성)
제4차 남북해운협력실무접촉 공동보도문(2004.2.26)
남북경제협력추진위원회 제8차 회의 합의문(2004.3.5)
임진강 수해방지와 관련한 합의서(2004.3.5)
임진강수해방지실무협의회 제3차 회의 공동보도문(2004.4.10)
남북철도·도로연결실무협의회 제4차 회의 합의서(2004.4.10)
남북사이의 열차 운행에 관한 기본합의서(2004.4.13)
남북해운합의서(2004.5.28)
"남북해운합의서"의 이행과 준수를 위한 부속합의서(2004.5.28)
남북경제협력추진위원회 제9차 회의 합의문(2004.6.5)
개성공단실무협의회 제2차 회의 공동보도문(2004.6.25, 개성)
제10차 남북철도·도로연결실무접촉 합의서(2004.7.2)
철도 분계역사 등 설계 및 기자재 제공에 관한 합의서(2005.4.18)
남북경제협력추진위원회 제10차 회의 합의문(2005.7.12)
남북수산협력실무협의회 제1차 회의 합의서(2005.7.27)

남북철도·도로연결실무협의회 제5차 회의 합의서(2005.7.30)
제5차 남북해운협력실무접촉 공동보도문(2005.8.10)
“남북해운합의서”의 이행과 준수를 위한 부속합의서의 수정·보충 합의서(2005.8.10)
제5차 남북해운협력실무접촉 공동보도문(2005.8.10)
남북농업협력위원회 제1차 회의 합의문(2005.8.19)
남북경제협력추진위원회 제11차 회의 공동보도문(2005.10.28)
제12차 남북철도·도로실무접촉 합의서(2006.5.12)
남북경제협력위원회 제12차 회의 합의문(2006.6.6)
남북 경공업 및 지하자원개발 협력에 관한 합의서(2006.6.6)
제2차 개성공단건설 실무접촉 공동보도문(2006.6.21)
남북 간 식량차관 제공에 관한 합의서(2007.4.22)
남북 경공업 및 지하자원개발 협력에 관한 합의서의 수정·보충 합의서(2007.4.22)
남북경제협력추진위원회 제13차 회의 합의문(2007.4.22)
제2차 남북 경공업 및 지하자원개발 협력 실무협의 공동보도문(2007.5.4)
남북철도연결구간 열차시험운행과 관련한 합의서(2007.5.13)
중유 5만 톤 제공을 위한 남북실무접촉 공동보도문(2007.6.30)
「남북 경공업 및 지하지원개발 협력에 관한 합의서」 이행을 위한 세부합의서(2007.7.7)
제1차 남북농업협력 실무접촉 합의서(2007.11.5)
남북경제협력공동위원회 구성·운영에 관한 합의서(2007.11.16)
서해평화협력특별지대추진위원회 구성·운영에 관한 합의서(2007.11.16)
남북사이의 열차운행에 관한 기본합의서의 부속서(2007.11.21)
남북철도협력분과위원회 제1차 실무접촉 합의서(2007.11.21)
남북도로협력분과위원회 제1차 실무접촉 합의서(2007.11.29)
남북철도운영공동위원회 제1차 회의 회의록(2007.12.1)
남북경제협력공동위원회 제1차 회의 합의서(2007.12.6)
남북농수산협력분과위원회 제1차 회의 합의서(2007.12.15)
남북농업협력 자재·장비 제공에 관한 합의서(2007.12.18)
제1차 남북기상협력 실무접촉 공동보도문(2007.12.18)
개성공단 북측근로자 숙소 건설·운영에 관한 합의서(2007.12.21)
개성공단협력 분과위원회 제1차 회의 합의서(2007.12.21)
남북보건의료·환경보호협력분과위원회 제1차 회의 합의서(2007.12.21)
남북 조선 및 해운협력분과위원회 제1차 회의 공동보도문(2007.12.28)
서해평화협력특별지대추진위원회 제1차 회의 합의서(2007.12.29)
(남북철도협분과위원회 제1차 회의) 공동보도문(2008.1.30)

금강산관광 활성화를 위한 남북실무접촉 합의서(2008.2.5)
(남북도로협력분과위원회 제1차 회의) 공동보도문(2008.2.13)

〈사회 · 문화분야, 남북 당국 간, 6건〉

6 · 15 공동선언 발표 5주년 기념 민족통일대축전에 남북 당국대표단을 파견하기 위한 실무 합의서(2005.5.28)
8 · 15 민족대축전에 남북 당국대표단을 파견하기 위한 실무접촉 합의서(2005.7.22)
안중근의사 유해 공동발굴 및 봉환을 위한 실무접촉 합의서(2005.9.7)
안중근의사 유해 공동발굴 및 봉환을 위한 제2차 남북실무접촉 공동보도문(2005.11.22)
남북 당국대표단의 6 · 15 민족통일대축전 참가를 위한 실무접촉 합의서(2006.5.23)
안중근의사 유해 공동발굴 및 봉환을 위한 제4차 실무접촉 공동보도문(2007.4.10)

〈이산가족분야, 남북적십자사 간, 16건〉

제1차 남북적십자회담 합의서('남북이산가족방문단 교환과 면회소 설치 · 운영 및 비전향장기수 송환에 관한 합의서' 2000.6.30)
제2차 남북적십자회담 합의서(2000.9.23)
제3차 남북적십자회담 공동보도문(2001.1.31)
제4차 남북적십자회담 합의서(2002.9.8)
제2차 남북적십자실무접촉 공동보도문(2002.12.17)
제3차 남북적십자실무접촉 합의서(2003.1.22)
제5차 남북적십자회담 합의서(금강산 면회소 건설에 관한 합의서, 2003.11.6)
남북 이산가족 시범화상상봉에 관한 합의서(2005.7.19)
제6차 남북적십자회담 공동보도문(2005.8.25)
남북이산가족 화상상봉 실시에 관한 합의서(2005.10.7)
제7차 남북적십자회담 합의서(2006.2.23)
금강산 면회소 건설추진을 위한 남북적십자 실무접촉 공동보도문(2007.3.10)
제8차 남북적십자회담 합의문(2007.4.13)
제9차 남북적십자회담 합의서(2007.11.30)
남북이산가족 영상편지 교환에 관한 합의서(2008.2.5)
남북적십자회담('09.8.26~8.28) 합의서(2009.8.28)

〈체육분야, 남북체육단체 간, 6건〉

제14회 부산아시아경기대회 북한 선수단 참가를 위한 남북실무접촉 합의서(2002.8.28)
대구유니버시아드대회 북측참가 관련 실무접촉 합의서(2003.7.6)
제28회 아테네올림픽 개 · 폐회식 남북공동입장에 관한 합의서(2004.6.24, 북경)

8·15 남북통일축구경기 실무절차 합의서(2005.7.28)
베이징올림픽 남북응원단 관련 남북실무접촉 공동보도문(2007.12.28)
2008년 베이징올림픽 남북응원단 참가 합의서(2008.2.4)

이상에서 보는 바와 같이 1차 남북정상회담과 관련해 이루어진 합의문건부터 지금까지 9년 6개월에 채택된 합의문건은 총 166건(단, 합의서에 첨부된 '부록' 성격의 합의서는 별도로 계산하지 않았음)이다. 이 가운데 '합의서'라는 것을 사용한 문건이 90개(이 중 기본합의서 2개, 잠정합의서 3개, 부속합의서 2개, 세부합의서 1개, 실무접촉 합의서 19개, 실무절차 합의서 2개, 수정·보충합의서 2개 포함), '합의문'이라는 것을 사용한 문건이 13개이고, 공동보도문이라는 명칭을 사용한 것은 총 59개, 선언 2개, 부속서 1개, 회의록 1개이다. 이것들은 모두 남북 당국 간에 채택된 것들이다. 다음으로 특히 합의서라는 것을 사용한 남북 합의문건 중에서 정부 당국 간에 채택된 것은 144개이며, 준당국 차원에서 채택된 것은 22개이다.

이 밖에 남북한 당국 간에 체결된 것은 아니지만, 6·15 남북공동선언 이행, 특히 경의선 및 동해선 연결과 관련하여 유엔군사령부와 북한군 간에 2건의 합의서가 채택된 바 있다. 이 두 문건의 내용은 유사하다.

〈유엔사-북한군 간 장성급회담에서 채택된 합의서〉
비무장지대 일부구역 개방에 대한 국제연합군과 조선인민군간 합의서(2000.11.17)
비무장지대 일부구역 개방에 대한 국제연합군과 조선인민군간 합의서(2002.9.12)

2. 6·15 공동선언의 법적 성격과 효력

(1) 6·15 공동선언의 법적 성격

6·15 남북공동선언은 분단 55년 만에 남북 정상이 직접 만나 상호 입장과 생각을 명확히 교환한 바탕 위에서 평화와 화해·협력에 대한 의지를 확인하고, 구체적 실천사항에 합의한 문서이다. 특히 이 선언의 말미에 남북한의 정상이 서명하여 합의사항에 구속되겠다는 기속적(羈束的) 동의(同意)를 표시함으로써 향후 남북한관계를 규율하는 상당한 정도의 규범력을 갖게 되었다. 그러나 6·15 남북공동선언의 규범력은 법적 구속력에 해당하

는 것인지 아니면 도의적 구속력에 그치는 것인지는 확실치 않다.[63)]

그러면 지금부터 남북공동선언이 국제법상의 조약에 해당될 수 있는 것인지에 관해 좀 더 자세하게 검토해 보기로 하자. 남북공동선언에서 '선언'이라는 명칭을 사용했다고 해서 그 자체로 당연히 '정치적 선언'이라고 단정할 수는 없다. 앞서 지적한 바대로 선언은 법적 구속력이 있는 조약으로 체결될 수도 있고, 법적 구속력이 없는 신사협정으로 체결될 수도 있기 때문이다.

전술한 바와 같이 조약은 2개 이상의 국제법주체 간에 권리·의무의 발생·변경·소멸을 내용으로 하는 서면의 합의로서 첫째, 국제법주체 간에 체결되는 것이며, 둘째, 구체적인 권리·의무의 발생·변경·소멸 등을 그 내용으로 하고, 셋째, 서면의 형식으로 체결되며, 넷째, 국제법에 의해 규율되는 법적 구속력을 갖는 합의여야 한다는 등의 요건을 충족해야 한다. 6·15 남북공동선언이 이상의 요건을 갖추면 조약으로서의 선언이 되는 것이고, 그렇지 않으면 단순히 정치적 선언에 불과하게 되는 것이다.

우선 남북한이 별개의 국제법주체라는 점에 관해서는 여기서 상세한 설명이 필요치 않다고 하겠다. 남북한은 현재 백 수십여 국가들과 각각 수교를 하고 있고,[64)] 1991년 9월 17일 보편적 국제기구인 유엔에 회원국으로 가입하였다. 또한 남북공동선언이 서면으로 채택되었다는 것도 재언을 요하지 않는다.

이러한 점에 비추어 남북공동선언이 조약인가 아닌가 여부를 결정하는 관건은 다음 두 가지로 집약된다. 하나는 당사자들이 구체적인 권리·의무의 발생·변경·소멸 등을 의도하고 있고, 또한 그것을 내용으로 하는 합의가 남북공동선언에 분명하게 명기되어 있는가 하는 점이고, 다른 하나는 국제법적 구속력을 가질 것과 국제법에 의해 규율되는 국제적 합의로 체결할 의도를 가지고 남북공동선언을 채택하였는가 하는 점이다.

먼저 6·15 남북공동선언의 경우 남과 북이 구체적인 권리·의무의 창설을 의도하고 있고, 그러한 내용이 이 선언에 반영되어 있는가를 검토하기로 한다. 결론부터 말한다면 그에 대한 답은 부정적이다. 그 이유는 다음과 같다.

첫째, 남북공동선언은 서두에서 평화적 통일을 염원하는 온 겨레의 뜻에 따라 정상회담을 개최하였다는 사실을 적시하고, 이어 "남북정상들은 … 이번 상봉과 회담이 서로 이해를 증진시키고, 남북관계를 발전시키며 평화통일을 실현하는 데 중대한 의의를 가진다

---

63) 제성호, "6·15 남북공동선언과 후속문서의 법적 성격과 효력," 『저스티스』, 통권 제60호(2001.4), pp. 195-197.

64) 2000년 12월 31일 현재 남한은 184개국, 그리고 북한은 139개국과 각각 수교를 하고 있고, 남북한 동시수교국은 135개국에 이른다.

고 평가하고, 다음과 같이 선언한다"고 명시하고 있다. 대개 법적 구속력을 갖는 조약에서는 '선언'(declare)한다는 표현을 사용하지 않고, '합의'한다(agree) 또는 '합의하였다'(have agreed)라고 규정하는 것이 일반적이다. '선언한다'는 용어에서 남북한의 정상이 정책의지를 표명한 정치적 선언임을 강력하게 시사하고 있다.

둘째, 조약에서는 합의사항을 '제×조'라는 형식으로써 개별 조문으로 열거하는 데 비해, 정치적 선언에서는 제×항 또는 단순히 1, 2, 3, … 등 번호만 붙이는 것이 일반적이다. 남북공동선언에서는 1, 2, 3, 4, 5의 번호만 붙임으로써 5개 항의 사항을 명기하였다. 이것은 남북공동선언이 격식을 갖춘 조약이 아니라 정치적 선언 내지 정책표명으로서의 선언임을 말해주는 것이다.

셋째, 남북공동선언의 5개 항에서는 모두 "… 나가기로 하였다" 또는 "… 하기로 하였다"라고 명기하고 있다. 이러한 용어는 당사자의 실천의지 내지 협력의지를 함축하는 것이기에 공동의 정책노선을 표명하는 정치적 선언에서 주로 사용되고 있다. 그에 반해 조약에서는 일반적으로 '… 한다'로 명기하여 법적 의무를 표기하고 있다. 여기서 '한다'는 '해야 한다'는 취지의 당위규범을 말하는 것이다. 이러한 입장에서 볼 때도 남북공동선언은 법적 구속력을 갖는 조약이라고 보기는 어려우며, 정치적 선언이라고 봄이 타당하다고 할 것이다.

넷째, 남북공동선언에는 구체적인 권리·의무를 담고 있는가? 전반적으로 볼 때 남북공동선언은 구체성이 떨어지고 있다. 남북공동선언은 ① 통일문제의 자주적 해결, ② 남북 양측 통일방안의 공통성 인정 및 통일지향의지 표명, ③ 8·15 이산가족방문단 교환, 비전향장기수문제 해결 등 인도적 문제의 해결, ④ 민족경제의 균형적 발전 및 다방면의 교류·협력, ⑤ 당국 간 대화의 재개 등을 명시하고 있다. 그러나 그 어느 것도 대상, 시기, 방법과 절차 등과 관련하여 구체적이고 특정한 권리·의무를 설정하지 못하고 있다.

다음으로 남북공동선언이 국제법에 의해 규율되는 법적 구속력을 갖는 합의로 체결되었는가를 살펴보기로 한다. 이에 대한 답은 남북공동선언의 문면만을 보고서는 알 수 없다. 그러기에 선언 채택 후 남북한의 실행(추후관행)을 검토할 필요가 있다.

정부는 아직까지 남북공동선언을 조약으로 공포하지 않고 있다. 우리나라가 체결하는 조약에 대해서는 「헌법」 제6조 1항과 「법령 등 공포에 관한 법률」 제6조[65]에 입각하여

65) 「헌법」 제6조 1항은 "헌법에 의하여 체결·공포된 조약과 …은 국내법과 같은 효력을 가진다"고 명시하고 있고, 「법령 등 공포에 관한 법률」 제6조에서는 "조약 공포문의 전문에는 국회의 동의 또는 국무회의의 심의를 거친 뜻을 기재하고, 대통령이 서명한 후 대통령인을 압날하고 그 일자를 명기하여 국무총리와 관계국무위원이 부서한다"고 규정하고 있다.

'공포'의 조치를 취해야 한다. 그러나 아직까지 정부가 남북공동선언에 대해 그러한 조치를 취하지 않고 있다. 과거 「남북기본합의서」의 경우 조약 공포의 절차를 밟지 않고, 단지 「공고」의 형식을 취하여 국민들에게 알린 바 있다.[66] 하지만 정부는 남북공동선언에 대해 그와 같은 조치도 취하지 않았다.

또한 조약을 체결할 때에는 대통령이 당해 합의문건의 최종 확인행위로서 「비준」을 행하나, 「남북기본합의서」에 대해서는 비준이라는 절차 대신에 「재가」만을 하였다. 하지만 남북공동선언의 경우 이러한 재가도 하지 않았다. 그러나 이것은 특별히 문제가 된다고 볼 수 없다. 왜냐하면 일반국제법상 국가원수는 일반적으로 대외적인 대표권(외교권)을 갖기 때문에 자신이 채택한 합의서나 선언을 비준 또는 재가할 필요가 없기 때문이다.

아무튼 우리 정부가 남북공동선언을 조약으로 공포하지 않고 있는 것(나아가 유엔사무국에 남북공동선언을 등록하지 않고 있는 것)은 이 선언을 법적(특히 국제법적) 구속력을 갖는 조약으로 체결할 의사가 없었음을, 말을 바꾸면 '정치적 선언' 내지 신사협정으로 체결할 의사의 존재를 증명해 주는 중요한 증거가 된다고 하겠다. 김명기 교수나 박기갑 교수 등 국내의 대다수 학자들은 남북공동선언을 '정책의 선언' 내지 신사협정으로 보고 있고, 법규범을 창설하는 조약이 아니라고 보고 있다.[67]

(2) 6·15 남북공동선언의 법적 효력

가. 남북한 간의 효력

6·15 남북공동선언은 남북한 간에 어떠한 법적 효력을 갖는 것인가? 남북공동선언이 조약이 아니고 신사협정이라고 할진대, 그렇다면 남북한 간에 아무런 법적 의미와 효력도 갖지 못하는 것인가?

남북공동선언이 법적 구속력을 갖지 않는다고 해서 법적으로 무가치한 문서가 아님은 두말할 필요도 없다. 무엇보다 남북한의 정상이 동 선언에 서명하고, 합의사항의 이행을 확약했다는 점에서 그러하다. 이 같은 점에서 남북공동선언은 앞으로 남북한이 남북화해·협력을 위해 행동해 나가야 할 '준거틀'을 마련하고 있다는 점에서 단순한 '정치적

66) 통상 조약의 공포 시 관보의 「조약」란에 대통령이 헌법절차의 완료와 공포의 뜻을 분명히 명기하고 「조약 ×××호」라고 표시하여 당해 조약의 국문정본과 상대방 국가언어로 된 정본을 첨부한다. 그러나 「남북기본합의서」에 대해서 정부는 공포의 조치를 택하는 대신 1992년 3월 6일 대통령공고 제118호로 관보 제12060호에 게재(공고)하였을 뿐이다.

67) 김명기, "남북관계 및 남북 간 합의문서·후속조치의 법적 성격," p. 13; 박기갑, "6·15 공동선언의 법적 성격과 효력," 『6·15 공동선언과 국제법』, 대한국제법학회 제5차 학술세미나(2000.12.9), pp. 1-3.

선언' 이상의 일정한 법적 효과를 갖는다고 보아야 할 것이다.

이러한 점을 감안할 때 남북공동선언은 남북한관계를 규율하는 일종의 '연성법'(軟性法)으로서의 성격 및 효과를 갖는다고 할 수 있을 것이다. 그런데 아직까지 '연성국제법'(international soft law)[68]이라는 개념은 일반국제법상 명확히 확립된 것은 아니며, 입법론적 논의의 차원을 벗어나지 못하고 있다. 여전히 지배적인 국제법이론에 의하면, 국제법주체 간의 합의는 조약이거나 아니면 신사협정의 어느 하나이지 중간적인 회색지대의 합의는 존재하지 않는다는 것으로 집약되고 있다. 오늘날 대체로 국제경제기구에서 채택되는 지침(guideline)이나 행위준칙(code of conduct)에 대해 이러한 연성법의 개념을 사용하고 있는 것이 현실이다. Oscar Schachter가 말하는 '비구속적인 회색지대의 국제협정'(nonbinding twilight international agreement)이라는 개념도 역시 이와 같은 맥락에서 이해할 수 있을 것이다. 이러한 입장을 따른다고 한다면 남북공동선언은 '신사협정으로서의 선언'이로되, 단순한 행동방침을 설정하는 '정치적 선언'에 그치는 것이 아니라, 향후 남북한 간에 화해·협력의 규범창설을 지시하는 또는 그 방향을 안내하는 '연성법으로서의 효력'을 갖는다고 볼 수 있을 것이다. 이를 정치적으로 말한다면 '한민족공동체 내부에서 사회적 가치와 효력을 갖는 문서'라고 표현할 수 있을 것이다.

남북공동선언은 남북한관계를 규율하는 '일종의 연성법'으로서, 합의당사자인 남북한에 대해 금반언(禁反言, estoppel)의 법적 효과를 갖는다.[69] 즉 남과 북은 남북공동선언이 불법이라든가 또는 아무런 효력이 없다는 식의 주장을 할 수 없다는 것이다.[70] 남북한은 각기 남북공동선언에 의거하여 상대방에 대해 법적 권리로서는 아니지만, 어느 일방이 선언의 내용을 이행하지 않거나 불성실한 행동으로 일관할 경우 성실한 이행을 촉구할 수

---

68) 연성법의 개념에 관해서는 Pierre-Marie Dupuy, "Soft Law and the International Law of the Environment," *Michigan Journal of International Law*, vol. 12 (1991), pp. 420-435; Seidl-hohenveldern, "International Economic Soft Law," *Recueil des Cours de l'Académie de Droit International*(RCADI), vol. 163 (1973-Ⅱ), pp. 169-238; G. J. H. van Hoof, *Rethinking the Sources of International Law* (Deventer: Kluwer Law and Taxation Publishers, 1983), pp. 179-191 참조.

69) 금반언의 원칙에 관해서는 I. C. MacGibbon, "Estoppel in International Law," *International and Comparative Law Quarterly*, vol. 7(1958), pp. 468-513; D. W. Bowett, "Estoppel Before International Tribunals and Its Relations to Acquiescence," *British Yearbook of International Law*, vol. 33(1957), pp. 176-202 참조.

70) Oscar Schachter는 1978년 7월 독일의 Bonn에서 개최된 서방 7개국 경제정상회담에서 채택된 「국제테러리즘에 관한 선언」(The Declaration on International Terrorism), 일명 Bonn선언이 국제법적으로는 정치적 선언에 불과하기는 하지만, 이 선언은 당사자 간에 금반언의 법적 효과를 가지며, 향후 서방 7개국 정상들이 더욱더 구체적이고 명확한 미래의 입법을 위한 방향제시라는 중대한 의미를 갖는다고 강조한 바 있다. Oscar Schachter, "The Twilight Existence of Nonbinding International Agreements," pp. 301-304; Bonn선언의 내용분석에 관해서는 제성호, "국제테러리즘에 관한 Bonn선언의 집행상의 문제점," 『육사논문집』, 제35집(1988), pp. 271-312 참조.

있는 자격을 갖는다. 나아가 남북한은 남북공동선언의 이행·실천을 위해 법적 구속력을 갖는 합의서를 추가로 채택하거나 또는 국내법적 대책을 강구해야 한다. 이것 또한 남북공동선언의 보이지 않는 효과라고 볼 수 있다.

이와 관련, 조시현 교수는 "남북공동선언은 신사협정 이상의 법적 의미와 효력을 갖는 문서라고 하면서, 동 선언에 의해 한국정부가 처음으로 북한을 법적으로 승인했다는 의미를 지니고 있다"고 보고 있다. 그 근거로 그는 "남복공동선언의 말미에 서명주체로 대한민국과 함께 북한의 공식 명칭인 조선민주주의인민공화국을 명기한 것은 북한을 (사실상의) 한 국가로 인정했다는 의미가 있다"고 강조하고 있다.[71] 이러한 소론은 남북공동선언을 연성법으로서의 의미와 효과를 갖는 것으로 보는 입장을 대변한 것으로 평가된다.

나. 국제적 효력

(가) 기체결조약과의 관계

남북공동선언은 조약이 아니기에 남한이 외국과 체결한 기존의 조약과 아무런 상충관계도 발생하지 않는다. 예컨대, 남북공동선언이 「한·미 상호방위조약」이나 「한·일 기본관계에 관한 조약」 등에 아무런 영향을 주지 않는다. 설령 남한이 남북공동선언을 조약으로 체결했다고 하더라도 남북공동선언의 당사자는 남북한이고, 상기 조약들의 당사자는 남한과 제3국이기 때문에 본질적으로 양자는 아무런 관계가 없다. 이것은 조약은 합의의 형성에 참여한 국가만을 구속하고(pacta sunt servanda), "제3자에게 손해도 이익도 주지 않는다"(pacta tertiis nec nocent nec prosunt)는 법률격언 내지 법원칙의 당연한 결과이다. 이와 같이 조약의 효력이 미치는 범위는 당사자에 한하며, 제3자에게는 미치지 않는다는 원칙은 제3국 주권과의 적합성을 기도한 것으로 평가되고 있다.[72]

마찬가지로 북한의 경우에 있어서도 남북공동선언의 채택이 1961년 7월 11일 북한과 중국 간에 체결된 「조선민주주의인민공화국과 중화인민공화국 간의 우호협조 및 상호원조에 관한 조약」(약칭 「조·중동맹조약」)[73]이나 2000년 2월 11일 북한과 러시아 간에 체결된 「러시아련방공화국과 조선민주주의인민공화국 간의 우호·친선 및 협조에 관한 조약」(약칭 「조·러기본관계조약」)[74]에 아무런 영향도 주지 않는다.

---

71) 『동아일보』, 2000년 6월 16일, p. 6 참조.

72) Ian Sinclair, *The Vienna Convention on the Law of Treaties*, 2nd ed. (Manchester: Manchester University Press, 1984), pp. 98-99; 이한기, 『국제법강의』, 신정판(서울: 박영사, 1997), p. 514.

73) 조·중동맹조약의 전문은 남북정상회담 준비기획단, 『남북관계 관련 법률·합의서』(서울: 남북정상회담 준비기획단, 2000.5), pp. 171-172 참조.

74) 통일부 정보분석국, 『주간 북한동향』, 제473호(2000.2.5~2.11), pp. 19-22 참조. 이 조약은 총 12개 조문으로 구성되어 있다. 그 중요한 내용은 국가주권, 내정불간섭, 국제법원칙에 관한 상호존중에

(나) 유엔사무국 비등록과 유엔에서의 「남북공동선언」의 효력

유엔헌장 제102조 2항에서는 “본조 제1항의 규정에 따라 등록되지 않은 조약(treaty) 또는 국제협정(international agreement)의 당사국은 국제연합의 어떠한 기관에 대하여도 당해 조약이나 협정을 원용할 수 없다”고 규정하고 있다. 이 조항은 유엔사무국 등록을 유엔의 제 기관에서 문제가 되는 조약을 원용할 수 있게 하는 사유로 규정함으로써 비밀외교에 의한 조약체결을 가급적 억제하려는 취지를 내포하고 있다. 말하자면 등록은 유엔회원국이 유엔에서 자신이 당사국인 조약의 효력을 주장할 수 있는 대항요건이라는 것이다.[75)]

우리 정부는 아직까지 남북공동선언을 유엔사무국에 등록하고 있지 않다. 이는 남북공동선언을 조약으로 보고 있지 않다는 점을 반영하는 것이다. 어쨌든 남북공동선언을 유엔에 등록하지 않은 결과, 우리나라는 유엔 총회나 안전보장이사회 등 유엔의 주요기관에서 이를 원용할 자격을 갖지 못한다고 하겠다.

(다) 국내적 효력

전술한 바와 같이 우리 정부는 남북공동선언을 법적 구속력을 갖는 조약으로 체결하지 않았다. 이 선언이 조약이 아닌 이상 남북공동선언은 국내법상 어떠한 법적 효력도 갖지 못한다. 왜냐하면 헌법 제6조 1항에 의해 조약으로 공포된 합의문서만이 국내법체계에 편입되어 법적 효력을 갖기 때문이다. 따라서 남북공동선언이 일반 국민을 구속하는 행위규범이 되거나 또는 법원을 구속하는 재판규범으로 기능할 수는 없다. 물론 국회가 남북공동선언을 이행하거나 제도적으로 뒷받침하는 법률을 제정할 의무도 없다. 설령 정부가 남북공동선언의 정신에 맞게 행정입법을 제정하거나 개정하더라도 이는 남북공동선언의 법적 효력에 의거한 조치라기보다는 동 선언을 성실하게 이행하는 차원에서 취해지는 일종의 ‘도의적 조치’라고 봄이 타당하다.[76)]

의거한 선린관계 유지・발전(제1조), 침략이나 평화・안보위협상황 발생 시 지체 없는 상호접촉(제2조), 한국분단의 조속한 청산과 자주・평화통일・민족자존의 원칙에 입각한 한반도 통일이 전 한민족의 이익에 부합한다는 점에 대한 공통인식(제4조), 국가, 공적기관, 사회단체 간의 관계발전 및 경제・과학・기술・국방・안보・과학・교육・문화 등 다방면의 협력 추진(제5조 및 제6조), 양국 도시 간 자매결연 및 기업・단체・국민들 간의 다각적인 접촉 증진(제7조), 민간항공 및 해운안전을 위협하는 불법행위와 조직범죄 및 테러리즘에 대한 투쟁에 있어서 상호협력(제9조), 기체결조약에 대한 무영향(제10조) 등이다.

75) 유엔헌장은 등록을 조약원용을 위한 ‘대항요건’으로 규정하고 있는 점에서 그 전신인 국제연맹규약이 등록을 조약의 ‘효력발생요건’으로 규정하고 있던 것과 차이를 보이고 있다.

76) 제성호, “6・15 남북공동선언과 후속문서의 법적 성격과 효력,” pp. 197-200.

3. 6·15 공동선언 이행을 위한 후속문서의 법적 성격과 효력

(1) 각종 남북공동보도문의 법적 성격과 효력

가. 남북공동보도문의 채택현황

6·15 공동선언 채택 후 2009년 10월 말까지 총 59개의 공동보도문이 채택되었다. 그 현황은 앞에서 살펴보았으므로 여기서는 재론을 피하기로 한다.

나. 남북공동보도문의 법적 성격

남북공동보도문의 법적 성격은 그 문건의 명칭에서 그대로 나타나듯이 '공동보도문'이다. 일반적으로 국제회의에서는 협상의 진행상황 내지는 그 결과를 대외적으로 널리 알리는 방안의 일환으로 공동보도문(joint press release)이 나오는 경우가 흔히 있다. 공동보도문은 신사협정의 일종으로 분류되는 '공동성명'이나 '합의성명'[77]과는 구별된다. 전자는 언론보도용의 발표문으로서 당사자 간에 구체적인 권리·의무의 설정에 관한 합의를 명확히 표시하기보다는 일정한 의견조율의 현황 및 추후행동의 방침을 제시하는 데 그치는 데 비해서, 후자는 일정한 격식을 갖추고 있고 당사자 간에 구체적인 의사의 합치를 내포하고 있기 때문이다. 그리하여 공동보도문은 일반국제법상 조약의 한 형식으로 인정되고 있지 아니하다. 또 공동보도문은 정치적 신의에 기한 약속인 신사협정이라고 볼 수도 없다.[78]

이는 남북공동보도문의 경우에도 마찬가지이다. 남북공동보도문은 본질상 조약도 신사협정도 정치적 선언도 아니다. 그것은 어디까지나 언론보도용 문건의 일종에 불과하다. 즉 남북공동보도문은 남북 당국 간 회담의 진행상황, 그리고 남북회담에서 논의되고 의견의 일치를 본 사항에 관해 언론들이 이를 신속하게 국내외에 보도할 수 있도록 제공되는 문건을 말할 뿐이다. 그러기에 남북공동보도문은 공동보도의 주체(당사자)인 남북한을 법적으로 구속하지 아니한다.

6건의 남북공동보도문에 있어서 모두 그 말미에 협상에 참여한 자의 '공식 직함'과 서

---

77) 국제관계에서 '합의성명'이라는 신사협정이 체결되는 일이 적지 않다. 1994년 8월 5일부터 일주일간 제네바에서 열린 미·북한 간의 3단계 1차 고위급회담 결과 8월 12일 발표된 「북·미 합의성명」(Agreed Statement)은 그 대표적인 예라 할 수 있다. 동 합의성명은 미·북한 양측의 회담 대표단이 3차례 회의결과를 정리하고, 향후 양측이 성실하게 이행해야 할 정치적인 합의사항 내지 향후 행동노선을 표명한 문건이다.

78) 제성호, "6·15 남북공동선언과 후속문서의 법적 성격과 효력," pp. 203-204.

명이 없다는 사실은 위와 같은 결론을 정당화해 준다. 국제법이건 국내법이건 불문하고 무릇 모든 법률행위에 있어서 서명은 합의사항에 구속되겠다고 하는 기속적 동의를 표시하는 것이기 때문이다.

다. 남북공동보도문의 효력

남북공동보도문이 조약, 신사협정, 정치적 선언의 그 어느 것도 아니라고 해서 전혀 무가치하며, 법적 의미가 없는 문건이란 뜻은 아니다. 남북공동보도문은 협상에 참여한 남북한 당국자들 간에 의견일치를 본 사항을 구술(口述)하여 문건화한 것으로서 남북한 간 구두합의(oral agreement)의 증거가 될 수 있다. 또한 공동보도문에 나타난 합의사항과 관련하여 추후에 그러한 사항과 모순·배치되는 발언이나 언명을 할 수 없도록 하는 소위 '금반언의 원칙'(principle of estoppel)의 법적 효과를 가질 수도 있다. 하지만 이러한 법적 의미와 효과도 역시 협상권자의 서명, 즉 기속적 동의 표시의 부재로 인해 반감되고 있는 것 또한 부인할 수 없다.[79)]

(2) 4대 남북경협합의서의 법적 성격과 효력

가. 4대 남북경협합의서의 내용

남북공동선언의 제4항에서는 "경제협력을 통하여 민족경제를 균형적으로 발전시키고,

---

79) 제성호, "경의선철도 연결에 따른 법적 문제와 대책－법정책론적 분석을 중심으로－," 『서울국제법연구』, 제7권 2호(2000), pp. 8-9. 이와 관련, 제3차 남북장관급회담 공동보도문의 경우 남북한이 각기 발표한 내용이 적지 않은 상위점을 보이고 있다. 공동보도문의 제4항에 관해 남한은 "남과 북은 경제분야에서 교류협력을 확대시키기 위한 제반문제를 협의·추진하기 위하여 남북경제협력추진위원회를 협의·설치한다"고 발표하였다. 그러나 북한은 이 대목을 "경제분야에서 협력관계가 확대되는 데 따라 필요하면 북남경제협력추진위원회 같은 것을 내오는 문제를 각기 연구, 실현한다"라고 밝혔다. 또 남한은 공동보도문 제5항에서 "남과 북은 학술·문화·체육 등 제반분야에서 교류와 협력을 활성화하는 것이 중요하다는 데 인식을 같이하는 바탕 위에서 남측은 서울과 평양을 왕래하며 정기적으로 친선축구대회를 개최하는 문제와 시범적으로 교수·대학생·문화계 인사 등의 방문단을 상호 교환하는 문제를 제의하였고, 북측도 위의 제안을 포함하여 교류 협력문제에 대해 긍정적으로 연구·검토하기로 하였으며, 쌍방은 제4차 남북장관급회담에서 협의·결정하기로 한다"고 발표하였다. 그러나 북한은 '경평(京平) 축구대회 개최문제와 교수·대학생·문화계 인사 방문단 상호교환' 문제에 대해서는 언급하지 않고, "역사적인 북남공동선언 채택 1돐과 새천년을 맞이하면서 경축행사의 일환으로 공동선언에 지적되어 있는 사회·문화·체육 등 제반분야에서의 협력과 교류를 더 활성화해 나갈데 대한 합리적 안들을 연구하고 실현해 나간다"고 발표하였다. 이 밖에도 남한의 공동보도문 제5항에는 "쌍방은 제4차 남북장관급회담에서 협의·결정하기로 한다"로 명시되어 있으나, 북한은 이 부분에 대해서도 언급하지 않고 있다. "장관급회담 공동보도문 남북 간 차이," 『연합뉴스』, 2000년 9월 30일자. 이와 같은 상위점과 관련하여 공동보도문 말미에 서명의 부재로 인해 어느 발표문이 진정한 것인지를 확정할 수 없다.

사회・문화・체육・보건・환경 등 제반분야의 협력과 교류를 활성화하여 서로의 신뢰를 다져 나가기로 하였다"고 규정하여 다방면의 교류협력을 명시하고 있다. 정부는 이 조항의 이행 차원, 특히 경제교류협력을 제도적으로 뒷받침하기 위해서는 투자보장, 이중과세 방지 등 경제분야의 합의서 채택이 시급하다는 인식하에 다각적인 노력을 기울여 왔다. 우선 제2차 남북장관급회담에서 이 문제를 공식적으로 제기한 이래 남북장관급회담과 남북경협 실무접촉 등 당국 간 대화채널을 통해 북한을 설득한 결과 마침내 11월 11일 제2차 남북경협 실무접촉에서 4대 남북경협합의서를 채택할 수 있었다. 그 합의서들은 ① 「남북사이의 투자보장에 관한 합의서」, ② 「남북사이의 소득에 관한 이중과세방지 합의서」, ③ 「남북사이의 청산결제에 관한 합의서」, ④ 「남북사이의 상사분쟁해결 절차에 관한 합의서」이다. 여기서 이 4개 합의서의 주요내용을 지적하면 다음과 같다.[80)]

첫째, 「남북사이의 투자보장에 관한 합의서」에서는 ① 투자자산 및 투자자의 정의(제1조), ② 투자의 허가 및 보호(제2조), ③ 투자의 대우(제3조), ④ 수용 및 보상(제4조), ⑤ 송금의 보장(제5조), ⑥ 투자자 대 당국 간의 분쟁해결절차(제7조), ⑦ 보다 유리한 규칙 또는 대우의 적용(제8조), ⑧ 정보의 교환(제10조) 등을 규정하고 있다.

둘째, 「남북사이의 소득에 관한 이중과세방지 합의서」에서는 ① 세금의 종류와 이중과세 방지의 적용대상(제2조 및 제3조), ② 거주자 및 고정사업자의 판정(제4조 및 제5조), ③ 사업소득(제5조, 제7조 및 제8조), ④ 배당금, 이자 및 로열티 등 투자소득(제10조~제12조), ⑤ 직종별 용역제공대가(제14조, 제15조, 제17조), ⑥ 이중과세방지방법(제22조), ⑦ 차별금지(제23조), ⑧ 합의절차(제24조), ⑨ 정보교환(제25조) 등을 규정하고 있다.

셋째, 「남북사이의 청산결제에 관한 합의서」에서는 ① 청산결제의 대상 및 한도(제1조 및 제2조), ② 은행선정과 청산계정 개설(제3조), ③ 신용한도(제4조), ④ 결제통화(제5조), ⑤ 청산기간(제6조), ⑥ 결제절차와 방법(제7조), ⑦ 일반결제(제8조), ⑧ 해석・적용상의 문제해결(제9조) 등을 규정하고 있다.

넷째, 「남북사이의 상사분쟁해결 절차에 관한 합의서」에서는 ① 상사분쟁 해결 원칙(제1조), ② 중재위원회 구성 및 기능(제2조 및 제3조), ③ 중재위원회의 의사결정방식(제4조), ④ 중재인의 자격과 명부의 작성 및 교환(제5조 및 제6조), ⑤ 중재의 대상 내지 중재위원회의 분쟁사건 관할(제8조), ⑥ 중재신청 등 중재절차(제9조 및 제10조), ⑦ 중재판정부의 구성방법(제10조), ⑧ 중재장소의 결정(제11조), ⑨ 중재판정의 준거법(제12조), ⑩ 중재판정의 방법(제13조), ⑪ 중재판정의 효력 및 집행(제14조) 등을 규정하고 있다.[81)]

80) http://www.unikorea.go.kr/cgi-kr/body.cgi?14A14/A14408.htm. 통일부 통일정책실, "투자보장 등 4대 합의서 관련 해설자료," 『통일속보』, 제2000-9호(2000.11.14), pp. 1-15 참조.

이 같은 합의서 외에도 우리 정부는 남북경제교류협력이 안정성과 지속성을 갖고 추진될 수 있도록 가능한 분야에서부터 제도화 · 규범화를 추진하겠다는 입장을 갖고 있다. 향후 정부가 체결할 것으로 예상되는 합의서로는 가칭 「남북사이의 원산지 판정에 관한 합의서」, 「남북사이의 특허 등 산업재산권 보호에 관한 합의서」, 「남북사이의 저작권 등 지적재산권 보호에 관한 합의서」, 「남북사이의 신문 · 방송교류에 관한 합의서」 등을 예시할 수 있을 것이다.

나. 4대 남북경협합의서의 법적 성격: 학리적 · 당위적 차원

위에서 본 4대 남북경협합의서는 국내법적으로 실시되어야 할 것들이다. 특히 이중과세 방지합의서는 즉각 국내적으로 법적 구속력을 갖도록 해야 한다. 만일 신사협정으로 체결될 경우 남북한이 합의서 채택의 의미를 갖지 못하게 될 수도 있다.

이와 관련해서 4대 남북경협합의서의 법적 성격을 어떻게 규정할 것인가가 중대한 법적 문제로 제기된 바 있다. 2001년 5월경 이들 합의서의 법적 성격을 여하히 규정할 것인가에 관해서 부처간에 논란이 발생한 것이 바로 그것이다. 당시 필자가 확인한 바에 따르면,[82] 통일부와 법무부는 4대 남북경협합의서를 조약으로 보고 헌법 제60조 제1항의 국내법적 절차를 밟으려 하였으나, 외교부와 법제처는 조약으로 보는 데 반대하는 입장을 취하였다.[83] 당시까지만 해도 아직 「남북관계 발전에 관한 법률」(첨부 〈자료 6〉 참조)이 제정되어 있지 않았기에 이러한 논란이 발생한 것은 어쩌면 자연스러운 현상이었다.[84]

81) 「남북사이의 상사분쟁해결 절차에 관한 합의서」에 관한 약간의 법적 검토에 관해서는 제성호, "남북교류협력에 따른 법적 문제 해결방안－법제개선 및 분쟁해결을 중심으로－," 「남북한 화해 · 협력 촉진방안」 제3회의(남북한 화해협력 활성화를 위한 법 · 제도적 개선방안연구) 주제발표문, 『2000 협동연구 국내학술회의 발표논문집』(서울: 통일연구원, 2000.12.26), pp. 39-56 참조.

82) 필자는 2001년 상반기에 통일부, 법무부, 외교부, 법제처의 국장급 실무자들 간의 비공개 회의와 국회 통일외교통상위원회 수석전문위원실 회의에 참여해 학자적 견해를 밝힌 바 있다. 제성호, "4개 남북경협 합의서의 조약성 인정문제－국내법적 효력부여와 관련하여," 국회통일외교통상위원회 수석전문위원실, 『남북 간 4대 경협합의서의 국내법 수용방안』, 간담회 자료집 01-3(2001.6.5), pp. 1-13 참조.

83) 이에 관해서는 제성호, "남북합의서에 대한 국내법적 효력부여문제－국제법상 조약의 개념과 우리 헌법과의 관련성을 고려하여－," 『법조』, 통권 제571호(2004.4), pp. 82-85 참조. 그 결과 정부는 두 가지 대립되는 견해의 절충안으로 4대 남북경협합의서에 대한 국회 동의안을 외무부와 통일부가 공동으로 발의한 바 있다. 이 같은 특이한 절차의 채용은 법적 구속력을 갖는 조약의 체결사무는 본래 외교통상부의 고유업무이나, 4대 남북경협합의서의 규율내용이 남북한관계에 관한 것이라는 점이 고려된 결과였다. "남북경협합의서 조약비준으로 효력," 『연합뉴스』, 2001년 2월 4일자; "당정 남북경협합의서 조약비준(종합)," 『연합뉴스』, 2001년 5월 16일자; "야, 남북경협합의서 비준 동의방침," 『연합뉴스』, 2001년 5월 16일자 참조.

84) 다음에서 다루는 내용은 2005년 12월 국회에서 「남북관계 발전에 관한 법률」이 제정됨으로써 입법적으로 이미 해결이 이루어진 사항이다. 하지만 법적 구속력을 가질 것을 의도하고 체결한 남북

학리적 및 당위적 차원에서 보면, 4대 남북경협합의서의 경우 첫째, 남북한이 분단국의 구성체로서 조약체결의 능력(capacity)을 가지고 있고, 둘째, 조약체결권을 갖는 남북한의 국가원수로부터 위임을 받은 대표자 간에 체결되었고, 셋째, 그 내용이 가능하고 적법한 것을 대상으로 하고 있고, 넷째, 당사자인 남북한 간에 하자(瑕疵) 없는 진정한 의사의 합치(consent)가 존재하며, 다섯째, 남북합의서가 교섭, 가서명과 서명(향후 비준 또는 재가가 예정되어 있음) 등 국제법상 조약체결 시에 요구되는 절차를 밟아 체결되었다는 점을 고려할 때 일응 조약의 성립요건을 갖추고 있다.[85] 또한 형식과 내용의 측면에서 볼 때에도 4대 남북경협합의서들은 첫째, 합의사항을 표시하는 데 사용된 용어(이는 사용된 용어가 법률용어인가 여부, 달리 말하면 표현방식이 법적 권리·의무의 설정을 명백히 표시하고 있는지 아니면 단지 정치적 협력의지 또는 일정한 정책노선이나 방침을 표명한 것에 불과한지의 문제이다), 둘째, 합의사항의 명시방법(조문 배열), 셋째, 최종조항(수정 및 발효, 분쟁해결, 효력발생일 등에 관한 조항들)의 존부, 넷째, 공식 직함의 표기와 서명(기속적 동의의 표시) 등의 기준에 의할 때 모두 조약으로서의 요건을 갖추고 있다고 볼 수 있다.[86] 이러한 점에 비추어 후속 남북합의서들을 정치적인 신사협정으로 규정하는 것은 이론적 및 경험적 측면에서 볼 때 적절치 않으며, 그 대신 국제법상 분단국 내부(분단체 상호 간)의 특수조약(特殊條約, treaty sui generis)이라고 봄이 타당하다고 할 것이다.

다. 4대 남북경협합의서의 국내적 실시문제: 조약으로서의 법적 효력 부여방안과 조약성 불인정/관련 특별법 제정방안[87]

전술한 바와 같이 상기 4대 남북경협합의서를 자세하게 검토하면, 모두 국제법상 조약으로서의 내용(실질)과 형식을 갖추고 있다. 이 같은 점에 비추어 우리 정부가 4대 남북경협합의서를 모두 조약으로 체결·공포하여 국내법체제에 편입시키는 한편, 법적 구속력

합의서의 국내법적 효력 부여문제는 이론적으로 매우 중요한 것이다. 이러한 점을 고려하여 당시 정부 내에서 논란이 있었고, 필자가 이에 관해 나름대로 정리한 사항이므로 후학들의 연구에 도움이 되도록 하는 차원에서 이 문제에 관한 두 가지 대립되는 입장을 소개하기로 한다. 이와 관련, 이상훈, "헌법상 조약의 법적 성격에 대한 고찰−조약의 국내법적 효력 및 국회동의의 법적 성격을 중심으로−," 『법제』, 2003년 10월호 참조.

85) 이한기, 『국제법강의』, p. 499.

86) 제성호, "「김대중 정부의 대북정책」−'공동선언' 6개월 이후의 남북관계 개관에 대한 토론평," 『김대중 정부의 대북정책: 성과와 문제점 그리고 향후 전망』, 제36차 공개토론회 발표문집(서울: 사회문화연구원, 2000.12.18), p. 190.

87) 제성호, "6·15 남북공동선언과 후속문서의 법적 성격과 효력," pp. 206-209. 이에 관한 보다 자세한 내용은 제성호, "남북합의서에 대한 국내법적 효력부여문제−국제법상 조약의 개념과 우리 헌법과의 관련성을 고려하여−," pp. 61-79 참조.

을 부여하는 것이 타당하다고 볼 수 있다.

그러나 전술한 바와 같이 이러한 소론은 우리 정부의 실무자들에게는 당연한 것으로 받아들여지지 않았다. 2001년경 정부 내의 유관부처들 간에 ① 필요시 남북합의서들을 조약으로 체결, 정식의 비준절차를 완료하고 특히 헌법 제60조 제1항에 해당되는 경우에는 국회동의를 거치도록 하자는 입장과 ② 기존의 남북한 간의 합의관행 대로 조약으로 보지 않고 신사협정으로 체결하되, 각각의 합의서를 이행하는 차원의 특별법(즉, 이행법률)을 제정함으로써 대처하자는 입장[88]으로 나누어져 있었던 것이다.

아무튼 상기 두 방안은 각기 법리적 근거를 갖고 있고 또한 장·단점을 갖고 있다. 먼저 '후속 남북합의서를 조약으로 체결하는 방안'의 장점으로는 다음 몇 가지를 들 수 있다. 첫째, 남북한관계를 법제화·제도화함으로써 규범적인 틀 속으로 끌어들일 수 있다. 이는 남북한관계를 탈정치화하고 법치주의에 그물에 넣는 것을 의미하며, 결과적으로 남북한관계를 안정화시킬 수 있다. 둘째, 이론과 절차 면에서 간명하다. 즉, 국내법적으로 효력을 인정하거나 국회동의 절차를 거치는 데 어려움이 없다. 특히 국회동의를 거칠 경우 국민적 합의에 기초한 초당적 대북정책 추진이라는 강한 정치적 명분을 확보하는 이점이 있다. 셋째, 어느 일방의 남북합의서 불이행 시 법적 권리로서 의무이행을 요구할 수 있고, 중·장기적으로는 합의서 불이행에 따른 분쟁을 국제재판의 대상으로 제기할 수도 있다. 넷째, 국제무대에서도 남북합의서를 원용할 수 있는 근거가 마련된다.

그러나 이 방안에 있어서는 몇 가지 문제점도 존재한다. 첫째, 남북합의서는 외국과의 조약이 아님이 분명한데, 분단국 내부의 합의인 남북합의서를 조약으로 체결할 수 있는 국내법적 근거와 절차가 아직까지 마련되어 있지 않다. 둘째, 지금까지 「남북기본합의서」를 조약으로 인정하지 않았던 정부의 기존입장과 모순됨으로써 정책의 일관성을 결여하는 면이 있다. 셋째, 남북합의서의 조약성 인정과 헌법 제3조 영토조항 및 남북한 특수관계 사이의 조화를 기하는 문제가 제기된다. 넷째, 이 방안이 장기적으로 국제사회에서 남북 간 교역 및 투자의 민족내부교류성을 인정받는 데 부정적으로 작용할 가능성이 있다.

다음으로 '조약으로 인정하지 않고 각각의 특별법을 제정함으로써 대처하자는 방안'의 장점으로는 첫째, 후속 남북합의서를 조약으로 인정하지 않을 경우 「남북기본합의서」에 대해 조약성을 인정하지 않는 기존의 정책과 일관성을 유지할 수 있고, 둘째, 필요시 특별법을 제정함으로써 남북교류협력 활성화를 제도적으로 뒷받침하면서(남북합의서에 대한 사실상의 효력을 인정하는—그러나 법적 구속력을 인정하는 것은 아니다—결과가

88) 이에 관한 개괄적인 연구로는 김명기, "남북투자보장·이중과세 방지 등에 관한 합의서의 법적 성격과 국내적 효력," 통일부 교류협력국, 『실무위촉과제 연구보고서』(2000.8), pp. 1-9 참조.

될 수 있다), 북한이 남북합의서를 이행하지 않을 경우 큰 법적·정치적 부담 없이 그에 따른 대응조치를 강구할 수 있는 등 이중적인 남북한관계 현실에 신축적으로 대처할 수 있다는 점이 지적되고 있다.

그러나 이 방안의 경우에도 적지 않은 문제점이 있다. 첫째, 국제관례에서 투자보장협정, 이중과세방지협정, 청산결제협정, 상사분쟁해결협정을 신사협정으로 체결한 예가 없는바, 그러한 처리는 법치주의와는 거리가 있고 더욱이 국제사회의 웃음거리가 될 소지가 큰 비법적(非法的)인 것이 되며, 둘째, 남북한관계를 정치적이고 전략적으로 접근하는 소극적인 자세에서 탈피하지 못하고 있다는 비판이 가능하며(이러한 합의서를 체결하는 이유가 무엇이냐 하는 근본적인 회의론의 등장도 예상된다), 셋째, 국회가 정부의 남북합의서 체결에 아무런 관여도 하지 않은 상황에서 정부가 북한과 체결한 합의서의 이행 차원에서 국회가 특별법을 제정해야 하는 상황이 조성된다면, 이는 국회의 입법권을 침해하는 결과가 될 수 있다는 난점이 있다.

이상의 두 가지 방안 중 어느 방안을 택할 것인가는 결국 남북한관계를 보는 시각과 남북교류협력을 제도화하는 접근방법론에 따라 달라지게 된다. 다시 말하면 정책적인 선택에 좌우된다고 할 것이다. 우리 정부가 어떤 방안을 채택하든 관계없이 학리적·당위적인 관점에서 볼 때 4개의 후속 남북합의서를 '광의의 조약'으로 보는 것이 타당하다는 것이 필자의 소론이다. 특히 후속 남북합의서들을 조약으로 인정하는 방안은 법치주의에 입각한 대북정책 추진의 정신에 부합되는 것이라고 할 것이다. 그리고 이 방안의 단점으로 지적되는 영토조항과 남북한 특수관계와의 모순가능성에 관해서는, 정부가 조약성 인정에도 불구하고 북한을 국가로 승인할 의사가 없다는 유보의 의사를 명백히 표시할 경우 그러한 문제점을 해결할 수 있다는 점을 상기시키는 것으로 충분할 것이다. 요컨대, 정부는 4대 남북경협합의서를 조약으로 인정함으로써 남북한관계를 규범화·제도화하는 보다 적극적인 대북정책을 추진하는 것이 바람직하다고 생각된다.

다만 이들 남북합의서들에 대한 조약성 인정문제와 관련하여 두 가지 사항을 유의할 필요가 있다. 그 하나는 북한의 태도이다. 남한이 4대 남북경협합의서를 조약으로 체결하는 데 반해 북한은 그러하지 않을 경우 발생하는 비대칭적인 결과는 소망스럽지 못하다. 그와는 반대로 상호주의 차원에서 남북한이 4대 남북경협합의서를 조약으로 인정하는 방안을 모색하는 것이 더욱 적절하다.

그런데 문제는 북한헌법의 관계규정에 있다. 1998년 9월 개정된 북한의 사회주의헌법에서는 원칙적으로 조약체결권의 대상을 '외국과의 조약'으로 한정하고 있다.[89] 남북한관

89) 사회주의헌법 제119조 11호에서는 내각의 권한과 관련하여 '다른 나라와 조약을 맺으며 대외사업

계가 외국과의 관계가 아님은 두말할 것도 없다. 그러기에 북한이 남북합의서들을 조약으로 체결·공포하기 위해서는 헌법 개정이나 관련조치가 필요하다.[90] 이를 위해 사전에 남북한이 협의를 거쳐 동일한 처리를 하는 것이 바람직하다.

다른 하나는 우리 국내법상으로도 북한과의 조약(분단국 내부에서 체결되는 특수조약)을 체결하고, 여기에 국내법적 효력을 부여하는 절차상의 근거가 마련되어 있지 않다. 그러므로 이에 관한 국내입법조치를 취해야 한다. 가칭 「남북관계기본법」을 제정하여(전술한 바와 같이 우리 국회는 2005년 12월 「남북관계 발전에 관한 법률」을 제정하였다), 여기에 남북합의서 체결권, 남북합의서 체결사무의 통일부 관장, 남북합의서 체결을 위한 정부대표 임명절차, 남북합의서에 대한 특수조약성 인정, 남북합의서의 국내법적 효력 등을 명시하도록 해야 한다. 이상의 두 가지 조치가 취해진다면 4대 남북경협합의서와 같이 비교적 중요한 남북경협합의서들을 조약으로 체결·공포함으로써, 이에 대해 국내법적 효력을 부여하는 데 아무런 법적 장애도 발생하지 않을 것이다.[91]

(3) 결 어

앞으로 남북한관계를 진정 통일지향적인 평화공존의 관계로 만들어 나가려면, 더 이상 정치적·전략적인 관점이 아니라 규범적인 차원에서 접근해야 한다. 즉 남북한관계를 법적으로 제도화함으로써 안정성을 갖도록 해야 한다. 그러기 위해서는 6·15 남북공동

을 한다'고 명시하고 있고, 헌법 제110조 14호에서는 최고인민회의 상임위원회의 권한으로서 "다른 나라와 맺은 조약을 비준 또는 폐기한다"고 규정하고 있다. 그리하여 원칙적으로 북한헌법은 외국과의 조약체결의 권한과 그 절차를 명시하고 있다고 볼 수 있다.

90) 이와 관련하여 주목할 것은 최고인민회의의 권한을 규정한 사회주의헌법 제91조 제17호에서는 "최고인민회의에 제기되는 조약의 비준, 폐기를 결정한다"고 명시하고 있다는 점이다. 여기서는 '다른 나라와 맺은 조약'이라고 하지 않고 단순히 '조약'이라고만 규정하고 있다. 그런 점에서 분단국 구성실체인 남한과 체결한 조약이 최고인민회의에 제출되어 비준을 받을 수도 있다는 해석이 가능하다고 볼 수 있다(물론 이러한 해석에 부자연스러운 점이 전혀 없는 것은 아니다).

91) 하지만 「남북관계 발전에 관한 법률」이 제정된 이후 이 법에 따라 국회의 동의를 받아 (특수조약으로) 체결된 합의서는 1건도 존재하지 않는다. 지금까지 국회의 동의를 받아 체결된 중요한 남북경협합의서는 모두 13개이다. 남북사이의 투자보장합의서(2000.12.16 채택), 이중과세방지 합의서(2000.12.16 채택), 청산결제합의서(2000.12.16 채택), 상사분쟁 해결합의서(2000.12.16 채택)의 4대 남북경협합의서는 2003년 8월 20일 동시에 국회의 동의를 받았고, 남북사이의 차량의 도로운행에 관한 기본합의서(2002.12.6 채택), 개성공업지구 통신합의서(2002.12.8 채택), 개성공업지구 검역합의서(2002.12.8 채택), 개성공업지구 통관합의서(2002.12.8 채택), 남북상사중재위원회 구성·운영합의서(2003.10.12 채택), 개성공업지구와 금강산관광지구 출입·체류합의서(2004.1.29 채택), 남북사이의 열차 운행에 관한 기본합의서(2004.4.13 채택), 남북해운합의서(2004.5.28 채택), 남북해운합의서의 이행·준수를 위한 부속합의서(2004.5.28 채택)의 나머지 9개 남북경협합의서는 2005년 8월 1일 일괄적으로 국회의 동의를 받아 (특수조약으로) 체결되었다.

선언 이행 차원에서 4대 남북경협합의서들을 국회의 동의를 얻어 조약으로 체결하고, 또한 공포함으로써 국내법적 구속력을 인정하는 보다 적극적인 자세가 요구된다.

이와 관련, 혹자는 조약은 본래 국가 간에 체결되는 것인데 남북합의서를 조약으로 체결·공포하면, 북한을 국가로 승인한다거나 또는 남북한 특수관계에 배치되는 것이 아닌가 하는 문제를 제기하기도 한다. 그러나 이러한 생각이 국제법상 근거 없는 것임은 두말할 필요도 없다. 조약은 국가 간에만 체결되는 것이 아니라 교전단체, 민족해방운동단체 등 국가유사단체, 국제조직 등 국제법주체 간에 체결되는 것이다. 또한 동서독의 경험[92]에서 잘 나타나듯이 분단국을 구성하는 정치실체 간에도 얼마든지 법적 구속력을 갖는 조약이 체결될 수 있다.

따라서 투자보장합의서, 이중과세방지합의서, 청산결제합의서, 상사분쟁 해결합의서 등 남북합의서들을 조약으로 체결·공포하여 발효시키는 것이 분단국 내부에서의 조약체결 관행은 물론이거니와 남북통일시대(혹은 법규범에 의한 남북관계 운영이란 시대적 요청)에 걸맞은 조치라고 하겠다. 이는 남북한이 1민족 2체제를 전제로 하여 「남북연합」이라는 통일 이전의 과도적 결합체제(The Korean Commonwealth)를 형성하는 남북합의서의 경우에도 마찬가지라고 생각된다.[93]

다만 남북한관계는 '나라와 나라 사이의 관계가 아닌 통일을 지향하는 과정에서 잠정적으로 형성된 특수관계'이기 때문에 남북합의서는 통상 외국과 체결되는 '일반조약'과 구별된다. 전술한 바와 같이 4대 남북경협합의서를 비롯해서 앞으로 체결될 중요한 남북경협합의서들은 북한이라는 분단국을 구성하는 정치실체[94]와 체결하는 '특수조약'으로 규정해야 마땅하다.[95] 그러한 점에서 외국과의 조약체결업무를 수행하는 외교통상부가

92) 1972년 12월 21일 체결된 동서독기본조약은 조약이라는 법적 형식과 절차를 갖추어 체결·공포되었으며, 국내법적으로도 양 독일 의회의 비준동의(서독은 동의법률 제정형식)를 받았다.

93) 1989년 9월 우리 정부가 발표한 「한민족공동체통일방안」에 의하면, 그러한 남북합의서의 명칭으로 「민족공동체헌장」(the Charter of the Korean National Community)이 제시된 바 있다. 그리고 이 「민족공동체헌장」은 남북정상회담에서 합의·채택될 것이 예정되고 있다. 통일원, 『1990 통일백서』(서울: 통일원, 1990), p. 85.

94) 북한은 우리 국내법상으로는 군사분계선 이북의 대한민국 영토(미수복지역)를 불법적으로 점거한 반국가단체로 간주되고 있다. 하지만 「남북기본합의서」 서문에 따라 북한과 대한민국과의 관계는 외국과의 관계가 아니고, '나라와 나라 사이의 관계가 아닌 민족내부의 특수관계'에 해당된다. 더욱이 국제법적 견지에서 볼 때 북한은 유엔회원국으로서 '사실상의 국가' 또는 우리와의 관계에서 '일종의 미승인국'이라고 규정될 수 있다. 이처럼 우리와의 관계에서 북한은 ① 국내법적 차원, ② 남북한 간의 차원, ③ 국제법적 차원에서 볼 때 각기 다른 실체로서 파악되고 있다.

95) 과거 서독은 '외국 및 동독과 체결한 조약'이라는 표제하에 조약을 공포하고, 이를 관보에 게재하였다. 이는 동독과 체결한 조약을 일반 외국과의 조약과는 구별되는, 분단국 내부의 '특수조약'으로 취급한 것을 말해 주는 것이다. 이런 배경에서 우리 정부도 전술한 13건의 남북경협합의서를 국내적으로 공포할 때 '조약'이라는 명칭과 조약의 '연번'을 붙이지 않고 '남북사이의 합의서' 1~

남북합의서 체결사무를 관장하는 것은 타당하다고 할 수 없다. 통일부가 이를 담당하는 것이 법리적인 측면은 물론이고, 그간의 남북합의서 체결관행에 비추어 보더라도 옳다고 하겠다.

그러나 4대 남북경협합의서를 유엔회원국 간의 조약으로 보고, 유엔사무국에 등록할 것인가? 이에 관해서는 우리 사회에서 찬반양론이 존재한다.[96] 유엔사무국 등록이 반드시 남북한 특수관계에 배치되는 것이라고 보기는 어렵다. 서독은 동서독기본조약을 국내법상 조약으로 인정, 법적 구속력을 부여하기는 하였으나, 유엔사무국에는 등록하지 않았음은 주목할 필요가 있다. 이 문제에 대해서는 등록에 따른 이해득실 등 보다 신중한 검토와 대응이 요구된다고 하겠다. 필요시 북한과의 협의를 거쳐 공동대응하는 것도 고려할 수 있을 것이다.[97]

제4절 맺는말

지금 남북한은 평화와 번영이냐 아니면 계속 갈등과 반목, 쇠락이냐의 갈림길에 서 있다. 다행히도 이러한 전환기적 상황에서 남북한이 조심스럽지만 내실 있는 관계 정립을 위해 탐색의 자세를 보이고 있다. 이명박 정부 들어 초기에 남북한관계가 경색국면을 탈피하지 못했지만, 2009년 8월 이후 북한이 유화적인 태도를 보임에 따라 전반적으로 대화의 국면으로 이행하고 있다. 북한이 처한 극심한 경제난과 대외경제개방을 선택할 수밖에 없는 김정일 체제의 한계, 나아가 민족통합을 향한 7천만 겨레의 열망에 비추어 볼 때 남북 당국 간 대화의 재개 및 쌍방 간의 교류협력확대 추세는 돌이킬 수 없는 대세라고 해도 과언은 아닐 것이다. 앞으로 바람직한 남북한관계 설정 모형에 합의할 경우 남북한이 1945년의 분단질서를 타파하기 위한 자주적 노력이 계속 이어질 것이 분명하다. 이에 따라 시간이 갈수록 남북대화도 양적인 면에서 늘어나고, 질적인 면에서도 더욱 발전되어 나갈 것이다.

13호로 칭하고 있다.

96) 「남북기본합의서」의 유엔사무국 등록문제에 관해서는 김명기 · 지봉도, "조약의 등록과 남북기본합의서," 『국제법학회논총』, 제37권 제1호(1992), pp. 59-78 참조.

97) 제성호, "통일지향적 새 남북관계 정립을 위한 국제법적 과제," 『법제연구』, 통권 제19호(2000), pp. 87-89 참조.

남북대화의 역사가 어느덧 40년을 바라보고 있다. 주지하는 바와 같이 지난 시기에 남북대화는 단속(斷續)과 우여곡절이 적지 않았다. 그런데 2000년 이후의 남북대화는 그 이전 시기의 남북대화와는 다른 양상을 보여주고 있다. 이전 시기의 남북대화는 이른바 통치행위 차원에서 혹은 법의 테두리 밖에서 이루어진 경우가 많았다. 그에 비해 2000년 이후의 남북대화는 점차 법규범의 틀 내에서 이루어질 것이 요구받고 있다. 이는 남북대화가 밀실에서 극소수의 인원이 참여하는 가운데 결정되고 추진되는 현실을 여러 차례 목도한 결과 나온 반작용이라고 할 수 있다. 즉, 남북대화의 국내정치적 이용의 반대 및 투명성 증대 요청이 시대적 조류로 자리 잡아 가고 있는 셈이다.

나아가 경제분야의 남북합의서를 단순히 정치적 선언이나 신사협정으로 체결해서는 남북경협에 참여하는 자들에게 실질적인 혜택을 줄 수 없는 상황이 벌어지게 되었다. 환언하면 남북경협합의서에 대한 법적 구속력의 부여는 남북관계의 발전을 위해 반드시 해결해야 할 법적 과제로 등장하게 된 것이다. 두말할 것도 없이 남북한관계를 법적으로 뒷받침하고 이를 제도화하려면 남북한 간에 채택되는 합의문건들을 규범적 틀 속에 넣는 것이 필요하다. 이것이 남북한관계의 안정성이나 지속성을 확보하는 데도 도움이 되는 방법이다. 이에 2000년 11월 4대 남북경협합의서 채택 및 가서명이 남북한관계를 법적·제도적인 틀에 올려놓는 계기가 되었다. 이는 다시 정부 부처 내의 견해 차를 유발했고, 결국 4대 남북경협합의서를 비롯해서 총 13개의 남북경협합의서가 국회동의를 받아 체결·공포(이에 따라 국내법적으로 법적 구속력을 부여하게 됨)되는 상황을 연출하기에 이르렀다.

하지만 그렇다고 해서 모든 남북한 간의 합의문건을 법적 구속력을 갖는 조약으로 체결해야 할 의무도 또한 당위적 근거도 없다. 합의문건의 내용과 성질에 따라 차별적으로 대응하는 것이 바람직하다. 이는 6·15 남북공동선언에 따라 4대 남북경협합의서를 포함한 중요한 남북합의서들을 조약으로 체결하는 일이 발생하게 되더라도 얼마든지 가능하다고 할 것이다. 경제적 사안이나 교류협력에 관한 사항의 경우라고 할지라도 법적 구속력을 부여하지 않아도 될 경우에는 굳이 조약으로 체결할 필요는 없다고 할 것이다. 더욱이 남북한 간에 신뢰가 부족한 상태에서 채택되는 정치·군사적 합의문건은 여전히 정치적 선언이나 신사협정으로 체결하는 것이 유동적이고 불확실한 남북한관계에 더욱 부합하는 실용적인 대북 접근 자세라는 점을 간과해서는 안 된다.

그러나 반드시 법적 구속력을 부여해야 할 경우에 있어서까지 이를 기피하려는 태도는 더 이상 정당화될 수 없다. 4대 남북경협합의서에 대한 '특수조약성' 부여가 갖는 의미는 바로 여기에 있다. 이는 앞에서 지적한 바와 같이 1970년대 이래 1990년대까지의 남북대화와 남북관계와 구별되는 주된 특징의 하나라고 할 것이다.

제 7 장

대북·통일정책의 주요 과제

제 7 장 대북 · 통일정책의 주요 과제

제1절 대북정책의 기조

1. 대북정책 목표와 원칙

총체적으로 말한다면, 한국의 대북정책은 분단을 평화적 · 안정적으로 관리하는 가운데 평화적 통일의 기반을 조성하는 것을 목표로 한다. 정권마다 대북정책의 강조점에 다소의 차이가 있을지라도 이러한 원론적 입장에는 큰 차이가 없을 것이다. 따라서 우리 정부는 이 같은 목표를 가진 대북정책의 밑그림과 전략적 비전을 제시하는 것이 필요하다. 더불어 국민적 합의하에 책임감과 중심을 갖고 대북정책을 일관성 있게 추진해야 한다. 그래야 대북정책이 국민의 신뢰와 지지를 확보할 수 있고, 또 성공할 수 있다. 그렇지 않고 주먹구구식으로 대북정책을 추진하면, 국민의 지지는 사라지게 될 것이다.

두말할 것도 없이 대북정책의 목표를 달성하려면 일정한 원칙에 따라 추진되어야 한다. 여기서 대북정책의 확고하고도 일관된 원칙이 제시되어야 함을 알 수 있다. 필자는 대북정책의 목표와 추진원칙을 대북정책의 좌표로 표현할 수 있다고 생각한다(이하의 내용은 정부의 대북정책 목표와 원칙 및 추진기조 등과 무관한, 어디까지나 필자 개인의 아이디어에 불과하다. 하지만 정부의 그것들과 상당 부분 조화될 수 있다고 생각된다.).

우리가 설정해야 할 대북정책의 목표는 위에서 언급한 총체적인 목표에 근거해 당면목표(단 · 중기목표)와 최종목표(장기목표)로 나누어 살펴볼 수 있다. 생각건대, 당면목표는 '북한의 정상국가화(Normalization)'로 설정하는 것이 타당하다. 그동안 북한은 핵무기확산금지조약(The Treaty on the Non-proliferation of Nuclear Weapons, 약칭 Nuclear Non-proliferation Treaty: NPT)을 두 차례나 탈퇴하겠다는 선언을 발표한 바 있고, 또 국제사회의 반대와 경고에도 불구하고 2006년 10월과 2009년 5월 두 차례에 걸쳐 핵실험을 실시하였다. 국제사회의 반대와 포기 설득에 아랑곳하지 않고, 핵무기 개발을 감행하며, 무모한 핵도박을 벌이고 있는 것이 작금의 현실이다. 극심한 인권탄압도 여전하다. 게다가 북한은 위폐 유통, 마약밀매, 가짜 담배 제조 등 국제사회가 범죄로 규정하는 행위를 지속하고 있다. 대남관계에서는 여전히 한반도를 공산화하겠다는 남조선혁명전략을 견지하는 가운데, 정전체제(Korean Armistice Regime)를 흔들고 있고, 그들에 이익이 된다고 믿는 남북교류에 대해서만 선별적·제한적으로 호응하고 있다.

이 같은 이유에서 북한은 지금 국제사회에서 불량국가(rogue state), 범죄정권(criminal regime), 비정상적인 정치집단으로 비난받으며 따돌림을 당하고 있다. 이러한 북한을 하루빨리 '정상국가'(normal state)로 만드는 것이 시급하다. 정상국가화는 다른 말로 표현하면 북한을 개혁·개방 및 민주화로 이끌고 국제사회의 책임 있는 일원으로 만든다는 것을 가리킨다. 이는 진정한 남북 화해·협력과 평화공존의 전제조건으로서 정상국가화가 이루어질 때 실질적인 남북관계 개선과 민족공동체 형성 작업이 착실하게 진행될 수 있다.

대북정책의 최종목표는 한민족의 '자유민주통일'(Unification by Freedom and Democracy)로 설정한다. '한민족의 자유민주통일'은 곧 한민족의 자유민주공동체 완성과 이를 통한 선진 통일한국의 건설을 의미한다. 이 같은 정책목표는 한민족이 자유와 인간 존엄성을 구가하는 가운데 복지·번영을 누리는 것을 지향하는 것을 말하며, 이는 대한민국 헌법 제4조의 정신과 규정에 부합한다고 할 것이다. 물론 이 같은 정책목표는 7천만 민족 성원의 요구일 뿐만 아니라, 세계사의 보편적 발전방향과도 부합한다고 하겠다.

2. 대북정책의 3대 원칙

그러면 대북정책의 목표를 달성하기 위해 우리가 일관되게 견지해야 할 대북정책 (추진)원칙은 무엇일까? 필자는 이와 관련해서 대북정책 원칙으로 "자유민주, 호혜평등, 열린 자주"의 3가지로 집약할 수 있다고 본다. 이는 우리나라의 공식적인 통일방안인 「(한)민족공동체통일방안」에서 제시된 통일 3대원칙, 즉 "자주, 평화, 민주"를 현실에 맞게 업그레이드한 것이다.

첫째, 대북정책 추진의 제1원칙인 '자유민주원칙'은 여러 가지 측면을 아우르고 있다. 이 원칙은 통일은 민족 구성원 모두의 자유와 권리를 바탕으로 민주적 방식으로 이루어져야 한다는 것을 말한다. 더불어 통일과정에서 국민적 합의에 기초한 대북·통일정책 추진이란 방향성을 제시하는 점에서 '절차적 민주주의'를 구현하고 있다. 여기서 '국민합의'는 자유민주원칙의 핵심적 요소인 동시에, 대북정책의 일관성과 지속성 유지, 안정성과 실효성의 확보를 위해 반드시 필요한 자유민주원칙의 세부 실천원리로 자리매김할 수 있을 것이다.

최종 통일단계에서는 북한 주민의 자발적 의사 결집이 중요하다. 자유민주원칙은 북한주민의 의사를 존중한다는 측면과 남북한 사이의 합의를 전제로 한다고 볼 수 있다. 그런 점에서 자유민주원칙은 국제적 지지 확보에도 도움이 된다고 하겠다.

동시에 자유민주원칙은 대북정책 목표가 자유민주주의 구현이라는 점을 표상하고 있다. 즉, 통일을 실현한 이후에도 민족 구성원 모두가 인간답게 살아갈 자유와 권리가 보장되는 자유민주주의 체제의 통일국가를 건설한다는 의미도 함축하고 있다.

둘째, 대북정책의 제2원칙인 '호혜평등의 원칙'은 분단국을 구성하는 남북한이 상호 대등성을 바탕으로 통일지향적인 관계를 만들어간다는 것, 곧 상생 및 호혜협력(win-win)의 구도를 형성한다는 것을 말한다. 이 같은 호혜평등 내지 호혜협력은 개방시대의 국가관계를 규정하는 기본원칙으로서 보편성을 갖는다. 따라서 이 원칙은 남북한관계에서도 당연히 유지·준수되어야 한다.

이 원칙은 일찍이 1973년 평화통일 외교정책에 관한 특별성명인 '6·23 선언'에서 "호혜평등의 원칙하에 모든 국가에게 문화를 개방할 것이며, 우리와 이념과 체제를 달리하는 국가들도 우리에게 문호를 개방할 것을 촉구"한다는 내용 가운데 국내외에 천명된 바 있다. 또한 노태우 정부도 공산권과의 관계개선을 모색하면서 세워놓은 북방경제정책의 4대 원칙의 하나로 제시함으로써, 호혜평등의 원칙은 대결적 국제관계의 해소를 지향하는 역사성을 가진 원칙으로 자리 잡고 있다. 호혜평등의 원칙은 이른바 '전략적 상호주의' 혹은 '탄력적 상호주의'로도 표현될 수 있을 것이다.

셋째, 대북정책의 제3원칙인 '열린 자주'의 원칙은 남북한의 주도적인 노력 아래(남북당사자 해결원칙), 긴밀한 국제협력을 통해 통일을 달성한다는 것을 말한다. 오늘날 세계화(globalization)가 널리 진행되고 있고 국가들 사이의 상호의존성이 증가하는 현실에 비추어 '폐쇄적 자주'노선과 '민족공조' 만능의 원칙은 시대착오적인 것이 될 수 있다.

한반도문제는 민족 내부의 문제인 동시에 국제문제이다. 통일은 주변 국가들과 국제사회의 협력 없이 남북 당사자만의 힘으로 이루어내기 어려운 것이 현실이다. 따라서 주변 국가들과 국제사회를 설득하고 협력을 이끌어낼 수 있는 우리의 역량을 갖추어 통일을 주도할 자격과 능력을 국제적으로 인정받는 것이 중요하다.

그러나 최근 우리 사회에 만연된 '자주'는 사실상 '반미자주'의 이데올로기로 변질되어 있다. 이는 북한의 대남 통일전선전술이 소기의 효과를 거둔 것으로 평가된다. 이제 우리의 주체적인 통일역량 강화의 필요성을 강조하면서도, 주변국가 및 유엔의 지지와 보장을 확보하는 것을 내용으로 하는 새로운 통일원칙으로 '열린 자주'를 채택하는 것이 타당하다. '열린 자주'의 원칙은 자주적이고 주체적 통일 노력을 담으면서, 변화하는 대내외적 상황에 능동적으로 대처해 나가는 미래지향적 내용을 담고 있다. 이는 '배타적· 반외세적' 자주와 구별되며, 세계화 시대에 부합하는 '개방적· 국제협력적' 의미가 함축된 보다 성숙한 대북·통일정책의 추진원칙이라고 할 것이다.

3. 대북정책 업그레이드의 기조와 대북 접근 자세

'북한의 국가정상화'란 대북정책의 당면목표를 근간으로 대북정책을 업그레이드할 경우, 정책기조를 가다듬을 필요가 있다. 여기에는 통일기반 조성 차원에서 우리 정부가 추진해야 할 과제도 일부 포함된다.

대북정책 업그레이드의 기조는 키워드 중심으로 당면한 현안에 대한 정책방향을 간명하게 담아내는 방식으로 설정할 수 있다. 그것은 한마디로 '4대 평화적 접근기조'라고 할 수 있다. 이를 세분화하면, 다음과 같다.

첫째는 '한반도의 안정화'(Stabilization)이다.

둘째는 '한반도의 시장화'(Marketization)이다.

셋째는 '한반도의 민주화'(Democratization)이다.

넷째는 '한반도의 동질화'(Homogenezation)이다.

'한반도의 안정화'는 군사 면의 대북정책 기조로서, 이는 현재 북한 핵문제로 인한 위기 조성과 정전체제 무력화 등에 의해 극도로 불안정한 한반도를 안정화시키고 평화를 증진, 공고히 한다는 것을 말한다. 여기서 말하는 공고한 평화란, ① 한반도에 핵이 없는 평화, ② 인권이 숨 쉬고 함께하는 평화, ③ 긴장을 완화하면서 분단고통을 극복하는 평화를 말한다고 하겠다.

'한반도의 시장화'는 경제 면의 대북정책 기조로서, 이는 한반도 경제공동체('공동체') 건설을 통해 남북한의 공동발전을 이룩하며, 단계적인 경제통합과 한민족의 번영('경제통일') 기반을 조성하겠다는 것을 말한다. 한반도의 시장화 기조 아래 한국이 정보 강국, 인터넷 강국으로서의 역량을 최대한 발휘할 경우 북한의 '시장화'와 '정보화'는 물론, 민족경제의 균형적 발전을 견인하게 될 것이다.

'한반도의 민주화'는 사회 면의 대북정책 기조로서, 이는 특히 북한인권 개선과 민주화 발전('인권'과 '민주화')을 이룩하는 것을 말한다. 북한인권 개선과 민주화는 보편적 잣대로 볼 때 국제적 수준(global standard)에 손색이 없을 정도로 고치고 개선하는 작업을 가리킨다. 이는 민족통일을 가능케 하는 조건이자 원동력이라 할 수 있다. 더불어 '한반도 민주화'는 지난 20여 년 동안 이룩된 한국의 '민주화' 성과를 바탕으로 이를 한 단계 업그레이드하고 내실을 기하는 과제도 아울러 포함하는 것이라고 하겠다.

'한반도의 동질화'는 쌍방향의 사회·문화교류와 대북 인도적 지원을 통해 남북한 주민들 간의 (민족) 동질성 회복과 화합 분위기 조성을 촉진하는 것을 말한다. 이는 사람의 통일, 마음의 통일을 이룩함으로써 결과적으로 경제통합과 정치통합의 과정을 견인하게 될 것이라는 점에서 매우 중요한 정책기조라고 하지 않을 수 없다.

<표 10> 대북정책 업그레이드의 3대 기조

분야	업그레이드의 3대 기조	분야별 정책목표	키워드
군사 면	한반도의 안정화	한반도 비핵화와 전쟁 방지, 군사적 긴장 완화	'비핵화' '평화'
경제 면	한반도의 '시장화'	'한반도 경제공동체 건설을 통한 민족번영과 통일기반 조성, 남북환경공동체 실현	'공동체'와 '경제통일'
정치 면	한반도의 '민주화'	북한인권 개선과 민주화 발전	'인권'과 '민주화'
사회 면	한반도의 동질화	통일문화 창달과 인도지원을 통한 민족동질성 회복	민족동질성 회복, 사람통일, 마음의 통일

다음 대북정책에 임하는 기본자세를 어떻게 정립할 것인가를 가다듬을 필요가 있다. 즉, '평화공존 구조의 정착' 및 '실질적인 남북관계 개선'이라는 시대적 요구에 맞는 방향의 대북 접근자세를 제시함으로써 이를 국민들에 각인시켜야 한다. 이와 관련, 이른바 '3자 정신'을 강조함이 바람직하다. 3자정신이라 함은 '자신감 발휘,' '자존심 유지' 및 '자율성' 구현을 말한다.

첫째, '자신감' 발휘는 이른바 적색 공포증(Red Complex)을 불식하고, 능동적인 대북정책을 실천하는 것을 말한다.

둘째, '자존심' 유지는 대북 저자세를 불식, 자긍심을 가지고 원칙에 입각해, 또한 '당당하게' 대북정책을 추진하는 것을 말한다.

셋째, '자율성' 구현은 지나친 친미일변도와 친북편향성을 모두 배격하고 대북정책의 원칙과 자율성을 확보하는 가운데, 균형감각을 갖고 민족문제를 풀어나간다는 것을 말한다.

요컨대, 원칙과 전통을 지키면서도 현실에 맞게 유연성을 발휘할 것은 유연하게 대처한다는 자세가 바로 '3자 정신'이라고 할 수 있다.

제2절 북한 핵문제 해결

1. 2차 북핵 위기의 발단과 전개과정

1993년 3월 북한의 핵무기확산금지조약의 탈퇴 선언으로 시작된 1차 핵위기는 1994년 10월 21일 제네바에서 타결, 서명된 북・미 기본합의문(Agreed Framework)의 채택으로 한 고비를 넘기게 되었다. 그러나 이 제네바 기본합의문은 북한 핵문제를 완전히 '해결'한 것은 아니었다. 단지 플루토늄 핵개발, 그것도 현재와 미래의 핵개발을 동결(Freezing)하는 데 그친 것이었다. 곧 고농축 우라늄을 이용한 원자탄의 개발은 문제 삼지 않았으며, 기왕에 이미 추출된 플루토늄의 행방, 이른바 '과거핵'에 대해서는 추궁하지 않은 미완의 합의였다.[1)]

제네바 기본합의문에 따라 북한이 핵개발을 동결하고, NPT에 복귀하며, 국제원자력기구(International Atomic Energy Agency: IAEA)의 사찰을 수용하는 대가로, 미국은 북한에 중유를 제공하고, 연락사무소 개설 등 북・미관계 개선에 나서며, 100만KWe(1,000MWe)급 경수로 2기를 책임지고 제공하는 의무를 부담하게 되었다. 특히 경수로 2기 제공을 위해 한・미・일은 1995년 한반도에너지개발기구(Korean Peninsula Energy Development Organization: KEDO)를 창설하게 되었다.

하지만 2002년 10월 제임스 켈리 미국 대통령 특사(미 국무부 차관보)의 방북 이후 고농축 우라늄 핵개발문제가 대두되었고, 이로 인해 2차 핵위기가 발생하게 되었다. 물론 북・미관계는 급속히 악화되었고, 한반도에 불안정 상황이 도래하였다. 미국은 북한이 제네바 기본합의문에 위반하여 "핵무기 개발계획을 갖고 있다"고 공식적으로 밝혔다. 이어 KEDO 집행이사회는 동년 12월부터 대북 중유지원을 중단하기로 결정하였다.

1) 황장엽 전 북한 노동당 국제담당비서는 미국의 소리(VOA) 방송 인터뷰에서 1994년의 제네바 핵합의 북한 측 수석대표였던 강석주 외교부 제1부부장의 말을 빌어, "로버트 갈루치 미국 수석 대표가 (핵무기를) 더만 만들지 말라는 식의 암시로 핵무기 보유를 묵인했다"고 밝혔다. 이에 대해 갈루치는 "당시 북한이 실제로 핵무기를 보유하고 있었는지 여부를 알지 못했다"고 말함으로써 북한의 과거핵 보유 묵인 주장을 부정하였다. 『조선일보』, 2004년 6월 22일자.

이에 대응하여 북한 당국은 핵동결 해제를 선언하고, 핵시설 봉인과 감시 카메라 제거 등 제네바 합의에 따른 핵동결 해제 조치들을 전면 해제하는 조치를 단행하였다. 또한 북한이 두 번째 NPT 탈퇴 선언을 함으로써 북·미관계는 1993~94년에 조성되었던 대결과 초긴장 국면으로 회귀하기에 이르렀다. IAEA 특별 이사회는 다시금 북핵문제를 유엔 안전보장이사회(안보리)에 보고하는 결의를 채택하였다.

북·미 양측은 2003년 3월 베이징에서 북·미·중 3자회담을 개최하여 북핵문제 해결을 위한 첫 공식대화를 시작하였다. 이어 동년 8월 27~29일간에 제1차 6자회담(한국, 북한, 미국, 중국, 러시아, 일본이 참여)을 개최하였다. 그러나 서로의 심각한 입장 차이만 확인했을 뿐 평화적 해결을 위한 접점을 찾지 못하였다.

6자회담이 개최된 후 약 1년 동안 남북한과 미국은 서로의 입장을 탐색하는 데 시간을 보냈다. 미국은 2004년 6월 23~26일 열린 3차 6자회담에서 북한이 3개월 동안 고농축(highly-enriched uranium: HEU) 핵프로그램을 포함한 핵폐기 선언을 하고 핵프로그램 및 시설 제거를 위한 준비 등을 취하면, 안전보장 제공, 양자관계 개선, 에너지 지원 등의 상응조치를 취하겠다는 안을 내놓았다. 미국의 이러한 협상안은 기본적으로 '선 핵폐기 후 보상'의 기본입장('선 핵폐기론')에 기초한 것이었다. 그러나 북한은 이 같은 미국의 입장을 단호히 거부하면서, '선 보상 후 핵폐기'의 제한적 핵포기 입장을 유지하였다. 여기서 주목할 것은 북한의 기본입장은 핵폐기는 회피하고 그 대신 핵동결만 수용한다는 것이었고, 게다가 HEU 프로그램의 논의는 배제하는 것이었다.

한편 한국은 나름의 3단계 북핵 해결방안을 제시하였다. 그것은 대략 다음과 같은 것이었다.

- ■ 1단계: 북한이 핵 포기를 선언하면, 한·미·일 3국이 대북 안전보장을 밝힘(선언 대 선언)
- ■ 2단계: 북한이 핵동결 및 포기를 하게 될 경우 3국은 '상호 조율된 조치'를 제공(행동 대 행동)
- ■ 3단계: 완전한 핵문제 해결 이후 한반도 평화체제 구축

※ 이 중 '상호 조율된 조치'는 한·미·일 3국이 북한에 대해 제공하게 될 안전보장 및 북한 측의 관심사 충족과 관련 있는 조치를 의미하며, 한반도 평화체제 구축은 테러와 인권, 미사일 문제 해소까지 포함하는 것임.

※ 특히 한국 측은 북한의 안전보장과 관련해서 3단계 해법 제시

· 1단계: 북한의 핵폐기 용의 표시 → 한·미·일의 안전보장 제공 의지 표명

· 2단계: 북한의 핵폐기 개시 → 3국의 잠정적 안전보장 조치 착수
· 3단계: 북한의 핵폐기 완료 → 최종적 안전보장

이처럼 남북한 및 미국 3자 간에 미묘한 입장 차이가 노정되었다. 특히 한 · 미 간에도 북한 핵문제를 보는 시각이 사뭇 달랐다. 미국은 북한의 완전한 핵폐기를 전제로 한 협상을 추구하였는 데 반해, 한국(노무현 정부)은 북한의 핵동결(1994년 10월 제네바 기본합의문의 이행 재개) 결정에서 출발하여 협상을 지속하기를 원하였다. 미국은 북한의 HEU 및 플루토늄 핵개발을 포괄한 핵포기 선언 또는 결정이 없으면 협상은 무의미하다는 입장을 견지하였다. 그런 반면 한국은 모든 형태의 대북 제재는 곧 한반도의 긴장을 야기하므로 이를 추구해서는 곤란하다는 입장을 보였다.

제3차 6자회담 직후 북한은 당 기관지 『로동신문』(2004.7.27)을 통해 미국이 주장하는 '선 핵포기 · 평화적 핵활동 중지'를 반대한다는 기존입장을 되풀이하면서, "우리 공화국 입장은 먼저 '동결 대 보상' 조치를 통해 조 · 미 사이의 불신을 제거하고 신뢰를 조성해 나가는 것"이라고 강조하였다. 이 같은 입장은 북한이 1994년의 북 · 미 제네바 합의를 복원하는 선에서 해결책을 모색하는 것을 선호함을 의미하는 것이었다.

하지만 북한 핵문제 해결을 위한 타협은 여의치 않았다. 그러자 북한은 핵무장을 기정사실화하는 입장을 드러내는 등 미국을 압박하기 시작했다. 예컨대, 2004년 9월 유엔 총회에 참석한 최수헌 외무성 부상은 북한이 이미 폐연료봉 8,000개를 재처리했으며, 이를 무기화했다고 선언하였다.[2] 이후 북한은 2005년 2월 10일 외교부 대변인 성명을 통해 "부시 행정부의 증대되는 대조선 고립압살정책에 맞서 핵무기 전파방지조약에서 단호히 탈퇴하였고 자위를 위해 핵무기를 만들었다"고 발표함으로써 최초로 북한 핵무장을 공식화하기에 이르렀다.

이후 우여곡절 끝에 2005년 9월 19일 마침내 제4차 6자회담 2단계 회의에서 「9 · 19 공동성명」이 채택되었다. 9 · 19 공동성명은 북한 핵문제 해결을 위해 관계 각측이 이행해야 할 사항을 포괄적으로 규정하고 있다. 이 공동성명의 채택으로 북한 핵문제 해결이 가시권에 들어온 것으로 생각되었으나, 소위 방코델타 아시아(Banco Delta Asia: BDA) 은행의 북한 계좌 동결문제로 9 · 19 공동성명의 이행은 지체되었다.

그러자 북한은 2006년 10월 9일 국제사회의 거듭된 경고에도 불구하고 핵실험을 강행하는 초강수를 두었다. 이로써 북핵문제는 핵무기 제조가 가능한 핵물질 보유 차원을 벗어

2) "北 '폐연료봉 이미 무기화' 美 '유엔안보리 회부 불사'," 『중앙일보』, 2004년 9월 30일자.

나 북한을 핵보유국으로 인정할 것인가 말 것인가의 차원으로 옮겨지게 되었다. 이후 유엔 안보리의 대북제재가 실시되기 시작했다. 북·미 간에 BDA의 금융봉쇄문제 해결에 대한 줄다리기도 지속됐다. 이런 가운데 북·미 고위급협상에 이어 6자회담이 재개됐고, 2007년 2월 제5차 3단계 6자회담에서「9·19 공동성명의 초기이행조치를 위한 합의서」(「2·13 북핵합의서」)가 채택되었다. 이로써 북핵문제 해결의 큰 틀거리가 마련되는 한편, 일단 북핵위기 가중이란 급한 불은 일단 끌 수 있었다. 이는 미국의 대북정책 변화, 중국의 대북한 설득, 한국의 중개 노력 등이 어우러져 만들어낸 결과였다.

「2·13 북핵합의서」는 북한의 핵프로그램 포기를 위한 초기이행조치를 포함한 3단계 해결구도, 즉, '핵폐쇄(Nuclear Shut-down) → 핵불능화(Nuclear Disablement) → 핵폐기(Nuclear Dismantlement)'를 제시하고 있다. 하지만 명확한 시한을 설정하지 않음으로써 북한의 과거 핵활동 규명과 검증, 보유 핵무기의 완전 폐기까지 걸리는 시간은 얼마가 될지 가늠하기 어려운 구조로 되어 있다. 또 북한은 핵개발을 미국의 대북적대시정책의 산물로 규정하며, 미국과의 양자회담으로 해결하겠다는 입장을 견지하고 있다. 게다가 북한은 행동 대 행동의 원칙을 내세우며, 각 협상국면마다 미국 등으로부터 최대한의 정치·군사·경제적 실리를 취하겠다는 입장을 드러냈다. 반면 미국은 6자회담 틀 속에서 양자회담 호응 등 일부 유연성을 발휘하기도 하였지만, 기본적으로 다자 틀에 의한 북핵문제의 완전해결을 추구하여 왔다. 또한 미국은「완전하고 검증가능하며 불가역적인 핵폐기」(Complete, Verifiable and Irreversible Dismantlement: CVID)란 기존입장을 포기하지 않는 가운데, 북한의 실천조치를 보아가면서 단계별로 가능한 보상을 하겠다는 입장을 시현하였다.

아무튼「2·13 북핵 합의서」 채택 후 한동안 북핵문제 해결이 순항하는 듯했다. 2007년 7월 1단계의 핵폐쇄 조치가 이행·완료되었다. 그리고 미국은 2년여 동안 현안으로 제기됐던 BDA의 북한 계좌 동결을 해제하였다. 이후 6자는 2007년 10월 3일「9·19 공동성명 2단계 이행조치 합의서」(약칭「10·3 북핵 합의서」)를 채택, 2008년 말까지 북핵 불능화 및 핵프로그램의 완전한 신고를 하도록 합의하였다. 그러나 북한은 12월 31일을 넘기고도 이 같은 의무를 제대로 이행하지 않았다. 그 결과 6자회담이 또다시 교착상태에 빠지게 되었다.

2008년 들어 북한과 미국은 그동안 북핵 문제 진전을 이룩하기 위한 다양한 접촉과 협의를 진행하여 왔다. '베이징 회동(2.19) → 제네바협의(3.13) → 뉴욕접촉(3.24, 28) → 싱가포르 협의(4.8)' 등 당면한 현안인 북핵 신고문제를 타결하기 위한 외교적 노력이 바로 그것이다. 특히 '4·8 싱가포르 잠정합의'의 결과 난항을 겪던 북핵 신고문제에 있어 약간의 타협점을 찾을 수 있었다. 북·미 간에 북핵프로그램 신고에 관한 기본적인 틀로서

'분리신고'와 '간접시인'의 방식(이른바 '창의적인 아이디어')이 모색되었다. 곧, 북한이 플루토늄에 대해서는 공식 신고하되, 우라늄 농축프로그램(Uranium Enrichment Program: UEP)과 핵확산(특히 북-시리아 간 핵협력) 의혹은 비공개 양해각서로 북·미만 공유하는 방식으로 분리한다(플루토늄→정식 신고서/UEP·핵확산 의혹→비공개 양해각서). 그리고 비공개 양해각서에 담기는 내용은 미국이 자신의 이행사항을 기술한 뒤 북한이 이를 '반박하지 않는다'고 명기하자는 것으로 타협을 보았다. 이로써 어렵게만 보였던 북핵 신고에 대한 해법이 도출되게 되었고, 6자회담 참가국들은 한숨을 놓게 됐다.

'4·8 싱가포르 잠정합의'와 미국의 성 김 한국 과장의 북한 방문(2008.4.22~24) 이후 북핵 신고에 대한 실질적인 후속조치가 취해졌다. 즉, 북한이 성 김 과장 등 방북한 미국 대표단(5.8~10)에게 18,000여 페이지에 달하는 방대한 핵가동 관련 자료를 제출한 것이다. 그 후 미국은 이들 핵 관련 자료에 대한 검토(약식 검증?)를 진행하였다.[3)]

이 같은 합의 도출과 후속조치에 따라 북한과 미국 사이에 일시적으로 훈풍이 불기도 했다. 예를 들면, 북한 핵문제 해결 진전에 따른 우호적 분위기에 맞춰 미국은 2008년 5월 17일 국무부 대변인의 발표를 통해 향후 1년 동안 50만 톤의 대북 식량 지원을 실시(6월 초부터 지원 개시)하기로 발표하였다. 북한은 2008년 6월 말 CNN 등 서방세계의 기자들을 초청하여 영변의 냉각탑을 폭파하는 쇼도 연출하였다.

북·미 간에 타결된 북핵 신고 방식이 「10·3 북핵 합의서」 제1조 제2항에 명기된 '완전하고도 정확한 핵프로그램 신고'(a complete and correct declaration of all its nuclear programs)에는 다소 미흡한 것이 사실이지만, 일단 교착국면을 타개하고 6자회담의 동력(momentum)을 회복하는 데 기여한 점은 부인할 수 없다.

하지만 테러지원국 해제문제는 또 다른 암초였다. 북·미 간에 핵신고 검증체계 구축을 둘러싸고 신경전이 계속되자, 미국은 북한에 대한 테러지원국 지정 해제를 지연시켰다. 이에 북한은 8월 26일 핵불능화 작업 중단 및 핵시설 복구 가능성을 내비치며 위협하기 시작했다.[4)] 북한이 즐겨 사용하는 협상전술의 하나인 '벼랑끝 선술'이 다시 도진 것이었다. 우여곡절 끝에 테러지원국 해제는 2008년 10월 11일 비로소 이루어졌다. 하지만 테러지원국 해제 조치에 대해 국내외의 반응은 차가웠다.

그러나 조지 W 부시 행정부의 임기가 끝나가고 오바마 민주당 대통령 후보의 대선 승리가 점쳐짐에 따라 북한은 미국의 차기 정부와 새로운 차원에서 북핵 협상을 할 생각

3) 제성호, "북핵문제 해결과 남북관계 운영방향," 통일부 통일교육원, 『상생·공영의 대북정책 발전 방향』, 2008년 대학교수 통일교육연찬 발표논문 자료집(2008.6.27), pp. 28-30 참조.

4) "北 핵시설 복구說… 또 벼랑끝 전술?," 『연합뉴스』, 2008년 9월 6일자.

으로 6자회담 개최에 끝내 호응해 나오지 않았다.

오바마 대통령은 당선자 시절 북・미 직접대화의 가능성을 포함한 유연한 대북 접근을 통해 북한 핵문제를 해결하겠다는 방침을 피력하였다. 이에 북한은 민주당 행정부의 대북정책에 대해 상당한 기대를 걸었다. 하지만 막상 오바마 행정부가 출범한 후 미국은 북한에 대해 녹록하지 않은 태도를 보여주었다. '핵 없는 세계의 건설'을 미래 비전으로 제시하는 한편, 북핵 폐기에 대해 단호한 원칙을 밝히면서, 북한에 대해 6자회담에의 조속한 복귀를 종용했다. 북한은 강력히 반발했다.

2009년 4월 5일 장거리 로켓의 발사와 동년 5월 25일 2차 핵실험, 그리고 그에 뒤이은 서해 해상에서의 군사적 시위 등은 북한의 불만 표시와 더불어 국제사회의 관심 끌기의 차원에서 행해진 계산된 행동이었다. 유엔 안보리는 6월 11일 결의 1874호를 채택하여 대북 경제제재를 실시하였다. 이는 2006년 10월 9일 전격 단행한 1차 핵실험 직후 채택된 안보리 결의 1718호를 업그레이드한 것이다. 하지만 북한은 계속 강경자세를 유지한 채 북핵문제 해결을 위한 6자회담에 나오길 거부하였다.

이런 상황에서 이명박 대통령은 2009년 9월 21일 미 외교협회(Council on Foreign Relations: CFR)/아시아협회(Asia Society: AS)/코리아 서사이티(Korea Society) 초청 간담회 연설과 9월 23일 유엔 총회 연설을 통해, 북한 핵문제 해결을 위한 이니셔티브의 일환으로 '그랜드 바겐'(Grand Bargain)으로 명명되는 북핵 일괄타결방안을 제시하였다.[5] 그 후 2009년 11월 19일 서울에서 열린 한・미정상회담에서 이명박 대통령과 오바마 대통령은 '그랜드 바겐' 접근에 대한 공감대를 확인하고, 앞으로 그 내용 및 추진방안을 구체화하기로 합의하였다.[6] 오바마 대통령은 한・미 정상회담에서 보스워즈 미국 대북정책 특별대표가 2009년 12월 8일 북한을 방문할 것이라고 밝혔다.

2009년 12월 3일 현재 스티븐 보스워즈 대북정책 특별대표의 방북 보따리에 국제사회의 관심이 쏠리고 있다. 미국은 아직까지 보스워즈 특별대표의 방북은 북한의 6자회담

---

5) 이명박 대통령은 이러한 연설들을 통해 '그랜드 바겐'과 관련해서 ① 타협과 파행, 진전과 후퇴를 반복해 온 과거의 패턴에서 탈피하여 북핵 문제를 근본적으로 푸는 '통합적 접근법'이 필요하다는 것, ② 6자회담을 통해 북핵 프로그램의 핵심 부분 폐기와 동시에 북한에 대해 확실한 안전보장과 국제지원을 본격화할 수 있다는 것, ③ 북핵 폐기의 종착점에 대해 명확한 합의를 토대로 5자 간 협의를 통해 구체적인 행동방안의 마련을 추진할 것을 밝혔다. 청와대 외교안보수석실, "북핵 일괄타결(Grand Bargain) 방안," 외교안보수석실 정책 브리프(2009.9), p. 1 참조.

6) 청와대 외교안보수석실, "한・미 정상회담(11.19) 결과 및 의의," 외교안보수석실 정책 브리프(2009.11), p. 1. 한편 유명환 외교통상부 장관은 2009년 12월 2일 동북아미래포럼이 주최한 조찬 모임에서 그랜드 바겐에 따른 북핵문제 대책방향에 대해 개괄적으로 발표한 바 있다. 동 내용은 〈자료 13〉 참조.

복귀를 설득하기 위해 이루어진 것일 뿐이며, 북·미 간의 고위급 접촉에서 북핵문제에 대한 실질적인 논의는 없을 것임을 분명히 하고 있다. 물론 실질적인 논의는 6자회담이 재개되어야 가능하겠지만, 북한이 6자회담에 복귀해 핵폐기 의사를 표명할 경우 얻게 될 당근에 대해 보스워즈 특별대표가 북한 측에 설명할 가능성은 높다. 그리고 우리 정부가 제시한 '그랜드 바겐'의 현실화 문제도 보스워즈의 방북 결과에 좌우될 공산이 크다. 그러기에 보스워즈의 방북 여파에 귀추가 주목되고 있는 것이다.

<표 11> 6자회담의 개최 경과와 주요 결과

<table>
<tr><th colspan="2">구 분</th><th>회담일정</th><th>주요 결과</th></tr>
<tr><td colspan="2">제1차 회담</td><td>'03.8.27~29</td><td>• 한반도 비핵화, 대화를 통한 평화적 해결원칙에 대한 공감대 형성</td></tr>
<tr><td colspan="2">제2차 회담</td><td>'04.2.25~28</td><td>• 상호 조율된 조치에 의한 해결 및 실무그룹 구성 합의</td></tr>
<tr><td colspan="2">제3차 회담</td><td>'04.6.23~26</td><td>• 한반도 비핵화를 위한 초기조치의 필요성, '말 대 말'/ '행동 대 행동'의 단계적 과정 필요성 공감</td></tr>
<tr><td rowspan="2">제4차 회담</td><td>1단계 회의</td><td>'05.7.26~8.7</td><td rowspan="2">• 6자회담의 원칙과 목표를 담은 9·19 공동성명 채택
–북한의 핵폐기 및 여타국의 상응조치 합의</td></tr>
<tr><td>2단계 회의</td><td>'05.9.13~19</td></tr>
<tr><td rowspan="3">제5차 회담</td><td>1단계 회의</td><td>'05.11.9~11</td><td>• 9·19 공동성명의 전면적 이행 의지 재확인</td></tr>
<tr><td>2단계 회의</td><td>'06.12.18~22</td><td>• 9·19 공동성명 이행 의지 재확인 및 이행을 위한 조율된 조치를 취하기로 합의</td></tr>
<tr><td>3단계 회의</td><td>'07.2.8~13</td><td>• 9·19 공동성명 이행을 위한 초기조치 합의(2·13 북핵합의)</td></tr>
<tr><td rowspan="4">제6차 회담</td><td>1단계 회의</td><td>'07.3.19~22</td><td>• 6자회담 참가국들의 2·13합의 이행 의지 확인</td></tr>
<tr><td>수석대표회의</td><td>'07.7.18~20</td><td>• 각 실무그룹회의 개최 및 공동 컨센서스 이행을 위한 로드맵 작성 합의</td></tr>
<tr><td>2단계 회의</td><td>'07.9.27~30</td><td>• 6자회담 합의문, "9·19 공동성명 이행을 위한 2단계 조치" 발표</td></tr>
<tr><td>수석대표회의</td><td>'08.7.10~12</td><td>• 북핵 신고 검증 및 6자 의무이행 감시체제 수립 합의</td></tr>
<tr><td colspan="2">6자 외교장관 회동</td><td>'08.7.23</td><td>• 그간 6자회담의 초기단계 성과 평가
• 비핵화 2단계의 마무리 및 3단계로의 진전 필요</td></tr>
<tr><td colspan="2">수석대표회의</td><td>'08.12.8~11</td><td>• 불능화와 대북 경제·에너지 지원의 병렬적 이행 합의(시한 미설정)
• 동북아 평화·안보 지도원칙 수정안 검토를 위한 동북아 평화·안보메커니즘 실무그룹회의('09.2, 모스크바) 개최 합의</td></tr>
</table>

〈자료 11〉 제4차 6자회담 공동성명(통칭 「9 · 19 공동성명」, 2005.9.19)

제4차 6자회담이 베이징에서 중화인민공화국, 조선민주주의인민공화국, 일본, 대한민국, 러시아연방, 미합중국이 참석한 가운데 2005년 7월 26일부터 8월 7일까지 그리고 9월 13일부터 19일까지 개최되었다.

우다웨이 중화인민공화국 외교부 부부장, 김계관 조선민주주의인민공화국 외무성 부상, 사사에 켄이치로 일본 외무성 아시아대양주 국장, 송민순 대한민국 외교통상부 차관보, 알렉세예프 러시아 외무부 차관, 그리고 크리스토퍼 힐 미합중국 국무부 동아태 차관보가 각 대표단의 수석대표로 동 회담에 참석하였다.

우다웨이 부부장은 동 회담의 의장을 맡았다.

한반도와 동북아시아 전반의 평화와 안정이라는 대의를 위해, 6자는 상호 존중과 평등의 정신하에, 지난 3회에 걸친 회담에서 이루어진 공동의 이해를 기반으로 한반도의 비핵화에 대해 진지하면서도 실질적인 회담을 가졌으며, 이러한 맥락에서 다음과 같이 합의하였다.

1. 6자는 6자회담의 목표가 한반도의 검증가능한 비핵화를 평화적인 방법으로 달성하는 것임을 만장일치로 재확인하였다.

   조선민주주의인민공화국은 모든 핵무기와 현존하는 핵계획을 포기할 것과, 조속한 시일 내에 핵확산금지조약(NPT)과 국제원자력기구(IAEA)의 안전조치에 복귀할 것을 공약하였다.

   미합중국은 한반도에 핵무기를 갖고 있지 않으며, 핵무기 또는 재래식 무기로 조선민주주의인민공화국을 공격 또는 침공할 의사가 없다는 것을 확인하였다.

   대한민국은 자국 영토 내에 핵무기가 존재하지 않는다는 것을 확인하면서, 1992년도 「한반도의 비핵화에 관한 남북 공동선언」에 따라, 핵무기를 접수 또는 배비하지 않겠다는 공약을 재확인하였다.

   1992년도 「한반도의 비핵화에 관한 남북 공동선언」은 준수, 이행되어야 한다.

   조선민주주의인민공화국은 핵에너지의 평화적 이용에 관한 권리를 가지고 있다고 밝혔다. 여타 당사국들은 이에 대한 존중을 표명하였고, 적절한 시기에 조선민주주의인민공화국에 대한 경수로 제공 문제에 대해 논의하는 데 동의하였다.

2. 6자는 상호 관계에 있어 국제연합 헌장의 목적과 원칙 및 국제관계에서 인정된 규범을 준수할 것을 약속하였다.

   조선민주주의인민공화국과 미합중국은 상호 주권을 존중하고, 평화적으로 공존하며, 각자의 정책에 따라 관계정상화를 위한 조치를 취할 것을 약속하였다.

조선민주주의인민공화국과 일본은 평양선언에 따라, 불행했던 과거와 현안사항의 해결을 기초로 하여 관계 정상화를 위한 조치를 취할 것을 약속하였다.

3. 6자는 에너지, 교역 및 투자 분야에서의 경제협력을 양자 및 다자적으로 증진시킬 것을 약속하였다.

중화인민공화국, 일본, 대한민국, 러시아연방 및 미합중국은 조선민주주의인민공화국에 대해 에너지 지원을 제공할 용의를 표명하였다.

대한민국은 조선민주주의인민공화국에 대한 2백만 킬로와트의 전력공급에 관한 2005.7.12자 제안을 재확인하였다.

4. 6자는 동북아시아의 항구적인 평화와 안정을 위해 공동 노력할 것을 공약하였다.

직접 관련 당사국들은 적절한 별도 포럼에서 한반도의 항구적 평화체제에 관한 협상을 가질 것이다. 6자는 동북아시아에서의 안보협력 증진을 위한 방안과 수단을 모색하기로 합의하였다.

5. 6자는 '공약 대 공약', '행동 대 행동' 원칙에 입각하여 단계적 방식으로 상기 합의의 이행을 위해 상호 조율된 조치를 취할 것을 합의하였다.

6. 6자는 제5차 6자회담을 11월 초 북경에서 협의를 통해 결정되는 일자에 개최하기로 합의하였다.

〈자료 12〉 9·19 공동성명 이행을 위한 초기조치(「2·13 북핵합의서」, 2007.2.13)

제5차 6자회담 3단계회의가 베이징에서 중화인민공화국, 조선민주주의인민공화국, 일본, 대한민국, 러시아연방, 미합중국이 참석한 가운데, 2007년 2월 8일부터 13일까지 개최되었다.

우다웨이 중화인민공화국 외교부 부부장, 김계관 조선민주주의인민공화국 외무성 부상, 사사에 켄이치로 일본 외무성 아시아대양주 국장, 천영우 대한민국 외교통상부 한반도평화교섭본부장, 알렉산더 로슈코프 러시아 외무부 차관, 그리고 크리스토퍼 힐 미합중국 국무부 동아태 차관보가 각 대표단의 수석대표로 동 회담에 참석하였다.

우다웨이 부부장은 동 회담의 의장을 맡았다.

Ⅰ. 참가국들은 2005년 9월 19일 공동성명의 이행을 위해 초기단계에서 각국이 취해야 할 조치에 관하여 진지하고 생산적인 협의를 하였다. 참가국들은 한반도 비핵화를

조기에 평화적으로 달성하기 위한 공동의 목표와 의지를 재확인하였으며, 공동성명상의 공약을 성실히 이행할 것이라는 점을 재확인하였다. 참가국들은 '행동 대 행동'의 원칙에 따라 단계적으로 공동성명을 이행하기 위해 상호 조율된 조치를 취하기로 합의하였다.

Ⅱ. 참가국들은 초기단계에 다음과 같은 조치를 병렬적으로 취하기로 합의하였다.

1. 조선민주주의인민공화국은 궁극적인 포기를 목적으로 재처리 시설을 포함한 영변 핵시설을 폐쇄·봉인하고 IAEA와의 합의에 따라 모든 필요한 감시 및 검증활동을 수행하기 위해 IAEA 요원을 복귀토록 초청한다.

2. 조선민주주의인민공화국은 9·19 공동성명에 따라 포기하도록 되어 있는, 사용 후 연료봉으로부터 추출된 플루토늄을 포함한 공동성명에 명기된 모든 핵프로그램의 목록을 여타 참가국들과 협의한다.

3. 조선민주주의인민공화국과 미합중국은 양자 간 현안을 해결하고 전면적 외교관계로 나아가기 위한 양자대화를 개시한다. 미합중국은 조선민주주의인민공화국을 테러지원국 지정으로부터 해제하기 위한 과정을 개시하고, 조선민주주의인민공화국에 대한 대적성국 교역법 적용을 종료시키기 위한 과정을 진전시켜 나간다.

4. 조선민주주의인민공화국과 일본은 불행한 과거와 미결 관심사안의 해결을 기반으로, 평양선언에 따라 양국관계 정상화를 취해 나가는 것을 목표로 양자대화를 개시한다.

5. 참가국들은 2005년 9월 19일 공동성명의 1조와 3조를 상기하면서, 조선민주주의인민공화국에 대한 경제·에너지·인도적 지원에 협력하기로 합의하였다. 이와 관련, 참가국들은 초기단계에서 조선민주주의인민공화국에 긴급 에너지 지원을 제공하기로 합의하였다. 중유 5만 톤 상당의 긴급 에너지 지원의 최초 운송은 60일 이내에 개시된다.

참가국들은 상기 초기 조치들이 향후 60일 이내에 이행되며, 이러한 목표를 향하여 상호 조율된 조치를 취한다는 데 합의하였다.

Ⅲ. 참가국들은 초기조치를 이행하고 공동성명의 완전한 이행을 목표로 다음과 같은 실무그룹(W/G)을 설치하는데 합의하였다.

1. 한반도 비핵화

2. 미·북 관계정상화
3. 일·북 관계정상화
4. 경제 및 에너지 협력
5. 동북아 평화·안보 체제

실무그룹들은 각자의 분야에서 9·19 공동성명의 이행을 위한 구체적 계획을 협의하고 수립한다. 실무그룹들은 각각의 작업진전에 관해 6자회담 수석대표 회의에 보고한다. 원칙적으로 한 실무그룹의 진전은 다른 실무그룹의 진전에 영향을 주지 않는다. 5개 실무그룹에서 만들어진 계획은 상호 조율된 방식으로 전체적으로 이행될 것이다.

참가국들은 모든 실무그룹 회의를 향후 30일 이내에 개최하는 데 합의하였다.

Ⅳ. 초기조치 기간 및 조선민주주의인민공화국의 모든 핵프로그램에 대한 완전한 신고와 흑연감속로 및 재처리 시설을 포함하는 모든 현존하는 핵시설의 불능화를 포함하는 다음단계 기간 중, 조선민주주의인민공화국에 최초 선적분인 중유 5만 톤 상당의 지원을 포함한 중유 100만 톤 상당의 경제·에너지·인도적 지원이 제공된다.

상기 지원에 대한 세부 사항은 경제 및 에너지 협력 실무그룹의 협의와 적절한 평가를 통해 결정된다.

Ⅴ. 초기조치가 이행되는 대로 6자는 9·19 공동성명의 이행을 확인하고 동북아 안보협력 증진방안 모색을 위한 장관급 회담을 신속하게 개최한다.

Ⅵ. 참가국들은 상호신뢰를 증진시키기 위한 긍정적인 조치를 취하고 동북아에서의 지속적인 평화와 안정을 위한 공동노력을 할 것을 재확인하였다. 직접 관련 당사국들은 적절한 별도 포럼에서 한반도의 항구적 평화체제에 관한 협상을 갖는다.

Ⅶ. 참가국들은 실무그룹의 보고를 청취하고 다음단계 행동에 관한 협의를 위해 제6차 6자회담을 2007년 3월 19일에 개최하기로 합의하였다.

〈대북 지원부담의 분담에 관한 합의 의사록〉

미합중국, 중화인민공화국, 러시아연방, 대한민국은 각국 정부의 결정에 따라, Ⅱ조 5항 및 Ⅳ조에 규정된 조선민주주의인민공화국에 대한 지원부담을 평등과 형평의 원칙에 기초하여 분담할 것에 합의하고, 일본이 자국의 우려사항이 다루어지는 대로 동일한 원칙에 따라 참여하기를 기대하며, 또 이 과정에서 국제사회의 참여를 환영한다.

<표 12> 「9 · 19 공동성명 이행을 위한 2단계 조치」 합의(「10 · 3 북핵합의서」) 요지

한반도 비핵화	불능화	• 북한: 모든 현존 핵시설 불능화 –금년 내 영변의 3개 핵시설(5MWe원자로/ 재처리시설/ 핵연료봉제조공장) 불능화 완료 ※ 구체적 조치는 전문가 그룹의 권고에 따라 수석대표들이 채택 • 미국: 불능화 활동 주도 및 초기 자금 제공 –2주 내 전문가 그룹 방북
	신고	• 북한: 금년 내 모든 핵프로그램의 완전하고 정확한 신고
비확산		• 북한: 핵 물질, 기술 및 노하우를 이전하지 않는다는 공약 재확인
관계 정상화	미 · 북 ·	• 미국: 미 · 북 관계정상화 실무그룹에서의 컨센서스를 기초로 북측 조치와 병행하여 공약 이행 –테러지원국 지정 해제 과정 개시 및 대적성국 교역법 적용 종료 과정 진전에 대한 공약을 상기(recalling)
	일 · 북	• 양측은 평양선언에 따라 신속한 관계정상화 노력 경주 –양측 간 집중적 협의를 통한 구체적 조치 모색
대북 경제 · 에너지 지원		• 중유 100만 톤 상당 경제 · 에너지 · 인도적 지원 제공(기제공 10만 톤 포함) –구체 사항은 경제 · 에너지협력 실무그룹에서 최종 결정
6자 외교장관회담		• 적절한 시기에 북경 개최 재확인 –의제 협의를 위한 6자 수석대표회의 사전 개최

출처: 외교통상부 홈페이지(북한 핵문제/6자회담> 6자회담 관련문서 17/18번)
http://www.mofat.go.kr/press/hotissue/nuclear/index.jsp 참조.

<표 13> 「9 · 19 공동성명」, 「2 · 13 합의」 및 「10 · 3 합의」 요약 · 정리

	주 요 내 용
9 · 19 공동성명	• 6자회담 목표가 한반도의 검증가능한 비핵화임을 재확인 –북한은 모든 핵무기와 현존 핵프로그램 포기, 조속한 NPT 및 IAEA 안전조치 복귀 공약 –미국은 한반도 내 핵무기 부재 및 북한에 대한 공격 또는 침공 의사 부재 확인 –한반도 비핵화 공동선언 준수 및 이행 필요성 –여타국은 북한의 평화적 핵이용권 존중 및 적절한 시기 경수로 제공문제 논의에 동의 –북 · 미와 북 · 일은 관계정상화를 위한 조치를 취할 것을 약속 • 6자는 에너지, 교역, 투자 분야에서의 경제협력을 증진시킬 것을 약속 –여타국은 대북 에너지 지원 제공 용의 표명, 한국은 2백만KW 전력공급 제안 재확인 • 6자는 동북아의 항구적 평화와 안정을 위해 공동 노력할 것을 공약 –직접 관련 당사국들은 적절한 별도 포럼에서 한반도의 항구적 평화체제에 관해 협상 • 6자는 단계적 방식으로 상기 합의 이행을 위해 상호 조율된 조치를 취할 것을 합의
2 · 13 합의	• 북한 내 ① 핵시설의 폐쇄 · 봉인 및 IAEA 요원 복귀, ② 모든 핵프로그램의 목록 작성 협의(60일 이내) –60일 이내 중유 5만 톤 상당 긴급에너지 대북 지원

	• 미 · 북/북 · 일 관계정상화 위한 양자 대화 개시(60일 이내) • 대북 경제 · 에너지 · 인도적 지원(다음 단계) －① 모든 핵계획 완전 신고 및 ② 모든 현존하는 핵시설 불능화 기간 중 중유 100만 톤(초기 5만 톤 포함) 상당의 지원 제공 • 6자회담 내 5개 실무그룹(WG) 구성(30일 내 회의 개최) －△한반도 비핵화, △미 · 북 관계정상화, △일 · 북 관계정상화, △경제 · 에너지 협력, △동북아 평화 · 안보체제 • 초기단계 조치 이행 완료 이후, 6자 장관급 회담 개최 • 직접 관련 당사국 간 적절한 별도 포럼에서 한반도 평화체제 협상
10 · 3 합의	• 북한은 금년 내 모든 현존 핵시설 불능화 및 모든 핵프로그램의 완전하고 정확한 신고 완료 • 북한은 핵 물질, 기술 및 노하우를 이전하지 않는다는 공약 재확인 • 미국은 미 · 북 관계정상화 WG에서 컨센서스를 기초로 북측 조치와 병행하여 미측 공약을 이행할 것이며, 일 · 북 또한 평양선언에 따라 신속한 관계정상화 노력 경주 －미국은 테러지원국 지정 해제 과정 개시 및 대적성국 교역법 적용 종료 과정 진전에 대한 공약 상기(recalling) • 중유 100만 톤 상당 대북 경제 · 에너지 · 인도적 지원 제공 • 적절한 시기에 6자 외교장관회담 북경에서 개최 재확인

출처: 외교통상부 홈페이지(북한 핵문제/6자회담〉 6자회담 관련문서 19번)
http://www.mofat.go.kr/press/hotissue/nuclear/index.jsp 참조.

2. 북한 핵문제 해결방향

북핵문제는 본질상 한반도를 넘어 국제사회의 평화와 안전을 위협하는 중대한 안보사안이다. 북한의 핵프로그램은 1991년 12월 채택된 「한반도 비핵화 공동선언」은 물론 1994년 북 · 미 간 제네바 합의의 위반에 해당된다. 국제적으로는 핵무기 확산 방지를 통한 국제평화 유지를 목표로 하는 NPT체제에 대한 중대한 위협을 구성한다. 북핵문제가 평화적으로 해결되지 않을 경우, 동북아에 핵도미노 현상이 현실화될 위험이 상존한다.

더욱이 북한의 핵 보유를 기정사실화할 경우 비대칭적 안보구조의 일상화 · 장기화로 인해 한국의 안보에 구멍이 생길 공산이 크다. 한국이 북한의 핵인질화에 속수무책이 될 수도 있다. 따라서 당면하게는 북핵문제 해결이 한반도 평화 보장을 위한 가장 중요한 현안으로 부각되고 있다.

문제는 사안의 복잡성 때문에 한국의 독자적 노력만으로 북핵문제를 해결하는 데는 한계가 있다는 점이다. 따라서 우리로서는 국제공조를 통한 평화적·외교적 해결에 방점을 둘 수밖에 없다. 6자회담이 나름의 한계를 갖고 있기는 하지만, 북한에 핵을 포기하도록 설득하는 유용한 장이 될 수 있음도 부인할 수 없는 현실이다. 이러한 기본입장에 근거하여 몇 가지 북핵문제 해결방안을 제시하기로 한다.

첫째, '한반도 비핵화 실현'을 핵문제 해결의 목표로 설정하고 이를 대북 핵정책의 기본원칙으로 확고하게 유지해야 한다('한반도 비핵화 실현 원칙'). 북한이 핵무기를 개발한다고 해서 대북정책의 중심이 흔들려선 안 된다. 일부에서 주장하는 바와 같이 우리 정부가 평화적 '핵주권'(Nuclear Sovereignty)[7]을 전면에 내세울 경우, 그간 한국 정부가 견지해 왔던 한반도 비핵화원칙이 흔들리게 되고 국제사회의 불신을 초래할 가능성이 높다. 또한 북한의 핵개발 포기를 유도할 수 있는 지렛대를 상실한다는 점에서 섣부른 핵주권 주장은 자제하는 것이 타당하다. 한반도 비핵화를 위해서는 '완전하고 검증가능하며 불가역적인 북한 핵폐기'를 강조해야 한다. 이런 입장에서 향후 6자회담에서 도출될 새로운 합의는 반드시 '과거의 핵' 규명과 기 추출·생산된 핵물질과 핵무기의 폐기를 포함하는 것이어야 한다. 결코 현재와 미래의 북한 핵동결에 머무르는 미완의 합의에 그쳐선 안 될 것이다.

둘째, 우리 정부는 '2·13 합의' 구도와 프로세스에 대한 문제점 인식의 기초 위에서 2006년 10월 이후 전개됐던 상황의 반복은 절대 있어서는 안 될 것이다. 즉, 유엔 안보리 결의 1718호에 의해 대북 제재가 실시됐지만, 이내 북·미 간의 고위급 접촉과 6자회담 재개에 따라 대북 제재 국면이 소멸됐다. 한·미·일 등 국제사회가 유효하게 사용할 수 있는 제재 카드를 스스로 상실시키는 결과를 낳았고, 이는 북한의 합의사항 이행을 확보(강제)하는 데 도움이 되지 못했다. 그러므로 앞으로는 북한이 6자회담에 복귀하더라도 북한이 북핵 합의(특히 핵프로그램의 핵심부분)를 충실하게 이행하기까지는 '대화와 제재

7) 일반적으로 핵주권이라 함은 '사용 후 핵연료'(spent fuel, 원자로에서 일정 기간 동안 사용한 후 꺼낸 핵연료를 말하며, 여기에는 재처리하거나 폐기물로 저장 또는 처리, 처분해야 할 물질이 포함된다)에 대한 자체의 재처리를 통해 핵주기를 완성할 수 있는 권리를 가리킨다. 이와 관련, 장기적으로 우리가 핵주권을 회복하기 위한 노력을 할 필요가 있기는 하지만, 북한이 2차 핵실험을 단행하고 핵무장을 기정사실화하려는 상황에서 핵주권을 강조하는 것은 부적절하다는 입장이 유력하다. 예컨대, 김성한 고려대 교수는 "핵주기 완성은 북한이 핵을 포기하도록 만드는 것이 아니라 북한을 핵보유 국가로 인정하고 한국도 거기에 동참하려는 것 아니냐는 오해를 받을 수 있다. 평화적 핵주기 완성을 위한 노력은 꾸준히 해나가야 하지만 타이밍이 적절치 않다"고 언급한 바 있다. 그러나 다른 한편 원자력 발전이나 기타 산업적·경제적 관점에서 '평화적 핵이용권의 확대'(곧 핵주기 완성론)를 모색해야 한다는 견해도 있다. 『조선일보』, 2009년 6월 13일자. 최근 '평화적 핵이용권의 확대' 차원에서 한·미원자력협정의 개정문제가 제기되고 있다. 이와 관련, 이은철, "한미원자력협정의 문제점과 개선방향," 박선영 국회의원실, 『핵 주권론과 핵 우산론, 무엇이 문제인가』(2009.6.4), pp. 5-41 참조.

를 병행'하는 구도를 유지해야 할 것이다('대화 및 제재 병행원칙').

셋째, 주지하는 바와 같이 6자회담 틀에서 만들어진 「2·13 북핵합의서」는 쉬운 것부터 시작해 어려운 것을 해결해 나간다는 단계적 해결구도(단계론)를 제도화해 놓았다. 하지만 이러한 틀거리는 북한이 북핵문제의 해결 및 진전을 좌지우지토록 만드는 구도였고, 북한이 단물(국제적 지원)은 다 빨아먹으면서도 불가역적인 핵폐기로의 이행을 담보할 수 있는 것이 아니었다. 그런 점에서 쉬운 것과 어려운 것을 가리지 않고 모든 것을 다 내어놓고 '포괄적으로 접근'하되, '일괄타결'을 모색하는 것이 필요하다(포괄접근 및 일괄타결 원칙). 이 점에서 '그랜드 바겐'의 접근법은 타당한 것이라고 생각된다. 앞으로 정부는 빠른 시일 내에 이 '그랜드 바겐'의 내용과 실행방안을 다듬어 구체화시켜야 할 것이다.

넷째, 포괄적 접근과 일괄타결에 의한 해법이 도출되더라도 합의사항의 이행은 단계적으로 이루어질 수밖에 없다. 이와 관련, 지난 시기의 우를 되풀이하지 않기 위해서는 분명한 시점을 정하여 양측의 합의사항 이행을 철저하게 연계해야 할 것이다. 즉, '행동 대 행동원칙'에 따라 북한의 합의사항 이행에 따라 그에 상응한 보상을 제공함으로써 북핵문제 해결을 촉진해야 한다('행동 대 행동원칙'). '행동 대 행동원칙'은 현재까지 6자 간에 합의된 북핵문제 해결 원칙의 하나로 자리 잡고 있다고 할 수 있는바, 우리 정부도 이를 준수하는 것이 타당하다.

요컨대, 6자회담을 통한 북한 핵프로그램 포기를 이끌어내기 위해 '보상의 역(逆) 살라미 정책'을 추진할 필요가 있다. 다시 말해서 관련 5개국이 북한의 핵포기 과정을 세분화하고, 이에 상응하는 보상규모를 책정하여 북한에 제시하는 인센티브제와의 연계가 북핵문제 해결을 가능케 하는 한 방안이 될 수 있다고 하겠다.

〈자료 13〉 "북핵문제 해결과 남북관계"

—유명환 외교통상부 장관(2009.12.2 동북아미래포럼 조찬 연설문)—

1. 인사말씀

여러분, 반갑습니다.

오늘 중앙일보와 현대경제연구원이 공동으로 주최하는 동북아미래포럼에 저를 초청하여 주신 데 대해 진심으로 감사드립니다. 우리나라의 정·관계, 학계와 재계 그리고 NGO 등 사회 각계를 대표하는 지도자분들을 모시고 말씀드릴 기회를 갖게 된 것을 기쁘게 생각합니다.

저는 오늘 '북핵문제 해결 전망과 남북관계'라는 주제하에, △ 최근 북핵문제의 현황 및 평가와 함께 △ 북핵문제 해결을 위한 우리 정부의 정책방향 △ 북핵문제와 남북관계 등에 관해 말씀드리고자 합니다.

2. 북핵문제 현황 및 평가

핵문제는 20년 전인 1989년 영변 핵시설의 활동이 확인되면서 국제사회에서 본격적으로 부각되기 시작하였습니다. 이후 93년 1차 핵위기와 94년 제네바합의, 2002년 2차 핵위기에 따른 6자회담 개시 그리고 2005년 9·19 공동성명 채택 등을 거치며 북핵문제 전개 과정은 여러 차례 부침을 겪어왔습니다. 북핵문제의 그간 경과에 대해서는 여러분들께서 잘 알고 계시리라 생각하고, 오늘 이 자리에서는 최근 현황을 중심으로 설명 드리겠습니다.

【북한의 최근 도발 및 평가】

작년(2008년) 하반기에 북한이 제출한 핵신고서의 검증 관련 합의가 이루어지지 못함에 따라 6자회담 과정이 정체된 와중에, 북한은 금년 4월 장거리 로켓을 발사하고 5월에는 2차 핵실험을 실시하는 등 연이은 도발을 강행하고 6자회담을 거부한 바 있습니다. 북한의 도발행위에 대해 국제사회는 유엔 안보리 의장성명(4월)과 안보리결의 1874호(6월)를 채택하고, 대북제재를 충실히 이행함으로써 단호히 대응해 가고 있습니다.

이러한 상황에서 북한은 지난 8월 클린턴 전 대통령의 방북 이후 억류인사 석방, 조문단 파견, 이산가족 상봉 등 미국과 한국에 대해 일련의 유화적 움직임을 보이기 시작하였습니다. 이어 10월 원자바오 중국 총리의 방북을 계기로 북한은 미-북 양자대화의 결과를 보고 6자회담을 포함한 다자회담에 복귀할 수 있다는 입장을 표명한 이래 미-북 대화의 조속한 개최 주장을 되풀이하고 있습니다. 북한의 거듭된 양자대화 요청에 대해 미국 정부는 우리를 포함한 관련국들과 긴밀한 협의를 거친 결과, 12.8 보즈워스 미 국무부 대북정책 특별대표의 평양 방문을 결정하였습니다.

그러나 북한이 미-북 대화 후 다자대화로 복귀할 용의를 보였다고 해서, 핵문제에 대한 근본적인 태도의 변화가 있는 것은 아닌 것 같습니다. 왜냐하면 북한은 지난 9.3 유엔 안보리 의장 앞 서한을 통해 플루토늄 무기화, 우라늄 농축 시험 등 핵 개발 활동을 계속하고 있다고 밝혔으며, 11.3에는 8,000개 폐연료봉의 재처리를 이미 8월 말까지 끝내고 무기화에 있어서도 주목할 만한 성과를 거두었다고 발표하였습니다. 또한, 북한은 4월 장거리 로켓 발사, 7월 중거리 탄도 미사일 발사에 이어 10.12에 또다시 단거리 탄도 미사일 발사를 감행하였습니다.

북한은 이러한 도발행위를 지속하는 한편, 6자회담을 포함한 다자회담에 앞서 먼저 미－북 양자대화를 통해 미－북 간 적대관계를 평화적 관계로 전환해야 한다는 기존의 입장을 반복하고 있습니다. 이는 북한이 핵문제를 미국과 북한 간의 문제로 유도해 가면서, 미－북 간 평화협정 체결을 비롯하여 주한미군 철수 및 핵우산 제거를 주장하는 의도를 나타낸 것으로 볼 수 있습니다.

【한－미 정상회담의 의의】

이러한 상황하에서 2009년 11월 19일 오바마 대통령 방한 시 개최된 한－미 정상회담은 미－북 양자대화를 앞두고 양국 정상이 북핵문제에 대한 인식을 공유하고 향후 대응방향에 대해 의견의 일치를 확인한 매우 의미 있는 자리였습니다. 이번 한－미 정상회담의 북핵문제 관련 논의내용을 말씀드리자면, 양국 정상은 우선 한－미 양국 간에 북핵문제와 대북관계에 있어서 그 어느 때보다 긴밀한 공조가 이루어지고 있다는 데 만족을 표하였습니다. 그리고 양국 정상은 6자회담을 통한 완전하고 검증가능한 북한의 핵폐기를 이루어야 한다는 확고한 의지를 재확인하였습니다.

앞으로는 북한이 도발적 행위를 한 후 대화에 복귀하면서 양보를 얻어내던 과거의 패턴에서 벗어나야 하며, 이를 위해서는 이명박 대통령께서 제시한 일괄타결 즉, Grand Bargain 방식의 포괄적 해결이 필요하다는 데 양국 정상은 전적으로 공감하였습니다. 또한, 양국 정상은 북한이 조속히 6자회담에 복귀하여 비핵화를 위한 실질적인 조치를 취해 나가도록 관련국들과 협력하기로 하였습니다.

이명박 대통령께서는 북한이 우리의 제안을 받아들임으로써 북한의 안전을 보장하고 북한 주민들의 삶의 질이 향상되는 새로운 미래가 열릴 수 있을 것이라는 기대를 표명하였고, 오바마 대통령도 이에 대해 공감을 표하였습니다. 이러한 굳건한 한－미 공조는 앞으로 북핵문제를 다뤄나가는 데 있어 튼튼한 기반이 될 것입니다. 특히, 미－북 접촉을 앞둔 시점에서 이번 한－미 정상회담은 중요한 의미를 갖는 것이라고 할 수 있습니다.

【미－북 대화 전망】

북한이 미－북 대화의 결과를 보고 6자회담을 포함한 다자회담에 복귀한다고 하면서 미－북 양자대화를 거듭 촉구하는 의도가 무엇인지는 여러 측면에서 주의 깊게 보아야 할 것입니다. 북한이 이번 미－북 접촉을 6자회담으로 복귀하기 위한 수순으로 여길 수도 있지만, 국제사회의 공조를 흐트러뜨리려는 시도일 수도 있고, 미국과 평화협정 체결을 고집하면서 6자회담 복귀를 거부하기 위한 구실을 마련한다든지, 한－미 양국 및 여타 6자회담 참가국들을 이간하려는 의도가 있을 수도 있습니다. 북한의 의도가 무엇이든 간에 앞서 말씀드렸듯이 북한이 핵문제와 관련해서 근본적인 변화가 있었다고 판단할 수 있는 근거가 불명확한 상황에서 한－미 양국의 굳건한 공조를 바탕으로 5자가 긴밀히 협력하는 것은 매우 중요합니다.

미국 정부는 미-북 양자대화가 6자회담을 대체하는 것이 아니라 북한의 6자회담 복귀와 9·19 공동성명의 비핵화 약속 재확인을 위해 추진되는 것이라는 점을 여러 차례 강조한 바 있습니다. 이러한 점은 5자 간의 확고한 입장이기도 합니다.

북한이 미-북 양자대화를 통해 얻으려는 것이 어떤 것이든 간에, 5자는 6자회담의 조속한 재개를 통한 북한의 비핵화 실현이라는 확고한 입장을 견지하면서 일관성 있게 대응해 나가도록 해야 할 것입니다.

3. 북핵문제 대책 방향

그러면 북한의 '완전하고 검증가능한 비핵화'를 위해 우리 정부가 견지하고 있는 기본입장이 무엇인지 말씀드리겠습니다.

【Two-Track Approach】

첫째, 우리 정부는 안보리결의를 충실히 이행해 나가면서, 북한에게 대화의 문을 열어놓고 북한이 6자회담에 복귀하도록 하는 two-track approach 정책을 유지해 간다는 확고한 입장을 갖고 있습니다. 일각에서는 미-북 양자대화를 계기로 북한에 대한 국제사회의 대북제재 의지가 성급하게 약화될 가능성을 우려하는 목소리가 나오고 있습니다. 그러나 북한은 과거 1차 핵실험을 감행하고도 6자회담 복귀를 통해 유엔 안보리결의 1718호를 유명무실하게 만든 이후, 결국 2차 핵실험까지 실시한 바 있습니다. 이러한 과정을 통해, 6자회담 참가국은 물론 국제사회는 북한의 잘못된 행동에 대해 미온적으로 대처해서는 북한의 태도 변화를 유도할 수 없다는 교훈을 얻었습니다.

대북제재에 있어서는 중국의 역할이 중요합니다. 중국은 북한과 전통적인 관계를 맺어온 인접국이자 북한의 최대지원국이기도 하지만, 동시에 안보리 상임이사국으로서 안보리결의 이행에 대한 책임을 지고 있기도 합니다. 아울러 중국은 북한 비핵화를 위한 6자회담의 의장국이기도 합니다.

원자바오 총리가 자신의 방북 시 북한에 약속한 지원이 안보리결의에 위배되는 것이 아니라고 언급한 것도 안보리결의 이행을 중시하는 중국의 입장 표시로 이해됩니다.

정부는 대화 복귀만으로 북한에 대한 제재를 완화해서는 안 되며, 가시적인 비핵화 조치가 없는 한 안보리 결의 1874호는 계속 이행되어야 한다는 입장을 견지하면서, 국제사회의 단결을 유지하도록 노력할 것입니다.

【6자회담을 통한 비핵화 실현】

둘째, 정부는 6자회담을 통해 북한의 비핵화를 실현해 가고자 합니다. 북핵문제 해결에 직접적인 이해가 걸린 주요 당사국들이 모두 참여하고 있는 6자회담이 유용한 협상의 틀이라는 점에 대해서는 5자 모두 일치된 입장을 보이고 있습니다.

지난 6년간의 6자회담 과정을 통해 참가국들은 협력의 경험을 공유하고, 소속감과 책임감을 축적해 온 만큼, 이러한 자산을 포기해서는 안 된다는 데에도 공감하고 있습니다. 이러한 공동입장을 바탕으로 5자는 미·북 양자대화가 어디까지나 6자회담 틀 내에서 이루어지며, 북한을 6자회담에 복귀시켜 비핵화 프로세스를 다시 가동시키는 것을 목표로 한다는 인식을 공유하고 있는 것입니다.

물론 북한이 "미국과의 양자대화의 결과를 보고 6자회담을 포함한 다자회담을 진행하겠다"고 주장하는 상황에서, 6자회담의 재개 전망이 밝지만은 않은 것이 사실입니다. 그러나 북한은 6자회담 이외에 현실적인 대안이 없다는 점을 염두에 두어야 할 것입니다.

【일괄타결방안 추진】

셋째, 북핵문제의 일괄타결 방안을 추진해 나가고자 합니다. 북한이 기존의 2·13, 10·3 합의사항들을 파기하고 2차 핵실험을 감행한 상황에서, 5자 간에는 북한의 핵프로그램에 대해 부분적으로 협상하던 과거의 접근방식이 핵심 문제에 대한 진전을 이루지 못했을 뿐 아니라 북한에 의해 악용되어 왔다는 인식을 공유해 왔습니다. 이러한 5자 간의 공통적인 상황 인식이 우리 정부가 일괄타결방안에 대해 관련국들과 협의해 온 배경이자 동기가 되었던 것입니다.

북한의 비핵화에 대한 상응조치로 관계정상화, 경제지원, 동북아 평화·안보체제 및 한반도의 항구적 평화체제 수립 등을 상정할 수 있는데, 이는 어느 한 국가가 제공할 수 있는 차원의 문제가 아닙니다. 따라서 북한의 비핵화를 위해 요구되는 모든 조치들과 5자의 정치·경제적 상응조치들을 테이블에 올려놓고 포괄적으로 협상하여 단일합의를 이끌어내자는 것입니다.

일괄타결된 합의에는 조치 순서 및 시간계획이 포함될 것이며, 합의는 일괄적으로 한 번에 하지만, 이행은 합의에 따라 순차적으로 진행될 수 있을 것입니다. 정부는 관련국들과 일괄타결방안의 구체적인 내용에 관해 긴밀히 협의해 가고 있습니다.

【평화협정과 한-미동맹】

넷째, 북한이 주장하는 평화협정은 미-북간이 아니라 남북한이 중심이 되어 9·19 공동성명에 명시된 대로 직접 당사자들 간에 6자회담과 구별되는 별도의 장에서 논의되어야 합니다.

북한은 자신들의 핵개발을 미국의 대북 적대시정책 탓이라고 주장하면서 핵문제를 해결하려면 미국이 적대시정책을 포기하고 미-북 간 평화협정을 체결해야 한다고 주장하고 있습니다. 아시다시피 한-미 양국은 북한을 위협한 적이 없으므로, 대북 적대시 정책이 북한의 안보를 위협하는 요인이라는 북한의 주장은 근거 없는 것입니다.

미-북 간 평화협정 체결 주장도 한국전쟁이 미-북 간에 치러진 전쟁이라는 북한의 정치선전 논리에서 비롯된 것이라는 점을 잊어서는 안 됩니다.

북한이 이러한 주장을 반복하는 이유는 평화협정 논의과정에서 한국을 배제시키고 나아가 주한미군 철수를 요구함으로써 종국적으로는 한-미동맹을 무실화하려는 기도로 생각됩니다. 한-미 상호방위조약에 따른 주한미군의 주둔 및 역할이나 핵우산과 같은 한-미동맹의 근간과 관련된 문제는 북한 비핵화의 상응조치로 논의될 수 없으며, 6자회담의 의제가 될 사안이 아닌 것입니다. 한-미 양국은 이 점에 대해 확고한 입장을 공유하고 있다는 점을 강조하고자 합니다.

【북핵문제와 남북관계】

다섯째, 정부는 북한의 비핵화를 추진해 나가면서, 이를 남북관계 발전의 토대로 삼고자 합니다. 현실적으로 핵무장한 북한과 협력하며 공존하기는 매우 어렵습니다. 바꿔 말하면, 대북 정책의 주안점은 비핵화에 주어질 수밖에 없습니다.

북한이 우리와는 경제협력 문제만을 논의하고 핵문제를 포함한 정치·안보문제는 미국과만 대화하려 하는데, 북측의 이러한 태도는 비현실적이며, 나아가 민족적 관점에서도 용인할 수 없습니다.

남북 간 고위급 회담에서는 북핵문제가 중요한 의제로 논의되어야 합니다. 정부는 북한이 핵폐기 결심을 보여주면 북한이 경제적 어려움을 극복할 수 있도록 돕고 남북관계를 획기적으로 개선할 수 있는 조치를 취하고자 합니다. 북한이 진심으로 남북관계의 진전을 원한다면 6자회담에 조속히 복귀하여, 비가역적 비핵화 조치를 취함으로써, 비핵화에 대한 전략적 결단을 진정으로 보여주는 것이 필요하다고 봅니다.

4. 맺는 말씀

북한의 완전하고 검증가능한 비핵화 협상이 비록 시간이 걸리고 매우 어려운 과정이 되겠지만, 반드시 이루어야 하고, 또 이룰 수 있다는 확신을 가지고 정부는 북핵문제 해결을 위해 노력하고 있습니다.

북핵문제 해결을 위한 의지에 관해서는 한-미 양국은 물론 일·중·러 5자 간의 공감대가 과거 그 어느 때보다 확실하다고 하겠습니다. 북한이 약속을 저버리고 도발을 반복해온 결과 이에 대응하는 과정에서 5자 간의 입장이 한 방향으로 수렴되고 있는 것입니다.

앞으로 북핵문제를 해결해 나가는 데 있어 관련국들 간의 공조가 큰 힘을 발휘할 것으로 기대해 봅니다. 또한, 외교적 노력 못지않게 더욱 중요한 것이 국민적인 이해와 역량의 결집입니다.

북한이 2012년 강성대국 건설을 목표로 핵과 미사일 개발을 멈추지 않는 상황에서 이 문제를 반드시 해결하겠다는 우리 국민들의 결집된 의지가 절실하게 필요합니다.

정부가 북핵문제 해결을 위해 외교력과 국가적 역량을 집중하고 있다는 점을 잘 이해해 주시고, 이 자리에 계신 여러분들께서도 정부의 그러한 노력을 성원해 주시면 고맙겠습니다. 경청해 주셔서 감사합니다.

제3절 한반도 긴장완화와 평화체제 구축

1. 남북 간 군사적 긴장완화[8)]

(1) 군사적 긴장완화의 현황 및 문제점

가. 남북기본합의서와 군사적 긴장완화 조항 불이행

남북한의 군사적 긴장완화 노력은 1991년 12월 13일 「남북 사이의 화해와 불가침 및 교류·협력에 관한 합의서」(약칭 남북기본합의서) 채택(1992.2.19 발효)과 이에 따른 남북군사공동위원회 설치에 의해 비로소 가시권에 들어오게 되었다. 물론 그 이전에도 남북한은 군사적 긴장완화 및 평화정착을 위한 다양한 방안을 제시한 적이 있다. 하지만 이들은 다분히 정치선전 차원에서 이루어진 것들이었다.

남북기본합의서에서는 남북 불가침에 관한 사항을 포괄적으로 규정하고 있다. 이 합의서에서는 첫째, 무력 불사용 및 불가침(제9조), 둘째, 의견 대립과 분쟁의 평화적 해결(제10조), 셋째, 불가침 경계선과 구역 재확인(제11조), 넷째, 남북군사공동위원회 구성·운영 및 동 위원회의 임무·활동(대규모 부대이동과 군사연습의 통보 및 통제문제, 비무장지대의 평화적 이용문제, 군인사교류 및 정보교환 문제, 대량살상무기와 공격능력의 제거를 비롯한 단계적 군축 실현문제, 검증문제 등 군사적 신뢰조성과 군축을 실현하기 위한 제반 문제의 협의·추진 등), 다섯째, 군사적 직통전화 설치·운영, 여섯째, 남북군사분과위원회 구성, 불가침에 관한 합의 이행과 준수 및 군사적 대결상태 해소를 위한 구체적

8) 제성호·남성욱·홍관희 외, 『한반도 평화통일 대전략』(서울: 국회한민족통일연구회, 2005.4), pp. 148-152.

대책 협의 등이 명시되어 있다.

1993년 3월 북한의 NPT 탈퇴 선언으로 불거진 1차 핵위기의 진행으로 군사적 긴장완화를 위한 남북한의 다각적인 노력은 무위로 돌아갔다. 이후 남북한은 심각한 군사적 대치상황을 지속해 왔다. 여기에서 우리가 얻어야 할 교훈은 군사적 신뢰구축 노력이 아무리 정교하고 구체적으로 제의된다고 하더라도 그것이 의미를 갖기 위해서는 남북한의 정치적 신뢰구축이 선행되어야 한다는 점이다. 즉, 남북한의 군사적 신뢰구축과 관련한 제의 내용이 비슷하게 접근했다고 해서 반드시 그 실현 가능성이 제고되는 것은 아니라는 사실이다. 남북기본합의서의 군사적 긴장완화 및 신뢰구축 관련 조항은 아직까지 이행·실천되지 못한 채 금일에 이르고 있다.

나. 남북장성급군사회담과 군사적 긴장완화 추진 사례

1991년 12월 남북기본합의서가 채택되었지만, 이 합의서에 따른 군사적 긴장완화 및 신뢰구축 조치는 전혀 실현되지 못하였다. 가시적인 긴장완화조치가 빛을 보기까지는 10여 년의 세월이 더 필요하였다.

2000년 6월 1차 남북정상회담에서 채택된 6·15 남북공동선언(이른바 6·15 공동선언체제) 아래에서도 제한된 것이기는 하지만, 남북군사회담 개최와 함께 군사적 긴장완화 조치가 협의·추진된 바 있음은 주목을 요한다. 2004년 상반기에 남북한은 남북장성급군사회담을 개최하였다. 남북장성급군사회담은 우여곡절을 겪으면서 북한 측 금강산초대소(1차)와 설악산(2차)에서 각각 개최되었다. 그 결과 남북 쌍방은 2004년 6월 서해상 우발적 충돌방지 조치와 군사분계선 지역에서의 선전활동 중지와 선전수단 제거 등을 내용으로 하는 4개 항의 합의서를 발표하였다.

이 합의서의 내용을 요약하면 다음과 같다.

첫째, 한반도의 군사적 긴장완화와 공고한 평화를 이룩하기 위하여 공동 노력함.

둘째, 서해상의 우발적 충돌 방지를 위해 2004년 6월 15일부터 다음과 같은 조치를 시행함.

- 함정이 서로 대치하지 않도록 철저히 통제
- 상대측 함정과 민간 선박에 대하여 부당한 물리적 행위 억제
- 쌍방 함정이 항로미실, 조난, 구조 등으로 상호 대치하는 것을 방지하고 상호 오해가 없도록 하기 위하여 국제상선 공통망(156.8Mhz, 156.6Mhz)을 활용
- 보조수단으로 기류 및 발광신호규정을 제정, 활용
- 제3국 어선들을 단속, 통제하는 과정에서 우발적 충돌이 발생할 경우 이를 외교적 방

법으로 해결하도록 하는 데 상호협력하며 불법조업선박의 동향 관련한 정보 교환
- 서해상 제기된 문제 관련 의사교환은 당분간 서해지구 통신선로를 이용하며, 8·15까지 쌍방의 통신연락소를 설치하며 그를 현대화하는 데 상호 협력

셋째, 한반도의 군사적 긴장을 완화하고 쌍방 군대들 사이의 불신과 오해를 없애기 위해 군사분계선 지역에서 선전활동을 중지하고 선전수단을 제거함.
- 6·15부터 군사분계선 지역에서 방송과 게시물, 저단 등을 통한 모든 선전활동 중지
- 8·15까지 모든 선전수단을 3단계로 나누어 제거
- 선전수단제거 완료결과 상대측 통보, 자기 측 지역에서 감시, 확인 및 필요 시 상호 검증
- 단계별 선전수단제거 완료 시 그 결과를 언론에 각각 공개
- 선전수단 재설치 및 선전활동 재개 완전 금지

넷째, 구체적 실천을 위한 후속 군사회담 개최

그동안 북한은 한반도의 군사문제는 미국과의 직접대화를 통해서 해결되어야 한다는 입장을 견지해 왔다. 즉, 한국에 대해 군사문제 혹은 평화문제의 당사자성을 부정하며, 남한 당국과의 대화를 거부하여 왔던 것이다. 하지만 2차 남북장성급군사회담에서 남북한 군사당국자들이 서해 해상에서 우발적 충돌 방지를 위한 구체적 조치와 군사분계선 지역에서의 선전활동 중지 및 선전수단 제거에 합의한 것은 물론 한반도의 군사적 긴장 완화 및 쌍방 군대들 사이의 불신·오해 줄이기 차원에서도 의미가 있지만, 그보다 더욱 중요한 것은 한반도 군사문제의 남북 당사자 해결에 관한 중요한 선례를 남겼다는 점이라고 하겠다. 이는 그동안 우리 정부가 경제·사회문화분야의 교류협력과 군사적 긴장완화가 균형적으로 추진되어야 한다는 원칙을 견지하면서 이를 현실화시키기 위한 노력의 결과라고 할 수 있다.

특히 이번 2차 남북장성급회담 합의서에 기초하여 군사실무대표 접촉이 이어지게 되었는데, 이는 명실공히 남북한 간 긴장완화와 신뢰구축을 위한 군사대화의 장이 열리게 되었다는 점에서 의미가 크다. 남북한의 군사당국은 ① 서해상 우발적 무력충돌방지를 위해서 함정들이 서로 대치하지 않도록 철저히 통제할 것, ② 상대측 함정과 민간 선박에 대하여 부당한 물리적 행위를 금지할 것, ③ 남북한의 함정 간 상호 대치 방지 및 오해가 없도록 국제상선공통망(156.8Mhz, 156.6Mhz)을 활용할 것, ④ 보조수단으로 기류 및 발광 신호규정을 제정해 활용할 것, ⑤ 불법조업선박의 동향과 관련한 정보를 교환할 것, ⑥ 쌍방 통신연락소를 설치·운영할 것 등에 합의한 것은 앞으로 한반도의 평화와 안정에 기여할 것으로 예상된다.

또한 남북한이 첨예하게 대치하고 있는 군사분계선 지역에서 상대측을 자극할 수 있

는 활동을 중지하고 그 수단들을 제거하기로 합의한 것은 군사부문의 신뢰구축의 중대한 진전으로 평가된다. 6·15 남북정상회담에서 합의된 데 따라 남북한 간의 상대측 비방·중상 방송이 중단되기는 하였다. 그러나 이후에도 군사분계선 지역의 상대측을 자극할 수 있는 방송활동 및 선전수단들이 엄연히 존재해 왔고, 또 대북 심리전의 일환으로 군사적으로 운용되어 왔다. 이러한 시설과 활동들을 제거 또는 중지하기로 남북한이 전격 합의한 것은 남북한 상호 신뢰구축을 위한 노력이 가시적인 진전을 이룬 것으로 향후 남북한이 마음먹기에 따라서는 본격적인 군사적 신뢰구축 조치를 협의할 가능성마저 내비친 것이라고 볼 수 있다는 평가도 없지 않았다. 하지만 이와 같은 낙관적인 전망은 역사적 사실과는 거리가 있는 것으로 판명되었다.

하지만 상기의 남북장성급군사회담에서 도출된 합의에도 불구하고 서해해상에서의 긴장의 파고는 전혀 줄어들지 않고 있다. 남북한 간에 서해 해상경계선에 대한 입장에 중대한 불일치가 존재하고 있으며, 이로 인해 서해 해상지역에서 군사적 충돌 및 분쟁이 촉발될 위험이 상존하고 있기 때문이다. 이와 관련, 조선인민군 총참모부는 1999년 9월 2일 'NLL 무효화' 선언과 함께 새로운 해상 군사분계선을 내놓고 이 해상 군사분계선 이북 수역을 인민군 측 '해상군사통제수역'이라고 선포하였다. 즉, 정전협정에 따라 그어진 황해도와 경기도의 경계선(가－나)의 (가)점과 북측 강령반도 끝단인 등산곶, 유엔군사령부 관할하의 굴업도 간 등거리점, 북측 관할 웅도와 유엔군사령부 관할 서격렬비도·소협도 간 등거리점, 그로부터 서남쪽점을 지나 한반도와 중국과의 해상경계선까지를 연결한 선을 그들의 해상군사경계선으로 설정하였던 것이다.

이러한 점에 비추어 북한은 제2차 남북장성급회담의 서해해상 우발적 충돌 방지 관련 합의사항을 북방한계선(Northern Limit Line: NLL)을 기준으로 하여 적용하는 것이 아니라 그들이 임의로 그어놓은 해상 군사분계선을 중심으로 적용할 가능성이 크다. 이 경우 서해해상은 항시 '분쟁 수역화'할 가능성이 있다. 예를 들면 남한이 NLL을 기준으로 하여 남북 함정들이 서로 대치하지 않도록 철저히 통제하거나 상대측 함정과 민간선박에 대하여 부당한 물리적 행위를 금하는 합의사항을 준수한다고 하더라도 북한 측은 그들 임의의 해상 군사분계선에 의거하여 이번 합의사항을 어겼다고 주장하고 나올 수 있다. 그럴 경우 2차 남북장성급군사회담의 합의사항이 서해 해상분쟁의 불씨로 작용할 소지를 배제할 수 없다. 남북 양측이 장성급 군사회담을 통해 서해상에서 상호 충돌방지를 합의한 직후 NLL과 영해침범을 놓고 남북한 군사당국이 서로 공방을 벌인 것이 좋은 예가 될 것이다. 국방부 합동참모본부는 2004년 6월 4일 "북한 경비정 2척이 서해 연평도 북방한계선을 0.5마일 침범, 우리 해군 함정이 출동하자 NLL을 넘어 북상했다"고 발표하였으나, 북한 당국은 "남조선군이 서해 우리 측 영해 깊이 전투함선을 불법 침입시켜 우리의 어선들을 위협하는 군사적 도발을 감행했다"고 주장하고 나섰다. 앞으로도 이러한 서해해상의 관할권과 관련해서 남북한 간에 정치·군사적 공방이 빈발할 수 있다는 점에 유의해야 할 것이다.

남북장성급군사회담을 비롯한 남북군사회담의 추진은 정전체제하의 한반도 군사질서를 평화체제하의 한반도 군사질서로 전환해 나가는 데 있어서 가교역할을 할 수 있을 것이다. 다만, 남북군사관계의 발전은 국내외의 안보상황을 고려하되, 한·미 간의 공감대를 형성해 신중하게 추진해 나가야 할 것이다. 또한 남한이 남북장성급군사회담을 단독 추진함으로써 정전협정 및 유엔군사령부(UNC)의 조기 해체를 가져올 수 있는 빌미를 제공하지 않도록 하여야 한다. 따라서 남북장성급군사회담은 과도기적으로 정전협정을 준수하면서 남북한 군사적 신뢰구축을 위한 기본대화 차원에서 진전시켜 나가도록 해야 한다. 정전협정이 평화협정으로 대체되지 않는 한 기존의 틀 변경에 있어서는 한국과 미국(또한 유엔사) 간에 긴밀한 협력이 필요하다고 하겠다. 우리 정부는 남북장성급군사회담이 정전협정에 기초한 군사정전위원회나 판문점장성급회담(UNC-KPA 장성급회담) 등을 대체하는 것이 아님을 분명히 할 필요가 있다.

(2) 군사적 긴장완화를 위한 과제[9)]

가. 군사적 불신해소

군사적 긴장완화의 첫걸음은 상호 간의 군사적 불신을 완화 혹은 해소하는 것에서부터 시작해야 한다. 남북한이 유럽국가들이 오래전부터 시행하여 온 군사적 투명성 조치(military transparency measures)를 취할 수 있게 된다면, 상당한 정도로 한반도의 군사적 긴장을 줄일 수 있을 것이다. 문제는 한반도에서 군사적 투명성 조치가 어느 정도까지 효율적으로 취해질 수 있는가에 있다.

우선 쌍방의 군사활동 공개로 양측의 군사적 투명성이 제고될 수 있다. 군사활동을 공개하는 과정에서 대치상태에 있는 쌍방 간의 빈번한 협상의 기회가 생겨난다. 이러한 협상기회는 적대국 간의 협력 경험을 쌓아나갈 수 있을 뿐만 아니라, 쌍방이 갖고 있는 호전성이라든가 적대적 감정을 확인, 이를 누그러뜨릴 수 있는 기회를 제공하게 될 것이다. 투명성 조치는 상호 간에 동의된 명세에 나타나 있는 양측 군사력의 위치와 특성에 관한 자료를 공유하는 것을 포함한다.

---

9) 앞의 책, pp. 152-160 참조.

상호 대치상태에 있는 양국이 분야별 군사력에 대한 세분화된 정보자료 교환을 필요로 하게 된다. 특히 군의 편제, 조직, 배치에 대한 정보교환이 필수적이다. 이러한 정보교환에는 연대 및 여단급까지의 편제 및 장비에 관한 도표를 포함시키는 것이 바람직하다. 데이터에 있어서의 변동은 일어날 때마다 보고되어야 하고, 정기적인 현장검증으로 교환된 자료의 정확성을 파악하게 된다. 더 나아가 훈련을 목적으로 한 병력의 이동은 이미 쌍방이 동의한 절차에 따라 보고되어야 하고, 옵저버들이 훈련진행 상황을 참관할 수 있게 하여야 한다.10)

군사력 안정에 대한 보다 정확한 군사적 위협 가능성을 평가하기 위해서는 군사연락관 배치를 통한 정보획득과 판단이 현지사찰 방법의 하나로 보완될 필요가 있다. 이러한 예는 통일 전 동서독이 군사연락단을 교환함으로써 통상적인 군사연습의 내용에 대한 심도 있는 관찰을 시행해 온 경우에서 찾아볼 수 있다. 상호사찰 제도로서의 군사연락단은 상호 간에 비정례적인 군사력 증강이 시도되지 않고, 또 대규모의 병력이 공격태세로 전환되지 않았음을 확인시켜 주는 중요한 수단이 될 수 있다. 특히 순회 군사참관단을 특정 지역에 상주시킴으로써 일상적인 안보적 상황 감시를 도모할 수 있을 것이다. 군사연락단으로 하여금 군사시설의 출입은 허용하지 않더라도 자유로운 여행의 권리를 주어 상주시키게 된다면, 양측 특정지역에서의 군사력 태세 전환 사실을 감추기 어려울 것으로 판단된다.11)

나. 기습공격 우려 제거

대북 군사문제에 있어서 우리가 당면하고 있는 또 다른 관심은 북한의 기습공격 능력을 제거하여 상당한 기간의 전쟁준비 없이 단기간 내에 남침할 수 없도록 하는 것이다. 심각한 대치상태에서 군사력이 집중되고 있는 휴전선이 우리의 수도와 지근의 거리에 놓여 있다. 이러한 군사적 긴장상태를 완화시킬 수 있는 방안으로 상호 군사력의 운용태세에 관한 협정을 맺는 것이 고려될 수 있다. 미·소 해양사건에 관한 협정(The Incidents at Sea Agreement), 위험 군사활동 방지에 관한 협정(The Agreement on Prevention of Dangerous Military Activities) 등은 미·소 간 군사적 긴장완화를 위한 군사력 운용관련 협정의 좋은 예이다.

또한 한반도 군사분계선과 비무장지대를 평화지대로 만들기 위한 협정이나 군사분계

---

10) James E. Goodby, "한반도에서의 신뢰안보 구축: 협상의 조건," 외교안보연구원, 『한반도의 군비통제』, 국제학술회의 발표논문, p. 45.

11) "Verifying Conventional Force Reductions," *The Washington Quarterly*(Winter 1991) 참조.

선 일대에서 상대측에 대한 일체의 군사적 도발행위를 금지하는 협정이 체결된다면, 남북한 간의 군사적 긴장을 해소할 수 있는 좋은 방안이 될 것이다. 특히 기습공격의 방지를 위해서는 쌍방 군사력의 위치, 장비 소유 혹은 운용에 제한을 가할 필요성이 제기된다.[12] 특히 북한의 기본 군사전략이 기습공격에 초점이 맞추어져 있다는 사실을 고려할 때 군사력 운용에 관한 제한의 중요성은 한층 더 커진다. 1986년 조인된 스톡홀름 협정은 13,000명 병력규모 이상 지상군 부대의 이동은 일 년 전에 상대측에 통보하여야 하며 이러한 이동에 대한 상세한 내용을 42일 이전에 밝혀야 함을 규정하고 있다. 또한 동 협정은 17,000명 이상 규모의 병력 이동이 있을 때는 유럽안보협력회의 참여 35개국 참관단의 초청을 포함하고 있다. 유럽국가들의 이러한 경험은 '운용적 군비통제'에 해당되는 것으로 한반도에도 적용 가능한 것으로 판단된다. 스톡홀름 국제평화연구소 상임연구위원인 롯펠드(Adam D. Rotfeld)는 유럽의 경험을 한반도에 적용시키는 데 있어서는 좀 더 좁은 의미의 운용적 군비통제에만 국한시켜 검토할 수 있음을 지적한 바 있다. 그는 이에 대해서 다음과 같이 설명하고 있다.

> "굿비 대사는 운용적 군비통제 개념을 '사단병력 수 또는 탄도탄 수 자체에 대한 통제보다 부대 이동과 관련된 군사력의 운용적 측면에 관한 통제'로 국한시키고 있다. 이러한 굿비 식의 좁은 의미로 볼 때, 신뢰안보 구축조치가 중요한 의미를 갖게 됨은 물론이다. 굿비 대사에 의하면, NATO는 한반도에 존재하는 문제들과 똑같은 문제들에 직면해 있었는데(즉 병력, 탱크, 장갑차, 야포 등에 있어서 상대방보다 수적 열세), 운용적 군비통제 관련 조치들만 잘 합의되면, 이러한 수적 열세 문제들로부터 야기되는 상황을 효과적으로 통제할 수 있다는 것이다. 한반도에서의 운용적 군비통제조치들은 기습공격을 억제하고 이를 조기 발견하는 데 공헌하게 될 것이다."[13]

다. 군사적 비대칭성 완화

남북한 간의 군사적 비대칭성은 한반도의 불안과 긴장감을 조성시키는 것으로서 이는 우리의 긴장완화 노력에 장애가 되고 있다. 국내외의 전문 연구기관에 의한 남북한 군사력의 비교·평가 결과를 보면, 현재 남북한의 군사력은 요소별로 비대칭성을 보이고 있다. 또한 남북한 당국은 상대측 군사력의 실체를 어렴풋이 이해하고는 있지만, 이에 대해서 완전한 신뢰를 갖고 있지 못하다. 그 이유는 남북한 쌍방이 상대측의 군사력에 대한

---

12) James E. Goodby, "한반도에서의 신뢰안보 구축: 협상의 조건," p. 5.

13) Adam D. Rotfeld, "유럽군비통제모델의 한반도 적용 가능성," 외교안보연구원, 『한반도의 군비통제』, 국제학술회의 발표논문, p. 8.

정확한 정보를 갖고 있지 못하기 때문이다. 따라서 이러한 불신을 해소하기 위해서는 남북한 군사력에 대한 정확한 정보교환, 즉 투명성 확보 조치가 취해질 필요가 있다. 굿비 대사는 "군사력에 관한 자료를 교환하는 것을 비롯한 검증(verification)의 방법이 군사력의 비대칭성을 해소하는 과정 중 가장 본질적인 부분"이라고 강조하였다.[14)]

여기에서 출발해 남북한은 쌍방의 군사력에 대해서 위협을 느끼지 않도록 군축협상을 시작할 수 있을 것이다. 이러한 상황이 성숙되어 남북한 군축협상문제가 제기될 경우, 재래식 무기통제에 관해서는 유럽의 '동일한 결과의 원칙'(the principle of equal outcomes)을 적용할 수 있다.[15)] 이 원칙에 따라 우월한 군사력을 가진 측은 감축 프로그램의 마지막 단계에 가서 동일한 수준이 되도록 상대적으로 많이 감축할 필요가 있다. 예를 들면 남북한 양측은 협상의 목표로 탱크 20,000대, 장갑차 3,000대의 공통 상한선을 정해 놓고, 이를 달성하기 위한 협상노력을 지속해 나가는 것이다. 하지만 남북한은 군사적 신뢰구축 차원에 의미를 두고 군비감축 협상을 진행시켜 나가는 것이 더욱 좋을 것이다.

향후 남북 간 군비감축은 대체로 다음과 같은 원칙하에 추진되어야 할 것으로 생각된다.

첫째, 적정 규모에서 상호 균형을 이룰 수 있는 무력의 유지와 단계적 감축을 원칙으로 하되, 이것이 통일 후의 군사력의 역할을 적절하게 고려한 것이어야 한다.

둘째, 기습공격이나 공세작전능력 제한 조치를 우선 실시함으로써 남북한 간의 군사적 신뢰구축을 먼저 창출해야 한다. 특히 북한의 핵무기 개발 및 화학·생물무기 문제는 가장 우선적으로 해결되어야 할 과제이다.

셋째, 남북한 군축의 진전과 연계하여 대외적 군사협력을 조정하여야 한다. 그러나 주한미군은 남북한의 균형관계 유지를 위한 지렛대 역할을 하고 있는바, 상당한 정도 남북한 간의 정치적·군사적 신뢰가 전제되지 않는 한 현상을 유지하는 것이 타당하다.

넷째, 동수보유원칙에 입각, 군사력의 상호감축을 추진한다(유사 군조직 및 예비전력 포함).

다섯째, 군비감축을 감시·보장하는 검증체계를 확립한다.

(3) 남북한 군사적 긴장완화를 위한 세부 추진단계

가. 기본방향

남북한은 공히 군사적 긴장완화를 위한 노력의 일환으로 나름대로의 조치들을 제의해

14) James E. Goodby, "한반도에서의 신뢰안보 구축: 협상의 조건," p. 6.
15) 위의 논문.

온 것이 사실이다. 북한의 경우, 1984년 1월에 한국 및 미국에 3자회담을 요구한 뒤 점차적으로 군축에 대하여 관심을 집중하기 시작하였다. 예를 들면, 1985년 4월 국회회담 제의와 함께 북남불가침선언을 제의했고, 1987년 1월에는 '북남고위급 정치군사회담'을 열어 군축을 토의하자고 했으며, 동년 7월에는 다국적 군축협상을, 11월에는 포괄적 평화방안을 이어서 내놓았다. 1990년 5월 31일 북한 당국은 보다 구체적인 조선반도의 평화를 위한 군축제안을 전격적으로 선언하기도 했다. 남한 역시 북한에 대해서 현실적으로 보다 적용 가능한 군사적 신뢰구축 제안을 끊임없이 해왔다. 남한은 먼저 군사훈련의 고지와 참관 등 투명성 제고 조치를 강조해 왔다. 또한 평양과 서울 사이에 공세전략이 제한되는 지역을 설정함으로써 기습공격의 위험을 감소시키자는 것과 공격 가능성을 감소시키기 위한 탱크, 장갑차, 대포 등 주요 군사장비의 단계적 감축안을 제시하기도 했다.

남북한의 군사적 긴장완화 노력은 1991년 12월 13일 남북기본합의서의 채택으로 비록 잠시였기는 했지만 상호 접점을 찾는 모습을 보여주었다. 특히 1992년 9월 남북군사공동위원회 구성으로 절정에 이르렀다. 하지만 전술한 바와 같이 남북한 간에 군사적 신뢰구축과 관련한 제의 내용이 서로 접근했다고 해서, 또 그와 같은 합의가 생산됐다고 해서 그 실현 가능성이 높아졌거나 혹은 이행·실천으로 반드시 이어지는 것은 아니라는 점이 이후의 남북한관계 역사를 통해 여실히 실증되었다.

더욱이 북한 당국이 남조선혁명과 대남적화통일노선을 포기하고 있지 않은 상황에서 우리가 군사적 긴장완화를 진행시키는 데는 한계가 있다. 이런 점에서 향후 우리가 군사적 긴장완화를 추진할 경우 단발성의 이벤트가 아니라 '한반도 평화구축전략'의 큰 틀 내에서 북한의 대남 군사도발 및 무력적대행위를 하려는 의지를 약화시키는 데 초점을 맞추어 점진적·단계적으로 진행할 필요가 있다.

아무튼 군사적 긴장완화의 준거 틀이자 출발점은 남북기본합의서에서 찾는 것이 타당하다. 이에 기초하여 우리 정부는 북한 당국을 지속적으로 설득하여, 당국 간 대화에서 남북기본합의서에 의한 포괄적 화해·신뢰구축 협상 재개를 위한 노력을 앞으로도 계속 경주해 나가는 것이 바람직하다.

나. 단계별 추진방안

■ 군사적 신뢰구축 기반 조성

현 단계(준비단계)에서 정부는 대북 정치적 신뢰구축 선언과 남북한 간의 실무회담 활성화를 통해 한반도의 군사적 긴장을 완화하고 신뢰구축을 촉진할 수 있는 계기를 마련해야 한다. 이를 위해 당면 현안으로 제기되고 있는 군사문제들에 대해 당국 간 대화를 제의하여 북한 측의 호응을 유도해야 한다. 경의선–동해선 철도·도로 연결 및 이용 확대, 개성공단 건설 및 발전, 금강산 관광사업 확대·발전 과정에서 남북한의 인접부대 간 통신망 개설, 남북 공동어로구역 조성을 위한 군사적 신뢰구축, 침몰·조난 선박 및 선원의 해난구조를 위한 협력, 임진강 수해방지 사업을 위한 군사적 협의 등 비무장지대와 NLL 접경수역에서, 혹은 이들을 활용한 군사적 신뢰구축을 모색함으로써 향후 본격적인 군사적 신뢰구축의 기반을 조성토록 해야 한다.

■ **1단계: 군사적 긴장완화와 신뢰구축**

우선 남북국방장관회담 및 남북장성급군사회담을 개최하여 군사적 신뢰구축 조치를 협의·이행하고, 이를 발전시켜 나가야 한다. 실무적 차원에서 남북군사실무회담을 지속시켜 나가는 것이 급선무이다. 여기에서 남북한 군사적 신뢰구축과 관련한 제반사항들, 특히 우발적 무력충돌 방지를 위한 군사당국자 간 직통전화(hot-line) 설치, 군사훈련(연습) 통보, 군사훈련 현장방문, 군인사 교류, 비무장지대의 평화적 이용 등을 협의·추진하도록 해야 한다.

특히 군사적 긴장완화 및 남북군사협력의 심화 차원에서 비무장지대의 평화적 이용에 주력할 필요가 있다. 유엔 결의를 통해 비무장지대를 세계평화보존지구로 지정하고, 생태계 및 문화재 조사를 공동으로 실시하는 방안은 그 대표적인 예가 될 수 있다. 이 과정에서 유엔교육과학문화기구(United Nations Educational, Scientific and Cultural Organization: UNESCO)나 유엔환경계획(United Nations Environmental Program: UNEP)의 협조 및 지원을 활용할 경우 그 실현가능성은 더욱 높아질 것이다. 더불어 판문점 근처에 남북 평화벨트의 일환으로 평화공원(평화생태공원) 또는 한반도 평화광장을 공동으로 건립하는 방안도 추진할 필요가 있다.

■ **2단계: 운용적 군비통제**

이 단계에서는 우발적 무력충돌 및 그 확대를 방지하기 위해 군사당국자 간 회담(남북국방장관회담 또는 남북군사공동위원회)의 상설화를 추진할 필요가 있다. 이를 통해 군사정보 교환, 대규모 부대이동 및 군사훈련에 대한 상호 통보 및 참관을 실시하도록 해야 한다. 또 기왕에 실시한 군사적 신뢰구축방안을 한 단계 업그레이드 혹은 질적·양적으로 확대해 나가야 한다.

동시에 남북한 간에 군비통제(주로 운용적 군비통제) 사안의 협의에 착수, 가능한 것부터 군비통제를 시작해야 한다. 비무장지대 내에 설치된 모든 군사시설, 장비 및 병력을 단계적으로 철수토록 하는 한편, 비무장지대의 비무장화 범위를 협의, 시범적 비무장화사업을 실시하도록 해야 한다.

이 밖에도 남북 공동의 농업 경영, 남북 공동의 관광지대 설치·운영을 비롯해서 평화벨트의 조성 및 평화적 이용을 한층 더 심화·발전시키는 노력을 경주해야 할 것이다. 유엔환경기구의 분소를 비무장지대에 유치하는 방안도 아울러 강구할 필요가 있다.

■ 3단계: 구조적 군비통제

마지막 3단계에서는 운용적 군비통제의 경험을 토대로 하여 구조적 군비통제를 추진해야 할 것이다. 이 경우에도 다시 '현재의 공세적 전력배치를 방어적 전력배치로 전환→대량살상무기 및 공격용 무기의 폐기·감축→본격적 군비(병력 및 무기) 감축'의 기본 방향에서 단계적으로 군비축소를 추진하는 것이 바람직하다.

이 단계에서의 합의사항 이행을 보장하기 위해 남북한 공동감시단 및 검증위원회를 설치·운영토록 해야 한다(앞의 1, 2단계도 마찬가지다). 물론 여기서 군비통제를 이행·감시하기 위한 실효적인 검증방안을 마련·시행해야 한다. 아울러 이 단계에서는 1단계부터 조성되기 시작한 평화벨트 내지 평화구역을 계속 확대·발전시킴으로써 비무장지대를 포함한 접경지역에 '통일평화시'를 건설하는 방안도 적극 추진할 필요가 있다.

<표 14> 군사적 긴장완화를 위한 단계별 조치 및 남북군사회담 추진전략

	1단계: 군사적 긴장완화 및 신뢰구축	2단계: 운용적 군비통제	3단계: 구조적 군비통제
회담 방법	• 남북국방장관회담 및 장성급군사회담 지속 개최	• 남북국방장관회담 또는 남북군사공동위원회 정례화 및 본격 가동	• 남북군사공동위원회 산하 실무 분과위 가동
남북 회담 목표	• 한반도의 군사적 긴장을 완화하고 신뢰구축을 촉진할 수 있는 계기 마련 －군사당국자 간 직통전화(hot-line) 설치 －군사훈련 통보 및 현장방문 －군인사 교류 －비무장지대의 평화적 이용	• 남북한 신뢰구축을 위한 남북대화 제도화 및 구체화 • 군사정보 교환과 대규모 부대이동 및 군사훈련에 대한 상호 통보 및 참관 실시 • 남북 군사공동위원회를 가동시켜 군사적 신뢰구축 방안을 협의·추진, 남북 간 군비통제의 기본 방향에 대한 협의 시작 • 비무장지대 내에 설치된 모든 군사시설, 장비 및 병력을 단계적으로 철수하며 비무장지대의 비무장화 범위를 협의, 시범사업 실시	• 본격적인 남북한 군비축소 추진: 남북한 군사적 비대칭성 완화 • 대량살상무기 폐기 및 공격용 무기 감축
주요 회담 전략	• 경의선 연결 및 도로 건설, 개성공단 건설 및 확대, 금강산관광사업 확대	• 남북기본합의서에 따른 공동위원회, 분과위원회의 등 재가동으로 군사공동위원회 활성화 계기를	• 군비축소는 방어적 전력배치로의 전환→대량살상무기·공격용 무기 제거·감축→

	발전 과정에서 남북한 간 추진될 수 있는 비무장지대에서의 군사적 신뢰구축 조치를 확대 • 군사회담분야의 다변화 전략 추구(군사회담분야 확장)	마련해 나감 • 남북군사회담을 뒷받침할 남북정상회담 활동 강화	본격적 군축으로 단계적으로 추진 • 합의사항 이행을 보장하기 위해 남북한 공동감시단 및 검증위원회를 설치·운영 • 군비통제를 이행·감시하기 위한 검증방안을 마련·시행

2. 한반도 평화체제 구축: 정전체제의 대체

(1) 한반도 평화구축의 필요성의 현황

남북한은 한국전쟁의 포성이 멈춘 지 반세기가 지났음에도 불구하고 아직도 냉전의 유산인 정전체제에서 벗어나지 못하고 있다. 이 때문에 남북한관계는 비정상적이고 기형적인 것이 되고 있다. 1999년과 2002년에 발생한 두 차례의 서해교전은 물론이고, 작금 한반도의 최대현안인 북핵문제 역시 정전체제와 무관하다고 할 수 없다. 따라서 현재의 불안한 정전체제를 공고한 평화체제로 바꾸는 일이 무엇보다 시급한 한반도 현안으로 등장하고 있다. 이는 통일을 준비하고 반드시 이룩해야 할 21세기의 새로운 한반도 질서에도 부합하는 것이라 하겠다.

한반도 평화구축을 위한 다자적 노력은 이미 1996년 4월 한·미 양국이 공동으로 제의한 4자회담 구상을 통해 나타났다. 3자 공동설명회, 예비회담단계를 거쳐 1997년 12월부터 남북한과 미·중이 참가하는 4자회담의 본회담이 처음으로 열렸고, 이후 1999년 8월까지 6차례의 본회담이 개최되었다. 그러나 평화협정 체결당사자와 주한미군 철수문제 등을 둘러싸고 4자가 입장 차를 줄이지 못하였다. 그 결과 현재는 회담이 중단상태에 있고, 회담 재개를 위한 동력(momentum)도 거의 소진된 상태이다. 또 현재 한반도 평화를 가장 위협하는 것은 북한 핵문제이고, 이 문제의 평화적·외교적 해결을 위해 6자회담이 개최되고 있어 평화체제 구축에 관한 본격적인 논의는 아직 가시화되지 못하고 있는 실정이다.

아무튼 평화체제 구축은 한반도 군사질서를 근본적으로 변경하는 작업일 뿐만 아니라, 정치·경제·사회·문화 등 모든 부문에서 7천만 겨레의 삶의 존재방식을 바꾸는 중차대한 과업이라고 할 수 있다. 그러기에 충분한 준비와 국민적 합의를 토대로 하여 주변국의 지지와 협조를 얻으면서 조심스럽게 추진해 나가야 한다.

(2) 한반도 평화체제 구축에 관한 이론적 문제

가. 한반도 평화체제의 개념

한반도 평화체제라 함은 한반도에 평화가 공고하게 뿌리내릴 수 있는 체제, 즉 "남북한 간의 군사적 대결상태를 종식시키고 화해·공존 및 협력의 관계를 지향하기 위하여 상호 간의 관계를 질서 있게 규율함으로써 실질적으로 평화적 통합의 방향으로 발전시켜 나가는 체제"를 말한다.[16)]

현상형태의 면에서 보면, 남북한관계는 현재 전쟁의 일시적 중지를 의미하는 정전상태에 있다. 따라서 한반도 평화체제는 현재의 불안정한 정전체제하에 공고한 평화를 조성(peace making), 유지(peace maintenance), 증진(peace increase)하는 것을 가능케 하는 협정(합의), 규범, 절차, 관행 및 기구 등의 총체에 의해 뒷받침되는 평화구축 메커니즘을 의미한다고 볼 수 있다.[17)]

이와 같은 평화구축 메커니즘으로서의 한반도 평화체제는 첫째, 상대방의 적대적 의도와 행위를 사전 봉쇄할 수 있는 효과적인 억지상태, 둘째, 적대행위를 유발시킬 수 있는 공세적인 군사력 배치나 운용의 적절한 제한, 셋째, 군사적 충돌 예방 및 분쟁해결 장치의 존재, 넷째, 상호의존의 심화를 위한 교류·협력의 제도적 장치 등을 내포하고 있다.[18)] 또한 이러한 것들이 충분하고 실효적으로 작동할 때 그러한 평화체제가 안정성과 지속성을 가질 수 있음은 두말할 것도 없다.

나. 한반도 평화체제 구축을 둘러싼 쟁점

(가) 평화체제 구축과 평화협정 체결의 관계

평화체제 구축과 관련해서 반드시 평화협정을 체결해야 하는가 하는 문제가 법리적으로 제기될 수 있다. 이에 관해서는 두 가지의 입장으로 나누어지고 있다. '실질적 평화'(substantial peace)론과 '제도적 평화'(institutional peace)론의 대립이 그것이다.[19)]

---

16) 제성호, "한반도 평화체제 구축: 목표와 대응전략," 『자유민주연구』, 제2권 2호(2007.12), p. 20.
17) 한용섭, "한반도 평화체제 구축방안," 민족통일연구원, 『한반도 평화체제 구축방안 모색』, 세미나 시리즈, 95-01(서울: 민족통일연구원, 1995), pp. 97-98.
18) 차영구, "남북한 평화체제로의 전환을 위한 군사적 방안," 아시아사회과학연구원, 『21세기를 대비한 한국의 당면과제: 개혁, 환경, 그리고 통일』, 아·사·연 법·언론 연구총서 제4권(1995), p. 173.
19) 김성한 교수(고려대), 김영호 교수(성신여대), 이근관 교수(서울대) 등은 실질적 평화론에 가깝고, 장명봉 명예교수(국민대), 이장희 교수(한국외대), 김근식 교수(경남대), 최철영 교수(대구대) 등은 제도적 평화론을 지지하는 것으로 보인다.

첫째, '실질적 평화론'에 서 있는 입장은 평화체제를 평화를 만들어가는 일련의 '신뢰 구축의 과정이자 그 산물'로 이해하고, 합의 이행·실천의 경험 축적이 매우 중요하다고 생각한다. 여기서 평화체제(peace regime)라고 함은 본래 불안정한 정전상태를 평화상태로 전환하고 이를 유지·공고화하는 데 필요한 원칙, 규범, 제도, 절차, 기구를 모두 포함하는 개념이라는 것이다. 그리고 이들은 '평화체제'라는 것은 평화협정 체결이라는 하나의 법률행위에 의해 일거에(at one shot) 달성될 수는 없다는 현실주의적인 입장을 지지한다. 이렇게 본다면, 평화협정 체결은 평화체제 구축 과정에서 필요할 수도 있고, 필요치 않을 수도 있다는 것이다. 남북한 간에는 이미 1991년 12월에 채택된 남북기본합의서, 2000년 6월에 채택된 6·15 남북공동선언, 그리고 2007년 10월 4일 2차 남북정상회담에서 채택된 남북관계 발전과 평화번영을 위한 선언(일명 10·4 남북정상선언) 등이 있는데, 이러한 합의문건을 제대로만 이행한다면, 평화협정 체결이 없이도 '실질적인 평화'를 확립할 수 있다거나 혹은 사실상의 평화체제가 구축될 수 있다는 것이 이들의 논지이다.

그에 반해 '제도적 평화론'에 서 있는 자들은 '평화협정 체결'의 필요성과 당위성을 역설한다. 이들은 현재의 정전체제로는 더 이상 평화를 유지하기 어렵다는 입장에서 새로운 '평화의 틀거리' 마련이 절대적으로 긴요하다고 본다. 평화협정 체결은 냉전체제의 상징인 정전체제를 끝장내고 평화를 견인하는 신기원을 만드는 것으로서, 그 자체가 한반도 평화체제 구축의 시발점이 된다고 믿는다. 평화협정 체결이 없는 평화체제 구축은 공허한 주장이라고 생각하며, 평화협정 체결을 한반도 평화체제 구축과정에서 매우 중요한 요소이자 반드시 거쳐야 할 필요한 관문으로 간주하고 있다.

국제법적 측면에서 볼 때 평화협정 체결이 평화체제 구축과정의 중요한 단계(결정적인 전환국면)로 간주될 수는 있으나, 평화협정 없이도 평화체제 구축은 얼마든지 가능하다고 할 수 있다. 한·중 간에는 별도의 평화협정 체결 없이 1992년 8월 수교에 관한 공동성명의 채택으로 평화상태를 회복하였다. 미국과 중국도 관계정상화 과정, 특히 1979년 1월 1일 수교를 하면서 평화협정을 체결하지 않았다. 2차대전 후 독일과 소련, 일본과 소련도 특별히 평화협정을 체결하지 않고 평화상태로의 전환을 이룩하였다.

따라서 이론상으로는 남북기본합의서의 수정·보완방안(실질적인 평화 구축을 전제로 남북기본합의서에 대한 부속서를 채택하여 동 합의서 제5조의 '정전상태의 평화상태 전환조항'을 삭제하고 평화체제 구축을 선언하는 방안 등), 민족공동체헌장 채택, 정전협정 종결선언, 전쟁 종식을 내용으로 하는 종전선언 채택 등의 방법으로 평화체제로의 전환이 가능하다고 볼 수 있다. 하지만 이러한 방안들의 실현도 간단히 이루어질 수 있는 것은 아니다. 따라서 우리로서는 북핵문제의 완전 해결과 함께 한반도 긴장완화 및 군사적 신뢰구축이 이루어질 때에는 평화협정 체결도 가능하다는 유연하고 신축적인 입장을 취하는 것이 바람직하다고 판단된다.

(나) 평화협정 체결과 당사자 문제

한반도 평화체제 구축의 일환으로 특히 평화협정을 체결하려 할 경우, 가장 선결적으로 풀어야 할 과제가 있다. 그것은 바로 평화협정의 당사자문제이다. 주지하는 바와 같이 북한은 1974년 이래 줄기차게 조·미 평화협정 체결을 주장해왔다. 반면 한국은 1995년 이후 평화협정은 직접 당사자인 남북한이 우선적으로 협의·해결해야 한다는 입장을 견지하고 있다. 다만, 미·중 등 관련국이 국제적 보장 등 건설적인 역할을 담당할 수는 있다는 생각을 갖고 있다. 미국은 한국의 입장을 대체로 지지하고 있다. 중국은 평화체제 구축에 있어서 자국이 배제되어서는 안 된다는 입장을 보이고 있다.

결국 북미 중심이냐 남북 중심이냐가 문제의 핵심이라고 할 수 있다. 그러나 북한의 입장은 지지를 받기가 어렵다. 왜냐하면 한반도에서 전쟁을 치른 1차적 당사자는 남북한이며, 지금도 치열한 군사적 대치를 하고 있는 직접적인 주체 역시 남북한이기 때문이다. 그럼에도 북한이 계속 한반도 평화 및 안보 문제의 논의 당사자로서 한국 대신 미국을 고집한다면, 그것은 남북한 간의 주도권 경쟁을 계속하겠다는 의미가 되는 것이며, 또한 한반도 평화구조를 당사자들인 남북한이 함께 주도하는 것이 아니라 북한이 미국과 협상해 나가면서 혼자서 주도하겠다는 의미가 된다. 이는 누가 보아도 순리를 벗어난 파행적 모습이라고 하지 않을 수 없다.[20]

주지하는 바와 같이 1997년 12월부터 1998년 6월까지 6차례에 걸쳐 한반도 평화체제 전환을 위한 4자회담이 열린 바 있다. 여기에는 남북한과 미·중의 4자가 참여하였는데, 이는 평화협정 당사자로 북·미를 주장하는 북한과 남북한 중심을 주장하는 한국, 그리고 미국과 중국의 입장을 절충한 방식이었다고 할 수 있다. 이와 같은 회담 형식과 구도에도 불구하고 북한은 4자회담에서 계속 조·미 양자 간의 평화협정 체결을 주장함에 따라 가시적인 진전을 이룩하지 못하고 회담은 1999년 8월에 종료되고 말았다.[21]

(다) 평화협정 체결과 핵문제 해결의 선후관계

그동안 북한은 조·미 간의 평화협정 혹은 불가침조약이 먼저 체결되어야만, 곧 북한의 안전보장이 제도적으로 보장될 때에만, 비로소 핵문제가 해결될 수 있다고 주장해 왔

20) 윤영관, "한반도 평화체제 구축에 관한 소고," 한중문화협회, 『한반도 평화체제』, 한중문화협회 창립 65주년 기념 동북아 평화와 안정을 위한 국제학술회의 자료집(2007.10.5), p. 16

21) 한반도 4자 평화회담의 전개과정에 관해서는 제성호, 『한반도 평화체제의 모색: 법규범적 측면을 중심으로』, 재판(서울: 지평서원, 2002), pp. 279-297 참조.

다. 그러나 한·미 양국은 북한 핵문제 해결은 평화협정을 위한 사실상의 전제조건으로 핵문제 해결이 없이는 평화협정 체결은 실현불가능하다는 입장(즉, 선 북핵문제 해결 후 평화협정)을 보이고 있다. 또한 북한이 '선 평화협정 후 북핵문제 해결'이란 입장을 고수하는 경우, 평화협정 체결은 기대난망이라고 하지 않을 수 없고, 평화협정 체결이 의미를 갖지 못할 수도 있다.[22]

지금까지 남북한 간은 물론 북한과 미국 간의 핵문제 해결에 관한 합의가 북한의 일방적 무시나 폐기에 의해 무력화된 적이 적지 않다. 예컨대, 남북한 간의 한반도 비핵화 공동선언(1991.12.31 채택)이나 1994년의 제네바 북미기본합의문, 6자회담에서의 9·19 공동성명 등은 2006년 10월 북한의 1차 핵실험으로 휴지 조각이 되어버렸다. 1차 북한 핵실험 이후 재개된 6자회담에서 이른바 「9·19 공동성명의 초기이행조치 합의」(일명 2·13합의서)와 「9·19 공동성명의 2단계 이행조치 합의」(일명 10·3합의서)가 2007년 2월과 10월 각각 체결되었다. 하지만 이러한 합의서들 역시 북한의 2차 핵실험으로 지금 빈사상태에 빠져 있다.

이처럼 북한 핵문제 해결의 의미 있는 진전이 이루어지지 못한 상태에서, 즉 최소한의 정치적·군사적 신뢰가 형성되지 않은 상태에서 평화협정 체결이 가능할 리 만무하다. 한국, 미국, 일본이(경우에 따라서는 중국과 러시아조차도) 성실한 이행 여부를 극도로 의심하는 상황에서 이행에 대한 전폭적인 신뢰를 전제로 하는 합의인—또한 파급효과가 엄청난—평화협정 생산에 동의할 것으로 보이지 않기 때문이다.

더구나 북한의 비핵화 전제가 되지 않는 한 평화에 관한 그 어떠한 미사여구를 만들어낸다 하더라도 평화를 보장할 수 있는 합의로 장착될 가능성은 제로에 가깝다. 곧 비핵화가 선결되지 않는 합의는 정전협정, 남북기본합의서, 한반도 비핵화 공동선언, 9·19 공동성명, 제네바 기본합의문 등이 사문화된 것과 같은 과거의 경험을 되풀이할 공산이 매우 크다. 이러한 점에서 한반도 비핵화를 향한 북한 핵문제 해결은 평화협정 체결의 가능성을 좌우한다고 해도 과언은 아닐 것이다.

(라) 평화체제 구축과 주한미군 철수문제

북한은 평화체제 구축, 특히 북·미 간에 평화협정이 체결될 경우, 주한미군은 반드시 철수되어야 한다는 입장을 견지해 왔다. 사실 이와 같은 주장은 1954년 4월부터 6월까지 제네바에서 열린 정치회담에서부터 북한이 주장했던 것이다. 그러나 주한미군의 주둔 내지 철수 여부는 한·미 양국이 협의해서 독자적으로 결정할 사항이지 북한이 왈가왈부할

22) 윤영관, "한반도 평화체제 구축에 관한 소고," p. 17.

사항이 아니다. 북한이 앞으로도 평화협정의 내용에 주한미군 철수문제를 포함시킬 것을 계속 고집한다면, 한반도 평화체제 구축의 진행은 쉽지 않을 것이다.

생각건대, 주한미군의 철수는 곧 한・미(군사)동맹 내지 한・미 상호방위조약의 폐기를 의미한다. 미군의 주둔은 한・미 양국 국민과 정부가 안보와 생존을 위한 대외전략의 일환으로 선택한 사항이다. 그러므로 한국의 대외전략에 있어 근본적인 변화가 선행되고, 그에 대한 국민적 합의가 새로 형성되지 않는 한 실현되기 어렵다고 보아야 할 것이다. 이와 관련 김대중 전 대통령은 통일 이후에도 주한미군이 계속 주둔하는 것이 바람직하다는 입장을 밝힌 바 있다.

한편 평화체제 구축 내지 전환과 관련해서 한 가지 생각해 볼 법적 문제는 평화협정이 체결되면 외국군대는 반드시 철수해야 하는가 하는 문제이다. 결론부터 말하면 평화협정과 외국군 군대 철수는 논리필연적 관계에 있지 않다고 할 수 있다. 1973년 1월 베트남 평화협정 체결 후 미군은 베트남에서 철수했으나, 1952년 4월 샌프란시스코 대일평화조약이 발효했음에도 주일미군은 일본에서 철수하지 않았다. 즉, 평화협정이 체결된 후에도 외국군은 철수하지 않고 계속 주둔할 수 있는 것이다. 결국 평화협정의 당사국들이 주한미군의 철수에 합의하여 이를 평화협정에 명시할 수 있느냐가 관건이라고 할 것이다. 하지만 앞에서 언급한 바와 같이 북한이 주한미군 철수를 고집하고 이것이 포함되지 않는 평화협정을 거부할 경우 평화협정 체결은 기대하기가 어려울 것 같다. 앞으로도 상당기간 동안 한・미 양국이 주한미군 철수요구를 받아들일 가능성이 거의 없기 때문이다.

다만, 미군 철수가 아닌 미군의 감축이나 동맹군으로부터 가칭 평화군(한반도 평화관리군) 등으로의 지위 변경은 가능할 것으로 보인다.

(마) 평화체제 구축과 인권 개선

그동안 평화체제 구축 혹은 평화협정 체결과 인권 개선문제는 상호 간에 그다지 큰 관계가 없는 것으로 생각되어 왔다. 실제로 1954년의 제네바 정치회담이나 1997～1999년 간의 4자회담에서 인권문제는 전혀 논의되지 않았다.

하지만 일각에서는 북한인권 개선을 염두에 둔 인권문제가 평화체제 구축 과정에서 거론될 가능성을 점치고 있다. 사실 한반도 평화체제 구축은 서로 적대관계에 있는 북한과 미국, 양자관계의 개선 및 정상화를 그 내포로 하는 것이며, 이 같은 관계 정상화 내지 평화 구축의 과정에서 북한 인권 개선이 의제로 떠오를 것임은 쉽게 상상할 수 있다. 그간 미국 정부도 공식적 혹은 비공식적으로 북・미관계 개선 과정에서 북한 인권문제를 거론할 의사가 있음을 내비친 적이 적지 않다.

물론 평화협정에 인권 개선 노력 의무(이 경우에 그에 관한 규정은 북한 측에만 의무를 부담하는 것이 아니라 모든 당사국들이 공평하게 또한 동등하게 부담하는 방식으로 성안될 것으로 보인다)를 직접 명시할 가능성도 완전히 배제할 수 없다. 당사국 간 상호 신뢰와 안정, 나아가 한반도 평화를 위협하는 요소로 이미 탈북자문제가 널리 부각되고 있기 때문이다. 또한 최근 탈북자문제는 인권문제에 그치지 않고 소위 '인간안보'(Human Security) 문제의 일환으로 다루어지기 시작했음도 고려할 필요가 있다. 이와 관련, 베트남 평화협정 제11조, 이집트－이스라엘 평화조약 제3조 제1항 b호와 동조 제3항, 파키스탄-아프가니스탄 평화협정 중 난민귀환에 관한 협정(8개 조로 구성), 보스니아 평화포괄협정(일명 데이턴 평화협정) 제7조 등은 인권의 준수 및 난민 귀환에 관해 규정하고 있음을 주목할 필요가 있다. 이러한 관점에서 볼 때, 한반도 평화협정에 인권 개선 및 탈북자 보호 등에 관한 규정이 반드시 들어가지 말라는 법은 없다고 할 것이다.[23] 한국과 미국의 인권단체들이 그러한 내용을 평화협정에 반드시 포함시키라고 요구할 수도 있다. 하지만 평화협정에 인권 개선에 관한 규정을 포함시키려 할 경우 한·미 양국과 북한(경우에 따라서는 중국) 간에 신경전이 벌어질 공산이 크다. 주한미군 철수만 해도 넘어야 할 큰 산인데, 인권문제까지 제기하는 것은 쉽지 않아 보인다. 따라서 평화협정에는 인권 개선에 관한 규정(특히 북한 인권 개선을 염두에 둔 것)을 명시할 가능성은 상대적으로 낮아 보인다. 그 대신 평화협정 체결과 분리해 북·미관계 개선 및 정상화 과정(혹은 평화체제 구축의 거시적인 과정)에서 미국이 북한 인권문제를 다루지 않을까 예상된다.

(3) 한반도 평화체제 구축의 목표와 접근방향

가. 한반도 평화체제 구축의 목표와 의의

지금 한반도는 '세기의 화약고'라 해도 과언이 아닐 만큼, 중무장한 병력들이 군사적으로 대치하고 대결하고 있다. 남북한의 병력만 대략 190만 명에 이르고 있다. 때문에 일촉즉발의 전쟁위기는 항시 내재해 있다고 해도 지나친 말은 아닐 것이다. 그렇기에 한반도 평화체제 구축의 직접적·1차적인 목표는 무엇보다도 남북한 간에 전쟁재발을 방지하고, 공고한 평화의 토대를 뿌리내리는 것이다.

일견 평화체제의 구조화·제도화는 현상유지를 의미하는 것으로 비칠 수 있다. 하지

23) 북한 인권 전반에 대한 개선 노력 의무를 명기하는 것이 여의치 않을 경우 최소한 탈북자문제만이라도 포함시키는 것이 바람직하다고 하겠다. 평화협정의 체결 선례를 보면, 난민 귀환 및 보호의 규정이 의외로 많이 있음을 눈여겨 볼 필요가 있다.

만 우리가 추구하는 평화체제는 결코 한반도의 영구분단이나 남북분단을 장기화·영속화시키는 것이 되어서는 안 된다. 이런 시각에서 평화체제 구축의 간접적·2차적인 목표는 한반도의 평화적 통일을 위한 여건을 조성하는 것이다.

그런데 평화적 통일이란 '평화적'이란 방식과 절차만을 언급하고 있을 뿐 그 내용에 대해서는 함구하고 있다. 우리의 입장에서 평화적 통일은 당연히 자유민주주의를 내용으로 하는 평화적 통일이어야 한다. 그것이 대한민국 헌법 제4조의 통일조항과 조화되는 것이며, 세계사의 보편적 방향에 부합하는 것이기도 하다. 이런 점에서 평화적 통일로 가기 위해서는 북한의 개혁·개방, 북한인권 개선, 체제민주화, 국제규범을 준수하는 정상국가화는 필수적이다.

이러한 목표를 실현하려면 군사적 대치의 직접 당사자인 남북한의 자주적이며 성의 있는 노력이 요구된다. 아울러 한반도 평화정착에 깊은 이해관계를 가진 주변국들의 적절한 기여가 필요하다. 특히 상당수의 군대를 주둔시키고 있는 미국이나 압록강 및 두만강으로 접경하고 있는 중국의 역할은 지대하다.

한반도 평화체제는 그 자체로도 중요하지만, 21세기에 동북아의 번영과 견고한 평화를 구축하는 데 있어 매우 긴요한 필요조건(선결조건)이 된다. 결국 한반도 평화체제 구축은 남북한과 7천만 민족구성원은 물론이거니와, 미·일·중·러 등 주변국들에 있어서도 '사활적인 이익'(vital interests)이라고 볼 수 있다.[24]

나. 한반도 평화 구축문제에 대한 접근방향

우선 한반도의 특수한 현실, 특히 정전협정의 사문화와 평화체제 구축문제에 임하는 북한의 전략적 의도(특히 평화협정 체결을 고리로 한 주한미군 철수 실현)에 비추어 한반도 평화체제 구축은 '실질적 평화'를 중심으로 추진하는 것이 타당하다. 앞에서 검토한 바와 같이 '실질적 평화'라는 것은 평화협정 체결, 관련 기구 설치 및 규칙의 제정 등과 같이 법규범이나 제도에 의한 정식적인 평화관계 설정에 집착하지 않고, 평화를 가능하게 하는 조건과 상황, 관행 및 의지를 확고히 함으로써 '사실상의 평화'(de facto peace)를 조성하는 것을 의미한다. 물론 '실질적 평화'라고 해서 규범과 규칙 및 제도의 마련을 완전히 무시한다는 뜻은 아니다. 다만, 평화협정 체결과 같은 '협정 만들기'에 집착하기보다는 평화를 확고하게 만드는 당양한 노력을 보다 더 중시한다는 의미라고 할 것이다.

다음, 한반도 평화체제 구축에 관한 논의는 국가안보와 한·미동맹 유지의 확고한 토

24) 제성호, "한반도 평화체제 구축: 목표와 대응전략," pp. 22-23.

대 위에서만 가능하다. 평화체제 구축은 한반도에서 가동하는 기존의 안보 틀을 뒤흔드는 방법으로 추진하는 것은 앞뒤가 맞지 않는 것이다. 평화를 유지·증진하는 가운데, 평화를 공고히 한다는 자세가 현실적이며 타당하다고 할 것이다.

더불어 평화체제 구축은 '선 평화체제 기반조성 후 평화체제 전환'의 구도하에 추진되어야 한다. 즉, 먼저 평화체제 전환을 위한 여건(기반)을 충분히 조성하고, 이를 통해 점진적이고 단계적으로 접근해 나가야 한다. 특히 평화협정 체결과 같은 제도적 평화의 수립·설정은 '실질적 평화'가 달성되었음을 최종적으로 확인하는 조치로써 실시하는 것이 적절하다고 하겠다. 충분한 조건의 성취가 없는 상황에서 무리하게 한반도 평화구축 문제에 접근하는 것은 생명을 걸고 도박을 거는 것과 같이 위험한 일이라고 할 것이다.

이 밖에 한반도 평화는 실효성을 갖는 방향(즉, 강한 평화보장력의 확보)에서 모색되어야 한다. 남과 북의 평화에 관한 합의만으로 평화가 보장될 것이라는 발상은 매우 순진한 것이며, 한반도를 둘러싼 냉엄한 국제정치의 현실을 지나치게 가볍게 보는 것이라고 생각된다. 이를 위해 미국과 중국은 물론, 장기적으로는 일본과 러시아 등 한반도 평화에 이해관계를 갖는 국가, 유엔 등의 한반도 평화체제 지지 및 보장을 확보하도록 해야 한다.[25]

다. 한반도 평화체제 구축의 원칙

위에서 언급한 제반사항을 감안할 때 한국은 다음 몇 가지 기본입장을 확고하게 견지하면서 한반도 평화체제 구축을 일관성 있게 추진해 나가야 할 것이다. 우리 정부가 견지해야 할 기본입장을 한반도 평화체제 구축의 원칙으로 정식화하면 대략 다음과 같다.

첫째, 한반도 평화체제 구축은 우리 민족의 생존방식과 남북통일의 방향 설정과 깊은 관련이 있으므로 마땅히 직접 당사자인 남북한 간에 우선적으로 협의되고 해결되어야 한다(남북당사자해결원칙).

둘째, 한반도에 새로운 평화체제가 수립되기 전까지 현 정전협정과 남북기본합의서는 반드시 유지·준수돼야 한다(남북 간 기합의 존중원칙). 합의서를 깨는 기초 위에서 새로운 평화 합의의 창설은 무의미하기 때문이다. 그런 점에서 평화체제 구축 과정에서 남북한 당국은 이미 18~9년 전 민족 앞에서 성실한 이행을 약속했던 남북기본합의서 체제를 가능한 한 빠른 시일 안에 복원하도록 해야 한다. 2000년 6월 평양 남북정상회담의 결과 채택된 6·15 남북공동선언은 남북기본합의서 이행체제로 진입하는 데 있어서 디딤돌의

25) 위의 논문, pp. 24-25.

역할을 하도록 해야 한다.

셋째, 평화체제 구축은 남북한이 상호 평화의지를 확인한 바탕 위에서 점진적으로 이루어져야 한다. 이것은 상호 실체인정의 정신에 입각하여 군사적 신뢰구축의 경험을 축적하면서 단계적으로 평화체제 전환을 모색해 나간다는 것을 말한다(점진적·단계적 추진원칙).

넷째, 남북한 쌍방이 각기 제3국과 체결한 기존의 조약(특히 한·미 상호방위조약과 북·중 우호협조 및 상호원조에 관한 조약)과 선린우호관계는 최대한 존중되어야 한다(제3국과의 기존관계 존중원칙, 기체결 조약존중의 원칙).

다섯째, 한반도의 평화를 항구적으로 보장할 수 있는 내실 있는 방안이 마련되어야 한다. 이것은 남북한 간의 평화에 관한 합의문 채택에 더해 한반도 평화를 실효적으로 확보하고 지탱해 주는 '국제적 보장체제'(international guarantee regime) 수립을 아울러 모색한다는 것을 의미한다. 공고한 평화체제 구축을 위해 우리는 미·중 등 관련국의 협조와 뒷받침을 적극 활용할 필요가 있다(주변국의 협조를 통한 한반도 평화의 실효성 보장원칙).

(4) 한반도 평화 제도화의 전제와 내용

가. 한반도 평화 제도화(평화협정 체결)의 전제

여기서는 한반도 평화가 제도화될 수 있기 위한 주요 전제조건을 몇 가지로 나누어 살펴보기로 한다.

남북한이 평화협정 체결 등에 의해 한반도 평화를 제도화하려면, 북한이 한국과의 진정한 평화공존 의지가 있어야 한다. 이는 북한의 대남 적화혁명전략의 포기를 의미하는 것이다. 북한이 겉으로는 평화를 이야기하면서, 뒤로는 한국 사회 내에 친북세력의 조직화 및 합법정당화를 지속적으로 모색한다면, 한국과의 진정한 평화공존 의지가 있는가에 심각한 의문을 야기하게 될 것이다.[26]

한국과 진정성 있는 평화공존의지가 있다면, 마땅히 한국을 군사문제 및 평화문제의 당사자로 인정해야 한다. 그런데 아직까지 이 점에도 의문이 없지 않다. 북한이 남북기본합의서 제1조에서 남과 북이 상호 체제를 인정·존중하기로 했지만, 그 체제 인정·존중은 북한의 경우 주로 '민족문제' 및 '통일문제'의 당사자로 인정하는 것으로 나타나고 있다. 반면, '군사문제' 및 '평화문제'의 당사자성을 인정하는 데는 소극적이었던 것이다.

26) 1999년 8월 4자회담이 아무런 성과를 내지 못한 채 결국 난파할 수밖에 없었던 것은 아마도 남북한 간에 진정한 평화공존 의지가 결여되어 있었기 때문이 아닐까 여겨진다.

물론 군사문제에 대해 지금까지 북한이 남한과 협상을 전혀 하지 않은 것은 아니다. 그런데 지금까지 나타난 현상을 보면, 북한은 그들에게 이익이 된다고 믿거나 혹은 그들이 겨냥하면 특정의 군사적 목적, 가령 남북교류협력을 군사적으로 지원·보장하는 경우나 한국의 안보를 약화시키는 분야(예컨대 북방한계선=NLL 무실화를 위한 협상)로만 의제를 한정하고, 그에 대하여서만 제한적으로 군사회담이나 군사접촉에 호응해 왔던 것이다. 반면 남북기본합의서 및 불가침 부속합의서에서 명시되어 있고, 한국이 주된 관심을 갖는 사항에 대해서는 협상에 응하기를 거부하고 있다. 이러한 자세에 근본적인 변화가 없으면, 한반도 평화협상의 재개 및 본격적인 추진은 어려울 것으로 보인다. 요컨대, 북한은 한국에 대해 한반도에서 제기되는 모든 군사문제의 협의주체 혹은 당사자성을 인정해야 하며, 나아가 평화체제 구축(특히 평화협정 체결)의 직접 당사자성을 인정해야 한다.

무엇보다도 작금 한반도에 평화를 위협하는 요인은 북한 핵문제이다. 핵문제의 진전이 없는 상태에서 평화체제 구축은 요원한 이야기가 될 수밖에 없다. 평화협상을 가능케 하려면, 북한 핵문제 해결을 위한 본격적인 과정에 진입해야 한다. 이것도 이루어지지 않은 상태에서 평화협정 체결 운운하는 것은 비현실적이라고 하지 않을 수 없다. 이에 관해서는 자세한 설명을 약하기로 한다.

한편 남북한이 한반도 평화와 직·간접으로 관련이 있는 수많은 합의를 생산한 경험을 갖고 있음은 주지하는 바와 같다. 1972년의 7·4 남북공동성명, 1991년의 남북기본합의서와 한반도 비핵화 공동선언, 2000년의 6·15 남북공동선언, 2007년의 10·4 남북정상선언이 그 대표적인 예들이다. 그런데 이러한 합의문건에 명기된 내용의 상당 부분은 이행·실천되지 않고 있다. 특히 통일부의 분석에 따르면, 정치·군사적 합의는 총 38건인데 이 중 3건만이 이행되고 있을 뿐, 나머지는 이행되고 있지 않다.[27] 즉, 북한은 남북기본합의서 합의사항 9건 중 7건(① 내부문제 불간섭, ② 상대방 비방·중상 금지, ③ 파괴·전복행위 금지, ④ 정전협정 준수와 평화체제 전환 노력, ⑤ 무력 불사용, ⑥ 불가침 경계선과 구역 준수, ⑦ 대화를 통한 평화적 문제 해결)을 위반하는 등 모두 17개 사항을

27) 이는 통일부가 ① 남북기본합의서(1991.12.13), ② 남북불가침 부속합의서(1992.9.17), ③ 1차 남북국방장관회담 공동보도문(2000.9.26), ④ 6·4 2차 남북장성급회담합의서(2004.6.4, 정식명칭은 「서해해상에서 우발적 충돌 방지와 군사분계선 지역에서의 선전활동 중지 및 선전수단 제거에 관한 합의서」임), ⑤ 10·4 남북정상선언(2007.10.4), ⑥ 2차 남북국방장관회담 합의서(2007.11.29) 등 6개의 문건을 분석한 결과다. 현재 이행되고 있는 3개 합의는 ① 남북기본합의서 제1조의 상대방 체제 인정·존중조항(부분 이행), ② 남북기본합의서 제13조 및 남북불가침부속합의서 제4장의 군사 직통전화 설치·운영(부분 이행), ③ 6·4 2차 남북장성급회담 합의서 제3조의 군사분계선 지역 선전활동 중지 및 선전수단 제거(이행) 조항이다. 신석호, "北, 정치군사 합의사항 38건 중 3건만 이행," 『동아일보』, 2009년 2월 2일자.

위반했다. 그리고 나머지 18개 사항은 남북한 간에 추가 협의가 진행되지 않아 이행되지 않고 있다. 더욱이 한반도 비핵화 공동선언은 이행은커녕 북한에 의해 중대하게 위반됨으로써 사실상 사문화되고 있는 상황이다.[28)]

이런 상황에서 평화협정 체결을 이야기하는 것은 연목구어(緣木求魚)와 같다. 그러므로 앞에서 지적한 바와 같이 남북한이 이미 합의한 정치·군사적 합의에 대한 성실한 이행·실천이 전제되어야 한다. 이는 남북 간 기합의 존중의 원칙을 견지해야 한다는 것으로서, 실질적 평화론의 관점에서 볼 때 적절·타당한 요구라고 할 것이다. 다시 말하면 평화를 위한 새로운 제도의 모색 못지않게 이미 문서로써 제도화된 합의사항을 이행·실천함으로써 정치·군사적 신뢰를 쌓는 것이 무엇보다도 긴요하다고 하겠다. 이 과정에서 포괄적인 평화협정이 아닌 실무적인 정치·군사적 합의문건의 생산, 특히 기존의 정치·군사적 합의내용 중 우선적으로 실천가능한 것을 준별해 즉각적 이행 합의하는 것은 가능하리라고 본다.

이러한 점에 비추어 결국 ① 남북 간 합의사항의 이행·실천의 경험 축적, ② 이를 통한 정치·군사적 신뢰 조성(불신 해소), ③ 정전협정 핵심조항 유지·준수, ④ 북한 핵문제 해결 진전, ⑤ 남북한관계 발전 및 ⑥ 주변 한반도 여건의 성숙 등이 한반도 평화의 제도화 수단으로서의 평화협정 체결의 시기를 결정하게 될 것으로 보인다.

나. 평화협정 체결 시 담을 내용과 형식

한반도 평화체제를 구축하는 과정에서 충분한 조건이 성숙되고 당사국들 간의 입장이 맞아떨어질 경우 정전협정을 대체할 평화협정을 체결할 수도 있다. 이때 특별히 유념해야 할 사항으로는 다음 몇 가지를 들 수 있다. 그것은 ① 평화체제 논의의 주체(평화회담에의 참여범위), ② 평화협정 체결의 당사자, ③ 평화협정의 형식과 내용, ④ 평화협정의 국제적 보장 등의 문제들이다.[29)]

(가) 다자간 평화회담의 참가범위

우선, 남북한만이 직접 대좌하여 평화협상을 개시하고, 그 결과 남북평화협정을 체결할 수만 있다면 더없이 좋은 일일 것이다. 그러나 북한의 태도(북한과 미국이 한국전쟁의 당사자라는 '실질적 당사자론')에 비추어 이와 같이 해결될 가능성은 거의 없다. 그런 점에서 차선책으로 남북한과 미·중의 4자를 평화협정의 당사자로 상정하는 것이 가능하며,

28) 위의 글.
29) 제성호, "한반도 평화체제 구축: 목표와 대응전략," pp. 29-31의 내용을 일부 수정·보완한 것이다.

또한 이것이 가장 합리적인 방안이라고 본다.[30] 이 같은 방식의 4자회담이 1997년 12월부터 1999년 8월까지 6차례 열린 바 있다고 함은 앞에서 언급한 바와 같다.

최근에는 중국을 제외한 남북한과 미국의 3자가 만나서 평화협정을 논의해야 한다는 주장이 나오고 있기도 하다.[31] 한편 4자 외에 한국전쟁에 직접 참여하지 않은 일본과 러시아가 한반도 평화협상에 직접 참가하는 것(곧 6자회담 틀 내에서의 평화체제 전환 추진)은 참가근거의 미약, 과도한 외세개입 등의 면에서 부적절하다고 할 것이다. 과거 일부 학자는 1954년 제네바 정치회담의 선례처럼 20자회담(남북한+참전 16개국+중국 및 러시아)을 제시한 적도 있었지만 최근 이러한 제안을 하는 사람은 없는 것 같다.

(나) 평화협정 체결의 주체(당사자)와 방식

평화협정 체결의 당사자 문제(이는 평화협정의 '체결방식'과 깊은 관련이 있다)에 관한 논란은 지금까지 평화협정 체결이 이루어지지 않은 핵심적 원인의 하나라고 할 수 있다. 북한은 '북·미' 당사자를, 남한은 '남북' 당사자를 주장해 왔음은 전술한 바와 같다. 미·중도 한반도 평화체제에 깊은 이해관계(법적 혹은 실제적 당사자 지위)를 갖고 있는 바, 4자 평화회담에 참여할 경우 최소한 보조적 당사자 혹은 평화보장의 당사자로서 인정되어야 한다.

그간 우리 정부는 4자회담이 열릴 경우 「2+2」 방식, 즉 남북한이 평화협정을 체결하고, 그 협정에 미·중이 하기서명(postscript)하는 방법[32]으로 평화를 지지·보증하는 방안을 제시해 왔다. 사실 이 방안이 가장 간소하면서도 남북 당사자해결원칙, 정전협정과의 관계, 1999년 8월 중단된 4자회담 선례와의 연속성, 평화보장력 확보 등의 측면을 고려할

---

30) 2005년 9월 제4차 6자회담에서 채택된 이른바 9·19 공동성명에서는 6자회담과는 다른 '별도의 포럼'(at a separate forum), 소위 평화포럼(peace forum)에서 평화체제 전환문제를 다루도록 명시하고 있다. 6자회담 틀 내에서 만들어질 별도의 포럼, 곧 평화체제 논의 주체의 참가범위에 관해서 보면, ① 6자 모두, ② 남북한과 미·중의 4자(6-2), ③ 남북한과 미국의 3자(6-3) 등으로 나누어진다. 대부분의 전문가들은 이 평화포럼이 남북한과 미·중이 참여하는 4자회담을 의미하는 것으로 풀이하고 있다. 남북당사자원칙과의 조화 여부, 정전협정의 당사자, 평화체제 전환에 관한 법리적 근거, 4자회담의 개최 경험, 실효성(평화보장력) 등을 고려할 때 평화포럼의 당사자를 4자로 하는 것이 가장 합리적이다.

31) 이와 관련, 한성렬 주 유엔 북한대표부 차석대사는 2004년 5월 12일 가진 USA TODAY지와의 전화 인터뷰에서 남북한과 미국이 참가하는 3자 평화협정 체결과 관련한 주장을 한 바 있다. 한 차석대사는 '한반도에 군대를 두고 있는 모든 나라들'이 영구 평화협정을 체결하지 않는 한 북한은 핵무기를 갖지 않을 수 없다고 말하였는데, USA TODAY지는 한 차석대사의 말을 '남북한과 미국이 서명하는' 3자 평화협정으로 해석하였다.

32) 「2+2」 방식은 남북평화협정에 미·중이 하기서명하는 방식(이 경우 평화합의 문건의 수는 1개이다) 외에도 남북평화협정과 별도로 미·중이 보장선언(또는 평화보장을 내용으로 하는 추가의정서)을 별도로 채택하는 방식(이 경우 평화합의 문건의 수는 2개이다)도 고려할 수 있다.

때 가장 합리적이고 타당한 것으로 생각된다. 그러나 북한은 아직 이런 방안에 호응하는 태도를 보여주지 않고 있다.

그 때문인지 일각에서는 남북한과 미국 3자가 평화협정을 체결하고 중국이 이를 지지·추인하는 「3+1」 방식을 거론하기도 하고, 남북한과 미·중이 시종일관 동등한 협상 당사자 및 서명자로 참여하는 4자 평화협정 체결을 주장하기도 한다. 또 최근에는 남북한과 미·중이 한반도평화에 관한 기본원칙선언(일종의 4자 평화포괄협정 또는 umbrella협정)을 채택한 다음, 이를 배경으로 남북평화협정과 북·미평화협정을 동시 체결하고,[33)] 이를 4자 전체회담에서 추인받는 방식, 곧 양자 및 다자의 평화협정을 복수로 체결하는 혼합형 평화협정 체결방식을 제시하기도 한다(여기에 추가해 이 같은 복수의 평화협정 체결 후 별도로 일본과 러시아가 평화협정을 지지·추인하는 내용의 별도의 평화보장선언을 채택할 수도 있다).

(다) 평화협정의 내용

다음으로 평화협정에 담을 내용이 평화협정 체결 시 가장 중요한 관심사가 될 것이다. 「2+2」 방식을 기준으로 할 경우, 전쟁상태 종결과 평화상태 회복, 경계선 존중, 상호 불가침, 분쟁의 평화적 해결, 남북기본합의서의 효력 확인 또는 이행·실천 의지, 평화지대 설치 및 비무장·철군의무 이행, 평화지대관리위원회 구성·운영, 군비통제 추진원칙, 평화감시기구 설치·운영 및 기타의 국제적 보장 확보방안 등이 평화협정에 명기될 수 있을 것이다.

그러나 통상의 평화협정에 들어가는 배상 및 보상문제, 전쟁범죄인(전범, War Criminal)의 처리 등 전쟁책임조항을 포함시키기는 어려울 것이다. 이 밖에 평화협정 체결과정에서 미귀환 포로의 추가 송환문제, 주한미군의 지위 변경(평화군으로의 성격 변경, 대폭 감축·전면철수 등), 한·미동맹 재조정, 유엔사 해체 등이 뜨거운 쟁점으로 등장할 것으로 예상된다.

또 앞에서 언급한 바와 같이 인권 개선 노력의무를 명기할 것인가가 새로운 관심사로 떠오를 가능성이 있다. 가능하면 인권에 관한 조항을 설치하는 것이 바람직함은 두말할 것도 없다.

---

33) 윤영환, "한반도 평화협정(안)," 평화재단, 『한반도 평화협정(안)』, 제8차 전문가포럼 발표자료집(2007.4), pp. 4-16 참조. 이때 남북평화협정과 북·미평화협정의 경우 협정이란 용어 대신에 부속협정, 부속의정서, 추가의정서 등의 용어를 사용할 수도 있다. 또한 북·미평화협정의 경우 평화협정 체결 대신 불가침협정이나 수교협정으로 대체할 수도 있을 것이다.

(라) 평화협정의 형식

평화협정의 형식과 관련해서는 「2+2」 방식을 따를 경우 남북한 특수관계를 고려하여 '합의서'(영어로는 Agreement)라는 명칭을 사용하며, 분단국 내부의 특수조약이란 형식으로 체결함이 타당하다. 남북한은 모두 국회의 비준동의를 거쳐 법적 구속력을 부여해야 한다. 이 같은 기본입장은 「3+1」의 경우에도 준용될 수 있을 것이다.

유엔 사무국 등록을 추진할 것인지 여부는 동서독[34] 등 다른 분단국의 선례와 등록이 가져오는 긍·부정적 효과를 면밀히 검토하여 대처하는 것이 바람직하다. 다만, 「3+1」 방식이나 4자 평화협정을 체결할 경우 유엔사무국 등록의 가능성은 더욱 제고될 것이고, 어느 정도 불가피할 것으로 내다 보인다. 우리가 등록하지 않더라도 미·중이 유엔에 등록할 공산이 크기 때문이다.

한편, 남북평화협정이나 4자평화협정의 경우 우리가 북한을 묵시적으로 국가승인을 부여하지 않는 방향의 정책선언, 곧 승인 유보의 입장을 분명히 할 필요가 있다고 하겠다. 이 문제의 해결방식으로는 북한에 대한 국가승인을 명시적으로 유보하는 방안도 있으나, 남북기본합의서 및 4대 남북경협합의서 서문(전문)에 명시되어 있듯이 '통일과정에서 잠정적으로 형성되는 (민족 내부의) 특수관계'라는 표현을 사용하여 대처하는 것도 가능하다고 할 것이다.

(마) 평화보장

평화협정의 실효성 확보 차원에서 국제적 감시·보장의 문제가 제기된다. 먼저 국제적 보장문제는 평화협정의 당사자의 범위와 관련되어 있는 것으로 1차적 국제적 보장 당사자에는 다소의 가변성이 있다. 하지만 이미 누차 언급한 바와 같이, 평화협정 체결의 틀 내에서 미·중으로 하는 방안이 우선적으로 고려될 수 있다(하기서명 방식의 경우 그에 의해 자연스럽게 해결될 것임). 평화협정 체결에의 참여와 무관하게 2차적 보장당사자를 생각할 수 있는데, 여기에는 일본과 러시아를 포함시킬 수 있다.

나아가 가능할 경우, 범세계적 안전보장기구인 유엔, 그리고 아태경제협력체(Asia Pacific EConomic Cooperation: APEC)나 아세안지역안보포럼(Asean Regional Forum: ARF) 등 지역기구까지 3차적·누적적인 평화보장에 참여할 수도 있다.

이 밖에 한반도 평화의 국제적 감시체제로서 유엔평화유지활동(평화유지군 혹은 평화감시단)을 초청, 활용할 것인지 하는 문제가 존재한다. 이 문제에 대해 어떻게 처리할 것인지는 전적으로 남북한 및 미·중 4자의 의사에 달려 있다. 이와 관련, 한·미 양국은

---

34) 서독은 1972년 12월 21일 체결한 '동서독기본조약'을 유엔 사무국에 등록하지 않았다.

주한미군의 위상을 어떻게 할지도 신중하게 검토하여 대처해야 할 것이다.

(5) 단계적 실천전략[35)]

한반도 평화체제 구축은 북한 핵문제의 평화적 해결과 밀접한 관련을 맺고 있다. 여기서는 북한 핵문제의 해결을 전제로 한 한반도 평화체제 구축 시나리오를 상정해 보기로 한다. 현재 정부는 북한 핵문제 해결과 관련해서 현재 '그랜드 바겐' 접근법에 의해 일괄타결을 모색하고 있다. 그러나 포괄적 접근에 따른 일괄타결 방안을 마련하더라도 그 이행실천은 전술한 바와 같이 몇 단계로 나누어 추진할 수밖에 없을 것이다. 이 같은 점과 더불어 남북한관계의 현실, 북한의 내부현실과 대남정책, 우리의 안보능력, 동북아질서의 변화, 통일정책과 평화체제 전환에 대한 한국의 기본입장, 향후 독자적인 안보능력의 확보 필요성 등을 종합적으로 고려하여, 대체로 다음과 같은 4단계의 평화체제 구축구도를 제시할 수 있다고 생각된다.

가. 제1단계: 정전체제의 부분 정상화 및 남북군사회담의 제도화

한반도 평화체제의 구축은 정전체제의 유용성 및 한계성에 대한 인식의 토대 위에서 출발해야 한다. 한반도 평화체제 구축을 위해서는 최소한 몇 가지의 선행조건이 충족되어야 한다. 그러한 조건에는 ① 북한의 정전체제 부분정상화 및 정전협정의 핵심내용 준수(군사분계선 인정, 비무장지대 유지·관리 임무 확인, 서해5도 관할권 존중, 정전체제와 불가분의 관계에 있는 NLL제도 준수 등), ② 남북 간 군사회담의 제도화와 남북교류협력 지원을 위한 군사적 실무합의사항 이행, ③ 핵개발 완전포기 및 IAEA의 전면사찰 수용 등 국제규범의 계속적인 준수를 들 수 있다.

여기서 정전체제의 부분 정상화라고 함은 1953년에 설치된 군사정전위원회의 정상 가동 혹은 그것이 어렵다면 유엔사－북한군 간의 장성급회담 채널의 정례화까지를 포함하는 좀더 넓은 의미로 사용된 것이다(사실 현 단계에서 북한의 정전체제 무력화전략에 비추어 볼 때 북한이 군사정전위원회의 정상화를 기대하기는 어려운 게 현실이다).

정전체제의 부분 정상화와 더불어 당사자해결원칙에 입각한 남북한 간 군사문제 해결 경험의 축적을 위해 남북군사회담의 제도화가 시급하게 요구된다. 경의선철도·도로 연결을 위해 남북한 간에 이미 남북군사실무회담이 수차례 열린 바 있는데, 이러한 회담채널을 상설화·정례화하는 외에 남북국방장관회담을 조속히 재개해야 한다. 그리고 가급적

35) 제성호·남성욱·홍관희 외, 『한반도 평화통일 대전략』, pp. 162-165.

정전체제의 틀을 유지하면서 비무장지대를 매개로 한 남북협력사업을 가능한 한 많이 발굴하여 추진해야 할 것이다. 더불어 북한의 정전체제 부분 정상화를 촉진하기 위한 우회적 수단으로써 한국은 중국 및 러시아와의 군사외교를 강화하는 한편, 이들 국가들에 대해 선의의 중재 노력을 요청해야 한다.

나. 제2단계: 군사적 긴장완화 및 신뢰구축 추진

제2단계에서는 북・미 간 미사일 협상이 본격적으로 진행되어 대량살상무기 개발이 중단되고, 이와 아울러 남북 간 군사회담이 진전되어 한반도에서의 긴장완화 및 신뢰구축이 이루어지게 될 것이다. 그리고 북한이 대미관계에 적극성을 보이고 있는 점을 감안할 때 북・미관계 진전과 연계한 한반도 긴장완화조치가 추진되도록 치밀한 협상전략을 강구・추진해야 할 것이다.

이 과정에서 남북대화 진전, 비무장지대 내에서의 긴장완화, 북한 핵폐기를 위한 합의의 성실한 이행, 북한의 테러행위 중지 등 한반도 평화조건이 충족되어야 한다. 특히 대북 에너지 지원(경우에 따라서는 화력발전소 또는 가스전 건설 및 공급의 대안도 가능)을 긴장완화조치의 일환으로 추진하는 방안을 강구할 필요가 있다.

한편 우리의 독자적 방위능력 확보에 상응하여 남북한 재래식 군비통제가 추진되어야 한다. 다만 재래식 군비통제는 안정된 '힘의 균형'하에서만 실질적으로 추진될 수 있는 것인바, 남북한관계의 상황변화에 따라 군비통제의 추진 내용, 그 범위와 방법은 달라질 수밖에 없을 것이다.

다. 제3단계: 정전체제의 평화체제 전환('6-2'에 의한 4자회담 개최 및 '2+2+2'의 평화보장 추진)

우리 정부가 1996년 4월에 제안한 바와 같이 한반도 평화체제 전환은 남북한 및 미・중이 참여하는 4자회담의 틀 내에서 추진하는 것이 가장 현실적이며 법리적으로 타당한 방안이라고 할 수 있다. 정전협정의 당사자, 지난 반세기 동안의 정전체제 유지 경험, 한반도 평화보장력(실효성) 확보, 남북한의 동맹관계, 지나친 외세 개입의 배제 측면 등을 고려할 때 4자회담은 가장 유용한 틀이라고 할 것이다.

그러나 4자회담은 1997년 12월에 시작되어 6차례의 회담 끝에 1999년 8월 이후 중단된 상태이다. 북・미 평화협정 체결, 주한미군 철수를 최우선적인 의제로 삼지 않는 4자회담에는 관심이 없다고 하면서 자리를 박차고 나간 북한이 단시일 안에 4자회담에 다시 돌아올 가능성은 거의 없다. 반면 제2의 북핵위기 발생 이후 지금까지 6자회담이 3차례 열렸고, 현재 한・미・일・중・러 등 주변의 5개국이 6자회담을 재개하기 위한 다각적인 노력을 경주하고 있다. 우리는 이와 같은 국제상황을 고려하여 한반도 평화체제 구축을 추진할 필요가 있다. 예컨대 1999년 8월 중단된 4자회담의 단순 재개보다는 6자회담 틀을 활용해 4자회담 재개를 모색하는 것이 현실적이다.

그 구체적인 방안으로서 6자회담 틀 내에서 일본과 러시아가 빠진 '6-2'회담을 개최하는 것이다. 즉 남북한 및 미・중의 4자가 한반도 평화회담을 개최하고, 여기서 '4-2' 및 '2+2' 방식의 한반도 평화협정 체결을 강구하도록 하는 것이다.[36)]

'6-2' 회담 또는 '21세기 한국형 4자회담'이 열리면 여기서 남북한은 평화체제로의 전환에 대한 제도적인 장치로써 남북평화협정을 체결한다. 남북평화협정은 현 정전체제의 종식을 선언함으로써 한국전쟁을 법적으로 정리하는 조치를 취하게 될 것이다. 한반도 평화체제를 보장하기 위한 방안의 일환으로 미・중 양국이 남북평화협정에 '하기서명'(postscript)하여 한반도 평화를 보장하도록 해야 한다. 그리고 6자회담의 구성원인 일・러가 추가적으로 지지・보장 선언을 채택(2+2+2)하도록 유도함으로써 한반도 평화체제 구축을 완성시키도록 하는 것이다.

라. 제4단계: 한반도 평화체제의 실행 가동

한반도 평화체제가 수립되면, 이를 제도적인 틀 내에서 지속적으로 실행해 옮겨 나가는 것이 중요하다. 정전체제도 그 자체로는 자기완결적인 구조를 갖고 있으나, 현실적인 자기집행력을 갖지 못했기에 오늘의 상황에 이르렀다고 볼 수 있다. 그러기에 한반도 평화의 국제적 감시를 위한 보장 장치 마련, 그리고 실질적인 국제적 군비통제는 한반도 평화체제의 존속 및 가동을 위해 매우 중요하다.

한반도에 평화기반이 가시적으로 조성된 후 정전체제의 평화체제로의 제도적인 전환을 추진하는 시점에서는 사실상 한・미 군사관계의 조정이 자연스럽게 대두될 것이며, 이 과정에서 단계적으로 유엔사의 해체문제와 한・미동맹관계 재조정문제(물론 전시 작전통

---

36) '4-2'방식은 대략 다음과 같이 설명될 수 있다. '남북한 미・중'의 4자가 모여 한반도 평화회담의 재개를 공식 선언한다. 더불어 가능하면 이 신판 4자회담은 1953년 정전협정의 대체를 위한 '끝장보기' 회담이라는 점을 국제적으로 천명하여, 어느 당사국도 중간에 퇴장할 수 없도록 하는 장치를 만들 필요가 있다. 이를 통해 4자회담의 모멘텀을 개최하는 것이 바람직하다. 이와 관련, 유엔 안보리의 지지성명을 얻는 방안도 고려할 필요가 있다.
다음 '4-2'에서 뒤의 2는 미국과 중국을 말하며, 이는 결국 한반도 평화구축 과정에서 남북한이 주도적 역할을 담당하고 미・중은 보조적 역할을 수행하는 것을 의미한다. 그리고 '2+2'에서 앞의 2는 남북한을, 그리고 뒤의 2는 미・중을 가리키며, 이와 같은 '2+2'의 평화체제 수립구도는 결국 남북한이 정전협정을 대체할 평화협정을 협상하고 1차 당사자로서 서명하는 것을, 그리고 미・중이 증인국으로서 평화협정에 하기서명하는 것을 의미한다고 하겠다.

제권 환수문제는 2012년을 목표연도로 하여 한·미 간에 협의·추진되고 있는 것처럼 이 단계 이전에서 논의될 가능성도 있다)가 심도 있게 다루어져야 할 것이다. 나아가 북한이 느끼고 있는 안보위협의 경감을 위해 지역 차원의 안보협력체제 확립도 모색할 필요가 있다. 이와 관련해서 현재 추진되고 있는 지역차원의 안보관련 국제포럼을 적극적으로 활용하여 북한을 다자간 안보대화의 틀로 합류하도록 하는 것이 바람직하다.

한편 한반도 평화체제가 본격적으로 실행·가동될 경우, 「민족공동체통일방안」이 예정하고 있는 통일과정 3단계 중 두 번째 단계인 「남북연합」체제로의 이행을 위한 여건이 성숙되게 될 것이다.

(6) 한반도 평화체제 구축을 위한 국제공조방안

위에서 제시한 평화체제 구축방안을 중심으로 앞으로 정부는 한·미·일 간의 긴밀한 공조체제를 가동함으로써 남북한관계, 북·미관계 및 북·일관계가 상호 연계되는 가운데 교차적으로 진전시키는 방안을 강구해야 할 것이다. 〈표 15〉는 평화체제 전환과 관련국 간의 양자관계 발전구도(특히 남북한관계 및 미·일의 대북관계 개선을 단계적으로 병행 내지 연계 추진하는 방안)를 개략적으로 제시하고 있다.

이러한 단계 구분은 다분히 필자의 직관에 따른 것이며 북·미관계 진전과 남북한관계 개선이 상승적인 작용을 일으키면서 긍정적인 방향으로 진행될 것이라는 낙관적인 관점에서 설정된 것이다. 그리고 협상이 시작되더라도 향후 대량살상무기 및 관련 주제와 연결된 포괄적인 협상 및 일괄타결 과정을 거쳐야 관계개선에 이를 수 있다는 점이 전제되어 있다.

이러한 기본인식 아래 한국의 평화체제 구축을 위한 대외정책 방향을 제시하면, 대체로 다음과 같다.

첫째, 한국은 한반도 평화와 안정을 위해 북한의 대량살상무기 및 미사일개발 중단과 더불어 북·미 및 북·일 간 정치·외교관계 개선을 지지한다는 기본입장을 천명한다. 또한 평화체제 전환 시까지는 현 정전체제가 유지·준수되어야 한다는 입장을 기초로 북한의 정전체제 부분정상화에 호응해 오도록 촉구한다. 이를 위해 미·중과 긴밀한 협조관계를 유지한다. 이러한 기본입장을 견지하는 가운데, '평화협력'의 정신 아래 남북한관계 개선을 병행 추진한다.

북한이 남북한관계 개선에 호응하는 태도를 보일 경우, 우리 정부는 미국에 대해 대북 적대시정책 중단 의사 천명, 북한과 연락사무소 교환 개설, 테러지원국 지정 해제 등 정치·외교적 조치를 단계적으로 취해 줄 것을 요청하도록 한다.

둘째, 한·미·일 3국 공조의 틀 안에서 한국이 취할 수 있는 '평화협력정책'을 모색하되, 북한의 반응 여하에 따라 점진적·단계적인 실천전략을 강구하도록 한다.

<표 15> 한반도 평화체제의 단계별 추진전략과 관련국 간의 양자관계 발전구도

구분	평화체제	남북한관계	북·미 관계	북·일 관계
1단계 (여건 조성 및 준비)	· 정전체제의 부분 정상화 –판문점 장성급회담 유지	· 남북군사회담의 제도화 · 각급 남북회담 개최 · 남북경협 보장 장치 마련 · 이산가족 상봉 확대 · 경의선 등 시범적 긴장완화사업	· 북한의 핵포기선언 유도 · 6자회담을 통한 리비아식 해법 모색 –NPT체제 복귀 및 제네바합의에 의한 핵동결 완전회복 · 미사일 추가발사 유예 · 상호 적대정책 포기의사 재확인 · 대북 인도적 지원 지속 · 6자회담 틀 내에서 북·미 고위급 회담 개최 · 연락사무소 개설 합의 · 미군유해 추가 발굴·송환	· 북한 미사일 발사 유예(모라토리엄) 발표 · 북일수교협상 재개 –정치적 관계개선 기본합의 도출 · 북·일 적십자회담 재개 –일본인 실종자·납북자문제 논의 · 대북송금규제 완화 · 대북 식량 지원 · 인적·물적교류 확대
2단계 (다차원의 대북협상채널 구축/군사위협 감소 및 평화체제 전환기반 조성)	· 군사적 긴장완화/신뢰구축 추진	· 남북당국자회담 정례화 · 김정일 위원장 답방 · 남북협력사업 지속 · 경의선 완공/추가교통망연결 모색 · 남북군사회담 본격화(군사적 신뢰구축논의) · CBM 초기조치 시행(직통전화, 훈련통보/참관, DMZ/인근 군사활동 제한, DMZ 비군사화, 제한적 정보 교환)	· 북·미 고위급회담 타결 –북한 핵프로그램 포기, 과거 핵규명을 위한 IAEA사찰 수용 –북한체제 및 안전 보장 –북한의 테러행위 중지 –경제협력 프로그램 지원 –재래식 무기 감축/후방 재배치 논의 개시 · 북한 미사일 개발·수출 중단 · 연락사무소 교환·개설 –필요 시 영사관 승격 · 대북 전력지원 모색 –대북 중유공급 재개 · 미국기업 대북진출 확대 · 북한의 국제군비통제체제 가입논의 본격화 · 차별적인 대북 경제제재 대폭 해제 · 북·미 간 통신·금융·무역거래 확대 · 북한의 국제금융기구 가입 및 금융지원	· 북한 미사일 발사 중단 · 연락사무소 교환·개설 –필요 시 영사관으로 승격 · 북송거부 일본인 처의 재북가족과의 재결합문제 해결 · 요도호 납치범 송환 · 일본기업의 대북 진출 확대
		· 남북평화협정 체결	· 북한의 핵·미사일 합의 지속 준수	

3단계 (평화 체제 수립/ 관계 정상화)	· 4자회담(6-2방식)을 통한 평화체제 전환	· 남북 중심 군사관리기구 가동 · CBM 후속조치, 군비관리조치 시행(훈련 제한, 포괄적 정보교환, WMD 중단, 공격무기 배치 전환 등) · DMZ 평화적 이용 확대	· 남북평화협정 국제공인 · 북 · 미 수교: 북 · 미 불가침선언 채택 · 상호 대사관 설치 · 테러지원국 지정 해제 · 북 · 미경제관계 정상화 －미국 내 북한자산 동결 해제 등 대북경제제재 전면 해제 · 북한, 국제군비통제체제(MTCR/CWC 등) 가입 · 미국, 대북경제 · 금융지원 확대 · 대북 에너지지원 프로젝트 강구	· 북 · 일수교: 교차승인 완성 · 청구권 자금의 대북 유입 · 대규모 경제협력 프로그램 지원 · 납치문제 완전 해결 · 북송 일본인 처의 일본 자유왕래 허용
4단계 (통일 과정 진입)	· 평화체제 가동 －군비통제 후속조치 마련 · 한미동맹관계 재조정 －유엔사 해체	· 남북 간 동질화 작업 본격화 · 남북경협 · 교류 확대 및 자유화(생활권 통합) · 군축 논의 시작(공격무기부터 감축) · 남북연합 추진	· 한반도 평화의 국제적 감시(미 · 중의 관여) · 군사적 불가침 보장: NSA 포함 · 북 · 미 간 군사교류 · 정상 간 상호 교환방문 정례화 · 미국 기업의 자유로운 대북 경제활동 허용 · IAEA의 전면적 대북사찰 실시	· 정상 간 상호 교환 방문 정례화 · 한반도 평화 구축 및 통일 과정에서 일본의 역할 확대 · 북 · 일 간 군사교류

특히 각급별 남북 당국자회담의 개최, 정민분리 원칙에 입각한 민간교류 확대(중 · 장기적으로 남북기본합의서 이행체제로의 진입 모색), 인도적 대북지원의 지속 등 대북 평화 · 협력정책을 지속적으로 추진함으로써 실질적 평화를 만들어 나가도록 한다. 특히 북한이 남북 당국 간 대화의 제도화 등에 긍정적인 태도를 보일 경우, 대북 인센티브를 제공함으로써 평화협력정책의 구체적 내용과 범위를 확대 · 발전시켜 나간다.

셋째, 한국은 한반도 평화와 남북한관계 및 북한의 대미 · 일 관계개선을 유기적으로 연결시킬 수 있는 전방위 외교를 추진한다. 한 · 미 · 일 공조를 통해 북 · 미 및 북 · 일관계 개선이 남북한관계 개선을 촉진할 수 있도록 대미 · 일 외교를 강화한다. 이와 관련, 한국은 북 · 미관계, 북 · 일관계, 남북한관계의 진전속도에 맞추어 북한에 대한 경제협력 및 대북지원의 규모와 시기를 조정하는 등 느슨한 연계전략을 수립, 추진한다. 동시에 대미 · 일 외교와 더불어 중국과 러시아를 통해 북한에 남북한관계 개선을 설득하는 외교적 노력을 지속한다.

넷째, 미국의 대북 경제제재 완화가 남북관계 개선에도 이바지할 것이란 긍정적 사고방식에 기초하여 한 · 미 공조의 틀을 구성하되, 제재 완화의 폭과 수준이 한국의 정경분리 원칙에 입각한 대북 경제교류협력 활성화 수준과 조화되도록 요청한다. 한국은 미국의 단계적인 대북 경제제재 해제에 상응하여 단계적 대북경협 활성화조치를 마련하여 남북 경협의 확대 기회로 활용한다.

대북투자에 관심은 있으나 위험부담 때문에 망설이는 외국기업을 고려, 이 또한 북·미 및 북·일관계가 개선됨에 따라서 북한에 대한 경제지원문제가 대두될 수 있는바, 정부의 대북 경제지원 참여방안을 본격적으로 강구한다.

이와 관련해서 장기적인 북한경제 회생계획, 가칭 「북한경제부흥계획」(한국판 마셜 플랜)과 같은 대규모 대북 경제지원프로그램을 제시하고, 이를 미·일과의 협력하에 공동으로 마련한다. 동 계획에는 일본의 대북 배상금과 국제금융기관 개발자금의 활용도 고려하여 투자분야 및 규모, 투자금액 조달방안 등을 제시할 수 있을 것이다. 더불어 한국은 대북지원 및 경제교류협력이 점진적으로 당국 간 합의에 의해 북한의 경제구조 개선이 이루어지는 방향으로 모색한다. 장기적으로는 북한이 시장경제체제를 수용하고 국제사회에 정상적으로 참여하도록 유도한다.

다섯째, 한국은 6자회담 틀 내에서 4자협상(6-2) 등 가능한 다자회담 개최를 통해 한반도 평화체제 구축의 프로세스가 서서히 시작될 수 있도록 노력한다. 4자협상과 남북회담에서 각기 가능한 군사적 신뢰구축 및 긴장완화방안을 마련하여 실천하되, 평화협정 체결과 관련한 북한의 입장(북－미 당사자) 변화를 유도한다.

여섯째, 북·미관계 정상화와 남북평화협정 체결 간의 선후관계에 관하여는 최대한 융통성을 발휘하도록 한다. 다만 북·미수교 등 양자관계가 먼저 정상화될 경우, 북한이 남북평화협정 체결 등 남북 간 직접 당사자에 의한 평화체제의 제도화에 반대할 가능성을 배제할 수 없다. 그런 점에서 최소한 4자회담에서 남북 간에 평화협정 체결에 관한 논의가 먼저 이루어질 수 있도록 해야 한다. 이러한 조건이 충족될 경우 우리 정부가 북·미수교 등 정치·외교관계 정상화를 용인하도록 하는 것이 좋을 것이다.

제4절 통일지향외교의 전개[37)]

1. 분단 상황과 통일외교의 필요성

분단 상황이 60년 가까이 지속되면서, 통일에 대한 열망이 증대되는 한편, 통일과정에 대한 구체적 논의가 필요해지고 있다. 아울러 경제적 통일비용이나 사회통합의 측면에서 갑작스런 통일이 가져올 후유증을 우려하는 목소리도 나온다. 그만큼 분단상황을 평화적으로 관리하는 동시에, 돌발적으로 다가올지 모르는 통일과정과 비상적 위기상황에 대한 준비가 절실하게 요구된다.

먼저, 현재와 같이 남북이 군사적으로 대치하면서 분단상황이 지속되는 한, 철저한 분단관리가 필요하다. 분단관리를 위해서는 ① 북한의 대남적화 의지와 능력에 대한 억지, ② 북한의 변화 유도, ③ 북한 붕괴 시 통일 추진 등과 같은 단계별·시나리오별 대응조치 및 준비작업이 필요하다. 무엇보다 가장 시급한 것은 대량살상무기를 포함해서, 북한의 대남 군사적 위협에 대한 정확한 평가와 그에 대한 방위능력을 확고히 배양하는 것이다. 아울러 북한의 대남 선전공세에 효과적으로 대응하는 것이다. 이를 위해 국민의 안보의식 강화가 함께 요청된다.

한반도의 지정학적 특수성에 비추어 통일과정에서 국제세력(international powers)이 개입할 가능성이 매우 높다. 아마도 그것은 주변 4국과 유엔이 될 것이다. 그러므로 통일을 준비함에 있어, 외교가 중요한 역할을 하고 외교정책을 중시해야 할 시점이다. 통일의 시기가 도래한다면, 남한이 그동안 괄목할 만한 성장을 이룩해 온 국력을 활용하여 한반도 국제관계를 통일로 이끌어야 할 과제가 주어진다.

지난 19세기 말에 그랬었던 것처럼, 한반도를 둘러싸고 또다시 강대국 간 세력재편성이 이루어지고 있다. 과거 구한말에는 위기에 대처할 국력과 외교적 역량이 모두 결여되어 망국의 비운을 피할 수 없었다. 그러나 지금은 그때와 달리 남한이 경제성장에 성공하여 상당한 국력을 가지고 있다. 외교란 결국 국력에 기초하여 복잡하고 다양한 국제관계에서 협상과 조정을 통해 국가목표를 성취해 나가는 것이다.

우리의 통일외교의 과제는 남북한이 분단된 상황에서, 그리고 국제관계가 복잡하게 전개되고 있는 상황에서, 실현가능한 통일 로드맵(roadmap)을 만들고, 여하히 이를 효과

37) 제성호·남성욱·홍관희 외, 『한반도 평화통일 대전략』, pp. 133-138 참조.

적으로 운용하여 평화적 통일을 달성하는가 하는 것이라고 하겠다. 이제 북한의 '예상되는 변화'에 대비하면서 국제관계를 주도적으로 이끌어 통일을 향해 나가야 할 시점이다. 여기에 통일외교의 과제가 존재한다. 주변 열강과의 관계를 냉철히 검토하여 통일을 지원하는 세력과 반대하는 세력을 판별, 전자와는 '유대를 강화'하고 후자는 '설득 · 견제'하면서 '새로운 세력균형'을 만들어야 할 것이다. 이를 위해 우리는 이 시대의 보편적 이데올로기라 할 자유민주주의와 시장경제를 중심으로 국가이익의 극대화와 통일의 성취를 위해 모든 외교적 노력과 기량을 발휘해야 한다.

2. 통일외교의 기조

(1) 한 · 미동맹의 강화

한국은 통일과정에서 미국과의 이해관계 조정과 협의, 공동 대처가 불가피할 것이다. 통일을 불원하는 타 열강을 견제 · 저지하는 차원에서도 미국의 힘을 활용할 필요가 있다. 물론 통일 후에도 타 패권국가의 침략을 견제할 수 있다.

미국은 한국을 동북아에 있어서 세력균형의 요충으로 활용, 패권국가(중 · 일 등)의 부상을 견제하고 있으며, 또 그렇게 할 수 있는 힘을 갖고 있다. 통일되고 강력한, 그리고 미국과 밀접한 관계를 맺는 한국의 등장은 미국의 동북아 정책 목표에도 부합한다. 자유와 인권을 모토로 하는 이민국가로서의 미국의 특수성과 미국의 이상적인 대외정책 목표를 고려할 때, 주변 열강 중 미국이 유일한 통일지원 세력으로 남을 가능성도 있다.

지난 반세기 이상 동안 한 · 미 양국은 자유민주주의와 시장경제체제에 대한 공동의 관심사를 갖고 있었다. 지금까지 양국은 북한의 군사적 위협으로부터 이를 수호하기 위해 공동 노력을 전개해 왔으며, 이러한 점이 양국 공조의 초석이 되고 있다. 이 같은 대미외교의 방향성은 통일과정에서도 견지되어야 한다.

요컨대, 한국은 통일과정에서 미국의 협력이 절대적으로 필요하다. 그러므로 한 · 미가 동맹을 강화함으로써 북핵문제, 북한의 개혁 · 개방 등 정책현안에 대한 이견을 줄이고 상호의존성과 상호보완성을 찾는 것이 양국 모두에 유리할 것이다.

(2) 미 · 중관계에서 한국의 외교좌표 설정

현재 한국과 밀접한 외교 · 안보관계를 맺고 있으면서 가장 큰 영향력을 행사하는 나라는 미국이며, 중국 또한 개혁 · 개방정책의 성공적 추진으로 경제력이 급부상함에 따라 영향력을 증대시켜 나가고 있다. 과거 냉전시대에는 미·소 간의 대결과 화해가 한반도 문제를 결정하는 주요 외부 요인이었으나, 소련의 붕괴와 러시아의 침체로 이 지역에서의 힘의 공백을 많은 부분 중국이 메워 나가고 있다. 미·중 양국은 탈냉전기에 들어와 문화와 이데올로기, 그리고 국가이익 차원에서 대립과 화해를 반복해 왔다.

미국과 중국은 동북아시아에 미치는 영향력이라는 측면에서 가장 강력한 2개의 한반도 주변국가이다. 최근 중국의 국력과 대외 영향력은 증가일로에 있고 미·중관계는 '긴장, 대결, 제휴, 화해'의 동요를 지속하고 있다. 때문에 양국관계는 동북아 국제관계에서 새로운, 그리고 가장 영향력 있는 변수로 떠오르고 있다.

양국관계가 견실하다면, 한국의 통일외교에 긍정적 영향을 미칠 것이지만, 반대로 양국관계가 마찰을 일으킨다면 한국은 '매우 고통스러운 선택'을 강요받게 될지 모른다. 양국관계가 원활하지 못할 때 미국과 연계된 남한 주도의 한반도 통일은 중국의 방해를 받을 가능성이 높다. 따라서 한국의 통일외교는 가능한 한 '미·중 양국 간의 화해와 긍정적인 관계 수립'을 위한 노력에 그 초점이 맞추어져야 한다.

양국관계에 대결이 불가피해질 때 한국은 선택을 강요받게 되고, 이 경우 한국은 한·미동맹을 최우선의 가치로 설정해야 할 것이다. 그러나 만일 그렇게 될 경우 중국과의 긴장관계가 수반될지 모른다. 통일이 다가오는 시점에서 중국의 대한반도정책은 한국 중심의 통일 노력에 커다란 장애가 될 수 있다. 결국 통일은 미국과 연계된 통일 추진력이 분단상태를 유지하려는 중국의 대한반도 정책과 영향력을 어떻게 극복할 수 있는가에 좌우될 것이다.

3. 통일외교의 원칙과 당면과제

(1) 자유민주주의와 시장경제 원칙 견지

통일이 아무리 민족의 지상과제이긴 하나, 이를 추구함에 있어 자유민주체제와 시장경제제도를 중심으로 통일이 이루어져야 한다는 원칙을 견지해야 한다. 이 원칙에는 국민적 합의가 광범위하게 형성되어 있는 것으로 보인다. 자유민주주의와 사회주의처럼 근본적으로 이질적인 이념 간의 대립을 해소함에 있어 양적인 배합은 불가능하다. 그 대신 보다 보편적 성향을 가진 이념과 문화에 의해 통합되도록 하는 것이 정당하며, 이것이 실제적으로도 가능한 일이다.

한편 인권과 정의를 외면당하는 북한 주민들의 실상을 고려하지 않는 통일은 의미가 없다. 미증유의 전제적 통치와 굶주림으로부터 북한주민을 해방하는 것이 통일의 주요 목표가 되어야 한다. 자유와 인권을 중시하는 자유민주주의의 보편적 가치들을 통일정책의 기본원칙으로 삼아야 한다. 따라서 대북정책에 있어 북한의 지도층과 북한동포를 분리하여 북한동포 위주의 정책을 모색해 나갈 필요가 있다.

(2) 국제적 규범과 관행의 수용

가. 국제적 관점에서 통일문제 접근

현대의 국제관계는 본질적 변화를 겪고 있다. 국가 간의 장벽이 점차 무너지고 상호협력의 의존관계가 긴밀해지면서, 세계가 하나의 공동체로 발전해 가고 있다. 그리하여 국제문제는 점점 더 보편적 원칙에 따라 '합리적으로' 운영되고 있다. 아울러 국제문제에 대한 세계여론도 점차 보편적인 방향으로 나가고 있다. 따라서 상식적(common sense)인 관점에서 통일에 접근하는 자세가 필요하며, 한반도문제를 '세계적 관점'에서 바라볼 필요가 있다.

나. 동북아의 안정과 평화에 기여하는 통일

통일은 단지 통일을 염원하는 우리의 민족적 욕구의 차원을 벗어나, 동북아시아의 안정과 평화를 위한 불가피한 과정으로 이해되고 추진되어야 한다. 서독이 독일통일 문제를 '자민족'(自民族)의 통일이라는 민족적 차원에서 접근하지 않고, '유럽의 평화와 유럽분단의 극복'이라고 하는 대전제하에 접근하여, 주변 열강들이 독일통일에 반대하지 않도록 외교적 노력을 기울인 점에 유의해야 한다.

다. 북핵 저지와 한반도 비핵화의 천명·추진

1994년 만들어진 제네바 핵합의가 거의 폐기되고, 2002년 10월 제2차 핵위기가 발발한 이래, 북한 핵문제가 좀처럼 해결될 기미를 보이지 않고 있다. 이에 대한 대응의 하나(북핵에 상응하는 억지책)로서 비핵화를 포기하고 핵군비 경쟁에 나서자는 의견도 제시되고 있다. 그러나 북한의 핵개발이 국제적으로 용인될 수 없는 이상, 범세계적인 핵확산금지 노력에 부응하여 어떻게든 북핵을 저지하고 한반도의 비핵화를 실현하는 것을 우리 외교의 기조로서 삼고 있다는 점을 대외적으로 재천명할 필요가 있다.

(3) 국방력 강화, 경제건설, 정치안정, 통일비용 준비

국력, 특히 군사력 또는 경제력의 뒷받침이 없이 외교의 결실을 얻기 어렵다는 것은 역사의 교훈이다. 한편으로 외교적 수단을 동원하여 대북관계, 대열강 관계에서 적극적인 외교노력을 전개하는 동시에, 다른 한편으로 안보－국방분야에서 확고부동한 군사력을 견지하여 힘으로써 대화 노력을 뒷받침해야 한다. 현대의 복잡한 현대산업사회에서 경제력은 또한 군사력의 기초이다.

최근 통일환경이 조성되었다고 말할 수 있는 근거는 남한이 지난 30여 년간 경제성장에 성공한 사실로부터 연유한다. 현재 남북 경제력 차이는 천문학적으로 벌어지고 있다. 경제성장을 지속적으로 유지하면서 일정 부분 경제력을 군사력화함으로써 위기상황에 대비해야 할 것이다. 정치적 안정은 통일문제를 포함하는 국가현안에 관해 국민적 합의를 이루는 데 필수적인 요소이다. 또한 독일의 경험을 거울삼아 통일비용을 축적해 나가야 할 것이다.

(4) 한반도위기 및 북한 급변사태 대비

가. 평화통일의 원칙 견지

지금까지 우리 대북정책의 기조라 할 수 있는 평화공존을 통한 남북한관계 개선, 북한의 개혁・개방 유도, 화해・평화・교류를 통한 점진적 통일의 원칙을 기본적으로 견지해야 한다.

나. 위기상황에 대비

그럼에도 불구하고 북한 내부에 돌발적인 사태, 소위 북한 급변사태가 발생할 경우, 여기에 대비하는 유연성 있는 정책대안을 강구해 두어야 한다. 북한 내의 급변사태는 북한이 엄청난 군사력을 보유하고 있음으로 인해 주변 나라에 폭발적인 영향을 미칠 수 있기 때문이다. 즉 북한 내부의 급변사태는 북한체제의 붕괴를 촉진하거나 대남 군사도발 등 한반도 위기를 초래할 가능성이 다분하다.

어떤 경우이든 무력충돌을 저지하기 위한 정부의 노력과 대비가 요망된다. 또한 북한이 동북아 국제관계에서 '힘의 진공상태'화할 때, 어떻게 통일로 이끌어 나아갈 수 있는지, 주변 열강과의 관계에서 만반의 대비책을 강구해 두어야 한다. 북한변화의 예상되는 시나리오 중 특히 '북한체제 붕괴'를 상정한다면, 이 경우에 한국은 북한상황 관리 및 평화적 통일로의 연결을 위해 유엔의 우산 아래 미·중 및 러시아 등과 함께 대북 연합체제를 구축할 필요가 있다. 북한의 붕괴 직후 남한에 의한 전격적인 흡수통일 가능성은 한반도의 지정학적 위치에 비추어 반드시 자신하기 어렵다. 그러므로 한국은 이 같은 연합체제의 지원 아래 북한지역에 임시 과도정부를 세워, 북한 군부의 무장을 해제시키고, 치안과 질서를 유지하며, 북한에 시장경제체제를 도입, 북한경제를 재건하고, 마침내 남북총선을 통해 정치적 통일을 완결하는 것이 바람직하다. 우리는 이러한 시나리오를 염두에 두고, 지금부터 실효적인 북한급변사태 대비책을 강구, 발전시켜 나가야 한다.

다만, 북한 급변사태 관리 및 대처 과정에서 어떠한 형태로든 유엔과 주변 4국 등의 개입이 예상된다. 따라서 우리로서는 강대국과 국제세력의 개입을 유연성 있게 조정하여 통일과정으로 이끌어 나가는 외교적 역량이 요청된다. 독일통일의 예에서 볼 수 있는 바와 같이 통일의 정당성과 필요성을 강대국에 합리적으로 설득해 나가는 것이 우리의 통일외교에 있어 핵심적인 관건이라고 하겠다.

(5) 대 유엔외교 강화

역사적으로 약소국은 강대국들의 논리에 의해 그 정당한 권리를 침해당한 경우가 많았다. 현대에서 약소국의 주권과 자주성을 확보하기 위한 외교정책 중 가장 적극적인 것은 보편적인 국제기구에 가입하여 활동하는 '참여정책'이다. 한국은 1991년 9월 유엔에 가입한 데 이어 안전보장이사회(안보리) 비상임이사국으로 활동한 바 있다. 또 1993년부터 유엔평화유지활동(Peacekeeping Operation: PKO)에 적극 참여하고 있다.

일찍이 한국은 1948년 12월 12일 유엔 총회에 의한 유일합법정부 승인과 1950년 6월 27일 유엔 안전보장이사회의 한국 지원(한국전 참전) 권고 결의 등 중요한 순간마다 유엔과 밀접한 관련을 맺어 왔다. 향후 통일과정에 있어서도 한국은 유엔과 밀접한 관련을 갖게 될 공산이 크다.

이와 관련, 통일과정에서 유엔의 명분과 깃발이 커다란 역할을 할 수 있다. 이 점에 주목해서 유엔 활용 및 대 유엔협력의 전략을 강구해 두어야 한다. 특히 북한지역이 체제붕괴 등으로 혼란과 무질서 상황에 빠질 경우, 유엔의 인도주의적 개입 명분과 권한은 우리에게 유용하다. 이를 잘 활용할 경우 한국이 다자적 차원에서의 북한 개입의 근거를 찾을 수 있고, 통일과정을 보다 더 순탄하게 만들 수 있다고 생각된다. 또한 통일과정에서 북한지역에 발생할 수 있는 인도적 위기사태는 물론 통일 후 북한지역 경제재건 등을 위해서는 유엔 등 국제적 역량을 최대한 활용하는 것이 바람직하다고 하겠다.

제5절 질서 있는 남북교류협력

1. 남북경협의 제도화 및 발전

(1) 햇볕정책에 따른 남북경협 평가

햇볕정책 10년 동안 금강산 관광사업과 개성공단 건설사업에 착수하는 한편, 경의선 및 동해선 도로·철도 연결에 막대한 자재와 장비를 아낌없이 북한 측에 제공하였다. 동시에 남북협력기금을 통해 각종 민간 교류협력사업 추진을 적극 지원하였다. 하지만 그와 같은 남북경협은 종합적인 마스터플랜 아래 일관성 있게 추진되었다기보다는 북한의 요구에 못 이겨, 무원칙하고 방만하게 실시된 것이라고 해야 옳을 것이다.

많은 돈을 투입했지만, 북한의 개방과 변화에는 큰 영향을 주지 못했기 때문이다. 그럼에도 불구하고 그간 김대중－노무현 정부가 보여준 지나친 경협 낙관주의와 과도한 북한 배려는 북한 당국으로 하여금 남북경협에 대한 잘못된 인식과 고자세를 조장하였을 뿐만 아니라, 북한 당국의 체제수호 본능만을 자극하였다. 때문에 북한의 합리적 정책 선택을 가로막는 결과를 야기했다고 볼 수 있다. 또한 물고기를 잡는 방법을 가르쳐주는 대신 물고기만을 계속 가져다줌으로써 북한 지도부로 하여금 체제 개방과 개혁을 향한 근본적인 노력을 전개하지 않아도 좋다는 그릇된 생각을 심어주었다고 할 것이다.

이 같은 햇볕정책의 정책적 오류는 북한 당국에게 제한된 그들의 자원과 에너지를 민생 살리기가 아니라 핵무기와 기타 대량살상무기의 개발에 집중할 수 있는 여지를 만들어 준 측면도 있다. 나아가 이른바 '퍼주기 논쟁' 등 남한 내 국론분열과 한·미갈등을 유발시킴으로써 우리의 국력 결집을 방해하기도 했다. 이에 따라 햇볕정책에 따른 잘못된 남북경협정책은 수정되지 않으면 안 되게 되었다.

(2) 남북경협 정책의 보완·발전

가. 남북경협의 원칙 가다듬기

남북경협은 무원칙하고 방만하게 이루어져서는 안 된다. 원칙을 가지고 일관성 있고 질서 있게 이루어져야 한다. 그러한 원칙으로는 다음 몇 가지를 들 수 있다.

첫째, 남북한 간에 다양한 형태의 접촉과 접근을 확대하되, 그러한 접촉과 접근이 북한을 올바른 개혁, 개방으로 변화시킬 수 있도록 해야 한다(접근을 통한 변화의 원칙). 남북경협은 대북 접촉과 접근의 대표적인 수단이다. 우리는 남북경협을 통해 남북한의 평화공존을 이룩하고 이를 기반으로 한반도 평화체제를 정착시키는 모티브로 삼아야 한다. 곧 남북경협을 실질적 평화의 원동력으로 활용해야 한다. 동시에 민족공동의 발전과 번영을 창출하는 견인차로 이용하는 한편, 이를 매개로 북한의 개혁·개방 등 긍정적인 체제 변화를 이끌어내야 한다. 이는 평화적 민족통일의 기초가 될 것이다. 접촉과 접근은 무조건의 퍼주기 일환이 되어서는 안 되며, 어디까지나 북한을 선순환적으로 변화시킬 수 있는 것이 되도록 해야 한다.

둘째, 남북경협은 북한 핵문제의 평화적 해결을 위해 전략적인 연계하에 추진되어야 한다(북핵문제와의 전략적 연계원칙). 북핵문제를 평화적으로 해결하기 위해서는 당근과 채찍이 효과적으로 배합되어야 한다. 북한에 대한 정치·경제적 보상만으로는 문제를 해결할 수 없기 때문이다. 따라서 남북경협은 북핵문제의 평화적 해결을 위한 유용한 수단으로 적극 활용하는 정책을 구사해야 한다.

셋째, 남북경협은 상호 이익과 만족을 얻는 것을 기본으로 추진되어야 한다(상호이익의 원칙). 즉, 남과 북 어느 일방이 희생되지 않는 가운데, 서로 발전하는 상생과 호혜의 원칙이 존중·준수되어야 한다. 이와 관련, 남북경협은 기존의 일방통행식 추진에서 점차 쌍방향 교류로 전환되도록 하여야 한다. 시혜적 차원의 일방통행식 교류는 한계가 있기 때문이다. 특히 남북경협은 인도주의 차원의 지원사업과는 성격이 다른바, 철저한 시장성과 경제성이 확보되어야 자생력을 가질 수 있다고 할 것이다. 시장성과 경제성을 확보하기 위해서는 남북경협을 법제화하고 제도화하는 것이 무엇보다도 긴요하다.

쌍방향의 남북경협은 등가적 상호주의와는 성격이 다른 것임을 명심할 필요가 있다. 경제사정이 극도로 열악하고 시장경제가 확립되지 못한 북한과의 관계에서 등가성 남북경협은 현실적으로 불가능하다. 호혜평등의 정신에 입각한 쌍방향의 교류 추진전략은 북한이 제공할 수 있는 반대급부를 확실히 규정하고, 이를 이행토록 함으로써 북한이 향후 시장경제에 적응할 수 있는 바탕과 조건을 마련해 줄 것으로 기대된다.

나. 남북경협의 방향[38]

(가) 현 단계에서의 남북경협 추진

2009년 12월 1일 현재 유엔의 대북경제재가 실시되고 있다. 이런 상황에서는 개성공

38) 이하의 내용은 제성호, 『2007 한나라당의 대북정책: 4대 평화적 접근 기조를 중심으로』, 한나라당 정책위원회 용역보고서(미발간)(2007년 5월), pp. 19-26 중 일부를 발췌하여 수정·보완한 것이다.

단 건설이나 남북교역 등 기존의 남북경협은 유지하도록 하되, 신규사업을 무리하게 벌이는 일은 자제하는 것이 바람직하다. 특히 대규모 사회간접자본(SOC) 건설 지원은 부적절하다. 다만, 남북경협은 한반도 평화 관리 차원에서 유의미한 것임을 명심하고, 상황에 맞게 가능한 한 신축성을 발휘하는 자세는 필요하다고 본다.

(나) 불가역적인 북핵 폐기에 합의할 경우

불가역적인 북핵 폐기에 합의할 경우 기존의 남북교역을 지속하되, 개성공단사업의 활성화를 조심스럽게 추진할 필요가 있다. 북한의 개혁・개방의 중요한 전진기지로 육성하는 것이 대북포용의 관점에서 적절하기 때문이다. 다만, 북한 측 관련 기구와 인력수급(노동력 채용 및 해고)과 임금 지불체계를 개선하고, 관련 법적・제도적 장치를 지속적으로 보완토록 함으로써 우리 기업의 생산성과 사업성을 보장해야 한다. 통행, 통관, 통신 등에 있어서도 국내 기업들에 준하는 기준과 절차를 적용할 수 있도록 제도 보완을 추진하는 한편, 인센티브 제공을 비롯한 기업의 인사 및 운영을 자율적이고 효과적으로 수행할 수 있도록 북측의 자세 변화를 모색하여야 한다.

한・미 FTA에서 합의한 역외지역에 개성공단이 포함될 수 있도록 북한의 적극적인 핵문제 해결 노력을 촉구하면서, 북・미관계의 정상화를 측면에서 적극 지원한다. 개성공단에 대한 국내법적 지위 보장과 국제사회로부터의 남북한관계의 특수성에 대한 이해와 공감을 얻어낼 수 있도록 외교적 노력을 기울여야 한다.

개성공단을 통해 북한에 시장경제 요소의 도입이 확대될 수 있도록 노력하되, 이 과정에서 북한에 대한 현금 제공은 북핵문제가 해결될 때까지 가급적 제한하는 것이 타당하다. 그 대신 현물 위주의 교류협력이나 남북 간 청산거래방식의 확대 적용을 적극 추진하도록 해야 할 것이다.

다음으로 금강산 관광사업의 내실화를 기하는 한편, 단계적으로 관광교류 확대를 추진하는 것이 필요하다. 북한과 같은 저개발국가의 경우 초기 산업발전에서 관광사업이 갖는 중요성이 매우 크다. 이런 점을 감안해서 관광사업은 금강산에서 내금강, 개성, 평양, 백두산 및 기타 북한의 관광 명승지로 대상지역을 넓혀 나가고, 동시에 사업 주체를 체계적으로 관리하도록 해야 할 것이다. 북한과의 관광사업은 남한 기업의 단독 진출보다는 민간기업, 관광공사 등 준정부기구와 외국기업들의 컨소시엄 형성에 의한 공동 진출이 보다 안전하고 효율적이라고 할 수 있다.

이 밖에도 남북경협의 현황 및 문제점, 향후 추진방향에 대해서는 제성호・남성욱・홍관희 외, 『한반도 평화통일 대전략』, pp. 184-202 참조.

(다) 북핵 프로그램의 핵심부분 폐기조치 후: 가칭 「북한경제부흥계획」 추진

북핵 프로그램의 핵심부분에 대한 폐기가 이루어질 경우, 우리 측은 북한의 경제 재건 및 경제통일 기반 조성 차원에서 종합적인 북한경제개발 청사진(masterplan)을 북한 측에 정식으로 제안할 필요가 있다. 즉, 가칭 「북한경제부흥계획」(혹은 '북한 신경제개발 10개년계획')을 수립하여 농업부문에 대한 혁신적 개혁과, 교통·통신, 에너지망의 확충 및 재건, 각종 기간산업의 현대화를 이룩하는 것을 선도적으로 추진해야 한다. 북한경제부흥계획은 북한만을 위한 경제개발 계획이 아니라 한반도 전체를 대상으로 한 한반도 경제공동체 건설을 목표로 수립, 추진하는 것이 타당하다.

- '부흥계획'은 '한반도경제권'의 구축과 한반도 경제공동체 건설을 위해 필요하며, 교통·통신·에너지망의 연결과 현대화를 비롯한 인프라 건설과 북한경제의 개발과 산업 재배치에 중점을 둠.

이를 위해 북한의 기존 철도 및 도로망은 개, 보수하는 동시에, 동해, 경의선과의 연결을 통해 러시아의 시베리아횡단철도(TSR)와 중국횡단철도(TCR)와 연결시킨다. 그리고 북한의 통신망 현대화의 일환으로 먼저 개방지역(금강산, 개성공단)을 중심으로 유·무선 통신망을 구축하고 교류협력 확대에 따라 남북 통신연결망을 확충해 나가는 것이 긴요하다. 북한의 에너지 공급체계는 기존 발전소를 개, 보수하고, 러시아의 천연 가스를 도입하여 남북한이 사용할 수 있는 파이프라인을 구축하는 방향으로 개선·보완해야 한다.

북한의 기간산업의 현대화는 북한의 경제특구를 중심으로 재건한다. 개성, 남포, 신의주 등 서해안 지역의 경제특구와 금강산, 원산, 라진, 선봉 등 동해안 경제특구를 선형으로 확장하면서, 관련 기간 산업을 현대화한다. 이와 관련해서 '통일경제특구' 건설 및 남북한 FTA를 핵심 프로젝트로 적극 추진하는 것이 바람직하다. 대략 다음과 같은 방향에서 통일경제특구 건설을 모색할 수 있을 것이다.

- 남북한의 접경지역에서 호혜와 상생의 남북경협구조를 형성, 시장논리하에 남과 북 모두에게 상호 이익을 창출하고 장기적으로 한반도 경제공동체 지향에 기여할 목적에서 '통일경제특구'를 만듦. 우선, 개성과 파주를 포함하는 지역을 통일경제특구로 지정, 주요거점 개발지역으로 육성하고, 이후 점차 해주, 의정부 권역을 포함하는 광역의 통일경제특구로 발전시켜 나감.

- 통일경제특구는 장차 남북한 FTA 추진을 가능하게 할 것이지만, 북한의 경쟁력으로

보아 FTA는 북한에게 일방적으로 불리하게 작용할 가능성이 크므로 남한과 개성특구 사이에 중국–홍콩 간의 '경제동반자협정'(Close Economic Partnership Agreement, CEPA)과 유사한 협정 체결을 추진한 다음, 그 범위를 해주 · 남포 · 평양으로 확대 검토하는 방식으로 추진함.

이미 개성-파주의 통일경제특구는 수출가공공단으로, 남포, 평양 지역은 첨단기술산업, 신의주는 IT산업, 금강산은 관광레저산업, 원산, 함흥은 화학 및 중공업, 라진–선봉시는 물류산업 등 특색에 맞는 발전계획을 수립하여 발전시켜 나간다.

북한기간산업의 현대화를 통해 북한경제를 부흥시키기 위해서는 북한경제를 한반도 경제공동체의 일환으로 발전시키는 동시에, 수출산업, 물류산업 및 관광레저산업을 활성화함으로써 국제경제시장에 편입시키도록 해야 한다. 이와 관련, 북한 경제 재건과정에서 국제금융기구의 지원과 협력을 이끌어낼 필요가 있는데, 이를 위해 북한이 기존 IMF, IBRD, ADB 등 국제금융기구에 가입할 수 있는 여건을 조성하는 것이 시급하다. 더불어, 북한경제의 부흥을 위한 동북아지역의 새로운 국제금융기관 설립도 적극 검토해야 할 것이다.

- '부흥계획'의 재원은 남북협력기금을 통한 충당을 기본으로 하되, 추후 통일채권과 복권의 발행 등을 통해 마련하는 한편, IMF, IBRD, ADB 등 국제금융기구의 공적 · 양허성 자금의 활용방안을 적극 모색하면서 새로운 국제금융기관의 설립도 검토함.

2. 민족공동체 형성을 위한 사회 · 문화교류 추진

(1) 지난 시기 사회 · 문화교류의 문제점

6 · 15 공동선언 채택 이래 남북한 간에 다방면에서 사회 · 문화교류가 실시된 바 있다. 남북한 주민들 간의 접촉면을 넓히고 적대의식을 완화시켜 온 점에서 긍정적인 면이 없지 않다. 그러나 남북한 간의 이질화를 극복하는 데는 크게 미흡한 실정이며, 또한 적지 않은 문제점을 노정하고 있다.

첫째, 사회 · 문화교류가 지속적으로 이루어지지 못하고, 일회성 전시사업에 그치는 경우가 다반사였다. 이는 추진 주체가 한 건 성사에만 주력함으로써 사업의 지속성을 확보하지 못했기 때문이다. 그 결과 사회 · 문화교류가 대부분 북한에서 거행되는 일방통행성을 탈피하지 못했다.

둘째, 북한 측은 사회·문화교류를 외화벌이 사업으로 인식하고, 반대급부 확보에 주력하였다. 그럼에도 우리 측은 성사에 급급해 막대한 웃돈을 북한 측에 제공하는 나쁜 관행을 만드는 데 일조했다. 예컨대, 방송사들의 대북 진출은 그간 베일에 싸였던 북한을 알린다는 측면에서는 긍정적인 점이 있었으나, 사업 성사에 대한 대가가 과도하고 방송사간 경쟁이 과열되면서 지나친 '로열티'를 지불하고 북한 영화 등을 도입하는 경향이 심화되었다.

셋째, 교류협력의 소프트웨어를 충분히 갖추지 못한 채 서둘러 추진하다 보니 사업의 내용이 빈약했고 이벤트성 기획 공연에 그치는 경우가 많았다. 혹은 각자의 주의·주장을 발표하기만 할 뿐 심도 있는 논의를 진행시키지 못했다. 이는 접촉의 빈곤에 기인했다고 판단된다.

이 같은 문제 발생의 책임은 남북한 양측에 모두 귀착된다. 우리 측은 우선 접촉하고 보자는 방식이었고, 북한 측은 만남의 조건으로 과도한 금전적 대가를 챙기려 했던 것이다. 또한 북한은 사회·문화교류 사업을 남측의 재야 사회단체와 통일전선전술을 형성하는 정치사업으로 접근함으로써 남북한 간의 민족 이질화를 극복한다는 당초의 목적을 달성하는 데 미흡했다. 이에 따라 남북 간 사회·문화교류는 비정치적 측면을 강조하면서 체계적인 틀 내에서 질서 있게 추진되어야 한다는 과제를 던지고 있다고 볼 수 있다.

(2) 바람직한 사회·문화교류 추진방향

북한과 사회·문화교류를 추진할 경우에도 남북경협에서와 마찬가지로 확고한 원칙에 바탕을 두고 일관성 있게 추진하는 것이 바람직하다.

첫째, 민족 동질성 회복을 목표로 하여 민간 차원의 사회·문화교류를 추진함으로써 민족사회의 통합에 이바지하도록 한다(민족 동질성 회복의 원칙=사람의 통일원칙).

둘째, 사회·문화교류는 기본적으로 제도화에 의한 쌍방향 교류를 지향하며 추진해야 한다. 즉, 일방통행식 접근과 단발성·이벤트성 행사는 지양해야 한다(쌍방향 교류 제도화원칙).

셋째, 가급적 민간의 자율을 최대한 존중하되, 일정 규모 이상의 사회·문화교류로서 정부 지원이 필요한 경우는 북핵문제의 해결과 병행(핵문제 해결과의 느슨한 연계)하여 추진해야 한다(북핵문제 해결 및 사회·문화교류의 병행원칙).

넷째, 사회·문화교류협력은 북한의 수용가능성(실현가능성), 남북한관계에 미칠 파급효과, 비용대비 편익 분석 등을 종합적으로 고려하여 점진적·단계적으로 추진해야 한다

(실현가능성 우선고려의 원칙, 점진적·단계적 추진원칙).

요컨대, 남북 사회·문화교류는 민족공동체 형성이라는 포괄적 구도 내에서 종합적이고 단계적인 전략을 통해 추진하여야 한다. 여기서는 구체적인 사업보다는 몇 가지 기본 방향을 제시하는 것으로 그치기로 한다.

첫째, 남북 사회·문화교류는 통일문화를 형성하는 방향으로 전개되어야 한다. 우리가 장기간에 걸친 정치, 경제, 사회, 문화적 폐단을 지양하고 자유와 평등이 보장되는 가운데 민족 구성원 모두의 복지가 고도로 보장되는 통일을 지향한다고 할 때, 통일문화는 민족 공동체 형성의 기초적인 소프트웨어라고 할 수 있다.

둘째, 정치적 색채가 적은 사업을 발굴하여 중·장기 사업으로 발전시켜야 한다. 예컨대, 중국의 고구려사 왜곡에 대응하여 남북공동연구를 추진하는 것이 바람직하다. 연구비를 북한 측에 지원하여 매년 세미나를 개최하고 상호 방문을 정례화하는 방안을 적극 고려하여야 한다.

셋째, 사회·문화교류 추진 시 정부의 역할은 사업의 범위를 정하고 남북협력기금을 통해 재정적 지원을 효율적으로 추진하는 데 한정하는 것이 바람직하다. 이때 경직적인 기금 사용 원칙의 고수보다는 유연한 기금 사용 방안 마련이 필요하다.

넷째, 중·장기적 안목을 갖고 사회·문화교류 사업을 추진하되, 국제화와 지방화를 적극 모색할 필요가 있다. 국제화는 북한이 국제적으로 사업을 추진할 경우 정치이념이나 체제선전에 덜 집착하는 측면이 있음을 고려한 것이며, 지방화는 교류에 따르는 시간과 비용을 절약하면서 교류의 실효성을 높이기 위한 것이다. 여기서 지방화는 시·도 등 남북 지방자치단체 간의 교류, 남북한 각급학교(대학교→초·중등학교로 확대)들 간의 자매결연, 시민단체들 간의 연대 및 직접 교류를 포함하는 것이다.

이 같은 방향성을 염두에 두면서 다음과 같은 단계별 사회·문화교류 추진방안을 고려할 수 있다고 본다. 먼저 1단계는 사회·문화교류 기반조성단계라고 할 수 있는데, 이 단계에서는 북한이 사회·문화교류에 적극적인 분야를 선정하는 작업이 긴요하다. 남북한 간 문화재 교환 전시 등은 1단계에서 시행할 수 있는 대표적인 시범사업이라고 할 수 있다. 그중에서도 특히 ① 해외에 소재한 문화재에 대한 남북 공동실태 조사, ② 문화유산에 대한 주제별 공동연구 사업 시행, ③ 비무장지대 유적 공동답사(가능할 경우, UNEP=유엔환경계획 또는 IUCN=세계자연보전연맹의 참여하에 실시), ④ 남북합동 민속놀이 행사 개최, ⑤ 통일국어 대사전 공동 편찬, ⑥ 예술단 상호 방문 공연, ⑦ 생활문화 자료집 공동 발간 등을 우선적으로 추진할 수 있을 것이다. 이념과 크게 상관없는 민족가극 '춘향전' 상호 방문 공연, 각 지방 음식 및 전시 판매, 공예가구의 전시 및 판매 등도 우선 추진사업으로 선정해 실시함이 가능할 것이다.

다음 2단계는 사회·문화교류 사업의 심화·발전단계로서 이 단계에 부합하는 교류사업을 선정, 체계적으로 실시하도록 한다. 예를 들면, ① 남북합작 공동 영화 제작 및 남북 공동의 국제영화제 개최(이때 제3국 영화 출품도 허용), ② 북한 유적 보수작업 실시, ③ 남북합동 공동 진료를 위한 의료시설 건립, ④ 개성공단 내 사회·문화교류 공연장 건립, ⑤ 한글 컴퓨터 프로그램 공동개발, ⑥ IT 협력을 위한 교육 훈련 프로그램 실시, ⑦ 신문 및 잡지의 정기간행물 교환, ⑧ 2008년 베이징 올림픽 일부 종목 단일팀 구성 및 남북한 구기종목 친선경기, ⑨ 북한 선수단 체육용품 지원 사업 실시 등이다.

마지막 3단계는 도약단계로 각종 사회·문화교류를 본격적으로 시행하고 확대함으로써 사회·문화공동체를 형성하는 단계이다. 이 시기에는 ① 남북한 언론인 상호 이해 세미나, ② 텔레비전 프로그램 교환 방영, ③ 외국인 대상 남북 연계관광, ④ 북한 관광지 소개 프로그램 공동제작 및 시범관광, ⑤ 북한 종교시설 복원 지원, ⑥ 문화유산에 대한 주제별 공동연구사업, ⑦ 한반도 지리 및 지도의 공동제작, ⑧ 남북합동 항일투쟁 영화 공동제작, ⑨ 한국 고대사 및 중세사의 공동 편찬 등을 검토할 수 있다. 이러한 사업을 안정적으로 뒷받침하기 위하여 '남북문화협정' 체결을 적극 추진해야 할 것이다.

제6절 북한인권 개선과 인도적 사안의 해결

1. 북한인권문제

(1) 북한인권 개선의 필요성

북한인권은 '같은 민족인 우리'에게는 진정한 남북 평화공존 및 평화적 민족통일을 이룩하기 위한 선결조건이다.

우선 북한주민들에게 참다운 인권 향유를 부인하는 김정일 독재체제의 반인권성과 반민주성은 북한정권의 호전성을 증가시킴으로써 남북한 간의 평화공존을 위협하고 있다. '국제적 평화'의 전제는 '국내적 자유와 인권'이라는 점은 이미 나치즘과 일본 군국주의에 의해 실증된 바 있다. 한반도 평화 역시 남과 북의 인권 상황과 불가분의 관계에 있다고 볼 수 있다.

나아가 북한주민의 인권개선이 없이는 7천만 겨레가 한 울타리 안에서 함께 살 수가 없다. 집단주의와 유일사상 10대원칙에 기초한 김일성 주체사상과 개인주의를 근간으로 한 사상·의견의 다원성 및 양심의 자유는 서로 조화될 수 있는 것이 아니기 때문이다. 국가주도의 언론 및 선전선동 매체 운영과 서구식 언론·표현의 자유도 마찬가지다. 또한 정치적 결사의 자유를 근간으로 하는 복수정당제와 조선노동당의 일당독재는 양립할 수가 없는 것이다.

북한인권은 국제사회의 입장에서 보면 동북아의 안정 및 국제평화를 위협하는 중대한 요인이 되고 있다. 북한 핵문제도 따지고 보면 생명이 없는 핵무기 그 자체에 있다기보다는 이를 가지려 하는 자의 반민주성, 호전성, 예측불가성에 있는 것이다. 즉 북한의 인권개선 및 체제 민주화가 실현되고 있지 못한 데서 핵문제의 심각성이 존재하는 것이다. 따라서 앞으로 국제사회는 북한 핵문제 못지않게 북한인권문제에 지대한 관심을 보이게 될 것이다.

요컨대 한반도의 평화 및 민족의 평화적 통일이란 관점에서 북한인권을 적극 거론하고 개선해 나가는 것이 타당한 대북정책이라고 할 것이다. 인권이 없는 대북정책은 비도덕적이고 반민족적인 것임에 유념해야 한다.

(2) 국제사회와 한국의 북한인권문제 대응 현황

가. 북한인권 개선에 관한 국제적 동향

정치범수용소, 공개처형, 불법구금 및 실종, 탈북자 처벌 등 북한의 열악한 인권상황은 국제사회에서 이미 널리 알려진 사실이다. 그간 국제사면위원회나 미 국무부의 인권보고서 등에서 수차례 북한인권 상황을 고발해 왔음은 잘 알려져 있다.

그럼에도 국제사회는 그간 북한인권에 관한 본격적인 문제제기를 자제해 왔다. 북한인권 상황 확인을 위한 접근 자체가 어렵고, 북한에 대해 인권개선을 촉구하더라도 가시적인 성과를 거두기 어렵다는 다소 체념적인 태도 때문이었다. 하지만 최근 국제사회는 북한의 인권상황을 더 이상 그냥 방치하는 것은 무책임하고 비도덕적인 행위임을 인식하기 시작했다. 유럽연합(EU)은 2003년 4월 10일 제네바에서 개최중인 유엔인권위원회에 북한인권 상황을 규탄하는 결의안을 제출했고, 16일 유엔인권위원회는 이를 찬성 28, 반대 10, 기권 14, 불참 1로 채택했다. 여기에 우리 정부는 '표결 불참'이라는 극히 이례적이고 변칙적인 선택을 했다. 국내여론이 이를 두고 비도덕적이고 기회주의적인 선택이라고 비판을 했음은 잘 알려진 사실이다.

2004년 4월 15일 유엔인권위원회도 또 다시 북한인권 규탄결의를 채택했다. 이번에는 한국 정부가 기권이라는 선택을 했다. 동 결의에 입각해서 2004년 6월 최초로 북한인권에 관한 특별보고관이 설치되기도 했다. 미국은 이러한 국제동향에 부응해 2004년 10월 18일 북한주민의 인권개선 및 탈북자 보호 등을 목적으로 하는 「북한인권법」(The North Korean Human Rights Act of 2004)[39]을 제정하여 현재 실시 중에 있다.

이러한 북한인권 결의의 채택, 미국의 북한인권법 제정 등은 "인권에는 국경이 없다"는 보편주의적 접근, (국가)주권보다 인권을 더 중시해야 한다는 국제여론, 인권단체들의 초국가적 연대 현상을 의식한 것이라 할 수 있다. 유엔을 위시한 국제사회가 북한인권문제를 다루기로 한 이상, 향후 특별보고관의 북한인권보고서 작성, 북한방문에 의한 직접적 인권사찰 실시 등을 통해 북한주민의 인권보호, 대북 인도적 개입을 위한 노력을 다각도로 전개할 것으로 예상된다.

이처럼 국제사회가 북한인권문제를 본격적으로 제기하고 공론화한 상황에서 우리 정부의 소극적인 자세, 그리고 국민들의 무관심은 더 이상 용납되지 않을 것이다.

나. 햇볕정책하에서의 북한인권문제: 근본적 개선 노력 미흡

한마디로 햇볕정책-평화번영정책에 있어서는 인권이란 개념이 없었다. 특히 노무현 정부는 대북 교류·협력에 치중하는 정책을 전개하면서 북한인권문제를 등한시했다. 북한인권문제를 제기할 경우 남북한 간의 화해·협력 분위기를 훼손할 가능성이 크다고 보았기 때문이다. 북한인권보다는 대북 인도적 지원에 더 치중해 온 것이 사실이다.

그간 노무현 정부는 북한주민의 식량권 확보가 더욱 시급하다는 논리와 명분을 내세워 인도적 지원의 확대에 주력하였다. 물론 인도적 지원이 식량권 개선의 가능성을 내포하고 있는 것은 사실이나, 햇볕정책 아래서 실시된 대북지원이 북한주민의 인권 개선에 이바지했다고 말하기는 어렵다. 대북 인도적 지원의 지속에도 불구하고 북한의 식량사정(북한주민의 식량권·생존권)이 여전히 열악하다는 사실이 그 점을 잘 말해 준다.

노무현 정부는 2003년 12월 말 통일부에 설치됐던 (북한)인권환경팀이란 부서마저 폐지했다. 이는 북한인권 개선 의지가 미약함을 반영하는 증거의 하나라고 할 수 있다. 미국이 북한인권법을 제정하기에 이르자 우리 정부는 2004년 10월 1일 서둘러 북한인권 관

---

39) 미국 의회는 2008년 9월 이 북한인권법을 4년간 재승인·연장하는 법률(The North Korean Human Rights Reauthorization Act of 2008)을 제정한 바 있다. http://www.dailynk.com/english/read.php?cataId=nk00100&num=4104 참조.

련 3대 실천원칙이란 것을 발표했다. 그러나 이는 남북한관계의 특수성을 강조하면서 대북 평화・협력을 통해 장기적으로 북한인권을 개선한다는 것일 뿐 진정 북한인권 개선을 위한 실천전략이라고는 볼 수 없는 것이었다. 인권은 거론할 때 개선이 가능한 법인데, 북한인권에 대한 거론과 제기의 의지를 보여주지 못하였기 때문이다. 그 결과 우리의 대북 인권정책은 자료수집 및 연구, 국제적 동향 분석 수준에 그치고 있었다. 그리고 북한인권이라고 할 때 인도적 성격을 갖는 남북 간 인권문제, 즉 이산가족문제나 납북자・국군포로문제 해결에 급급하고 있을 뿐 진정 북한주민의 인권에 대해서는 거의 신경을 쓰지 못한 것이 사실이었다.

다. 바람직한 대북인권정책 방향

(가) 남북한관계 운영 차원

진정한 평화번영, 즉 한반도 평화와 민족의 번영을 위해서는 북한인권 개선이 선결적으로 이루어져야 한다. 사실 북한인권문제에 침묵하는 것은 북한 당국의 인권탄압(일종의 범죄행위)을 묵인・고무하는 것이기도 한다. 따라서 정부는 북한인권에 더욱 적극적으로 나서야 한다. 다만 남북한관계 사안에는 북한인권문제만이 있는 것이 아니다. 북한 핵, 평화체제 전환, 군사적 긴장완화, 민족경제공동체 형성, 남북사회・문화교류, 이산가족교류, 납북자 및 국군포로문제, 인도적 지원, 탈북자문제 등 여러 가지 현안들이 산적해 있다. 따라서 전략적으로 또한 실용주의적으로 접근하는 것이 타당하다.

첫째, 우리 정부가 북한인권 개선을 추진할 때 북한인권의 내용과 수준이 다기하므로, 북한인권문제를 쉬운 것, 시급한 것부터 시작해서 어려운 것, 나중에 해도 될 것으로 나누어, 단계적으로 해결해 나가는 것이 타당하다.

그러한 단계적인 접근방법으로 다음과 같은 방안을 우선적으로 생각해 볼 수 있다. 예를 들면, ① 인도적 성격의 인권(이산가족 재회, 국군포로・납북자문제 해결, 북한주민의 식량권・생존권 지원, 탈북자 보호 등) → ② 경제적・사회적 인권(교육의 권리와 직업선택의 자유 보장, 신분・계급에 의한 사회적 차별 최소화 등) → ③ 시민적・정치적 인권(종교의 자유, 여행의 자유 → 사상・양심의 자유, 언론의 자유, 정당 설립의 자유 등)의 순으로 접근하는 방식이다. 그러나 이를 단순도식화해서 기계적으로 적용하기보다는 여기에 적당한 변용을 가하여, 남북한관계에 맞는 방안을 강구하는 것이 타당하다. 곧 경제적・사회적 인권과 시민적・정치적 인권 중에서도 사안의 성질상 시급한 것은 앞으로 당겨서 그 개선을 위해 노력하는 것이 적절하다고 할 것이다.

둘째, 북한인권문제와 남북교류협력을 느슨하게 연계 또는 병행하는 전략을 강구해야 한다. 대북지원과 남북협력은 어디까지나 북한인권 개선에 이바지할 때 의미가 있기 때문이다. 이를 위해서는 기존의 대북 인도적 지원방식을 개선하는 것이 필요하다. 그간 인도적 지원은 남북장관급회담의 모멘텀 유지 차원에서 이루어지고 있다. 회담 개최와 실질적인 지원은 비대칭적인 관계에 있는 것으로, 이 때문에 대북 퍼주기 논란이 끊이질 않았다. 이러한 점을 고려하여 앞으로는 정부 차원의 인도적 지원과 북한인권 개선을 느슨하게나마 연계하도록 해야 한다(다만, 민간 차원의 대북 지원은 인도주의 차원에서 무조건적으로 실시하는 것이 바람직하다).

물론 정부 차원의 인도적 지원과 북한인권 개선을 연계하는 전략은 남북한관계 현실을 고려하여 신중하게 추진해야 한다. 연계는 실질적인 연계를 염두에 둔 것으로서 굳이 이를 공식적으로 표명할 필요는 없다고 하겠다. 식량, 비료, 의약품, 농자재 및 농업기술 등을 차별적으로 다루고, 이를 북한인권 개선과 연계시키는 것이 바람직하다.

셋째, 인도적 차원의 대북지원이 북한주민의 인권(식량권) 개선에 기여하도록 하기 위해서는 무엇보다도 분배 투명성 확보, 모니터링의 강화를 이룩해야 한다. 더불어 남북한간 인권문제(특히 이산가족문제, 국군포로 및 납북자문제) 해결을 위해 대북협상 및 인도적 지원을 지속하되, 대북 교류 실시 과정에서 김정일 정권의 통치자금과 군사비로 전용될 수 있는 현금 지원을 중단 또는 대폭 축소해야 한다.

넷째, 우리도 통일 이전 서독의 경우처럼 북한인권 침해사례 기록보존소를 운영해야 할 것이다. 주지하는 바와 같이 서독은 분단 기간 중 연방 법무부 산하에 '중앙법무기록보존소'(Die Zentrale Erfassungsstelle der Landesjustizverwaltungen, 일명 '동독지역 정치적 폭행기록보존소')를 설치해, 육하원칙에 따라 동독주민에 대한 인권침해를 지속적으로 기록·관리하였다. 서독은 통일 후 이러한 인권침해 자료를 불법청산(정권 차원의 인권탄압 범죄 처리)에 활용하겠다는 입장이었다. 이는 동독 정권의 강력한 반발을 불러일으켰다. 호네커 독동 총리는 서독 정부에 대해 내독교류의 중단을 위협하면서, '중앙법무기록보존소'의 폐쇄를 요구했다. 그러나 서독은 끝내 여기에 굴하지 않았다. 이와 같은 서독의 태도는 결국 동독 관리들의 인권침해를 줄이는 데, 상당한 기여를 했다. 우리도 이와 같은 경험을 적극 활용하는 것이 타당하다. 그러한 북한인권침해 자료축적을 위한 중심기구로 국가인권위원회를 고려할 수 있다. 국가인권위원회는 내각에 속하지 않은 국가기구로 비교적 중립적인 지위에 있는바, '중앙법무기록보존소'와 같은 역할을 담당하기에 가장 적당한 기구라고 할 수 있을 것이다.

(나) NGO 활용 및 지원 차원

북한인권문제는 체제와 관련이 있는 사안이기 때문에 정부가 공개적으로 개선 노력을 하는 데는 여러 제약이 따른다. 따라서 민간단체(NGO)를 적극 활용하는 것이 현실적이다.

첫째, 정부는 민간단체가 국제 NGO와 협력하에 다양한 활동을 전개할 수 있도록 정보 제공 등 물적 지원을 해야 한다. 아울러 중·장기적으로는 북한인권 NGO들의 전문성을 제고하고 분야별로 역할을 분담토록 하되, 협의체 결성을 통해 상호 간에 자율적으로 조율하는 여건을 조성해야 한다.

둘째, 다른 나라의 경우 정부가 유엔인권이사회나 각종의 국제인권조약에 따라 설치된 해당 인권기구에 인권보고서를 제출하면, 그 나라의 유력한 인권 NGO들이 반박보고서를 제출하는 것이 관례로 되어 있다. 그러나 북한의 경우 진정한 민간인권단체가 형성되어 있다고 볼 수 없다. 따라서 당분간 국제사회가 북한인권의 감시자 역할을 계속 수행해야 한다. 이를 위해 국내외의 인권 NGO들이 — 예를 들어 '북한인권시민연합'과 같은 국내의 인권 NGO와 공신력 있는 국제 인권 NGO가 공동으로 — 북한이 유엔인권기구에 제출하는 인권보고서에 대하여 조목별로 반박하는 카운터 보고서(Counter Report)를 작성, 국제사회에 배포하는 것이 필요하다. 정부가 NGO의 이 같은 활동을 측면에서 지원할 수 있을 것이다. 이러한 노력은 인권문제에 대한 북한의 인식을 변화시키며, 또한 장기적으로는 주민들의 인권개선에도 적지 않은 영향을 미칠 수 있다.

셋째, NGO들은 국제적인 권위와 공신력을 가진 인권기구(공적인 국제인권기구와 민간인권단체 포함)들의 북한접근 및 조사가 실현될 수 있도록 노력해야 한다. 당면하게는 국내외 인권 NGO들이 '유엔 북한인권특별보고관'(Special Rapporteur on Human Rights in North Korea)[40]의 방북·조사 활동을 촉진하기 위한 협력을 제공하는 것이 중요하다. 사실 지금까지 유엔인권위원회(유엔인권이사회의 전신)가 임명한 인권특별보고관은 거의 전부 NGO의 문제 제기에 의해서 성사된 것이라고 볼 수 있다. 또한 국내 NGO들은 유엔인권이사회, 국제사면위원회 등과 긴밀한 협력을 유지하면서, 동 기관의 북한접근 및 인권관련 정보 수집이 가능하도록 직·간접의 지원을 제공해야 할 것이다.

넷째, NGO는 국제 및 국내 인권세미나 또는 간담회 개최, 북한인권 자료집과 홍보물

---

40) 북한인권특별보고관은 2004년 6월 유엔인권위원회가 임기 1년으로 처음 임명하였으며, 2007년부터는 인권위원회를 승계한 인권이사회가 동 보고관의 임기를 1년씩 연장하여 왔다. 비팃 문타폰 북한인권특별보고관(태국 출라롱콘대학교 국제법 교수)의 임기는 최장 6년으로 2010년 6월에 끝나도록 되어 있다.

(비디오 포함) 제작 등 북한인권 연구와 홍보활동을 전개할 수 있다. 이를 통해 북한인권 개선을 위한 국제적 및 국내적 여론을 조성하는 데 이바지할 수 있다. 물론 국제 인권세미나에서 북한인권 관련 결의를 채택하여 민간 차원에서 대북 인권개선 압력을 모색할 수도 있다.

이와 관련해서 한 가지 언급할 것은 현 단계에서 NGO들이 북한의 인권개선을 추진해 나감에 있어서 북한의 인권현실에 대한 고발과 더불어 인권침해의 법적 인프라를 형성하고 있는 북한의 형사법제를 심도 있게 연구하고, 이를 근거로 해서 북한인권을 개선해 나가는 전략을 강구할 필요가 있다.

다섯째, NGO들은 북한당국에 의한 인권 피해자들의 국제인권기구에 대한 진정서(청원서) 제출 지원, 탈북자의 난민지위 인정 청원, 중국 및 러시아 등지에 숨어 지내는 탈북자에 대한 인도적 지원 및 한국행 실현(중국 내 외교공관을 통한 기획망명 추진 포함) 협조, 남북이산가족들의 생사확인 및 서신왕래 지원, 식량・종자・비료・의류・양잠 등에 의한 대북 인도적 지원 등을 통해 북한주민들이 겪고 있는 인권침해를 실질적으로 개선할 수도 있다. 이 밖에도 국제적 여건이 성숙되면 국내외 이산가족단체들이 연대하여 유엔사무총장이나 유엔인권이사회에 대해 '남북이산가족문제 해결을 위한 특별대표'의 임명을 청원할 수도 있을 것이다.

여섯째, 남북한관계의 제도화 초기 단계에서는 민간단체에 대한 지원 및 협력사업을 강화하여 민간단체들이 북한인권 개선에 주도적인 역할을 하도록 해야 한다. 이는 북한의 반발에 따른 남북한관계 경색을 방지하는 동시에, 민간단체들의 대정부 비판에 따른 정책 추진력 약화를 방지하는 효과를 갖는다.

(다) 국제적 차원

남북한 간의 진정한 화해는 북한주민들의 자유와 인권을 확대하기 위한 노력이 병행될 때 가능한 것이다. 그러나 북한주민들의 인권 개선은 우리만의 독자적인 노력으로는 한계가 있다. 따라서 국제사회의 대북 인권개선 활동에 적극 동참해야 할 것이다.

먼저 유엔기구에서의 북한인권 관련 대책으로는 다음 몇 가지를 상정할 수 있다.

첫째, 국제사회의 문제제기 수준과 남북한관계의 특수성에 따른 우리 정부의 공조 수준 간에 격차가 발생하고 있다. 우리 정부는 한국의 도덕적 위상을 고려하는 가운데, 북한인권 개선을 모색하면서도 남북한관계에 미칠 부정적 영향의 최소화를 이룩할 수 있는 공조방안을 마련해야 할 것이다. 특히 유엔 총회나 유엔인권이사회와 같은 범세계적 국제인권 토론장에서 국제사회가 북한인권 개선을 촉구하는 결의를 채택할 때 찬성하도록 해야 한다. 이때 우리 정부가 먼저 그리고 직접 나서 타국을 설득하는 등의 북한자극 행위는 자제할 필요가 있을 것이다.

유엔 총회에서 북한인권문제에 대한 거론은 이념적·정치적 선전공세의 차원이 아니라 보편적 가치의 문제로 접근하는 것이 타당하다. 다만, 과거 총회에서의 북한인권 거론이 소모적 논쟁만 유발한 경험이 있었음을 고려하여 실질적인 진전이 이루어지도록 해야 한다. 물론 남북한관계 상황에 따라서는 유엔 총회 연설이나 결의안 공동제안국 참여 등을 통해 북한인권에 대한 국제적 관심을 환기하는 조치는 가능할 것이다.

둘째, 국제인권규약에 따라 설립된 인권기구의 활동과 관련하여 정부는 규약별 북한인권 보고서에 대한 유엔기구 심사 시 체계적으로 대응해야 할 것이다. 그동안 자유권규약(국제인권 B규약)과 비교할 때 상대적으로 2003년 11월 제출된 사회권규약(국제인권 A규약)에 대한 북한인권 보고서 심사 시 우리 정부가 소극적으로 대응한 것이 사실이다. 앞으로 아동권리협약 이행보고서, 여성차별철폐협약 이행보고서 심사 시 이전보다 많은 관심을 갖고 적극적으로 대처해야 한다.

셋째, 유엔인권이사회, 유엔인권고등판무관, 유엔 총회 등 국제인권기구와 협조체제를 구축하고 구체적 공조를 위한 방안을 강구해야 한다. 국제공조체제 구축을 위한 전략 수립에 있어 한국의 역할이 가장 중요하다. 특히 유엔인권이사회의 경우 북한인권특별보고관과 더불어 관련 '주제별(thematic) 특별보고관' 등의 활동이 실질적 성과를 거둘 수 있도록 협조체제를 수립해야 한다.

넷째, 북한인권문제와 관련해 한·미 양국이 양해할 수 있는 전략적인 공조방안을 수립해야 한다. 미국의 '북한인권법' 제정으로 새로운 대북인권정책 환경이 조성되고 있기 때문이다. 일부 정치권과 시민단체의 입장처럼 무조건 북한인권법을 부정적으로 보는 시각은 적절치 못하다. 그 대신 미국의 법을 잘 활용하는 지혜가 요구된다. 향후 정부는 한·미 양국 공통의 종합적·체계적인 대북 인권공조방안을 마련, 신중하게 추진해야 할 것이다.

2. 국군포로·납북자·이산가족문제 해결

(1) 현황

그동안 정부는 국군포로 및 납북자문제의 해결을 위해 장관급회담, 적십자회담 등 여러 남북대화 채널을 통해 지속적으로 북한 측에 이 문제를 제기해 왔다. 하지만 북한 측의 호응 거부로 아직까지 이 문제의 근원적인 해결은 기대난망이다. 단지 이산가족 상봉행사 때 국군포로 및 납북자 수명의 끼워넣기 방식에 의한 제한적인 상봉만이 이루어지고 있을 뿐이다. 그러나 이와 같은 해결방식에 안주할 경우 납북자·국군포로문제는 북한측의 선의에 의존할 수밖에 없고, 또한 안정성과 지속성을 갖기도 어려운 것이 현실이다.

대한적십자사에 이산가족찾기 신청을 한 사람이 10만 명을 헤아린다. 그러나 현재와 같이 제한된 인원의 가족 상봉으로는 수십 년에 지나도 이산가족문제를 해결할 수 없다. 보다 근원적인 해결책의 강구가 절실한 실정이다.

(2) 국군포로·납북자 및 이산가족정책 업그레이드

앞으로 국군포로 및 납북자문제와 이산가족문제에 대해 접근하는 자세와 추진하는 원칙으로는 다음 몇 가지를 들 수 있다.

첫째, 국군포로 및 납북자문제는 자국민 보호 및 국가의 본분과 도리를 다한다는 차원에서 적극적으로 나선다(자국민 보호원칙).

둘째, 국군포로·납북자문제 및 이산가족문제는 단순히 인도적 차원을 뛰어넘어 '기본적 인권,' 특히 가족과의 재회·통신 및 재결합의 권리 보호·실현 차원에서 근원적 해결을 추구한다(가족권 실현의 원칙).

셋째, 국군포로·납북자문제 및 이산가족문제 해결을 촉진하기 위해 대북 식량 지원 등에 있어서 과감한 접근과 인센티브 제공을 적극적으로 추진한다(과감한 해결 추진의 원칙).

구체적인 정책방향으로서는 우선 남북적십자회담을 개최하여 국군포로 및 납북자들의 전면적인 생사확인을 실시하고, 이에 기초하여 상봉 및 송환을 추진해야 한다. 국군포로 및 납북자의 송환 시 (비)전향장기수 송환과 맞교환을 하되, 일정한 지원을 제공하는 방안을 검토할 수 있을 것이다.

국군포로 및 납북자문제의 민감성과 북한 당국의 소극적인 태도를 감안해 향후 북한의 호응에 상응하는 인도적 지원을 실시함으로써 인센티브제를 도입하는 것이 현실적이다. 이와 관련, 국군포로 및 납북자문제 해결을 위한 국제적 연대체제를 구축하고, 대북 설득과 압력을 병행하는 것이 바람직하다고 하겠다. 나아가 한국전쟁 중 피랍된 전시납북자문제에 대해서도 관심을 갖고, 이들의 명예회복, 가족의 생활안정 지원 등을 위해 노력해야 할 것이다.

이산가족문제는 인도적 차원에서 접근하되, 기존의 틀에서 벗어나 근원적인 해법을 찾아야 한다. 남북한이 이산가족의 상봉을 정략적·체제적 문제와 연계시키지 말고 대면상봉과 화상상봉을 병행 추진하되, 그 숫자를 계속 확대해 나가야 한다. 대면상봉을 위해 금강산 면회소를 조기 완공하고, 중·장기적으로 개성 면회소를 설치하는 등 상봉장소를 다변화해야 한다. 그리고 동·서독 상봉방식을 원용하여 입경(入境) 수수료 및 일정 금액의 북한화폐 환전을 의무화하는 강제환전제의 전향적 검토가 필요하다고 하겠다. 더불어 인도적 차원에서 자유로운 서신교환과 자유왕래의 허용을 적극 추진해야 한다. 궁극적으로 고향방문 및 성묘가 실현되도록 노력해야 할 것이다.

한편 이산가족교류의 폭과 내용이 심화될 경우 남한가족의 북한가족에 대한 일정 규모의 송금(예컨대 연간 1만 달러 이하)과 상속을 허용하는 방안을 긍정적으로 고려해야 할 것이다. 이와 관련, 중국과 대만 간에는 상속재산 중 일정 범위 내의 상속 집행을 허용하고 있음을 참고할 필요가 있다.

3. 인도적 지원

(1) 현황

그간 우리 정부는 인도적 차원에서 막대한 식량, 비료, 의약품 등을 지원해 왔다. 그러나 북한에 지원된 식량이나 비료 등이 남북대화의 모멘텀 유지 등 일정 부분 남북한관계 개선에 기여하기는 했지만, 인도적 목적에 충분하게 부응하지는 못하였다는 것이 일반적인 평가이다. 분배 투명성이 충분히 확보되지 못한 점도 그 주된 이유이다.

또한, 긴급구호성 지원의 인도적 지원이 만성화로 인해 북한에 대해 '남측에 손내밀기'의 타성을 만들게 한 것은 결과적으로 북한의 삶을 개선하는 데 한계가 있음이 드러나고 있다. 그래서 작금 적지 않은 비용을 들여 일회성·소비성의 지원을 하는 것보다는 개발구호사업으로 전환함으로써 북한주민들이 장기적이고 지속적으로 그들의 생활수준을 개선하는 데 도움을 주는 방향으로 대북 인도적 사업을 펼쳐야 한다는 데 사회적 컨센서스가 형성되고 있다.

(2) 대북 인도적 지원 추진방향

인도적 지원은 몇 가지 원칙을 가지고 일관성 있게 추진함으로써, 인도적 목적을 달성함과 아울러 민족 동질화 및 민족공동체 형성에 이바지하도록 해야 한다.

첫째, 대북 지원은 동포애와 인도주의적 원칙에 입각해 추진해야 한다(인도적 지원의 원칙). 동포애와 순수한 인도주의의 원칙에 입각해 실시되는 대북지원은 특별한 조건이 없으며, 북한에 살고 있는 우리 동포들의 긴급구호 및 삶의 질을 향상하는 것을 목적으로 추진하면 되는 것이다. 일정 규모의 대북지원은 향후에도 동포애의 구현 차원에서 계속되어야 할 것이다.

둘째, 대북지원은 일방적인 무상지원과 함께 북한 당국과 주민들의 자구책을 유발할 수 있는 정책적 목표를 갖고 실시해야 한다(북한의 자구적 노력 촉진 원칙). 매년 수십만 톤의 식량과 비료를 연례행사의 일환으로 또한 '무조건의 퍼주기'식으로 지원하는 것은 북한 주민들을 위해서도 바람직하지 않다. 북한에 대한 지원을 통해 북한의 분야별 산업의 현대화와 대외 개방적 시장 경제적 요소가 활성화될 수 있도록 정책적 연계를 펼쳐 나가야 한다.

셋째, 대북지원은 북한 주민들에게 실질적인 혜택이 돌아갈 수 있도록 투명성을 확보하는 가운데 추진되어야 한다(투명성 확보의 원칙). 북한에 대한 지원이 퍼주기로 비판받았던 이유는 지원의 분배 투명성이 확보되지 못했기 때문이다. 따라서 앞으로 분배 투명성을 제고하기 위해 대북지원을 결정할 때 분배현장에 대한 접근성 확보를 조건으로 삼아야 한다.

위와 같은 원칙에 따라 대북 인도적 지원의 방향을 제시하면 대략 아래와 같다. 한마디로 대북 인도적 지원은 '마음의 통일'이란 관점, 남북한 주민의 화합 분위기 조성이라는 관점에서 종합적이고 체계적이고 추진해야 한다.

첫째, 식량과 비료 등 긴급구호사업은 향후에도 지속될 필요가 있기는 하지만, 긴급구호사업으로서의 대북 식량·비료 지원은 이제 서서히 그 규모나 방식을 바꿀 필요가 있다. 즉, 대북지원의 총 규모는 현재의 1/4~1/5 정도 수준으로 하향 조정하도록 해야 한다. 국제사회의 순수한 인도적 지원은 대략 옥수수 5만 톤 정도인 것으로 알려지고 있다.

긴급구호성 식량지원은 당해 지원이 가장 절실한 일부 계층과 지역(함경도, 양강도, 자강도 등)에로 집중되도록 하여야 한다. 비료의 경우 무상으로 수십만 톤씩 제공하던 것을 가급적 유상 지원으로 전환하고, 무상 지원은 산간 오지나 경제적으로 낙후된 지역에 한정하도록 해야 할 것이다.

둘째, 앞으로 기타의 대북 인도적 지원(기존 대북지원의 전체규모 중 2/3 가량)은 농업개발지원 방식으로 전환해야 한다. 이 같은 농업개발지원은 북한종합부흥계획의 일환으로 추진하되, 특별히 유엔 식량농업개발기구(FAO) 등 관련 국제기구와 합동으로 농업생산성 향상과 분배의 효율성, 시장경제 요소의 도입 등을 실현해 나가야 한다. 이와 관련, 종자개발사업 등 연구사업을 추진하고, 지원 후 재투자를 통해 확대재생산이 가능한 분야로 지원영역을 넓혀 나가야 한다. 또 농수산물 수급상황을 고려해 우리 농민들에게도 도움이 되는 농수산물 지원사업을 추진할 필요가 있다. 영농기술이나 교육훈련, 관련 정보를 제공할 경우에는 농촌 지도자 양성프로그램을 추진하도록 해야 할 것이다.

셋째, 의료, 보건복지, 교육과학기술 분야의 대북지원은 지금보다 훨씬 적극적이고 과감하게 추진해야 한다. 현재 북한의 의료시설이나 수준은 평양을 제외하면 매우 열악한 상태에 있는바, 지방의 의료·보건 환경개선 사업을 실시하고, 이를 지원하는 데 노력해야 한다. 특히 노약자·어린이 등 취약계층에 대한 의료지원 활동을 강화하고, 국내외 보건의료 전문가의 자문·관리감독을 바탕으로 병원 현대화, 제약공장 설립 지원, 연구지원 사업을 전개해야 한다.

또한, 경제난 악화로 북한의 교육이 파행적으로 이루어지고 있는 점을 감안해 교육시설과 자재를 인도적 차원에서 지원함으로써 남북한 주민 간의 연대와 화합을 도모하는 한편, 북한 학생들의 경직적이고 폐쇄적인 대남자세를 바꾸는 것이 바람직하다.

넷째, 대북 인도적 지원은 정부나 특정 민간단체가 독점적으로 운영하는 체제에서 탈피하여 보다 많은 민간단체와 국제기구가 협력하여 지원하는 체제로 전환해야 한다. 또한, 중앙정부 외에 지방자치단체의 적극적인 참여를 유도하고, 해당 지역 내 민간단체들과 연합하여 추진하는 방안도 긍정적으로 고려할 필요가 있다. 예컨대, 북한 지역의 특정 시, 군 등 지방행정기구와의 연계나 자매결연 등을 통해 상호 대표부나 연락사무소를 설치하여 정권이나 단체장의 교체에 상관없이 안정적이고 지속적으로 대북지원사업이 추진될 수 있도록 한다.

대북 지원사업이 민간단체나 지방정부 차원에서 유기적으로 활성화될 경우 북한의 해당 기구 책임 요원이나 기술전문가, 학자, 학생, 근로자들을 남한으로 초청해 공동의 프로젝트를 수행하거나 중장기적 사업 추진의 협력체로 활용할 수 있을 것이다.

다섯째, 대북 지원의 투명성 확보 차원에서 현장에 상주하는 전문 인력을 확보하여야 한다. 북한에 대한 지원의 규모를 확대하면서 동시에 평양을 비롯한 주요 거점 도시에 우리 측 지원 요원이 상주하거나 수시 방문할 수 있도록 북측과 협의하여, 이를 관철시켜야 한다. 현지 상주대표단의 파견은 분배 투명성 확보뿐만 아니라 현지 주민들과 수시로 접촉, 그들의 수요와 필요를 측정하거나 적절한 지원 품목과 규모를 결정하기 위해서 필수적인 선결조건이라고 하겠다.

〈자료 14〉 북한인권문제와 한국의 대응[41)]

최근 국제사회에서 북한인권문제가 관심과 주목을 받는 가운데, 북한인권 증진을 위한 국제협력도 강화되는 추세이다. 2005년 12월 이래 유엔 총회에서 북한인권 결의가 연속 네 차례 채택된 것은 그 대표적인 예다. 금년만 해도 3월 호주 멜버른, 4월 워싱턴, 7월 도쿄, 9월 서울과 토론토 등지에서 대규모의 북한인권 행사들이 열렸다. 이들은 열악한 북한인권 참상을 더 이상 외면할 수 없다는 인류 양심의 표현이자, 인권 개선을 촉구하는 시민들의 단합된 행동을 대변하고 있다.

북한인권문제는 본질상 3가지 측면을 내포하고 있다. 이에 대한 균형감 있는 시각을 갖는 게 필요하다.

첫째, 북한인권문제는 (국제사회가 당면한) 심각한 '인권문제' 중 가장 중요한 일부이다. 2008년 12월 유엔 총회는 이란, 미얀마, 북한의 3개국의 인권 결의를 채택했다. 이런 사실만 봐도 북한인권 상황이 세계 최악의 수준에 있음을 알 수 있다.

인권은 체제와 이념, 성별과 국경을 떠나서 모든 사람에게 인정되는 가치이자 권리이다. 말하자면 보편적 가치(universal value)의 문제인 것이다. 인간으로 대접받지 못한 채 '매 맞고, 끌려가며, 피 흘리며, 굶어 죽어가는' 북한 주민들의 비인간적인 삶을 같이 아파하고 그 개선을 위해 노력하는 것은 세계시민의 한 사람으로 마땅히 감당해야 할 도리요 의무라 할 수 있다. 그러기에 세계 최악의 북한인권에 침묵하는 것은 정당화될 수 없다.

둘째, 북한인권문제는 '북한문제'의 중요한 일부이다. 북한문제에는 인권문제 외에도 핵문제, 경제난, 식량난과 인도적 지원, 외교적 고립의 타개(특히 대미·일 관계 개선), 권력승계(후계체제 안정) 등이 있다. 하지만 이 모든 문제들은 강고한 수령독재체제와 비효율적인 사회주의 계획경제체제에서 비롯되는 것이다. 즉, 독재와 폐쇄가 오늘의 북한을 규정하며 제약하고 있는 셈이다. 북한이 처한 온갖 어려움을 완화·해소하는 길은 두말할 것도 없이 북한이 선군독재(Military-First Dictatorship)가 아니라 '선민정치'(People-First Politics)를 베푸는 데 있으며, 이는 다시 주민의 인권 개선 및 대외 개방 등과 직결돼 있다. 이렇게 본다면, '북한문제의 근본적 해결'을 위해서는 당면한 북핵문제에만 단선적이고 대증요법적 차원에서 접근해서는 곤란하며, 인권 개선과 민주화에도 관심을 기울여야 한다는 점을 알 수 있다.

셋째, 북한인권문제는 우리가 직면한 '통일문제'의 중요한 일부이기도 하다. 우리가 추구하는 통일은 자유민주통일이며, 민족 성원 모두의 자유·복지·인간 존엄성이 존

---

41) 제성호, "북한인권문제와 한국의 대응," JPI PeaceNet 2009-13(2009.10.8); http://www.jpi.or.kr/contents/?mid=KR1612.

중·보장되는 내용의 통일이다. 그럴진대 북한 주민의 인권 개선을 추구하지 않는 대북정책은 그 자체 반인권적·반민족적일 뿐만 아니라, 우리의 통일철학 및 이념과도 맞지 않는다. 이런 점에서 지난 시기 '인권 개념'을 등한시했던 대북정책은 깊이 반성해야 마땅하다.

흔히 북한인권문제라고 말하지만, 여기에는 다양한 내용과 수준의 인권문제가 포함되어 있다.

첫째는 '북한주민'의 인권문제다. 지금 북한 주민들은 정치범수용소, 반문명적인 공개처형, 고문과 학대, 이중삼중의 감시와 성분 차별, 사상·표현의 자유 침해, 기아와 영양실조 등을 겪고 있다. 총체적으로 북한주민의 인권문제는 '수령독재'의 산물이라 할 수 있는데, 이는 '체제'와 관련된 '구조적'인 것이라고 할 수 있다. 또한, 전 사회분야에 걸쳐 있다는 점에서 '광범위'하며, 역사적 뿌리가 깊다는 점에서 장기적이고 고질적이다. 따라서 장기적인 안목을 가지고 해결을 추구하는 것이 현실적이다.

둘째는 '탈북자'의 인권문제다. 탈북자문제는 '식량난·경제난'의 산물이라 할 수 있다. 이는 북한 당국이 그들 주민에 대해 생활의 기본적 수요를 충족시켜야 할 책임을 다하지 못함으로써 발생한다. 곧, 북한 정권이 생존의 위협에 처한 주민들을 품어주지 못하고 밖으로 밀어내는 현상이 '탈북'인 것이다. 탈북자들의 경우 신변의 안전 위협, 체포 시 대북 강제송환, 노동력·임금 착취, 인신매매 또는 강제결혼, 감금·린치·학대 등 다양한 형태의 가혹행위, 보호소 수용 과정에서의 고문 등 비인간적 처우, 탈북자 자녀(아동)의 무국적 상태 발생 등 다양한 형태의 인권침해가 발생하고 있다. 이는 북한 주민의 그것들과는 다른 차원의 것이다. 특히 탈북자의 인권문제는 중국·러시아 등 접경지역에 그치지 않고, 생존과 안전을 위해 제3국(주로 동남아)으로 월경, 유랑함으로써 '문제의 광역화'를 초래하고 있다. 이 같은 절박한 인권침해에 지금 국제사회는 보다 직접적이고 즉각적인 관심을 보이고 있다. 유수한 국제 NGO들은 탈북자들에게 난민의 지위(Refugee Status)를 부여하는 것이 무엇보다 시급하다고 보고 있다. 하지만 1차 피난지국인 중국은 물론, 2차 피난지국인 태국·캄보디아·라오스 등 관련국들이 난민의 지위를 인정하길 거부하고 있다.

셋째는 남북한관계에서 발생하는 인권문제이다. 여기에는 이산가족문제, 납북자·국군포로의 문제가 있다. 이산가족문제는 3년간에 걸친 한국전쟁의 결과 발생한 것으로 이를테면 '전쟁'의 산물이라 할 수 있다. 하지만 반세기가 넘도록 근원적인 해결을 보지 못하고 있어, 아직까지도 가장 대표적인 분단 고통의 상징으로 남아 있다. 그간 이산가족문제는 주로 인도적 차원에서 다루어져 온 게 사실이다. 하지만 이산가족문제 또한 엄연히 가족권(family rights)이란 인권의 문제라고 할 것이다. 이산가족들은 지금 가족 성원 간의 연락 및 접촉, 안부를 전할 권리, 귀향의 권리가 거부 당하고 있다.

다음, 납북자문제는 납치테러리즘이란 '범죄'의 산물이라 할 수 있다. 자기 의사에 반한 납치와 강제연행, 불법억류가 개재돼 있다. 무조건 원상회복이 이루어져야 하나, 북한은 납북자의 존재를 부정하고 있다. 반면 자진 월북자 내지 의거 입북자라고 강변하고 있다. 때문에 이들은 자유의사 표명의 기회뿐만 아니라, 본국(대한민국) 관리와의 접견 및 영사보호 등 인권이 박탈당하고 있다. 누구나 자기의 원거주지로 돌아갈 권리가 있으나, 이것마저 거부당하고 있다. 북한체제가 싫어 제 발로 남으로 내려온 이산가족들과 비교하면, 납북자들의 인권상황은 가히 비극적이다.

마지막으로 국군포로문제는 한국'전쟁'의 산물인 동시에, 1949년 제네바 제3협약에 따른 포로송환의무 위반, 생존 포로 존재의 은폐 및 강제억류 등 국제인도법 위반(비인도적 범죄)의 결과로 생겨난 문제이다. 즉, '전쟁'과 '전쟁범죄'가 복합적으로 작용돼 생겨난 것이다. 이들의 처지는 납북자와 비슷하며, 인권문제도 그와 유사한 측면이 있다.

넷째는 기타의 인권문제로서 외국인 납치문제가 있다. 많은 사람들이 납치문제 하면 주로 일본인 납치문제만 연상하지만, 북한이 납치해 나간 외국인은 11개국 38명(일본인 16명, 레바논인 4명, 말레이시아인 4명, 프랑스인 3명, 이탈리아인 3명, 중국인 2명, 네덜란드인 2명, 태국인 1명, 싱가포르인 1명, 루마니아인 1명, 요르단인 1명)에 달한다. 외국인 납치문제는 2005년 12월 이후 채택된 유엔 총회 결의에서 계속 거론하고 있는 중요한 인권문제이다. 우리가 '나 몰라라' 할 수 없는 사안인 것이다. 이 밖에도 북송 일본인 처의 귀향문제나 최근 언론에 보도되고 있는 베트남전 국군포로문제가 있다.

한마디로 북한인권문제는 북한 정권이 존재함으로써 발생하는 것이라고 하겠다. 많은 경우 북한이 인간적 도리와 국제적 규범을 지키지 않음으로써 작금 문제의 심각성이 더해지고 있다. 총체적으로 비인간, 반문명, 무책임, 범죄성에 기인하고 있다고 할 수 있을 것이다.

그러면 우리는 어떻게 북한인권문제에 대처해 나갈 것인가? 이미 살펴본 바와 같이 북한인권문제는 내용과 수준이 다기하여, 단선적인 방식으로 대처하기가 어렵다. 다음에서는 북한인권 개선의 방향을 몇 가지로 요약, 제시하기로 한다.

첫째, 북한인권문제는 정부 혼자서, 또한 일거에 해결하기 어려운 문제이다. 물론 우리 정부의 의지와 역할이 중요하다. 하지만 인력과 예산 등 나름의 한계도 있다. 따라서 정부가 국제기구, (국제 및 국내) NGO, 교회, 기업, 시민사회가 함께 대처하는 게 긴요하다. 특히 정부가 나서기 곤란한 때는 오히려 NGO가 적극 목소리를 내는 것이 도움이 될 경우도 있다. 따라서 정부는 이들 행위주체, 특히 NGO와의 적절한 역할분담을 통해 꾸준히 북한인권 증진을 위해 노력하는 것이 바람직하다. 정부는 NGO들의 의견을 최대한 수용해 북한인권 증진을 위한 종합적·체계적인 로드맵을 만들어야 한다.

둘째, 우리 정부는 기본적으로 북한인권문제를 '보편적 가치'의 문제로 접근하고, 다른 문제와 분리해 독자적 해결을 추구해야 한다. 그래야 정치화의 논란을 가능한 한

피할 수 있고, 실질적인 개선을 모색할 수 있다. 보편적 가치와 국제인권규범은 북한인권 개선을 위해 우리가 의지할 수 있는 중요한 잣대가 됨은 두말할 것도 없다. 이런 시각에서 우리 정부는 국제사회의 움직임에 보조를 맞추면서(예컨대, 유엔 총회의 북한인권 결의 공동제안국 참여 및 찬성 투표), 북한이 국제인권규범을 지키도록 설득·권고해야 한다. 특히 북한은 금년 12월 제네바에서 열리는 '보편적 정례 인권상황 검토'(Universal Periodic Review: UPR)를 받아야 하는데, 여기에 우리가 적극 참여하여 북한인권 개선을 촉구해야 할 것이다. 이 밖에도 유엔 총회 결의에서 명시된 북한인권특별보고관의 방북·조사에 북한이 협조하도록 인권이사회 이사국 및 관련 국제기구와 공조하는 방안도 적극 추진해야 한다.

다만, 정부가 북한인권 개선을 추구함에 있어서는 국제무대와 남북대화를 준별하는 자세가 필요하다. 국제무대에서는 주로 북한 주민과 탈북자의 인권문제를 다루는 것이 적어도 현단계에서는 현실적이다. 남북대화에서 가령 정치범수용소를 거론하고 해결을 모색하는 것은 여러 가지 면에서 합당치 못하다. 반면 이산가족·납북자·국군포로문제는 남북대화에서 해결을 추진하는 게 바람직하다. 남북한은 이들 문제에 관한 합의 생산 및 실천의 경험을 갖고 있기 때문이다. 당면하게는 이산가족 상봉의 정례화가 시급하며, 납북자·국군포로문제의 경우 '이산가족에 끼워넣는 해결' 대신 보다 근원적은 해법을 강구해야 한다.

셋째, 인권 NGO들과 시민사회는 앞으로도 북한인권문제를 공론화하고, 국민적 관심을 환기하는 노력을 계속 전개해야 한다. 더불어 이 문제에 대한 국제시민사회의 일치된 목소리를 확산시켜 나가야 한다. '인류의 양심'을 대변하면서 북한의 태도 변화를 위해 도덕적 압박을 가하는 것이야말로 북한인권 개선운동에 가장 큰 힘이 될 수 있다. 국내외의 NGO들은 상호 긴밀하게 협력하는 가운데, 유엔 인권이사회(UNHRC)나 인권고등판무관실(UNHCHR) 등 유엔기구 인사들과의 수시 접촉과 정보 제공을 모색하는 한편, 국제사면위원회 등 저명한 국제인권단체들의 지속적인 관심과 행동을 계속 촉구해야 한다. 해외 및 국내 입국 탈북자 지원은 교회 등 NGO가 전면에 나서고, 정부가 관련법과 절차에 따라 조력을 하는 구도가 적절하다.

넷째, 현 단계에서 정부와 민간 부문이 함께 노력해야 할 과제가 있다. 그것은 북한인권 개선 역량의 강화 차원에서 시민들에게 북한인권교육을 강화해야 한다는 점이다. 지난 10년 동안 북한인권교육이 극히 부실했다. 북한인권 실상에 대한 정확한 정보를 제공하면서, 국민교육을 꾸준히 실시해야 한다. 북한인권 전문가와 활동가들을 체계적으로 양성해야 한다. 결국 사람이 새로운 역사를 쓰는 법이기 때문이다.

이 밖에 언론과 방송도 북한인권문제에 대한 관심 환기와 국민교육에 일조할 수 있다. 국회도 북한인권법 제정 등 입법적 대응에 힘을 쏟아야 한다.

무릇 인권은 '거론'할 때 '개선'이 있고, '침묵'하면 '진전'이 없는 법이다. 우리가 북한인권문제를 제기하는 것은 북한 정권의 행동을 비판함으로써 북한 주민들에게 '인권의 빛'(주민들에 대한 수혜)이 전달되도록 하자는 뜻에서다. 그러한 점에서 북한인권문제 거론(선의의 비판)은 '민족자애적'인 것이지, 결코 북한과 냉전적으로 대결하자는 것이 아니다. 이 점을 깊이 인식하고 많은 사람들이 북한주민의 생명을 살리는 북한인권 개선 운동에 나서길 기대한다. 그리고 정부의 각종 노력에도 성원을 아끼지 않기를 바란다. 그럴 때 북한 주민들도 우리처럼 사람답게 사는 날이 보다 빨리 찾아오게 될 것이다.

〈자료 15〉 북한인권에 대한 남북한의 정책과 국제사회의 논의 동향

1. 북한의 인권정책

(1) 북한의 인권관: '우리식'의 자주적 인권개념

북한의 인권 개념은 '인류보편적 가치'를 인정하는 서구적 인권관과는 현격한 차이를 드러내고 있다. 이러한 차이 때문에 북한인권문제에 대한 국제사회의 접근과 북한의 대응은 커다란 괴리를 보이고 있다.

무엇보다 북한은 국제적인 인권규범을 거부하고 소위 '우리식(북한식의 자주적인) 인권' 개념을 내세우고 있다. 이른바 '우리식 인권관'은 몇 가지로 나누어 설명할 수 있다. 첫째, '우리식 인권'은 개인의 불가침의 권리를 부정하고 있으며, 그 결과 나라와 민족 중심의 '집단주의'에 기초한 '공민(公民)의 권리'(1998년 9월 제정된 북한의 사회주의헌법 제5장 제62조~제86조 참조)를 말한다.[42] 이 공민의 권리는 사회주의사회의 본성에 맞게 규정되고 인정된다고 한다.[43] 둘째, 북한에서 인권은 계급적 성격에 채색됨에 따라 국가가 시혜를 부여하는 것으로 규정되고 있다. 셋째, 북한에서 인권은 개인의 국가에 대한 주관적 공권으로서의 성격보다는 의무로서의 성격을 강하게 내포하고 있다.[44] 이에 따라 외형의 법규정과는 별개로 실제에 있어서는 '국가로부터의 간섭 배제'라는 의미의 소극적인 자유(권)는 존재하지 않는다. 사회권도 국가에 대한 사회적

---

42) 북한의 사회주의헌법 제63조는 "조선민주주의인민공화국에서 공민의 권리와 의무는 ≪하나는 전체를 위하여, 전체는 하나를 위하여≫라는 집단주의원칙에 기초한다"고 규정하고 있다. 집단주의원칙에 관해서는 인민과학사, 『조선민주주의인민공화국 사회주의헌법 해설』(평양: 인민과학사, 1973), pp. 80-81; 량창일, 『사회주의헌법학』(평양: 김일성종합대학출판사, 1982), p. 135 참조.

43) 심형일, 『주체의 사회주의헌법리론』(평양: 사회과학출판사, 1991), pp. 107-117 참조.

44) 제성호, "한국의 대북 인권정책방향," 『북한연구』, 제6권 2호(1995 여름), pp. 63-71; 장명봉, "북한의 기본권 보장의 제도적 문제점," 『통일연구논총』, 제3권 2호(1994), pp. 182, 184 참조.

급부의 적극적인 '청구'라는 개념보다는 '가능성' 개념에 불과하다.[45)]

또 북한은 개별적인 각 개인의 인권보다는 개인의 총화인 '집단의 자주성(혹은 자주권)'을 공민의 권리 보장・실현의 가장 중요한 토대로 간주하고 있다. 그래서 '우리 민족(조선민족)의 자주권' 사상을 강조한다. 이런 입장의 연장선에서 북한은 국제사회가 자국의 인권문제를 제기 또는 비판하는 데 대해 '내정간섭' 혹은 '주권침해'라고 반발하고 있다. 이와 관련, 미국은 2001년 2월~2005년 2월간 국무부 홈페이지에 게재・발표한 2000년~2004년도 『세계 각국의 인권 보고서(북한부분)』(Country Reports on Human Rights Practices: Korea, Democratic People's Republic of)에서 북한이 주민들의 기본적 인권을 계속 부인하고 있고, 당간부들이 인권(특히 개인의 권리)에 관한 국제규범을 '불법적이고 이질적(외래적)이며 국가 및 당의 목표를 전복하려는 것'으로 인식하고 있다(the leadership viewed most international human rights norms, particularly individual rights, as illegitimate, alien, and subversive to the goals of the State and Party)고 평가한 바 있다.[46)]

이상의 점에 비추어 북한에서 인권 개념은 폐쇄적인 것으로서, 국경을 넘어선 '보편적 가치'가 될 수 없다.

(2) 우리식 인권과 북한의 주민통제정책

가. 사회주의체제 확립과 강력한 주민통제정책

북한은 수령의 유일적 영도가 타당한 사회주의 독재체제를 확립하는 과정에서 강력한 주민통제, 사상통제 정책을 펼쳐 왔다. 1950년대 말부터 정치범수용소를 운영하는 한편, 주민의 감시를 위한 사회적 시스템을 완비하였다.

북한은 지난 60년 동안 국가안전보위부와 인민보안성(사회안전부 후신) 등 비밀경찰에서부터 말단 인민반 제도에 이르기까지 주민의 일거수일투족을 감시하는 체제를 수립했고, 주민등록제도나 각종의 호구조사, 주민소개 및 이주정책 역시 주민을 통제하기 위한 방편으로 활용했다. 주민통제정책은 곧 인권정책이요 체제유지정책이었다고 볼 수 있다.

이 밖에도 북한은 체제유지 차원에서 요람에서 무덤까지 주체사상의 교육 및 내면화, 식량 배급제, 여행 및 교통의 자유 제한, 정보의 자유와 알권리의 제한 등을 적절히 활용했다고 볼 수 있다. 그러나 1990년대 말 식량난과 경제난이 심화되면서 이와

45) 위의 논문, p. 184; 최달곤, 『북한법에 대한 개설적 연구』, 국토통일원 학술용역보고서(서울: 국토통일원, 1978), p. 40; 헌법을생각하는변호사모임 편저, 『남북한 헌법의 이해』(서울: 삼광출판사, 2002), pp. 186-190 참조.

46) http://www.state.gov/g/drl/rls/hrrpt/2000/eap/726.htm; http://www.state.gov/g/drl/rls/hrrpt/2001/eap/8330.htm; http://www.state.gov/g/drl/rls/hrrpt/2002/18249.htm; http://www.state.gov/g/drl/rls/hrrpt/2003/27775.htm; http://www.state.gov/g/drl/rls/hrrpt/2004/41646.htm에 게재된 연도별 북한인권보고서의 '서문' 참조.

같은 주민통제 및 사회감시 시스템이 상당히 와해되고 있는 것으로 알려지고 있다.

나. 분단구조 아래 '외부의 적' 설정과 인권침해의 일상화

북한의 가장 중요한 국가목표는 한반도 전체를 공산화하는 것이다. 이런 기본입장에서 그동안 북한은 자본주의 체제인 한국과 경쟁하여 사회주의체제 우월성을 입증함으로써 한반도 내의 정통성을 획득하려고 노력해 왔다. 이러한 맥락에서 북한의 지도자들은 한국보다 낙후되지 않기 위해 '동원'과 '철통'으로 상징되는 강고한 사회주의체제 수립을 추진하였던 것이다. 특히 대남 군사·경제·외교적 우위의 확보는 북한정권의 최대 현안이었고, 이를 위해 한국과의 체제경쟁에서 '완전' 승리할 때까지 정치적 부자유와 경제적 궁핍을 인내하도록 인민들에게 사상교양을 실시해 왔다.

한국의 국내 정치·경제적 상황 또한 북한인권 탄압의 원인이 되고 있다고 할 수 있다. 자본주의를 발전이데올로기로 채택하고 있는 한국은 고도성장을 이룩한 반면, 빈부격차 등 각종 사회문제를 노정한 것이 사실이다. 이러한 역기능적 요소들은 한국이 '악의 소굴'인 것처럼 북한 지배자들에 의해 과대 선전되었고, 북한 인민들에게 실상으로 각인되어졌다.

또한 북한은 미국 등 그들과 적대관계를 유지하고 있는 나라를 외부의 적(체제안보 위협세력)으로 설정해 주민의 사상통제를 강화하는 데 적극 활용했다. 북한은 이러한 전략을 통해 체제유지를 모색하였고, 그 결과 지금까지 폐쇄적인 사회주의체제를 유지할 수 있었다.

이러한 요인들로 인해 북한인권은 오늘날 최악의 상태에 이르게 되었다. 분단구조하에서 북한당국의 정책과 북한인권의 실상은 다음과 같이 정리할 수 있다.

첫째, 비인도적인 법체계가 성립되었다.

둘째, 시민적·정치적 권리는 극도로 제한되어 있다. 체제유지에 필요한 집회 이외의 주민의 자발적인 정치집회·결사의 자유는 물론, 김정일에 대한 불평은 엄격히 금지되어 있다.

셋째, 북한인민들은 경제적 궁핍으로 인해 의·식·주 등 최소한도의 인간다운 생활도 위협받고 있다.

넷째, 북한주민들은 철저히 계층화되어 있고, 주민들에 대한 사회통제가 일상화되어 있다.

다섯째, 여성에 대한 차별이 보편화되어 있다.

여섯째, 환경파괴가 심각한 상태에 이르러 인간의 삶의 터를 황폐화시켰다.

일곱째, 「특별독재대상구역」과 같은 수용소제도가 발달되어 주민들의 인권이 중대하게 침해되고 있다.[47]

---

47) 전현준, 『북한의 인권실태 연구』, 연구보고서 93-12(서울: 민족통일연구원, 1993); 제성호, "북한의

(3) 최근 수년간 북한의 인권정책 변화

그간 북한의 인권정책은 이중적인 면을 보이고 있다. 대내적으로는 법제 정비를 통해 가능한 범위에서 인권 개선을 위한 노력을 전개하고 있다. 북한이 2003년 6월 18일 '장애자보호법'을 제정한 것이 대표적인 예이다. 또 형법을 개정해 유추해석을 금지하여 죄형법정주의를 강화하는 한편, 송환 탈북자에 대한 형사처벌을 완화하는 조치를 취하였다.

2001년 8월에는 '손해보상법'을 처음으로 채택, 공공 및 사유의 재산 보호는 물론, 인격이나 명예를 침해해 정신적 고통을 입힌 경우까지 위자료 지급책임과 지급액수 산정방법을 규정하는 등 물질적 및 정신적 손해 배상에 만전을 기하겠다는 의지를 보여주었다. 또 상속법, 저작권법, 마약관리법, 환경보호법 등을 제・개정하여 간접적으로나마 개인의 상속권(재산 상속권), 저작권(지적재산권), 건강권, 환경권 보호에도 신경을 쓰고 있다. 하지만 법치의 문화가 정착되지 않은 상태에서, 또한 경제난・식량난이 여전한 상황에서 이 같은 법제 정비만으로 북한인권의 실질적인 증진에 도움이 얼마나 될 수 있을지는 의문이다.

다른 한편 대외적으로는 김정일 정권의 국제적 지지 확보와 경제적・인도적 지원 확대를 위해 일부 전향적인 자세를 보이고 있다. 북한은 1998년 12월 이래 유럽연합(European Union: EU)과 간헐적으로 정치대화를 해 왔으며, 대화의제에 북한인권문제를 포함시킬 것을 요구한 EU의 제안을 수용하였다.[48] 이에 따라 북한은 2001년 5월 3일 EU 의장국인 스웨덴의 요란 페르손 총리의 방북 시 인권대화를 개최를 약속했다. 이러한 약속 이행 차원에서 북한은 같은 해 6월 11~13일 스웨덴과 인권세미나를 연 데 이어, 6월 13일 벨기에의 수도 브뤼셀에서 EU와 처음으로 인권대화를 가졌다.[49] 그리고 북한은 2002년 6월 15~18일간 EU 방북단과의 제5차 정치대화[50]에서 인권문제의 지속적 협의에 동의하였고,[51] 2004년 11월 EU와 가진 제6차 정치대화에서 북핵(비확산과 평화적 해결), 인권(실태 개선 및 유엔기구와의 협력), 인도적 지원(보건, 상수도 및 위생, 시설 개선), 경제협력(개혁 및 양자협력 강화)을 논의하였다.[52]

인권정책과 법규정," 대한변호사협회, 『2006 북한인권백서』(서울: 대한변호사협회, 2006), pp. 23-37 참조.

48) 통일부 정보분석국, 『주간북한동향』, 제537호(2001.4.28~5.4), pp. 14-17.

49) 통일부 정보분석국, 『주간북한동향』, 제543호(2001.6.9~6.15), p. 28.

50) 그동안 북한과 EU는 벨기에의 브뤼셀에서 2차례(제1차: 1998.12.12, 제2차: 1999.11.24), 평양에서 2차례(제3차: 2000.11.27, 제4차: 2001.10.27~30) 정치대화를 개최하여 인권문제, 미사일 등 대량살상무기의 비확산문제, 대북지원문제 등을 논의해 왔다.

51) 통일부 정보분석국, 『주간북한동향』, 제596호(2002.6.15~6.21), p. 27.

52) 『경향신문』, 2005년 11월 23일자; 경규상, 『북한인권문제: 한국과 국제사회의 역할』, 숭실대학교 정치학 박사학위논문(2006.12), pp. 204-211. 2005년 11월 제7차 정치대화 개최가 예정되어 있었으나, 유엔 총회 제3위원회에서 북한인권 결의안이 통과되자, 북한이 이를 취소하였다.

또한 북한은 제출시한보다 12년이 경과된 2000년 3월 시민적·정치적 권리에 관한 국제규약(B규약) 2차 보고서를 제출하였다.[53] 「시민적·정치적 권리에 관한 국제규약」(국제인권 A규약) 제40조에 따라 1983년 10월 24일 1차 인권보고서를 인권위원회(Human Rights Committee, 자유권규약위원회라고도 함)에 제출했고, 이후 1984년 5월 2일 1차 인권보고서에 대한 보완보고서를 제출한 바 있다. 따라서 북한의 2차 인권보고서 제출은 대략 16년 만에 이루어진 일이라고 하겠다. 유엔인권이사회는 2001년 7월 이 2차 보고서를 심의하고 최종 평가서를 발표하였다.

북한은 2001년 7월 국별 인권보고서 심의를 위해 제네바에서 열린 인권이사회 회의(청문회)에 자국 대표단을 파견, 인권이사회 위원들이 제기한 질의·응답에 적극 참여하였다. 북한은 동 청문회에서 지금까지 부인해 왔던 공개처형 사실을 처음으로 시인하였고,[54] 여성의 지위 향상을 위한 대책 마련을 약속했다. 그러나 북한은 기타 주요 인권침해 사안에 대해서는 이를 부인하거나 기존의 정책을 정당화하는 것으로 일관했다. 즉, 인권이사회는 북한의 인권실태와 관련, 국제사회에 대한 문호개방의 중요성을 강조하고 폐쇄적 태도의 시정을 요구했다. 그러나 북한은 한반도의 특수사정을 거론하면서 부정적인 입장을 보였다. 이에 인권이사회는 핵심적인 시민적·정치적 권리의 침해(피의자의 구금·억류기간 중 행해지는 수사관의 학대·고문 등 인권유린, 종교·언론·출판·집회 및 시위의 자유에 대한 침해, 인신매매)에 대한 개선조치를 1년 이내에, 그리고 사법권의 독립, 독립적인 인권기구 설립, 거주·여행의 자유, 공개처형 금지, 문호개방 등 여타 권고사항에 대한 개선 조치 및 계획 등은 3차 정기보고서(2004년 1월까지)에 포함시켜 보고하도록 북한 측에 요청하였다.[55] 또 2002년 5월에는 북한이 1990년 가입한 '아동의 권리협약' 이행에 대한 2차 보고서를 제출하였고, 이 보고서는 2004년 6월 1일 아동의 권리위원회에서 심사를 받았다.

북한은 2002년의 경우 여성차별 철폐문제에 관한 국제세미나(필리핀, 2월), 인권교육 프로그램(스웨덴, 2~3월), 국제인권규약 이행과 보고 방법에 관한 세미나(영국, 3월) 등에 참여하는 등 인권외교를 강화한 바 있다.[56] 이 같은 북한의 인권외교 및 국제사

---

53) Human Rights Committee, United Nations, Second Periodic Report of the Democratic People's Republic of Korea on Its Implementation of the International Covenant on Civil and Political Rights, CCPR/C/PRK/2000/2, 4 May, 2000. http://www.unhchr.ch/tbs/doc.nsf/(Symbol)/ 2847aadfc262cfe0c125 69e40057e41a?Opendocument.

54) 그러나 공개처형 사실과 관련해서 북한은 이사회가 공개처형 벽보의 사진을 증거로 제시한 단 1건에 대해서만 처음으로 시인하였다.

55) CCPR Human Rights Committee, Concluding Observations of the Human Rights Committee: Democratic People's Republic of Korea. 27/08/2001. CCPR/CO/72/PRK. (Concluding Observations/ Comments), 27 August 2001. http://www.unhchr.ch/tbs/doc.nsf/(Symbol)/39396fdc150c23c0c1256a990 049a498?Opendocument.

56) "북 인권개선에 일부 변화 조짐," 『연합뉴스 속보』, 2002년 6월 29일 참조.

회와의 접촉은 이후 늘어나고 있고 더욱 세련되게 전개되고 있는 것으로 관측된다. 한편, 2006년 5월 11일자 '미국의 소리'(VOA) 방송은 스웨덴 정부의 한반도 담당 특별자문관인 폴 베이어 대사(2001년부터 2005까지 4년간 북한 주재 외교관으로 활동)의 흥미로운 증언을 전하고 있다. 이에 따르면, 2006년 5월 현재 20명의 북한 유학생이 스웨덴에서 스웨덴 은행 체제를 공부하고 있는데, 스웨덴 측은 이들에게 학업조건으로 인권교과 과정도 이수하도록 하고 있으며, 북한도 이를 묵인하고 있다고 전한 바 있다.[57]

북한이 종래 국제사회의 인권문제 제기에 대해 내정간섭이라고 치부하고 무시정책으로 일관한 것과는 달리, 위에서 언급한 것처럼 신축적인 태도를 보이고 있는 것은 북한의 인권을 개선하는 듯한 제스처를 취함으로써 대외적 이미지를 개선하겠다는 계산에서 나온 것으로 판단된다. 또한 북한이 처한 경제난, 특히 식량난을 완화하기 위해서는 외부의 지원이 절실하게 필요한데, 향후 지속적으로 국제사회의 지원과 협력을 얻기 위해서는 인권탄압국이라는 부정적 이미지를 탈색하는 것이 긴요하다. 이러한 사실을 잘 알고 있는 북한으로서는 앞으로도 수동적이고 제한적인 수준이나마 인권개선 움직임을 계속 보일 것으로 예상된다.

2. 한국의 북한인권정책

(1) 한국의 인권관: 자유주의적 천부인권 개념

2001년 5월 24일 법률 제06481호로 제정된 우리나라의 '국가인권위원회법' 제2조 1호에서는 인권을 정의하고 있다. 그에 따르면, "인권이라 함은 헌법 및 법률에서 보장하거나 대한민국이 가입·비준한 국제인권조약 및 국제관습법에서 인정하는 인간으로서의 존엄과 가치 및 자유와 권리를 말한다." 곧 인권은 '인간으로서의 존엄과 가치 및 자유와 권리'를 가리킨다는 것이다. 이는 "모든 국민은 인간으로서의 존엄과 가치를 가지며, 행복을 추구할 권리를 가진다. 국가는 개인이 가지는 불가침의 기본적 인권을 확인하고 이를 보장할 의무를 진다"고 선언한 헌법 제10조의 정신을 이어받은 규정이다. 이에 따라 '국가인권위원회법' 제1조(목적)에서는 "이 법은 국가인권위원회를 설립하여 모든 개인이 가지는 불가침의 기본적 인권을 보호하고 그 수준을 향상시킴으로써 인간으로서의 존엄과 가치를 구현하고 민주적 기본질서의 확립에 이바지함을 목적으로 한다"고 명시하고 있다.

이상의 규정에 비추어 볼 때 한국의 인권관은 자유주의[58](혹은 자유민주주의) 인권

57) http://www.voanews.com/Korean/archive/2006-05/2006-05-11-voa15.cfm.

58) 자유주의란 개인의 자유와 인권을 존중·보호하는 것을 최고의 가치요, (국가)목표로 삼는 사상을 말한다.

개념을 가리킨다고 하겠다. 즉, 한국에서 인권은 "모든 사람은 날 때부터 자유롭고 평등하다"는 천부인권 사상(1789년 프랑스 인권선언[59]) 내지 인간의 고유한 권리로서 불가침·불가양의 인권을 강조하는 자연권 사상을 바탕으로 하고 있는 것이다.

대한민국의 '헌법 및 법률에서 보장하는 인권'이나 우리 헌법에 따라 '대한민국 정부가 가입·비준한 국제인권조약 및 국제관습법에서 인정하는 인권'이란 것은 표현만 다를 뿐이지, 위와 동일한 맥락에서 이해하여도 무방하다 할 것이다.

우리 헌법은 이 같은 천부인권 개념에 입각해 구체적으로 평등권, 자유권(적법절차상의 권리 포함), 참정권, 생존권, 청구권 등을 명시하는 외에, 제37조 1항에서 '국민의 자유와 권리는 헌법에 열거되지 아니한 이유로 경시되지 아니한다'고 하여 '헌법에 열거되지 않은 인권'까지 포괄적으로 보장하는 개방적 입장을 취하고 있다. 전체적으로 볼 때 자유민주국가인 대한민국에서의 인권은 국가와 대립적인 관계에 서 있는 개인이 국가권력의 남용을 방지하는 기능과 국가의 적극적인 작용을 청구할 수 있는 권리로서의 기능을 수행한다고 볼 수 있다.[60]

국가인권위원회는 현대사회에서 인권의 중요성과 국가의 책무 등에 대하여 다음과 같이 지적하고 있다.

> "인권의 보편성이 강조되는 현대사회에서 인권을 보장해야 할 국가의 의무는 무엇보다 중요하다. 개인의 시민적·정치적 권리와 경제적·사회적 권리를 포함하는 인권의 보호는 국가의 존재의의이자 기본임무이다. 또한 국제사회는 인권을 보편적으로 구현하여야 할 책무를 지고 있다. 따라서 국제사회는 보편적인 인권의 보호의무를 이행하지 않는 국가에 대해서는 객관적인 기준과 절차를 통해서 당해 국가의 인권상황의 개선을 촉구할 수 있다."[61]

(2) 한국의 북한인권정책

가. 북한인권문제에 임하는 종래의 입장과 기본원칙

그간 노무현 대통령이 이끈 참여정부는 대북 포용(북한 자극하지 않기)의 입장에서

---

59) 프랑스 인권선언(La Déclaration des droits de l'Homme et du citoyen) 전문(前文)에서는 '누구라도 침범할 수 없는 자연적인 인권(les Droits naturels, inaliénables et sacrés de l'Homme),' 제1조에서는 "사람은 나면서부터 자유이며 평등한 권리를 가진다(Les hommes naissent et demeurent libres, et égaux en droits. Les distinctions sociales ne peuvent être fondées que sur l'utilité commune.)," 제2조에서는 "모든 정치적 조직의 목적은 인권의 옹호에 있으며, 인권은 자유·재산·안전 및 압제에 대한 저항의 권리를 보유하는 데 있다"(Le but de toute association politique est la conservation des droits naturels et imprescriptibles de l'homme. Ces droits sont la liberté, la propriété, la sûreté et la résistance à l'oppression.)고 명시하고 있다. http://wings.buffalo.edu/ litgloss/declaration/text.shtml.

60) 헌법을생각하는변호사모임 편저, 『남북한 헌법의 이해』, p. 187.

61) 국가인권위원회, "북한인권에 대한 국가인권위원회의 입장," 2006년 12월 11일(http://www.humanrights.go.kr 중 인권정보>결정문/결정례집 자료 566번 참조).

북한인권문제에 대해 몇 차례 입장을 밝혀 왔다.

우선 노무현 전 대통령은 독특한 북한인권관을 피력해 왔다. 그에 따르면, 첫째, 북한의 인권에 대하여는 정치적 탄압보다 국민의 건강과 생존 및 안전에 더욱 주목해야 한다는 것, 둘째, 정치적 의미에서의 북한인권은 우리가 도울 방법이 없다는 것, 셋째, 북한의 체제에 대해 문제를 제기하고 압박을 가하는, 때로는 북한의 붕괴를 바라는 듯한 미국 내의 일부 의견에 동의하지 않는다는 것이다. 그러면서 미국 정부가 그와 같은 입장을 견지한다면, 한·미 간에 이견이 발생할 것임을 아울러 지적하고 있다.

또 대북정책을 총괄하는 통일부(이봉조 차관)는 2004년 10월 1일 북한인권문제에 대한 참여정부의 세 가지 입장을 정리해 발표한 바 있다.

> “인권은 인류가 지향하는 보편타당한 가치로서 우리 정부는 북한인권문제에 대해서도 많은 관심을 가져왔다.
>
> 첫째, 정부는 북한인권문제를 실질적이고 효과적으로 개선하는 데 있어서 나라마다 처한 상황에 따라 다양한 접근방식을 전략적으로 검토·선택할 수 있을 것으로 보고 있다.
>
> 둘째, 정부는 평화번영정책을 통해 남북 간 긴장완화와 화해협력을 실현하고, 그 과정에서 북한인권의 점진적·실질적 개선을 도모하는 정책을 견지할 방침이다.
>
> 셋째, 정부는 북한인권문제에 대한 국제사회의 관심과 노력이 6자회담 진전과 남북한관계 개선 등 한반도의 평화와 안정을 위한 우리의 노력과 조화될 수 있도록 계속 노력해 나갈 것이다.”[62)]

상기 정부의 입장은 다시 첫째, 인권의 보편타당한 가치성 존중, 둘째, 국가별 특수성 인정 필요 및 다양한 접근 모색, 셋째, ‘긴장완화 및 화해·협력’을 통한 점진적·실질적 북한인권 개선 추진, 넷째, 6자회담 및 남북한관계 개선 등 한반도 평화 노력과의 조화 등으로 정리될 수 있다. 한마디로 남북한관계 특수성 강조론과 ‘선 평화 후 인권’의 논리라고 할 수 있다. 겉으로 보기에는 (인권의 보편타당성 존중을 운운하며 긴장완화와 화해협력을 실현하고, 그 과정에서 북한인권의 점진적·실질적 개선을 도모한다는 입장 개진 등) 일견 그럴 듯한 논리와 수사(화해·협력과 인권 개선의 병행논리)로 포장되고 있지만, 실제로는 적극적이며 능동적인 북한인권 개선 추진 입장과는 배치된다고 할 것이다. 그 결과 북한의 눈치 보기를 호도 내지 합리화하는 주의·주장인 동시에, 북한 당국의 인권탄압에 눈을 감는 정책을 정당화하는 정책에 다름 아니라고 하겠다.

---

62) 『연합뉴스』, 2004년 10월 1일자; 통일부, 『국정감사 요구자료 Ⅳ』, 256회 국회(정기회) 통일외교통상위원회(2005), p. 192.

또 그간 우리 정부는 유엔 총회 등 '국제사회의 북한인권에 대한 관심'을 우리의 한반도 평화 노력보다 하위에 두는 자세를 보여 왔다. 이는 국제사회와의 공조를 통한 북한인권문제 해결이라는 노선에 저촉되거나 그러한 정책방향을 자제하고 있음을 시사하고 있다. 현재 정부는 대중 탈북자정책과 관련해서는 이른바 '조용한 외교'(Silent Diplomacy)[63]를 전개하고 있는데, 이 같은 외교정책을 뒷받침하는 소극적인 논리라고 평가된다.

다음, 국가인권위원회는 2006년 12월 11일 "북한인권에 대한 국가인권위원회의 입장"을 발표하였다. 여기서 북한인권 개선을 위한 4가지 원칙을 제시하고 있다.

북한인권의 개선을 위해서는 다음의 원칙하에 북한인권문제에 접근하여야 한다.

(1) 북한인권의 개선과 관련하여 국제사회가 다양한 노력을 통해 발전시켜 온 인권의 보편성이 존중되어야 한다.
(2) 한반도 평화는 남북한 주민들의 평화롭게 살 권리와 직접적으로 관련되므로 북한인권의 개선은 평화적인 방법을 통해 이루어져야 한다.
(3) 북한인권문제에 대한 논의와 접근은 북한의 인권상황을 실질적으로 개선시키는데 목표를 두어야 한다.
(4) 북한인권문제는 정부 차원의 활동과 시민사회 차원의 활동이 비판적 조언과 협력 속에서 상호보완적으로 다루어져야 한다.[64]

곧 국가인권위원회가 제시한 북한인권 개선원칙은 ① 인권의 보편성 존중,[65] ② 평화적인 방법 강구, ③ 실질적 개선, ④ 정부와 민간의 상호 보완과 같이 풀이할 수 있다고 본다. 이 같은 4가지 원칙 중 인권의 보편성을 존중한다는 입장을 밝힌 것은 의미가 있지만, 이는 지극히 당연한 것이다. 인권 개선이 전쟁을 하자는 것도 아니고 호전성을 드러내는 것도 아닌데, 평화적인 방법을 거론한 것은 생뚱맞은 감이 있다. 또 실질적 개선 원칙과 정부와 시민단체의 활동 상호 보완 원칙은 북한인권 개선을 위한 진정한 원칙이 될 수 있는지 하는 점에 의문이 있다. 인권의 관점에서 북한인권을 인식하고 접근해야 할 국가인권위원회가 적극성을 결여한 채 '북한체제의 특수성 강조론'과 더불어 '화해·협력 우선'의 정치적 논리에 경사된 모습을 보여주었다고 할 수 있다.

---

63) '조용한 외교'라는 표현은 김대중 정부 때부터 사용된 것이다. 예컨대, 2001년 7월 한나라당이 주최한 "탈북자 실상 및 대책 마련을 위한 공청회"에서 이선진 외교통상부 정책기획관은 탈북자문제 해결을 위한 정부의 외교노력을 조용한 외교로 설명한 바 있다.

64) http://www.humanrights.go.kr 중 인권정보>결정문/결정례집 자료 566번 참조.

65) '인권의 보편성' 원칙은 "인권에는 국경이 없다"(Human Rights have no borders)는 말로 표현되는 경우가 많다.

나. 노무현 정부의 북한인권 개선 노력

북한의 인권상황은 북한 정보의 제한으로 인해 정확한 실태 파악이 어려운 실정이다. 하지만 국내외 인권단체 및 국제기구는 공통적으로 북한인권 상황이 매우 열악한 것으로 평가하고 있다. 그간 한국 정부는 인권을 인류보편적 가치로서 소중하게 생각하고, 북한주민의 인권상황에 대해 심각한 우려를 가지고 있으며, 이에 대한 명확한 입장을 갖는다는 정책기조하에 북한인권의 실질적 개선을 위한 노력을 경주해 왔다. 물론 미흡한 점이 없지 않고, 북한인권단체들로부터 적지 않은 비판을 불러일으킨 것도 사실이다. 다음에서는 정부의 인권 개선 노력 몇 가지만 소개하기로 한다.

첫째, 북한주민의 정치적 · 시민적 권리문제와 관련하여 북한을 개혁 · 개방으로 이끌어 전반적인 상황개선을 추구하는 방향으로 노력하는 한편, 남북대화 시 국제사회의 우려를 전달하고 인권관련 기술협력을 유도하려는 노력을 기울이고 있다.

둘째, 정부는 국내입국 희망 탈북자에 대해서는 전원 수용하여 안정적으로 국내에 정착할 수 있도록 지원하고 있다. 그러나 2007년 2월 탈북자 1만 명 시대에 돌입하면서, 현재와 같은 탈북자 수용 및 관리정책에 재검토를 해야 한다는 목소리가 정부 안팎에서 나오고 있는 실정이다. 일부에서는 탈북자의 전원수용에 대한 현실성에 의문을 제기하기도 하고, 또한 정책 추진상의 피로감을 피력하는 경우도 있다.

셋째, 정부는 시민적 · 정치적 권리도 기본적으로는 생존 가능한 삶의 상황에서만 논의될 수 있다는 판단하에, 북한주민의 생존권 보장을 위해 다각적인 노력을 기울이고 있다. 이를 위하여 당국 차원에서 쌀 · 비료 등을 지원하고 있으며, 어린이 · 산모 등 취약계층에 대해 국제기구(WHO · UNICEF 등)와 협력하여 건강관리 · 영양개선 사업을 추진하였고, 민간단체의 활동을 매칭펀드 방식으로 보조하여 다양한 보건의료, 농업 지원 등을 실시하고 있다.

넷째, 남북한 간 최우선 인도적 사안인 이산가족과 납북자 · 국군포로 문제 해결을 위해 최선의 노력을 기울이고 있다. 특히, 납북자 문제와 관련하여 2006년에 제18차 남북장관급회담에서 납북자 문제 해결을 위해 당국 간 협력해 나가기로 하였다. 또한, 통일부는 납북 피해자에 대한 보상과 지원을 위해 '군사정전에 관한 협정체결이후 납북피해자의 보상 및 지원에 관한 법률안'을 정부입법으로 추진하여, 2007년 4월에 이 같은 법률을 제정하였다.

다섯째, 북한의 인권실상에 대한 객관적인 자료의 수집 · 정리 등 정보자료의 체계화를 위해 노력하고 있다. 정부는 통일연구원의 북한인권센터와 협조하여 매년 『북한인권백서』를 발간하고, 국내 민간단체(NGO)의 워크숍 개최 및 자료 발간 등 활동을 지원하고 있다.

특히, 2006년에는 제62차 유엔 총회 북한인권결의안에 찬성입장을 표명하였다. 정부는 그동안에도 국제인권기구의 북한인권결의안 상정 시 기권입장을 표명하면서도 투표

입장 설명문(EOV)을 통해 국제사회의 북한인권상황에 대한 우려에 공감을 표시해 왔다. 그런 반면 정부는 2006년 12월 유엔 총회의 북한인권 결의안에 최초로 찬성 입장을 표명하였다. 이 같은 입장 변화는 핵실험 이후 더욱 절실하게 요구되는 북한과 국제사회와의 대화와 협력을 촉진하는 계기로 삼고자 하는 의도로 풀이되고 있다. 그러나 2007년 12월 유엔 총회가 북한인권 결의안을 채택할 때 다시 기권 입장으로 돌아서 국내외에서 적지 않은 비판을 초래하였다. 한국의 대북 인권정책이 원칙 없이 갈지(之) 자 행보를 보이고 있다는 것이 그 이유였다.

한편 정부는 비팃 문타폰 유엔 북한인권특별보고관의 방한 활동에 협력하고, 미국·EU 등과 실무협의를 진행하였으며, 연구기관·NGO 등의 국제세미나 개최 및 참가를 지원하는 등 국제사회와의 협력을 강화하고 있다. 정부는 앞으로도 북한인권문제의 근본적 해결을 위해서 북한의 개혁과 개방을 지원하여 북한의 포괄적이고 점진적인 변화를 도모하는 한편, 심각한 경제난을 겪고 있는 북한의 경우 기본적 생존권 보장을 위한 인도적 지원 등을 지속해 나갈 것임을 밝힌 바 있다.[66)]

노무현 정부의 대북 인권정책과 북한인권 개선 노력을 종합 평가하면, '인권'이 화해·교류에 종속됨으로써 인권의 독자성을 확보하지 못한(혹은 대북 인권 철학이 취약한) 정책이었다고 할 수 있다. 그 때문에 북한인권문제에 대해 '인류보편적 가치'라는 관점에서 접근한다는 노무현 정부의 설명이 표리부동한 것이었다는 비판을 받기에 이르렀다.

다. 이명박 정부의 대북 인권정책 방향

2007년 12월 19일 17대 대선의 결과 10년 만에 좌파 진보세력(이른바 386 중심)에서 우파 신보수세력으로의 정권 교체가 이루어졌다. 이는 앞으로 대북정책 전반, 특히 북한인권문제에 대한 접근과 정책추진상의 변화를 시사한다.

하지만 2008년 2월 29일 현재 이명박 정부의 대북 인권정책에 관해 아직까지 체계화된 내용이 대외적으로 발표된 적은 없다. 단지 이명박 대통령이 당선자 시절 언론과의 인터뷰를 통해 간간히 그의 인권철학의 편린을 소개하는 정도였다. 하지만 그런 발언에 미루어 볼 때 이명박 정부 아래서 대북 인권정책에 적지 않은 변화가 일어날 것임을 예고하고 있다. 여기서는 이명박 대통령(당선자 시절)의 발언 몇 가지를 소개함으로써 이명박 정부의 대북 인권정책 방향을 가늠해 보기로 한다.

먼저 이명박 대통령은 17대 대선의 결과 새 대통령에 당선된 직후 언론과의 인터뷰에서 북한인권문제에 대해 "북한인권문제도 피할 수 없는 사항으로 애정 어린 비판은 북한 사회를 건강하게 할 수 있다고 생각한다"며, "과거 정권처럼 북한에 일방적으로 비위를 맞추는 상황은 바뀔 것"이라고 말했다. 이는 북한인권 거론이 북한 사회 변화

66) 통일부, 『2007 통일백서』(서울: 통일부, 2007), pp. 153-155.

에 긍정적인 영향을 미칠 것이라는 판단 아래 북한과의 우호적 관계를 고려하여 유엔의 대북 인권결의안에 기권을 하는 등의 일은 없을 것이라는 것을 처음으로 시사한 것으로 볼 수 있다.[67]

또, "오랜 경제난으로 북한 주민들의 삶이 힘들다. 대북정책의 중점이 주민의 삶과 인권의 개선에 맞춰져야 한다는 국내외 의견이 많은데, 이에 대한 계획이 있나"라는 질문에 대하여, 이명박 대통령은 당선자 시절 한 언론과의 인터뷰에서 다음과 같이 언급한 바 있다.

> "지금 북한 경제는 어렵고 인간의 기본권도 유지할 수 없는 상황이다. 그래서 북한을 인도적으로 지원하지 않을 수 없다. 가장 이상적인 것은 북한 정권이 아니라 주민에게 직접적인 지원을 하는 것이다. 그러나 현실적으로 이를 구분하기가 힘들다. 차기 정부는 북한의 인권 문제를 전략이 아닌 인류의 보편적 가치 차원에서 거론할 것이다. 그래야 북한을 정략적, 정치적으로 이용하는 게 아니라는 것을 알려 북한인권 개선에 도움을 줄 수 있다. 북한 주민에게 급한 것은 빵이다. 그러나 먹는 문제를 도와주면서 인권 문제를 등한시할 수는 없다는 생각이다."[68]

이 같은 언급에서 이명박 정부는 생존권 내지 식량권에 치우친 제한된 대북 인권정책을 펼쳤던 김대중-노무현 정부와는 달리 북한인권 전반을 인류보편의 가치라는 관점에서 접근하고 그의 개선을 모색하겠다는 의지가 읽힌다. 이는 민족우선주의나 민족공조론으로는 북한인권 개선에 한계가 있으며, 보편적 가치의 접근시각과 더불어 북한의 건강성 회복 및 민족자애적 관점에서 북한인권문제에 대처해야 한다는 것을 말해준다. 다시 말해서 새 정부의 대북 인권정책은 단순히 '듣기 좋으라'는 식의 lip service 차원이 아니라 북한인권 개선에의 진정성과 순수성(통일정치와의 연계 배제)을 갖고 접근할 때 북한인권문제에 진전이 있을 수 있다는 인권철학에 근거를 두고 있다고 것으로 풀이된다.

국제무대에서 북한인권문제에 대한 이명박 정부의 태도는 분명하게 드러난 바 있다. 2008년 3월 3일 박인국 외교통상부 다자외교실장(2010년 1월 1일 현재 유엔대표부 대사로 재직)은 제네바에서 열린 제7차 유엔인권이사회 고위급 세션에서 기조연설을 통

67) "이명박 정부 시대/대북 '일방적으로 북 비위 맞추는 상황 바뀔 것'," 『한국일보』, 2007년 12월 21일, p. 3.

68) "이명박 당선인 인터뷰/ 'EU국가들이 北 설득하면 6자회담 시너지효과'," 『동아일보』, 2008년 2월 2일, p. 3. 이에 앞서 이명박 대통령 당선인은 크리스토퍼 힐 국무부 동아시아태평양 담당 차관보와의 비공개 면담에서도 "북한인권문제는 전략적 차원이 아니라 인류 보편적 가치에 입각해 접근해야 한다"고 강조한 것으로 알려지고 있다. "이 당선인 '북 인권, 인류보편적 가치로 접근,'" 『동아일보』, 2008년 1월 11일자, p. 2.

해 "한국 정부는 보편적 가치로서 인권의 중요성에 입각해 북한의 인권 상황이 개선되지 않고 있다는 국제사회의 우려에 대해 북한이 적절한 조치를 취할 것을 촉구한다"는 입장을 표명한 것이 바로 그것이다.[69] 이후 신각수 외교통상부 차관도 제10차 유엔인권이사회 고위급 세션에서 기조연설(2009.3.3)을 통해 북한 당국이 국제인권법과 북한이 당사국인 인권조약에 부합하는 인권개선 조치를 촉구하는 발언을 한 바 있다. 북한 인권문제에 관한 한 이명박 정부의 (노무현 정부와의) 차별성은 뚜렷하다고 할 수 있다.

이 밖에도 이명박 대통령은 당선자 시절 "(차기 정부는 북한의 인권 문제를 전략이 아닌 인류의 보편적 가치 차원에서 거론하고) 국군포로와 납북자, 이산가족 문제 등을 풀어가기 위해 열심히 노력할 것"이라고 함으로써 국군포로 · 납북자문제 해결 의지를 밝히는 한편, 이를 위한 다양한 방안을 강구할 것임을 약속했다.[70] 이와 관련해서 주목할 만한 몇 가지 사실이 있는데, 이를 소개하면 다음과 같다.

우선 대통령직인수위원회가 2008년 1월 13일 이명박 대통령 당선자에게 보고한 국정 우선과제에는 국군포로 · 납북자 문제 해결이 포함돼 있다.[71] 이에 앞서 1월 8일 대통령직인수위원회는 국방부 업무보고 자리에서 "국군포로 문제는 '무한책임' 과제로서, 최우선적인 해결 노력이 필요하다"고 밝히기도 했다.[72] 또 통일부는 1월 7일 과거 독일 사례를 참고해 북측에 상응하는 대가를 제공하는 방안을 검토할 수 있다고 보고했다.[73] 이 같은 움직임은 이명박 정부가 분단 고통의 상징인 이른바 '북한 억류자문제' 해결에 보다 적극성을 보일 것임을 예고한 것이었다. 이후 이명박 대통령은 2008년 6월 6일 현충일 추념사와 같은 해 7월 11일 국회 개원 연설, 2009년 8월 15일 광복절 제64주년 경축사와 동년 11월 27일 특별 생방송 '대통령과의 대화,' 그리고 2010년 1월 4일 신년 연설 등에서 국군포로 및 납북자문제 해결에 대한 강력한 의지를 피력한 바 있다. 현인택 통일부 장관 등 정부의 고위당국자들도 기회 있을 때마다 같은 취지의 발언을 하였다.

---

69) "北, 유엔인권이사회서 '한국발언'에 강력 반발(종합)," 『연합뉴스』, 2008년 3월 5일자.

70) "북핵진전-경제성-재정능력-국민합의 …이 당선인 '대북경협 4원칙' 제시," 『동아일보』, 2008년 2월 2일, p. 1.

71) 『세계일보』, 2008년 1월 16일, p. 2. 대통령직 인수위원회가 최종적으로 마련한 이명박 정부의 192개 국정과제를 보면, 국군포로 · 납북자문제가 '인도적 현안의 해결'에 포함되었다. "인수위 선정 '국정과제' 190여 개 내용은…," 『문화일보』, 2008년 2월 5일, p. 7.

72) "'이명박정부' 인수위/국군포로 귀환 문제 새 정부서 무한책임," 『문화일보』, 2008년 1월 9일, p. 5.

73) 통일부는 납북자 국군포로 문제를 해결하기 위해 경협 형태의 대가를 지원하는 '독일 정치범 송환방식'(소위 Freikauf)을 검토 가능한 대안의 하나로 대통령직인수위원회에 보고한 것으로 2008년 1월 15일 알려졌다. 정부 당국자에 따르면 통일부는 동년 1월 7일 인수위 업무보고에서 납북자 국군포로의 생사확인 · 상봉 · 자유의사에 의한 송환 등이 성사될 경우 단계마다 대가를 주는 방안도 검토할 수 있다고 보고했다. 이 방안은 과거 독일 통일 전 동독 정치범을 받아들이기 위해 서독 정부가 외환, 상품 등을 동독에 준 사례를 참고한 것이다. 통일부, "납북자 · 국군포로 송환위해 북에 대가 지불 가능," 『한국일보』, 2008년 1월 16일자.

3. 국제사회의 북한인권문제에 대한 접근

(1) 유엔의 북한인권 결의 채택

가. 유엔에서의 북한인권문제의 공론화

탈냉전시대에 들어와서 유엔은 북한인권문제에 대해 관심을 갖기 시작했다. 그 이유는 1994년 시베리아 벌목공 등 탈북자문제의 등장을 비롯해서 국제적 관심이 고조되는 한편, 인권단체들이 국제인권기구가 북한인권문제를 다루어주도록 촉구했기 때문이다. 이후 유엔에서 인권문제를 주로 담당해 온 유엔인권위원회(United Nations Commission on Human Rights: UNCHR) 산하 인권소위원회(Sub-commission on Human Rights, 정식 명칭은 '차별 방지 및 소수자보호 소위원회')는 1997년과 1998년 연이어 북한인권 규탄 결의를 채택하였다. 이들 결의에서 유엔인권소위원회는 북한인권 상황의 심각성에 우려를 표명하면서, 북한 당국에 대해 북한주민의 여행 보장, 국제인권기구의 자국 내 인권실태에 대한 조사 허용 및 편의 제공, 유엔의 절차 및 활동에 대한 협력 등을 촉구하였다. 유엔인권소위원회는 정부대표들이 아닌 인권 전문가들로 구성되는 비정치적 기관이기는 하지만, 유엔 차원에서 북한인권문제에 최초로 개입해 집약적인 의사를 밝혔다는 점에서 그 의미가 적지 않다고 볼 수 있다.

이후 유럽연합, 미국, 일본 등 서방국가들이 주도하여 유엔인권소위원회의 상급기구인 유엔인권위원회에 북한인권 개선 촉구 결의안의 상정을 추진하게 된다.[74] 그 결과 2003년부터 2005년까지 연이어 3년간 계속해서 북한인권 결의가 유엔인권위원회에서 채택되었다.

그리고 이것이 기초가 되어 2005년 12월 제60차 유엔 총회(본회의)에서 사상 처음으로 북한인권 결의가 채택되게 되었다. 이어 2006년, 2007년, 2008년, 2009년 유엔 총회에서 연속해서 북한인권 결의가 압도적 다수의 찬성하에 채택되었다. 다음은 2009년 11월 19일 유엔 총회 제3위원회에서 채택된 북한인권 결의의 요지이다.

> "유엔 회원국들이 인권 및 기본적 자유의 보호와 증진 의무, 국제협약상 의무를 이행하여야 하는 점을 재확인하고, 북한이 시민적·정치적 권리규약, 경제적·사회적·문화적 권리규약, 아동권리협약, 여성차별철폐협약의 당사국이라는 점에 유의하며, 2009년 1월 아동권리협약 이행보고서 심의에서 가진 건설적 대화를 인권분야의 국제협력 노력에 참여한 표시로 주목하면서 향후 북한 내 아동상황 개선에 기여하기를 희망하며, 2009년 1월 아동권리위원회의 최종견해를 포함, 북한이 당사국인 4

---

74) 제성호, "유엔인권소위의 북한인권 결의안에 대한 분석 및 평가," 『국제법평론』, 1998-II(통권 제11호)(1998.9); 제성호, "유엔인권위원회와 북한인권 결의: 의미 분석과 전망," 『북한연구학회보』, 제8권 2호(2004년 겨울) 참조.

개 협약감시기구의 최종견해에 주목한다.

북한 보건상황 개선을 위한 북한정부와 유엔아동기금(UNICEF) 및 세계보건기구(WHO)와의 협력, 아동교육의 질을 개선하기 위한 북한정부와 유엔아동기금과의 협력을 평가하며, 유엔개발계획(UNDP)의 북한 내 활동 재개 결정에 주목하고, 북한당국이 국제사회와 협력해 도움이 필요한 사람들에게 혜택이 돌아가도록 보장할 것을 독려하며, 관련 유엔 총회 및 인권이사회의 결의를 상기하고, 결의안의 이행을 위해 국제사회의 조율된 노력을 강화할 필요성에 유의한다.

유엔 북한인권특별보고관의 보고서에 주목하며, 북한의 특별보고관 방북 불허와 비협조를 유감스럽게 생각하며, 또 유엔 총회 결의 63/190에 따라 제출된 북한인권 상황에 관한 유엔사무총장의 포괄적인 보고서를 주목한다.

북한의 인권 및 인도적 상황 개선에 기여할 수 있는 남북대화의 중요성에 주목하며, 모든 한민족의 시급한 인도적 우려사항인 이산가족 관련, 최근 상봉 재개를 환영하면서,

1. 아래 사항에 대해 매우 심각한 우려를 표명한다.
 (a) 북한 내 아래 사항을 포함한 시민·정치·경제·사회·문화적 권리의 조직적이고 광범위하며 심각한 침해에 관한 보고가 지속되고 있는 점
 – 고문, 비인간적 구금 및 처벌, 공개처형, 불법적·자의적 구금, 적법한 절차와 법치의 정치적·종교적 이유로 인한 사형 집행, 다수의 정치범 수용소 존재 및 광범위한 강제노동
 – 허가 없이 출국하거나 출국하려는 자 및 동 가족들에 대한 처벌을 포함해 국내에서 자유롭게 이동하고 해외여행을 하고자 하는 모든 이에 부과된 제한 및 해외에서 송환된 자들의 처벌
 – 북한으로 추방되거나 송환된 난민과 망명자의 상황, 해외에서 송환된 북한주민에게 가해지는 제재, 즉, 구금, 고문, 비인간적 또는 굴욕적인 대우, 혹은 사형 등의 처벌
 (이와 관련, 모든 국가가 강제송환금지원칙을 존중하고 피난처를 구하는 자들을 인도적으로 다룰 것을 촉구하며, 피난처를 구하는 자들의 상황을 개선하기 위해 유엔 인권최고대표실의 접근 보장을 촉구한다. 또한, 탈북난민과 관련하여 1951년 난민협약과 1967년 선택의정서 당사국들에게 협약상의 의무를 이행할 것을 재촉구한다.)
 – 사상, 양심, 종교, 의견 및 표현, 평화적 집회와 결사의 자유, 평등한 정보 접근, 선거권 행사 등을 통한 공적인 활동에 참여할 권리 등에 대한 모든 종류의 광범위하고 심각한 제한

–북한주민, 특히 여성, 아동, 노인 등 취약계층을 심각한 영양실조, 광범위한 보건 문제 및 여타 결핍에 이르게 하는 경제·사회·문화적 권리 침해
–여성의 인권 및 기본적 자유의 지속적인 침해
–아동에 대한 인권 및 기본적 자유의 침해에 대한 지속적인 보고
–장애인 권리 침해에 관한 지속적인 보고
–노동자 권리 침해

(b) 북한정부가 유엔 북한인권특별보고관 임무를 인정하지 않고 보고관에 대한 협조를 계속 거부하는 점

2. 강제실종 형태의 납치문제에 대한 매우 심각한 우려를 강조한다.

3. 북한의 불안한 인도적 상황에 대한 매우 심각한 우려를 표명하며, 북한정부에 예방 및 구제조치를 촉구한다.

4. 특별보고관의 그간 활동 및 지속적인 임무수행 노력을 평가한다.

5. 북한정부에 모든 인권과 기본적 자유 존중과 아래 사항을 강하게 촉구한다.

(a) 총회, 인권위원회 및 인권이사회 결의에 명시된 조치, 유엔특별절차 및 협약기구의 권고를 완전히 이행함으로써, 조직적이고 광범위하고 심각한 인권 침해 즉각 중단

(b) 거주자들을 보호하고, 면책(impunity)문제를 다루며, 인권침해자들을 독립적인 재판관 앞에서 처벌

(c) 난민문제의 근본원인을 다루고, 인신매매 등을 통해 난민을 착취하는 자들을 기소하고, 그 피해자들을 범죄인 취급하지 않으며, 북한으로부터 추방되었거나 송환되는 탈북자들이 안전하고 인간의 존엄성을 존중받으며 귀환할 수 있고 인간적으로 대우받으며 어떠한 처벌도 받지 않도록 보장

(d) 북한 내 완전하고 자유롭고 방해받지 않는 접근 허용 등 북한인권특별보고관과 유엔인권메커니즘에 협력 제공

(e) 북한인권상황 개선을 목표로 유엔인권최고대표실과 인권분야 기술협력 활동 및 인권이사회의 UPR에 참여

(f) 노동자 권리의 개선을 위해 국제노동기구(ILO)와 협력

(g) 유엔 인도적 기구와의 협력 지속 및 강화

(h) 인도적 지원에 대한 접근을 보장해 인도적 기구들이 인도적 원칙에 따른 필요를 고려하여 북한 내 모든 지역에 공평한 분배를 확보할 수 있도록 필요한 조치를 취하며, 지속가능한 농업을 통해 식량 접근권을 확보하고 식량안보정책을

이행

6. 65차 총회에서 북한인권 상황 검토를 계속하기로 결정하며, 이를 위해 사무총장은 북한 상황에 대한 포괄적 보고서를 제출하고 북한인권특별보고관은 조사 결과와 권고를 계속 보고할 것을 요청한다.

위에서 본 바와 같이 국제사회는 이번 유엔 총회(제3위원회)의 북한인권 결의에서 그간 탈북자와 북한인권 관련 단체들이 주장해 온 사항들, 특히 정치범수용소 내 인권참상, 송환 탈북자 처형, 여성의 인신매매, 영아 살해, 강제실종 등에 우려를 표명한 다음, 북한당국에 대해 모든 인권과 기본적 자유의 존중, 유엔인권고등판무관에 대한 기술적 협력 제공, 북한인권특별보고관의 북한주민에 대한 자유로운 접근권 허용을 촉구하고 있다. 아울러 유엔 총회 결의는 사무총장에게 북한인권상황 보고서를 제출하고, 북한인권특별보고관은 그가 찾은 사실 관계 및 권고 사항을 보고하도록 요청하고 있다.

나. 유엔에서의 국제공론화의 의미

위에서 보는 바와 같이 2006년 3월부터 북한인권문제는 유엔인권위원회에서 유엔 총회와 산하 인권이사회(Human Rights Council)[75]로 이관되었다.[76] 즉, 스위스 제네바에 소재한 경제사회이사회 산하 인권전담 하위기구인 유엔인권위원회에서 논의하던 인권문제가, 이제 국제사회 주요성원의 결집체인 유엔 총회와 그 산하기관인 유엔인권이사회에서 보다 더 큰 무게와 비중을 가지고 다루어지기 시작했음을 의미한다. 이는 북한인권문제가 인류가 더 이상 방치할 수 없을 만큼의 심각한 상황에 이르렀음을 인정한 것일 뿐더러, 국제사회 전체(international society as a whole)가 앞으로 북한인권문제를 '중대한 국제 현안'으로 다루겠다는 정치적 의미를 갖는다고 하겠다.

물론 유엔 총회가 북한인권 개선촉구 결의를 채택했다고 하더라도 이는 성질상 법

---

75) 유엔인권위원회는 2006년 3월 27일 제62차 전체회의를 끝으로 해체되었고, 인권이사회가 인권위원회를 대체하게 되었다. "깃발내린 유엔인권위," 『세계일보』, 2006년 3월 29일. http://www.mb.com.ph/archive_pages.php?url=http://www.mb.com.ph/issues/2006/05/16/OPED2006051664104.html. 인권이사회 이사국은 유엔 총회에서 선출되는 총 47개국으로 구성된다(이사국 입후보 국가는 총회의 절대 과반수인 96개국 이상의 지지를 얻어야 선출될 수 있다). 초대 이사국의 임기는 선출된 이사국을 대상으로 추첨을 통해 1년, 2년, 3년 중에서 임기를 결정하게 된다. 그리고 47개 이사국들은 지역별로 할당·배정받는데, 아시아 13개국, 아프리카 13개국, 중남미 8개국, 서구 7개국, 동구 6개국으로 배정되었다.

76) 과거 유엔인권위원회는 1년에 한번 소집돼 6주일간 회의를 열었다. 그러나 유엔인권이사회는 1년에 최소한 3번은 소집돼 10주일 이상 가동한다. 필요할 경우 특별회의도 소집가능하다. 유엔인권이사회는 객관적이고 믿을 만한 정보를 토대로 모든 회원국들의 인권상황을 보편적·정기적으로 점검하는 외에, 국가별 인권상황 전반에 대한 감시 및 개선 기능을 수행한다. A/RES/60/251 (Human Rights Council), http://www2.ohchr.org/english/bodies/hrcouncil/docs/A.RES. 60.251_En.pdf; 『문화일보』, 2006년 3월 16일자 참조.

적·물리적 구속력이 없다. 하지만 192개 유엔 회원국이 모여 이를 토론하고 개선을 촉구한다는 점에서 북한 정권에 대한 강력한 경고의 의미가 있다. 또, 유엔이 북한인권에 대해 지속적인 조치를 취할 수 있는 근거가 된다. 이 같은 점에서 유엔 총회 결의는 앞으로 북한 측에 상당한 부담이 될 것으로 보인다.

한편 유엔에서 북한인권문제를 다룬다는 것은 이 문제가 단순히 북한 내부 혹은 남북한 간의 민족문제에 그치는 것이 아니라, 국제사회의 현안문제로 확대되었다는 점에 의미가 있다. 국제법상의 표현을 빌면, '탈국내문제화' 혹은 '국제문제(국제이슈)화'되었다는 것이다. 이와 관련, 북한인권문제를 유엔 등에서 다루는 것에 대해, 어떤 사람들은 '우리' 문제를 유엔 마당에서 '남들이' 논의하는 것에 대해 정서적으로 거부감을 표시하기도 한다. 냉정하게 볼 때 유엔 총회의 북한인권 결의 채택은 '인권의 보편성 원칙'에 따른 것이다. 따라서 한국 사회에서 이에 대해 과민반응을 보이거나 우려감을 표시할 필요는 없다.

혹자는 유엔 결의의 적시성 및 실효성의 문제를 제기하기도 한다. 전자는 "왜 지금 북한인가?"라는 문제 제기로 나타나고 있다. 이른바 '인권 선진국'으로 자처하는 유럽과 미국 등의 서방국가들이 자신들의 자의적 기준에 비추어 입맛에 맞게 결의안을 채택할 나라들을 선별한다는 주장이 그런 예라 하겠다. 이런 입장에 서 있는 사람들은 북한인권에 대한 진정한 관심보다는 '인권외교'(Human Rights Policy), 즉 인권을 이른바 '국익'을 증대하기 위한 수단으로 활용하고 있는 것이 아닌가 하는 의혹을 제기하기도 한다.

하지만 이는 지나치게 음모론적 시각이라고 하겠다. 북한인권문제는 그 자체로 보아야 한다. 굶어죽고 맞아죽는 사람들을 그냥 두고 보자는 것은 인류의 양심에 부합되지 않는 지나치게 편의적인 발상 외에 다름 아니라고 할 것이다. 또 내정간섭이라는 주장은 국제적 평화와 국내적 인권(자유)의 불가분성을 인정하여 인권문제를 탈국내문제화시킨 유엔의 입장과 정면 배치되는 것이다. 그러한 주장은 국제연맹 시대에서나 통하던 낡은 논리라는 점을 분명히 알아야 한다.

실효성과 관련한 문제 제기는 대북 압력의 수단으로 북한인권을 얼마나 개선할 수 있겠는가 하는 의문과 우려로 나타나고 있다. 물론 북한인권의 근본적인 개선은 북한 당국의 자세가 가장 중요하다는 점에서 북한 측이 열쇠를 쥐고 있다고 볼 수 있다. 그러나 이러한 우려는 근거 없는 기우이다. 이와 관련, 침묵으로 상황을 개선한 역사적 선례는 없다. 거론해야 개선이 있을 수 있는 것이다. 특히 인권문제는 인권최빈국들에게는 약점 중의 약점이다. 이들에게 국제사회에서 수치를 느끼도록 하는 전략, 이른바 Power of Shame/Negative Publicity 전략이 유효하다는 것은 이미 국제적으로 밝혀진 진실이다. 실제로 지난 1997년 이래 북한의 태도를 볼 때, 겉으로는 부정하지만 각종 북한인권 결의에서 '지적'(action)한 내용에 대해 나름대로 '개선 노력'(reaction)을 보여 왔다는 점을 상기할 필요가 있다.

요컨대, 유엔 총회가 범세계적 차원에서 '연대'하여 지속적으로 북한인권문제를 '제기'하고 '거론'하며 또 개선을 '촉구'할 경우, 북한은 실질적인 개선으로 방향을 바꿀(turn) 수밖에 없다고 하겠다.

(2) 주요국의 북한인권법 추진 현황

미국은 매년 국무부가 세계 각국의 인권상황을 평가해 보고서를 발표해 왔다. 이는 미 국무부 홈페이지에 게재됨은 주지하는 바와 같다. 북한인권 정보에 기초하여 미국은 2004년 10월 18일 북한주민의 인권개선 및 탈북자 보호 등을 목적으로 하는 '북한인권법'(The North Korean Human Rights Act of 2004)을 제정하였다. 이 법의 제정은 최근 국제사회의 북한인권 개선을 위해 다양한 움직임에 부응하는 조치라 할 수 있다.

'북한인권법'의 목적은 ① 북한 내 기본적 인권의 존중과 보호, ② 탈북자들의 곤경에 대한 지속적인 인도적 해결책의 촉진, ③ 대북 인도적 지원의 투명성과 접근성 및 감시도 향상, ④ 북한 내외로의 자유로운 정보 흐름 촉진, ⑤ 민주적인 정부체제하에서 한반도의 평화적 통일 가속화 등이다(제4조). 따라서 인권 보호, 투명성 증진, 접근성 강화, 민주적·평화적 통일 등이 이 법의 중심개념이라고 할 수 있다.

이 법의 주요내용 및 특징으로는 다음과 같은 것을 들 수 있다.

첫째, 미국 대통령은 북한의 인권, 민주주의, 법의 지배, 시장경제 증진 프로그램을 육성하는 민간 비영리단체에 2005회계연도부터 2008회계연도까지 4년간 매년 200만 달러를 지원한다(제102조). 이 프로그램에는 북한과의 교육·문화교류 프로그램이 포함된다.

둘째, 미 방송위원회(Broadcasting Board of Governors: BBG)는 '자유아시아방송'(Radio Free Asia: RFA)과 '미국의 소리'(Voice of America: VOA) 등이 하루 12시간씩 북한에 대한 방송을 한다는 목표하에 현 수준에서 점차 대북 방송시간을 늘려나가도록 한다(제103조. '의회의 의견'으로서 법적 구속력을 갖지는 아니함).

셋째, 미국은 북한주민들이 외부에서 들어오는 방송의 수신을 위한 (단파)라디오 제공을 포함해서 북한정부의 통제를 받지 않는 정보에 더 많이 접근할 수 있도록 해야 한다. 이를 위해 2005~2008 회계연도간 매년 200만 달러의 지출을 승인한다(제104조).

넷째, 헬싱키 프로세스(Helsinki Process)를 모델로 하여 역내 국가들이 참여하는 북한과의 '지역 인권대화'(a regional human rights dialogue with North Korea)를 추진하며(제106조. 법적 구속력이 없는 '의회의 의견'), 미 국무부 내에 '북한인권 담당 특사'(Special Envoy on Human Rights in North Korea)를 임명한다(제107조).

다섯째, '북한정부에 대한 비인도적 지원'은 ① 북한이 주민들에게 종교의 자유를 포함한 기본적 인권을 존중·보호하고, ② 북한주민들과 미국 내 자손 및 친척들 간에 가족 재결합을 허용하며, ③ 북한정부가 납치한 일본인 및 한국인들에 대한 모든 정보를 밝히고, ④ 납치된 사람들이 가족들과 함께 원래의 고국으로 돌아갈 수 있도록 허용하고, ⑤ 교도소와 강제노동수용소를 실질적으로 개혁하고, 그러한 개혁에 대하여 독립적인 국제 감시를 허용하며, 정치적 표현 및 활동을 탈범죄화하는 쪽으로 상당한 진전을 이룰 것을 조건으로 해야 한다(제202조 b항).

여섯째, 북한 영역 외에서의 지원으로서 미국 대통령은 북한정부의 허가 없이 탈북한 주민들에게 인도적 지원을 제공하는 '단체'나 '개인'들을 원조할 수 있다. 이 같은 원조는 북한출신의 난민, 귀순자, 이주자, 고아들에게 난민캠프나 임시 거처를 마련하는 것을 포함하며, 이를 위해 2005~2008년 회계연도간 매년 2,000만 달러의 지출을 승인한다(제203조).

일곱째, 미국 등 유엔난민고등판무관실(UNHCR) 후원국과 UNHCR은 최고위급에서 지속적으로 중국 정부에 대하여 중국 내 탈북자들에게 방해받지 않는 접근을 UNHCR에 허용하겠다는 약속을 지키도록 촉구해야 한다. 또한 중국정부가 UNHCR에 대해 탈북자들에 대한 접근을 거부한다면, UNHCR은 'UNHCR 임무협정'(UNHCR Mission Agreement) 제16조에 따라 중재자를 임명하고 중재절차를 개시해야 한다(제304조).

여덟째, 북한 주민이 한국 헌법에 따라 향유할 수 있는 대한민국 국적 취득권을 이유로, 미국으로의 난민 또는 망명 신청 자격을 제한 받지 않도록 한다(제302조). 국무장관은 탈북자들이 미국 내에서 난민으로서의 보호를 구하고자 할 경우, 이들이 '이민국적법'에 따라 난민 신청서를 제출하는 것을 용이하게 하도록 편의를 제공해야 한다(제303조).

미국의 북한인권법 제정은 북한에 대해 이른바 '입법적 개입주의'(Legislative Engagement)를 실천함으로써 북한의 변화를 유도한다는 것, 그리고 유엔을 비롯한 국제사회의 북한인권 개선 움직임에 동참한다는 것을 의미한다고 볼 수 있다. 이와 관련해서 이 법이 추구하는 것은 인권과 인도적 지원을 통한 북한 변화 촉진이지, 직접 북한체제 붕괴나 김정일 정권의 교체를 상정하고 있지는 않다는 점을 유의할 필요가 있다.[77] 다만, 북한인권법에 따라 매년 2,400만 달러가 집행되어 북한주민의 인권 개선과 대북 인도적 지원 및 탈북자 보호에 많은 기여를 할 것으로 기대되었으나, 당초 입법내용대로 집행되지 않았다는 것은 문제점과 한계였다고 평가하지 않을 수 없다.

한편, 미국의 북한인권법 제정은 일본 정부와 한국의 야당에 대해서도 유사입법 제정을 자극하는 촉진제 역할을 하였다. 우선 일본은 북한에 의한 납치문제 해결을 압박하기 위한 수단으로 일본 국회는 대북 경제제재에 나설 것을 촉구하는 북한인권법을

77) 제성호, "미국의 북한인권법 제정: 의미 분석 및 정치적 파장," 『중앙법학』, 제6집 제4호(2004) 참조.

2006년 6월 16일 가결하였다.[78)]

일본의 북한인권법은 북한당국에 의한 납치를 '국가적 범죄행위'로, 그리고 문제를 철저히 조사하고 일본인 납치피해자의 귀국이 실현될 수 있도록 최대한 노력할 것을 명기하고 있다(제2조). 또한 납치문제가 개선되지 않을 것으로 판단될 경우 경제제재 발동(제7조),[79)] 탈북자 지원, 탈북자 지원을 실시하는 NGO 등에의 재정적 배려(제6조), 매년 12월 10일부터 '북한인권침해 계몽주간' 설치(제4조), 납치문제 대처에 관한 일본 정부 연차보고서 발표(제5조) 등을 규정하고 있다.[80)] 특히 경제제재 발동과 관련해서 '국제적인 동향을 종합적으로 감안한다'고 명시하여, 정부 측에 경제제재 착수 여부에 대한 재량권을 부여하고 있다.

한국의 경우 17대 국회 때인 2005년 한나라당이 북한인권 증진에 관한 법률안 2건을, 이후 18대 국회에 들어와서는 황우여, 황진하, 윤상현, 홍일표 등 4명의 한나라당 의원이 북한인권법안을 제출하였다. 하지만 2009년 12월 현재까지 민주당의 완강한 반대로 입법이 실현되지 못하고 있다. 한편 EU 회원국들은 아직까지 북한인권법이란 특별법을 제정하고 있지는 아니하나, 국내법의 탄력적인 운용과 더불어 정치대화를 통한 대북 설득 및 인도적 지원 등에 의해 북한인권 개선을 모색하고 있다.

(3) 국제시민사회와 인권단체

탈냉전 시대에 들어와서 인권 증진은 핵 비확산, 반테러, 마약 등 국제조직범죄의 퇴치 등과 더불어 국제사회의 가장 중요한 가치요 보호법익으로 인식하고 있다. 이에 국제시민사회 혹은 국내외 시민단체들도 인권 보호 및 개선에 적극 나서고 있다.

특히 북한인권의 심각성이 널리 알려지면서, 주요 인권단체들도 북한인권문제에 깊은 관심을 보이고 있다. 최근 1~4년 사이 주요 국내외 인권단체들의 북한인권 개선 동향을 간단히 정리하면 아래와 같다.

가. 국제 NGO

국제사회에서 북한인권문제에 관심을 가지고 일찍부터 제기한 단체로는 국제사면위

78) 일본판 북한인권법의 정식명칭은 '납치문제 기타 북한당국에 의한 인권침해문제에 대한 대처에 관한 법률'(拉致問題その他北朝鮮当局による人権侵害問題への対処に関する法律)로서, 2006년 6월 23일 법률 제96호로 제정되었다.

79) 일본의 북한인권법 제7조(북한 당국에 의한 인권침해 상황이 개선되지 않을 경우의 조치)는 "정부는 납치문제 기타 북한당국에 의한 일본국민에 대한 중대한 인권침해 상황에 대해 개선이 시도되지 않고 있다고 인정할 경우, 북한당국에 의한 인권침해 문제에 대한 대처에 관한 국제적 동향 등을 종합적으로 감안하여; "특정 선박의 입항의 금지에 관한 특별조치법"(2004년 법률 제125호) 제3조 제1항의 규정에 의한 조치, "외국환 및 외국무역법"(1949년 법률 제228호) 제10조 제1항의 규정에 의한 조치, 기타 북한당국에 의한 일본국민에 대한 인권침해 억제를 위해 필요한 조치를 강구한다"고 규정하고 있다.

80) http://www.shugiin.go.jp/itdb_gian.nsf/html/gian/honbun/g16401038.htm 참조.

원회(Amnesty International), 프리덤하우스(Freedom House), 휴먼라이트워치(Human Rights Watch, 아시아워치의 후신), 헤리티지재단 등이 있다. 국제사면위원회는 1983년 연례보고서에서 북한인권문제를 수록한 이래 꾸준히 북한인권문제의 심각성에 우려를 표명해 왔다. 이후 정치범수용소, 탈북자문제 등에 대해 별도의 보고서를 발간하기도 했다. 휴먼라이트워치의 전신인 아시아워치(Asia Watch)와 미네소타변호사 국제인권위원회는 1988년 공동으로 『북한의 인권』(*Human Rights in the Democratic People's Republic of Korea*)이라는 책자를 발간해 북한인권에 대한 국제적 관심을 불러일으켰다. 이후 미국, 일본, 영국, 벨기에, 노르웨이, 스웨덴 등 서방국가는 물론, 체코, 폴란드 등 동구권(구 사회주의권) 국가의 NGO들도 북한인권문제에 관심을 갖고 활동하고 있다. 특히 미국의 민주주의기금(The National Endowment for Democracy: NED) 재단(칼 거시맨이 총재로 활동), 방위포럼재단(The Defense Forum Foundation: FDD, 수잰 숄티 여사가 회장으로 활동)은 1990년대 후반부터 한국의 북한인권시민연합과 연대하여, 북한인권 개선을 위해 활발한 활동을 전개하고 있다. 다음에서는 최근 외국의 인권단체들의 북한인권 개선 동향을 간단히 정리하면 아래와 같다.

세계적으로 저명한 인권단체인 프리덤하우스는 2005년 7월과 12월 워싱턴과 서울에서 각각 1차 및 2차 북한인권국제대회를 개최하였다. 2006년 3월 말 프리덤하우스는 벨기에의 수도 브뤼셀에서 제3차 북한인권국제대회를 개최하기로 했다. 이 대회는 EU가 주도하는 북한인권 청문회와 때를 맞추어 함께 열릴 가능성이 높은 것으로 알려지고 있다.

이 대회를 준비한 프리덤하우스 측의 구재회 국장은 "첫 번째와 두 번째 인권대회는 북한인권문제를 전 세계에 알리는 것을 목적으로 두었다면, 이번 세 번째 대회는 인권문제개선 위한 정치적 영향력을 모으기 위한 것"이라고 설명한 바 있다. 이 3차 대회에는 벨기에의 비영리 인권단체인 '국경 없는 인권'(Human Rights Without Frontier)을 비롯해 독일, 영국, 체코 등에서 다양한 NGO들이 참여해 대회를 공동 개최하였다. 이 회의에는 제이 레프코비츠 미 대통령 대북 인권특사도 참가한 것으로 전해진다.

북한 NGO들의 연합체인 「북한자유연합」(North Korea Freedom Coalition, 수잰 숄티가 회장으로 있다)은 미국 워싱턴에서 2004년 4월 말 처음으로 「북한자유주간」(North Korea Freedom Week) 행사를 개최한 이후 매년 4월 마지막 주 1주일간 같은 행사를 열고 있다. 이 행사에는 수십 명의 탈북자들이 초청돼 워싱턴을 대거 방문하였으며, 이들은 미 의회청문회, 북한인권 사진전, 탈북자의 강제북송 중지를 촉구하는 중국대사관 앞 시위 등의 행사를 조직하여 왔다.

2006년 5월에는 북구의 나라 노르웨이 베르겐에서 라프토 재단과 한국의 「북한인권시민연합」 공동 주최로 제7회 북한인권·난민문제국제회의가 열렸다. 같은 해 6월에는 영국의 「국제기독교 연합」(Christian Solidarity Worldwide: CSW)이 '북한인권기도주간

행사'를 개최해 북한인권문제에 대한 국제여론을 환기하기도 하였다. 특히 북한인권문제 공론화 차원에서 국제회의를 개최하여 온 「북한인권시민연합」은 2008년 2월 영국 런던에서 다른 나라의 북한인권단체들과 연대하여 제8회 북한인권·난민 국제회의를, 그리고 2009년 3월에는 호주 멜버른 시에서 제9회 북한인권·난민 국제회의를 개최하였다.

한편 기독교계의 해외동포들도 북한인권 운동에 적극 나서기 시작했다. 예컨대, 「북한자유를 위한 한미교회연합」(Korean-American Churches Coalition: KCC)은 2006년 2월 28일과 3월 1일 서울에서 '북한주민을 위한 통곡기도회'를 개최하여 북한인권문제에 대한 국제적 관심을 또 한번 환기시켰다. 이 기도회는 미국 캘리포니아주 어바인 베델 한인교회의 손인식 목사가 주도했는데, 그는 서울대회가 끝나면 한인들이 살고 있는 세계 각국을 돌며 행사를 계속할 계획을 갖고 있다. 또 2008년 베이징올림픽에 맞춰 한국을 비롯해 세계 각 대륙에서 일제히 중국정부에 탈북자 체포 금지, 탈북자 난민 지위 인정과 제3국 입국 허용 등을 요구하는 기도대회를 열기도 하였다.

한마디로 지금 북한인권의 개선을 위하여 미국과 유럽의 NGO들, 나아가 해외동포들이 글로벌 전선을 구축하고 있는 것이다. 이는 앞으로 국제사회에 분산된 북한인권 개선 역량의 결집 및 강화가 착실하게 진행될 것임을 예고하고 있다. 또한, 이들이 북한주민의 인권 신장을 위하여 한 데 힘을 모으고 유엔에 대해 보다 강력한 목소리를 낼 경우 가시적인 성과 도출에 긍정적인 기여를 할 것으로 전망된다.

나. 국내 NGO 현황과 북한인권 개선활동

국내에서 북한인권 개선을 위해 활동하는 단체로는 북한인권시민연합, 북한민주화네트워크, 북한인권정보센터, 북한인권개선운동본부, 탈북난민보호운동본부(2006년 1월 폐지), 피랍탈북인권연대, 탈북자동지회, 북한민주화위원회, 자유북한방송, 납북자가족모임, 납북자가족협의회, 뉴라이트전국연합 등이 있다. 이 중 비교적 왕성하게 활동하는 단체로는 북한인권시민연합과 북한민주화네트워크라고 할 수 있다. '북한인권시민연합'은 자료집 발간, 세미나 개최, 북한인권 관련 시민교육, 탈북자 후원, 국제연대 등을 수행하고 있다. '북한민주화네트워크'는 북한인권 관련 책자 발간, 대북 성명 발표, 데일리NK라는 인터넷 언론 운영 등의 활동을 수행하고 있다. '북한인권개선운동본부'와 '탈북난민보호운동본부'도 유관 국제기관과의 대외적 협력, 국내여론 조성, 기관지 발간 등을 통해 북한인권 개선운동을 전개하여 왔으나, 지금은 활동이 매우 뜸하거나 중단한 상황이다.

'북한인권정보센터'는 탈북자 면담, 북한인권 활동가들과의 접촉, 정부 자료 확보, 국내외 언론기사 스크랩 등을 북한인권에 관한 정보를 지속적으로 수집하고 있고, 데이터베이스 작업을 추진하고 있다. 또한 북한인권침해 정보를 수집하기 위한 기반을 마련하고 있어, 앞으로의 활동이 주목되고 있다. 2007년 10월에는 북한 정치범수용소

문제에 대해 세미나를 개최하여 시민사회의 주의를 환기한 바 있다.

'자유북한방송,' '탈북자동지회,' '북한민주화위원회' 등은 모두 탈북자들이 만든 단체로서 일차적으로 인터넷 방송에 의한 북한소식 보도, 탈북자의 친목 도모, 북한민주화를 위한 활동을 수행하면서, 아울러 북한인권 개선운동도 펼치고 있는 중이다. 이 밖에 피랍탈북인권연대, 납북자가족모임, 납북자가족협의회, 6·25전쟁납북인사가족협의회, 뉴라이트전국연합 등도 최근 탈북자, 납북자, 국군포로의 인권문제에 관심을 갖고 다양한 활동을 전개하고 있다. 앞의 3가지 북한인권단체들은 2006년 전후 납북피해자 보상에 관한 법률 제정에 있어 중요한 역할을 했다. 6·25전쟁납북인사가족협의회는 6·25전쟁 당시 발생했던 반인륜적인 전시 납북피해의 진상규명 및 명예회복을 위해 세미나 개최 및 국제적 캠페인을 통한 여론 환기, 국회 입법청원 등 다각도의 노력을 전개하고 있다. 이와 관련, 2009년 11월 25일 국회 외교통상통일위원회에서 입법 공청회가 열린바 있다.

한편 소규모 북한인권단체들 간의 연대와 협력이 모색되고 있음은 괄목할 만한 현상이라고 할 것이다. 예컨대, 2006년 3월 10일 '뉴라이트전국연합'은 국가인권위원회에서 20여 개 북한인권단체들과 함께 북한인권 개선을 위한 NGO 전략회의를 주최한 바 있다. 이 회의는 북한인권 NGO들이 제한된 인력과 예산을 가지고 제각기 활동하기보다는 긴밀한 협력과 연대의 틀을 통해 북한인권 개선노력의 통합 및 시너지 효과를 만들어내자는 취지에서 열린 것이었다.

이 회의에서는 기조발제가 있은 후 참가단체들이 돌아가며 2005년도 활동실적과 함께 금년도 활동계획을 보고하였다. 그에 이어 북한인권 NGO들 간의 연대 및 협력방안에 관한 논의가 행해졌다. 회의에서 나온 주요한 제안들을 소개하면, 대체로 다음과 같다. (1) 북한인권 개선운동을 제2의 3·1운동 내지 북한주민 해방운동차원에서 거족적이고 전국적으로 전개하자, (2) 2006년 6.19~6.25의 1주간을 북한인권기도주간으로 정하고 중국 대사관 앞에서 탈북자 강제송환 반대운동을 벌이자, (3) 탈북자, 납북자 및 국군포로 청문회를 계속 열어 북한인권문제에 대한 국민적 관심을 고조시켜 나가자, (4) 북한인권 개선을 위하여 한·미·일 NGO 간의 국제공조체제를 구축하자, (5) 북한인권 개선을 위한 1천만 명 서명운동을 다시 추진하고, 그 결과를 유엔사무총장과 유엔인권위원회(금후에는 인권이사회)에 제출하자, (6) 북한인권 개선에 소극적인 정치인들의 낙선운동을 전개하자, (7) 한국판 북한인권법의 조속한 제정을 위해 NGO들이 힘을 모으고, 적극적으로 이를 위한 여론을 조성해 나가자, (8) 북한인권 NGO들의 느슨한 협력체제를 만들고 추후 공동사업 추진을 위해 긴밀하게 협의하자, (9) 우리 정부의 북한인권정책 변화를 위해 꾸준히 대정부 항의나 규탄 시위를 벌이되, 언론을 적극 활용함으로써 영향력을 제고하자는 것 등이었다.

2006년 3월 15일에는 국내의 탈북자들이 중심이 돼, 북한의 인권참상을 고발하는 내용의 '요덕스토리'란 뮤지컬을 공연하기 시작했다. 이에 대해 국내외의 유수 언론사들이 취재경쟁에 나서는 등 뜨거운 관심을 보였다. 이와 관련, 정부는 사전에 주최 측에게 내용 축소를 요구하는 등 이 뮤지컬 공연에 내심 불만을 갖고 있는 것으로 전해졌다. 또, 3월 22일에는 국내에서 뉴라이트전국연합 북한인권특별위원회와 '피랍탈북인권연대'가 공동으로 국내에서는 최초로 '탈북자 청문회'를 개최하였고, 2007년 6월 25일에는 국군포로 청문회를 열어 국내외의 관심을 고조시키는 데 이바지하였다.

2006년 9월 우리나라의 모든 변호사들로 구성된 대한변호사협회(변협)는 사단법인 '북한인권정보센터'의 협력을 얻어 탈북자 면접조사를 실시하였고, 이를 토대로 처음으로 『2006 북한인권백서』 국문판과 영문판를 발간하였다. 이어 2007년 2월 『북한인권 관련 법령 해설』을, 그리고 2008년에 『2008 북한인권백서』를 출간하여 북한인권 법제의 연구와 홍보에 적극 나서고 있음은 주목할 만한 대목이라고 하겠다. 대한변호사협회는 산하에 가칭 북한인권침해기록보존소[81] 설치도 검토하고 있는 중이라고 한다. 앞으로 재야 법조인들의 실천적 활동이 북한인권 개선에 적지 않은 기여를 할 것으로 기대되고 있다.

최근 북한인권운동에서 나타나는 흥미로운 현상은 북한의 최고지도자인 김정일을 국제형사재판소(International Criminal Court: ICC)에 제소해야 한다는 주장이 확산되고 있다는 점이다. 이와 관련, 2009년 8월 100여 개 시민단체들이 결성한 반인도범죄조사위원회(피랍탈북인권연대가 주축이 되었음)는 같은 해 10월 김정일의 국제형사재판소 제소 가능성에 대한 국제 세미나를 개최한 데 이어 대학생들 중심으로 김정일을 국제형사재판소에 제소하는 내용의 모의 국제형사재판을 거행한 바 있다. 이후 동년 12월 10일 국제형사재판소에 김정일에 대한 고발장(혹은 예비조사요청서)을 제출하기도 했다. 북한은 ICC규정 당사국이 아니므로 ICC의 관할권 행사가 곤란하며(ICC의 관할권이 성립하려면 범죄발생지국이나 범인의 소속국이 ICC규정의 당사국이어야 한다), 또한 유엔 안보리가 특별한 결의를 채택하여 김정일에 대한 형사소추를 ICC에 부탁할 가능성이 거의 없는 것이 현실이다. 때문에 위의 반인도범죄조사위원회의 노력이 빛을 볼 가능성은 극히 낮다. 그럼에도 불구하고 이러한 운동은 두 가지 점에서 의미가 있다. 하나는 북한 내에서 벌어지는 각종의 인권침해는 단순히 국제인권규범의 위반에 그치는 것이 아니라, 인류의 양심을 거스르는 중대한 반인도범죄(Crime against Humanity, 인도에 반한 죄 혹은 반인륜범죄라고도 함)를 구성한다는 사실을 널리 강조하

81) 이 같은 기록보존소 설치구상은 구 서독이 동독의 인권침해를 줄이고 과거청산 자료로 활용하기 위한 동독 내 인권침해 정보 수집기관으로서 1961년 니더작센 주 잘츠기터 시에 건립했던 '중앙법무기록보존소'(Erfassungsstelle)를 모델로 한 것이다. 제성호 · 윤여상, "서독의 동독 인권침해 기록 사례와 한국의 원용방안: '북한인권기록보존소' 설치 · 운영을 중심으로," 『중앙법학』, 제8집 제1호 (2006) 참조.

는 것이다. 다른 하나는 북한주민에 대한 다양한 형태의 인권침해의 최종책임은 북한의 최고지도자인 김정일에게 귀속된다는 점을 부각시키고 있다는 점이다. 이러한 두 가지 의미가 국제사회에서 보편적으로 받아들여질 경우, 북한인권문제는 새로운 차원으로 진입하게 될 것으로 전망된다.

이 밖에도 북한인권단체연합회의 활동이 두드러지고 있다는 점이다. 기독교사회책임이 주축이 되고 2~30여 개 북한인권단체들이 연대하여 결성된 이 연합회는 그간 탈북자문제에 대한 국내외 캠페인, 북한인권 개선을 촉구하는 시위(주로 국내 및 해외 주재 중국 대사관 앞에서 이루어졌음)와 서명운동을 주도해 왔다. 2010년 1월에는 비팃 문타폰 유엔 북한인권특별보고관을 초청해 특별연설을 청취하였고, 이어 이틀에 걸쳐 북한인권문제의 다양한 측면에 대해 심층적인 전문가토론회를 개최하였다.

마지막으로 언급할 것은 '북한자유이주민 인권을 위한 국제의원연맹'(International Parliamentarians' Coalition for North Korean Refugees and Human Rights: IPCNKR)의 활동이다. 이 단체는 한나라당의 황우여 의원이 주축이 되어 2004년에 결성되었는데, 20여 개 나라의 국회의원들이 참여하고 있다. 2004년부터 지금까지 탈북자문제 등 북한인권문제의 국제적 공론화 및 근원적 해결을 위한 방안을 모색하기 위해 매년 국제회의를 개최하고 있다. 2009년 11월 말에 태국 치앙마이에서 제9차 IPCNKR 총회와 함께 국제회의가 개최된 바 있다(그 밖의 북한인권 NGO들의 자세한 활동상황은 지면관계상 생략함).

제7절 남북정상회담 개최

1. 남북정상회담의 의의

한반도문제의 직접 당사자인 남북한 간에 있어 최고지도자들인 남북 정상의 만남은 그 자체만으로도 상당한 정치적 의의를 갖는다. 2000년 6월 평양에서 열린 1차 남북정상회담은 역사적 의미와 함께 정치적 상징성을 갖는 행사였음에 누구도 이의를 달기 어려울 것이다.

뿐만 아니라 남북정상회담은 민감하고도 어려운 현안문제를 푸는 유용한 정책수단이 될 수 있다. 실무자급에서 효과적으로 대처하기 어려운 문제는 남북한의 정상회담에서 정책적 결단을 통해 매듭을 푸는 것이 유효하기 때문이다. 남북한관계가 교착상태에 빠져 있을 경우 특히 그러하다. 물론 남북 정상간의 합의는 북한이 진정성과 실행의지를 보일 경우, 북한체제를 개혁·개방으로 유도하는 데 이바지할 수 있을 것이다. 특히 당면한 북핵문제 해결에도 긍정적 영향을 미칠 수 있다.

2. 남북정상회담의 장소

6·15 남북공동선언에서는 김정일 국방위원장의 서울 답방을 약속하고 있다. 그러나 9년이 넘어가도록 이 약속이 실현되지 않고 있다. 반면 제2차 남북정상회담을 위해 노무현 전 대통령이 북한을 또 방문했음은 주지하는 바와 같다.

그러면 앞으로 3차 정상회담은 어디서 열려야 하는가. 두말할 것도 없이 제3차 남북정상회담의 장소는 서울이 되는 것이 바람직하다. 하지만 과연 북한이 이를 수용할지는 불투명하다. 북한 측의 입장에서 보면, 김정일 국방위원장이 서울을 답방하기 위해서는 신변안전 보장과 함께 그의 방문에 대한 우리 내부의 환영 분위기가 조성되어야 한다. 전자와 관련해서 김정일 위원장 호위부서인 호위총사령부에서는 서울 답방의 경우 경호상 문제가 많아 반대가 심하다고 한다. 또 우리 내부의 극심한 보혁갈등에 비추어 북한 측이 만족스러워 할 만큼 김정일 위원장의 환영 분위기를 조성하기는 거의 불가능할 것으로 보인다.

이러한 점을 고려할 때 우리로서는 정상회담의 장소를 반드시 서울로 제한할 필요는 없다고 하겠다. 그렇다고 해서 대한민국의 대통령이 세 번씩이나 계속해서 북한을 방문하는 것은 국가적 자존심을 고려할 때 적절치 않다. 정상회담의 장소 선택은 본질상 형식·절차상의 문제이지만, 2차례의 정상회담 개최 선례가 있음을 감안한다면, 이제는 내용과 전혀 무관치 않은 중요한 격식의 문제가 되었다고 보아야 할 것이다.

여건이 성숙되고 북한이 호응하기만 한다면, 우리로서는 판문점이 가장 무난한 지역이 될 것으로 생각된다. 판문점은 분단의 상징인 비무장지대(DMZ) 내에 위치해 있고, 이곳에서 비무장지대의 평화적 이용이나 군사적 신뢰구축에 관한 합의를 하기에 적절한 지역이라고 할 수 있다. 비무장지대 인접수역인 NLL문제도 자연스럽게 논의할 수 있다.

판문점의 대안으로는 개성공단 내의 지역을 생각해 볼 수 있다. 물론 개성공단은 북한 지역이기는 하지만, 평양이라는 북한의 수도와는 상당한 거리가 있고, 우리 기업인과 근로자들도 다수 진출해 있다. 따라서 북한이 국내정치적으로 정상회담 개최를 이용하기는 어려운 점이 있다. 또한 개성공단은 북한의 노동과 토지, 남한의 자본과 기술이 결합된 통일경제가 작동하는 상징적인 지역으로 이곳이 정상회담의 장소로 고려할 수 있는 이유는 지리적으로 양측 정상이 접근하기 용이한 지역이기 때문이다. 서울이나 평양에서 개최될 경우 양측의 준비에 상당한 시간과 노력이 필요하지만, 개성은 2일간 출근하면서 회담을 할 수 있는 편리한 지역이라고 할 수 있다. 개성공단이 비무장지대 인근에 위치하여 남북화해·협력의 상징성이 크다고 할 것인바, 여기서 남북정상회담이 열릴 경우 비무장지대의 평화적 이용이나 개성공단의 확대·발전방안을 논의하는 데 유리할 것으로 생각된다.

이 밖에 제주도를 남북정상회담의 장소로 고려할 수도 있다. 제주도는 '평화의 섬'으로 국제적으로 널리 알려져 있고, 고르바초프 전 소련 공산당 서기장, 클린턴 전 미국 대통령, 조지 W 부시 전 미국 대통령 등이 찾은 곳이다. 부대편의 시설이 매우 양호하여 정상회담 장소로 조금도 부족한 점이 없다고 할 것이다.

여러 가지 사정으로 이도저도 모두 어렵다면, 중국 베이징이나 러시아 블라디보스토크 등 제3국을 정상회담 장소로 생각해 볼 수 있을 것이다. 하지만 이들 장소에서는 해당 국가와 모든 사항을 일일이 협의해야 하는 등 번잡함과 도·감청의 가능성도 적지 않다. 따라서 보안을 유지해야 하고 수시로 이면접촉을 해야 하는 불편함을 감수해야 한다. 이 점에서 제3국 개최는 가급적 피하는 것이 좋을 것 같다.[82]

3. 남북정상회담의 조건과 의제

(1) 남북정상회담의 조건

제3차 남북정상회담이 개최되기 위해서는 몇 가지 조건이 충족되어야 한다.

첫째, 남북정상회담은 남북한의 최고지도자 간의 만남이기는 하지만, 양 당사자만의 관심사만은 아니다. 미·일·중·러 등 주변국이 지대한 관심을 갖고 있는 사안이다. 우리 정부는 동맹국인 미국과 협의하고 의제를 조율하는 등 성의 있는 자세를 보여야 한다. 그냥하면 사전에 일본이나 중국과도 협의를 하는 것이 바람직하다. 그래야 불필요한 의혹을 불식할 수 있다.

둘째, 정상회담에서 가시적인 성과를 낼 수 있을 때 개최하는 것이 맞다. 특히 당면한 최대현안인 북한 핵문제 해결에 진전을 이룰 수 있어야 한다. 만남 그 자체만으로도 상당

82) 남북정상회담의 장소에 관한 논설로는 "3차 남북정상회담, 장소의 협상학," 『중앙SUNDAY』, 제148호(2010.1.10), p. 2 참조.

한 의미를 부여하는 시대는 이미 지나갔다. 만일 정상회담을 개최하고도 남북한관계가 진전을 보이지 않거나 북핵문제가 계속 교착 상태에 처하게 된다면, 남북한 정상의 위상은 물론 국제사회의 신뢰도 약화될 수밖에 없기 때문이다. 뭐하러 정상회담을 했느냐는 비난 여론이 비등할 가능성도 배제할 수 없다. 따라서 여건이 무르익지 않았을 때 서두르는 것은 금물이다.

셋째, 남북정상회담의 성사조건으로 우리 정부가 북한 측에 뒷거래(무리한 현금지원)를 하거나 혹은 막대한 지원을 하겠다고 약속하는 일은 없어야 한다. 또한 회담의 성사과정이 투명하게 공개되어야 한다.

넷째, 물론 정상회담을 통한 합의문 채택으로 추후 상당한 경제지원을 북한에 제공할 수는 있다. 또한 북한에 식량을 지원하고 경제가 활성화되도록 에너지 공급도 추진할 수 있다고 보인다. 나아가 북한경제 회복의 마스터플랜으로서 북한판 마셜플랜(Marshall Plan)을 수립하여 제시하는 것도 가능할 것이다. 하지만 정부가 일방적으로 이러한 제의를 터뜨리기보다는 사전에 국민들에게 알리고 전문가들의 의견을 미리 수렴한 후 발표하는 것이 바람직하다. 그것이 국민적 합의에 기초한 대북정책의 표현이기도 할 것이다.

(2) 남북정상회담의 의제

남북정상회담의 구체적인 의제(agenda)로는 우선 북핵문제의 해결을 들 수 있다. 6자회담을 통해 북핵문제가 해법의 가닥을 잡은 상태에서 정상회담이 열린다면, 북핵문제 해결의 구체적인 로드맵과 남북한의 협력방안이 주요 의제가 될 것이다. 그러나 북핵 문제가 교착상태에서 2차 정상회담이 개최된다면, 북핵 문제 해결방안의 논의에 초점이 맞추어져야 한다. 더불어 한반도 긴장완화 및 신뢰구축을 위한 현실성 있는 군비통제방안이 주로 논의되어야 한다. 이와 관련, 서해상 무력 충돌 방지를 위한 상호 협력방안이 의제로 다루어져야 한다.

또한 남북한 민족경제공동체 형성을 위한 경제협력방안도 협의가 가능할 것이다. 이 과정에서 개성공단을 발전시키는 한편, 남포공단의 개방문제도 자연스럽게 논의될 수 있을 것이다. 북핵문제가 평화적인 해결방안으로 가닥을 잡는다면 북한경제 회복을 위한 '한국판 마셜플랜'의 수립·추진문제도 다루어질 수 있다.

나아가 국군포로 및 납북자 문제의 송환 등도 일본인 납치자 해결 선례를 벤치마킹하여 논의되어야 한다. 이산가족 상봉의 확대 및 고향방문 및 성묘 추진도 의제로 채택, 협의되어야 할 것이다. 이 밖에도 남북한 주민들 간의 이질감 해소를 위해 사회·문화교류협력을 업그레이드하는 방안도 논의될 수 있을 것이다.

마지막으로 남북정상회담의 합의 사항을 이행하기 위한 분야별 '남북공동위원회'(장관급 내지 차관급 회담)를 구성하여 합의사항의 준수를 위한 후속조치 등이 강구되어야 할 것이다.

4. 고려사항

남북정상회담이 남북한관계 발전에 있어 의미 있는 것이기는 하지만, 언제나 모든 남북한 간의 현안을 단번에 해결하는 전지전능한 방안은 아닐 것이다. 과거 국가 간의 정상회담(summit)을 보면, 성공한 사례도 많았지만, 실패한 사례도 비일비재하였다.

회담의 성공 여부는 사전에 의제 조절과 양측의 적극적인 노력에 달려 있다. 1972년 헨리 키신저의 방문 후에 이루어진 닉슨 전 미국 대통령과 마오쩌둥 간의 미·중 정상회담은 전형적인 성공사례라 할 수 있다. 중동 평화회담도 이스라엘과 팔레스타인의 정치지도자들이 국내의 반발을 무마하면서 진정성을 가지고 합의사항을 이행하였기에 정상회담이 성공적이었다는 평가를 받았다. 반면 그렇지 못했던 경우에는 정치적 흥정이고 정상들이 국내의 여론도 통제하지 못하면서 무리하게 회담을 추진했다는 비판을 받았다. 이런 역사적 사례를 통해 도출될 수 있는 교훈은 정상회담에 대한 긍정적 평가는 합의사항이 정상회담 후에 얼마나 제대로 이행되었는가 여부에 달려 있다는 점이다.[83]

그동안 2차례의 남북정상회담을 통해 남북한이 한반도에 긴장을 완화하고 상호 협력한다는 총론적인 공동선언을 발표하였다. 하지만 그 후에 북한 핵문제가 해결을 보지 못하고 남북한관계가 답보 상태에 머물렀기에, 남북정상회담의 무용론 혹은 남북정상회담의 국내정치적 이용 주장이 대두되었다고 볼 수 있다.

그러기에 앞으로 열리게 될 제3차 남북정상회담은 양 정상이 향후 이행할 의지가 있는 협상 의제를 신중히 선정하여 사전에 실무진 간에 충분한 논의를 하는 한편, 국제사회와의 교감을 이루는 절차가 절실하게 요구된다. 정상회담은 남북한 간의 당사자문제이면서 국제적인 관심사안인 만큼 국제적인 관심사인 북핵문제를 해결하는 데도 일조할 수 있도록 해야 한다. 이를 위해 사전에 실무진 간에 회담의제에 대한 충분한 협의가 사전에 이루어져야 한다. 그래서 정상회담은 남북한 간의 합의사항을 추인하고 대내외에 알리는 축하행사로서의 형식과 내용을 갖추어야 한다.

---

83) 제성호·남성욱·홍관희 외, 『한반도 평화통일 대전략』, pp. 146-147.

제8절 남북연합 결성 추진

이상의 대북 · 통일정책은 통일을 지향하는 방향에서 추진되는 것이어야 한다. 그러므로 대북 · 통일정책은 「민족공동체통일방안」이 예정하는 과도적 통일체제인 「남북연합」 결성을 지향해야 한다고 해도 틀린 말은 아닐 것이다. 「남북연합」의 추진원칙과 절차 및 구성내용에 관해서는 본서 제5장 제6절에서 자세하게 고찰한 바 있으므로 여기서는 재론을 피하기로 한다.

다만, 「남북연합」의 결성 및 운영방향과 관련해서 두세 가지 점만을 강조하기로 한다.

첫째, 「남북연합」의 구성은 어디까지나 북한의 개혁 · 개방, 인권 개선과 민주화의 토대 위에서 이루어져야 한다. 그래야 「남북연합」이 자유민주통일의 방향으로 나아갈 수 있다. 북한식 연방제 통일로 가기 위한 과도체제로서의 「남북연합」은 피해야 한다. 통일정책적 관점에서 볼 때는 「남북연합」 그 자체보다는 이의 실현을 위한 조건이 충분히 성숙되도록 만드는 것이 더욱 중요하다고 하겠다.

둘째, 「남북연합」은 국민적 합의에 기초하여 추진해야 한다. 국민적 합의 기반이 없이 정권 차원에서 일방적으로 밀어붙이는 방식은 안 된다. 대북 · 통일정책의 성과에 집착해 「남북연합」의 실현을 서두르거나 연합기구 구성 그 자체에 매달리는 자세는 곤란하다. 「남북연합」의 구성은 국가의 중요정책이므로 국민투표에 회부하거나 혹은 그에 준하는 절차(정부의 대국민 설명 및 지지 · 협조 요청, 국회 동의 등)를 거쳐야 한다.

셋째, 「남북연합」의 지향점은 자유민주주의의 통일국가, 선진복지국가가 되어야 한다. 따라서 「남북연합」은 자유민주주의, 인간존중주의, 실질적 법치주의, 시장경제질서, 복지주의, 국제평화주의를 존중하고 실현하는 방향에서 활동해야 한다.

제9절 북한 급변사태 대비

북한 내에서 발생하는 급변사태에 대한 대응은 대북정책 혹은 통일정책 그 자체라고 말하기는 어렵다. 그보다는 유사시에 대비하는 비상대비계획(contingency plan)의 일환이라고 보아야 할 것이다. 이는 분단관리, 특히 한반도 위기관리 차원에서 이해되고 접근되어야 한다. 최근 유엔의 대북경제제재 지속, 식량난 등 경제사정 악화, 화폐개혁에 따른 주민의 불만 증대, 3대 권력승계 위기(김정일 후계체제에 대한 불안) 등에 의해 북한의 내부 정세가 언제든 크게 요동칠 가능성이 높아지고 있다. 이에 따라 북한 급변사태에 대한 만반의 대비가 필요하다는 목소리가 커지고 있음은 주지하는 바와 같다.

북한 급변사태에 대한 비상대비계획의 수립은 독일통일이 동독 정권의 붕괴와 서독의 흡수방식으로 이루어진 직후 한반도 위기관리 및 평화적 통일 준비 차원에서 그 필요성이 인식되기 시작했다. 이후 김일성의 급작스런 사망, 북한의 계속되는 식량난과 경제붕괴 상황이 겹치면서, 정부는 전면전 상황에서 군사작전을 지원하는 충무계획과 별도로 범정부적인 '급변통합대비계획'(종전 안기부의 '평화계획'을 흡수)을 마련하였다.

북한 급변사태는 북한정권(김정일체제)이 붕괴함으로써 더 이상 국가로 존재하지 못하는 상황을 말한다. 이는 내부 요인에 의한 자체 붕괴(implosion)와 전쟁 등 외부 요인에 의한 붕괴(explosion)로 대별된다. 전자의 예로는 (1) 쿠데타(김정일 실각)나 민중봉기 등으로 무정부상태에 빠지거나, (2) 내전이 발발해 집권세력과 내전세력 간에 무장 대치상태가 장기화되는 경우, (3) 대량 탈북·난민사태로 변경지역 관리가 와해되고 치안질서가 극도의 혼란에 빠지는 경우를 상정할 수 있다. 후자의 예로는 (4) 북한의 대남 무력도발 시 한·미 연합군으로부터 대규모 반격을 당해 괴멸(전면전에 의한 북한체제 붕괴)되는 경우를 들 수 있다.

최근 국회의 국정감사 장에서 공개된 국가기밀사항인 '충무 3300'은 대량탈북·난민사태 대비계획이고, '충무 9000'은 전면전에 의한 북한체제 붕괴 시 비상통치계획을 가리킨다. 이들은 유엔사/연합사 작전계획(작계) 5029 및 5027과 각각 밀접한 관련을 맺고 있으며, 현재 정부는 '을지연습'(매년 8월에 실시) 때 도상훈련을 하고 있는 것으로 전해진다. 상기 사항은 비밀로 묶여 있어 그 자세한 내용을 알 길이 없다. 여기서는 필자가 중요하다고 생각되는 조치를 단계별 구분 없이 적시하기로 한다.

(1) 또는 (2)의 사태가 전개될 경우 우리는 한반도 평화관리 차원에서 대응해야 한다. 정부는 남북기본합의서 제2조에 입각, 급변사태를 북한의 내부문제로 인식하여 개입할 의사가 없음을 밝힘으로써 북한 정권을 안심시켜야 한다. 그리고 개성공단 건설, 금강산 관광 등으로 북한에 체류하는 우리 국민의 안전한 귀환을 추진해야 한다. 더불어 식량·생필품 등 대북 인도적 지원의 용의가 있음을 밝히는 것이 바람직하다. 남북경협은 기 합의된 일정대로 계속 추진토록 해야 한다.

다만 우리 정부는 모든 역량을 동원해 북한에서 쿠데타, 민중봉기 또는 내란을 일으킨 주도세력의 실체를 확인하는 한편, 이들과의 접촉통로를 확보해야 한다. 중·장기적으로는 북한 내의 민주화 진전상황에 맞춰 개혁세력과의 연대·협력을 강구해야 한다. 민주화 세력의 조직화 및 지원은 북한의 체제개혁 및 자유총선을 통한 민주정부 수립의 선결조건이며, 궁극적으로 남북 정치통합의 기반이 된다.

대외적으로는 북한에 대한 주변국(특히 중국)의 개입을 차단하고, 우리의 입장이 존중될 수 있도록 외교적 노력을 강화해야 한다. 이를 위해 주변 4국과의 외무장관 회담 및 특사 파견을 추진할 필요가 있다. 강력한 대북 안보태세 유지를 위해 한·미 간 연합작전 능력을 강화하고, AWACS(Airborne Warning and Control System, '공중조기경보통제기') 등 미국의 조기경보체계를 적극 활용해야 한다.

(1)과 (2)의 경우 곧바로 통일로 연결되지 않고 북한 내에 신 공산정권이 수립될 수 있다. 따라서 신 정권이 개혁·개방 및 남북화해·협력 정책을 지속하도록 유도, 한반도 평화와 안정에 기여할 수 있도록 해야 한다.

다음 (3)의 대량탈북·난민사태는 1) 중국·러시아 등 인접국가로 탈출하는 경우와 2) 해안이나 휴전선을 넘어 직접 남한으로 오는 경우를 구별하여 대처해야 한다.

전자의 경우 탈북난민들의 국내 입국을 최소화하고, 현지국과의 긴밀한 협조하에 난민 정착촌이나 임시 보호처를 설치해 식량·의약품 등 신속한 인도적 지원을 해야 한다. 난민 숫자가 대규모화할 경우 우리 혼자 책임을 지는 것이 현실적으로 불가능하다. 따라서 대량탈북사태의 현지화가 절실하다. 한국은 유관국과의 공조하에 중국을 설득해 유엔난민고등판무관(UNHCR)과 같은 국제난민구호기관의 개입을 모색하는 한편, 국제적 고통분담체제 구축을 추진해야 한다. 이를 위해 탈북난민 원조를 위한 다자협의체 구성이나 국제회의(1979년 베트남 탈출난민 구호를 위해 유엔난민고등판무관실=The Office of UNHCR 주관하에 열린 '제1차 인도차이나 국제난민회의' 참고) 개최를 검토해야 한다.

후자의 경우 국무총리실 주관하에 범정부 차원의 대량탈북자 수용체제를 수립, 기민하게 대처해야 한다. 탈북자 수용시설인 '하나원'을 증축하되, 시설의 절대부족을 감안해서 군대 휴양소, 체육관, 폐교 시설을 최대한 활용해야 한다. 보트 피플의 경우 서해의 외딴 섬에 일시적으로 격리 수용하는 방안도 고려해야 한다. 지방자치단체와 대한적십자사는 대량탈북사태에 대비해, 천막, 급식차량, 취사·식기세트, 구호물자를 미리 비축해 두어야 한다.

현재 운용되고 있는 '북한이탈주민법'은 일시에 수만 명이 떠밀려 오는 대량탈북에 대하여는 그대로 적용하기 어렵다. 따라서 가칭 '대량탈북자긴급수용법'을 제정해 대처하되, 지방자치단체의 역할 강화 및 국내 민간단체의 협조를 제도화하는 방안을 강구해야 한다. 이 경우 국내 정착금과 주거지원비 제공은 임시 중단하고, 심리적 안정 지원, 사회적응훈련, 직업교육 및 취업알선 위주로 자원을 활용해야 한다.

'충무 3300'에 의하면, 군 당국은 대규모 탈북사태에 대비해 휴전선 인접 군부대(8개 육·해군 부대)에 모두 10개 임시수용소를 설치해 놓고 있다. 육군은 휴전선을 넘어 남하하는 대량 탈북자를 한시적으로 수용하기 위해 전방 6개 군단별로 200명 수용 규모의 시설을 1개씩 설립했고, 해군도 강원 동해 소재 1함대사령부와 경기 평택의 2함대사령부 영내에 수용시설을 2개씩 갖춰놓고 있다. 아울러 군은 장병들이 탈북주민과 접촉할 경우 안전한 귀순유도 및 탈북주민 호송절차를 마련해 놓고 있다.

(4)의 전면전에 의한 북한체제 붕괴 시 정부는 먼저 북한에서 비상통치를 담당할 가칭 '북한자유화행정본부'를 설치해야 한다. 이 기구는 주로 한국 정부와 유사한 행정조직체계를 갖추겠지만(통일부 장관이 총독 역할 담당?), 사실상 군정(軍政)의 형태를 취할 가능성도 배제할 수 없다. 구 공산세력이 저항세력으로 바뀌어 장기간 빨치산 활동을 전개할 가능성이 높기 때문이다. '응전자유화'(應戰自由化) 이후 북한에 군정이 실시될 경우, 한·미 간에 주도권문제와 관련해서 현재 논란이 일고 있다.

어쨌든 '북한자유화행정본부'는 조선로동당을 즉각 해체하고, 이른 시일 안에 민주정당 및 실용주의적 개혁세력을 육성함으로써 체제전환을 위한 정치프로그램(자유총선을 통한 민주정부 수립 포함)을 추진해야 할 것이다. 또한 북한주민들이 처한 인도적 위기상황을 고려해 식량·의료 등의 긴급 구호를 실시해야 한다. 이와 관련, 유엔 및 국제 NGO들에게 대북 지원을 적극 호소하는 것이 바람직하다.

일단 과도기 동안에는 북한경제를 분리해 관리토록 해야 한다. 구체적으로 가칭 '북한지역재건지원단'을 구성·운영해 조기에 북한에 시장경제체제를 도입하는 한편, 북한주민의 일자리를 창출해 이들의 대량 남한이주를 억제해야 한다. 더불어 북한지역에서 자행된 반민주적 공산잔재의 청산을 추진함으로써 북한주민의 친남한화를 유도하는 한편, 본격적인 남북정치통합을 준비해야 한다.

급변통합계획은 북한에 급변사태가 발생할 경우 이러한 위기를 관리하고 평화적 통일로 연결하기 위한 비상대비계획이다. 하지만 다분히 로드맵(이정표)의 성격을 가질 뿐이다. 얼마든지 돌발적 상황이 발생할 수 있으므로 보다 구체적인 상황을 상정해 입체적이고 전방위적인 세부대응계획을 마련해야 할 것이다. 그럼으로써 비상대비계획이 그야말로 비상적 위기상황에 통할 수 있고, 평화적인 민족통일에 기여할 수 있도록 내실화를 도모해야 한다.[84]

---

84) 제성호, "북한 급변사태와 한국의 대응," 『주간조선』, 통권 1826호(2004.10.28). 이 밖에 북한 급변사태에 대한 대응과 관련해서는 21세기 국가발전연구원 편, 『북한의 급변사태와 우리의 대응』(서

〈자료 16〉 코드명 '부흥' 북 급변사태 지원플랜 만들었다

(『문화일보』, 2010년 1월 13일자)

정부가 지난해 말 '부흥'이라는 코드명으로 북한 급변사태에 대비한 통합형 '컨틴전시 플랜(비상계획)'을 작성한 것으로 13일 확인됐다. 한·미 간 북한 급변사태 대비책인 '작전계획 5029'와 함께 마련된 것으로 보이는 이 비상계획은 과거와 달리 통일부·국가정보원이 공동 참여하는 정부 차원의 '통합 매뉴얼' 성격을 띠고 있는 것으로 알려졌다. 정부 소식통은 이날 "정부가 지난해 가을부터 국정원 등을 중심으로 '컨틴전시 플랜' 마련 작업에 들어갔고, 지난해 말 거의 완성한 것으로 안다"고 말했다. 정부는 이를 위해 지난해 말 '부흥'이라는 코드명으로 국가안보전략연구소·통일연구원 등 국책연구기관까지 동원해 비상계획을 작성한 것으로 전해졌다.

'부흥'이라는 이름은 이명박 정부의 '비핵·개방·3000' 구상이 담고 있는 북한 개발계획을 상징화한 것으로, 과거 미국이 제2차 세계대전 이후 서유럽 16개국을 원조한 유럽부흥계획 '마셜플랜'과 궤를 같이하고 있는 것으로 풀이된다. '부흥' 계획은 김영삼 정부에서 작성된 '충무 3300', '충무 9000' 등과 같이 북한 체제가 붕괴할 경우 북한을 비상통치하기 위한 행정적 조치 등을 담고 있는 것으로 알려졌다. 당시 '충무' 계획은 1994년 북한의 김일성 주석이 사망한 이후 국내에서 '북한붕괴론'이 확산되면서 마련된 비상계획이다.

또 '부흥' 계획은 분화돼 있던 비상계획을 정부 차원의 단일안으로 통합한 것이 특징이다. 또 다른 정부 소식통은 "충무 계획은 이미 폐기됐고, 대신 통합형 비상계획이 새로 수립된 것으로 안다"고 말했다.

김정일 급사·쿠데타 등 대비 대북 지원 '한국판 마셜플랜'
정부 마련 '부흥' 어떤 내용

정부가 지난해 말 '부흥'이라는 코드명으로 완성한 '컨틴전시 플랜(비상계획)'은 북한 체제의 급변사태를 대비한 다양한 시나리오를 상정, 대응방안을 준비해 놓은 것으로 알려졌다. 지난해 한·미 간에 완성한 것으로 전해진 '작전계획 5029'가 군사적 작전이라면, '부흥' 계획은 행정적 조치라는 게 차이점이다.

비상계획은 사안의 민감성으로 인해 기밀에 해당하기 때문에 정확한 내용이 공개되

울: 한울아카데미, 2007); 조성렬 외, 『북한의 위기관리체제와 우리의 대응방안』, 정책연구보고서(서울: 국회정보위원회, 2006.11); 21세기 국가발전연구원·고려대학교 북한학과, 『북한 급변사태시 최우선 대응방안』, 2009, NDI 정책세미나(2009.10.22); 제성호, "한반도 유사시 유엔의 역할: 북한 급변사태를 중심으로," 『서울국제법연구』 제6권 2호(1999) 등을 참조.

지 않고 있지만, 과거 통일부가 작성한 '충무' 계획과 유사하게 다양한 시나리오를 상정한 뒤 그에 따른 대응책을 정리해 놓은 것으로 알려졌다.

정부가 예측한 북한 급변사태 시나리오는 사고형, 군부쿠데타형, 주민저항형 등 3~4가지로 유형을 나누고, 또다시 유형별로 구체적인 시나리오와 대응책을 마련한 뒤 번호를 붙이는 형식이다. 즉, 김영삼 정부 당시의 '충무' 계획이 '충무 9000,' '충무 3300' 등으로 분류됐던 것과 같은 방식일 가능성이 높다. 당시 '충무 9000'은 북한 정권 붕괴 시 북한에 자유화행정본부 설치, '충무 3300'은 북한 난민 20만 명을 강원도 지역에 수용한다는 내용으로 알려져 있다. 이 때문에 이번 '부흥' 계획에도 김정일 북한 국방위원장의 급사나 장기간 투병, 군부 쿠데타, 주민소요 확산 등 다양한 상황을 설정, 북한 주민의 이동과 임시 수용 등을 포함한 급변사태 시 행정조치를 담고 있을 것으로 보인다.

또 코드명이 '부흥'이라는 점을 감안하면, 기존 '충무' 계획보다 훨씬 구체적으로 북한 경제개발 전략이 포함돼 있을 가능성이 크다. 이명박 정부의 대북정책은 북한이 비핵화를 진전시키면 10년 내 북한 주민 1인당 국민소득 3,000달러를 달성하도록 지원하겠다는 내용의 '비핵·개방·3000' 구상에서 출발했는데, 구상의 핵심이 북한 개발이기 때문이다. 즉, 정부는 '부흥' 계획을 통해 미국이 1947~1951년 서유럽 16개국의 재건을 지원한 한국판 '마셜플랜'을 상정한 것으로 보인다.

정부는 이와 함께 미국과 '작전계획 5029' 협의를 완료, 지난해 말 사실상 작업을 완료한 것으로 추정된다. 에드윈 퓰너 헤리티지재단 이사장도 12일 "한·미 양국은 지난해 북한 급변사태 대비책을 성공적으로 완료했다"면서, 사실상 이를 확인한 바 있다. 앞서 월터 샤프 주한미군 사령관도 지난해 10월 "2012년 전시작전권 전환 이후에도 북한의 대량파괴무기(WMD)를 제거하는 작전과 해병대의 강습상륙 작전은 미군이 주도하기로 합의했다"고 언급, 한·미가 '작전계획 5029'에 합의한 게 아니냐는 관측이 나온 바 있다.

'작전계획 5029'는 1999년 존 틸럴리 주한미군 사령관이 마련한 '개념계획 5029'를 작전계획 수준으로 발전시킨 것으로, 북한에서의 급변사태 발생을 대비한 일종의 군사 작전 지침서다.(이상의 내용은 문화일보의 신보영 기자가 작성한 기사이다)

제 8 장

결 어

제8장 결 어

남북통일은 우리 민족의 '생존'과 관련된 사활적 이해관계 사안이다. 한반도에서 터잡아 살고 있는 7천5백만 겨레의 생존방식과 삶의 정향을 바꾸는 일이기 때문이다. 그러기에 통일은 민족의 보다 많은 자유, 보다 많은 행복, 보다 많은 복지에 기여하는 방향에서 이루어져야 한다.

국가적 핵심과제의 하나로 우리가 추진하고 지향하는 통일은 당연히 평화적 통일이다. 무력통일이 아닌 평화적 통일은 '분단의 평화적 관리'의 토대 위에서만 가능하다. 즉, 평상시에 남북한관계를 여하히 안정적으로 운영하느냐와 통일의 성패를 좌우하게 되는 것이다.

이론적 측면은 물론 경험적·실천적 측면에서 볼 때 남북한관계는 이중성을 갖는 관계요, 통일지향(현상타파적)의 관계요, 점진적 발전의 관계라 할 수 있다. 우리 모두가 잘 알고 있는 바와 같이 남북한관계는 애증의 관계, 곧 대화하면서도 대결하고 경쟁하는 관계이다. 가다 서다를 반복하면서도 통일로 나아가는 관계, 즉 분열의 원심력이 없지 않지만 궁극적인 통합에로의 방향성을 잃지 않으며 조금씩 앞으로 나가는 관계라고도 규정할 수 있다. 이 같은 양면성이 있다고 해서 남북한관계에 주먹구구식으로 사후 임기응변적으로 대처하는 것은 곤란하다. 종합적·체계적인 마스터플랜 아래 일관되게 운영하는 자세가 필요하다. 여기서 남북한관계론이라는 체계적인 논리가 요구된다고 볼 수 있다.

더불어 우리보다 먼저 통일을 이룩한 독일사례를 보면, 통일문제에 대한 법적 접근의 필요성과 중요성을 깨닫게 된다. 남북한관계 운영이 특히 그러하다. 나아가 사전에 충분한 법적 대비 없이 남북통일의 상황을 맞이할 경우 일관성 없는 임기응변식 대응을 하게 될 위험이 크다. 그럴 경우 통일과정에서 돌이킬 수 없는 혼란과 후유증을 피할 수 없을 것이다. 이러한 점에 비추어 지금부터 남북한관계 운영 및 발전, 그리고 남북한의 법통합에 수반되는 법제적 뒷받침에 관한 치밀한 연구를 통해 법치주의에 충실한 통일을 추진해야 할 것이다. 요컨대, 통일이라는 법률행위 그 자체뿐만 아니라 통일에 이르는 과정도 역시 법적 규율에서 자유로울 수는 없다. 남북대화와 교류협력도 역시 국법행위이기 때문에 법의 테두리 내에서 질서정연하게 이루어져야 한다. 필자의 생각과는 달리 본문에서 이 점을 크게 부각시키지는 못한 것 같다. 다만 남북한관계의 법적 접근 및 대비에 대한 내용을 가능한 한 많이 담으려 했다는 점을 강조하고 싶다.

구체적인 대북정책 사안을 중심으로 해서 보면, 현 단계에서 가장 중요한 현안은 북한 핵문제의 평화적 해결이다. 이것이 이루어지지 않고는 상생공영의 남북한관계를 만드는 것이 극히 어렵다고 하지 않을 수 없다. 하지만 비관적으로 생각할 것은 없다. 우리가 확고한 의지를 갖고 한·미공조를 기초로 적극적인 역할을 수행한다면, 얼마든지 해결의 실마리를 찾을 수 있다고 하겠다. 우리로서는 남북협력과 국제협력을 병행하되, 후자에 무게중심을 두는 대북 핵정책을 전개하는 것이 타당하다.

민족경제공동체 형성문제에 대해선 긍정적인 비전을 가지고 보다 적극적으로 임할 필요가 있다. 남북경협 사업은 1차적으로 경제협력이란 점에서 의미가 있지만, 남북한 간의 신뢰구축 및 평화 분위기 조성에도 도움이 된다. 특히 개성공단 건설사업은 북한의 개혁·개방을 위한 전초기지 구축, 자본주의적 법운용의 경험 축적 등의 면에서 대단히 중요한 사업이라는 점에 유의하여 지속적으로 추진하는 것이 바람직하다. 다만, 현재 유엔의 대북 경제제재가 지속되고 있는 만큼, 약간의 속도조절은 불가피할 것이다. 여하튼 남북한관계의 전체적 맥락에서 볼 때 이명박 정부가 추진하는 「비핵·개방·3000구상」은 정책적 정당성을 갖는다고 생각된다.

남북한관계를 가까이서 들여다보면, 여러 가지 요소들이 작동하고 상호 영향을 미치고 있음을 알게 된다. 한국의 통일정책, 북한의 대남전략, 남북한의 통일방안, 남북대화 전개와 남북합의서, 대북·통일정책의 주요 과제 등이 그러한 대표적인 예라고 하겠다. 필자는 상기 요소에 더하여 남북한관계의 법적 성격을 아울러 고찰함으로써 남북한관계에 관한 완결된 이론체계로 구성해 보려고 시도하였다. 다시 말해서 남북한관계를 구성하는 요소들에 대한 법적·정치적·정책적인 측면의 종합적 분석·고찰을 모색해 보았다.

그래서 본서는 남북한관계의 이론(개념과 법적 성격), 실천 및 발전방향에 대해 포괄적·체계적으로 연구한 결과물이라고 할 수 있다. 하지만 집필의 결과를 보면, 여러 가지 부족한 점을 느끼지 않을 수 없다. 특히 남북한 간의 상호관계를 부문별로 보다 실증적이고 세부적으로 검토하지 못한 점이 그 대표적인 예라 할 수 있을 것 같다. 그럼에도 불구하고 이 책자가 남북한관계 전반에 대한 전문적 이론서로서의 성격을 가질 정도의 구색은 어느 정도 갖추었다고 생각된다. 그런 점에서 본서를 법학전문대학원에서 개설되는 「남북한관계론」 과목의 교재로 사용될 수 있도록 한다는 당초의 구상은 일단 달성된 것으로 자평하고 싶다(더불어 일정한 정도의 변용을 가미한다면, 학부에서도 관련 교보

재로 활용될 수 있을 것으로 생각된다). 지면관계상 이 책에서 깊이 다루지 못했거나 부족한 부분은 추후에 수정·보완하기로 하겠다.

아무쪼록 본서가 남북한관계론을 연구하는 초학자, 대북 및 통일정책을 연구·입안하거나 관련 실무에 종사하는 사람들에게 입문서 내지는 길잡이로서의 역할을 할 수 있기를 기대하면서, 맺는말에 갈음하기로 한다.

부 록

〈부 록 1〉

분단국 통일사례와 교훈

한반도는 아직도 냉전시기의 유산이 남아 있는 지역이다. 하루빨리 통일을 실현해야 할 우리의 시급한 과제는 다른 분단국가들의 통일모형과 통합과정을 살펴보고, 통일교훈을 얻어내는 일이다. 베트남은 비극적인 전쟁을 치르고 공산화통일을 실현하였고, 남북예멘은 통일헌법을 제정하여 평화통일을 실현하였으며, 독일은 분단기간 중 교류·협력을 착실히 추진해 오다가 동독의 몰락과 더불어 평화통일을 실현하였다.

다음에서는 베트남·예멘·독일의 통합과정을 간단히 정리·분석하여 우리에게 주는 교훈을 도출하고자 한다. 상기 3국의 국내외 사정이 동일하지 않으며, 또한 통일 3국의 통일정책 변천과정의 범위가 광범위하다. 때문에 같은 차원에서 분단국 3국의 통일사례를 비교·분석하는 데 어려움이 없지 않다. 하지만 가능한 분야를 망라해 비교·분석을 시도해 보고, 한반도 통일을 준비하는 대비책 마련에 참고가 될 수 있는 교훈을 찾는 것은 매우 의미 있는 일이라고 할 것이다.[1)]

Ⅰ. 베트남의 통합과정과 그 교훈

1. 베트남의 분단과정

1945년 8월 일본이 패망하자, 동년 9월 호치민은 베트남민주공화국을 수립하였다. 1946년 북베트남(월맹)과 프랑스의 전쟁이 시작되었고, 1954년 북베트남의 승리로 끝나면서 「제네바 휴전협정」이 체결되었다. 그 결과 북위 17도선을 기선으로 남북 베트남은 분단되었다. 1954년 호치민은 다시 베트남인민공화국을 수립하였다. 그리고 1955년 10월 고 딘 디엠 임시정부는 베트남공화국을 수립함으로써 남북 베트남의 분단은 고착화되기 시작하였다.

1) 아래의 내용은 장석은, 『분단국의 통일과 교훈』, 통일총서 20(서울: 통일연수원, 1993); 박성조, 『독일 통일의 과정과 교훈』, 통일총서 20(서울: 통일연수원, 1992) 등을 참고하여 정리한 것이다. 분단국의 통일사례에 대한 보다 자세한 내용은 김국신·김도태·여인곤·황병덕, 『분단 극복의 경험과 한반도통일』, 1권/2권(서울: 한울 아카데미, 1994); 이서행, 『남북한의 통일정책과 통일방안 비교』(서울: 통일부 통일교육원, 2006) 참조.

2. 베트남의 통합과정

(1) 베트남 전쟁의 발발

1956년부터 남베트남(월남)의 정정이 불안한 틈을 타 북베트남의 무력공세가 시작되어, 1958년 7월 북베트남군의 미군기지 기습사건이 발생하여, 미국의 첫 희생자를 냈다.

한편 1963년 11월 남베트남은 군사쿠데타가 발생하여 고 딘 디엠 대통령이 사살되고, 등반민 정권이 출범하였다. 그러나 이듬해 8월 「통킹만 사건」이 발생함으로써 미국이 베트남전쟁에 개입하게 되었다.

(2) 「베트남 민족해방전선」의 출범

1960년 9월 북베트남은 노동당 3차 회의를 개최하고, 「베트남 민족해방전선」을 조직하기로 결의하였다. 즉, 베트남은 '북베트남 사회주의 혁명'과 '남베트남 적화통일'이라는 2단계 전략구도에 따라, 동년 12월 20일 「베트남 민족해방전선」을 결성하였다. 또한 이른바 「10개항의 강령」을 선포하였다. 그리고 「베트남 민족해방전선」은 북베트남 노동당의 통일부에 의한 지원과 지휘를 받게 되었다. 또한 「베트남 민족해방전선」의 세력은 크게 확대되어, 한때는 전 국토의 2/3, 전 인구의 1/2이 「베트남 민족해방전선」에 합세하였다.

1969년 「남베트남 임시혁명정부」가 남베트남 내에 수립됨으로써 남베트남 내에 '두 개의 정부', '두 개의 군대', '두 개의 지배지역'이 존재하게 되었다.

(3) 베트남 평화협상의 전개

1965년 4월 북베트남이 「4개항의 평화협상조건」을 내 놓으면서 미국과의 평화협상은 시작되었다. 이에 대해 미국은 1966년 「14개항의 평화협상안」을 내놓았다. 양국의 협상은 서로의 주장이 엇갈려 성과를 거두지 못한 가운데, 미군의 대공세와 북베트남군의 구정공세 등으로 치열한 전투는 계속되었다.

1968년 3월 미국의 존슨 대통령은 "북폭을 중지한다"는 성명을 발표하였고, 「4자회담을 통한 평화협상안」을 내놓았다. 이에 따라 1969년 1월 파리에서 「4자회담」이 시작되었다. 미국은 닉슨 대통령이 "아시아인의 문제는 아시아인 간에 해결해야 한다"는 「괌 선언」을 발표함으로써 「4자회담」은 급진전되게 되었다. 그 결과 1973년 1월 27일 「베트남전쟁 종결과 평화회복에 관한 협정」이 체결되었다. 이 협정은 전문, 9장, 25개조로 구성되었다.

그러나 「4자회담」은 북베트남과 미국이 주도한 「2자회담」으로 진행되었다. 이는 남베트남을 의도적으로 배제시키려는 북베트남의 협상전술에 의한 결과였다.

(4) 베트남 공산화 통일과정

파리에서 체결된 평화협정이 1973년 1월 28일부터 효력이 발생하였으나, 북베트남과 「베트남 민족해방전선」의 무력공세는 멈추지 않았다. 미군이 완전 철수한 상태에서 「휴전감시기구」는 제 기능을 수행하지 못했다. 이에 따라 결국 1975년 4월 30일 남베트남이 무조건 항복함으로써 북베트남은 공산화통일을 이룩하게 되었다. 그리고 1976년 7월 2일 「통일선포식」을 가졌다.

베트남 통일정부는 1년 6개월간의 과도기간을 두고, 각 부문별 통합정책을 추진하였다. 총선거를 실시하여 최고인민회의를 구성하고, 사이공시를 호치민시로 개명하였으며, 대통령궁을 통일회관으로 개조하였다. 그리고 정치 · 경제 · 사회통합을 급속히 추진하였다. 또한 대중동원을 통하여 새로운 체제에 순응토록 조치하였다.

한편 경제통합 차원에서 계획경제의 도입, 생산수단의 국유화, 농민의 집단화 등이 추진되었다. 그러나 경제통합에서 나타난 문제점이 심각하자, 1986년 새 경제정책으로 「도이모이정책」을 채택하여, 사회주의 체제의 경제 개혁을 단행하였다. 즉 사회주의 경제체제를 자본주의 시장경제체제로 새로운 변화를 시도하게 되었다. 그리고 교육통합도 추진되어 북베트남 교육제도로 통합되었다. 또한 남베트남 인사들에 대한 사회재교육을 실시하였다.

3. 남베트남 패망원인

첫째, 남베트남은 수차례의 군사쿠데타에 의해 출범된 정권이 정통성을 확보하지 못한 채, 부정 · 부패 · 비리의 만연에 의해 국민들의 지지를 받지 못했다.

둘째, 남베트남은 자주국방의 능력을 확보하지 못한 채, 우방인 미국에게만 의존한 결과 패망할 수밖에 없었다.

셋째, 「베트남 민족해방전선」과 같은 용공세력을 발본색원하지 못했다.

넷째, 미국이 국가 간 공약을 끝까지 지키지 못하고, 국내사정에 의하여 미군을 철수시킨 것이 패망의 원인이 되었다.

다섯째, 북베트남이 평화협정을 위반한 것이 패망의 원인이 되었다.

4. 우리에게 주는 교훈

(1) 북베트남 적화통일 전략 · 전술에서 얻는 교훈 전개

북베트남의 적화통일 전략 · 전술은 북한의 대남적화통일 전략 · 전술과 유사하다는 점에 유의해야 한다. 따라서 우리는 이에 대한 대응전략을 마련해야 한다.

(2) 북베트남 대미 평화협상 전략 · 전술에서 얻는 교훈

북베트남의 대미 평화협상의 전략 · 전술은 비밀협상을 통하여 '선 원칙합의, 후 구체적 합의'를 겨냥하는 대남베트남 혁명노선, 혁명명분의 확보, 해방전선과 연계, 과도정부의 수립, 통일전선 전술, 다양한 협상기법의 구사 등으로 일관해 왔다. 우리는 북한과의 통일협상에서 이와 같은 전략 · 전술에 대비해야 할 교훈을 얻어야 한다.

(3) 남베트남 패망원인에서 얻는 교훈

첫째, 자주국방의 중요성을 인식해야 한다.

둘째, 정통성 있는 강력한 정부를 가져야 하며, '통일의 3대 원동력'을 바탕으로 한 통일 주도력을 가져야 한다.

셋째, 용공세력을 발본색원하여야 한다는 교훈을 배워야 한다.

(4) 베트남 통합과정에서 얻는 교훈

첫째, 통일비용을 감당할 수 있는 재원을 마련해야 한다.

둘째, 통일 이후 통합정책에 대한 종합적이고, 체계적인 대책을 완벽하게 강구해야 한다.

셋째, 이를 위하여 유능한 전문 인력의 양성이 시급하다는 교훈을 배워야 한다.

Ⅱ. 예멘의 통합과정과 그 교훈

1. 예멘의 분단과정

북예멘은 1918년 터키로부터 독립하여 「예멘아랍공화국」을 수립하였다. 반면 남예멘은 1967년 11월 영국으로부터 독립하여 「예멘인민공화국」을 수립하였다. 그 결과 예멘은 분단되었다.

2. 예멘의 통합협상과정

남북예멘은 1972년과 1979년의 두 차례의 국경충돌과 휴전협정을 체결하는 과정에서 통합협상이 추진되었다.

남북예멘의 협상과정은 ① 제1단계 협상과정(1972~1978: 남북예멘 각 분야별 통일위원회 인적 구성단계-「카이로선언」, 「트리폴리선언」), ② 제2단계 협상과정(1979~1985: 통일실무정책을 분야별로 결정하는 단계-「쿠웨이트협정」, 「아랍연맹중개」), ③ 제3단계 협상과정

(1986~1990: 통일정책에 대한 실질적 분야별 통일정책 집행단계-「아덴협정」, 「통일실현」)으로 구분하여 살펴볼 수 있다.

(1) 제1단계 협상과정(1972~1978)

1972년 5월 28일 「카이로협정」이 체결되었다. 그 협정의 주요내용은 "두 개의 국가가 통일을 실현하는 데 합의하고, 통치체제는 민주·민족·공화체제로 한다"라는 합의이다. 그리고 11월 28일 카다피의 중재노력에 의한 정상회담을 개최하였다. 이 회담에서 「트리폴리 선언」을 통하여 양국은 '반제국주의'와 '친팔레스타인정책'에 합의하였다.

결국 제1단계 협상과정은 1972년부터 1978년까지 무려 5회의 정상회담과 4회의 특사실무회담을 갖고 빈번한 통일협상을 추진하였다. 그러나 다시 국경충돌이 발생함으로써 중단될 수밖에 없었다.

(2) 제2단계 협상과정(1979~1985)

1979년 2월 24일 다시 국경충돌이 발생하자, 아랍연맹국들은 아랍연맹회의를 긴급 소집하고 이른바 '남북예멘 간 전쟁종식을 위한 평화안'을 채택하였다. 그리고 쿠웨이트가 적극적으로 중개에 나서서 1979년 3월 30일 「쿠웨이트협정」이 체결되었다. 이 협정에서는 통일실무기구로 「통일헌법준비위원회」를 구성하여 통일준비업무를 협의·추진하기로 합의하였다.

제2단계 통일협상과정은 1979년부터 1985년까지 무려 9회의 정상회담과 12회의 예멘최고평의회 사무국회의와 3회의 공동각료회의 등 매우 활발한 통일협상을 전개하였다.

(3) 제3단계 협상과정(1986~1990)

1989년 11월 30일 「아덴협정」이 체결되었다. 이 협정은 통일헌법의 초안이 되었다. 그 주요내용으로는 ① 국명은 「예멘공화국」, ② 수도는 사나시(市), ③ 임기 4년의 입법회의 구성, ④ 정당조직, 노조활동 보장, ⑤ 남녀선거권 평등, ⑥ 국민투표로 헌법 확정 등 136개 조항에 이른다. 그리고 1990년 4월 22일 「예멘공화국 선포 및 과도기 조직에 관한 합의서」가 채택되었다.

결국 1986년부터 1990년까지의 제3단계 통일협상과정에서 4회의 정상회담과 2회의 각료 및 수상회담을 통하여 통일헌법 초안을 마련하고, 남북예멘 통합에 최종 합의하게 되었다.

3. 예멘의 통합과 전쟁에 의한 재통일과정

(1) 통합과정

가. 정치통합의 실태

통일예멘은 30개월(1990. 5. 22∼1992. 11. 22)간의 한시적인 과도정부를 출범시켰다. 이 과도정부의 대통령은 살레(북예멘), 부통령은 알 바이드(남예멘), 대통령평의회의원 5명 중 3명은 북예멘출신, 2명은 남예멘출신으로 선임하였다. 그리고 총리는 알 아따스(남예멘), 의회장도 노만(남예멘), 그리고 부수상 4명은 각각 2명씩 남북예멘출신에게 고루 임명하였다. 각료는 총 34명 중 북예멘출신 19명, 남예멘출신 15명으로 권력을 평등하게 배분하여 구성하였다. 또 통일의회는 총 301명 중 북예멘의원 159명, 남예멘의원 111명, 부족대표의원 31명으로 구성하였다.

통일 이후 복수정당제가 허용됨에 따라 30여 개의 군소정당들이 난립하여, 1993년 4월 27일 총선거를 앞두고 정치적 혼란이 극심하였다. 총선 결과 국민회의당(GPC)이 121석, 이슬람개혁당(YRC)이 62석, 예멘사회당(YSP)이 56석, 무소속 47석, 기타 군소정당이 17석을 차지함으로써 예멘사회당은 제3당으로 전락하게 되었다.

나. 경제통합의 실태

통일예멘 정부는 「경제특별위원회」를 구성하여 경제통합을 추진하였다. 경제통합은 사회 및 생산관계에 관한 이슬람 사회정의, 사유재산 보호, 공공이익과 국가경제 발전을 위한 개발계획에 따라 추진되었다. 그러나 행정상 비능률성과 관리능력 부족으로 많은 어려움을 겪게 되었다.

다. 사회·문화통합의 실태

통일예멘 정부의 사회·문화통합은 기본적으로 이슬람 사회·문화적 통일의 기초로 추진되었다. 비교적 교육·문화분야의 통합은 순조로웠다. 그러나 가족제도에 있어 어려움이 적지 않았다. 특히 '1부다처제'와 '1부1처제'의 문제가 난관을 조성했다.

라. 전쟁에 의한 재통일

알 바이드 부통령과 그 추종자들이 불만을 품고 아덴으로 돌아가자 재분단의 위험이 초래되었다. 이에 아랍연맹국가들이 중재에 나섰으나 실패했다. 그 결과 1964년 4월 27일 남북예멘군의 무력충돌이 일어났다. 전쟁은 발발 4개월 만에 북예멘군의 완전승리로 끝나게 되었다. 이에 따라 예멘의 재통일이 실현되어 살레 대통령이 새 대통령으로 선출되었다.

4. 우리에게 주는 교훈

(1) 통합의 특수성에서 얻는 교훈

첫째, 남예멘이 사회주의체제를 과감히 버리고 자유민주주의에 따른 통일협상에 나섰다.

둘째, 경제적으로 발전한 북예멘이 경제적으로 낙후한 남예멘을 흡수 통합하였다.

셋째, 인간의 존엄한 자유를 제도적으로 향유하는 체제가 인간의 존엄한 자유를 근본적으로 억제하는 체제를 흡수하였다.

(2) 협상과정에서 얻는 교훈

첫째, 이념적 대립과 국경충돌의 적대관계에도 불구하고, 무려 18년간 지속된 통일협상 노력과 그 인내심을 우리는 교훈으로 얻어야 한다.

둘째, 주변 아랍연맹 형제국들의 협조와 중재로 대외적 통일환경 여건을 유리하게 조성하였다.

셋째, 통일협상에 있어서 '이슬람정신에 의한 민족공동체의식'을 기본으로 하였다.

(3) 통합과정의 실패에서 얻는 교훈

첫째, 정치통합의 실패는 정부조직의 비대화로 인한 행정능률의 저하와 복수정당의 허용으로 인한 군소정당의 난립과 정치세력 간 혼란 극심이 주요 요인이었다.

둘째, 경제통합의 실패요인으로는 남예멘지역의 국유화되었던 기업과 토지에 대한 사유화 전환의 부진과 해외근로자의 강제귀환에 따른 실업 증대 및 물가상승 등 생활수준의 악화로 집약된다.

셋째, 사회·문화통합의 실패요인으로는 통합의 기조로 내세운 이슬람정신에 대한 갈등 초래와 오랜 분단에 의한 생활관습의 이질화로 인한 갈등의 심화를 들 수 있다.

(4) 전쟁에 의한 재통일에서 얻는 교훈

첫째, 예멘통일정부의 무력에 대한 관리 및 통제가 미흡했다.

둘째, 통일에 대한 국민적 합의와 공감대 형성이 미흡하였고, 총선 패배로 권력투쟁에서 밀려난 남예멘정치세력들에 의해 재분단의 위기와 전쟁을 초래했다.

Ⅲ. 독일의 통합과정과 그 교훈

1. 독일의 분단과정

1945년 5월 8일 독일이 항복하자, 4대연합국은 독일을 분할 점령하였다. 그 후 포츠담에서 개최된 「전승 연합국 정상회담」의 합의에 따라, 독일의 영토를 분할하여 오데르－나이세강 이동지역을 폴란드에, 동프로이센 북반부를 소련에, 남반부를 폴란드의 행정관리하에 두기로 결정하였다.

1948년 2월 미국·영국·프랑스는 「3개국 외상회담」을 개최하고, 독일 3개 점령지역을 '하나의 행정구역'으로 통합하기로 합의하였다. 1949년 9월 7일 서부지역의 서방3개국의 점령지역을 하나로 통합하여, 임시수도를 본(Bonn)으로 정하고, 「독일연방공화국」을 수립하였다.

동년 10월 7일 소련점령지인 동부지역은 수도를 동베를린으로 정하고, 「독일민주공화국」을 수립하게 되었다.

2. 동서독의 접근과정

동서독의 접근과정은 ① 연합국공동관리기(1945～1949), ② 동서독정권형성기(1949～1955), ③ 대결교착기(1955～1966), ④ 평화공존질서모색기(1966～1972), ⑤ 교류·협력기(1972～1989)로 구분하여 살펴볼 수 있다.

(1) 연합국공동관리기(1945～1949)

이 시기는 독일이 패망하여 정부가 해체되고, 연합국의 군정이 실시된 시기이다.

(2) 동서독정권형성기(1949～1955)

이 시기는 두 개의 독일정권이 형성된 시기로 1949년 9월 7일 「독일연방공화국」이 수립되었고, 동년 10월 7일 「독일민주공화국」이 수립되었다. 이 시기는 동서독 관계가 사상과 이념적으로는 대립되어 있었으나, 실제적으로는 교류·협력의 관계가 원만하게 이루어졌다.

(3) 대결교착기(1955～1966)

서독은 「북대서양조약기구」(NATO), 「구주회의」, 「경제협력개발기구」(OECD), 「구주경제공동체」(EEC)에 가입했고, 동독은 「바르샤바조약기구」(WTO), 「경제상호원조회의」(COME-

CON)에 가입하였다. 이 시기는 '동서독 대결은 곧 동서진영의 대결'로 외연이 확대된 대결 교착의 시기이다.

서독은 '할슈타인원칙'을 내세워 동독을 국제사회에서 고립시키려 하였다.

(4) 평화공존질서모색기(1966~1972)

1969년 서독은 브란트가 집권하자 동방정책을 추진하여, 동독을 사실상 하나의 국가로 승인하고, '할슈타인원칙'을 폐기하였다. 1970년 브란트는 동독의 슈토프와 2회의 정상회담을 개최하고, 동서독 통일 문제에 대한 논의를 전개하였다. 그러나 성과 없이 끝났다. 그러자 서독은 동독의 맹방인 소련 및 폴란드와 각각 '불가침 및 우호조약'을 체결함으로써, 이들의 지원하에 소기의 목적을 달성하고자 노력하였다.

(5) 교류 · 협력기(1972~1989)

1972년 12월 21일 「동서독기본조약」이 체결되었다. 이 조약은 '통일헌장'과 같은 성격을 갖게 되었고, 이를 통해 분단고통을 경감시키는 길을 모색할 수 있게 되었다. 1973년 9월 18일 동서독은 유엔에 동시 가입한 이후 30여 개의 제반협정이 순조롭게 체결되어 인적 · 경제 · 체신 · 체육 · 문화 · 학술 · 언론 등 각 분야의 교류가 활발하게 추진되었다.

3. 독일의 통합과정

(1) 1989년의 대변혁

1989년은 동독의 호네커가 퇴진하였고, 베를린장벽이 무너진 '대변혁의 해'였다. 그리고 동독주민들이 민주혁명을 일으켜 통일실현을 이룩한 '통일의 해'이기도 했다.

(2) 동서독 통일과정

가. 서독의 「3단계 10개항 통일방안」

1989년 11월 28일 콜 수상은 「3단계 10개항 통일방안」을 제시하였다. 이 통일방안에서 말하는 3단계는 이런 것이었다. 곧 제1단계는 정치개혁을 조건으로 지원과 협력을 강화하는 단계이고, 제2단계는 통합을 위한 공동기구를 창설 · 운영하는 계약공동체 단계이며, 제3단계는 연방제통일을 실현하는 단계였다. 그리고 10개항은 동서독 간 단계적 통합절차에 관한 5개항과 주변국과의 관계설정에 관한 나머지 5개항으로 구성되어 있었다.

나. 동독의 「4단계 통일방안」

1990년 2월 1일 동독의 모드로우 수상은 다음과 같은 「4단계 통일방안」을 제시하였다. 즉 제1단계: 양독은 「북대서양조약기구」(NATO)와 「바르샤바조약기구」(WTO)에서 각각 탈퇴, 군사적 중립을 취한다. 제2단계: 양독은 「경제 · 화폐통합」을 체결한다. 제3단계: 특정 정책분야의 실행을 위한 공동기구를 설치한다. 제4단계: 설립된 공동기구에 양국의 주권을 이양한다. 이 기구에서 헌법을 제정하여 단일정부를 구성함으로써 연방형태의 통일국가를 창출한다.

다. 동독 자유총선거

1990년 3월 18일 동독의 자유총선거가 실시되었다. 그 결과 독일연맹(기민당)이 총 400석의 의석 중 193석(40.59%)을 얻어 압승하였다. 즉 '급속한 통일'을 선거공약으로 내세운 독일연맹이 제1당이 되고, 공산당 후신인 민사당은 제3당으로 물러났다.

라. 「화폐 · 경제 · 사회보장동맹에 관한 조약」(제1국가조약)

1990년 5월 18일 「화폐 · 경제 · 사회보장동맹에 관한 조약」이 체결되었다. 이 조약은 전문과 6장 38개조항으로 구성되었다. 그 내용은 통화통합, 경제통합, 사회통합, 국가예산과 재정 등을 다루고 있다. 동 조약은 동년 7월 1일부터 발효되었다.

마. 「독일통합조약」(제2국가조약)

1990년 8월 31일 「독일통합조약」이 체결되었다. 이 조약은 전문과 9장 45개조항으로 구성되었다.

바. 「2+4협정」

1990년 5월 5일 「독일 문제의 최종종결에 관한 조약」(「2+4」조약)이 체결되었다. 이 조약은 전문과 10개 조항으로 구성되었다.

사. 동서독 통일실현

1990년 10월 3일 베를린에서 역사적인 통일 선포식을 개최하였다. 콜 수상은 "통일독일은 세계평화와 구주통합을 위해 최선을 다할 것"이라고 선언하였고, 드메지에르 수상은 고별사를 통해 "위대한 기쁨의 순간이며, 숱한 허상의 종말이며, 눈물 없는 고별이다"라고 선언하였다.

(3) 각 분야별 통합과정

가. 정치분야의 통합실태

통일 이후 진행된 중요한 정치분야의 통합은 대략 다음과 같았다.

첫째, 동서독 정당통합을 실시하였다. 동서독의 자민당, 사민당, 기민당, 녹색당이 차례로 통합을 실시하였다.

둘째, 동독의 지도자들(공산당 기관요원 및 권력남용자)에 대한 과거청산을 실시하였다. 즉 과거청산대상자 6천여 명에 대한 사법처리가 진행되었다.

셋째, 행정체제의 개편을 단행하였다. 동독의 공공기관 종사자에 대한 인력감축과 재교육대상자의 분류를 실시하였다.

넷째, 사법체계를 개편하였다. 서독의 사법체계 수준으로 개편작업을 실시하였다.

다섯째, 동독의 대외관계를 처리하였다.

나. 경제분야의 통합실태

통일 이후 진행된 중요한 경제분야의 통합은 대략 다음과 같았다.

첫째, 구동독에 대한 경제재건을 실시하였다.

둘째, 산업별 경제구조의 재편을 실시하였다.

셋째, 동독과 관련된 재정지원을 실시하였다. 특히 통일기금의 조달문제가 난관을 조성하였다.

넷째, 재산권 처리를 '반환원칙'에 따라 실시하였다.

다. 사회분야의 통합실태

통일 이후 진행된 중요한 사회분야의 통합을 들면 대략 다음과 같았다.

첫째, 동독주민의 실업발생에 따른 실업수당, 고용창출, 직업교육 등의 대책마련에 힘썼다.

둘째, 노동조합의 통합을 추진하였다.

셋째, 생활수준의 격차를 줄이기 위한 대책으로 사회보장제도의 통합을 추진하였다.

넷째, 이질화 극복과 새로운 체제에 순응하기 위한 정치교육을 실시하였다.

라. 교육분야의 통합실태

첫째, 학제개편을 단행하였다.

둘째, 동독교사들을 대량 해고시켰고, 일부교사는 재교육을 실시하였다.

셋째, 대학교육은 공산체제와 관련된 학과와 연구기관을 철폐시켰다.

넷째, 동독지역의 대학시설을 위한 재정지원을 실시하였다.

4. 독일통일의 후유증

(1) 정치적 통합에 따른 후유증

첫째, 동독인들은 기본권이 압살된 채 공산당 동원체제에서 살아왔기 때문에 자유민주체제의 시민으로 살아가는 데 적응하지 못해 불안감이 고조되었다.

둘째, 과거청산과정에서 대량 해고, 사법처리 등 발안의 소지가 확산되었다.

(2) 경제적 통합에 따른 후유증

첫째, 서독이 감당키 어려운 엄청난 통일비용의 조달 문제가 후유증이 되었다.

둘째, 산업구조의 개편에서 정책적인 실수로 후유증을 유발시켰다. 즉 동독기업체의 무리한 민영화정책의 실시과정에서 많은 문제가 발생하였다.

셋째, 긴급처방으로 세금인상을 실시했으나, 전반적인 경제침체를 더욱 악화시켰다.

(3) 사회적 통합에 따른 후유증

첫째, 양독주민의 생활문화 차이에서 빚어지는 심리적 갈등이 심화되었다.

둘째, 동독인들의 준법정신과 질서의식의 해이에서 나타난 저항과 폭력의 난무로 혼란이 야기되었다.

(4) 교육통합에 따른 후유증

첫째, 학제개편에 따른 동독인들의 불만이 고조되었다.

둘째, 동독지역의 대학을 서독수준으로 향상시키는 데 많은 어려움을 겪었다.

셋째, 동독지역의 유아교육기관 폐쇄로 인한 후유증을 겪게 되었다.

5. 우리에게 주는 교훈

(1) 점진적 · 단계적 통일접근

통일은 통제 가능한 환경에서 점진적 · 단계적 과정을 밟아 실현되어야 한다.

(2) 대내적 통일기반의 완비

독일은 대내적 통일기반을 완벽하게 다진 데 성공의 비결이 있었다. 즉, '통일 3대 원동력'을 완비하였던 것이다.

(3) 대외적 통일여건의 조성

서독은 기민한 통일외교정책을 성공적으로 수행한 결과 외부적 장애요인을 제거할 수 있었다. 즉, 서방국가들의 지지를 조기에 확보하고, 소련과의 협상을 성공시킴으로써 대외적 통일여건을 조성하였던 것이다.

(4) 통일주도력 발휘

서독정부의 신속·정확한 통일주도력 발휘의 결과 조기통일을 달성할 수 있었다. 즉, 콜 수상의 「조기통일정책」이 주효하였던 것이다. 왜냐하면 「2+4협정」의 체결에 앞서 전격적인 「화폐·경제통합」을 선행함으로써 주변 4국의 합의를 신속히 도출할 수 있었기 때문이다.

(5) 조기통일 대비의 과제

우리는 예기치 않은 상황이 야기되어 독일처럼 조기통일이 실현될 경우를 대비해야 할 과제를 안게 되었다. 즉, 독일통일의 후유증을 교훈 삼아 세밀한 대비책을 마련해야 한다.

〈부 록 2〉

독일통일이 한국에 주는 시사점

1. 독일통일의 의의

○ 분단 상황의 평화적 관리 성공 사례
○ 평화적 통일의 모델
○ 분야별 제도 통합의 실험 사례

2. 분단시기 동서독 정부의 통일정책

(1) 대립과 대결: 1국가론 대 2국가론(1945~1969)

○ 서독: 단독대표권(아데나워 초대 수상), 할슈타인 원칙, 동독 불승인, 자유총선 통일
○ 동독: 단독대표권, 2국가론(울부리히트 공산당 서기장, 1953.9), 국가연합 통일
○ 동서독 간 경제교류의 기본 입장
－서독: 동서독 간 관계 발전 및 베를린 통행 보장을 위한 수단
－동독: 경제 발전을 위해 서독과의 교역 필요(1985년 현재 서독은 동독의 제2교역국, 동독은 서독의 13번째 교역국)

▶ 주요 협정: 동서독 간 교역에 관한 베를린 협정(1951.9)
○ 동서독 간 인적교류의 기본 입장
－서독: 주민들의 자유로운 왕래 보장
－동독: 주민 왕래에 각종 제한

▶ 주요 협정:
－베를린 통과 사증 협정(1963.12)
－육로, 철도 및 수로를 이용한 베를린 교통협정(1971.12)
－동서독 교통조약(1972.5)

▶ 인적 왕래 현황

	매년 방문 현황('72-'88)	매년 이주 현황('72-'88)
서독→동독	5,000~7,000명	2000명 내외
동독→서독	1,200~1,600명	20,000~40,000명

※ 1945년 분단 이후부터 1990년 통일 당시까지 500만 명의 동독인 이주.

(2) 공존과 협력: 사실상의 2국가 인정(1970~1988)

○ 1970년대 동서독 정상회담(1970.3/1970.5)

－동서독 관계 정상화를 위해 브란트/슈토프 간 회담

○ 독일문제 관련 외적 조건 해결

－모스크바 조약(1970.8.12)

・서독과 소련 간 무력 불사용, 유럽의 국경선 존중 합의

－바르샤바 조약(1970.12.7)

・폴란드와 오데르－나이제 국경선 인정 합의(서독이 존재하는 동안만)

※ 1971.5. 동독 울부리히트 서기장 실각, 호네커 후임 등장

－베를린협정(1970.3~1971.9)

・서베를린에 대한 통행 보장, 4대국의 권한과 책임 확인

○ 동서독 관계의 설정(동서독 기본조약, 1972.12.11)

－국가로서의 상호 실체를 인정하고 경계선을 존중하되, 양자관계를 국제법상의 국가관계가 아닌 특수관계로 규정

－상주대표부 설치, 체육・보건・우편・청소년・문화・과학기술 등 분야별 상호교류 증진을 위한 후속협정 체결

○ 유럽안보협력회의(CSCE)와 헬싱키 의정서(1973~1975)

－1부(유럽의 안보), 2부(경제・과학・기술 및 환경분야 협정), 3부(인도 및 기타 분야 협력)

○ 1980년대 동서독 정상회담

－슈미트/호네커 회담(1981.12, 동베를린)에서 국제정세가 긴장되어 가고 있음에도 불구하고 양독 간 관계증진을 위해 노력하도록 약속

－콜/호네커 간 회담(1987.9, 본)에서는 동독의 국기 게양, 국가 연주, 의장대 사열 등 외국 국가 원수에 준하는 환영 의식 거행

(3) 평가

○ 분단 상황을 인정하되 그로 인한 고통 해결 및 위기 관리에 치중
-통일에 앞서 신뢰 형성, 평화 정착 우선
-상호교류 확대를 통한 신뢰 조성, 발전 도모

○ 동서독의 상이한 우선 순위
-서독: 독일통일보다는 친서방 정책 및 유럽통합에 우선
-동독: 통일보다는 별개의 국가로 인정받는 데 우선

3. 전환기(1989)의 통일정책

(1) 국내외 정세의 변화

○ 고르바초프의 등장
-개혁·개방정책 추진, '브레즈네프 독트린' 폐기 선언
※ 브레즈네프 독트린: 1968년 체코 '프라하의 봄' 이후 제한주권론에 근거한 사회주의 국가 안전 보호 의무

○ 동구 공산권의 문호 개방(폴란드, 헝가리)
-1985.5, 헝가리-오스트리아 국경선 철조망 제거(서독의 10억 마르크 차관 제공 이후 국경 완전 개방)

○ 전승 4대국과 인접국(특히 폴란드, 체코)의 독일에 대한 신뢰 회복

○ 동독 경제 및 재정 파탄

○ 동독 정권의 변화에 대한 적응력 상실

○ 대규모 시위 및 이주 사태 발생
-1989.11, 동베를린에 100만 명 시위, 1989년 35만 명 서독 이주

(2) 동서독 정부의 대응 조치

○ 동독: 조약공동체 구성(모드로우 수상)
-독일통일은 거부하되, 동서독기본조약보다 진일보한 조약을 통해 동서독 간 선린관계 형성 제의

○ 서독: 통일관련 10개항 발표
−의약품 및 의료기기 동독 지원
−동독 주민의 여행을 지원하기 위한 여행기금 설치
−동서독 간의 교류협력을 지속하되, 동독체제의 개혁이 이루어지면 경제원조와 협력 확대
−조약공동체 개념에 입각한 동서독 간 분야별 공동위원회 구성
−'국가연합'이라는 과도기를 거쳐 연방국가로 통일
−동서독 간의 발전과 통일은 유럽 전체의 관계 진전 안에서 이루어지도록 함
−독일 국민의 자유로운 자결권에 의한 통일 완수가 독일연방국가의 목표

○ 동서독 정상회담 및 정부 부처 간 회담 속개
−콜/모드로우 정상회담(1989.12.19-20, 드레스덴)
※ 동서독 간 조약공동체 및 분야별 공동위원회 구성 합의
−1989년 12월 중 양독 정부 부처 간 교통·체신·보건·경제·환경·재무 장관 등이 소관 사항별 협상 개시

4. 통일의 달성(1990년)

(1) 국내외 여건의 불안정 심화

○ 동독 상황의 불안정 심화
−동독 국민의 신속한 통일 요구 표출
−동독 이주민의 계속적인 증가
−동독경제의 급격한 붕괴 및 재정위기로 동독 마르크의 안정성 상실
−동독 국가의 권위 붕괴

○ 소련 상황의 불안정
−고르바초프의 독일 통일 수용(1990.2.10, 독일·소련 정상회담)
−소련 내부의 권력 구도 불안

○ 서독 내부 여론 변화
−통일에 대한 기대감 상승
−동독 이주민에 대한 불만 증가

(2) 동서독 정부와 국민의 대응: 조속한 통일 선택

○ 서독, 내각에 독일통일위원회 설치(1990.2)

○ 동독 자유 총선거(1990.3.18)

－서독 마르크의 즉각적 도입과 조속한 통일을 공약으로 내세운 기민당 중심의 독일연맹 승리(독일연맹 48.1%, 사민당 21.76%)

※ 동독 기민당은 사민당을 포함하여 대연립내각을 구성하고 데 메지에르를 수상으로 선출하고, 나아가 기본법 23조에 입각하여 서독과 통일문제를 협상하되 동독 전체를 위해 신속하고 책임 있게 수행할 것을 대연립내각의 목표로 설정

○ 화폐·경제·사회통합에 관한 조약 체결(국가조약, 1990.7.1 발효)

－단계적 화폐 통합과 즉각적 통합론 대립

－교환율 결정: 임금·봉급·연금 등은 1:1, 동독주민의 보유현금과 예금은 2:1을 원칙으로 하되 연령에 따라 2,000마르크(14세 이하), 4,000마르크(15－59세), 6,000마르크(60세 이상)까지는 1:1 교환

○ 독일통일의 완성에 관한 조약 체결(통일조약, 1990.10.3 발효)

－동독은 기본법 제23조에 따라 독일연방에 가입

※ 유사 사례: 1957.1 자알란트(로렌지방, 프랑스 반 보호령)가 11번째 주로 연방 가입(96만 명)

○ 독일문제 관련 최종처리에 관한 조약 체결(2+4조약, 1990.9.12 서명)

－오데르－나이제 국경선 확인

※ 사민당과 경제계(연방경제부 포함)는 단계적 통합 주장(기본법 제146조)

(3) 주요 쟁점 및 평가

○ 주요 쟁점

－몰수재산 처리 문제: 1945～1949년간 소련 점령당국의 몰수 재산 처리가 가장 어려운 문제였는데, 동서독정부의 공동선언을 통해 반환 불가 원칙 합의, 연방헌법재판소는 합헌 판결(보상 및 조정급부법을 통해 보상 없이 몰수당한 원주인들의 손실을 어느 정도 보상)

－통일독일의 수도 결정: 동독의 주는 베를린, 서독의 주는 본 주장

－서독법의 동독 적용 문제: 법무부는 즉시 적용, 내무부는 단계적 적용

－연방재정균형 제도의 도입 문제

－국경선 문제(1990.6 동서독 의회가 오데르－나이제 국경선 인정 여부에 대해 표결, 통과)

○ 평가

－독일 민족 자결권의 완성

※ 오데르-나이제 국경선의 인정, 동독의 독일연방 가입 등은 모두 독일인 스스로 선택

-평화적, 법·제도적 통일

※ 경제논리에 입각한 단계적 통일방안을 정치논리로 극복, 즉각적인 통일 달성

-유럽 분단의 극복

-자유민주주의와 사회적 시장경제의 확산

5. 통일후 분야별 통합 조치

(1) 각종 제도 통합

○ 통일조약에 따라 서독의 법과 제도를 동독지역에 그대로 적용하는 것을 원칙으로 하되, 필요한 경우에는 과도적 조치 허용

-EU법/기본법, 연방 법률, 주 법률 등

(2) 과거 청산

○ 구동독 공산정권 지도부의 불법행위에 대한 처벌

-기본원칙: 법(행위 당시 동독에 유효하던 법)에 따라 처벌

※ 호네커(1992. 재판 중지), 크렌츠 등 정치국원 6명 재판

○ 구동독 공산치하에서 형법상, 행정법상, 직업상 피해를 입은 사람들에게 복권, 보상

○ 구동독 시절 몰수재산에 대한 반환 및 보상

-반환을 원칙으로 하되 투자 장애가 생기지 않도록 투자우선 원칙으로 보완

(3) 국유재산의 사유화(신탁청)

○ 국유기업 및 집단농장 관리, 매각 처분

-신속한 사유화, 단호한 정비, 신중한 폐쇄

(4) 동독 재건을 위한 재원 조달

○ 1990~2005년간 총 1조 4천억 유로 이전, 이 중 동독지역의 조세, 사회보험 징수액을 공제한 순 이전액은 1조 1천억 유로, 이 중 44%는 보장성 지출에 쓰임

○ 통일기금(1990~1994)으로 1,600억 마르크 마련, 연대협약Ⅰ(1995~2004)로 2,100억

마르크 조달, 연대협약Ⅱ(2005～2019)에 의해 1,560억 유로 각각 조달

○ 공공재원 조달 방법
－사유화 시 매각 수익(통일 당시 6,000억 마르크 예산, 1994년 종결 시 670억 마르크, 2002년 최종 종결 시 2,300억 마르크 빚만 남음)
－국공채 발행(공공부문 총 부채 부담 가중, 1991년 6,600억 유로에서 2005년 1조 4000억 유로 증가)
－사회보장기여금 및 조세 인상(저소득층에 부담 증가)
－예산 절감(사회보장 부문 예산 삭감으로 저소득층 불만)
※ 통일관련 재원 중 특이점: 독일통일기금, 통일연대부과금 등
※ 바이에른 주 GDP, 동독 5개주 전체 GDP의 2배

(5) 동독 경제 재건 대책

○ 주요 정책 수단
－민간투자 유치
－투자 장애 요인 제거
－인프라 확충
－판로 지원

○ 장애 요인
－노후한 생산 시설
－높은 임금 비용
－낮은 생산성(통일 당시 서독의 1/3, 지금은 70%)
－판매 애로
－자본 부족

(6) 실업 문제

○ 취업자 수 격감: 1989년 970만 명→1992년 630만 명

○ 고용 확대를 위한 적극적인 조치
－단축 조업, 고용창출 조치, 고용촉진 조치

○ 노동 공급 감축 등 소극적인 조치
－조기 퇴직, 직업 훈련 등

6. 종합 평가

○ 독일 통일의 요인
- 국제 정세의 변화
- 동독의 평화혁명과 공산정권의 붕괴
- 동서독 간 교류협력 및 신뢰 유지
- 서독의 정치, 경제, 군사적 우위
- 동서독 정치인들의 활발한 접촉과 신뢰

○ 독일통일의 성격과 의미
- 평화적 통일
- 주민 자율적 결정에 의한 통일
- 법적, 제도적 통일(연방 가입에 따른 각종 연방 법제도 적용)
- 자유민주주의와 시장경제의 확산

7. 한국에 주는 시사점

○ 분단시기
- 원칙과 현실의 조화
- 통일보다 자유, 평화 우선
  - 이산가족 상봉 등 분단으로 인한 고통해소에 중점
- 빈번한 접촉과 교류를 통한 신뢰 유지

○ 통일시기
- 통일의 기회 포착
- 동독 주민의 자유의사 존중
- 오데르-나이세 국경선 동부지역 포기 등 과감한 양보

○ 분야별 통합 시기
- 통합의 기본 원칙
  - 자유민주주의, 연방주의, 법치주의, 사회적 시장경제주의
- 제도분야는 가급적 신속히 통합
- 과거청산은 국민통합을 고려하여 신중히 처리
- 재건 재원 투입은 소비성 지출보다는 투자성 중심으로, 경제성장과 생산성, 자율성 향상 등을 보아 가면서 확대
- 동서독 주민들의 고통 분담 설득
- 동서독 주민들의 만남과 대화를 통해 상호 입장 이해

〈부 록 3〉

분단과 통일에 관한 법적 쟁점

Ⅰ. 헌법상 영토조항과 통일조항의 법리적 상충문제

1. 문제의 제기

규범적 측면에서 볼 때 현행헌법(제6공화국 헌법)은 제4조에 통일조항을 신설하여 평화적 통일의 의지를 강조하고 있는바, 한반도의 법적 분단을 부인하는 영토조항과 분단을 전제로 하는 통일조항의 두 규범 간에는 법리상 상충되는 점이 있지 않은가가 문제로 제기될 수 있다. 현실적인 면에서도 영토조항이 그간 한국정부의 통일정책의 실제, 즉 헌법현실과 어느 정도 괴리현상을 보여 온 것도 부인할 수 없는 사실이다. 7·7선언의 천명, 「한민족공동체통일방안」의 대북제의, 8차에 걸친 남북고위급회담 개최, 남북한 유엔동시가입, 1991년 12월 남북기본합의서 채택 등은 영토조항과 통일정책의 실제 간의 모순을 잘 보여주는 단적인 예들이다. 이러한 모순은 특히 남북한 유엔동시가입 후에 더욱 심화되고 있다.[1)]

특히 남북한이 유엔에 동시가입하고 기본합의서를 채택함에 따라 이제 상호 체제인정 및 존중, 즉 제한적이나마 '국가적 실체성'을 인정할 수밖에 없는 상황에 이르렀다. 따라서 앞으로도 현재의 영토조항을 존치하면서 기존의 해석론을 고수할 경우, 법리상의 모순을 피할 수 없게 된다. 왜냐하면 영토조항의 법리를 그대로 따르면 유엔회원국의 하나인 조선민주주의인민공화국이 다른 유엔회원국인 대한민국 영토 중 군사분계선 이북지역을 불법으로 영유한다는 것이 되기 때문이다.[2)]

더 나아가 우리 헌법이 갖고 있는 '완성국가의 헌법적 성격'과 영토조항의 '형식논리'에 따르면 현행헌법상 가능한 통일방안은 결국 대한민국헌법이 존속하는 가운데 북한정권이 소멸되어 스스로 남한정부의 지배하에 들어오는 것, 즉 흡수통일 이외에 다른 통일방식의 여지가 없다는 결론에 이를 수 있다(이 같은 견해가 헌법학계에서 널리 지지를 받는 것은 아

1) 장명봉, "남북한 기본관계 정립을 위한 법적 대응," 『남북한 UN가입과 한반도통일문제에 관한 공법적 대응』, 한국공법학회 제21회 학술발표회(1991.11.2). p. 45.

2) 이러한 입장을 취하는 대표적 학자로는 고(故) 배재식 교수와 김찬규 교수 등이 있다. 배재식, "남북한의 국가성," 『법률신문』, 1991년 8월 15일, p. 3; 김찬규, "UN가입과 남북한의 법적 지위," 『법률신문』, 1991년 8월 19일, p. 6 참조.

니나, 유력한 문제제기인 것만큼은 분명하다). 그에 따르면 이러한 통일방안은 냉전 이데올로기에 입각한 것으로서, 남북한의 현실에 비추어 실현가능성이 희박한 것이며 정부의 통일정책과도 부합되지 않는다는 것이다.[3] 이 밖에도 영토조항은 실지회복을 강조한 것인바, 실지회복론은 북한을 반국가단체로 보는 것이고, 평화적 통일조항은 북한의 실체를 인정한 것이라는 점에서 양자는 상충된다는 주장도 있다.[4]

이와 같이 영토조항의 형식논리와 통일정책의 현실, 즉 헌법규범과 헌법현실 간에 모순과 괴리가 부분적으로나마 노정되고 있다. 이러한 점을 감안할 때 대북 및 통일정책과 관련된 중요한 헌법문제로서 영토조항과 통일조항의 (법리적) 상충을 해결하지 않으면 안 되게 되었다고 하겠다.

2. 학설의 입장

학설은 영토조항의 현실적 규범력을 인정할 것인지 여부에 따라 나누어지고 있다. 영토조항의 현실적 규범력을 부정하는 견해는 영토조항이 통일조항과 논리적으로 모순되고 통일정책의 실체와도 조화되지 않기 때문에 입법론 혹은 헌법해석에 의해 해결하려 한다. 이에 반해 영토조항의 현실적 규범력을 인정하려는 견해는 영토조항과 통일조항은 모순관계에 있는 것이 아니거나 또는 오히려 그 모순 자체를 헌법이 정하고 있다고 본다.

(1) 영토조항의 현실적 규범력을 부정하는 견해

가. 통일조항에 우선적 효력을 인정하는 견해

영토조항과 통일조항을 일반법과 특별법의 관계로 파악하거나(일반법 특별법 관계론),[5] 평화통일은 우리 헌법조문의 "평화적 통일의 사명"이라는 문언에 따라 우리 헌법이 지향하는 이념이므로 통일조항의 영토조항에 대한 우월적 효력을 인정하려는 입장(헌법이념우선론)이다.[6]

이에 대해서는 다음과 같은 비판이 제기된다. 첫째, 특별법우선원칙이 적용되려면 일정한 범위에서 적용범위가 중복되어 좁은 범위의 법이 우선 적용되어야 한다. 그러나 영토조항과 통일조항은 광협이 다른 적용범위를 가진 법규가 아니다. 둘째, 국가를 확정하는 조항

---

3) 장명봉, "통일문제와 관계법의 괴리－통일정책과 헌법문제를 중심으로－," 『사상과 정책』, 1989년 가을호, pp. 6-7; 한편 대한민국 역대정부의 통일정책에 대한 법적 평가에 대해서는 김철수, 『현대헌법론』(서울: 박영사, 1979), pp. 11-19 참조.

4) 이장희, "독일통일이 남·북한통일에 주는 법적 의미," 『국제법학회논총』, 제36권 제2호(1991), p. 132.

5) 계희열, 『헌법학(상)』(서울: 박영사, 1995), p. 163.

6) 도회근, "헌법 제3조(영토조항)의 해석," 『헌법규범과 헌법현실』, 권영성 교수 정년기념논문집(서울: 법문사, 1999), p. 849 이하.

이 통일조항보다 하위에 들어가는 것은 사리에 맞지 않는다. 셋째, 굳이 효력의 우열을 따진다면 헌법제정권력에 의해 제정된 영토조항이 헌법개정권력에 의해 1972년 제7차 개정 때 추가된 통일조항보다 우선한다고 말할 수 있다. 넷째, 헌법의 모든 규정은 통일적으로 해석해야 한다는 헌법해석의 일반원칙을 간과하고 있다.

나. 영토조항을 미래지향적 규정으로 보는 견해

영토조항은 한반도 전체를 영토를 토대로 한 국가형성이라는 미래에 달성하여야 할 목표를 제시하고 있는 미래지향적, 미완성적 성격을 가진 조항이고, 통일조항은 영토조항이 제시하고 있는 목표를 달성하기 위하여 국가가 취해야 할 절차, 방법, 내용을 규정하고 있는 현실적, 구체적 성격을 지닌 조항이라고 보는 입장이다.[7]

이에 대해서는 헌법의 규범력을 제고하는 방향으로 해석하여야 한다는 헌법해석의 원칙에 반한다는 비판이 가능하다.

다. 헌법변천으로 이해하려는 견해

헌법초기에는 영토조항에 의하여 북한을 불법단체로 보았으나, 40여 년이나 분단상태가 지속되는 동안 시대상황의 변화에 따라 우리의 통일정책도 변화하였고, 따라서 영토조항은 본래적 의미를 상실했다고 보는 입장이다. 즉 헌법현실이 헌법규범에서 이탈하게 되어 헌법규범을 변경하겠다는 직접적 의사 없이 헌법의 내용의미에 실질적 변화를 발생시키는 '헌법변천'을 가져왔거나, '헌법변천의 과정'에 있다고 보는 것이다.[8]

그러나 헌법변천론의 주장이 북한의 실체를 인정하지 아니한 것으로부터 그 실체를 인정하는 상태까지 이르게 되었다는 것이라면, 이는 영토조항의 의미변천이 아니고 영토조항에 근거한 정부의 대북정책의 변화에 지나지 않는다는 비판이 있다.

라. 정치선언으로 이해하려는 견해

이 입장은 영토조항을 대한민국 헌법의 효력범위를 규정한 법적 의미를 가진 헌법원리라기보다는 한반도 전체에 대하여 그 정통합법성을 주장하는 '정치적 선언'으로 보는 것이 가능하다고 한다.[9] 즉 영토조항은 규범적 효력을 갖는 규정이 아니며, 단지 "대한민국의 영토는 한반도와 그 부속도서로 구성되어야 한다"는 당위적 명제를 천명한 선언적 규정이라는 것이다. 과거 최대권 교수가 밝혔던 초기의 입장이기도 하다. 그러나 현재도 이러한 입장을

---

7) 최창동, "통일을 앞둔 남북한의 법적 지위," 『분단국가의 법적 지위』(서울: 법률행정연구원, 1996), pp. 186-187.

8) 양건, "남한의 통일방안을 어떻게 볼 것인가?," 『공법연구』, 제22집 제1호(1994), p. 223. 영토조항을 헌법변천의 차원에서 이해하려는 입장에 관해서는 장명봉, "남북한 기본관계 정립을 위한 법적 대응," pp. 45-46.

9) 최대권, 『통일의 법적 문제』(서울: 법문사, 1990), p. 147.

취하고 있는지는 확실치 않다.

아무튼 이러한 입장은 헌법 기초자의 의사에 반할 뿐만 아니라, 헌법의 해석상 각 조항에 실효성을 부여해야 한다는 실효성의 원칙(principle of effectiveness)에 비추어 볼 때 타당하지 않다는 반론이 가능하다. 또 사법부의 입장과 명백히 배치되는 주장이라고 하겠다.

마. 국제법의 원칙을 적용하자는 견해

영토의 범위는 국가권력의 공간적인 효력범위에 국한된다는 국제법 원칙을 근거로 하여 우리의 영토조항을 명목적인 규정으로 파악하는 입장이다. 영토조항의 규범력을 인정하지 않음으로써 통일조항과의 상충관계를 피해 보려고 한다.

그러나 이 입장은 '국제법우위론'에 기초하여 주장되고 있다는 점에서 문제가 있다. 헌법 제6조 제1항은 "헌법에 의하여 체결 공포된 조약과 일반적으로 승인된 국제법규는 국내법과 같은 효력을 가진다"고 규정하고 있기 때문이다. 헌법 하위법인 국내법률과 같은 효력을 갖는 국제법의 원칙을 내세워 상위법에 해당하는 헌법상의 영토조항을 무력화시키는 것은 부당하다고 하겠다.

바. 입법적 해결론

헌법의 영토조항이 통일조항과 상호 모순되므로 개정 내지 삭제하여야 한다는 입장이다. 또한 영토조항을 개정하여 우리의 영토를 현실에 맞게 '군사분계선(휴전선) 이남'으로 한정함으로써 북한은 우리 영토에 속하지 않는다고 명문으로 규정하자고 한다.[10] 고 배재식 교수도 이와 유사한 입장을 취하였다.[11]

그러나 헌법조항이 외견상 상충되는 듯이 보일지라도 헌법의 조화적 해석을 통해 해결하는 것이 헌법 개정보다 바람직하다고 본다. 그리고 영토조항을 개정 삭제할 경우 법적으로 '통일'의 문제는 사라지고 탈북주민을 더 이상 우리 국민으로 볼 수 없다. 남북 간의 물자교역이 더 이상 민족내부의 교역으로 인정받을 수 없음은 물론이다. 이 입장은 우리 헌법이 '영속 완전헌법'(완성헌법)으로서 '임시 잠정헌법'인 서독의 기본법(Grundgesetz)과 다른 성격을 고려하지 않았다고 볼 수 있다.

---

10) 홍성방, 『헌법학』(서울: 현암사, 2002), p. 46.

11) 고 배재식 교수는 "대한민국의 영토는 한반도와 그 부속도서로 한다. 다만 조국통일이 성립할 때까지 잠정적으로 대한민국의 영토적 관할권을 현재의 군사분계선 이남지역으로 한정한다"는 개정안을 제시한 바 있었다. 배재식, "남·북한의 유엔가입과 법적 문제," 『한국통일정책연구논총』(한국통일정책연구회), 제2권(1993), p. 23.

(2) 영토조항의 현실적 규범력을 인정하는 견해

가. 유일합법정부론

헌법 제3조에 따라 북한지역도 대한민국 영토의 일부로서 대한민국의 주권이 북한지역에도 미치고 대한민국만이 한반도의 유일한 합법정부이며 북한지역은 조선민주주의인민공화국이라는 불법적인 반국가단체가 지배하고 있는 미수복지역이라고 한다. 종래의 다수설이다.[12)]

그러나 이 견해에 대하여는 북한을 반국가단체로만 파악하는 것은 경직되고 비현실적인 냉전적인 사고라는 비판이 가능하다. 달라진 북한과의 관계나 국제정세를 고려하지 않고 있기 때문이다.

나. 영토조항이 통일조항과 충돌되지 않는다는 견해

헌법규범을 일의적으로 해석하지 아니하고 가능한 한 조화적으로 해석하려는 입장이다. 종래의 다수설을 전제로 하여 통일방안으로써 무력에 의한 통일을 배제하는 의미를 갖는 것인 한 영토조항은 통일조항과 충돌되는 것이 아니라고 본다.[13)] 이 같은 견해는 '영토조항의 정당화이론'이라고 불리운다.[14)]

종래의 다수설에 근거하여 이를 발전시킨 입장으로 헌법규범을 가능한 한 조화적으로 해석하려고 한 점에서 긍정적인 평가가 가능하다. 그러나 이 견해에 대해서는 1차적으로 북한을 반국가단체로 보려는 냉전적·대결적 측면이 여전히 강하며, 더욱이 사법부가 통일조항의 규범적 효력을 인정하는 것과 논리적으로 모순된다는 비판이 존재한다.

다. 남북관계의 특수성을 인정하는 견해: 북한정권의 이중적 성격론

남북관계의 특수성인 이중적 성격이 영토조항과 통일조항을 통하여 반영되고 있다고 보고, 모순되는(혹은 일응 모순되는 것처럼 보이는) 두 조항의 효력을 모두 인정하는 입장이다. 서로 다른 방향의 두 조항을 동시에 규정하는 상반구조적 입법기술이 헌법입법의 독특한 방식이라고 하면서 이는 어느 한 방향으로의 의사확정이 곤란할 때 일정한 헌법적 테두

---

12) 김철수, 『헌법학개론』(서울: 박영사, 2002), p. 104; 강경근, 『헌법학』(서울: 법문사, 1998), p. 102.

13) 이는 최대권 교수의 후기 견해이다. 최대권, 『헌법학 강의』(서울: 박영사, 2001), p. 104; 이성환, "대한민국 국민의 범위," 『법학논총』(국민대), 1997, pp. 272-273. 이와 관련해서 통일조항은 영토조항과의 관계에서 일부 모순되는 규정이지만 양자를 조화롭게 해석해야 한다는 견해도 있다. 예컨대, 김명기 교수는 "국가의 3요소는 국민·영토·정부이다. 통일은 국가의 3요소인 국민·영토·정부의 분단을 전제로 성립되는 개념인데, 제3조는 적어도 법적으로는 영토의 분단을 부정하고 있기 때문에 제3조는 제4조와 모순·저촉된다. 이 모순·저촉을 피하기 위해서는 제4조의 통일은 영토를 제외하고 국민과 정부의 통일, 그중에서도 정부의 통일로 이해할 수밖에 없다. 그러므로 제4조의 통일은 대한민국의 영토로부터 북한정권을 축출하는 것을 뜻하게 된다"고 말하고 있다. 김명기, 『북방정책과 국제법』, pp. 142-143.

14) 성낙인, 『헌법학』, 제4판(서울: 법문사, 2004), p. 193.

리를 그려놓고 그 한도 내에서 구체화 입법에 의하여 상황에 따른 올바른 결정을 할 여지를 주기 위한 것이라고 설명한다. 따라서 두 조항 간의 모순 그 자체가 헌법의 의사이며 그때그때 시의적절한 구체적 입법과 집행을 기대한 것이라고 본다. 현재 영토조항을 구체화한 국가보안법과 통일조항을 구체화한 남북교류협력법은 서로 다른 방향의 헌법의사가 하위입법으로 구체화된 것이라고 한다.15)

권영성 교수는 이러한 입장이 북한정권의 '이중적 성격론'을 논리적 근거로 하고 있다고 이해하고 있다. 그는 "이중적 성격론은 영토조항을 근거로 하여 북한을 반국가단체로 규정하면서도 통일조항을 근거로 하여 북한을 대화와 협력의 동반자로 규정하고 있다는 점에서 양 조항의 규범조화적 해석을 시도한 견해라고 할 수 있다"고 말한다.16)

그러나 이 같은 견해에 대해서는 헌법이 의도적으로 상호 모순되는 내용을 규정하고 있는 것도 문제이고, 법집행자나 해석자의 자의가 개입될 소지가 크다는 비판이 제기되고 있다.

3. 판례의 입장

(1) 대법원의 입장

대법원은 지금까지 일관되게 영토조항의 규범력을 인정하는 논리 위에서 북한을 반국가단체로 보고 있다. 즉 대법원은 "헌법 제3조는 '대한민국의 영토는 한반도와 그 부속도서로 한다'고 규정하고 있어 법리상 이 지역에서는 대한민국의 주권과 부딪치는 어떠한 국가단체도 인정할 수가 없는 것이므로 비록 북한이 국제사회에서 하나의 주권국가로 존속하고 있고, 우리 정부가 북한 당국자의 명칭을 쓰면서 정상회담 등을 제의하였다 하여 북한이 대한민국의 영토고권을 침해하는 반국가단체가 아니라고 단정할 수 없다"17)라고 판시하여 종래의 다수설과 동일한 입장을 취하고 있는 것으로 보인다.

그러나 이러한 대법원의 판시태도는 다소 영토조항에 기울어져 있는 입장이라 할 수 있다. 또한 탈냉전시대 혹은 남북화해·협력시대에 맞게 통일조항을 보다 적극적으로 해석하여 북한의 법적 지위를 새로이 규정하려고 시도하지 않는다는 점에서 다소 보수적인 태도라는 비판을 면하기 어려운 점이 있다.

(2) 헌법재판소의 입장

헌법재판소는 "현단계에서의 북한은 조국의 평화적 통일을 위한 대화와 협력의 동반자임과 동시에 대남적화노선을 고수하면서 우리 자유민주체제의 전복을 획책하고 있는 반국가

15) 권영성, "우리 헌법의 영토조항과 통일조항," pp. 6-7 참조.

16) 권영성, 『헌법학원론 보정판』, p. 126.

17) 대법원 1990.9.25. 선고 90도1451호 판결; 동 1961.9.28. 선고 4292행상48호 판결; 동 1996.11.12. 선고 96누1221도 판결 비슷한 취지의 판시를 하고 있다.

단체라는 성격도 함께 갖고 있음이 엄연한 현실인 점…"[18]이라 하고, "우리 헌법이 지향하고 있는 통일은 평화통일이기 때문에… 자유민주적 기본질서에 입각한 통일을 위하여 때로는 북한의 정치적 실체를 인정함도 불가피하게 된다"[19]라고 하여, 북한은 반국가단체이지만, 동시에 함께 통일을 지향하는 동반자적 관계에서 북한의 실체를 인정할 수 있다고 판시하고 있다. 또한 헌법재판소는 "현단계에 있어서의 북한은 조국의 평화적 통일을 위한 대화와 협력의 동반자임과 동시에 대남적화노선을 고수하면서 우리 자유민주주의체제의 전복을 획책하고 있는 반국가단체라는 성격도 함께 갖고 있음이 엄연한 현실인 점에 비추어 남북교류협력에관한법률 등이 공포·시행되었다 하여 국가보안법의 필요성이 소멸되었다거나 북한의 반국가단체성이 소멸되었다고는 할 수 없다"[20]고 판시하고 있다.

이러한 판시태도는 남북한 특수관계론 내지 북한정권의 '이중적 성격론'에서 나온 것이라고 할 수 있다. 뿐만 아니라 이 같은 판례는 헌법 제3조와 제4조의 상반구조를 전제로 영토조항과 통일조항을 규범조화적으로 해석하려는 시도라고 볼 수 있다.

4. 결 어

영토조항의 현실적 규범적 효력을 부인하는 입장은 헌법의 규범력을 인정·제고하는 방향으로 해석해야 한다는 헌법해석의 원칙에 부합하지 않는다. 또한 대한민국이 정통 합법국가임을 밝히는 헌법제정권력 주체의 의지적 표현인 영토조항의 규범성을 무시한다는 점에서 타당하지 못하다. 그러므로 헌법재판소나 대법원이 판례를 변경하기 전까지는 영토조항의 규범력을 부정하는 견해는 법리적으로 인용되기 어렵다.

다만 종래의 다수설처럼 북한을 반국가단체로만 파악하는 것은 남북관계의 특수성이라는 헌법적 현실을 도외시한 해석으로서 수정이 불가피하다. 아니 그러한 수정은 이미 헌법재판소에 의해 이루어지고 있다. 즉 북한은 대남적화 활동을 할 경우 반국가단체로 간주되지만, 남북교류협력을 할 경우에는 민족동반자로 간주된다는, 이른바 남북관계의 이중성이 인정되고 있는 것이다.

이러한 사실에 비추어 보더라도 남북관계의 특수성 및 이중성을 전제로 영토조항과 통일조항의 규범력을 모두 인정하는 견해(또 이러한 입장을 전제로 양 조항을 규범조화적으로 해석하려는 태도)가 타당하다고 본다. 이 견해에 따를 때 두 조항의 규범력을 제고할 수 있고, 또한 남북관계의 현실에 시의적절하게 대응하는 입법의 형성이 가능하다고 할 것이다.[21]

---

18) 헌법재판소 1993.7.29. 선고, 92헌바48호 결정.

19) 헌법재판소 1990.4.2. 선고 89헌가113호 결정.

20) 헌법재판소 1997.1.16. 선고 92헌바6등(병합) 결정.

21) 장기적인 차원에서 영토조항과 통일조항의 입법적 해결방안도 조심스럽게 검토할 필요가 있다. 현단계에서는 그 가능성이 높지 않지만, 앞으로 남북관계가 구조적 차원에서 질적 변화를 거듭하고 국민의사가 수렴될 경우 양 조항에 대한 개정 또는 통합 등 입법적 대안이 적극 모색될 가능성을 배제할 수 없기 때문이다. 이에 대한 기초적인 연구로는 제성호, "헌법상 통일관련 조항의 개폐문

Ⅱ. 영토조항의 규범력 인정에 따른 법적 문제: 국제법적 측면과의 상충 여부

영토조항의 현실적 규범력을 인정할 경우 불가불 남북한 유엔동시가입, 남북기본합의서의 체결, 분단상황하에서 남북통일을 지향하는 우리의 국가정책, 곧 1국가론 등과 모순되는 것이 아닌가 하는 국제법적 문제가 발생하게 된다. 더불어 영토조항의 규범력의 인정여부에 따라 북한주민의 법적 지위, 남북한 물자교역의 성격, 국가보안법의 합헌성 여부와 그 헌법적 근거 등을 둘러싼 법적 문제도 생각해 볼 수 있다. 여기서는 영토조항과 남북한 유엔동시가입의 문제, 남북기본합의서 체결과의 문제, 그리고 이 같은 법률행위의 1국가론과의 저촉문제만을 간단히 검토하고, 나머지 문제는 다음 항목에서 살펴보기로 한다.

1. 남북한 유엔동시가입의 문제

남북한의 유엔(UN)동시가입은 국제법적으로 보면 남한과 북한이 모두 국제적인 승인을 받게 되었음을 뜻하며, 결국 상호 간에 국제법 주체성을 더 이상 부정할 수 없게 되었다는 의미를 지닌다. 그런데 남북한의 유엔동시가입을 평화적 통일을 위한 기반형성의 의미로 이해할 때에는 헌법 제4조의 통일조항에 기초한 것이라고 볼 수 있으나, 한편으로는 북한을 불법단체가 아닌 국가로 인정하는 것이 되어 헌법 제3조의 영토조항에 반하는 것이 아닌지가 문제된다.

그러나 남북한의 유엔동시가입이 대외적인 측면에서는 상호 (국가성) 인정의 의미를 가질 수 있으나, 그것이 곧 대내적인 측면까지 연결되어 남북한 당사자 간에도 당연히 상호 국가성을 인정하는 것은 아니다. 이를 국가승인의 "상대적 효력"이라고 한다.[22] 따라서 영토조항의 현실 규범력을 인정하더라도 남북한 유엔동시가입과 반드시 모순되는 것은 아니라고 할 것이다.

이와 관련하여 헌법재판소의 결정문은 다음과 같이 말하고 있다.

(헌재결정)

"남・북한이 유엔(U.N.)에 동시가입하였다고 하더라도, 이는 "유엔헌장"이라는 다변조약에의 가입을 의미하는 것으로서 유엔헌장 제4조 제1항의 해석상 신규가맹국이 "유엔

제," pp. 280-303; 제성호, 『남북한 특수관계론: 법적 문제와 그 대책』, pp. 111-124 참조.

22) 김명기 교수는 다음과 같이 말한다. "남북한 유엔동시가입은 유엔이라는 국제기구 자체에 의해서 대한민국과 조선민주주의인민공화국을 국가로서 승인해 주는 것을 의미한다. 즉, 유엔과의 관계에서 2개의 국가로 존재하게 되는 것이나, 국제법상 국가승인은 승인한 국가와 승인을 받는 국가와의 관계에서만 승인의 효과가 발생하는 상대적인 것이기 때문에 어떤 국가의 유엔가입 자체가 기존가입 회원국들로부터 당연히 국가승인을 받는 것이 아니다. 남북한관계에서는 UN가입 전에 상호 국가로 승인한 사실이 없으므로 비록 유엔에 동시가입하였다 하더라도 상대방을 국가로 승인하였다고 볼 수 없다." 김명기, 『남북기본합의서 요론』(서울: 국제문제연구소, 1992), pp. 100-102.

(U.N.)"이라는 국제기구에 의하여 국가로 승인받는 효과가 발생하는 것은 별론으로 하고, 그것만으로 곧 다른 가맹국과의 관계에 있어서도 당연히 상호 간에 국가승인이 있었다고는 볼 수 없다는 것이 현실 국제정치상의 관례이고 국제법상의 통설적인 입장이다."[23]

2. 남북기본합의서 체결문제

남북기본합의서는 남북한 간의 군사적 위험을 제거하고 선린관계를 유지하며 그 밖에 경제문제에 있어서 물자의 자유로운 유통을 보장하고 이산가족들의 재회를 포함한 인적교류 및 문화적 교류의 증진을 위해 노력한다는 것 등을 주요내용으로 하고 있다.[24] 이와 관련해서 남북기본합의서를 조약으로 볼 경우 북한에 대해 묵시적 국가승인을 부여한 것으로 해석될 여지가 있어서 영토조항과 상호 모순된다는 주장이 있어 왔다.

그러나 남북기본합의서는 남북한 간의 상호관계를 규율하는 것이지 외국과 가지는 관계로 규율하자는 것은 아니다. 남북한 쌍방도 "쌍방 사이의 관계가 나라와 나라 사이의 관계가 아닌 통일을 지향하는 과정에서 잠정적으로 형성되는 특수관계"라고 선언한 점에서 남북기본합의서가 국제법적 효과를 가지는 문서로 하지 아니할 의사를 명백히 하고 있다. 따라서 남북기본합의서는 국제법적 효과를 창출하는 것이 아니므로 형식상 조약에 유사한 외관을 갖추고 있더라도 조약이라고 볼 수 없다. 결국 남북기본합의서는 헌법 제3조의 영토조항과 모순되지 않는다고 할 것이다.

이 점에 대하여 헌법재판소는 다음과 같이 판시하고 있다.

(헌재결정)

"소위 남북합의서는 남북관계를 "나라와 나라 사이의 관계가 아닌 통일을 지향하는 과정에서 잠정적으로 형성되는 특수관계"(전문 참조)임을 전제로 하여 이루어진 합의문서인바, 이는 한민족공동체 내부의 특수관계를 바탕으로 한 당국 간의 합의로서 남북당국의 성의 있는 이행을 상호 약속하는 일종의 공동성명 또는 신사협정에 준하는 성격을 가짐에 불과하다."[25]

---

23) 헌법재판소 1997.1.16. 선고 92헌바6호 결정. J. Crawford는 유엔가입은 유엔의 다른 전체 회원국들에 의한 승인 또는 가입에 찬성투표를 한 회원국들에 의한 승인으로 되지 않는 것이 명백하다고 한다. J. Crawford, *The Creation of States in International Law* (Oxford: Clarendon Press, 1979), p. 322. Gerhard v. Glahn, Rosalyn Higgins, G. J. Mangone 등도 이와 동일한 견해를 취하고 있다.

24) 김철수, 『법과 정치』(서울: 교육과학사, 1995), p. 688.

25) 헌법재판소 1997.1.16. 선고 92헌바6호 결정 참조.

3. '1국가론'(1국가 2체제)의 문제

전술한 바와 같이 유엔가입은 유엔이라는 기구에 의한 승인일 뿐, 기존 회원국들이 남북한을 승인하는 것이 아니고,[26] 더욱이 가입당사자인 남북한이 유엔가입을 계기로 상호 묵시적 승인을 한 것이라고 볼 수 없다. 하지만 남북한 유엔동시가입을 우리가 제의했다는 것은 대한민국이 북한을 단순히 반국가단체로만 보는 것은 아니고 그 이상의 일정한 정치실체로 '인정'하고 있음을 의미하는 것이다. 북한과 남북기본합의서라는 분단국 내부관계에 관한 합의서를 체결하는 행위도 역시 북한에 대하여 일정한 정치실체성을 인정한 것이라고 봄이 타당하다.

여기서 문제가 되는 것은 남북한 유엔동시가입이나 남북기본합의서 체결 사실(이는 적어도 '대외적으로는' 우리가 '1민족 2국가'론을 사실상 수용하고 있음을 말해주는 것이다)에도 불구하고, 우리가 내부적으로 남북한은 여전히 하나의 국가(1국가론)임을 주장하는 한편, 여기서 더 나아가 국제사회에 대해서도 남북한이 국제법상의 2국가가 아닌 '비국제적 특수관계'에 있으며 통일을 지향하는 1국가(분단국)임을 주장할 수 있는가 하는 점이다.

이 문제에 대하여는 우리 정부가 북한의 정치실체성을 인정하는 것은 어디까지나 남북한 특수관계의 현실인정적 측면에서 비롯된 것(즉 '대외적으로는' 사실상 2국가로 성립, 존재하고 있음을 부인할 수 없다는 점을 지적한 것일 뿐이며, 대내적으로는 여전히 '1국가 2체제'인 만큼 남북한이 각기 1국가론을 견지하는 한편, 이러한 분단국 내부의 특수관계 혹은 1국가론을 국제적으로 주장하고 세계 각국들이 이를 존중해 줄 것을 요구할 수 있다고 생각된다. 이러한 법적 논리 구성은 분단국인 남북한이 오늘날 국제법상의 권리로 간주되는 민족자결권(the right of self-determination)을 원용할 때 얼마든지 가능하다고 할 것이다.[27]

이와 관련, '사실상 2국가'이면서도 1국가론을 견지한 국제선례로는 동서독의 예를 들 수 있다. 즉 양 독일은 동서독기본조약이라는 국제법상의 조약을 체결하고 유엔에 별개로 가입하고 있었으나, 그러한 사실이 동서독은 상호 외국이 아니며, 양 독일의 관계는 '특별한 종류의 내부관계'(Inter-se Beziehungen von besonderer Art, 즉 특수관계하에 있는 '하나의 국가')라는 주장을 부정할 수는 없었다. 한편 구소련에 있어서 백러시아(현재 벨라루스의 전신)나 우크라이나는 각기 국제법상의 국가가 아니고 소련연방의 1구성원에 불과하였으나 독자적으로 유엔에 가입하고 있었다.

---

26) 유엔가입은 외교적 승인제도와는 본질상 다르기 때문에 어느 국가의 유엔가입으로 기존 회원국들이 당해 국가에 대해—특히 당해 국가의 유엔가입에 찬성투표한 회원국들의 경우에도 찬성투표라는 사실만으로—집단적인 승인(collective recognition)을 부여했다고는 볼 수 없다는 것이 유엔의 확립된 관행으로 간주되고 있다.

27) 민족자결권의 법적 성격과 분단국에서의 원용가능성에 관해서는 Hyo Sang Chang, "Right of Self-Determination in Divided Countries: Its Applicabililty to the Korean Unification," *Österreichische Zeitschrift für Öffentliches REcht und Völkerecht*, vol. 35 (1984), pp. 177-196; 제성호, "남북교역의 민족내부교류성 인정문제: 「자결권」을 중심으로," 『통일연구논총』, 제3권 1호(1994), pp. 165-185 참조.

이상과 같은 사실에 비추어 남북한이 유엔에 동시가입하거나 또는 기본합의서를 채택하는 등 북한의 정치실체성을 인정하는 것과 국내외적으로 1국가론을 견지하는 것은 반드시 모순이라고 할 수 없을 것이다.[28)]

Ⅲ. 북한주민과 남북교역의 법적 지위문제

1. 북한주민의 법적 지위문제

영토조항의 해석은 북한주민이 대한민국 국민인가, 아니면 외국인인가 하는 문제로 연결되고 북한주민이 대한민국으로 귀순할 경우 어떻게 처우할 것인가 하는 문제로 나타난다.

(1) 북한주민을 대한민국 국민으로 보는 견해

이 견해는 영토조항의 규범력을 인정하는 것을 전제로 해서 당연히(ipso facto) 또는 원초적으로 북한주민을 대한민국 국민으로 본다. 대법원 판례와 헌법재판소의 입장이기도 하다. 이에 따르면 북한주민이 남한으로 이주하는 경우 별다른 국적변경조치 없이도 당연히 대한민국 국민이 된다고 한다.

(대법원 판례)

설사 그가 북한법의 규정에 따라 북한 국적을 취득하여 중국주재 북한대사관으로부터 북한의 해외공민증을 발급받은 자라 하더라도 북한지역 역시 대한민국의 영토에 속하는 한반도의 일부를 이루는 것이어서 대한민국의 주권이 미칠 뿐이고 대한민국의 주권과 부딪치는 어떠한 국가단체나 주권을 인정할 수 없다는 점에서 볼 때 그러한 사정은 그가 대한민국 국적을 취득하는 데 아무런 영향을 미칠 수 없다.[29)]

28) 이와 관련, 남북한이 유엔에 가입할 당시 "두 개의 한국이 유엔에 가입하는 것은 남북한 간의 대화에 기여하고 궁극적으로는 통일에 기여할 것이다"라는 1991년 5월 28일자 미국무부의 Tutwiler 대변인의 성명, 남북한의 유엔가입은 남북화해와 통일에 유리하게 작용할 것이라는 프랑스 외무성의 성명, 남북한의 유엔동시가입은 한반도의 통일을 위한 과도적인 조치로서 환영할 만한 것이라는 일본정부의 발표 등은 남북한이 유엔동시가입에도 불구하고 남북한이 주관적으로는 통일을 지향하는 분단국 내지 '하나의 국가'라는 1국가론을 주장할 수 있음을 묵인한 것으로 볼 수 있다. Ernst-Ulrich Petersmann, "Study on Legal and Political Aspects of Inter-Korean Transactions and their Relationship to the International Trade Regime under GATT," 한국개발연구원, 『GATT체제하의 남북한교역의 법적 · 정치적 측면에 관한 연구』(서울: 한국개발연구원, 1993), p. 3; 제성호, 『남북한 특수관계론: 법적 문제와 그 대책』(서울: 한울아카데미, 1995), pp. 42-43 참조.

29) 대법원 1996.11.12. 선고 96누1221호 판결.

(헌재결정)

"우리 헌법은 제헌헌법 이래로 '대한민국의 영토는 한반도와 그 부속도서로 한다'(제헌헌법 제4조, 현행헌법 제3조)는 규정을 두고 있다. 대법원은 이를 근거로 하여 북한지역도 대한민국의 영토에 속하는 한반도의 일부를 이루는 것이어서 대한민국의 주권이 미치고 북한주민도 대한민국 국적을 취득·유지하는 데 아무런 영향이 없는 것으로 해석하고 있다."[30]

(2) 북한주민을 외국인으로 보는 견해

북한주민을 사실상 외국인 또는 무국적자로 보는 견해가 있다. 이 견해에 따르면, 북한지역은 대한민국의 영토가 아니며 대한민국의 영토고권과 대인고권이 미치지 않으므로 북한주민은 대한민국 국민이 아니라고 한다. 따라서 북한주민이 남한으로 망명하는 경우 당연히 대한민국 국적을 취득할 수는 없고 망명, 귀화 등의 절차가 필요하다고 본다.[31]

(3) 특수한 법적 지위를 인정하는 견해

북한주민은 국내법상으로는 남한 국민이면서 국제법상으로는 '사실상 북한 (국)적'을 갖는 특수한 지위를 지닌 것으로 보아야 한다는 입장이다. 이에 따를 경우 북한주민이 제3국으로 탈출하는 경우 난민으로서 국제법 보호를 받을 수 있도록 하여야 하고, 남한으로 귀순하는 경우 당연히 한국 국적을 회복한다고 볼 수 없으며 일정한 국적취득절차를 거쳐야 한국국민으로서 국적이 부여될 수 있다고 한다.[32]

(4) 결 어

영토조항의 규범적 효력을 부인하는 입장은 대법원 판례가 냉전논리를 답습하였고 시대변화를 고려하지 않았다고 비판한다. 이에 따라 북한주민을 보호하기 위해서 북한주민에 대한 특별법을 제정하거나 국적법상 특례를 설정하는 방안을 강구해야 한다고 주장한다.

그러나 이와 같은 입법론은 장기적으로는 바람직할 수 있으나, 당장 시급한 문제를 해결할 수 있는 대책은 될 수 없다. 따라서 대법원 판례를 비판적으로만 보는 것은 받아들이기 어렵다.

물론 북한주민에 대하여 특수한 법적 지위를 부여해야 한다는 주장은 상당한 정도 타당성을 갖는다고 할 것이다. 다만 이 견해에 있어서 일정한 국적취득절차를 밟아야 한국인이

---

30) 헌법재판소 2000.8.31. 선고 97헌가12호 결정.

31) 도회근, "북한주민의 헌법상의 지위에 관한 연구," 『헌법학연구』, 제4집 제2호(1998), p. 353.

32) 장명봉, "대법원판결(이영순사건)과 북한주민의 법적 지위문제," 『한국법학의 현황과 과제』, 김철수 교수 정년기념논문집(1998), pp. 168-170.

될 수 있다는 주장은 사실상 북한주민을 외국인과 동일시하는 면이 있으므로 수정을 요한다고 할 것이다.

이와 관련, 영토조항에 근거한 대법원 판결에 의지할 때 대한민국에 입국하거나 거주를 희망하는 해외의 북한주민(즉 탈북자)에 대하여 우리 정부가 외교적 보호권을 행사함에 있어서는 적어도 국내법적 장애는 없다고 하겠다.[33] 그러므로 탈북자들에게는 당연히 대한민국 국적을 '인정'하는 일관된 정책으로 나감이 바람직하다고 할 것이다. 서독이 통일 이전에 동독주민에 대하여 하나의 독일 국적을 인정한 것도 우리에게는 좋은 교훈을 준다고 할 것이다.[34]

2. 남북한 간 물자교역의 문제

한국은 현재 남북기본합의서 및 교류협력분야 부속합의서, 그리고 남북교류협력법에 따라 남북교역에 대해 관세를 부여하고 있지 않다. 그런데 만일 국제사회에서 남북한 간의 물자교역이나 합작투자사업의 법적 성격이 민족내부교류로 인정되지 않는다면, 우리 정부의 무관세교역 허용이라는 대북한 특혜조치가 무의미하게 될 가능성이 크다. 왜냐하면 WTO설립을 위한 마라케시협정 제1조의 최혜국대우의무에 따라 자동적으로 여타 WTO회원국들에게도 북한에게 취한 대우와 동일한 대우, 즉 무관세에 의한 교역을 인정해야 하기 때문이다.

하지만 영토조항의 현실적 규범력을 인정하게 되면, 남북교역의 법적 성격은 순수한 국내거래도 상호 승인한 국가 간의 국제거래도 아닌 민족내부의 거래로 될 수 있다.[35] 실제에 있어서도 4대 남북경협합의서 채택(서문에서 남북경제교류를 민족내부교류로 명시하고 있다)이나 남북교류협력법에 의한 무관세 교역의 인정은 영토조항의 규범력을 인정하는 것을 전제로 하고 있다고 하겠다.

---

33) 이러한 입론에도 불구하고 탈북자를 비롯해서 해외에 거주하는 북한주민들에 대하여 우리 정부가 외교적 보호권을 실제로 행사함에 있어서는 소위 '실효적 국적'(effective nationality)의 문제, 현지국의 주권적 판단 등 국제법적 장애가 존재하는 것은 부인할 수 없다.

34) 서독이 동독주민에 대하여 적용한 단일국적주의(a single nationality)와 문호개방이론(offene Tűr Theorie)은 독일연방헌법재판소의 판결을 통해 형성된 분단국(동서독) 주민의 국적결정이론이다. 김승대, "동포들의 대량 유입과 그 대책①－독일통일 전후과정과의 비교고찰," 『시민과 변호사』, 제37호(1997), pp. 70-71; 제성호, "해외 탈북자의 법적 지위와 처리방향," 『서울국제법연구』, 제9권 1호(2002), pp. 29-32 참조.

35) 남북교역의 민족내부거래성에 관해서는 제성호, "남북교역의 민족내부교류성 인정문제: 「자결권」을 중심으로," pp. 186-198.; 제성호, "남북교역과 민족내부교류성 인정문제," 『통상법률』, 통권 제3호(1995.6) 참조.

Ⅳ. 국가보안법의 합헌성 논쟁과 헌법적 근거

1. 국가보안법의 합헌성 논쟁

(1) 합헌론

가. 대법원의 입장

국가보안법을 보는 대법원의 입장은 대략 다음 몇 가지로 정리할 수 있다.

첫째, 국가보안법은 대한민국 전역에 걸쳐 효력이 있으므로 38도선 이북에도 그 효력이 있다.[36] 이는 현행법의 하나인 국가보안법의 실효성을 명백히 긍정하는 입장이다.

둘째, 북한이 아직도 우리나라의 자유민주적 기본질서에 대한 위협이 되고 있는 현 상황에 있어 북한을 반국가단체로 규정한 국가보안법이 우리 헌법이 천명한 국제평화주의나 평화통일의 원칙과 모순되는 법률이라고 볼 수 없다.

국가보안법은 동법 소정의 행위가 국가의 존립, 안전을 위태롭게 하거나 자유민주적 기본질서에 위해를 줄 경우에 적용되는 한에 있어서는 헌법상 보장된 국민의 권리를 침해하는 것이라고 볼 수 없으므로 이를 헌법에 위배된 무효의 법률이라고 할 수 없다.[37]

셋째, 우리 헌법이 전문과 제4조, 제5조에서 천명한 국제평화주의와 평화통일의 원칙은 자유민주적 기본질서라는 우리 헌법의 대전제를 해치지 않는 것을 전제로 하므로 아직도 북한이 막강한 군사력으로 우리와 대치하면서 우리 사회의 자유민주적 기본체제를 전복할 것을 포기하였다는 명백한 징후를 보이지 않고 있어 우리의 자유민주적 기본질서에 대한 위협이 되고 있음이 분명한 상황에서 국가의 안전을 위태롭게 하는 반국가활동을 규제함으로써 국가의 안전과 국민의 생존 및 자유를 확보함을 목적으로 하는(국가보안법 제1조 1항) 국가보안법이 평화통일의 원칙과 모순되는 법률이라고 할 수 없다.[38]

나. 헌법재판소의 입장

헌법재판소도 비슷한 입장을 취하고 있다. 구 국가보안법 제7조 제1항·제5항의 위헌성에 관하여, 이 조항에 해당하는 행위라 할지라도 그 가운데서 국가의 존립·안전이나 자유민주적 기본질서에 무해한 행위는 처벌에서 제외하고, 이에 위해를 줄 명백한 위험성이 있는 경우에만 이를 적용하도록 처벌범위를 축소·제한하는 경우에는 헌법규정들에 합치되는 합헌적 해석이 되고 그 위헌성이 제거된다고 하여 한정합헌결정을 하였다.[39]

---

36) 대법원 1950.11.20. 선고 4283형상48호 판결.

37) 대법원 1991.11.22. 선고 91도2341호 판결.

38) 대법원 1993.9.28. 선고 93도1730호 판결; 동 1991.11.22. 선고 91도2341호 판결; 동 1980.12.23. 선고 80도2570호 판결.

39) 헌법재판소 1990.4.2. 선고 89헌가113 결정.

(2) 위헌론

헌법재판소의 반대의견에서는 국가보안법을 위헌으로 보고 있다. 이 같은 입장에 의하면, 더더욱이 남북관계의 진전을 고려할 경우 국가보안법의 위헌성은 확연해진다고 본다.[40)]

(헌재결정 반대의견)

"1. 국가보안법 제7조 제1항 및 제5항은 너무 막연하고 불명확하여 죄형법정주의에 위반되고, 또한 표현행위가 대한민국에 명백한 현실적인 위험이 있거나 없거나를 가리지 아니하고 다만 반국가단체에 이로울 수 있다는 이유만으로 무조건 표현행위를 제한하고 처벌대상으로 삼고 있다는 점에서 표현의 자유의 본질적 내용을 침해하는 명백한 위헌 법률이다. 2. 국가보안법은 북한을 반국가단체로 규정짓고 있을 뿐만 아니라 특히 제7조 제1항 및 제5항은 반국가단체인 북한에게 이로운 것은 곧 대한민국에 해롭다는 상호 배타적인 적대관계의 논리를 강요하고 있어 헌법의 평화통일조항에 정면으로 위반된다.[41)]

더욱이 남·북한이 유엔에 동시에 가입하였고 우리 정부가 북한을 평화통일협상의 대상으로 인정하여 '남북사이의화해와불가침및교류·협력에관한합의서'라는 외교문서까지 교환하면서 남·북대화를 진행하고 있는 오늘의 상황에서 상호 교류·협력의 걸림돌이 되는 국가보안법의 위헌성은 더욱 뚜렷해졌다 할 것이다."[42)]

(3) 결 어

국가보안법의 제정배경에는 분단국인 남북한에 특유한 시대적 상황이 있다. 이 법은 국가의 안위를 다루는 특별형사법으로 기능하면서 지금까지 북한의 대남적화노선에 적절히 대응해 온 면이 있다. 그런 점에서 국가보안법을 우리 헌법체계와 상용하는 합헌의 법률이라고 할 수 있을 것이다.

남북정상회담이 개최되고 남북한 간에 다방면의 교류협력이 활성화되고 있는 상황에서 국가보안법이 과거와 같은 형태 그대로 존재하는 것은 부적절한 면이 있다. 따라서 국가보안법상의 찬양·고무죄나 불고지죄처럼 구성요건이 불명확하고 반인권적이라는 비판을 받아왔던 규정을 개정하거나 일반형사법에서 구성요건을 세분화하는 방안이 적극 검토되어야 할 것이다. 하지만 남북한 간의 이념적 대결과 정치적·군사적 대립이 사라지지 않은 상황에서 국가보안법을 무용지물이라고 단정지을 수는 없다고 하겠다.

---

40) 성낙인, 『헌법학』, pp. 195-197 참조.

41) 국가보안법 제7조에 대한 위헌심판에서의 재판관 변정수의 반대의견. 헌법재판소 1990.4.2. 선고 89헌가113결정 참조.

42) 국가보안법 제9조 제2항 등에 대한 헌법소원, 재판관 변정수의 반대의견. 헌법재판소 1992.4.14. 선고 90헌바23.

2. 국가보안법의 헌법적 근거

(1) 헌법 제3조 영토조항에서 찾는 설

아직도 국가보안법의 헌법적 근거를 제3조 영토조항에서 찾는 것이 통설이다. 전통적 해석론과 대법원 판례에 따르면, 대한민국의 영토는 전 한반도이므로 대한민국의 헌법과 법률은 휴전선 남방지역뿐만 아니라 북방지역에도 적용되어야 한다. 또한 대한민국의 주권과 부딪치는 주권적 정치는 대한민국 내에서 인정될 수 없다.[43] 만일 대한민국 영토 내에서 대한민국의 주권과 배치되는 정권을 수립하거나 지배체제를 확립하려 할 경우 그러한 단체 내지 집단은 반국가단체가 된다. 반국가단체의 수괴는 마땅히 법집행기관에 의해 체포되어 엄중하게 처벌되어야 한다. 이 같은 소론은 영토조항의 규범력을 인정할 경우 도출되는 당연한 결론이다.

이렇게 볼 때 대한민국의 영토 일부를 점거하면서 국가 내지 정부를 참칭하는 소위 조선민주주의인민공화국의 지배체제를 찬양·고무하거나 지지 내지 지원하는 행위 또한 헌법위반으로서 엄중한 처벌을 받지 않을 수 없다. 그러한 법적 근거를 제시한 것이 바로 국가보안법이라는 것이다. 요컨대 영토조항은 반국가단체의 개념을 인정하는 헌법적 출발점이라는 것이다.

(2) 헌법 제37조 제2항의 일반적 법률유보조항에서 찾는 설

이 설은 헌법을 목적론적·체계적으로 해석함으로써 국가보안법에 대한 헌법적 근거를 찾으려는 입장이라고 할 수 있다. 헌법 전문은 자유민주주의를 대한민국의 국가이념으로 규정하고 있고, 헌법 제37조 제2항은 소위 기본권 제한의 일반적 유보조항으로서 국가의 안전보장 및 자유민주적 기본질서의 유지를 위해 국민의 자유와 권리를 제한할 수 있도록 하고 있다.[44] 또 민주적 기본질서에 반하는 이념을 강령으로 하는 정당을 위헌정당으로 간주, 해산할 수 있도록 함으로써(헌법 제8조 3항) 국민의 정치적 결사의 자유를 제한하고 있다. 국가보안법은 바로 이러한 헌법조항들에서 그 근거를 찾을 수 있다.[45]

물론 이 입장에 서는 학자들은 국가보안법의 가장 대표적인 헌법적 근거는 국민의 자유와 권리를 제한하는 기본권 제한의 일반적 유보조항인 헌법 제37조 제2항이라고 본다. 영토

---

43) 북한지역은 대한민국의 영토에 속하는 한반도의 일부를 이루는 것이므로 이 지역에는 대한민국의 주권이 미칠 뿐 대한민국의 주권과 부딪치는 어떠한 주권의 정치도 법리상 인정될 수 없다. 대법원 1961.9.28. 선고 4292행상48호 판결.

44) 헌법 제37조 제2항은 "국민의 모든 자유와 권리는 국가안전보장 질서유지 또는 공공복리를 위하여 필요한 경우에 한하여 법률로써 제한할 수 있으며, 제한하는 경우에도 자유와 권리의 본질적인 내용은 침해할 수 없다"고 규정하고 있다.

45) 최대권, "통일논의의 법적 분석," 통일원, 『한민족공동체 통일방안의 실천과 제도화 연구』, 통일방안 논문집 제2집(서울: 통일원, 1990), pp. 151-155 참조.

조항이 더 이상 규범적 효력을 갖지 않는다거나 또는 상징적 내지 명목적인 효력만을 인정하려는 학자들이 대체로 이러한 입장을 지지하는 경향이 있다.

요컨대, 이 설은 국가보안법은 국가안보를 목적으로 제정된 법으로서 그 효과적인 실천과 집행을 위해서는 불가불 국민의 자유와 권리를 제한할 수밖에 없는바, 이 같은 점에서 헌법 제37조 제2항이 국가보안법의 존립근거를 제공한다고 보는 견해라고 할 수 있다.

(3) 헌법 제3조와 제37조 제2항에서 찾는 설

일각에서는 국가보안법의 헌법적 근거를 제3조 영토조항과 제37조 제2항의 일반적 법률유보조항에서 함께 찾을 수 있다는 견해를 제시하기도 한다. 권영성 교수는 국가보안법의 헌법적 근거에 관해 제3조 영토조항설과 제37조 제2항의 '일반적 법률유보조항설'이 대립되고 있는데, 제1차적으로는 헌법 제3조 영토조항이고 제2차적으로는 제37조 제2항의 '일반적 법률유보조항'이라고 보아야 할 것이라고 논하고 있다.[46] 필자가 확인한 바에 의하면, 법무부와 법제처의 실무자(1990년대 중반의 경우)들은 대체로 이러한 입장을 취하고 있는 것으로 판단된다.

(4) 결 어

현재 국가보안법의 헌법적 근거에 대하여는 헌법 제3조의 영토조항이라고 보는 견해와 헌법 제37조 제2항의 일반적 법률유보조항이라고 보는 견해로 대별된다. 국가보안법의 근거를 후자의 견해와 같이 보더라도 영토조항이 없다면 국가보안법의 규율대상인 북한을 반국가단체로 보는 직접적 근거가 상실되게 된다. 만일 영토조항의 현실적 규범력을 인정하지 않을 경우 국가보안법의 존재의의가 소멸되는 한편, 통일조항에 의해 국가보안법을 위헌으로 볼 수 있는지 하는 점이 새로운 법적 문제로 제기될 수도 있다. 생각건대, 국가보안법의 헌법적 근거를 제3조 영토조항에서 구하거나 또는 제3조와 제37조 2항에서 공히 찾는 것이 타당한 것으로 생각된다.

Ⅴ. 남북교류협력법과 영토조항 및 통일조항 간의 관계

1. 남북교류협력법과 영토조항 간의 관계

남북교류협력법의 입법단계에서 이 법이 헌법 제3조 영토조항에 위반되는 것이 아닌가 하는 문제가 제기된 바 있었다. 영토조항에서는 "대한민국의 영토는 한반도와 그 부속도서

---

46) 권영성, 『헌법학원론 보정판』, p. 125.

로 한다"고 규정하고 있는데, 이에 반해 남북교류협력법에서는 우리의 통치권이 북한지역에 미치지 못하고 있다(즉 통치권의 실질적 행사범위를 군사분계선 이남지역에 국한시킨다)는 전제를 하고 있다. 하지만 남북교류협력법이 이러한 전제를 명시적으로 밝히는 것이 위헌의 소지가 있다는 견해가 있었다. 사실 이 같은 견해는 형식논리적 측면에서 볼 때 일응 타당성이 있다고 할 수 있다.

그러나 다른 한편 대한민국의 통치권이 사실상 북한 지역에 적용되지 못하고 있는 현실을 인정하지 않을 경우 정부가 추진하고 있는 평화통일정책의 현실적 기초가 상실되는 것은 물론, 남북교류협력법의 성립기반 혹은 남북한 간의 상호 실체 인정에 따른 대등하고 호혜적인 남북교류협력을 부인하게 되는 결과가 되는 것이다. 정부가 남북교류협력법을 제정하는 것은 우리 헌법에 규정된 영토의 일부를 포기하거나 주권의 효력범위를 축소하겠다는 의사를 표시하는 것이 아니라 단지 피할 수 없는 현안문제를 해결하기 위해서 '부득이 현실을 인정하는 해결방법'을 모색하는 것일 뿐이라는 점에서 이 법이 헌법 제3조 영토조항에 배치되는 것은 아니라고 보아야 할 것이다.[47] 이미 살펴본 바와 같이 헌법 전문과 제4조에서는 평화통일의 의지를 분명히 밝히고 있는바, 이러한 헌법이념과 정신에 따라 통일정책을 추진하기 위해 남북교류협력법을 제정하는 것은 필요하며 또한 불가피한 일이라고 하겠다.

2. 남북교류협력법과 통일조항 간의 관계

앞에서 통일조항의 법적 의미를 고찰하였다. 이러한 통일조항의 법적 의미를 감안한다면, 남북교류협력법과 평화통일조항과의 관계를 대략 다음과 같이 설명할 수 있다.

> "남북교류협력은 남북한관계를 개선하고 점진적으로 평화적 통일을 이룩하기 위한 가장 현실적이며 효과적인 수단이다. 따라서 남북교류협력을 보장하고 지원하는 것은 평화적인 통일정책의 일환으로서 통일을 지향하는 헌법의 정신에 부합된다.
>
> 정부가 초헌법적인 조치나 통치행위에 의거하여 평화통일정책을 추진하는 것은 법치주의 정신에 반하며, 어디까지나 국민적 합의를 기반으로 행정의 합법률성의 원칙에 맞게 남북교류협력을 법적으로 제도화하는 것이 필요하다. 이것은 대한민국 헌법의 기본질서의 하나인 자유민주적 기본질서의 기본적 요청이다. 바로 이러한 요청에 따라 정부는 남북교류협력을 활성화하고 이를 법적으로 뒷받침하기 위해 남북교류협력에관한법률안을 국회에 제출하였고, 국회는 1990년 8월 1일 이를 통과시켰다. 따라서 남북교류협력법은 국민의 대표기관인 국회의 심의·의결을 거쳐 제정·공포된 법률로서 국민적 합의에 기한 법률이라 할 수 있다.
>
> 정부는 남북교류협력에 관한 행정작용의 주체로서 권력분립원칙에 의거하여 또한 필

47) 김천식, "법적 보장으로 본 「남북교류협력법」," 『통일한국』, 1990년 9월호, p. 83.

요할 경우에는 국회의 협조와 적절한 통제하에, 이 법을 평화적 통일정책 추진차원에서 책임 있고 질서 있게 집행할 일차적 책임을 갖는다."[48]

이와 같이 볼 때 헌법 제4조의 통일조항은 남북한 간 인적·물적교류 활성화를 위해 제정된 남북교류협력법의 근거규정이 된다고 할 것이다. 즉 남북교류협력법은 분단을 평화적으로 변경·타파함으로써 통일을 선도해 나가는 통일지향적인 법률이라 할 수 있다.

Ⅵ. 헌법상 영토조항 및 통일조항의 개폐문제

1. 영토조항과 통일조항의 상충해결방안

(1) 규범조화적 해석론에 의한 해결: 기본적 내지 단기적 대응

모든 헌법조항은 각기 규범적 효력을 갖는다는 전제하에 영토조항과 통일조항에 대하여 헌법의 정신에 맞게 논리적이고 체계적인 해석을 하는 것이 타당하다. 일견 모순되는 것처럼 보이는 두 조항도 각각 헌법 기초자의 의사가 투영되어 있다는 인식하에 규범조화적인 해석을 시도해야 한다. 이것이 헌법해석의 일반원칙, 특히 실효성의 원칙에 부합하는 것이라 하겠다.

이러한 점에 비추어 영토조항의 해석과 관련하여 헌법변천이론을 채택하는 것은 대법원 판례와 상충되며, 또한 대다수 국민정서에도 배치되므로 받아들이기 곤란하다고 하겠다. 단기적으로는 영토조항과 통일조항 간에 논리적으로 존재할 수도 있는 상충을 최소화 내지 제거하는 방향에서 해석을 시도해야 한다. 우선 영토조항에 따라 대한민국의 영토는 전 한반도라는 것, 즉 북한지역도 대한민국 영토의 일부라는 법리는 계속 유지하도록 한다. 북한주민도 법리상 대한민국 국민이지만, 현실적으로 대한민국의 통치권 밖에 놓여 있는, 말하자면 반국가단체인 북한의 지배를 받는 자(혹은 북한적자)로 규정토록 해야 한다. 따라서 영토조항을 규범력이 없는 명목상의 규정이라든가 또는 헌법변천이론을 적용하는 것은 곤란하다고 하겠다. 그리고 국가보안법의 헌법적 근거는 영토조항(제3조)과 '일반적 법률유보조항'(제37조 2항)에서 찾는 것이 적절타당하다고 할 것이다.

한편 통일조항에서 말하는 통일은 영토와 국민을 제외한, 즉 남과 북에 존재하는 2개의 '정부'와 분열된 '법질서'의 통일(즉 정치권력의 통합)로 이해함이 상당하다. 이렇게 해석할 때 영토조항과 통일조항의 모순적 논리구조는 극복될 수 있다. 이와 관련, 영토조항은 북한의 실체 부정, 그리고 통일조항은 북한의 실체 인정이라는 상호 대립·모순되는 논리를 전

48) 제성호, 『남북경제교류의 법적 문제』, 아산재단 연구총서 제137집(서울: 집문당, 2003), pp. 61-63 참조.

제로 하고 있다는 주장도 있기는 하지만, 이를 채택하지 않고 보다 적극적이고 유연한 해석론을 모색함이 요망된다. 통일조항은 자유민주적 기본질서에 입각한 통일과 평화적 통일을 명시하고 있다. 이 같은 통일방식의 헌법적 지시는 북한의 실체 인정을 허용하고 있다고 보아야 하며, 이는 반드시 영토조항과 모순된다고 할 수 없다. 다시 말하면 영토조항의 존재로 인해 그 결과 북한을 반국가단체로 규정한다고 해서 북한을 항시 무력적 응징이나 형사적 처벌의 대상으로만 볼 것은 아니며, 제한적인 실체 인정을 통해 북한을 대화와 협상의 파트너로도 간주할 수 있다고 해야 할 것이다.

아울러 북한의 법적 지위와 관련해서는 학계의 다수설이나 현행 대법원 및 헌법재판소의 태도(판례)처럼 북한을 기능적으로 파악하여 때로는 국가보안법상의 반국가단체로도 보기도 하고, 때로는 남북교류협력의 대상으로 볼 수도 있다는 입장을 유지함이 타당하다. 이러한 입장은 대북인식(남북관계)의 과도기적 이중성을 법적으로 인정하는 것으로서 분단국의 특수성을 반영하는 것으로 이해하여야 한다. 이를 두고 통일적인 법규적용에 배치되는 비정상적인 것으로 매도하는 것은 남북관계를 일반 국가 간의 관계와 동일시하려는 태도로서 수긍하기 어렵다고 할 것이다.

이러한 규범조화적 해석론은 정부(특히 통일부)가 통일정책 관련 해설자료를 발간할 때 자연스럽게 상기와 같은 입장을 밝히는 방법(정부의 유권해석 부여)에 의해 표명될 수 있을 것이다. 물론 헌법재판소나 대법원의 관련판례에서 판결문(사법해석)을 통해 확인됨이 최선이라 할 것이다.

(2) 영토조항 개폐 시 대안: 입법적 해결방안

여기서는 만일 국민의 대다수가 영토조항 내지 통일조항의 개폐를 희망함으로써 개폐에 관한 사회적 합의가 널리 형성될 경우, 그에 대비하는 차원에서 몇 가지 상정할 수 있는 입법적 대안을 제시하기로 한다. 그런 점에서 입법적 대안은 어디까지나 중·장기적으로 고려할 수 있는 것이며, 통일될 때까지도 채용되지 않을 수 있음을 유념해야 한다. 또 헌법의 관계조항 개폐가 반드시 바람직한지도 의문이 있다.

아무튼 이하에서는 이론적 관점에서 통일지향적 평화공존체제와 부합될 수 있는 방향으로 영토조항을 개폐할 경우에 있어서 다음 5가지 대안을 생각해 볼 수 있다.

가. 단서규정 설치방안

1안은 현행 헌법 제3조의 영토조항 후단에 다음과 같이 단서규정을 설치하는 것이다. 그럼으로써 기존의 영토조항을 선언적 규정으로 해석하고, 새로이 설치되는 단서규정에 의해 남북한의 실제 관할지역을 명시하는 방법이다.[49]

---

49) 배재식, "남·북한의 유엔가입과 법적 문제," p. 23.

> "대한민국의 영토는 한반도와 그 부속도서로 한다. 다만, 조국통일이 성립(또는 조국의 평화적 통일이 실현)될 때까지 잠정적으로 대한민국의 영토적 관할은 군사분계선 이남의 지역으로 한정한다."

이 방안의 법적 근거로는 다음과 같은 것을 들 수 있다.

첫째, 제1공화국 이래 반세기 이상 동안 존속해 온 영토조항을 삭제 내지 전면 개정할 경우, 대한민국의 정통성을 포기하는 것이 된다. 또한 그러한 조치는 정부의 통일의지가 결여돼 있다거나 분단 고착화를 지향한다는 비판을 초래할 수도 있다.

둘째, 헌법의 장소적 효력과 관련하여 남북한의 영토적 관할은 각기 통치권이 실효적으로 미치는 지역으로 한정하는 것이 타당하며, 이는 법현실에도 부합한다. 그리고 현실과 모순되는 기존의 국내법령은 영토조항의 단서규정에 의해 정비할 수 있다.

셋째, 영토조항의 존속을 통해 통일지향 의지를 대내외에 밝힐 수 있으며, 또한 영토적 통합의 내용 및 최종목표를 제시할 수 있다. 그리고 군사분계선 이남지역에로의 영토관할권 한정은 어디까지나 통일 이전까지만 행해지는 과도적·잠정적인 것임을 천명하는 의미가 있다.

넷째, 영토적 관할의 한정은 국제사회에서 남북한 각자의 현실을 인정한다는 7·7선언 및 남북기본합의서(제1조의 체제인정·존중조항)의 정신과 정부의 대북 및 통일정책을 헌법 차원에서 구현하는 의미를 갖는다.[50]

나. 상호 실체인정을 전제로 한 전면개정방안

2안은 영토조항을 다음과 같이 전면적으로 개정하는 방안이다.

> "대한민국은 한민족의 고유한 영토와 그 부속도서가 1953년 7월 27일의 정전협정의 군사분계선을 경계로 2개의 정치실체로 분단되어 있다는 사실을 인정하고, 가능한 한 조속히 이 분단의 현상(現狀)을 평화적으로 해결하여 통일을 완수하는 것은 국가의 기본정책의 하나이다."

이 방안의 법적 근거로는 다음과 같은 것을 들 수 있다.

첫째, 현행 영토조항은 장차 통일 후 발생할지도 모르는 간도(間島) 영유권문제에 대한 대비가 미흡하다. 현행 헌법과 같이 대한민국의 영토를 한반도와 그 부속도서로 제한할 경우 간도 영유권을 묵시적으로 포기한 것이라는 해석이 가능하기 때문이다. 따라서 대한민국 영토의 공간적 범위는 '한반도와 그 부속도서'에서 '한민족의 고유한 영토'로 개정함이 타당하다.

---

50) 제성호, "헌법상 통일관련 조항의 개폐문제," pp. 289-290.

둘째, 분단의 극복을 위해서는 분단의 현실을 인정하는 자세가 필요하다. 이는 통일 이전 서독의 동방정책(Ostpolitik)과 독일정책(Deutschlandpolitik)의 기본정신이었다. 우리도 말이 아니라 진정 평화적인 통일을 지향한다면 분단의 현실, 즉 북한의 정치적 실체를 인정하지 않으면 안 된다.

셋째, 분단의 극복을 위해서는 평화통일의 당위성과 강력한 통일의지가 필요한바, 현행의 완성헌법적 성격을 잠정헌법으로 바꾸는 것이 바람직하다.

이와 같은 입론(立論)을 펴는 이장희 교수는 다음과 같이 주장하고 있다.

"민족통일에 관해 제6공화국 헌법은 전문에 평화적 통일, 대한민국이 임시정부의 법적 승계자이며 통일주체가 대한민국 국민임을 명시하고, 제3조 영토조항에서 실지회복을, 제4조에서 자유민주적 기본질서에 입각한 평화적 통일을 강조하고 있다. 그 밖에 헌법 66조, 69조, 93조에서도 평화적 통일을 명시하고 있다.

그런데 실지회복은 북한을 반국가단체로 보는 냉전논리에 입각한 것이고, 평화적 통일은 북한의 실체를 인정하는 것이라는 점에서 상충된다. 또한 헌법 제4조의 자유민주적 평화적 통일의 지나친 강조는 흡수통일을 지향하는 동시에 반국가단체와의 타협은 평화공존체제에 입각한 생활권의 통일과 전면 모순된다. 이러한 상충은 국가보안법 위헌시비를 불러일으킬 뿐만 아니라 실제로 통일지향적 평화공존체제를 구현하는 데 있어 큰 걸림돌이 된다.

혹자는 규범상호 간 우선순위 이론을 들어 평화적 통일의 헌법 제4조가 실지회복의 제3조보다 헌법전체로 보아 우선하므로, 사실상 제3조는 사문화되어 규범력을 잃어가고 있어 상호 모순되지 않는다고 한다. 또 일본평화헌법과 자위대관계로 예로 들어 헌법변천(Verfassungswanderung) 이론으로 합리화하기도 한다. 여기서 헌법변천이란 헌법규정을 부정하지 않고 그 해석만 새로운 상황에 맞게 하는 것이다. 그러나 이 주장은 현행 국가보안법이 유효한 한 타당성이 없다.

또한 현행헌법의 통일조항은 너무 추상적이어서 통일방법의 구체적 명시가 없다. 헌법은 막연히 통일은 '평화적 방법'에 의해서라고 언급했을 뿐, 통일방법의 기본원칙을 제시하지 못하고 있다. 뿐만 아니라 헌법을 통일 후의 본법의 효력 등 구체적 언급이 없다. 즉 통일 후에도 본 헌법이 계속 효력을 발생하는 것인지, 통일 후에는 본법은 효력을 읽고 새 헌법이 제시되는지 의문이다. 다시 말해 통일지향적 평화공존체제를 위해 현행 헌법이 완성헌법에서 잠정헌법으로의 신중한 개정을 고려해야 할 것이다.

특히 같은 분단국인 서독의 기본법은 전문에서 통일주체로서 전체 독일민족을 통일원칙으로서 민족자결의 원칙을 명시하고 있다. 또 기본법은 전문, 제23조, 제146조에서 잠정헌법임을 분명히 밝힘으로써 동서독의 인적·물적 교류에 법적 기초를 제공하여 오늘과 같은 큰 성과를 가져온 것을 주목해야 한다."[51]

다. 국가승인을 전제로 한 전면개정방안

3안도 역시 영토조항을 전면적으로 개정하는 방안으로서 그 내용은 다음과 같다.

> "대한민국은 한민족의 고유한 영토인 한반도와 그 부속도서가 1953년의 군사정전에 관한 협정의 군사분계선을 경계로 남에는 대한민국, 북에는 조선민주주의인민공화국의 두 국가로 분단되어 있다는 사실을 인정하고 가능한 한 조속히 이 분단의 현상을 평화적 방법으로 해결하여 통일을 이룩할 것을 국가의 기본정책의 하나로 한다."

이 방안은 2안과 대동소이하나, 다만 남북한의 정식국호를 사용하고 있는 점만이 다를 뿐이다. 3안을 제안하는 장기봉 교수는 다음과 같이 말하고 있다.

위의 개정방안은 ① 한반도가 대한민국과 조선민주주의 인민공화국의 두 국가로 분단되었다는 사실의 인정과 ② 평화통일의 당위성 강조의 두 부분으로 요약될 수 있다. ①의 내용은 결국 대한민국의 조선민주주의인민공화국을 인정 다시 말하면 승인(recognition)한다는 것이다. 현재의 헌법 제3조가 북한을 반란단체나 반국가단체로 간주하고 그 조문에 근거를 두고 있다고 할 수 있는 국가보안법이 반국가단체의 구성원이나 협조자를 중형에 처하도록 규정하고 있다는 사실 등에 비추어 볼 때 북한을 국가로 승인할 수 없다는 이론이 성립될 수 있다. 그러나 이러한 냉전 체제의 유물인 법체제는 평화통일의 당위성에 입각하여 재고, 개정되어야 마땅하다.

장기봉 교수는 평화통일의 당위성에 근거를 두고 북한을 국가로 승인하는 것이 바람직하다고 주장한다. 그는 국가승인의 근거로 첫째, 평화통일은 두 국가 이상이 협상, 양보, 타협하여 통일을 이룩하는 것이며, 둘째, 북한이 현재 100개 이상의 국가와 수교하고 있고 21개의 국제 공적기구에 가입하고 있는 등의 사실을 감안할 때 북한을 국가가 아닌 대한민국 영토 안의 반국가단체로 보는 것은 비현실적 억지이론이며, 셋째, 7 · 7선언 등을 통해 대한민국의 대통령이 '국제사회에서 남북은 상호 간에 서로의 위치를 인정하고'라고 언급한 것은 북한의 국가적 존재를 인정하는 것을 의미하며, 넷째, 동서독과 남북예멘 등이 분단 기간 중 상대방을 국가로 인정하는 처지에서 통일과업을 추진하고 마침내 통일을 이룩한 역사적 선례를 고려해야 한다는 것을 들고 있다.[52)]

그러나 이 방안은 현행헌법의 정신에 저촉되며, 남북기본합의서 서문에 명시된 남북 간 특수관계에 부합하지 않는다. 또한 7 · 7선언에 의해 북한을 국가로 인정한 것이라는 주장은 정부의 공식적 입장이나 통일정책의 현실과 어긋나는 주장이다. 1국가 내에서 갈려진 집단이나 정파들 간에 평화협정을 체결하는 등 평화통일의 노력을 전개하는 점에 비추어 볼 때

---

51) 이장희, "평화공존체제를 위한 법적 수정방향," 『통일한국』, 1990년 7월호, p. 54.
52) 장기봉, "남북한 평화통일의 기초조건," pp. 26-27.

북한을 반국가단체로 본다고 해서 반드시 무력적·공격적인 방법의 통일을 해야 하는 것은 아니라고 하겠다. 따라서 실제에 있어서 채용하기에는 난점이 있다.

라. 법률에 위임하는 방안

4안은 현재의 영토조항을 개정하여 헌법에서 헌법의 장소적 효력범위를 명시하지 않고, 이를 다음과 같이 법률에 위임하는 방안이다.

"대한민국 헌법의 효력은 법률이 정한 특별시, 직할시 및 각 도에 미친다."

이 방안은 엄격히 서독식의 영토편입조항으로 대체하는 것은 아니나, 법률이 규정하는 바에 따라 대한민국 영토의 범위가 확대될 수 있고 향후 타 지역의 편입도 예정하는 것으로 볼 수 있다. 그런 점에서 서독기본법 제23조에 명시된 영토편입조항의 정신을 반영하고 있다 해도 무방할 것이다.[53)]

4안의 법적 근거로는 다음 몇 가지를 들 수 있을 것이다.

첫째, 헌법의 효력이 미치는 영토규정에 관한 법률을 제정하여, 동 법률 내 각 도의 신설 또는 편입뿐만 아니라 북한, 간도 및 기타 지역의 한국영토 편입가능성을 인정함이 현실적으로 타당하다.

둘째, 세계 각국 헌법 중 영토조항을 설정하고 있는 사례는 희소하며, 간혹 있다 해도 그것들은 연방국가의 경우 헌법이 적용될 주(州)를 명시하는 것들이 대부분이다. 이들에 있어서는 주의 확대개편 가능성에 대비하여 국민투표에 관한 규정만을 설치하고 있을 뿐이며, 구체적으로 영토의 범위를 명시하고 있지 않다는 것이다.

마. 삭제방안

마지막으로 5안은 영토조항을 삭제하는 방안이다. 이 5안의 법적근거로서는 다음과 같은 논거를 들 수 있을 것으로 생각된다.

첫째, 오늘날 영토조항은 이미 실효성을 상실하였는바, 이를 존치시킬 경우 법과 현실간의 괴리를 그대로 방치하는 결과가 되며 법의 권위만을 떨어뜨릴 뿐이다. 현행 국내법제의 상호 모순 및 문제점은 영토조항의 삭제를 통해 해결할 수 있다.

둘째, 세계 각국의 헌법 중 영토조항을 두고 있는 사례는 희소하며, 있는 경우에도 그것

---

53) 서독기본법 제23조는 기본법의 효력범위, 즉 영역을 규정하였는바, 그 내용은 다음과 같다. "이 기본법은 우선은 바덴, 바이에른, 브레멘, 대백림(大伯林), 함부르크, 헷센, 니이더 작센, 노르트라인 베스트팔렌, 라인란트 팔쯔, 슐레스비히 홀슈타인, 뷔르템베르크 바덴과 뷔르템베르크 호오엔쫄레른 제주의 영역에 효력을 가진다. 동독의 다른 부분에 있어서는 가입에 의하여 효력을 발생한다." 이 규정은 기본법이 동독의 다른 부분이 가입함으로써 효력을 발생할 수 있도록 헌법기관에 위임하고 있는 것이다. 나아가 기본법 제23조는 독일의 다른 부분이 가입할 수 있도록 개방해 둘 헌법상의 의무를 포함하고 있다고 하겠다. 김철수, 『비교헌법론』(서울: 법문사, 1980), p. 8.

은 대체로 연방국가들인데 우리나라는 연방국가가 아니므로 굳이 영토조항을 설정할 필요는 없다.

셋째, 현행 헌법상의 영토조항은 통일 이후 간도의 편입 등 영토변경가능성에 대한 대비가 미흡하다. 앞으로 남북한이 통일되면 그때 가서 통일한국의 영토조항을 얼마든지 신설할 수 있으므로 현재 영토조항의 존치를 고집할 필요는 없다.

이와 관련, 김명기 교수는 남북한 유엔동시가입, 남북기본합의서 채택, 또한 앞으로 있게 될 남북한 교차승인 등의 대북 및 통일정책은 우리 헌법 제3조의 영토조항에 저촉된다고 보고 있다. 따라서 대북 및 통일정책을 합헌적으로 추진하기 위해서는 영토조항을 개정해야 한다고 한다. 이어서 그는 개정의 방안으로서 ① 제3조의 대한민국의 영토를 군사분계선 이남(또는 38도선 이남)의 한반도 남부로 수정하는 방안과 ② 제3조를 삭제하는 방안이 있겠으나 ①의 방안은 장차 병합형 통일에 장애가 될 수도 있으므로 ②의 방안이 합리적인 것으로 보인다고 말하고 있다.

그 이유로서 동서독의 경우 서독헌법인 Bonn 기본법은 당분간 주에만 적용된다. 독일의 기타의 지역에 대해서는 가입에 따라 그 효력을 발생한다고 규정하고 있었을 뿐이며(제23조), 동독헌법에는 영토조항이 없었으나 통일에는 아무런 장애도 없었음을 들고 있다.[54)]

한편 장명봉 교수도 상기 방안 중 여타 방안들은 분단고착화라는 비난가능성을 배제할 수 없는 것들인바, 삭제방안이 비교적 무난한 것이라고 주장한 바 있다.[55)]

바. 결 어

우선 4안과 5안은 공히 영토조항은 연방국가에서나 찾아볼 수 있는 것이라는 이례적인 주장을 하고 있으나, 영토조항은 연방국가에서만 찾아볼 수 있는 것은 아니다.[56)] 영토조항이 간접적으로 통일의지를 천명한 것으로 해석할 여지가 있으며, 반세기 이상 동안 유지되어 온 영토조항의 폐기는 국민의 법감정과도 맞지 않는 점이 있다.[57)] 또한 영토조항은 대한민국의 정통성 근거로 작용하는 외에도 국적의 단일성 유지 혹은 북한주민(특히 탈북자)의

54) 김명기, 『북방정책과 국제법』, p. 157.

55) 장명봉, "남북한 기본관계 정립을 위한 법적 대응," p. 43.

56) 단일국가이면서도 영토조항을 두고 있는 국가로서는 코스타리카, 엘살바도르, 핀란드, 그리스, 이란, 필리핀, 터키 등을 들 수 있다. 분단국의 일종인 자유중국도 영토조항을 두고 있다. 권영성, 『비교헌법학』(서울: 법문사, 1982), pp. 358-360 참조.

57) 제헌헌법을 기초한 고 유진오 박사는 영토조항과 관련해서 다음과 같은 입장을 밝힌 바 있다. "헌법에 영토에 관한 규정을 설치하는 것은 연방국가에서 특히 필요한 것인데, 우리나라는 연방국가도 아니고 우리나라의 영토는 역사상 명료하므로 헌법에 그에 관한 규정을 설치할 필요가 없다는 주장도 일리가 있다고 할 수 있다. 그러나 대한민국 헌법은 결코 남한에서만 시행되는 것은 아니고 우리나라의 고유의 영토 전체에 시행되는 것이라는 것을 명시하기 위하여 특히 본조를 설치한 것이다." 유진오, 『헌법해의』(서울: 명세당, 1949), pp. 22-23. 제헌헌법안의 심의 시 국회에서의 영토조항에 관한 논의는 대한민국 국회도서관, 『헌법제정회의록』, 헌정사자료 제1집(서울: 국회도서관, 1967), pp. 133-134 참조.

입국 시 처리, 나아가 남북교역의 민족내부거래성을 국제적으로 주장하는 데도 효용성을 갖는다. 그런 점에서 영토조항의 삭제는 받아들일 수 없다.

하지만 북한을 국가로 인정하는 것을 전제로 하는 전면개정방안 역시 수용하기 곤란하다. 비국제적 특수관계를 천명한 남북기본합의서에 배치되며, 남북한의 통일정책과도 맞지 않기 때문이다. 법률에 위임하는 4안의 경우도 다소 생소한 것이며, 현재의 영토조항보다도 후퇴한 것이라 할 수 있다. 또한 독일식 흡수통일을 예정하고 있다는 비난을 초래할 수도 있다.

따라서 남는 것은 1안과 2안이다. 우리는 이 중에서 국민의 법감정, 국민적 합의 도출가능성, 남북관계 발전 등 헌법현실을 종합적으로 고려해서 선택하는 것이 바람직할 것으로 생각된다.[58]

2. 평화통일조항의 개폐 여부

헌법 제4조의 평화통일조항에 대해서는 이를 개정하자는 주장, 아예 삭제해야 한다는 주장, 그리고 현행대로 존치해도 무방하다는 주장 등으로 나누어지고 있다.

먼저 개정하자는 주장을 하는 대표적 학자인 김명기 교수는 다음과 같이 말한다.

> "제4조의 통일조항은 법적 분단을 전제로 한 것이므로 영토조항을 존치하려 할 경우 제4조에서의 통일을 '민족의 재결합'으로 개정해야 한다. 그리고 자유민주적 기본질서에 입각한 통일조항은 합병형 통일에 반하는 것인바, 병합형 통일정책을 끝까지 고집하려는 것이 아닌 한, '자유민주적 기본질서에 입각한'이라는 문구를 전부 삭제하든가 또는 적어도 그중에서 '자유'를 삭제해야 한다."[59]

이와 관련해서 분단국이었던 동서독의 경우를 보면, 서독의 Bonn 기본법은 "독일민족이 자유로운 민족자결로 독일의 통일과 자유를 완성할 것을 요청하고 있으며"라고 선언하고, "본(本) 기본법은 독일민족이 자유로운 단결에 의하여 제정한 헌법이 효력을 발생하는 날에 효력을 상실한다"고 규정하고 있었다(제146조). 동독헌법은 구 헌법(1946년 헌법)에는 통일조항이 있었으나(제8조 제2항), 동서독 기본조약 체결 후 1974년에 개정된 헌법은 이를 삭제했다.

다음으로 삭제하자고 주장하는 학자(특히 장기붕 교수)들의 삭제이유를 보면, 대체로 다음과 같다.

58) 제성호, "헌법상 통일관련 조항의 개폐문제," pp. 288-301 참조.
59) 김명기, 『북방정책과 국제법』, p. 158.

“평화통일이 우리 민족에게 부과된 절대적 명제라고 단언한다면 헌법 제4조의 가치에 대하여 의문을 제기하지 않을 수 없다. 평화통일이라 함은 남북한이 서로 무력이나 어떤 물리적 힘(군중집회나 화염병, 돌 및 몽둥이 등을 이용한 폭력시위)을 사용하지 않고 서로 협상(negotiation) 양보 타협(compromise)하여 통일을 이룩하는 것이다. 그러므로 자유민주주의를 국가의 기초로 삼고 있는 대한민국과 사회주의를 국가의 기초로 삼고 있는 조선민주주의 인민공화국의 평화적 통일은 자연히 자유민주주의와 사회주의의 양보 타협에서 이룩될 수 있는 것이라고 하겠는데, 대한민국 헌법에 자유민주주의의 기본질서에 입각한 평화적 통일정책을 수립하고 이를 추진한다고 못박아 놓은 것은 자유민주주의의 기본질서에 입각하지 않은 통일은 하지 않고 사회주의 국가인 북한을 자유민주주의 국가인 남한에 흡수통일하겠다는 것으로 해석할 수 있다. … 이는 남북한 서로가 상대방을 어떠한 방법으로라도 자기 체제에 흡수 통일하겠다는 것을 의미하는 것이다. 이러한 냉전시대적인 (남북한 쌍방의 통일에 대한) 기본원칙이 변화하지 않는 한 남북한의 평화통일을 기대할 수 없는 것이 자명한 이치이다. … 남북한의 팽팽한 대립상황을 완화하고 평화통일의 분위기를 조성하기 위하여 대한민국이 헌법 제4조를 삭제함으로써 인내, 아량 및 양보의 정책을 채택하는 것이 평화통일을 앞당기는 데 큰 도움이 되는 처사라고 하겠다.”[60]

이상에서 보는 바와 같이 자유민주주의적 기본질서에 입각한 평화적 통일정책 수립 및 추진은 통일이념과 통일국가 형태와 관련하여 자유민주주의만을 고수하는 것이므로 북한 흡수통일정책을 표방한 것으로 해석될 수 있는바, 삭제하자는 주장이 있다. 하지만 앞에서 ‘통일조항의 법적 의미’에 관해 살펴보았듯이 그러한 주장에 선뜻 동의할 수 없다.

기본적으로 통일조항의 개폐문제는 영토조항의 개폐와 맞물려 있다. 영토조항의 개폐와 관련해서 상기 2안을 채택할 경우에는 평화통일에 관한 사항도 아울러 규정하고 있기 때문에 현행 헌법 제4조는 삭제되게 될 것이다. 하지만 만일 상기 1안이나 4안이 영토조항의 대안으로 채택될 경우에는 현행대로 존치하는 것이 타당하다고 생각한다. 그 이유로는 다음과 같은 것을 들 수 있다.

첫째, 현재의 분단은 잠정적인 것이며, 영속적인 것일 수 없다. 따라서 분단 극복을 위해서는 평화통일의 당위성과 강력한 통일의지의 천명이 필요하다.

둘째, 평화통일은 반드시 강제적・비타협적 흡수통일만을 예정하는 것은 아니며 남북 간의 합의에 입각한 합의제 통일의 가능성도 예정하고 있는 것이다. 정부는 기회 있을 때마다 흡수통일을 배격하고 있음을 수차 천명하여 왔는바, 현행 평화통일조항은 이와 양립할 수 있다.

셋째, 자유민주적 기본질서에 입각한 통일원칙은 우리 헌법이 자유민주주의를 국가이념

60) 장기봉, “남북한 평화통일의 기초조건,” pp. 24, 28.

으로 채택하고 있는 한 당연한 것이다. 그러나 이 또한 북한에 대해 자유민주주의만을 강요하는 것으로 경직적 해석을 해서는 안 될 것이다. 물론 자유민주주의의 기본을 포기할 수는 없으나, 이와 상충되지 않는 사회민주주의 혹은 사회주의적 요소(예컨대 사회주의적 시장경제)의 도입을 완전히 배제하는 것은 아니라고 해야 할 것이다.

넷째, 평화통일조항은 무력통일정책을 포기한다는 선언적 의미를 내포하는 것인바, 이는 헌법전문과 침략전쟁을 부인하는 국제평화주의 정신과도 부합하는 것이다.

다섯째, 영토조항 개정과 동시에 평화통일조항을 삭제한다면 이는 통일의지 결여로 인식될 가능성이 다분히 있다. 독일통일 이후 현재 각계에서 분출하고 있는 범국민적 통일여망에 부응한다는 점에서도 현행 평화통일조항의 존치는 필요하다.[61]

Ⅶ. 결 론

대한민국 헌법은 1948년 제정 이래 영토조항을 두고 있다. 영토조항은 현재 대북 및 통일정책 추진과 관련해서 헌법(국가기본법)상의 문제를 야기하는 핵심적인 조항이다.

본서에서 분단과 통일에 대한 법적 쟁점의 하나로서 헌법의 영토조항과 통일조항의 상충 여부에 관하여 살펴보았는데, 앞에서 지적한 바와 같은 배경에서 자연히 영토조항을 중심으로 논의를 전개할 수밖에 없었다. 통일조항을 중심으로 논의하는 분단과 통일에 관한 입장과 정책상의 문제를 고찰할 수도 있을 것이나, 지면관계상 본서에서는 충분하게 다루지 못하였다. 이 문제는 차후의 과제로 미루기로 하겠다.

이미 고찰한 바에서 알 수 있듯이 영토조항의 존재가 민족의 통일에 장애가 된다고 할 수 없다. 영토조항의 현실적 규범력을 인정할 경우 북한주민의 대한민국 국적을 당연히 인정할 수 있고, 또 그들의 인권을 보호하기 위해 개입할 수 있는 근거를 확보하는 장점이 있다. 남북한 간의 물자교역도 민족내부거래로 인정함으로써 대북한 특혜조치가 가능하게 된다.

이러한 점에 비추어 볼 때 영토조항을 냉전적·대결적 조항이라거나 또는 평화적인 통일정책에 걸림돌이 되는 독소조항으로 치부하는 것[62]은 적절치 못하다. 또한 영토조항의 현실적 규범력을 부정하는(단순히 정치선언으로 보는) 견해는 타당하지 않다고 본다. 금일의 남북관계 현실에 맞게 영토조항을 보다 적극적으로 해석함이 온당하다고 할 것이다.

하지만 변화하는 남북관계에 능동적으로 대처하고 자유민주적 기본질서에 입각한 평화통일정책을 효과적으로 추진하기 위해서는 언제나 영토조항이 통일조항보다 우월적 효력을 지닌다고 단정해서는 곤란하다. 그 대신 양 조항의 규범조화적 해석을 통해, 혹은 양 조항

61) 제성호, “헌법상 통일관련 조항의 개폐문제,” pp. 301-303 참조.

62) 예컨대 장명봉, 『한민족공동체 통일방안, 그 법적 체계화 연구』, 국통정 89-12-167(서울: 국토통일원, 1989), pp. 60-76 참조. 이장희 교수도 비슷한 입장을 취하고 있다.

이 갖고 있는 논리구조를 유기적으로 종합하여 체계적으로 이해함으로써,[63] 두 조항의 효력을 상황에 따라 시의적절하게 인정함으로써 국익에 이바지하도록 하는 것이 타당하다고 하겠다.

헌법에 영토조항밖에 없었던 반세기 전에는 영토조항의 논리로써 북한을 바라보았고, 대북 및 통일정책을 추진했었다. 그러나 지금에는 영토조항과 통일조항 사이의 중간 지점에 우리의 대북 및 통일정책이 자리 잡고 있다. 말하자면 북한을 반국가단체이면서 민족동반자로 보는 이중적 시각이 존재하는 것이다. 이러한 이중적인 대북인식은 각기 영토조항과 통일조항에서 근거지어지고 있다. 그러나 앞으로 남북관계가 발전하고 민족공동체 형성이 더욱 진전을 이룩하게 되면, 무게중심이 영토조항에서 더욱더 통일조항 쪽으로 옮겨가게 될 것이다. 이와 같은 동태적 시각 내지 점진적 발전의 시각에서 영토조항과 통일조항 모두에 대하여 각각의 존재이유와 실효성을 부여하는 것이 가장 소망스러운 태도가 아닐까 생각된다.

이 같은 입장에서 당장 영토조항을 삭제 내지 개정하자는 입장에 대해서는 신중론을 주문하고 싶다. 다만 중·장기적으로는 본서에서 제시한 바와 같이 영토조항을 개정하는 방안도 긍정적으로 검토할 필요는 있다고 생각된다.

63) 권영성, “우리 헌법의 영토조항과 통일조항,” p. 7.

〈부 록 4〉

통일지향적 남북한관계 정립을 위한 국제법적 과제

Ⅰ. 서 론

2000년 6월 13일부터 15일까지 분단 55년 만에 처음으로 평양에서 남북정상회담이 개최되었다. 그 결과 역사적인 6·15 남북공동선언이 채택되어 남북한관계 개선의 새로운 전기가 마련되었다. 이후 남북한 간에 남북공동선언의 이행·실천을 위한 다양한 후속조치들이 취해짐으로써 한반도에 화해·협력의 분위기가 고조되고 있다. 8·15 이산가족방문단 교환, 경의선철도 연결공사 착공, 남북국방장관회담 개최, 남북경협의 제도화를 위한 실무협상 등은 그러한 대표적인 예들이다.

이처럼 과거에는 상상할 수 없는 일들이 벌어지고 있기는 하지만, 아직도 남북한관계는 살얼음을 걸어가는 불안정한 관계에 있다. 무엇보다 남북한은 여전히 법적으로 전시의 연장인 정전체제하에 있으며, 상호 적대적인 체제와 법령을 유지하고 있기 때문이다. 그러기에 작금 진행되고 있는 남북화해·협력을 반석 위에 올려 놓음으로써 평화적인 민족통일에 기여하도록 하기 위해서는 남북화해·협력을 법적·제도적으로 뒷받침함으로써 안정성과 지속성을 갖도록 해야 한다. 또한 남북교류협력을 활성화하고 통일지향적인 새 남북한관계를 정립해 나가는 과정에서 국내법적으로는 물론이고 국제법적으로도 해결해야 할 과제들도 적지 않다. 이런 점에서 볼 때 남북화해·협력은 분명 중요한 법적 문제라고 할 것이다.

그런데 통일지향적인 남북한관계 형성 및 발전을 위한 법적·제도적 대비책을 강구함에 있어서는 항상 남북한관계가 '나라와 나라 사이의 관계가 아닌 민족내부의 특수관계'라는 점을 염두에 두어야 한다. 다시 말하면 남북한관계 운영에 있어서 국제관계가 아닌 분단국 내부의 특수한 관계라는 점이 최대한 반영되어야 한다는 것이다. 이러한 점을 감안해서 다음에서는 통일지향적인 새 남북한관계 정립을 위해 남북한이 국제법적 차원에서 해결해야 할 과제와 국제무대에서 추진해야 할 과제를 살펴보기로 한다.

Ⅱ. 남북합의서에 대한 '특수조약성'(법적 구속력) 인정

아직까지 우리 정부는 1992년 2월에 발효한 「남북기본합의서」를 비롯하여 남북한 간에 채택된 제 합의서를 조약으로 공포하지 않고 있다. 그동안 여러 차례 법무부는 「남북기본합의서」에 대해 신사협정(gentlemen's agreement)[1] 내지 정치적 선언에 불과하다는 입장을 표명해 왔다.[2] 이러한 입장은 남북한관계의 가변성과 유동성을 고려하여 규범적인 측면보다는 다분히 전략적이고 정치적인 관점에서 대북정책을 추진해 온 것과 무관하지 않은 것으로 보인다.[3]

정부가 남북한 간의 제 합의서를 공포하지 않은 결과, 남북합의서들은 국내적으로 법적 구속력을 확보하지 못한 채 그 법적 성격이 불명확한 상태에 있었다. 왜냐하면 우리 국내법상 인정되는 입법형식에는 헌법·법률·명령·규칙 및 자치법규와 헌법 제6조에 따라 체결·공포된 조약[4]과 일반적으로 승인된 국제법규가 있는데, 남북한 간의 합의서는 이상의 그 어느 것도 아니었기 때문이다. 위에서 지적한 바와 같이 우리는 「남북기본합의서」 등 남북합의서들을 조약으로 인정하지 않으면서도 북한 측에 대해서는 성실한 이행·실천을 요구하는 상호 모순되는 행동을 해 왔다.

그러나 앞으로 남북한관계를 진정 통일지향적인 평화공존의 관계로 만들어 나가려면, 더 이상 남북한관계를 정치적·전략적인 관점이 아니라 규범적인 차원에서 접근해야 한다. 즉 남북한관계를 법적으로 제도화함으로써 안정성을 갖도록 해야 한다. 그러기 위해서는 남북한 간에 체결되는 합의서들을 조약으로 공포하여 국내법적 구속력을 인정하는 보다 적극적인 자세가 요구된다.

이와 관련, 혹자는 조약은 본래 국가 간에 체결되는 것인데 남북합의서를 조약으로 공포

---

1) 신사협정이라 함은 정치가나 외교관들이 정치적 신의에 기하여 서로 언약하거나 자발적 이행을 담보하는 정책수행상의 약속을 말한다. 외무부, 『알기 쉬운 조약업무』(서울: 외무부 1996), pp. 8-9 참조.

2) 1992년 2월 17일자 「남북사이의 화해와 불가침 및 교류협력에 관한 합의서의 법적 성격」이라는 법무부의 참고자료에는 "남북기본합의서가 국제법적 강제력을 인정할 수 없는 일종의 신사협정에 준하는 성격을 갖는다"고 명기되어 있다. 제성호, "기본합의서의 법적 성격과 효력," 『국제법학회논총』, 제37권 제1호(1992), p. 149. 또 1992년 4월 9일자 법무부 자료에서는 남북기본합의서의 법적 성격과 국가보안법과의 관계를 언급하고 있는데, 그에 따르면 "남북기본합의서는 헌법 제60조 제1항 소정의 조약이 아니라 남북 사이에 성의 있는 이행을 약속하고 있는 일종의 공동성명 또는 신사협정에 준하는 성격을 갖는 것입니다(남북합의서 전문도 같은 취지). 따라서 북한이 우리나라를 변란할 목적으로 대남적화활동을 하여 국가보안법상 반국가단체에 해당되는 것은 남북합의서의 채택과는 별개의 문제입니다"로 되어 있다. 법무부, 검삼 01254-42/1992.4.9. 이장희, "민족의 화해를 위한 남북기본합의서의 법적·제도적 실천방안," 민족화해협력 범국민협의회(준), 『한반도 평화와 통일을 위한 민족학술대토론회』 발표논문자료집, 1998, p. 10 참조.

3) 학리적인 관점에서 본 「남북기본합의서」의 법적 성격, 「남북기본합의서」에 대한 정부의 입장 및 국내법원의 태도 등에 관해서는 제성호, "남북기본합의서의 법적 성격－서울고등법원의 97구18402판결(1998.7.16 선고)을 중심으로－," 『서울국제법연구』, 제5권 제2호(1998), pp. 83-93 참조.

4) 헌법 제6조 1항은 "헌법에 의하여 체결·공포된 조약과 …은 국내법과 같은 효력을 가진다"고 명시하고 있다. 이 헌법 제6조에 따라 「법령등 공포에 관한 법률」 제6조에서는 "조약 공포문의 전문에는 국회의 동의 또는 국무회의의 심의를 거친 뜻을 기재하고, 대통령이 서명한 후 대통령인을 압날하고 그 일자를 명기하여 국무총리와 관계 국무위원이 부서한다"고 규정하고 있다.

하면, 북한을 국가로 승인한다거나 또는 남북한 특수관계에 배치되는 것이 아닌가 하는 문제를 제기하기도 한다. 그러나 이러한 생각이 국제법상 근거 없는 것임은 두말할 필요도 없다. 조약은 국가 간에만 체결되는 것이 아니라 국가, 민족해방운동단체 등 국가유사단체, 교전단체, 국제조직 등 국제법주체 간에 체결되는 것이다. 또한 동서독의 경험[5]에서 잘 나타나듯이 분단국을 구성하는 정치실체 간에도 얼마든지 법적 구속력을 갖는 조약이 체결될 수 있다.

그러므로 향후 남북한 간에 체결되는 합의서, 특히 투자보장협정, 이중과세방지협정, 청산결제협정, 분쟁해결협정 등 남북합의서들을 조약으로 공포하는 것이 남북통일시대에 걸맞은 조치라고 하겠다. 이는 남북한이 1민족 2체제를 전제로 하여 「남북연합」이라는 통일 이전의 과도적 결합체제(Korean Commonwealth)를 형성하는 남북합의서의 경우에도 마찬가지라고 생각된다.[6]

다만 남북한관계는 '나라와 나라 사이의 관계가 아닌 통일을 지향하는 과정에서 잠정적으로 형성된 특수관계'이기 때문에 남북합의서는 통상 외국과 체결되는 '일반조약'과 구별된다. 고로 남북합의서는 북한이라는 분단국을 구성하는 정치실체[7]와 체결되는 '특수조약'(treaty sui generis)으로 규정되어야 한다.[8] 그러한 점에서 외국과의 조약체결업무를 수행하는 외교통상부가 남북합의서 체결사무를 관장하는 것은 타당하다고 할 수 없다. 통일부가 그것을 담당하는 것이 법리적으로나 남북한관계의 관행에 비추어 보더라도 옳다고 하겠다.

그러나 남북한 간의 제 합의서를 유엔회원국 간의 조약으로 보고, 유엔 사무국에 등록할 것인가? 이에 관해서는 우리 사회에서 찬반양론이 존재한다.[9] 유엔 사무국 등록이 반드시 남북한 특수관계에 배치되는 것이라고 보기는 어렵다. 다만 서독은 동서독기본조약을 국내법상 조약으로 인정, 법적 구속력을 부여하기는 하였으나, 유엔 사무국에는 등록하지 않았음은 주

5) 1972년 12월 21일 체결된 동서독기본조약은 조약이라는 법적 형식과 절차를 갖추어 체결·공포되었으며, 국내법적으로도 양 독일 의회의 비준동의(동의법률 제정)를 받았다.

6) 1989년 9월 우리 정부가 발표한 「한민족공동체통일방안」에 의하면, 그러한 남북합의서의 명칭으로 「민족공동체헌장」(the Charter of the Korean National Community)이 제시된 바 있다. 그리고 이 「민족공동체헌장」은 남북정상회담에서 합의·채택될 것이 예정되고 있다. 통일원, 『1990 통일백서』(서울: 통일원, 1990), p. 85.

7) 북한은 우리 국내법상으로는 군사분계선 이북의 대한민국 영토(미수복지역)를 불법적으로 점거한 반국가단체로 간주되고 있다. 하지만 「남북기본합의서」 서문에 따라 북한과 대한민국과의 관계는 외국과의 관계가 아니고, '나라와 나라 사이의 관계가 아닌 민족내부의 특수관계'에 해당된다. 더욱이 국제법적 견지에서 볼 때 북한은 유엔회원국으로서 '사실상의 국가' 또는 우리와의 관계에서 '일종의 미승인국'이라고 규정될 수 있다. 이처럼 우리와의 관계에서 북한은 ① 국내법적 차원, ② 남북한 간의 차원, ③ 국제법적 차원에서 볼 때 서로 다른 실체로서 파악되고 있다.

8) 과거 서독은 '외국 및 동독과 체결한 조약'이라는 표제하에 조약을 공포하고, 이를 관보에 게재하였다. 이는 동독과 체결한 조약을 일반 외국과의 조약과는 구별되는 것으로, 즉 분단국 내부의 '특수조약'으로 취급하였음을 말해 주는 것이다.

9) 「남북기본합의서」의 유엔사무국 등록문제에 관해서는 김명기·지봉도, "조약의 등록과 남북기본합의서," 『국제법학회논총』, 제37권 제1호(1992), pp. 59-78 참조.

목할 필요가 있다. 이 문제에 대해서는 등록에 따른 이해득실 등 보다 신중한 검토와 대응이 요구된다고 할 것이며, 필요 시 북한과의 협의를 거치는 것도 바람직하다고 생각된다.

Ⅲ. 남북 당국 간 신변안전보장협정 또는 남북통행협정의 체결

남북교류협력의 활성화는 필연적으로 남북한 주민 간의 인적 왕래의 확대를 수반하게 된다. 이에 따라 남북왕래 인원에 대한 신변안전보장문제가 핵심적인 과제로 제기될 것이다. 이와 관련, 금강산 관광객 민영미 주부의 억류사건이 금강산관광사업의 중단을 초래한 예에서 경험한 바 있듯이 관광객의 신변안전을 위한 제도적 보장은 남북교류협력의 안정성 확보 차원에서 시급한 실정이다.[10] 금강산 관광객 억류사건을 계기로 남북왕래 인원에 대한 신변안전 보장이 민간기업(현대)과 북한의 단체(아세아태평양평화위원회: '아태평화위원회') 간에 체결된 계약서상의 조항[11]만으로는 불충분함이 입증되었기 때문이다.

이 사건 후 우리 측은 신변안전보장을 위해 당국 간 차원의 협상 개최를 위해 노력하였으나, 북한은 금강산 관광객의 신변안전문제를 현대와 '아태평화위원회' 간에 합의할 사안이라 하여 남북한 당국이 개입할 이유가 없다고 주장하였다.[12] 이러한 입장에서 북한당국은 1999년 7월 30일 금강산관광총회사로 하여금 현대아산과 신변안전보장에 관련된 두 개의 합의서, 즉 신변안전보장을 위한 「합의서」와 「금강산 관광 시 준수사항에 관한 합의서」를 채택하는 것을 허용하였다. 하지만 이 두 합의서의 법적 성격도 역시 민간 차원의 합의라는 점에서 이전의 것과 근본적인 차이는 없었다.

그런데 북한의 일방적인 조치에 의해 방북인원의 신변에 위해를 가할 수 없도록 하는 신변안전보장력을 강화하기 위해서는 사업자 간(민간)의 차원에 그치지 않고, 남북한 당국이 직접 신변안전보장장치를 강구해야 한다. 그것은 남북 당국 간 신변안전보장협정의 체결을 의미하는데, 이것은 금강산 단체관광이 지속적이고 대규모적으로 실시되고 있는 점을 감안하여 우선 남북한을 오고 가는 관광객을 대상으로 이루어져야 한다. 이후 남북한 당국 간의 추가적인 합의를 통해 신변안전보장의 대상을 점차 기업인이나 이산가족 등 다른 남북왕래 인원에까지 확대해 나가야 한다.

중·장기적으로는 민족구성원이면 누구나 자유롭게 남북을 왕래할 수 있도록 남북한이

---

10) 장명봉, "남북경협 활성화를 위한 법적·제도적 장치 모색−그 필요성과 방향," 『북한법연구』, 제3호(2000), p. 61.

11) 금강산 관광객의 신변안전보장과 관련된 사항이 명기되어 있는 문서에는 1998년 6월 22일 현대와 아태평화위원회 간에 체결된 「합의서」, 「의정서」, 「금강산 관광을 위한계약 서」(제4조), 1998년 7월 6일 체결된 「금강산 관광을 위한 부속계약서」(제10조 1항)와 1998년 7월 9일자 북한의 백학림 사회안전부장(현 인민보안상)이 보내온 「신변안전보장각서」, 그리고 1998년 11월 2일 북한이 일방적으로 제정, 우리 측에 통보해 온 「금강산 관광세칙」 등이 있다.

12) 백학순, "신변안전보장협정," 『통일경제』, 제56호(1999), p. 35.

일반적인 남북통행협정을 체결하도록 해야 한다. 남북통행협정을 체결할 때에는 1971년 12월 17일 「독일연방공화국과 서베를린 간의 민간인 및 물자의 통행에 관한 독일연방공화국 정부와 독일민주공화국 정부 간의 협정」(Abkommen zwischen der Regierung der Bundesrepublik Deutschland und der Regierung der Deutschen Demokratischen Republik über den Transitverkehr von zivil Personen und Güter zwischen der Bundesrepublik Deutschland und Berlin (West), 통칭 Transitabkommen)을 꼼꼼히 검토하여 최대한 남북한관계에 원용하도록 해야 한다.[13] 대체로 남북통행협정에는 통행로 개설, 통과지점, 교통수단(수송장비) 운행, 입국사증(비자) 소지 면제, 왕래절차의 간소화 및 편의제공, 신변안전보호 및 무사귀환 보장, 왕래인원이 타방 법률 및 관습 준수의무, 자기 측 인원이 상대방 지역 방문 중 체포·구금될 경우 해당인원에 대한 영사보호 제공, 긴급구호조치, 남북통행위원회 구성 등을 명시해야 할 것이다.

요컨대, 앞으로 남북한 당국이 남북왕래인원에 대한 신변안전보장협정 또는 남북통행협정을 체결해야 남북교류협력의 안정적인 추진과 발전을 도모할 수 있다고 본다.[14] 또 그것이 북한이 인적 교류에 따른 경제적 실익을 확보하는 길이기도 하다.

Ⅳ. 경의선철도 연결과 관련된 국제법적 해결과제

1. 유엔군사령관의 비무장지대 관할권과 경의선철도 연결사업의 관계

현재 정전협정은 비무장지대(Demilitarized Zone: DMZ) 내 인원(군인과 사민)의 출입을 원칙적으로 금지하면서도, 예외적으로 DMZ의 자기 측 지역을 관할하는 사령관의 허가를 받으면 이들의 출입을 허용하고 있다. 이와 관련, 정전협정 제10항 1문에서는 "비무장지대 내의 군사분계선 이남의 부분에 있어서의 민사행정 및 구제사업은 국제연합군 총사령관이 책임진다"고 규정하고, 제9항은 '민사행정과 구제사업의 집행에 관계되는 인원'의 출입을 인정하고 있다. 단 우리 측 인원이 민사행정 및 구제사업과 관련하여 군사분계선 이남의 DMZ를 출입하려 할 때에는 유엔군사령관의 허가를 받도록 하고 있다.[15]

---

13) 이 동서독 통행협정의 내용에 관해서는 국토통일원, 『동·서독관계 발전에 관한 보고 및 문서』, 동서독관계자료 Ⅱ(서울: 국토통일원, 1989), pp. 155-164; 이장희, "동서독 통행협정에 관한 연구," 『통일문제연구』, 제2권 제1호(1990), pp. 252-277 참조. 한편 동서독은 통과여행의 문제를 해결하기 위한 통과위원회(Transitkommission), 통행조약의 준수 및 보완을 위한 통행위원회(Verkehrskommission), 그리고 양독 국경에서 발생하는 제 문제를 해결하기 위한 국경위원회(Grenzkommission)를 상설적으로 운영하였다. Bundesministerium für Inner-deutsche Beziehungen, Auskünfte zur Deutschlandpolitik A-Z, 3. Auflage (Bonn: Gesamtdeutsches Institut, 1988), pp. 130-131.

14) 이장희, "금강산 관광의 공법적 문제와 대응방안," 아시아사회과학연구원, 『금강산 관광의 법제도적 문제와 대응방안』, 아사연 학술포럼시리즈 2000-1(2000), pp. 30-31.

그러나 DMZ에 출입할 수 있는 인원은 자기 측 관할의 사령관으로부터 승인을 득하기만 하면 무제한적으로 들어갈 수 있는 것이 아니다. 적대 쌍방 군사령관이 DMZ 출입인원을 각기 정할 수 있으나(제10항 3문), 유엔 측과 공산 측에 있어서 공히 출입인원이 언제나 1,000명을 초과할 수 없도록 되어 있다(제10항 4문).[16] 그런데 유엔 측과 공산 측은 각기 민정경찰의 요원으로 이미 1,000명의 인원을 DMZ 내에 산재되어 있는 경계초소(Guard Post: GP)에 투입, 배치를 완료한 상태이다. 즉 DMZ는 유엔 측과 공산 측 투입인원을 합쳐 이미 2,000명이 차 있는 상황인 것이다.

민사행정과 구제사업의 집행에 관계되는 인원 외에도 군사정전위원회로부터 특정한 허가를 받은 인원도 비무장지대의 출입이 허용되고 있다. 정전협정 제9항은 "민사행정과 구제사업의 집행에 관계되는 인원과 군사정전위원회의 특정한 허가를 얻고 들어가는 인원을 제외하고는 어떠한 군인이나 사민이거나 비무장지대에 들어감을 허가하지 않는다"고 명시하고 있기 때문이다.[17]

한편 정전협정 제8항은 "비무장지대 내의 어떠한 군인이나 사민이거나 그가 들어가려고 요구하는 지역의 사령관의 특정한 허가 없이는 어느 일방의 군사통제하에 있는 지역에도 들어감을 허가하지 않는다"고 규정하고 있다. 이는 우리 측의 군인이나 민간인이 군사분계선 이북의 DMZ에 출입하고자 할 경우 공산 측 사령관의 허가를 받아야 한다는 것을 의미한다.

이상의 규정에 비추어 볼 때 경의선 등 남북 간 철도연결 및 도로개설을 위해 DMZ 내에 들어가려면, 첫째, 군사정전위원회로부터 특정의 허가를 받거나(제9항), 둘째, 정전협정 제61항에 따라 유엔군사령관과 공산 측 사령관들 간의 합의를 통해 1,000명의 숫자를 상향 조정하는 내용의 수정을 하거나 셋째, 정전협정을 증보하는 추가적인 합의를 채택하는 세 가지 방도 중 어느 하나를 실행해야 한다.

여기서 군사정전위원회의 특정 허가를 얻는다는 것은 무엇을 말하는 것인가? 군사정전

---

15) 유엔군 총사령관은 DMZ 내에서 민사행정 및 구제사업을 책임지고 집행하기 위해 유엔사규정 551-4, 유엔사규정 526-2(대성동 민사협정)을 비롯하여 수많은 법규를 제정・실시하고 있다. 현 정전체제하에서 경의선철도 연결과 이를 지원하기 위한 문산-개성 간 4차선 도로 건설의 목적으로 우리 측이 건설인력 및 군병력을 DMZ에 들여보내려면, 먼저 동 사업이 민사행정 및 구제사업에 해당되는 것으로 간주하고 이를 기초로 하여 유엔군사령관으로부터 인원의 출입허가를 받아야 한다. 그런데 아래에서 보는 바와 같이 이미 1,000명이 포화상태에 있기 때문에 DMZ의 다른 지역에서 일부 인원을 빼고 필요한 건설인력을 투입해야 한다. 그러나 이는 안보에 치명적인 결과를 가져올 수 있기 때문에 고려하기 어려운 방안이다. 설령 그러한 일이 가능해진다고 하더라도 경의선 철도 및 도로 건설과정에서 우리 측 인원이 매번 유엔군사령관의 허가 또는 승인을 받아서 공사지역에 출입하는 것은 여간 번거로운 일이 아닐 것이다.

16) 다만 유엔사규정 551-4의 나(군사분계선 및 비무장지대)의 2에서는 각측이 1,024명까지 출입할 수 있도록 명시(한강하구 지역의 민정경찰 24명 포함)하여 정전협정의 최대 출입인원인 1,000명보다 24명을 초과하여 배치할 수 있도록 하고 있다. 역시 같은 유엔사규정에 의하면, DMZ 출입이 허용되는 1,000명의 우리 측 인원에는 대성동 주민과 유엔사 경비대원, 판문점 관광객 등이 제외된다고 되어 있다.

17) 제성호, 『한반도 비무장지대론: DMZ를 평화지대로』(서울: 서울프레스, 1997), p. 56.

위원회는 공산 측 대표 5명과 유엔 측 대표 5명으로 구성되는 회의체(합의제 기구)로서 후자의 대표 5명은 유엔군사령관이 임명하게 되어 있다. 따라서 군사정전위원회의 허가는 결국 인원출입에 대한 유엔군사령관의 동의 내지 허가의 의미를 내포하는 것이라고 볼 수 있다. 다음 수정이라 함은 정전협정 제10조 4문을 개정하여 출입가능 인원의 수를 상향조정(이 경우는 경의선 철도연결사업을 민사행정에 포함되는 것으로 간주함을 전제로 함)하는 것을 말한다. 그리고 증보라 함은 경의선 철도연결을 위한 인원의 투입을 민사행정과 구제사업과는 구별되는 사업으로 보고, 적대 쌍방사령관이 세칙적(細則的) 성격의 추가적인 합의를 채택하여 정전협정에 부속문서화하는 것을 의미하는 것이라고 하겠다. 이러한 증보를 내용으로 하는 세칙적인 성격의 합의는 과거의 선례와 같이 군사정전위원회에서 채택할 수 있음은 물론이다.

그런데 문제는 현재 군사정전위원회가 북한 측의 무실화전략으로 1994년 4월 28일 이래 전혀 열리지 않고 있어 군사정전위원회의 출입허가를 받는다는 것은 현실적으로 기대하기 어려운 형편이다. 적대 쌍방사령관들이 회동하여 정전협정을 수정·증보하는 것도 결코 용이한 일이 아니다.

여기서 하나의 대안을 생각해 볼 수 있다. 그것은 유엔군사령관이 자신을 대신하여 공산 측과 협상할 수 있는 권한을 한국 국방부장관에 위임(북한 측도 조선인민군 최고사령관이 인민무력부장에게 협상권을 위임)한 다음, 남북의 국방장관이 경의선 철도연결 및 도로개설을 위한 관련 인원, 차량 및 기자재의 출입, 안전보장, 지뢰제거작업, 각종 시설물의 설치에 관한 세부적인 합의를 하도록 하고, 당해 합의를 적대 쌍방사령관들이 당해 합의를 인준하여 정전협정의 증보로서 인정하는 방안을 강구할 수 있을 것이다.

이와 관련하여 실제로 조성태 국방부 장관은 2000년 8월 말 토머스 슈워츠 사령관에게 DMZ 내 지뢰제거 작업 등 진행에 필요한 북한과의 협상권을 한국군 측에 위임해 줄 것을 요청한 바 있었다. 그리고 이에 대해 슈워츠 주한 유엔군사령관은 제1차 남북 국방장관 회담이 열리기 전인 9월 23일 DMZ 내 경의선철도 및 문산–개성 간 4차선 도로 건설과 관련, 북한과의 모든 협상권을 이미 한국군에 위임한 것으로 알려지고 있다. 국방부에 따르면 유엔군사령관은 동 일자에 조성태 국방부장관 앞으로 서신을 보내 "DMZ 내 지뢰제거 작업 등과 관련, 한국 국방부가 유엔사를 대리해 북한과 협상할 수 있는 권한을 갖는 것이 적절하다"고 밝혔다는 것이다.[18] 생각건대, 조성태 국방장관과 유엔군사령관과의 서신교환은 권한 있는 기관의 행위, 명백한 권리·의무 설정의사의 표시(협상권 위임의 요청, 요청수락 및 협상권 위임의사 표명에 의한 의사의 합치) 등으로 인해 단순한 사신(私信)이 아니라 국제법상 공한교환(公翰交換, 광의의 조약에 포함됨)에 해당하는 것이라고 볼 수 있다.

18) 『조선일보』, 2000년 9월 10일, p. 2; 『중앙일보』, 2000년 9월 28일(10판), p. 2 참조.

2. 경의선 철도연결을 위한 지뢰제거 등 군사적 지원과 사후관리문제

경의선 철도연결을 위해서는 DMZ 내에서 지뢰를 제거하는 등 군사적 차원의 조치가 취해져야 한다. 그러한 군사적 차원의 조치로는 ① 경의선철도 연결공사 기간 중 남북 간 우발적인 무력충돌의 방지, ② 공사에 따른 남북 간 협의채널(가칭 「경의선 남북군사실무위원회」) 구축, ③ 남북한 군대(예: 지뢰제거팀)와 공사인력으로 구성되는 합동부대(합동근무지원단) 설치 · 운영, 특히 그 규모와 주둔지역의 문제, ④ 남과 북의 공사인력들 간 접촉유지 및 연락방법, ⑤ 공사를 위한 합동부대와 남북한의 작전부대 간의 핫라인 개설, ⑥ 남북 양측의 공사계획 교환, ⑦ 남북한 공사인력의 외부식별방법(이는 복장 및 완장의 표식의 문제로서 가령 각자의 군복을 착용할 것인지 아니면 별도의 복장을 착용할 것인지 하는 문제는 그 대표적인 예가 될 것이다), ⑧ 지뢰 및 불발탄 폭발 등에 의한 안전사고 발생 시 환자 후송방법: 응급헬기에 의한 후송문제 등, ⑨ 공사기간 및 선후 설정의 문제(같은 기간에 남과 북이 공동으로 공사를 추진할 것인지 아니면 먼저 어느 일방이 공사를 완료한 다음 타방이 공사를 실시할 것인지 여부의 문제) 등을 들 수 있다. 이와 같은 문제들은 남과 북이 가칭 「경의선 남북군사실무위원회」를 설치 · 운영하여 구체적인 해결방안을 강구해야 할 것이다.

한편 경의선 철도연결 및 도로개설 사업이 완료된 후 공사구역에 포함되는 DMZ의 남측 및 북측 지역을 유엔군사령관 및 조선인민군최고사령관으로부터 위임을 받아 남북한이 공동으로 관리하는 방안을 적극 고려할 필요가 있다. 이는 통일 이전에 DMZ 내에서 남북한이 공동이용 · 관리체제를 형성(그럼으로써 교통분야의 통일법을 제정 · 실시)하는 좋은 경험이 될 수 있을 것이다. 우리 측이 유엔군사령관으로부터 경의선 철도 복원과 함께 신설되는 문산−개성 간 도로가 통과하는 남방한계선−군사분계선 사이의 DMZ에 대해서 유엔군사령관의 위임을 받아 남북한 공동구역으로 직접 통제 · 관리방안을 추진하려면, 한국과 유엔군사령관 간에 위와 같은 취지의 합의서(대체로 각서교환이나 공한교환의 형식을 취할 것임)를 채택하거나 또는 유엔군사령관이 공식문서로써 우리 측에 상기 구간의 관할권을 일부 이양(반환)한다는 취지의 양해를 해 주어야 할 것이다.

상기 조치는 정전협정의 중대한 수정에 해당되는 것이다. 따라서 적대 쌍방사령관들이 회의를 열어 직접 그러한 방향으로 정전협정을 수정하거나 또는 유엔군사령관이 위 조치사항을 공산 측 사령관들에 통보하여 그로부터 수락 또는 동의의 의사가 포함된 회신을 접수해야 한다. 아니면 군사정전위원회를 개최하여 위와 같은 방향으로 정전협정을 증보하는 세칙적인 합의를 성안할 수도 있을 것이다. 이 밖에도 남한의 군사당국자, 북한의 조선인민군최고사령관이 권한을 위임한 자 및 유엔군사령관이 권한을 위임한 대표 3자가 회동하여 정전협정 수정을 위한 특별합의를 채택하여 동 합의서를 정전협정에 부속문서로 첨부하는 방안을 강구할 수도 있을 것이다. 그러나 현재 우리 정부는 마지막의 방안에 대해서는 소극적인 입장을 갖고 있는 것으로 보인다.

3. 구 사회주의권 국가 간의 「국제화물운송협정」 가입 추진

현재 경의선 철도연결은 단지 남북 간 철도망을 연결하는 데 그치는 것이 아니라 중국횡단철도(Trans-China Railroad: TCR), 몽골횡단철도(Trans-Mongolia Railroad: TMGR), 러시아횡단철도(Trans-Siberia Railroad: TSR)와 연결시킴으로써 아시아와 유럽 간의 「대륙교량」(land bridge)을 개통하는 것을 목표로 하고 있다. 이러한 대륙 간 철도망 연결은 물류비용의 절감과 더불어 경제통합을 촉진시킬 것으로 전망된다.

그런데 1953년 7월 모스크바에서 체결된 「중국, 북한, 소련, 동독 등 간의 국제철도화물연합운송협정」(일명 「국제화물운송협정」, SMGS)과 「중국, 북한, 소련, 동독 등 간의 국제철도여객연합운송협정」(일명 「국제여객운송협정」)이라는 다자조약을 체결하여 자국을 통과하는 외국화물 및 승객의 대우와 처리 등을 비롯하여 당사국 간 철도 연결에 따라 발생하는 문제에 대해 공통의 법적 규율을 모색해 왔다. 이후 몽골, 루마니아 등 구사회주의권 국가들이 모두 동 협정의 당사국으로 되어 있다. 「국제화물운송협정」의 주요내용은 ① 체약국 화물에 대한 자국화물과 같은 대우 부여, ② 체약국 간 화물운송계약의 체결 및 이행문제, ③ 운송비용, ④ 화물의 손실 발생 시 통과국의 책임범위와 배상, ⑤ 송품장, 통관신고서 등 체약국 간 서식의 통일, ⑥ 배상청구: 소송, 사법적 관할, 소멸시효 등, ⑦ 각국 철도 간의 결산관계, ⑧ 분쟁의 해결문제, ⑨ 운임화폐, ⑩ 본 협정업무에 관한 회의체로서 「운영협의회」(OSShD) 설치 · 운영 등으로 되어 있다. 「국제여객운송협정」의 경우 규율대상이 다를 뿐 동 협정의 내용은 「국제화물운송협정」은 크게 다르지 않다.[19]

경의선 철도연결을 통해 TCR, TMGR, TSR과의 연결을 추진하고 그에 따른 수혜를 받기 위해서는 우리 정부가 상기 「국제화물운송협정」과 「국제여객운송협정」에 가입할 필요가 있다. 동 협정 가입 시 대등한 조약당사자로서 다른 체약국과 동일한 권리와 의무를 향유할 수 있게 된다. 그렇지 않고 개별국가들과 양자조약을 체결하려 할 경우, 엄청난 외교적 비용과 시간이 소요될 것이다. 이를 위해서는 우리 정부가 「국제화물운송협정」과 「국제여객운송협정」에 의해 설치된 「운영협의회」를 통해 기존 체약국들로부터 한국가입에 대한 지지를 확보해야 할 것이다. 이와 관련, 특히 발언권이 큰 중 · 러의 협조를 얻기 위해 긴밀한 외교적 노력을 전개해야 할 것이다.

4. 여객의 신변안전보장 및 긴급구난의 제공문제

남북한 간의 철도를 사용하는 여객은 신체의 안전에 대한 위험과 불안을 느끼지 않고 자유롭게 목적지를 방문하고 자기 측 지역까지 무사히 귀환할 수 있어야 한다. 이를 위해서는 그동안 남북 간 신변안전보장의 관례대로 북한 측이 북한열차를 이용하는 여객에 대해 일일

19) 「국제여객운송협정」은 총 9장 50조로 구성되어 있다.

이 신변안전보장각서를 발급하거나 또는 1999년 7월 30일 체결된 현대와 금강산관광총회사와 체결한 「금강산관광객의 신변안전보장을 위한 합의서」와 유사한 내용을 담은 합의서를 남북한 당국 간에 체결할 필요가 있다. 물론 신변안전보장문제 해결방안에는 포괄적인 차원의 신변안전보장협정 체결 외에도 일반통행협정 체결 등을 고려할 수 있음은 전술한 바와 같다.

한편 열차전복 등 안전사고 발생 시 승객들에 대한 긴급구호 및 헬리콥터 등을 이용한 환자후송 등 구난문제가 제기될 것이다. 이 문제의 해결을 위해서도 가칭 「남과 북 사이에 열차를 이용하여 상대방 지역을 방문하는 인원의 열차운행 중 안전사고 발생 시 긴급구호에 관한 합의서」와 같은 남북한 당국 간 합의가 필요하다고 하겠다.

신변안전 및 무사귀환보장문제와 안전사고 발생에 따른 구난문제를 별도로 해결하여 두 개의 협정을 체결할 수도 있을 것이나, 협정 채택을 위한 시간 및 비용의 절감이라는 측면을 고려하여 가칭 「남북 사이의 철도교통에 따른 여객의 안전운행을 위한 합의서」(약칭 「남북철도교통협정」)를 통해 상기와 같은 문제들을 한꺼번에 포괄적으로 해결하는 것이 바람직할 것으로 생각된다.

위의 제3절에서 지적한 바와 같이 남북한 당국 간에 신변안전보장협정이나 일반통행협정이 먼저 체결되면, 경의선철도 연결에 따라 남북한 간에 수송되는 여객의 신변안전보장이나 긴급구호문제가 상당 부분 해결될 수 있을 것이다. 그러나 그것이 이루어지지 않을 경우 보다 시급한 현안으로 제기될 경의선철도 연결에 따른 법적 문제만이라도 신속하게 해결하려면, 남북철도교통협정을 체결하는 것이 적절한 방도라고 하겠다.

남북한이 「남북철도교통협정」을 체결할 때에는 가능한 한 구체적인 내용이 포함되도록 하여 분쟁발생의 가능성을 최소화해야 할 것이다. 협정에 담을 내용으로는 ① 철도교통로 개설, ② 통과지점, ③ 철도이용료 산정 및 지불방법, ④ 입국사증(비자) 소지 면제, ④ 신변안전보호 및 무사귀환 보장, ⑤ 안전사고 발생 시 긴급구호조치 제공, ⑥ 남북철도교통위원회 구성 등을 예시할 수 있다.

5. 북한지역 통과열차 내에서 행해진 범죄의 처리문제

북한지역을 통과하는 열차 내에서 승객들 간에 사소한 시비나 폭행 등 경미한 범죄가 발생할 경우, 이를 어떻게 처리할 것인가 하는 문제가 중요한 현안의 하나로 등장하게 될 것이다. 일견 열차소속국이 범죄를 진압하여 평온을 회복하는 질서유지권을 행사하는 것이 바람직하다고 생각된다. 이를 위해 열차 내 질서유지를 위해 필요 시 열차소속국의 철도경찰관리가 민간인 복장으로 탑승하는 방안도 고려할 수 있을 것이다. 오늘날 국제민간항공에 이용되는 항공기 기내에 범죄를 진압할 수 있는 제한된 경찰권을 가진 요원이 탑승하는 것이 국제관례로 되어 있다.

그러나 철도소속국이 열차 내에서 범인을 체포·구금, 본국에 이첩하는 권한을 행사하는 것은 국가권력의 행사로서 영토국(통과국)의 주권과 부딪히는 것으로 원칙적으로 금지된다고 보아야 할 것이다. 이 문제와 관련하여 우리 측은 북한 및 유관국과 협정을 체결하여 해결하는 것이 타당하다. 열차소속국은 범죄진압을 위한 제한된 경찰권만을 행사하고, 범죄발생 시 통과국(영토국)에게 인계하여 당해 국가가 처벌토록 하는 것이 통과국의 영토주권과 조화되는 해결방법이라고 생각된다.

Ⅴ. 남북 간 상주대표부 교환·설치

상주대표부라 함은 보통 정식외교관계가 부재한 두 국가 간에 있어서 상호 의사를 교환하고 양자관계를 조정·연결시키기 위한 목적에서 상설적으로 설치·운영되는 기관(대표부)을 말한다(광의의 상주대표부). 상주대표부는 목적에 따라 여러 가지 형태를 띠게 되는바, 두 나라 간에 무역을 원활히 하기 위해 무역대표부(trade delegation)로 설치되는 경우도 있고, 정식 외교관계를 추진하기 위한 과도기적 의사소통을 위한 통로로서 설치되는 경우도 있다.[20] 어떤 경우이든 상주대표부는 잠정적인 성격을 띠게 되고, 그에 따른 제반 기능을 수행하게 된다.[21] 비록 국가 간의 관계는 아니지만, 분단국을 구성하는 정치실체들 간에도 상주대표부(협의의 상주대표부)를 설치·운영하여 그들 상호 간의 관계를 발전시켜 나갈 수 있다. 양 독일이 1972년 12월 21일에 체결된 동서독기본조약 제8조[22]에 따라 1974년 5월 상주대표부(Ständige Vertretungen)를 교환·설치하여[23] 영사보호 및 연락기능을 수행하는 외에 내독교류 과정에서 발생하는 문제를 평화적인 방법으로 협의·처리하였음은 이미 잘 알려져 있다.[24]

---

20) 중국과 일본은 정식 수교에 앞서 무역연락대표부를 교환·설치하였다. 즉 중국은 1963년 8월 13일 5명의 무역연락대표부 직원을 도쿄에 파견하였으며, 일본은 3명의 무역연락대표부 직원을 베이징에 파견하였다. 또 1973년 2월 미국과 중국은 정식 수교에 앞서 상대방 국가의 수도에 연락사무소를 설치하기로 합의하였고, 이에 따라 동년 5월 양국은 대사급 외교관을 소장으로 하는 연락사무소를 개설하였다. 미·중 간 연락사무소 설치과정에 관해서는 Harold C. Hinton, *Peking-Washington: Chinese Foreign Policy and States* (Beverly Hills: Sage Publications, 1976), pp. 52-53. 위의 무역대표부나 연락사무소는 모두 상주대표부의 일종이라고 할 수 있다.

21) 국토통일원, 『민족화합민주통일론 Ⅱ』(서울: 국토통일원, 1983), pp. 59-60.

22) 동서독기본조약 제8조는 "독일연방공화국과 독일민주공화국은 상주대표부를 서로 교환한다. 대표부는 쌍방의 정부소재지에 설치된다. 대표부 설치와 관계되는 실제적 문제는 추가로 규정된다"고 규정하고 있다. 통일원, 『동서독 조약·협정 자료집』(서울: 통일원, 1993), p. 202.

23) 이와 관련, 동서독은 1974년 3월 14일 상주대표부 설치에 관한 정부 간 의정서를 채택, 발표하였다. 의정서 및 동 부속문서의 내용은 위의 책, pp. 245-249 참조.

24) 동서독 간에 교환·설치된 상주대표부는 정치, 경제, 문화, 인도적 분야 등을 포괄하는 내독관계의 발전에 기여했을 뿐만 아니라 각 주민들의 상호 방문에 따르는 일반적 영사업무를 수행함으로써 인적 교류의 안정적 발전에도 적지 않은 공헌을 하였다. Bundes-ministerium für innerdeutsche

지금까지의 국제관례를 보면, 미승인국가 간에 있어서 정식수교가 이루어지기 전에 양자 간의 관계를 조정하기 위한 기구에 붙여지는 명칭은 대체로 연락사무소(liaison office)나 연락대표부라는 것이었다. 특히 미승인국 상호 간의 경제관계를 발전시키기 위한 기구에는 통상대표부나 무역대표부라는 명칭이 사용되어 왔다.[25] 반면 상주대표부는 말 그대로 접수 측에서 상설적으로 설치·운영되는 대표부라는 의미를 갖지만, 이 용어가 국가 간의 관계가 아닌 분단국 내부의 특수관계를 반영하기 위해 의도적으로 사용되는 경우도 있다.

남북한이 화해·협력체제를 심화·발전시키고 통일지향적 평화공존관계를 형성하기 위해서는 서로 상대방 지역의 수도에 상주대표부를 교환·설치할 필요가 있다. 그것은 남과 북이 상호 정치적 실체를 인정·존중하는 통일지향적인 노력을 상징하는 의미 외에도 여러 면에서 실질적인 효용이 있다. 남북한 간의 인적·물적 교류가 활성화되면, 일방의 주민들이 상대방 지역을 방문하거나 현지에 체류하는 일이 빈번해지게 되는데, 이때 사람이 만나고 교류하는 곳에서는 항상 법률문제들이 발생하기 마련이다. 친족 및 재산관계를 둘러싼 민사상의 문제나 범죄처리에 관한 형사상의 문제는 그 대표적인 예라고 하겠다. 그러기에 남북한관계 발전 시 상대 측 지역에 소재하는 자기 측 주민의 영사보호가 중대한 현안으로 등장하게 되는 것은 극히 자연스러운 일이다. 또한 현지에 체류하는 남한 주민들이 자신의 신변안전 및 영사보호를 위해서는 항시 쉽게 연락할 수 있는 대표부나 사무소가 상설적으로 설치·운영되어 있으면 그들에게 편리하다는 것은 두말할 필요도 없다. 이 같은 점에 비추어 남북교류협력의 본격화 시 서울과 평양에 하여 수시로 의사소통을 하고 남북 간에 발생하는 현안문제들을 조정·처리할 상주대표부의 교환·설치가 반드시 이루어져야 한다.

일찍부터 우리 정부는 남북한관계 증진과 교류협력 추진에 따른 제반업무의 효과적인 처리를 위해서는 상호 상대방 지역의 수도에 상주대표부의 설치가 필요하다는 점을 인식하고, 남북대화에서 여러 차례 상주대표부의 교환·설치를 북한에 제의한 바 있다. 즉 1982년 1월 22일 전두환 대통령은 국정연설을 통해 「민족화합민주통일방안」을 내외에 천명하면서 서울과 평양에 상주연락대표부 설치를 북한에 제의하였고,[26] 1989년 9월 11일 노태우 대통

Beziehungen, *Auskünfte zur Deutschlandpolitik* A-Z, pp. 112-113.

25) 상주 통상대표부나 무역대표부는 주로 통상협정 또는 무역협정에 의해 설치된다. 김명기, 『국제법원론(상)』(서울: 박영사, 1996), p. 823. 이러한 대표부의 직원은 외교적 성격을 갖지 않으며, 외교특권을 향유하지도 않는다. 당해 직원은 관련 특별협정에 명시된 경우를 제외하고는 접수국의 관할권에 복종한다. 다만 접수국은 국제예양상 대표부 건물에 대해 가능한 한 최대한의 특별한 고려를 부여하고 있는 것이 현실이다. Robert Jennings and Arthur Watts, *Oppenheim's International Law*, vol. 1, 9th ed. (London: Longman, 1992), pp. 1175-1176. 통상대표부나 무역대표부가 상설적 기초가 아니라 임시적·잠정적으로 설치될 수 있음은 물론이다.

26) 전두환 대통령은 「민족화합민주통일방안」을 발표하는 가운데 통일을 이룩할 때까지의 실천조치로서 "쌍방은 각료급 전권대표를 임명하여 각기 서울과 평양에 상주 연락대표부를 설치한다. 쌍방은 상호 협의에 의하여 연락대표부의 임무를 구체적으로 정하며, 자기 측 관할영역에 주재하는 상대편 연락대표부의 임무수행에 지장이 없도록 필요한 편의와 협조를 제공한다"는 내용을 포함하는 남북한 기본관계에 관한 잠정협정 체결을 북한에 제의하였다. 국토통일원, 『남북대화백서』(서울:

령은 「한민족공동체통일방안」을 발표하면서 역시 서울과 평양에 상주연락대표를 파견할 것을 제의했었다.[27] 이후 1991년 12월 평양에서 열린 제5차 남북고위급회담에서 상주연락대표부 설치를 북한 측에 제의하였다.[28]

상주대표부 교환・설치를 위해서는 남북한 당국 간의 합의서 채택이 요구된다. 가칭 「남과 북 사이의 상주대표부 설치 및 운영에 관한 합의서」에는 상주대표부 설치장소, 상주대표부장의 파견절차(신임장 제정 및 외교사절에 적용되는 아그레망에 준하는 동의 등의 절차), 상주대표부 장의 직급 및 직원의 수, 상주대표부의 임무, 상주대표부의 불가침, 상주대표부 직원의 특권・면제 및 활동의 자유, 상주대표부 운영에 필요한 물자 반출입 및 과세면제, 상주대표부와 본부 간의 통신의 비밀 및 불가침, 전서사(傳書使, courier) 및 행랑의 보호 및 불가침 등이 명시되어야 할 것이다.

특히 남북협상 과정에서는 상주대표부 직원의 특권 및 면제의 범위, 국기의 게양 및 국장(國章) 등 국가상징물의 표식 여부가 중요한 문제로 제기될 것으로 보인다. 전자에 관해서는 남북한관계가 특수관계로서 일반 국제관계와는 다르지만, 우리 측으로서는 1961년 4월에 체결된 「외교관계에 관한 비엔나협약」(Vienna Convention on Diplomatic Relations)의 관련 규정들이 그대로 또는 남북한관계 상황에 맞게 수정되어 가능한 한 많이 남북한관계에 원용될 수 있도록 노력해야 한다.[29] 후자의 문제에 관해서는 남북한이 합의하기에 달렸지만, 그동안 남북한 간의 관례와 특수관계를 고려할 때 서로 상대 측 지역에서 자기 측의 국기나 국장 등을 사용하지 않고, 그 대신 한반도기만을 사용하는 것이 적절치 않을까 생각된다. 이와 관련, 동서독의 경험이 남북한관계에 주는 시사점을 깊이 연구하여 한반도 상황에 적용토록 해야 할 것이다.

한편 남북한 간에 설치되는 상주대표부는 동서독 간에 교환・설치된 상주대표부의 활동 선례에 비추어 다음과 같은 임무를 수행할 수 있을 것이다.

첫째, 상주대표부는 접수 측 지역에서 파견 측 당국을 대표하며, 파견 측의 이익을 대변하며, 파견 측 주민에 대한 지원과 보호를 위한 업무활동을 한다.

둘째, 상주대표부는 파견 측의 의사를 수시로 접수 측 당국에 전달하고 본부와의 연락을 유지하는 등 의사소통의 적절한 통로로 활용되며, 파견 측 회담대표단의 접수 측 지역 내에

국토통일원, 1988), pp. 178-179 참조.

27) 노태우 대통령은 「한민족공동체통일방안」을 발표하는 가운데 "남북은 각료회의와 평의회의 업무를 지원하고 합의사항 이행 등 실무를 위해 공동사무처를 두고, 서울과 평양에 상주연락대표를 파견할 수 있을 것입니다"라는 제의를 하였다. 통일원, 『1990 통일백서』, pp. 81, 327.

28) 그러나 당시 북한 측은 상주연락대표부 교환・설치에 반대하여 결국 「남북기본합의서」 제7조에서 판문점에 남북연락사무소 설치를 명문화하는 것으로 그치게 되었다.

29) 국제법상 상주대표부 내지 연락대표부는 외교공관과 다른 지위를 갖는다. 관계국가들 간의 협정에 의해 특수한 성격을 띠고 조직된 기관이기 때문이다. 그러나 실제임무를 수행하는 과정에서는 외교사절과 비슷한 대우와 특권을 인정받는 것이 일반적인 통례이다. 국토통일원, 『민족화합민주통일론 II』, p. 60.

서의 체류 및 남북회담을 지원하는 업무를 수행한다.

셋째, 상주대표부는 파견 측을 위해 접수 측 당국과 교섭을 행하고, 필요시 행정적 · 기술적인 내용의 합의서를 채택할 수 있다.

넷째, 상주대표부는 남북한관계 개선을 위해 필요한 다양한 사업을 수행한다. 이를 위해 상주대표부는 각기 주재지역의 대내외적 정치발전과 경제상황을 관찰하고, 그 결과를 파견 측 당국에 보고할 수 있다.

다섯째, 상주대표부는 경제 · 교통 · 우편 · 농업 · 문화 · 학문 · 체육 · 청소년 등 여러 가지 분야의 교류협력과 관련 있는 업무를 처리한다. 특히 이러한 분야들에서 남북한 간에 접촉과 교류를 행할 수 있도록 주선하고, 또 교류당사자들이 해결하기 어려운 문제에 대해 원조를 요청해 오면 그 신속한 해결을 위해 지원한다.

여섯째, 상주대표부는 인도적인 분야에서 이산가족들의 상호 방문 및 여행을 주선하고, 재산 등에 관한 어려운 문제들이 발생할 경우 이를 적절히 해결할 수 있도록 노력한다.

일곱째, 상주대표부는 부여된 업무를 원활히 수행하기 위해 무선통신시설을 설치 · 운영한다.

요컨대, 상주대표부는 남북 쌍방 간의 관계개선을 위한 제반업무를 처리하고, 접수 측에서 파견 측의 이익을 대변하면서 서로 간에 의사교환을 위한 매개체로서 그 기능을 수행하게 될 것이다.[30)]

Ⅵ. 국제무대에서의 통일지향적 남북한관계 정립

1. 국제사회에서의 상호 실체 인정 · 존중

「남북기본합의서」 서문에서는 남북한관계를 '나라와 나라 사이의 관계가 아닌 통일을 지향하는 과정에서 잠정적으로 형성된 특수관계'라고 명시하고 있다. 여기서 남북한 특수관계는 이중성, 잠정성, 상호성과 대등성, 역동성(점진적 발전성) 등의 특성을 갖고 있다. 이 중에서도 특히 이중성이라 함은 '대외적으로 1민족 2국가(사실상의 국가), 대내적으로 1민족 2체제'의 양면성을 말하는 것이다.[31)]

또한 「남북기본합의서」 제1조는 남과 북이 서로 상대방의 체제를 인정 · 존중할 것을 명시하고 있다. 통일지향적인 남북한관계를 정립하려면, 남과 북이 서로 상대방을 국가로 승인하지 않으면서, 상호 체제 인정 · 존중을 국제사회에서 구현하는 노력을 경주해야 한다. 그 구체적인 방안으로 다음과 같은 것을 들 수 있다.[32)]

---

30) 위의 책, pp. 89-90 참조.

31) 제성호, 『남북한 특수관계론: 법적 문제와 그 대책』(서울: 한울아카데미, 1995), pp. 27-33.

첫째, 우리 정부는 북한당국이 군사분계선 이북지역에서 합법적인 대표성과 관할권을 가짐을 인정·존중한다.[33] 그리고 북한의 내부문제, 특히 법질서를 존중하고 이를 침해하지 않으며 북한당국의 시책에 간섭하지 아니한다. 이는 '내부문제 불간섭의무'를 규정한 것으로서 유엔헌장 제2조 7항에 명시된 국내문제 불간섭의무의 남북한관계에의 적용을 의미하는 것이다.

둘째, 우리 정부는 국제사회에서 북한을 대표하지 아니하며, 북한을 대리하여 행동하지 않는다. 또한 국제기구나 국제회의 등 국제무대에서 북한을 비방·중상하지 않으며, 민족의 존엄과 자존을 높여 나간다.

셋째, 우리 정부는 북한의 대외관계, 즉 외교정책 노선과 외교행위에 대해 간섭하는 행위를 하지 아니하며, 상호 불간섭·호혜·평등의 원칙에 기초하여 국제사회에서 민족공동의 이익을 도모하는 조치를 강구한다.

넷째, 원칙적으로 국제회의 시 상대방의 영문호칭을 사용할 경우 남과 북을 정식국호를 사용하도록 하되, 남북한이 통일을 지향하는 특수관계인 점을 감안하여 남한은 Korea, R. O.로, 그리고 북한은 Korea, D. P. R.로 각각 표기한다.

다섯째, 우리 정부는 북한이 제3국과 체결한 양자관계 및 다자관계를 존중하고 이에 간섭하지 아니하며, 또한 그러한 관계에서 파생되는 문제를 상호주의에 입각하여 화해와 협력의 정신으로 해결해 나간다.[34]

2. 국제무대에서의 남북협력체제 구축

국제사회에서 통일지향적인 남북한관계를 형성해 나가려면 국제무대에서 북한의 실체를 인정·존중하는 것만으로는 부족하다. 정치적 실체 인정에서 한걸음 더 나아가 국제무대에서 남북한이 협력하는 체제를 만들어야 한다. 이를 위해 명시적 또는 묵시적인 합의를 통한 제도화를 추진해야 한다. 전자는 주로 현지 대사들 간에 격식을 불문한 낮은 차원의 합의문서 채택을 가리키며,[35] 후자는 지속적인 관행의 성립을 통해 묵시적 합의가 이루어지는 경우를 말한다.

---

32) 위의 책, pp. 105-106 참조.

33) 여기서 정권과 통치권이라는 용어 대신에 당국과 관할권을 사용함으로써 남북한 특수관계의 정신에 입각해서 북한을 국가로 인정하지 않으려는 의사가 반영되어 있다.

34) 이상의 내용은 1992년 9월 17일 발효한 「남북사이의 화해와 불가침 및 교류·협력에 관한 합의서」의 제1장 「남북화해의 이행과 준수를 위한 합의서」(남북화해분야 부속합의서) 중 제1조~제7조와 1992년 4월 23일 판문점 우리 측 지역 평화의 집에서 비공개로 열린 남북정치분과위원회 제3차 회의에서 우리 측이 제시한 「남북사이의 상호 체제(제도) 인정·존중과 내부문제 불간섭에 관한 합의서(안)」 제4조를 참조한 것이다. 통일원 남북대화사무국, 『남북대화』, 제55호(1992), pp. 85-86 참조.

35) 이 문제에 관해 남북한 당국 간 대화를 통한 정식의 합의문서가 채택될 가능성은 그리 높지 않다고 보인다. 그것은 남북한관계를 국가 간의 외교관계에 준하는 것으로 취급, 운영함으로써 특수관계의 정신에 배치될 위험이 있기 때문이다.

우리 측은 국제사회에서 외교·경제 등 덜 민감한 분야에서부터 협조체제를 구축하는 방향으로 남북한관계를 운영해 나가도록 해야 한다. 특히 대외적으로 국제무대에서 남북 간 협의체를 구성·운영하여 공동의 대외정책 추진을 모색할 수 있을 것이다. 그러한 방안으로 다음과 같은 것들을 고려할 수 있다.[36)]

첫째, 우리 정부는 국제사회에서 민족공동의 이익과 관련되는 사항들에 관해 북한과 긴밀하게 협의하고 필요한 협조조치를 강구한다. 이를 위해 남북한의 해외공관이 함께 상주하는 지역에서 북한공관과 상호 연락하고 협의할 수 있는 창구를 개설한다. 협의창구의 개설과 운영에 관한 사항은 남북한 공관의 장이 현지 실정에 맞도록 협의하여 정한다. 남북한의 해외공관이 상시적인 협조관계를 유지할 경우 민족의 존엄과 국가이익을 극대화할 수 있다.

둘째, 우리 정부는 국제기구를 통한 상호 협력을 증진시키기 위해 유엔산하의 국제기구 본부가 다수 소재하고 있는 뉴욕, 제네바, 비엔나 등에서 북한대표부와의 대사급 협의체를 구성·운영한다. 그리고 점차 남북대사협의체를 정례화하도록 한다.[37)]

셋째, 유엔, 아세안지역안보포럼(Asean Regional Forum: ARF), 아시아태평양경제협력체(Asia Pacific Economic Cooperation: APEC) 등 주요 국제무대에서 수시로 남북외무장관회담을 개최하고, 국제적 현안에 관해 긴밀히 협의한다.

넷째, 우리 정부는 북한이 국제기구에 가입하는 문제, 국제기구 임원국에 진출하는 문제, 국제기구 사무국에 직원을 진출시키는 문제, 국제회의·국제대회 등 국제행사를 유치하는 문제와 관련하여 상호 협력한다. 특히 북한은 현재 IMF, IBRD, ADB 등의 국제경제기구 가입을 희망하고 있는바, 이를 위해 우리 측의 최대한의 지원과 협력을 아끼지 말아야 할 것이다.

다섯째, 우리 정부는 남북한의 독자적인 외교권 행사를 전제로 국제무대에서 민족적 권익의 보호·증진을 위해 최대한의 외교적인 협력을 모색한다. 예컨대 유엔 총회 결의안을 남북 공동명의로 발의·제출하거나 국제회의 연설문 공동작성, 회의에 대비한 상호 입장과 의견의 교환·조율 등의 부문에서 협조할 수 있다.[38)] 제3국에 유엔평화유지군 및 감시단 파견 시 남북한의 공동파견을 추진하되, 우리 측이 북한 측 인원의 유지를 위한 경비를 지원

---

36) 제성호, 『남북한 특수관계론: 법적 문제와 그 대책』, pp. 106-108 참조.

37) 이와 관련, 1992년 2월 1일 당시 주 제네바 유엔 한국대표부의 박수길 대사는 현지의 이철 북한대표부 대사를 오찬에 초청하여, 남북한 대사 간의 월 1회 정례협의를 제안한 바 있었다. 이에 대해 이철 대사는 대사 간 접촉뿐만 아니라 참사관급의 접촉에도 동의한다는 입장을 표명하였다. 이는 외교통상부의 관련 실무자들과의 면담내용이다.

38) 전술한 1992년 2월 1일의 남북한 대사 접촉에서 이철 북한대사는 향후 양측이 남북대사협의체를 통해 협력할 분야로서 종국위안부문제에 관련한 대일 공동입장 조정, 일본의 핵무장 견제, 「한반도 비핵화공동선언」의 국제기구 공식문서화 배포 등을 제시했었다. 그 후 1992년 3월 30일 제네바 주재 박수길 한국대사와 이철 북한대사가 영어와 불어로 번역된 「남북기본합의서」와 「한반도 비핵화 공동선언」에 각기 서명한 후 공식문서로 배포·회람될 수 있도록 이 두 문서를 당시 개최 중인 유엔군축회의(Conference on Disarmament) 사무국에 제출하였다. 『동아일보』, 1992년 3월 21일, p. 2; 제성호, "기본합의서의 법적 성격과 효력," p. 170 각주 67.

하는 것도 가능하다.

또한 유엔 총회와 경제사회이사회 및 그 산하기관 또는 유엔전문기관 등을 비롯하여 주요 국제기구에서 공동의 대외정책을 추진할 수도 있다. 가령 종군위안부문제, 동해의 영어표기문제와 같이 민족적 권익의 옹호가 필요한 분야에서 공동보조를 취하는 것은 그 대표적인 예가 될 수 있을 것이다. 뿐만 아니라 주요 국제기구에서 공통의 이해관계 사항 또는 어느 일방의 이익에 관한 사항에 대해서는 타방의 이익이 현저하게 침해되지 않는 한 공동보조(예컨대 동일한 방향의 투표 실시)를 취하는 것도 적극 검토할 필요가 있다.

여섯째, 국제무대에서 남북한이 민족경제의 균형적 발전과 민족이익의 극대화를 위해 공동보조 및 상호협력을 추진할 수 있다. 예컨대 국제연합개발계획(UNDP), 국제연합 아·태 경제사회이사회(ESCAP), 국제연합공업개발기구(UNIDO), 국제연합환경계획(UNEP) 등 각종 국제기구에서 북한과 공동 협력사업을 추진하는 데 있어서 상호 협조한다. 이러한 협력사업은 당연히 이미 추진 중에 있거나 추진을 검토하는 사업을 우선대상으로 한다.[39] UNDP 후원의 두만강지역개발계획 추진과정에서 공동보조 및 행정적인 지원을 제공하는 것은 그 대표적인 예가 될 것이다. 또한 남북한이 WTO 등 국제사회에서 남북교역의 민족내부교류성 인정 확보를 위해 긴밀하게 협력해야 할 것이다.[40]

일곱째, 우리 정부는 우리 기업인과 문화예술인들이 대외에 공동으로 진출하는 것을 적극 지원한다. 특히 이들 분야에서의 민간국제행사 지원을 위해 북한당국과 협력하며, 해외공동 진출을 위한 대책을 협의·추진한다.[41]

이상의 내용은 남북한 간 특수관계, 화해협력 나아가 선린우호의 정신 및 상호주의에 입각하여 당연히 북한에게도 존중 및 준수가 요구되는 사항이라 하겠다.

---

39) 현재 유엔개발계획(UNDP)이 추진하고 있는 두만강지역개발계획(Tumen River Area Development Programme: TRADP)에 있어서 한국이 북한을 지원하는 것은 그 대표적인 예라 할 수 있다. 두만강지역개발계획에 관해서는 제성호, 『두만강지역개발계획의 현황과 전망: 개발대안 및 법제도 중심』, 통일정세분석(민족통일연구원) 92-07(1992); 김익수 편, 『두만강지역개발사업(TRADP)에 대한 분야별 평가』, 정책연구 94-05(서울: 대외경제정책연구원, 1994) 참조.

40) 이상의 내용은 화해분야 부속합의서 제21조~제24조 및 남북정치분과위원회 제3차 회의에서 우리측이 제시한 「남북사이의 국제무대에서의 협력에 관한 합의서(안)」 제2조~제8조를 참조한 것이다. 통일원 남북대화사무국, 『남북대화』, pp. 90-91. 국제사회에서의 남북한 협력방안에 관한 보다 자세한 내용은 박영호·오재완, 『국제사회에서의 남북한 간 협력방안 연구』, 연구보고서 92-08(서울: 민족통일연구원, 1992), p. 111; 백영옥, 『국제기구를 통한 남북한 교류·협력 증대방안 연구』, 연구보고서 94-36(서울: 민족통일연구원, 1994), pp. 84-90 참조.

41) 1992년 9월 17일 발효한 『「남북사이의 화해와 불가침 및 교류·협력에 관한 합의서」의 제3장 「남북교류·협력」의 이행과 준수를 위한 합의서』 중 제5조 및 제11조 참조.

Ⅶ. 남북평화협정 체결을 통한 항구적인 평화체제 수립

1. 평화체제 전환문제에 대한 한국의 당사자성

법적 측면에서 볼 때 한국은 엄연히 정전협정의 당사자로서 평화협정 체결 시 직접당사자로 참여하여야 한다. 한국대표가 정전협정에 서명하지 않았다고 해서 한국이 당사자가 아니라고 보는 견해는 형식논리에 치우친 오류라고 하겠다. 한국이 정전협정의 당사자로서 남북한이 직접대화와 협상을 통해 평화체제 전환(평화협정 체결 포함)을 추진해야 하는 법적 근거와 당위성을 제시하면 다음과 같다.

첫째, 한국은 1950년 8월 14일 한국군 작전지휘권(operational command authority, 여기에는 정전협정 체결권이 포함된다)을 유엔군사령관에게 이양한 바 있다.[42] 이에 따라 「한국군과 유엔군」 또는 「한국군과 참전 16개국 군대」는 연합군을 형성하게 되었다. 이러한 배경에서 유엔군사령관은 1953년 7월 27일 한국을 대리하여 정전협정에 서명하였던 것이다.[43] 따라서 한국은 엄연히 정전협정의 법적 당사자라고 할 것이다.

둘째, 정전협정 제60항은 한국문제의 평화적 해결을 위한 정치회담을 정전 성립 후 3개월 내에 소집할 것을 규정하고 있다. 이에 따라 한국은 1953년 8월 28일자 유엔 총회 결의 제711호(Ⅶ)와 베를린에서 개최된 미・영・불・소 외상회담의 결과 채택된 공동성명(1954.

---

42) 한국군 작전지휘권 이양의 연혁 및 1989년 말까지의 한국군 작전권 현황에 관해서는 제성호, "한국군 작전권과 그 환원문제," 『군축 및 군비통제에 관한 연구』, 국통조 89-12-162(1989), pp. 207-298. 1950년 당시 한국이 이양한 것은 작전지휘권이지 작전통제권(operational control authority: 약칭 OPCON)이 아니었음을 유의할 필요가 있다. 한국군 작전지휘권 이양과 관련된 법적 문제에 관해서는 김명기, "작전지휘권이양공한에 관한 연구," 이한기 박사 화갑기념논문집, 『현대국제법론』(서울: 박영사, 1978), pp. 123-145 참조.

43) 이와 관련, 다수국가가 전쟁에 참가하였을 경우 양측의 연합군 대표가 정전협정을 체결하는 것이 일반적인 현상이다. 유엔군사령관이 「한국과 참전 16개국」을 대리하여 정전협정에 서명하였다는 연합군이론(coalition army theory)은 정전협정 당사자에 관한 우리나라의 통설적 입장이다. 연합군이론을 지지하는 학자로는 배재식 교수, 이장희 교수, 백진현 교수 등이 있다. 배재식, "남・북한의 UN가입과 법적 문제," 『한국통일정책연구논총』 제2권(한국통일정책연구회, 1993), p. 19; 이장희, "한국 정전협정의 평화체제 전환을 위한 법제도적 방안," 이장희 편저, 『21세기를 대비한 한국의 당면과제: 개혁, 환경 그리고 통일』(서울: 아시아사회과학연구원, 1995), p. 197; 백진현, "휴전협정 체제의 대체에 관한 소고," 『통일문제연구』, 제3권 4호(1991), pp. 62-63. 이에 대해 유병화 교수는 한국군과 유엔군이 연합군을 형성하였다고 보고, 정전협정의 당사자는 한국과 유엔이라고 본다. 유병화, "한국통일에 관련된 몇 가지 국제법적 문제," 『국제법학회논총』, 제33권 2호(1988), pp. 8-10. 필자는 유병화 교수의 견해에 동조하고 있다. 정전협정의 당사자문제와 관련, 연합군이론을 적용하려는 견해는 2차대전 시 연합국들에 의한 연합군 구성과 한국동란 당시 유엔군사령부의 창설을 동일시하는 것으로서 수긍하기 어렵다. 유엔군사령부의 창설도 일종의 연합군 구성이라고 볼 수 있으나, 동 사령부는 유엔안보리의 결의에 의거하여 설치된 유엔의 보조기관(subsidiary organ)으로서 집단적 강제조치(집단안전보장기능)를 수행하기 위해 창설되었다는 점에서 2차대전의 경우와는 근본적으로 차이가 있다고 할 것이다.

2.28)에 의거하여 제네바 정치회담(1954.4.26~6.15)에 한국문제의 협의주체로 참가한 바 있다.[44] 따라서 한국은 정전체제를 대체하는 문제를 논의하는 정치회담(평화회담)에 참가할 자격과 함께 평화체제 전환의 당사자 자격을 갖는다.

셋째, 정전협정은 「남북기본합의서」 채택 전까지 남북한관계를 규율하는 유일한 법적 문서였으며, 한국은 동 협정의 적용을 받아 왔고 북한도 이를 묵시적으로 존중하였다. 1991년 3월 25일 한국군 장성이 군사정전위원회 유엔군 측 수석대표로 임명되기 전까지 지난 40여년간 한국군 대표 1명이 동 위원회의 유엔군 측 대표로 참가하여 왔으나, 이를 문제로 삼지 않았다.

넷째, 북한도 1974년 3월 25일 이전에는 남북한 간 평화협정 체결을 주장함으로써 평화협정 당사자성을 인정하였다. 즉 북한은 1962년 10월 22일부터 23일까지 개최된 최고인민회의 제3기 1차회의에서 김일성이 행한 연설을 통해 주한미군 철수를 조건으로 '북남평화협정' 체결을 제의한 바 있다.[45] 이는 북한이 한국의 정전협정의 당사자성을 묵시적으로 인정한 것으로 볼 수 있다. 북한의 이러한 '북남평화협정' 체결제의는 간헐적이긴 하지만, 북한 당국자들에 의해 70년대 초까지 계속된다.

다섯째, 남북한 쌍방은 남북기본합의서 제5조에서 "남과 북은 현 정전상태를 남북 사이의 공고한 평화상태로 전환시키기 위하여 공동으로 노력하며 이러한 평화상태가 이룩될 때까지 현 군사정전협정을 준수한다"는 데 합의하고, 「남북화해의 이행과 준수를 위한 부속합의서」 제19조와 제20조에서 이를 다시 확인하고 있다.

여섯째, 설령 한국이 정전협정의 당사자가 아니라고 하더라도 정전협정의 당사자와 평화협정의 당사자는 반드시 일치하지 않는 국제관행[46]을 고려할 때, 또한 남북한이 현 정전체제하에서 군사분계선을 사이에 두고 무력대치와 적대적 대결을 지속하고 있음에 비추어 당연히 남북한은 평화체제 전환의 당사자가 되어야 한다.

우리는 이상과 같은 논거에 입각하여 한국의 평화협정 당사자 자격을 주장함으로써 북한의 북·미 평화협정 체결기도를 저지하는 한편, 남북한 간 직접 대화(필요시 관련국 참가도 가능)에 의한 평화체제 전환을 강구해야 한다.[47]

---

44) 김명기, "분단한국의 정치문제의 법적 당사자," 『국제법학회논총』, 제33권 2호(1988), pp. 56-65; 김명기, 『한반도 평화조약의 체결-휴전협정의 평화조약으로의 대체를 위하여-』(서울: 국제법출판사, 1994), pp. 124-125 참조.

45) 국토통일원, 『북한최고인민회의 자료집(제Ⅱ집:2기 1차회의~3기 7차회의)』(서울: 국토통일원, 1988), p. 1167 참조.

46) 김명기, 『분단한국의 평화보장론』(서울: 법지사, 1988), pp. 104-106 참조.

47) 제성호, "한반도 평화체제 전환을 위한 제방안의 적실성 평가(Ⅰ)," 『법조』, 제467호(1995), pp. 85-88 참조.

2. 남북평화협정의 체결방향

(1) 기본방향

1996년 4월 한·미 양국은 한반도 평화체제 구축을 위한 이니셔티브로서 4자회담을 북한 측에 제의하였다. 이후 공동설명회, 3차례의 예비회담을 거쳐 1997년 12월에 제네바에서 제1차 4자회담 본회담이 열렸다. 4자회담은 한반도 긴장완화 및 평화체제 구축을 목표로 하는 가동되기 시작한 다자간 평화협상이라고 볼 수 있다. 여기서 평화협정이 체결되면, 지난 반세기 동안 한반도의 현상을 규정하였던 한국정전협정은 효력을 상실하고 항구적인 평화가 정착되는 단초가 마련되게 된다. 그러한 점에서 4자회담은 평화통일로 가는 길목에서 우리가 반드시 해결해야 할 과제의 하나이다. 진정한 평화(또는 평화공존)가 없이 평화통일은 이루어질 수 없기 때문이다.

하지만 안타깝게도 정전협정을 평화협정으로 대체하려는 노력은 지금 교착상태에 빠져 있다. 1999년 8월에 열린 4자회담 제6차 본회담('99.8.5~9)에서 북한 측이 주한미군 철수, 북·미평화협정 체결을 주장하는 등 기존의 입장에 아무런 변화를 보이지 않았기 때문이다.

그럼에도 불구하고 4자회담은 여전히 한반도 평화정착을 위한 매우 유용한 방안임에 틀림없다. 북한이 대미 평화협정 체결주장을 견지하고 있고, 중국이 정전협정의 당사자로 존재하는 상황에서 남북한의 입장을 절충·타협하면서 주변국의 이해를 어느 정도 만족시켜 줄 수 있는 회담 틀이기 때문이다. 특히 한반도의 지정학적 특수성과 주한미군의 주둔 등을 고려할 때 민족내부적인 노력만으로 한반도에 항구적인 평화를 정착시키는 데는 한계가 있다. 그리고 관련국인 미·중의 협조는 매우 긴요하다. 따라서 정부는 앞으로 빠른 시일 내에 4자회담을 재개하여 한반도 평화체제 구축을 위한 다자간 평화협상을 재개해야 할 것이다.

남북평화협정 체결방식 또는 이를 전제로 하는 한반도 평화보장방안은 남북평화협정 외에 미·중의 평화보장문서, 즉 2개의 문서를 별도로 채택하는 방식(남북평화협정과 별도문건 채택방식)으로 행해질 수도 있고,[48] 남북평화협정의 하단에 미·중이 지지·추인 또는 보

48) 제성호, 『한반도 평화체제의 모색: 법규범적 측면을 중심으로』(서울: 지평서원, 2000), pp. 305-308. 국제적 평화보장문건의 대표적인 선례의 하나로는 「아프가니스탄·파키스탄 간 상호관계 원칙협정」(일명 아프가니스탄평화협정)에 의해 설정된 평화상태를 지지하고 국제적으로 보장하는 내용의 미·소 간의 「국제적 보장에 관한 선언」(Declaration on International Guarantees)을 들 수 있다. 1988년 4월 14일 채택된 이 선언에서는 미국과 소련은 아프가니스탄과 파키스탄이 양국 간의 관계정상화와 선린 증진, 나아가 동 지역 내에 국제평화와 안전을 강화하기 위한 정치적 타협에 도달한 것을 지지한다는 것과 양국이 그들의 주권, 독립, 영토보전과 비동맹의 존중을 확보하기 위해 설정한 목표의 달성에 기여하기를 희망한다는 입장을 표명하고 있다. 이어 미국과 소련은 아프가니스탄과 파키스탄의 국내문제에 대한 개입과 간섭을 금지하고, 아프가니스탄·파키스탄 간의 상호관계원칙에 관한 양자협정에 명시된 제 약속을 존중하며, 여타 국가들도 미·소와 같이 행동해 줄 것을 촉구하고 있다. *American Society of International Law*, International Legal Materials, vol. XXVII, no. 3(1988), pp. 584-585 참조.

장의 취지를 명기하는 방식(단일문건 채택방식)으로 이루어질 수도 있다. 우리 정부로서는 당사자해결원칙의 구현, 한국의 중심적 역할 확보, 외세개입의 최소화, 국제적 보장력(실효성)의 증대, 미·중의 이해관계 등을 종합적으로 고려하여 남북평화협정이라는 단일문건을 채택하는 방식을 추진해야 할 것이다. 여기에서는 이에 관해서만 살펴보기로 한다.

(2) 남북평화협정의 형식

남북평화협정 체결방식 중에서도 단일문건 채택방식은 미·중이 별도로 평화보장문서를 채택하지 않고 보증인(또는 입회인)의 입장에서 남북평화협정에 대해 평화보장(여기서 보장은 단순한 지지 또는 추인도 포함하는 광의의 개념이다)의 취지를 밝히는 방식을 말한다. 따라서 이 방식에 의할 경우 형식적으로는 남북평화협정이라는 단일문건만 존재한다.

이 방식에도 남북평화협정에 대해 미·중이 입회하여 단순히 이를 지지·추인(endorse)하는 입장을 표명하는 경우와 남북평화협정에 대해 미·중이 보증인으로서 입회하여 하기서명(下記署名, postscript)하여 보장의 취지를 명기하는 경우로 나누어진다. 특히 후자의 하기서명 방식은 보스니아사태를 해결하는 과정에서 채택된 데이턴 평화협정(Dayton Peace Agreement)[49]이나 이집트와 이스라엘 간에 채택된 캠프데이비드협정 및 평화조약[50]의 선례를 따르는 것으로서 이러한 예들이 최근 국제관례에서 자주 나타나고 있다고 하겠다.

---

49) 1995년 11월 21일 미국 오하이오주의 데이턴 인근에 위치한 라이트 피터슨 공군기지에서 3국 정상회담이 개최되었다. 여기에서 「보스니아평화를 위한 일반구조협정」(General Framework Agreement for Peace in Bosnia and Herzegovina), 일명 데이턴평화협정 또는 보스니아평화협정이 가서명되었고, 동년 12월 14일 파리에서 정식 서명되었다. 이 데이턴평화협정에는 알리야 이제트베고비치 보스니아-헤르체고비나공화국 대통령, 프라뇨 투지만 크로아티아공화국 대통령, 슬로보단 밀로세비치 유고연방 대통령의 3명의 국가원수가 서명하였고, EU, 프랑스, 독일, 러시아, 영국 미국의 6개국 대표가 증인자격으로 하기서명하였다. 이렇게 보스니아사태의 해결은 주 당사자인 보스니아, 크로아티아, 유고연방에 의해 휴전상태가 평화상태로 전환되고, 이와 더불어 주변 6대 강국(EU 포함)이 이를 보증인의 지위에서 지지·추인·보장하는 방식을 취하였다. 말하자면 「3+6」의 방식에 의한 평화체제 전환방식이라고 할 수 있는 것이다. American Society of International Law, *International Legal Materials*, vol. XXXV, no. 1(1996), pp. 89-90 참조.

50) 중립적인 제3자로서 미국이 중동평화문제에 적극적으로 개입한 결과 평화합의문 채택의 산파역을 가능케 하였다. 그 결과 카터 대통령은 중동평화의 증인 자격으로 캠프데이비드협정(일종의 평화예비협정)과 이집트·이스라엘 평화조약에 하기서명하였고, 이로써 미국은 중동평화체제 구축을 위한 중재자 내지 보장자로서의 역할을 수행하게 되었다. American Society of International Law, *International Legal Materials*, vol. XVII no. 6 (1978), pp. 1466-1469; American Society of International Law, *International Legal Materials*, vol. XVIII no. 2 (1979), pp. 362-366. 캠프데이비드에서 열린 중동평화협상의 경과와 당사자의 입장 변화 등 캠프데이비드협정 체결과정에 관해서는 William B. Quandt, *Camp David: Peacemaking and Politics*(Washington D.C.: The Brookings Institution, 1986), pp. 219-254 참조.

(3) 남북평화협정의 내용

남북평화협정은 남북한관계를 완전히 새로이 규정하기보다는 평화협정의 기본적인 요소를 담는 데 더하여 「남북기본합의서」와 부속합의서의 내용을 전반적으로 수용하고 이들 합의서의 부족한 부분을 보완하는 방향으로 이루어지는 것이 바람직하다. 그러나 남북한관계의 특수성을 감안할 때 일반적으로 국가 간에 체결되는 평화협정에 명시되는 내용[51]을 모두 포함시키기는 어려울 것이다. 그러한 점에서 남북평화협정은 이른바 「한국형 평화협정」으로써 체결해야 한다.

남북평화협정에 담을 주요내용으로는 다음과 같은 것을 들 수 있다. ① 남북한 특수관계의 인정·존중, ② 한국전쟁(또는 정전상태)의 법적 종결 및 평화회복, ③ 남북 쌍방 간의 평화의지 확인, ④ 불행한 과거사의 정리(6·25 발발책임 규명은 후대의 역사에 맡긴다거나 또는 남북한이 과거와 같은 불행한 일을 되풀이하지 않는다는 다짐의 천명)와 미래지향적 통일을 위한 공동노력 및 통일의 3대원칙 선언, ⑤ 비무장지대의 평화지대화 및 평화적 이용 추진, ⑥ 남북 간 평화관리기구(특히 평화지대의 관리) 설치, ⑦ 불가침의무 확인 및 이행보장, ⑧ 불가침 경계선(육상·해상 및 공중)의 설정 및 군사분계선의 불가침경계선으로의 대체, ⑨ 통행·통신·통상분야에서의 포괄적인 남북협력 의지 및 원칙 천명, ⑩ 우발적 무력충돌의 해결방법과 구체적 시한을 설정한 군사적 신뢰구축 조치, ⑪ 남북기본합의서의 즉각적인 이행·실천 및 분야별 남북공동위원회의 정상화 확약 등이 그것들이다.[52]

이 외에도 유엔의 협조 및 지원 요청(특히 돌발사태 발생 시 유엔평화유지군 또는 유엔평화감시단의 파한(派韓) 요청의 근거나 유엔사 해체를 위한 공동노력 등 북한 측이 제기할 수 있는 기타 사항도 명시할 수 있을 것이나, 한반도 평화문제에 대한 외세 개입의 최소화 및 한반도 평화구조의 급격한 현상 변경을 피하기 위해 받아들이지 않는 것이 바람직하다고 하겠다.

Ⅷ. 남북한 간의 분쟁해결장치 마련

「남북교류협력분야 부속합의서」 제1조 제12항은 "남과 북은 경제교류와 협력을 원활히 추진하기 위하여 필요한 …… 분쟁조정절차 등에 대해서는 쌍방이 합의하여 정한다"고 규정하고 있다. 남북한 간의 분쟁해결 제도화의 목적은 쌍방 간 경제적 이익에 관한 의견충돌의

51) 통상 평화협정에 공통적으로 포함되는 내용 내지 일반조항에 관해서는 Wilhelm G. Grewe, "Peace Treaties," *Encyclopedia of Public International Law*, vol. 4(Amsterdam/New York/Oxford: North Holland Publishing Company, 1982), pp. 102-110; Julius Stone, *Legal Controls of International Conflict*(New York: Rinehart & Company, 1959), p. 640 참조.

52) 백진현, "남북한 평화체제 구축의 과제와 문제점," 한국정치학회 광복 50주년 기념학술대회 발표논문, 1995년 11월 11일; 통일원, 『한반도 평화체제문제』, 통남 95-12-91(1995), pp. 30-34 참조.

해결 그 자체보다는 분쟁이 예기치 않은 무력충돌의 상태로 발전하는 것을 사전에 방지함으로써 불가침 합의의 실효성을 확보·지원하며, 이를 통한 평화정착에 있다고 할 것이다. 반세기 이상 첨예한 군사적 대결상태하에 대치하여 온 남북한에 있어서 분쟁의 평화적 해결[53]은 아무리 강조해도 지나침이 없다고 할 것이다.

투자분쟁, 계약불이행에 따른 분쟁 등 남북한 간에 발생하는 분쟁의 해결과 관련하여 분단국 내부 간에만 타당하는 별도의 해결방법이 있는 것이 아니다. 그러므로 국제법에서 널리 인정되고 있는 국제분쟁(특히 국제상사분쟁과 국제투자분쟁) 해결의 일반원칙과 제도를 남북한 간에 준용하거나 또는 그것을 일부 수정하여 적용할 수밖에 없다.

원론적인 차원에서 말한다면, 남북한 간에 경제분쟁이 발생한 경우 우리 측은 1차적으로 직접교섭(대화와 협상)에 의해 분쟁해결을 시도하되, 2차적으로 사안에 따라 ① 실현가능성, ② 실효성, ③ 파급효과 등을 고려하여 당해 사안에 가장 적실성 있는 제3자적 해결방법을 선택하면 될 것이다.

그러나 북한은 남북한관계의 특수성을 이유로 쌍방 간의 분쟁 해결 시 국제법의 적용 및 국제기관 등 제3자의 개입을 거부할 공산이 크다. 이와 관련, 북한은 제5차 남북고위급회담 기간 중 「남북기본합의서」의 제10조 분쟁해결조항 중 「유엔헌장에 따라서」라는 구절의 삭제를 관철시킨 바 있었는데, 이러한 사실은 제3자에 의한 분쟁해결방식에 반대할 가능성이 많음을 시사하는 것으로 판단된다. 그러므로 우리는 먼저 국제법에 대한 북한의 부정적인 인식을 불식시키고, 분쟁의 평화적 해결시스템의 구축을 위해 노력해야 한다.

우리는 1차적으로 직접교섭에 의한 분쟁 해결을 모색하고, 직접교섭에 의한 분쟁해결이 불가능할 경우 2차적으로는 제3자 또는 국제기관에 의한 적실성 있는 분쟁해결방식을 채택해야 할 것이다.[54] 특히 교류협력부문의 법률적 분쟁이 남북한 쌍방의 직접교섭에 의해 해결되지 않을 경우, 제3자가 참가하는 조정 및 중재위원회를 설치하여 당해 분쟁을 조정 또는 중재에 의해 해결할 필요가 있다.[55]

이를 위해 남북한이 포괄적인 분쟁해결협정을 체결할 수 있을 것이다. 그러나 당장에 포괄적인 분쟁해결협정을 체결하는 일이 현실적으로 쉽지 않으므로 먼저 교섭과 중재 등 2단

---

53) 이 외에도 남북 당국 간의 합의를 통해 해결해야 할 법적 문제로는 투자보장협정과 이중과세방지협정 체결, 국제사회에서의 남북교역의 민족내부교류성 인정문제 등을 들 수 있다. 지면관계상 여기서는 분쟁해결장치 마련에 관해서만 논급하기로 한다. 남북교역의 민족내부교류성 인정문제에 관해서는 제성호, "남북교역과 민족내부교류성 인정문제," 『통상법률』, 제3호(1995), pp. 126-152; 제성호, "남북교역의 민족내부교류성 인정문제: 「자결권」을 中心으로," 『통일연구논총』, 제3권 제1호(1994), pp. 165-198 참조.

54) 국제분쟁의 평화적 해결방식에 대한 일반적 검토와 한국적 상황에의 적합성문제, 구체적인 분쟁해결의 방향에 관해서는 유병화, 『통일지향적 남북한관계의 법이론연구』, 국통정 90-12-97(1990), pp. 57-75; 유병화, "무력행사 규제 및 평화적 분쟁해결에 관한 협정," 국토통일원 조사연구실, 『남북한 군사관계와 불가침협정 연구』, 군사연구자료시리즈 Ⅰ(1988), pp. 174-183 참조.

55) 제성호, "남북 경제교류협력에 따른 법적 문제와 대응방안", 『저스티스』, 제25권 제2호(1992), pp. 211-216 참조.

계로 분쟁을 해결하는 내용의 분쟁해결협정을 체결하고, 점차 분쟁해결협정을 수정·보완함으로써 분쟁해결방식을 확대하는 단계적 접근이 바람직할 것으로 사료된다.

중재협정의 성격을 갖는 초기의 분쟁해결협정에는 중재위원의 선정방법 및 중재절차, 결정을 위한 정확한 사실의 적시, 중재위원회의 결정을 구속적인 것으로 수락하는 합의, 유엔국제거래법위원회(United Nations Commission on International Trade Law: UNCITRAL)중재규칙 또는 국제상업회의소(International Chamber of Commerce: ICC)중재규칙 등 관련 국제법의 적용 등을 규정토록 해야 할 것이다. 특히 교역, 이중과세, 투자보장 등 경제분쟁의 해결과 관련하여 북한의 국제무역촉진위원회 산하 무역중재위원회와 한국의 대한상사중재원을 중재기관으로 지정할 수 있을 것이다. 또한 제3국이나 기타 국제상사중재에 회부하여 해결할 경우, 아직까지 북한은 「외국중재판정의 승인 및 집행에 관한 협약」에 가입하지 않고 있는바, 외국중재판정의 집행을 위한 법적 보장책의 일환으로 북한으로 하여금 동 협약에의 가입을 유도할 필요가 있다.

중재위원회에 의한 분쟁해결이 제도화되고 정착될 경우, 중재위원회와는 별도로 남북공동의 사법기관으로서의 성격을 갖는 가칭 「남북공동심판소」를 설치하여 남북한관계 전반에 걸쳐 발생하는 분쟁을 심판·처리하도록 하는 방안도 장기적으로 고려할 필요가 있다. 「남북공동심판소」는 각 분야의 전문가들 가운데 남북 동수의 심판원을 선임·구성하되, 필요시 남북 쌍방의 합의하에 제3국의 관계 전문가를 심판원으로 선정할 수 있도록 함이 바람직할 것이다. 이를 위해 지금부터 정부 유관부처 및 관련 전문집단의 실무자들로 구성되는 분쟁해결문제연구 특별기획단 및 산하 부문별 법률실무협의회를 설치·운영하여 남북한 간의 분쟁해결에 적극적으로 대비하는 한편, 각 분야의 전문성과 상호 연관성을 최대한 확보해야 할 것이다. 또한 이러한 기구는 남북화해공동위원회 산하의 법률실무협의회와도 유기적인 관계 속에서 활동하도록 해야 할 것이다.

이상과 같은 분쟁해결협정의 체결이 바람직하고 또한 필요함은 두말할 것도 없다. 그러나 우리 나라가 외국과 종합적인 분쟁해결협정을 체결한 예는 거의 없다고 보인다. 남북한의 경우 그 필요성과 법적 타당성에도 불구하고 이러한 종합적인 분쟁해결협정 체결이 어려울 경우 차선책을 선택할 수밖에 없다. 그것은 남북한이 사안별로 합의서를 채택하고, 동 합의서의 부속서(부속의정서)의 방식으로 분쟁해결을 제도화하는 방법이다. 이것마저도 여의치 않을 경우에는 각각의 합의서 내에 분쟁해결조항을 설치하는 방법도 생각할 수 있다. 그러나 이 마지막의 경우에는 분쟁해결조항이 다분히 선언적·총론적 규정으로 그칠 가능성이 높은바, 반드시 실효성을 확보할 수 있도록 자세하게 규정할 필요가 있다고 하겠다.[56]

56) 위의 논문, pp. 212-213 참조.

Ⅸ. 맺는말

지금 남북한관계는 새천년을 맞이하면서 새로운 전환기를 맞이하고 있다. 지난 6월 평양에서 분단 반세기 만에 처음으로 남북정상회담이 개최된 후 정부 주도하에 분단의 장벽을 뛰어넘으려는 노력들이 다각적으로 추진되고 있는 것이다. 그 결과 과거에는 상상하기 어려웠던 여러 가지의 굵직굵직한 합의들이 타결되었고, 일부 합의사항들은 이미 이행·실천에 옮겨지고 있다. 앞으로 남북교류협력이 대폭 확대되고 활성화될 경우, 명실공히 민족경제의 균형적인 발전과 더불어 민족공동체가 형성되고 평화통일의 초석을 다질 수 있을 것이다.

그러기에 지금은 통일지향적인 새 남북한관계를 형성하기 위한 노력을 다각도로 펴나가야 할 때이다. 여기에는 공법, 사법, 경제법, 국제법 등 다양한 법분야에서 유효·적절한 법적 대비책이 강구되고 적기에 실시되어야 할 것이다. 앞에서 필자는 그러한 노력의 일환으로 정치·외교·군사·경제분야에서 특별히 중요하다고 생각되는 국제법적 실천과제들을 추출하여, 가능한 법적 대응방안을 간단히 스케치해 보았다. 이 외에도 국제법적 차원에서 해결해야 할 세부적인 과제들은 수없이 많을 것이다. 앞으로 많은 사람들의 지혜와 중지를 모아 최선의 방안을 선택하는 후속작업이 뒤따라야 할 것이다. 그럼으로써 국제법적 측면에서 통일지향적 평화공존관계의 제도화는 물론이거니와, 궁극적으로 평화적인 민족통일을 촉진하고 뒷받침하기를 기대해 본다. 남북한관계가 진전되면 될수록 국제법학자들의 소임이 더욱더 막중해질 것으로 생각된다.

〈부 록 5〉

남북경협 발전을 위한 법 · 제도적 후속조치
-4대 남북경협합의서를 중심으로-

Ⅰ. 서 론

2000년 12월 4대 남북경협합의서의 채택은 남북경제관계에 새로운 획을 긋는 중요한 사건이었다. 단발성 · 시범성의 남북경협에서 벗어나 양적 · 질적 수준의 진전을 꾸준하게 보이던 남북경제관계를 '제도적 단계'로 진입하게 만드는 계기가 됐기 때문이었다. 이로써 남북경협에 종사하는 기업들에게도 실질적인 혜택들이 돌아갈 수 있게 되었다.

하나의 작은 흥분이었던 4대 남북경협합의서의 채택에도 불구하고 기대만큼 그간 남북경협이 확대되고 활성화되었는지는 의문이다. 합의서들이 일반적이고 추상적인 법규로 구성되어 있어 대부분 후속조치들을 예정하고 있었는데, 그런 조치들이 제때에 취해지지 않았던 데서 그 주된 이유를 찾을 수 있을 것 같다. 하지만 이 또한 남북경제관계가 거쳐 가야 할 통과의례인 것처럼 보인다. 남북한 간의 불신이 경제분야라고 해서 쉽게 해소되는 것은 아니기 때문이다.

그럼에도 불구하고 4대 남북경협합의서의 채택으로 남북경협이 안정성을 갖게 된 점은 부인하기 어렵다. 이런 시각에서 볼 때 지금 우리가 할 일은 4대 남북경협합의서들에 내재하는 문제점들을 파악하고, 적절한 후속조치를 취하는 것이라고 하겠다. 물론 합의서의 성격상 그 자체만으로 이행될 수 없는 것들도 있다. 이런 합의서들에 대해서는 하루빨리 제도적 보완장치를 추가적으로 마련해야 한다.

이와 같은 시각에서 다음에서는 4대 남북경협합의서에 대하여 우리 정부가 취해야 할 후속조치들을 검토하려고 한다. 이를 위해 먼저 남북경협합의서 채택의 현황과 법 · 제도적 의의와 경제적 의미를 살펴보고, 남북경협합의서의 주요내용을 고찰하기로 한다. 이어 남북경협 발전을 위해 앞으로 우리 정부가 취해야 할 법 · 제도적 후속조치를 강구해 보기로 한다.

Ⅱ. 남북경협합의서 채택의 현황과 법·제도적 의의

1. 4대 남북경협합의서의 채택 경과

남북공동선언의 제4항에서 남북한은 '경제협력을 통하여 민족경제를 균형적으로 발전'시키기로 합의하였다고 선언하였다. 남과 북은 경제교류협력에 관한 제도적 장치를 마련하기 위해 두 차례의 남북경제협력 실무접촉을 가졌다. 제1차 실무접촉은 2000년 9월 서울에서, 제2차 실무접촉은 동년 11월 평양에서 성사되었다. 2000년 11월 11일 쌍방은 '남북사이의 투자보장에 관한 합의서', '남북사이의 상사분쟁 해결절차에 관한 합의서', '남북사이의 소득에 대한 이중과세방지 합의서' 및 '남북사이의 청산결제에 관한 합의서'라는 4대 남북경협합의서를 채택하고 가서명(假署名)하였다.

그 후 2000년 12월 16일 평양에서 거행된 제4차 남북장관급회담에서 양측 수석대표는 위 4개 합의서에 정식 서명하였다. 하지만 4대 남북경협합의서에 법적 효력을 부여하기 위한 조치는 순탄치 않았다. 남북한 간은 물론 우리 국내 부처 간에 있어서도 미묘한 입장차로 인해 4대 남북경협합의서에 대한 법적 효력부여 절차 진행이 지연되었다. 그러다가 우리 정부는 이들 합의서를 조약에 준하여 처리하기로 최종방침을 확정하고 북한 측을 설득하기 시작했다. 우여곡절 끝에 2003년 6월 30일 4대 남북경협합의서가 국회의 비준동의(남북경협합의서 체결동의안의 본회의 통과)를 얻었고, 8월 20일 판문점에서 문본교환의 절차를 거쳐 정식으로 발효하게 되었다. 북한도 2003년 7월 24일 최고인민회의 상임위원회에서 4대 남북경협합의서 채택을 '통과'(비준 또는 '승인'에 해당)시키는 법적 절차를 마친 것으로 알려지고 있다.[1)]

2. 4대 남북경협합의서의 법적·경제적 의미

(1) '조약방식'에 의한 4대 남북경협합의서 처리

4대 남북경협합의서에 대한 국내적 처리 과정에서 특히 주목되는 것은, 우리 정부가 합의서들에 '법적 효력을 부여'하기 위해 '조약방식'(또는 '조약에 준하여')으로 처리했다는 점이다. 이 점은 1992년에 체결된 남북기본합의서의 경우와 비교할 때 더욱 두드러진다. 주지하는 바와 같이 기본합의서 체결 당시 남한 정부는 합의서에 대한 국회 동의절차를 거치지 않았다. 헌법재판소도 남북기본합의서가 '일종의 공동성명 또는 신사협정'에 해당한다고 봄으로써 그 법적 효력을 인정치 않았었다. 그러나 4대 남북경협합의서에 대한 정부의 조치는

1) 통일부, 『업무현황 보고』, 2003년도 국정감사 보고자료(2003.10.7), p. 49.

이러한 기존입장에서 이탈하는 것이었다.

이에 따라 자연히 4대 남북경협합의서는 헌법 제6조 1항의 조약에 해당하는가, 조약에 해당한다면 그 체결에는 헌법규정에 따른 국회 동의를 얻어야 하는가, 남북한 간의 조약체결은 헌법 제3조의 영토조항에 저촉되는가 하는 법적(헌법상) 문제들이 발생하게 되었다. 결국 정부는 다각적인 검토 끝에 전술한 바와 같이 4대 남북경협합의서를 '조약방식'(헌법 제6조 제1항에 명시된 조약의 1 유형인 '특수조약')으로 처리한다는 방침을 정했는데,[2] 이는 법적 측면에서 보면 획기적인 결정이었다고 볼 수 있다. 적어도 경협분야에 관한 한 남북한관계를 규범적·제도적 차원으로 인식하기 시작했음을 의미하기 때문이다.[3]

(2) 국내법적으로 구속력을 부여해야 할 남북합의서의 인정·수용

여기서는 4대 남북경협합의서의 주요 조문 제목들을 적시하기로 한다.[4] 그 이유는 합의서의 조문 제목만 보더라도 당해 합의서들에 대하여 남북한 당국이 각기 국내법적으로 법적 효력을 부여(필요하다면 법적·제도적 후속조치를 실시)해야 할 필요성과 당위성을 인정할 수 있다고 판단되기 때문이다.

첫째, 「남북사이의 투자보장에 관한 합의서」에서는 ① 투자자산 및 투자자의 정의(제1조), ② 투자의 허가 및 보호(제2조), ③ 투자의 대우(제3조), ④ 수용 및 보상(제4조), ⑤ 송금의 보장(제5조), ⑥ 투자자 대 당국 간의 분쟁해결절차(제7조), ⑦ 보다 유리한 규칙 또는 대우의 적용(제8조), ⑧ 정보의 교환(제10조) 등을 규정하고 있다.

둘째, 「남북사이의 소득에 관한 이중과세방지 합의서」에서는 ① 세금의 종류와 이중과세방지의 적용대상(제2조 및 제3조), ② 거주자 및 고정사업자의 판정(제4조 및 제5조), ③ 사업소득(제5조, 제7조 및 제8조), ④ 배당금, 이자 및 로열티 등 투자소득(제10조~제12조), ⑤ 직종별 용역제공대가(제14조, 제15조, 제17조), ⑥ 이중과세방지방법(제22조), ⑦ 차별금지(제23조), ⑧ 합의절차(제24조), ⑨ 정보교환(제25조) 등을 규정하고 있다.

셋째, 「남북사이의 청산결제에 관한 합의서」에서는 ① 청산결제의 대상 및 한도(제1조 및 제2조), ② 은행선정과 청산계정 개설(제3조), ③ 신용한도(제4조), ④ 결제통화(제5조), ⑤ 청산기간(제6조), ⑥ 결제절차와 방법(제7조), ⑦ 일반결제(제8조), ⑧ 해석·적용상의 문제해결(제9조) 등을 규정하고 있다.

---

2) 이를 위해서는 그 전제로서 먼저 남북한관계의 법적 성격 및 북한의 조약체결 능력 인정 여부가 선결적으로 규명되어야 한다. 이와 관련, 정부는 북한을 국제법상 국가로 승인하지는 않으나 분단국을 구성하는 정치적 실체로 인정하는 한편, 북한의 조약체결능력을 인정한다는 입장을 취한 것으로 보인다.

3) 제성호, "남북합의서에 대한 국내법적 효력부여문제-국제법상 조약의 개념과 우리 헌법과의 관련성을 고려하여-," 『법조』, 제53권 4호(통권 제571호)(2004.4), pp. 79-85 참조.

4) 통일부 통일정책실, "투자보장 등 4대 합의서 관련 해설자료," 『통일속보』, 제2000-9호(2000. 11.14), pp. 1-15; http://www.unikorea.go.kr/cgi-kr/body.cgi?14A14/A14408.htm 참조.

넷째, 「남북사이의 상사분쟁해결 절차에 관한 합의서」에서는 ① 상사분쟁 해결 원칙(제1조), ② 중재위원회 구성 및 기능(제2조 및 제3조), ③ 중재위원회의 의사결정방식(제4조), ④ 중재인의 자격과 명부의 적성 및 교환(제5조 및 제6조), ⑤ 중재의 대상 내지 중재위원회의 분쟁사건 관할(제8조), ⑥ 중재신청 등 중재절차(제9조 및 제10조), ⑦ 중재판정부의 구성방법(제10조), ⑧ 중재장소의 결정(제11조), ⑨ 중재판정의 준거법(제12조), ⑩ 중재판정의 방법(제13조), ⑪ 중재판정의 효력 및 집행(제14조) 등을 규정하고 있다.[5)]

위에서 제시한 투자보장·이중과세방지·상사분쟁 해결절차·청산결제 등 4대 남북경협합의서는 모두 국제법상 (분단국 내부 간의 관계를 규율하는) 조약으로서의 내용(실질)과 형식을 갖추고 있다. 또한 상기 4대 남북경협합의서들은 입법사항, 즉 국민의 권리·의무와 직접 관련되는 사항을 포함하고 있다. 따라서 이들 합의서에 대해서는 국내적으로 법률적인 효력을 부여할 필요가 있다.

그렇지 않을 경우, 예컨대 이중과세방지에 관한 남북합의서가 국내법적 효력을 갖지 못할 경우, 북한에 진출한 우리 기업들이 현실적으로 이중과세 방지의 혜택을 받지 못하게 된다. 즉 합의서를 체결하나, 하지 않으나 똑같은 결과가 되는 것이다. 따라서 반드시 4대 남북경협합의서에 대하여는 국내법적 효력부여가 요구된다. 여기서 위 합의서들을 '정치적 신사협정'(political Gentlemen's Agreement)으로 체결해서는 안 되고, 반드시 조약방식(조약의 일종인 '특수조약')으로 체결해야 하는 당위성이 도출되게 된다.

(3) 남북경협합의서의 경제(제도)적 측면

4대 남북경협합의서 채택은 6·15 남북공동선언의 제4항에 명시된 바와 같이 "경제협력을 통하여 민족경제를 균형적으로 발전"시켜 나가기로 한 합의를 이행하기 위한 구체적 조치라고 할 수 있다. 물론 이러한 조치는 남북한 당국 간 협의를 통해 양자 간에 공동으로 적용될 남북경협 분야의 제도적 장치를 최초로 마련했다는 점에서 중대한 의미를 갖는다. 그 동안 경제협력원칙에 대한 남북 간 합의는 있었으나, 구체적인 경제활동을 남북 공동으로 규율하는 제도의 도입 및 발효조치는 없었다. 4대 남북경협합의서는 기존의 고정관념과 남북경협 틀을 깬 최초의 사례라는 점에서 큰 의의가 있다고 하겠다.

또한 4대 남북경협합의서는 민간차원의 남북경협이 지속적으로 전개되고 있는 상황에서 이를 뒷받침하고 동력을 부여할 제도적 장치를 생산했다는 의미가 있다. 그럼으로써 남북경협이 한 차원 더 높은 단계로 발전할 수 있는 계기가 마련됐다고 볼 수 있다.

더불어 남과 북의 경제제도가 서로 다른 현실에서 남북한관계의 특수성과 국제관행을

5) 「남북 사이의 상사분쟁해결 절차에 관한 합의서」에 관한 약간의 법적 검토에 관해서는 제성호, "남북교류협력에 따른 법적 문제 해결방안-법제개선 및 분쟁해결을 중심으로-," 『남북한 화해·협력 촉진방안』, 협동연구 국내학술회의(2000.12.26) 발표논문집, 인문사회연구회 협동연구 총서 2000-02(서울: 통일연구원, 2000), pp. 283-293 참조.

고려한 제도적 장치가 마련됨으로써 안정적 남북경협 추진체계가 구축됐다는 점을 지적할 수 있다. 즉 민족내부거래라는 남북경협의 특수성을 고려함과 동시에 국제관행을 충분히 수용함으로써 향후 남북한 간에 체결될 각종 합의서 및 발효방식에 있어 모범이 될 수 있을 것으로 기대된다.

두말할 것도 없이 4대 남북경협합의서의 최대 수혜자들은 대북사업을 추진하는 기업들이다. 남북한 당국은 남북경협합의서의 채택·발효를 통해 이중과세 방지, 직결제 및 대금회수 부담 경감, 대북 투자자산에 대한 담보 인정, 손실보전 제도 도입 등을 통해 향후 우리 기업에 직접적인 도움을 제공할 수 있게 된 것이다.

Ⅲ. 남북경협합의서의 주요내용

1. 4대 남북경협합의서의 주요내용

(1) 남북투자보장합의서

가. 투자보장합의서 채택의 의의

남북투자보장합의서는 통상 국가 간에 체결되는 투자보장협정과 거의 유사한 내용을 규정하고 있다.[6] 이 같은 합의서의 채택으로 대북투자의 불확실성을 제거하여 안정적인 투자 기반이 마련되었다고 할 수 있다. 즉 북한은 현재 세계무역기구(WTO)나 국제금융공사(IFC), 국제투자보증기구(MIGA), 국제분쟁해결센터(ICSID) 등 투자촉진과 투자보증, 분쟁중재를 위한 국제기구나 협정에 가입하고 있지 않은데, 남북투자보장합의서가 발효됨으로써 우리 측 투자에 있어서 투자원본과 이익의 보호, 과실송금의 보장, 국유화 및 수용에 대한 보상, 분쟁해결 등에 있어서 북한의 국내법에만 의존하는 일방적인 약속의 차원을 벗어났다는 점에서 그 의의가 있다고 하겠다.

나. 주요내용

남북투자보장합의서에서는 남과 북이 각자의 법령에 따라 상대방 투자자에 의한 투자를 허가하고, 상대방투자자의 투자자산을 보호하되, 그 투자자 및 투자자산에 대하여는 최혜국

---

6) 일반적으로 투자보장협정의 체결목적은 체약당사국 간의 투자보장을 통하여 비상업적 위험으로부터 투자자를 보호하는 법적 장치를 마련하려는 데 있다. 여기서 비상업적 위험은 투자자의 자산에 대한 투자유치국 정부의 수용 또는 국유화, 투자유치국내의 무력충돌 등으로 인한 투자의 손실, 해외송금에 대한 제한 또는 통화의 불태환 결정 등을 의미한다. 이러한 투자보장협정은 일반적으로 투자국 및 투자자의 의무에 대하여는 규정하지 아니하고 투자유치국의 의무에 대하여만 규정하고 있다. 이상훈, "남북경협합의서의 법적 성격에 대한 고찰," 『법제』, 통권 제552호(2003.12), p. 68.

대우를 부여하고 있다. 투자 및 기업 활동을 목적으로 하는 인원들의 출입, 체류, 이동 등과 관련한 문제는 호의적으로 처리하도록 하였다. 상대방 투자자가 행한 투자에 대한 수용의 경우에는 적법 절차에 따라 정당한 보상을 하도록 하고 있다. 남과 북의 일방과 그 상대방 투자자 간에 발생하는 분쟁은 우선 협의에 의해 해결하도록 하고, 협의에 의하여 해결되지 않을 경우에는 남북상사중재위원회에서 이를 해결하도록 하였다.

(가) 투자자산 및 투자자의 정의

투자자산은 상대의 지역에 투자한 모든 종류의 자산으로 규정하고 합의서가 적용되는 투자의 범위를 포괄적으로 정의하여 투자한 모든 자산에 대한 보호가 가능하도록 하고 있다(제1조).

(나) 투자의 허가 및 보호

남과 북은 각각의 법령에 따라 투자를 허가하고, 투자자산을 보호하여 특히 쌍방 간 투자의 활성화를 위해 필수적인 출입 및 체류와 관련한 문제에 관하여 호의적으로 처리하도록 규정하였다(제2조). 이로써 우리 기업의 대북투자 시 투자자산에 대한 보호가 강화되게 되었다. 특히 국가 간에 체결되는 일반적인 투자보장협정에는 없는 투자관련 인력의 출입 및 체류에 호의적 처리를 명시한 것은 특기할 만한 내용이라 하겠다.

(다) 투자의 보호

타방 투자자, 투자자산, 수익금, 기업 활동과 관련하여 최혜국대우를 보장하도록 하고 있다(제3조). 이는 북한에서 활동 중인 우리 기업이 북한기업과 경쟁하기보다는 주로 외국기업과 경쟁할 것으로 예상되므로 외국기업과 차별대우를 받는 일이 없도록 한 것이다.

주지하는 바와 같이 북한은 모든 기업이 국영이며, 수익을 대부분 국가에 납부하고 기업 운영자금을 다시 국가가 기업에 지급하는 계획경제체제를 채택·운영하고 있다. 이런 점을 감안해 내국민대우와 관련하여 투자보장의 핵심인 수용 및 보상에 있어서 차별적인 수용금지, 비차별적인 보상을 명시하고 있다.

(라) 수용 및 보상

상대 측 투자에 대하여 공공목적 외 수용 또는 국유화를 원칙적으로 금지하고, 수용 시에는 적법하게 내국인과 무차별하게, 또한 국제시장가치로의 보상을 규정(제4조)하여 투자자의 불안감을 감소시켰다.

(마) 송금의 보장

투자와 관련된 모든 자금에 대해서 자유로운 송금을 보장(제5조)하도록 하여 우리기업이 투자자금 및 수익금 송금을 자유롭게 하였다.

(바) 투자자 대 당국 간의 분쟁해결절차

남과 북 일방의 투자자와 타방 당국 간의 분쟁이 발생하는 경우 분쟁은 가능한 한 당사자 간의 협의와 교섭에 의한 해결을 하도록 규정하였다. 즉 협의를 1차적인 분쟁해결방식으로 예정하고 있는 것이다. 다만 당사자 간의 합의에 의해 해결되지 않을 경우에는 일방의 요청에 따라 남북 공동의 중재기구에 의한 해결을 하도록 하고 있다(제7조). 특히 남측 또는 북측이 합의서를 이행하지 않아 투자기업이 손해를 입었을 경우에는 남북상사중재위원회에 제소할 수 있도록 하여 남북당국이 합의서에 대한 성실한 이행을 촉진·담보하도록 하였다.

(사) 보다 유리한 규칙 또는 대우의 적용

일방의 법률과 규정, 또는 계약에 따라 타방의 투자자에게 부여하는 대우가 본 합의서에 의하여 부여되는 대우보다 유리할 경우에는 보다 유리한 대우가 부여되도록 하고 있다(제8조). 이는 남측 기업이 북한당국과의 계약에 의해 투자할 경우 그 계약도 북한당국에 의해 당연히 준수되어야 함을 의미한다.

(아) 정보의 교환

투자관련 법령 및 기타 정보의 상호제공을 규정하고 있다(제10조).

(2) 남북청산결제합의서

가. 합의서 채택의 의의

현재 남북한 은행 간 환결제계약이 체결되어 있지 않기 때문에 남북교역에 따른 대금결제는 주로 제3국에 개설되어 있는 거래은행을 통해 이루어지고 있다. 이에 따라 환전 및 송금에 추가비용이 들고 결제에도 오랜 시일이 소요되고 있다.

이러한 상황에서 남북한 간에 청산결제합의서가 타결됨으로써 남측 기업이 제3국 은행을 거치지 않고 남북의 청산결제은행을 통해 직접 결제할 수 있게 되었다. 이로써 대금결제에 따른 금전적·시간적 비용이 크게 줄어들게 되었다. 또한 물자반출기업은 청산결제은행을 통해 대금을 즉시 회수할 수 있어 대금회수가 안정적으로 보장되게 되었는바, 양측 기업의 거래에 따른 (대금 불회수) 위험이 크게 낮아지고 남북교역이 활성화될 것으로 예상된다.

다만, 청산결제제도는 은행의 고유업무와 관련되는 전문적·기술적 사항이 많으므로 남북한 당국 간의 청산결제에 관한 합의서에는 기본적인 사항만 정하고, 청산계정의 운영에 관하여 필요한 세부적인 사항은 통상적인 관례에 따라 쌍방이 지정하는 청산결제은행간에 정하도록 하였다. 따라서 앞으로 남북한의 중앙은행간에 청산결제 이행을 위한 구체적인 약정을 체결해야 할 것이다.[7)]

나. 주요내용

남북청산결제합의서는 전문과 10개의 조문으로 구성되어 있다. 전문은 남북거래를 '민족

---

7) 제성호, 『남북경제교류의 법적 문제』, 아산재단 연구총서 제137집(서울: 집문당, 2003), p. 263.

내부거래'라고 선언하여, 국제적 규범과는 별도로 체계로 남북거래를 취급할 것을 선언하였다.

(가) 청산결제의 대상

청산결제는 남과 북이 합의하여 정하는 거래상품의 대금과 이에 동반하는 용역거래대금에 대해 적용하도록 하였다(제1조). 이처럼 청산결제의 대상으로 '거래상품의 대금과 이에 동반되는 용역거래대금'을 명시한 것은 대사관 비용 등 일부 비무역 거래가 포함된 사회주의국가 간의 청산결제는 물론, 친척들에 대한 송금이나 배상금도 포함한 동서독의 사례와도 차이가 있는 것이다. 남북교역에서 비거래성 교역은 성격상 당연히 청산결제의 대상에서 제외된 것으로 보인다. 위탁가공교역이 포함될지 여부도 미정이었으나 제외될 가능성이 높은 것으로 예견되어 왔다.[8] 후술하는 바와 같이 「2004년도 청산결제거래합의서」에서는 이 점을 명기하고 있다.

(나) 거래상품과 한도

남북한은 청산결제방식으로 거래할 상품과 그 한도를 합의하여 정하며, 한도는 필요시 변경하는 것이 가능하다. 그리고 청산결제의 대상상품은 남과 북을 원산지로 하는 것에 한한다(제2조).

(다) 청산결제은행

남북한은 청산결제은행을 각각 선정하고 이 은행에 상대 측 은행의 이름으로 청산계정을 개설하도록 하고 있다(제3조). 이 규정에 의거해 남북한은 청산결제은행을 선정한 후 상호 통보하게 되어 있는데, 이미 남측은 청산결제은행으로 한국수출입은행을, 그리고 북측은 조선무역은행을 결정한 바 있다.[9]

(라) 신용한도

청산계정의 신용한도는 남북 쌍방이 별도 합의에 따라 설정·운영하기로 하였다(제4조). 신용한도 설정은 정액방식과 교역액과 연동하는 정률방식이 있으며, 동서독의 경우처럼 전년도 교역액을 감안하여 양측이 합의하여 정액으로 정하는 방식이 가장 합리적인 것으로 보인다.

(마) 결제통화

청산결제통화는 미 달러화를 원칙으로 하되, 필요시 합의하여 다른 화폐로도 정할 수 있도록 규정하였다(제5조). 이와 관련, 북한이 2002년 12월부터 기준 외화로 유로화를 사용하

---

8) 류승호, "남북한 간 청산결제제도 도입의 효과," 『수은해외경제』, 2003년 11월호, p. 47.

9) 남북한은 2003년 7월 29일부터 31일까지 개성에서 제2차 남북경협제도실무협의회를 개최하여 우리 측은 한국수출입은행을, 북측은 조선무역은행을 각기 청산결제은행으로 지정하기로 결정하고, 별도 합의가 있을 때까지 청산결제은행이 일반결제업무도 담당한다는 데 합의하였다. 통일부, "제2차 남북경협제도실무협의회 결과해설자료," 2003.7.31 참조.

고 있어, 앞으로 청산결제통화의 변경을 요청할 가능성도 배제할 수 없다.

(바) 결제절차와 방법

구체적인 결제절차와 방법은 남과 북의 청산결제은행 간에 합의하여 정하도록 하였다(제7조). 이 같은 규정은 청산결제는 금융관련 전문적·기술적인 사항이 많아, 조약성격을 지닌 합의서에 구체적으로 열거하는 것이 부적합하므로 청산결제은행에 위임한 것으로 풀이할 수 있다.

(사) 일반결제의 대상 및 방법

청산결제방식 이외의 대금결제와 자본의 이동은 국제관례에 따라 남과 북이 각기 지정하는 은행을 통해 '일반결제방식'으로 결제한다(제8조). 이처럼 청산결제방식 이외에 일반결제도 가능토록 하는 한편, 이를 담당할 은행도 각각 지정하여 상호 통보하도록 한 것은 결제의 융통성과 다양성을 인정함으로써 남북교역의 활성화를 도모하기 위한 것으로 해석된다. 다만 일반결제와 관련해서남북한이 별도로 합의할 때까지는 청산결제은행이 담당하도록 이미 합의한 바 있다.[10]

(3) 남북상사분쟁해결합의서

가. 합의서 채택의 의의

남북경협 추진과정에서 투자자의 주된 관심은 분쟁 발생 시 어느 법률이 적용되며 어디에서 어떻게 해결하느냐의 문제라고 할 수 있다. 오늘날 국제무역이나 투자에서 발생하는 분쟁은 소송보다는 상사중재에 의하는 것이 국제적 추세이다. 이러한 추세에 맞게 남북한 당국도 본격적인 경제협력 확대에 대비하여 상사중재제도의 기본적인 틀에 합의하게 된 것이다.

나. 주요내용

(가) 적용범위

「남북 사이의 상사분쟁 해결절차에 관한 합의서」(이하 남북상사분쟁해결합의서라 한다) 제1조에서는 남북 간의 경제교류·협력 과정에서 발생하는 상사분쟁은 당사자의 협의의 방법으로 해결하되, 협의에 의해 해결되지 않는 경우에는 중재의 방법으로 해결하는 것을 원칙으로 한다고 규정하고 있다. 이는 당사자의 자율적 의사에 의해 상사분쟁을 해결함을 원칙으로 선언한 것이라 하겠다.

동 합의서 제3조 제1호·제2호 및 제8조 제1호·제2호는 상사중재가 적용되는 범위를 구체화하고 있다. 그에 따르면 ① '중재에 의해 해결할 것을 합의한 분쟁사건'과 ② '「남북

---

10) 통일부, "제2차 남북경협제도실무협의회 해설자료," 2003.8.1.

사이의 투자보장에 관한 합의서」(이하 투자보장합의서라 한다)에 의하여 부여된 권리의 침해와 관련하여 일방의 투자자와 타방의 당국사이에 발생한 분쟁사건 중 상사중재가 적용되는 사건'이다. 이는 남과 북의 사인(私人)간의 분쟁뿐만 아니라 남북 당국의 어느 일방과 투자자인 사인 간의 분쟁도 중재의 대상으로 규정한 것이라 하겠다. 특히 남북 당국이 일방당사자가 되는 분쟁을 중재의 대상으로 삼은 것은 양허계약(讓許契約) 위반, 현지 당국의 수용 및 국유화조치, 투자계약의 해석이나 계약 이행 등과 관련하여 분쟁이 발생할 수 있기 때문이다.

(나) 중재위원회의 구성·기능

남북상사분쟁해결합의서 제2조는 남과 북이 각가 위원장 1인과 위원 4인으로 하여 총 10명으로 구성되는 남북상사중재위원회(이하 중재위원회라 한다)를 설치토록 하고,[11] 동 위원회가 상설적 중재기구로 설치·운영되도록 하고 있다(후술 참조).

동 합의서 제3조는 중재위원회의 기능으로 첫째, 남과 북의 당사자 간 또는 일방의 당사자와 상대방 당국 간에 발생하는 상사분쟁의 '중재'나 '조정', 둘째, 남북투자보장합의서 제7조 제1항에 규정된 분쟁으로서 당사자가 중재위원회에 제기한 분쟁의 중재나 조정을 담당하는 것으로 규정하고 있다. 이는 상품교역 외에 투자에서 발생할 수 있는 분쟁의 경우도 중재위원회를 통해 해결하도록 함으로써 남북 간의 투자를 촉진하기 위함으로 풀이된다.

(다) 중재인 명부의 작성 및 중재판정부의 구성

남북상사분쟁해결합의서 제5조 제1호는 중재위원회로 하여금 분쟁발생에 대비하여 중재인(30인)의 명부를 작성·교환하도록 하고 있다. 제1호는 중재절차의 편의를 도모한다는 장점은 있지만, 당사자의 중재인 선정권을 제한한다는 비판이 있다. 동조 제2호는 중재인 변동 시 중재위원장의 상대방에 대한 통지의무를, 제3호는 중재위원장이나 위원도 중재인으로 선정될 수 있음을 규정하고 있다.

남북상사분쟁해결합의서 제7조는 중재인이 신의성실의 원칙에 따라 직무를 수행하도록 규정하고 있다. 이어 합의서 제10조 제1항에서는 중재판정부의 구성인원을 3인으로 규정하고 있고, 동조 제2항에서는 중재인의 선정에 관해 합의를 이루지 못할 경우 남북 중재인 명부에서 각 1인의 중재인을 선정하여 선정된 2인이 협의에 의해 중재인 명부에서 의장중재인 1인을 선정하도록 하고 있다.

그리고 동조 제3항에서는 중재신청 접수일로부터 50일 이내에 중재인을 선정하지 못하는 경우에는 일방 당사자의 요청에 따라 일방의 중재위원회 위원장이, 의장중재인을 선정하지 못하는 경우에는 쌍방의 중재위원회 위원장이 협의하여 이를 선정하도록 하고 있다. 제4항에서는 쌍방의 중재위원회 위원장이 의장중재인을 선정하지 못하는 경우에는 일방의 중재

---

11) 이와 동일한 내용은 2003년 10월에 채택된 「남북상사중재위원회의 구성·운영에 관한 합의서」 제2조 제1항에도 명시되어 있다.

위원회 위원장이 국제투자분쟁해결센터(International Center for the Settlement of Investment Disputes: ICSID)에 선정을 의뢰할 수 있도록 되어 있다.

중재판정부의 구성에 관한 제10조 제3항의 의미는 매우 크다. 중재판정부의 구성에 있어서 자국의 개인 내지 기업의 이익을 우선할 수밖에 없는 현실을 고려할 때 쌍방의 합의가 용이하지 않은 상황에서 최종적으로 국제분쟁해결센터의 의뢰를 강제하는 것은 중재판정부의 구성을 위해 필요하고도 불가피한 조치라 하겠다. 이 점에 남북한이 동의한 것은 경제활동에 있어서 북한의 변화 내지 개방·개혁에 대한 적극적 자세를 시현하는 것으로 해석할 수 있을 것이다.

(라) 중재절차의 진행

남북상사분쟁해결합의서 제9조는 중재신청서의 제출, 접수된 중재신청의 상대방에 대한 통지기일(중재신청 접수를 받은 날로부터 10일), 피신청인에 대한 통지기일(중재신청 제기통지를 받은 날로부터 10일)을 규정하고 있다.

동 합의서 제11조는 중재장소의 결정에 대해 우선 협의에 의하도록 하되, 중재판정부 구성 후 10일 이내에 중재장소를 결정하지 못할 경우에는 중재판정부가 이를 정하도록 하고 있다.

(마) 중재판정의 준거법·방법·기간

남북상사분쟁해결합의서 제12조에서는 중재판정부는 합의한 법령에 따라 중재판정을 하고, 당사자가 합의한 법령이 없는 경우에는 남 또는 북의 관계법령, 국제법의 일반원칙, 국제무역 거래관습에 따라 중재판정을 하도록 규정하고 있다. 하지만 당사자가 합의한 법령이 없는 경우 ① 분쟁의 예측가능성 확보, ② 분쟁해결의 신속성, ③ 현실적으로 준거법에 대한 합의가 쉽지 않은 상황을 고려하여 준거법 및 그 적용순위를 보다 구체적으로 명시하는 것이 필요하다고 생각된다.

남북상사분쟁해결합의서 제13조에서는 중재판정은 중재인 과반수의 찬성에 의함을, 제14조에서는 중재판정은 접수일로부터 6월 이내에 내리도록 하되 필요한 경우 협의에 의해 3개월까지 연장할 수 있음을 규정하고 있다. 이어 제15조에서는 중재판정의 비공개를 규정하고 있다.

(바) 중재판정의 승인 및 집행

남북상사분쟁해결합의서 제16조는 분쟁당사자는 중재판정에 따른 의무를 이행하며, 중재판정에 따른 의무를 이행하지 아니하거나 불성실하게 이행하는 경우 상대방 당사자는 관할 지역의 재판기관에 그 집행을 신청할 수 있도록 하며, 남과 북은 특별한 사정이 없는 한 중재판정이 구속력이 있는 것으로 승인하고 해당지역의 확정판결과 동일하게 집행하도록 규정하고 있다. 또 특별한 사정에 관한 것은 중재위원회가 정하도록 하고 있다.

(사) 조정절차

남북상사분쟁해결합의서 제17조에서는 중재신청이 접수된 후 당사자 쌍방으로부터 조정요청이 있는 경우에는 중재절차를 중지하고 조정절차를 개시하도록 하고 있고, 조정인은 당사자의 합의에 의해 1인 또는 3인으로 선정하도록 하고 있다. 조정절차와 방법은 조정인이 정하도록 하고 있다. 그러나 조정인의 선정에서도 홀수의 조정인이 당사자의 합의에 의해 선정될 수 있을지 의문이다.

(아) 남북상사중재위원회의 구성 · 운영[12)]

가) 중재위원회의 법적 지위

남북상사분쟁해결합의서에 의거해 채택된 '남북상사중재위원회의 구성 · 운영에 관한 합의서'(이하 '남북중재위원회 운영합의서'라 한다) 제1조 제1항에서는 위원회는 상사분쟁해결기구로서 남과 북에서 독자적인 법인으로서의 능력을 가진다고 규정하고 있으며, 동조 제2항에서는 위원회의 소송제기능력(당사자능력)을 규정하고 있다.

국내법상 공법인은 법률의 규정에 의해, 사법인(私法人) 중 비영리법인은 주무관청의 허가로, 영리법인은 법률의 규정요건 구비로 각각 설립되게 되어 있다. 그에 비해 중재위원회는 남북 간 합의서의 규정에 의해 당연히 법인으로 설립되도록 하고 있는 것이 특징이라 할 수 있다.

국내법상 법인의 경우 주된 사무소의 관할 법원에 설립등기를 하도록 되어 있다. 이와 관련해서 중재위원회의 등기여부가 문제로 될 수 있다. '중재위원회 운영합의서' 제1조 제1항과 제2항을 살펴보면, 합의서 규정에 의한 법인의 설립은 무리가 없는 듯하나, 등기 여부와 관련해서는 중재위원회의 조직이나 내용을 공시하지 않을 경우 거래안전을 해칠 우려가 있으므로 반드시 등기하도록 해야 할 것이다.

나) 중재위원회의 구성

'남북중재위원회 운영합의서' 제2조에서는 위원회의 구성에 관해 다음과 같이 규정하고 있다.

① 중재위원회는 남과 북 각각 1인의 위원장과 4인의 위원으로 구성된다.
② 법률 및 국제무역투자실무, 기타 필요한 전문지식이 있는 자 중에서 위원장, 위원을 지명한다.
③ 쌍방 위원장은 위원회를 공동으로 대표한다.
④ 위원에 결원에 생길 경우 후임자를 선정하고 상대방에게 즉시 통보한다.
⑤ 위원장과 위원의 임기는 4년으로 하며 연속하여 재임할 수 있다.
⑥ 임기가 만료하여도 후임자가 정해질 때까지 직무를 계속 수행한다.

---

12) 김명기, "남북상사중재위원회 구성 · 운영 합의서 해설," 대한상사중재원 홈페이지 게재자료(2004). http://www.kcab.or.kr/M6/Upload/myung.pdf 참조.

⑦ 위원장은 보좌인원을 둘 수 있다.
⑧ 위원장은 서기 1명을 각기 지정한다.

그리고 '중재위원회 운영합의서' 제14조 제4항에 따르면, '중재위원회 운영합의서' 발효 후 6개월 내에 우리 측 중재위원회를 구성하도록 예정되어 있다.

다) 남북중재위원회의 기능과 결정의 효력

'남북중재위원회 운영합의서' 제3조는 ① 중재기관의 기능, ② 사건의 처리과정에서 제기되는 문제의 협의·결정의 기능, ③ 중재인의 확정 등록의 기능, ④ 상사문제의 효율적 해결을 위한 대책의 수립·집행의 기능을 명시하고 있다. 이어 합의서 제4조는 남과 북의 재판기관은 위원회의 결정에 대하여 다시 심사할 수 없음을 규정하고 있다.

라) 중재인 명부의 교환과 중재판정에 대한 취소

먼저 '중재위원회 운영합의서' 제7조에서는 중재인 명부 교환에 관하여, 첫째, 중재위원회는 각각 중재인 명부를 작성하여,[13] 설명서를 첨부해 상대방에게 통지하며, 둘째, 중재위원회의 일방은 중재인의 자격에 관해 보충설명을 요청할 수 있도록 하고 있다.

다음 '남북중재위원회 운영합의서' 제8조에서는 중재판정의 취소에 관해 다음과 같이 명시하고 있다.

① 당사자는 중재판정의 취소를 3개월 이내에 제기할 수 있으며,
② 중재판정의 취소 시 당사자의 신청에 의해 다시 중재가 진행될 수 있고,
③ 중재판정 취소신청 심의 시 3개월 이내에 합의가 이루어지지 않는 경우 그 신청은 기각된 것으로 한다.

(4) 남북이중과세방지합의서

가. 남북이중과세방지합의서의 필요성

남북한은 세법체계가 다르기 때문에 남북경협의 결과 발생한 동일한 소득에 대해 남북한 당국이 이중과세할 가능성이 있다. 이중과세의 원인이 되는 과세관할권의 경합은 크게 보아 세 가지 경우에 발생한다. 첫째, 거주자 관할권의 경합이다. 이는 남북 양측이 내국법인과 외국법인을 구분하는 기준이 다르기 때문에 생기는 과세권이 경합이다. 둘째, 원천소득 관할권의 경합이다. 셋째, 거주자 관할권과 원천소득 관할권의 경합이다.

이러한 이중과세의 문제는 과세 자체의 문제뿐 아니라 그로 인해 대북투자를 위축시킬 소지가 있어 남북한 간에 이중과세방지합의서 체결이 필요하게 되는 것이다.[14]

---

13) 이때 남북 양측은 '법률 및 국제무역투자실무에 정통한 자' 중에서 관계기관과 협의하여 중재인을 선정하게 된다.

14) 제성호, "남북 경제공동체 형성을 위한 법적 환경," 연세대학교 통일연구원, 『남북한 경제공동체

나. 주요내용

(가) 거주자 및 고정사업장의 판정기준

「남북사이의 이중과세방지에 관한 합의서」(이하 남북이중과세방지합의서) 제4조에서는 개인의 경우 항시적으로 생활하는 '주거'를 기준으로, 법인의 경우 '실질적 관리장소'가 있는 곳을 기준으로 거주자를 판단하도록 하고 있다.

이중과세방지합의서 제5조에서는 고정사업장을 판정할 때, 6개월 이상 진행되는 건축·설계·감리의 경우와 대리인의 경우는 원칙적으로 고정사업장으로 보고, 보조적·예비적 활동 장소와 위탁판매인일 경우에는 고정사업장으로 보지 않는다.

OECD 모델조세조약은 12개월 이상, UN 모델조세조약은 6개월 이상 지속되면 고정사업장으로 보고 있는데, 이중과세방지합의서는 UN 모델을 채택하고 있다.[15)]

(나) 사업소득과 수송소득

남북이중과세방지합의서 제7조는 기업의 이윤이 발생한 곳에서 세금을 부과하도록 규정하고 있다. 그러나 기업이 상대방 지역에 지점, 사무소 등 고정된 사업장소를 가지고 있지 않는 한, 원칙적으로 상대방 지역에서 그 기업의 사업소득을 과세하지 않도록 하고 있다. 또한 사회간접자본(SOC) 건설 등을 위한 건축공사장 등 건설사업장의 경우, 6개월 미만의 단기간 동안 사업활동이 수행되면 사업장 소재지에서는 비과세 하는 것으로 규정하고 있다(제5조 제1항).

남북이중과세방지합의서 제8조는 남북 간 수송수단을 이용한 사업소득(운수소득)에 대하여는 소득발생지와 거주지에서 각각 과세하되, 소득발생지에서는 세액의 50%를 감면토록 규정하고 있다.

(다) 투자소득

남북이중과세방지합의서 제10조 내지 제12조는 일방에서 발생하여 상대방의 거주자에게 지불되는 이자, 배당 및 로열티 등 투자소득에 대하여는 상대방에서 부과하는 것을 원칙으로 하되, 소득발생지에서도 10% 이하의 낮은 세율로 과세하도록 하고 있다. 이와 관련해서 만일 이중과세방지합의서가 체결되지 않았더라면 북측은 20%, 남측은 27.5%의 세율로 과세하도록 되어 있었다.[16)] 한편 이중과세방지합의서 제11조 제7항에서는 상대방의 정부 및 중앙은행이 수취하는 이자에 대하여는 그 공공적 성격을 감안하여 소득발생지에서 면세토록 규정하고 있다.

형성을 위한 현실환경과 방향』, 제6차 정기학술회의(2000), p. 23; 김동균, 『남북경협의 법적·제도적 장치에 관한 연구』, 경희대학교 국제법무대학원 석사학위논문(2002), p. 69.

15) 서헌제, 『국제경제법－국제통상·통화규범』, 제2판(서울: 율곡출판사, 1998), pp. 695-707 참조.

16) 김동균, 『남북경협의 법적·제도적 장치에 관한 연구』, p. 71.

(라) 직종별 용역제공 대가

남북이중과세방지합의서 제14조에서는 변호사, 회계사 등이 전문적인 인적 용역을 제공하고 얻는 소득에 대해 용역수행지에 사무소 등 고정된 사업시설을 두지 않거나 고정된 사업시설이 있다 하더라도 연중 183일 미만 단기체류 시에는 용역수행지에서 비과세 하도록 규정하고 있다. 상대방 지역의 지점 등에 파견된 근로자에 대해서도 연중 183일 미만 단기체류 시에는 용역수행지에서 비과세 하도록 규정하고 있다. '이중과세방지합의서' 제17조에서는 연예인 및 체육인의 경우 용역수행지에서 과세하지 않도록 하고 있다.

(마) 이중과세방지방법

남북이중과세방지합의서 제22조 제1항에서는 이중과세방지를 위해 소득면제방식을 채택함을 규정하고 있다. 다만 이자·배당·로열티 등 수동적 소득에 대해서는 국제적 관례에 따라 세액공제방식을 적용하도록 규정하고 있다.[17] 한편 합의서 제22조 제2항에서는 상대방에서 감면이나 면제를 받았을 경우, 전부 납부한 것으로 인정한다고 규정하고 있다.

(바) 차별금지: 내국민대우

남북이중과세방지합의서 제23조 제1항과 제2항에서는 상대방의 거주자(또는 기업)에게 자기 지역의 거주자(또는 기업)보다 불리한 세금을 부과하지 않는 내국민대우를 규정하고 있다.

(사) 이의신청

남북이중과세방지합의서 제24조 제1항과 제2항은 개인 또는 법인은 합의서와 어긋나게 세금을 부과하거나 부과할 것으로 예견되는 경우 거주한 지역의 권한 있는 당국에 해당 사실을 알게 된 때로부터 3년 안에 의견을 제기할 수 있고, 의견을 제기받은 권한 있는 당국은 제기된 문제를 자체적으로 해결할 수 없을 경우 상대방의 권한 있는 당국과 합의하여 해결한다고 규정하고 있다. 여기서 '권한 있는 당국'이란 남측에서는 재정경제부 장관 또는 그의 권한을 위임받은 자를, 북측에서는 재정성 또는 그의 전권대표를 의미한다(제1조 제7항).

(5) 4대 남북경협합의서 채택의 기대효과

남북경협은 무엇보다 남북한관계를 개선하고 상호 간의 신뢰 구축을 위한 가장 유효한 수단인 동시에, 통일로 가는 대장정에서 가장 중요한 실천전략이다. 다시 말하면 남북경협의 활성화는 인적·물적 교류의 확대를 가져오고, 이를 기초로 남북 간에 신뢰를 구축하고 상

17) 세액공제방식과 소득면제방식을 비교하면 다음과 같다. 예컨대 '갑'(甲)이라는 남한법인이 북한에서 사업을 영위하는 경우 남·북한의 법인세율을 각각 10%와 20%라고 가정하면, 세액공제방식의 경우 '갑'기업이 납부할 세액은 북한에서 10% 납부하고 남한에서는 북한에서 납부한 10%를 공제한 후 10%의 세액을 부담하게 된다. 반면 소득면제방식의 경우 북한에서 10%세금을 부담하게 되면 남한에서는 소득 그 자체가 발생하지 않는 것으로 보고 세액을 부담하지 않게 되어 결과적으로 세금부담이 줄어들게 된다.

호 이익을 추구함으로써 민족 전체의 공동번영과 발전에 기여하며, 남북협력관계를 발전시키는 최우선의 과제인 것이다. 또한 남북경협의 활성화는 '민족경제공동체'의 형성을 촉진하게 될 것이며, 정치적 통일에 앞서 경제부문에서의 통합의 길을 열어나가는 첩경이 된다.[18)]

남북경협이 남북한관계 개선을 선도해 나가려면 당연히 제도화되어야 한다. 일과성의 남북경협이나 불확실한 남북경협은 안정성과 지속성을 갖기 어렵기 때문이다. 합의서에 의한 제도화는 남북경협의 규범화를 촉진함은 물론, 투명성과 거래의 안전을 제고하는 역할을 한다. 4대 남북경협합의서 채택은 바로 이러한 시각에서 보아야 한다.

4대 남북경협합의서 채택으로 기대되는 파급효과는 대체로 다음과 같다.

첫째, 남북투자보장합의서는 합의서 명칭대로 투자보장 및 안정성을 제고하는 효과를 거양하게 되었다. 종래에는 대북 투자자산에 대한 보호장치가 없었기 때문에 수용 위험 및 송금제한 위험에 노출되어 있었다. 그러나 이 합의서 발효 후에는 투자자산의 보호, 수용 금지 및 수용 시 국제시장가치로의 보상, 투자자금 및 수익금의 자유송금 등 보장되게 되었다. 따라서 앞으로 우리 기업이 북한에 투자하는 데 따른 불확실성이 줄어들게 되므로 대북투자 활성화에 크게 기여할 것으로 기대된다.

부수적으로는 일방적 계약파기 위험 방지, 임직원의 방북편의, 기술자의 방북지도 등으로 인해 보다 자유로운 경영활동이 가능해지고 전반적인 교류협력의 활성화에 크게 이바지하게 될 것이다. 아울러 남북투자보장합의서 발효에 따라 남북협력기금 대출 시 우리 기업의 대북 투자자산을 담보로 인정하는 조치가 뒤따름으로써 대북투자를 촉진하는 효과를 가져올 것으로 예상된다.

둘째, 청산결제에 관한 합의서는 남북한 간의 직결제를 가능하게 한다는 점에 의의가 있다. 남북 간 거래에 수반하는 대금결제가 남북 양측이 지정한 은행 간의 청산계정 또는 환거래계약을 통해 이루어지게 됨에 따라 제3국 은행을 경유한 대금결제 시의 번거로움과 환전 및 송금 비용을 절약할 수 있게 되었다.

특히 경화부족을 겪고 있는 북한으로 하여금 구매와 지급을 가능하게 함으로써 남북 간의 원활한 거래를 가능케 할 것이다.[19)] 우리 기업으로서도 대금결제의 안정적 보장(반출 즉시 대금을 회수함으로써 상환의 확실성 보장)을 기대할 수 있는 장점이 있다. 부수적으로 청산결제는 남북한 교역의 지속적 확대에 기여하고, 대북투자를 촉진하는 촉매역할을 수행할 수도 있다.

더불어 청산결제방식에 의하지 않는 남북경협 대금결제에 대해서는 국제관례에 따른 일반결제방식으로 하기로 함에 따라 남북한 간에 직접적인 환결제, 송금 등의 대금결제방식이 도입되게 될 것이다.[20)] 그 결과 앞으로 금융부문에 있어서도 남북한 간의 본격적인 교류협

18) 장명봉, "남북경협의 법제도적 해결과제와 개선방안," 남북경협살리기국민운동본부, 『남북경협 활성화를 위한 법적 과제와 정책방안』, 제2차 남북경협포럼 발표논문집(2004.4.9), p. 5.

19) 청산결제의 경우 대금결제용 외화를 사전에 준비할 필요가 없으므로 경화가 부족한 북한에게는 필요물품의 적기 확보에 도움을 주게 된다.

력이 이루어질 것으로 기대된다.

셋째, 상사분쟁해결절차합의서는 남북 간 상사분쟁의 효율적 해결에 이바지할 수 있다. 그동안 우리기업들은 납기지연, 품질불량 등 북측의 계약 불이행 사태 발생 시 중재기관을 이용하지 못함에 따라 대부분 손실을 감수하는 처지에 있었다. 하지만 이제 합의서의 발효 후에는 중재기관을 통해 상사분쟁의 신속하고도 효율적인 해결을 모색할 수 있게 되었다.

또한 남북교역의 안정화・예측성을 제고함으로써 직교역을 유도할 수 있게 되었다. 특히 북측 및 남한기업이 계약 불이행 시 해결과정과 그에 따른 손실에 대하여 사전인지・이해가 가능하게 되어 계약 불이행 사례의 예방에 도움을 얻을 수 있게 된 것이다.

부수적으로는 남북협력기금에 의한 손실보조제도[21]를 도입할 수 있는 여건이 마련되는 성과를 거두었다. 대북 교역 및 투자와 관련해서 계약 불이행에 대한 양측 간의 귀책사유에 대한 조사 및 판정이 가능해졌기 때문이다.

넷째, 이중과세방지 합의서는 남북 간에 이중과세방지 제도가 도입됨으로써 양측 투자기업의 조세부담이 경감되고 남북한 투자수익이 증대되어 남북경협을 실질적으로 지원하게 되는 효과를 발생시킨다. 종래 우리 기업이 북한에 진출(합영, 합작, 단독투자)하여 얻은 소득에 대하여는 쌍방의 법률에 따라 중복과세(북 14%, 남 28%)가 이루어졌었다. 그러나 이제 합의서 발효 후에는 북한에서 납부한 세금에 대해서는 남한에서 면세(북한 기업소득세율 14%만 납부)되는 법적 효과가 나타남으로써 북한진출 기업들에게 실질적인 혜택을 가져다 줄 것이다.

2. 기타 남북경협 관련 합의서의 주요내용

(1) 주요 합의서 내용

남북한은 남북경제협력추진위원회 제3차 회의 합의에 따라 2002년 12월 6일부터 8일까지 금강산에서 개성공단건설실무접촉을 개최하였다. 그 결과 개성공단 건설을 위한 기본적인 법제 인프라로서 통신・통관・검역에 관한 3개의 합의서를 채택하였다. 그 주요내용은 다음과 같다.

---

20) 환결제의 경우 국제 간 대금결제관행에 준하여 대금결제가 이루어지므로 남측 기업의 대북 결제처리 부담이 경감되고, 다양한 결제방식으로 계약이 가능해져 편의성이 제고되는 장점이 있다.

21) 손실보조제도는 당사자 간 귀책사유가 없는 비상위험 및 북측 기업의 신용위험으로 인한 손실을 보조해 주는 일종의 대북 보험제도를 말한다. 그동안 귀책사유 판정을 위한 사고조사 경로가 확보되지 않아 도입되지 못했었다. 그러다가 정부는 2004년 5월 14일 남북협력기금법시행규칙을 개정하여(5억 원 이상의 남북교역과 20억 원 이상의 남북경협 과정에서 손실이 발생한 경우) 5억 원을 상한으로 약정금액 내에서 사업자의 귀책사유가 없는 손실액의 50%를 보전하는 내용을 골자로 하는 남북협력기금 손실보전제도를 실시하기 시작했다. 정부는 실무적으로 일단 이 제도를 반출입 등 교역분야에서부터 실시하기로 했다고 한다. "내일부터 남북경협 손실보전제도 시행,"『연합뉴스』, 2004년 5월 13일자.

〈개성공업지구 통신에 관한 합의서〉

- ○ 우편 및 전기통신교류는 국가 간의 교류가 아닌 민족내부 간의 교류로 간주하고, 제3국을 경유하지 않고 직접 교환하며, 내용에 대하여 비밀 보장
- ○ 북측은 우편물이 안전하고 신속하게 전달되도록 보장하며, 세부절차는 남과 북이 협의하여 확정
- ○ 우편 및 전기통신에 대한 상대방의 관련법 및 국제협약·국제관행을 존중하며, 관련 법령의 제정 또는 개정 시 상호 제공

〈개성공업지구 통관에 관한 합의서〉

- ○ 공업지구 개발사업 착공 전까지 열차·차량운행사무소와 공업지구를 연결하는 도로 및 철도의 출입통로를 지정
- ○ 공업지구 통관업무를 전담하는 세관과 시설·장비를 공업지구 내에 설치
- ○ 차량을 지정된 기관(남측: 세관, 북측: 공업지구관리기관)에 등록하게 하고 통행차량 증명서를 발급
- ○ 물자와 우편물은 공업지구세관, 출입 인원의 휴대품은 열차·차량운행사무소 검사
- ○ 반출입 시 사전에 공업지구 세관에 신고서류를 제출, 출입관세 및 수수료 면제
- ○ 공업지구 반출입물자는 컨테이너 운송을 원칙
- ○ 쌍방은 통관과 관련하여 제정 또는 수정, 보충하는 법규를 제공

〈개성공업지구 검역에 관한 합의서〉

- ○ 개발사업 시작 전까지 접경 열차·차량운행사무소와 공업지구를 연결하는 도로와 철도의 출입통로를 지정
- ○ 검역대상 물자·검역기준 및 검역방법은 공업지구 개발사업 시작 전까지 양측 당국이 협의하여 확정
- ○ 북측은 검역소를 공업지구 내에 설치
- ○ 검역절차를 신속히 수행하여 물류처리에 지장이 없도록 하고 개발사업자의 직원을 파견하여 검역업무 공동 수행 가능
- ○ 검역대상물자 반출입하고자 하는 자는 공업지구검역소에 검역대상 물자를 입고시키고 검역신청
- ○ 쌍방은 검역과 관련하여 제정 또는 개정되는 법령을 상호 제공

또한 남북한은 제2~4차 경협제도실무협의회에서의 논의를 바탕으로 쟁점사항에 대한 집중적인 논의를 한 끝에 2004년 1월 29일 「개성공업지구와 금강산관광지구의 출입 및 체류에 관한 합의서」를 채택하고 가서명하였다. 그 주요내용은 다음과 같다.

○ 개성·금강산지구에 출입하는 인원은 남측의 권한 있는 당국이 발급한 해당 증명서와 지구관리기관이 발급한 해당 증명서를 소지하고 통행차량 등을 이용하여 출입하며, 북측은 해당 증명서를 소지한 인원에 대하여 특별한 이유가 없는 한 출입을 보장
○ 지구에 8일 이상 체류하는 사람은 도착일로부터 48시간 내에 체류등록을 해야 하고, 90일을 초과하는 장기체류나 1년 이상 거주 시 별도의 등록절차 필요
○ 북측은 남측 인원의 신체·주거·개인 재산의 불가침을 보장하며, 법질서 위반자에 대해서는 조사·통보 후 경고, 범칙금 부과 또는 추방 등 조치를 취하고, 남측은 송환된 인원을 조사·처리 후 결과를 통보하며, 피해보상에 협력
○ 출입·체류와 관련한 문제는 이 합의서가 우선적으로 적용되고, 남과 북은 관련 문제들의 협의·해결을 위해 공동위원회를 구성·운영

이 밖에 남북한은 2003년 7월 29일부터 31일까지 개성에서 열린 제2차 남북경협제도실무협의회에서 「남북 사이에 거래되는 물품의 원산지 확인절차에 관한 합의서」를 채택하였다. 이 합의서는 원산지 증명서 발급과 증명서의 진위 점검에 관한 절차 등을 명시하고 있다.[22)]

또 2004년 6월 3일부터 5일까지 평양에서 열린 남북경제협력추진위원회 제9차 회의 중 남북장관급회담 수석대표가 서명한 남북해운합의서 및 부속합의서를 상호 교환함으로써 남북해운합의서 및 부속합의서의 정식 서명절차를 완료하기도 했다. 남북해운합의서는 남북 간 해상항로를 민족내부항로로 규정하고, 남북한 각각 7개 항구 간 항로를 개설하며, 항만 내에서 자기 측 선박과 동등한 대우를 상대측 선박에 부여하고, 해양사고 시 상호 협력한다는 것을 주요 골자로 하고 있다.

(2) 기대효과

개성공업지구 통신·통관·검역에 관한 3개 합의서의 채택은 남측 지역에서 개성공단으로의 인원 및 물자의 이동을 신속하게 처리할 수 있는 제도적 장치를 마련했다는 데 의미가 있다. 물론 이러한 합의서는 공단 건설을 촉진하는 가장 기본적인 인프라에 해당된다. 그러기에 가장 먼저 남북 당국 간 협상의 주제로 제기되기도 했다. 통신·통관·검역 합의서 채택은 개성공단 건설을 위해 필요한 법제도 분야에서의 가시적인 지원조치로서 좀더 거시적으로 보면 4대 남북경협합의서 채택 이후 지지부진했던 남북경협 '제도화'를 돌이킬 수 없는 대세로 정착시키는 데 기여했다고 볼 수 있다.

「개성공업지구와 금강산관광지구의 출입 및 체류에 관한 합의서」는 남북한 당국 차원에서 최초로 통행과 신변안전에 관한 합의서를 체결했다는 데 그 의미가 있다.[23)] 우선 합의서

22) 원산지 증명서 발급기관으로 남측의 세관과 상공회의소, 북측은 조선민족경제협력연합회(민경련)가 지정되었다. 「남북 사이에 거래되는 물품의 원산지 확인절차에 관한 합의서」 제2조 제1항.

채택으로 우리 측은 신체, 주거, 재산의 불가침권 보장, 법위반자에 대한 강제송환원칙 인정, 조사 중 기본적 권리 보장 등이 관철되어 우리 주민이 북측 지역에서 일방적으로 조사·처벌받지 않도록 하는 제도적 장치를 확보하게 되었다. 또한 북한 측에 대하여 방문증명서를 소지한 우리 측 인원의 출입을 보장하도록 요구함으로써 우리 기업인들이 필요시 북측지역을 출입하여 경제활동을 원활히 수행할 수 있는 토대를 마련하게 되었다. 동 합의서 타결로 개성공단 건설을 비롯한 남북 간 합의사항이 차질 없이 추진되어 남북한관계 발전에 기여할 것이며, 남북 간 물자·인원의 왕래 증가와 남북 간 협력지대가 형성됨으로 인해 군사적 긴장완화에도 기여할 것으로 기대된다.

「원산지 확인절차 합의서」는 남북한이 경협사업을 발전시키고, 남북교역의 건전한 거래질서를 확립하는 데 이바지할 것으로 보인다. 남·북한 물품과 제3국산을 구분할 수 있게 됨에 따라 북한과의 거래질서 확립 및 북한산 위장 반입물품의 통제가 가능하게 됐기 때문이다. 부수적으로 북한 측에게는 북한산 제품 반출 기회의 확대를, 남측 소비자에게는 중국

〈표 1〉 4대 남북경협합의서의 주요내용과 기대효과

분야	주요내용	기대효과
투자 보장	–투자자와 투자자산의 최혜국 대우 및 수익금의 자유 송금 보장 –공공 목적 이외의 투자 자산 수용과 국유화의 원칙적 금지 ·공공 목적으로 수용 시, 국제가격으로 보상	–대북 투자의 불안감과 불확실성 해소 –투자 관련 분쟁의 사전 예상 및 해결 장치 마련으로 대규모 투자와 교류 협력 활성화 기대 ·투자 관련 정보의 상호 교환
이중 과세 방지	–소득면제방식의 채택 ·이 방식은 어느 한쪽에서 세금을 납부했으면 다른 쪽에서는 아예 세금을 면제	–대북 진출 기업의 소득세 경감 효과 ·남한(28%)의 절반 수준인 14% 납부 ·상대 지역에 사무소 등 고정 사업장이 없으면 비과세
청산 결제	–교역 건별로 매번 결제하는 것이 아니라, 일정 기간 동안의 기업 간 거래 대금(누적 차액)을 청산결제 은행을 통해 결제 –청산결제 거래의 상품과 한도, 청산계정의 신용한도 등에 대해서는 계속 협의	–대금 회수의 보장으로 결제 위험 축소 –환전과 송금 절차의 간소화로 비용과 시간 절감 효과, 환율 변동 위험 축소 –일단은 농산물, 광물의 우선 적용 예상 –남북한 화폐 통합을 촉진
상사 분쟁 해결	–납기 지연 및 제품 불량 등 상대편의 합의 불이행으로 인한 손해 발생 시 제소 –남북한 당사자 해결 원칙의 우선 규정 ·협의로 미해결 시에는 남북상사중재위원회의 중재로 해결. 구체적 방법은 추후 협의	–엄격하고 공정한 규정 적용으로 분쟁 처리 절차의 투명성 제고 ·개성공단 진출을 앞둔 기업들에게 남북경협의 불안정감을 크게 완화

〈출처〉 홍순직, "4대 경협 합의서의 내용과 효과," 현대경제연구원, 2003.8.

23) 그간 KEDO(국제기구)와 북한 간, 그리고 남북 사업자 간에 통행 및 신변안전에 관한합의서가 체결된 사례는 있었으나, 남북한 당국 간에 통행 및 신변안전 보장에 관한 합의서가 채택된 적은 없었다.

산 제품이 북한산으로 둔갑하여 피해를 입는 사례를 방지하는 효과를 거두게 되었다. 한편 남북해운합의서가 발효되면 지금까지 제3 국적선에 의존하던 남북 교역물자를 남북의 국적선이 직접 운송할 수 있게 되는 등 보다 안전하고 효율적인 해상운송 제도가 마련될 것이다.

전반적으로 상기 남북경협합의서들도 남북경협 활성화, 특히 개성공단 건설사업의 성공적인 추진을 비롯해서, 남북한관계 전반에 긍정적인 영향을 미칠 것으로 예상된다. 특히 해운합의서 타결은 남북교역의 활성화는 물론 남북한 해운항만분야 협력의 기반이 마련될 것으로 기대되고 있다.

Ⅳ. 남북경협 발전을 위한 법·제도적 후속조치

1. 남북경협합의서 발효에 따른 추가적인 법적 효력부여

남북 간 합의서 중 국민의 권리·의무와 관련되는 입법사항을 포함하는 합의서에 대해 국내법적 효력을 부여하기 위해서는 국회 동의가 필요하다(헌법 제6조 및 제60조).[24] 1992년 2월 남북기본합의서 체결 이후 남북한은 군사·경제 등 각 분야에 걸쳐 합의서를 체결하였으나, 국내법으로 효력을 부여하는 절차를 거치지 않았다. 즉 우리 정부는 각종의 남북합의서들을 '정치적 신사협정'으로 간주하였고, 대법원과 헌법재판소도 같은 입장을 취하였다.

하지만 2000년 12월 체결된 4대 남북경협합의서의 경우는 달랐다. 이들 합의서를 정치적 신사협정으로 체결할 경우 남북경제관계의 규범화·제도화를 이룩할 수 없었고, 북한에 진출한 남한기업들에게 실질적인 법적 권리 및 이익을 부여할 수가 없었다. 그리하여 4대 남북경협합의서에 대한 국내법적 효력부여가 불가피하게 되었다.

이에 우리 정부는 북한과 협의를 통해 4개 합의서들에 대하여 조약성을 인정, 2003년 6월 국회 동의를 받는 절차를 거치게 되었다.[25] 여기서 유의할 것은 4대 남북경협합의서에 대해 조약성을 인정하더라도 주권국가 간에 체결되는 일반적 국제관계에서의 조약과는 다르

---

24) 우리 헌법 제6조 제1항은 "헌법에 의하여 체결·공포된 조약과 일반적으로 승인된 국제법규는 국내법과 같은 효력을 갖는다"고 규정하고, 제60조 제1항은 "국회는 상호원조 또는 안전보장에 관한 조약, 중요한 국제조직에 관한 조약, 우호통상항해조약, 주권의 제약에 관한 조약, 강화조약, 국가나 국민에게 중대한 재정적 부담을 지우는 조약 또는 입법사항에 관한 조약의 체결·비준에 대한 동의권을 가진다"라고 규정하고 있다.

25) 4대 남북경협합의서의 경우 통일부와 외교통상부가 공동발의하여 국회동의 절차를 거쳤다. 그것은 (특수)조약으로 체결하는 남북합의서 체결의 주무부서가 2003년 6월 당시까지 아직 '입법적으로' 정해지지 않았기 때문이다. 그 때문에 남북합의서 체결에 관여하는 통일부와 (국제)조약 체결의 주무부서인 외교통상부가 공동으로 발의하여 4대 남북경협합의서에 대한 체결 동의안을 국회에 제출했었던 것이다.

며, 통일을 지향하는 민족 내부의 특수관계에 있는 남북한 사이에만 적용되는 소위 '특수한 조약'으로 보아야 한다는 것이다.

한편 4대 남북경협합의서 채택 이후에도 남북한 간에 채택된 합의서 가운데는 조약방식으로 체결하여 국내법적 효력을 부여할 필요가 있는 합의서들이 발견되고 있다. 차량운행합의서(2002.12.6 채택), 개성공단 통관합의서(2002.12.8 채택), 검역합의서(2002.12.8 채택), 남북상사중재위원회 구성・운영합의서(2003.10.12 채택), 개성・금강산 출입・체류합의서(2004.1.29 채택) 등이 그 대표적인 예들이다. 정부도 이 점을 인식하고, 이미 정부 내에서 관련 발효절차를 진행하고 있다. 즉, 정부는 개성공단 통관합의서 등 5개 합의서에 대해 법제처 심사완료(2004.7.15), 차관회의 개최(7.22), 국무회의 의결(7.27), 대통령 재가(8.3), 국회 송부(8.5) 등의 조치를 취한 바 있다. 앞으로 조속한 시일 안에 이상의 남북합의서(그리고 이미 체결되었거나 앞으로 체결될 남북합의서 중 국내법적 효력부여가 필요한 합의서도 마찬가지이다[26])에 대해 국내법적으로 효력을 갖도록 하는 발효절차를 거치도록 해야 할 것이다.

2. 남북투자보장합의서에 대한 후속조치

남북투자보장합의서는 남북한 당국 간에 문본교환에 따른 발효절차가 완료됨에 따라 별도의 추가조치 없이 즉각 시행에 들어갔다. 하지만 투자보장에 관한 합의서 체결에도 불구하고 대북투자의 경우 여전히 정치적 위험성이 크다. 북한은 수용이나 국유화와 관련해서, 이른바 '위장 또는 잠식적인 국유화'(disguised or creeping nationalization)를 단행할 가능성이 없지 않기 때문이다.[27] 따라서 앞으로 몰수에 해당될 정도의 중과세와 주식의 강제매각 등 위장적인 수단에 의해 사실상 수용과 국유화에 상응한 효과를 얻을 수 있는 각종 조치[28]도 수용 또는 국유화에 포함되도록 투자보장합의서를 개정・보완할 필요가 있다. 그럼으로써 북한의 자의적인 행위를 최대한 억제토록 해야 할 것이다. 아울러 투자가 발생한 시점부터 일정한 기간 내에는 수용 또는 국유화를 단행할 수 없도록 함으로써 투자의 안정성을 보장하는 방안도 고려함이 바람직하다.

또 외국인 직원의 고용보장, 각종 상업활동의 보장, 사전투자의 보호, 협정효력 지속(일

---

26) 법제처 심의를 마친 개성공단 통신합의서, 해운합의서 및 해운부속합의서 등 3건의 합의서와 함께 2004년 7월 30일 완전 합의된 열차운행합의서도 추가적으로 정부 내에서 발효절차를 추진했으며, 동년 9월 초 국회에 송부되었다.

27) '잠식적인 국유화'라고 함은 외국투자가에게 차별적인 규제조치를 취함으로써 경영의 실질적인 악화를 초래하거나 궁극적으로 투자가 측이 사업을 포기하도록 만드는 경우를 가리킨다. Earl Snyder, "Protection of Private Foreign Investment: Examination and Appraisal," *International and Comparative Law Quarterly*, Vol. 10(1961), p. 472.

28) Martin Domke, "Foreign Nationalization: Some Aspects of Contemporary International Law," *Selected Readings on Protection by Law of Private Foreign Investments*(New York: Matthew Bender & Co., 1973), p. 310.

종의 경과규정으로서 합의서의 효력 종료 전에 행하여진 투자에 대해서는 계속해서 협정이 적용된다는 것)에 관한 조항들을 남북투자보장합의서에 추가할 필요가 있다.[29] 투자분쟁 해결과 관련해서도 제3자적 개입의 가능성과 ICSID협약의 원용가능성을 제고하는 방안도 검토할 필요가 있다.

한편 북한의 외자유치관련 법령은 구체성이나 투명도가 떨어지기 때문에 우리 기업들의 대북투자 관련 계약체결을 위한 안내역할을 적극적으로 수행해야 한다. 특히 정부는 남북 간 모델 합작투자계약을 작성해 기업들이 이 모델계약의 기본 틀하에서 구체적 타당성을 확보하는 방향으로 대북투자를 추진토록 함이 타당하다고 하겠다. 이와 관련, 분쟁해결조항이나 합의서상의 의무이행이 면제되는 불가항력(force majeure) 조항은 각별히 중요성을 갖는다. 아울러 대북투자에 따른 다양한 형태의 남북 간 분쟁의 발생에 대비하여 가칭 '남북 간 투자분쟁해결지침'을 마련해 운용하는 것도 적극 고려할 필요가 있다고 할 것이다.

이 밖에도 남북투자보장합의서 발효에 따라 「남북협력기금운용관리규정」 제5장에서 규정하고 있는 비상업적 위험에 대한 손실보조제도(2004년 5월 남북협력기금법시행규칙 개정에 의해 손실보조제도가 처음 도입되었다) 시행의 여건이 성숙되었는바, 북한 측과의 협의를 통해 비상업적 손실에 대한 조사방법 등을 확정한 후 관련 세부규정 및 약관을 마련해야 할 것이다. 더불어 남북협력기금 대출 시 대북 투자자산을 담보로 인정하는 방향으로 관련 규정을 개정하는 한편, 추가적으로 북한 측과 투자관련 법령과 세금관계 법령 등에 관한 정보교환을 추진할 필요가 있다.

3. 남북청산결제합의서에 대한 후속조치

2000년 12월에 채택된 남북청산결제합의서는 원칙적이고 기본적인 사항만 정하였기 때문에 추후합의가 필요하였다. 실제로 청산결제합의서에서는 후속합의에 맡긴 내용들이 너무 많았기 때문이다.

위에서 살펴본 바와 같이 청산결제합의서에서 남북한은 거래상품과 한도는 남북한이 원산지인 상품에 대해서만 적용한다고 일반적으로 규정하였는데, 그 구체적인 내용은 별도로 합의하기로 하였다. 이에 2004년 4월 20~22일 제3차 남북청산결제 실무협의에서 「남북사이의 청산결제 거래를 위한 2004년도 합의서」를 채택, 가서명(假署名)하였다(2004년 8월 31일 현재 아직 정식서명이 이루어지고 있지 않다). 동 합의서의 주요내용은 다음과 같다.

① 청산결제거래는 기업들 간에 계약의 방식으로 진행

---

29) 제성호, 『대북투자 보호 및 분쟁해결방안 연구』, 연구보고서 93-09(서울: 민족통일연구원, 1993), pp. 97-136; 문준조, "남북 간 투자보장방안," 통일원, 『경제교류·협력분야 94년도 전문가위촉과제 종합』, 회담대책개발 기초자료, 통회 94-12-60(서울: 통일원 남북회담사무국, 1994), pp. 21-44 참조.

—당국이 정한 쌍방 경제단체가 청산결제에 의한 거래를 희망하는 기업들을 상호 통지

② 청산결제한도: 미화 3천만 달러 범위 내[30]

③ 신용한도: 청산결제한도의 15%, 이자율: 연 1%[31]

④ 청산결제 대상품목: 남북을 원산지로 하는 물품(위탁가공 교역은 제외)

⑤ 2004년도 청산결제 대상품목을 문서교환방식 등을 통해 빠른 시일 내에 협의·확정하고 이 합의서의 부록 1, 2로 첨부

⑥ 청산결제 은행 간 지급지시를 위한 통신수단으로 세계은행 간 금융통신망(SWIFT)을 이용, 이 밖에 은행업무수행을 위해 전화, 팩스 등 이용

⑦ 2004년도 청산계정 차액잔고를 다음해 3월 31일까지 계약방식에 의한 물자반출 또는 미 달러화 중 상환 측이 선택하는 방식으로 청산하며,[32] 2004년 4/4분기 내에 「남북사이의 청산결제 이행을 위한 2005년도 합의서」를 체결

상기 합의서의 채택으로 남북 간 청산결제의 실현을 위한 제도적 장치가 보다 구체화되게 되었다. 하지만 아직도 남북 간에 해결해야 할 과제, 좀더 심층적으로 고려해야 할 사항, 후속합의가 요구되는 부분이 남아 있다.

위에서 지적한 바와 같이 청산결제 대상품목은 남북을 원산지로 하는 물품(위탁가공 교역은 제외)으로 하되, 추후 문서교환 방식으로 협의·확정하기로 하였다. 이와 관련해서 청산결제 대상품목의 결정방식은 특정상품만 대상으로 하는 positive 방식과 특정상품을 제외하는 negative 방식을 고려할 수 있다. 생각건대, 처음에는 전자의 방식을 취하다가 나중에는 후자로 이전하게 될 가능성이 높다. 매년 채택될 남북 간 후속합의에서는 이 중 어느 한 방식을 채택하여 명시하도록 해야 한다.

다음 거래한도의 설정방식은 수량한도방식, 금액한도방식, 병행방식 등이 있다. 현재는 남북한 간에 금액한도방식으로 합의되어 있다. 그러나 앞으로 청산결제가 활성화될 경우 상기 여러 방식을 혼합적으로 운용하는 방향으로 나가는 것이 바람직하다(여기에 단계 개념을 도입할 수도 있을 것이다). 다만 거래가격은 현실적으로 국제시장가격을 고려하여 개별 계약당사자가 합의하여 결정할 수밖에 없을 것이다.[33]

---

30) 이와 관련해서 정부는 남북 간 교역규모 등을 고려하고 시행착오를 줄이기 위해 시행초기에는 가능한 최소규모로 운용하기 위해 청산결제한도를 미화 3천만 달러 범위 내로 합의한 것으로 설명하고 있다.

31) 이와 관련, 정부는 계획경제체제의 북한과 시장경제체제인 우리 입장을 동시에 고려하여 적절한 수준의 신용한도 15%, 이자율 1%로 합의하였다. 이자율 1%는 현재 식량 및 자재·장비 차관 이자율과 동일한 수준이다. "남북청산결제 거래합의서 타결: 기업간 계약방식—한도 3천만불," 『연합뉴스』, 2004년 4월 22일.

32) 이는 남과 북의 외환사정 및 청산결제 제도의 취지 등을 고려하여 미결제 연말차액 청산방법에 관하여는 상환 측이 물품과 현금 중 선택할 수 있도록 합의하였음을 의미한다.

33) 류승호, "남북한 간 청산결제제도 도입의 효과," p. 48.

청산결제는 청산결제 은행 간의 상호 확인 및 결제시스템의 구축, SWIFT 등 전산망 연결, 환거래계약 등에 필요한 상호 협력체제의 구축을 전제로 한다.[34] 청산결제합의서 제7조에서는 구체적인 결제절차와 방법을 남과 북의 청산결제은행 간에 합의를 통해 정하도록 하고 있으나, 아직까지 그러한 합의가 도출되지 못하고 있다. 이 때문에 실질적으로 남북의 은행 간에 청산결제는 아직 실시되고 있지 않다. 따라서 빠른 시일 안에 남과 북의 청산결제은행 간에 협의를 통해 ① 청산결제대상, ② 청산결제기간, ③ 비용부담, ④ 반입자 지급거절, ⑤ 이자계산 방법 등 청산결제 절차와 방법에 대한 최종합의를 이끌어내 정식서명을 추진해야 할 것이다.[35][36]

---

34) 위의 글, p. 52.

35) 이와 관련, 제3차 남북청산결제 실무협의(2004.4.20~4.22)에서 남과 북의 청산결제은행들은 청산결제대상, 청산결제기간, 비용부담 등에 대해 의견을 접근시켰으나, 반입자 지급거절, 이자계산 방법 등에서는 계속 협의해 나가기로 하였다. 통일부, "제3차 남북청산결제협의실무협의 보도해설자료," (통일부 남북회담사무국 홈페이지, 남북회담사료/남북합의서 해설자료), 2004.4.22 참조. 이후 남북의 청산결제은행 간의 실무접촉에서 이자계산, 청산결제 업무정리, 청산절차, 발효 방법 등 청산결제 업무 전반에 대해 합의(청산결제에 관한 합의서에 가서명)한 것으로 알려지고 있으나, 아직 그 내용이 정확히 알려져 있지 않다. "수출입銀, 조선무역銀과 남북청산결제 합의: 내달 남북 당국, 양측 은행 본 서명 이후 발효," 『연합뉴스』, 2004년 6월 27일자 참조.

36) 남과 북의 청산결제은행 간에 체결될 청산결제 관련 합의서의 내용으로 다음과 같은 것을 상정할 수 있다.

첫째, '거래방식'이다. 이와 관련, 청산거래가 북측 민족경제연합회와 남측 개별 기업 간에 이루어질 수 있도록 북한 측 창구지정을 수용한다. 시장경제주의에 대한 북한의 이해 증진을 위해 우선 북한 당국자와 남측 개별 기업 간의 거래가 실현될 수 있도록 하되, 향후 남북한 기업이 당사자로 거래할 수 있도록 유도하기 위함이다. 이는 북한에 있어 청산거래는 국가 간 협정을 바탕으로 그 규모와 신용한도가 관리되는 무역형태라는 점을 감안한 조치라고 할 것이다.

둘째, '신용한도 및 이자율'에 관하여는 신용결제한도는 초기 남북이 시범적으로 합의한 정액방식을 적용하되, 반출입 규모 및 실적 등을 고려, 청산결제 총액의 20%를 적용한다. 신용금액에 대한 이자는 초기 청산결제제도의 원활한 운용을 위해 무이자 내지 1~2% 정도의 저율로 하되, 상업적 측면이라는 점을 감안하고, 반출입 불균형 발생을 억제하는 차원에서 국제금리에 상응하는 이자율 적용이 합리적일 것으로 판단된다.

셋째, '청산결제한도 초과 시의 결제'이다. 이와 관련해서 남북한이 합의한 신용결제한도를 초과할 경우, 청산결제 거래는 중지하도록 함이 타당하다. 그러나 남북교역의 활성화를 위해 해당품목의 일반결제 교역은 계속될 수 있도록 하는 것이 바람직하다. 이는 청산결제의 목적이 거래상의 편의성과 안전성을 도모하는 데 기본적인 목적이 있음을 감안한 조치라 하겠다.

넷째, '당해 연도 잔고청산'에 관한 것이다. 대월잔액에 대한 결제방법은 기본적으로 현금(달러)으로 하되, 북한 당국의 외환사정을 감안하여 현물로도 청산할 수 있도록 함이 타당하다. 현물 결제의 경우에는 남한기업에서 해당 반입상품을 지정하여 북한에 통보·반출할 수 있도록 하되, 그 대금을 청산계정에 불입하면 될 것이다.

다섯째, 청산거래품목의 선정이다. 위탁가공교역을 제외한 물품 중 거래금액이 큰 물품을 중심으로 청산거래품목을 지정하는 것이 바람직하다. 품목이 많을수록, 거래금액이 커질수록 청산결제한도와 이와 연계된 신용한도가 빨리 소진될 가능성이 있기 때문이다. 이와 관련, 남북한 간의 거래는 이종상품의 거래가 대부분을 차지하는바, 반출입 과정에서 청산결제 한도가 축소되는 양상이 발생하기 어렵다는 점을 고려해야 한다.

이 밖에 남북의 청산결제은행 간에 합의서 체결을 추진할 때 반드시 고려할 사항이 있다. 지정물 한편 앞으로 남북한 간에 청산결제가 성공적으로 정착될 수 있도록 기존 남북거래 관행과의 조화를 기하는 데 각별한 노력을 기울여야 한다. 청산결제 도입 논의가 개시되었던 1990년대 초반에는 남북교역이 미미하여 이 제도 도입에 문제가 없었다. 그러나 지금은 상당한 규모의 교역이 이루어지고 있고, 나름대로 거래관행도 정착되어 있다. 그러므로 새롭게 도입되는 청산결제가 기존 거래관행과 조화를 이룰 수 있는 방안을 모색하는 것이 매우 중요하다. 이를 위해서는 관련 업계의 의결 수렴과 조정시스템의 구축이 필요하다.

또한 청산결제방식이 무역창출 효과에 초점을 맞추도록 해야 한다. 기존 거래에 충격을 주지 않고 청산결제를 통해 교역을 확대하기 위해서는 기존 거래에 대한 무리한 대체보다는 신규 수요 창출에 주력해야 한다, 자원개발 등과 같이 현재 교역규모는 적으나, 향후 교역확대가 가능한 잠재적 분야의 새로운 수요를 창출할 필요가 있다.

이 밖에 특수한 형태의 국가관리무역인 청산결제는 자유무역체제를 근간으로 하는 현재의 국제경제발전 추세에 부적합한 측면이 있다. 국제통화기금(IMF)협정 제8조는 상품과 용역거래에 따른 외화지급에 있어 정부 간섭을 금지하고 있어, 청산결제는 IMF협정과 충돌될 가능성을 지니고 있다. 남북한이 현재 남북교역을 국제규범의 적용을 받지 않는 민족내부거래로 간주하고 있으나, 장기적으로는 국제규범의 틀 속에서 남북교역의 특수성을 모색할 필요가 있다. 따라서 남북교역이 안정 국면에 들어서게 되면, 청산결제의 비중을 줄이고 점차 일반결제방식을 도입, 확대하도록 해야 한다.[37]

4. 남북상사분쟁해결합의서에 대한 후속조치

남북상사분쟁해결합의서 발효에 따른 가장 시급한 후속조치는 남북상사중재위원회를 구성한 후 관련 내부규정을 제정하는 일이다. 그리고 중재인 명부를 교환해야 한다. 중·장기적으로는 북한의 국제중재협약 가입을 유도하는 것도 적극 추진해야 한다. 이하에서는 앞으로 추진해야 할 후속조치를 몇 가지로 나누어 살펴보기로 한다.

품의 정확성을 기하기 위한 HS-코드의 공유와 이에 대한 북한의 인식제고를 모색해야 한다. 남북한 간에 청산결제품목의 조정, 한도조정, 청산결제 은행 간의 상호 확인 및 결제, SWIFT 연결 등에 요구되는 협력체제를 구축할 필요가 있다. IMF 8조(IMF 국가 간 자유로운 외환 이동의 저해 문제) 저촉문제는 남북한 간의 청산결제가 내국 간 거래임을 명확히 하는 동시에, WTO로부터 남북교역의 내국 간 거래성을 승인받을 수 있도록 외교적 노력을 강화하는 방향에서 대처해 나가야 할 것이다. 아울러 북한의 외화난으로 잔고청산이 이루어지지 않을 경우, 장기 차액이 발생할 가능성이 큰바, 해당 금액을 차관으로 전환하는 방법도 고려할 필요가 있다.

마지막으로 청산결제 내용 세부 합의 도출 과정에서 북측을 우리 입장으로 끌어들일 수 있도록 청산결제방식에 있어 기업 간 거래가 독립채산제에 의한 기업운영의 실질적 관건인 동시에 북한경제에 실질적인 이익이 될 것임을 설명, 북한 측의 호응을 이끌어내야 한다.

37) 류승호, "남북한 간 청산결제제도 도입의 효과," p. 54.

(1) 남북상사중재위원회의 구성

우선 '남북상사중재위원회의 구성·운영에 관한 합의서' 제2조 제1항에서 우리 측 중재위원회 위원장과 위원은 관계기관과 협의하여 선정하도록 되어 있다. 관계기관 간의 협의절차에는 통일부, 법무부, 국가정보원, 국가안전보장회의사무처 등이 관여할 것으로 보인다. 아울러 필요한 수의 보좌인원과 서기 1명을 지정해야 하는데, 조만간 우리 정부는 합의서 제2조의 후속조치 차원에서 이에 대한 절차를 개시해야 할 것이다.

다음 합의서 제14조 제4항에 따라 우리 정부는 이 규정의 후속조치로서 당장 남측 중재위원회를 구성토록 해야 한다. 이와 관련해서 우리 측 중재위원회 성원을 정부대표만으로 구성할 것인지 아니면 정부대표 외에 상사중재분야의 민간 전문가를 포함시킬 것인지 여부를 결정해야 한다. 이는 현단계에서 남북경협 활성화와 관련해서 우리 정부가 당면한 매우 중요한 법률적 및 정책적 문제라고 할 것이다.

한편 상기 제2조 제3항의 공동대표 규정은 쌍방 위원장의 합의를 전제로 한 것이다. 만일 합의가 이루어지지 않을 경우 중재위원회의 기능이 중지될 수도 있다. 따라서 앞으로 이 경우에 대비한 규정의 보완이 요구된다고 하겠다.

(2) 중재위원회의 운영절차와 회의장소

'남북중재위원회 운영합의서' 제5조는 중재위원회의 운영에 관해 다음과 같이 규정하고 있다.

① 중재위원회는 위원장이 필요하다고 인정하여 합의하거나 중재재판부 또는 조정인의 요청에 의해 소집된다.
② 위원회의 소집은 예정일 15일 전에 위원들에게 통지하여야 한다.
③ 위원회의 의사정족수는 위원장을 포함한 3명 이상의 위원이다.
④ 위원회는 쌍방 위원장이 공동으로 운영한다.
⑤ 회의는 비공개로 한다.
⑥ 회의 내용은 쌍방의 합의로 정한다.
⑦ 회의는 쌍방 위원장의 합의로 서면으로 할 수 있다.
⑧ 회의에는 합의에 따라 중재인이나 조정인 또는 전문가를 참가시킬 수 있다.
⑨ 회의의 운영에 관해 필요한 사항은 쌍방의 합의에 의한다.

중재위원회 운영에 관한 규정 역시 남북 쌍방 간의 합의에 의함을 명시하고 있다. 따라서 이에 대한 후속조치 차원에서 우리 정부는 북한 측과 중재위원회 회의 운영을 위하여 필요한 사항의 합의를 도출해야 한다.

하지만 남과 북 간에 합의가 이루어지지 못할 경우는 어떻게 되는가? 남북한 간의 모든 사안이 다 원만하게 합의로 풀려나갈 수는 없을 것이기 때문이다. 이런 상황을 예정하지 않은 것은 중재위원회의 실제 운영 시 문제점으로 나타날 수 있다. 특히 위원회의 개최는 합의로 정하고, 실제 본안에 관한 판정은 중재인 과반수의 판정으로 하고 있어(상사분쟁해결합의서 제13조) 두 규정이 조화를 이루지 못하는 문제점을 노정하고 있다.

다음 '남북중재위원회 운영합의서' 제6조는 회의장소에 관해 쌍방위원장이 합의하여 정한다고 규정하고 있다. 그러나 이 역시 합의가 도출되지 못한 경우를 예상하고 있지 않다. 합의가 이루어지지 못할 때에는 예컨대 판문점에서 회의를 한다는 등의 규정이 보완되어야 할 것이다.

(3) 중재판정 취소 시 새로운 중재절차의 진행 가능여부

전술한 바와 같이 '남북중재위원회 운영합의서' 제8조에서는 중재판정 취소심의 시 합의제를 규정하고 있으며, 합의도출에 실패했을 때 기각된 것으로 본다고 규정하고 있다. 이러한 규정에 비추어 이미 성립된 중재판정이 '합의'에 의해 취소 가능할지 의문이 생긴다. 중재판정 취소신청 심의과정에서 남북 쌍방(즉 원래의 중재판정에 찬성하는 측과 반대하는 측) 간에 쉽게 합의가 이루어지기가 어려울 것이기 때문이다. 이 같은 결과가 현실화될 경우 이는 다시 제8조 제2항(새로운 중재절차의 진행)의 실효성에도 중대한 의문을 제기할 공산이 크다. 그러므로 중재판정 취소심의를 현실적으로 가능케 하려면, 국제중재기구에 의뢰하는 것으로 규정하는 것이 더욱 타당할 것으로 판단된다.

(4) 중재위원회의 활동보장과 중재사무처리기관의 지정

'남북중재위원회 운영합의서' 제9조에서는 ① 위원회의 활동보장, ② 위원장・위원・관계자의 신변보장, ③ 위원회와 그 재산의 소송면제, ④ 위원장・위원・관계자의 소송면제, ⑤ 당사자・대리인・증인・감정인의 출석을 보장하고 있다.

이어 '남북중재위원회 운영합의서' 제10조에서는 ① 중재사무처리기관의 지정, ② 중재사무처리기관의 기능, ③ 중재사무처리기관의 문서보관서에 대한 불가침을 규정하고 있다. 여기서 중재사무처리기관은 중재인 명부와 중재인 자격 설명서, 중재판정문 원본 등 각종 서류를 보존・비치하는 기관을 말한다. 이 규정에 따른 후속조치로서 우리 정부는 가능한 한 빠른 시일 안에 중재사무처리기관을 '지정'하는 법적 조치를 취해야 한다. 우리 측 중재위원회가 구성된 후 이 중재위원회에서 (아마도 유관부처와의 긴밀한 협의하에) 해당한 '지정'업무를 수행하게 될 것이다. 이 분야의 전문적 지식과 오랜 기간에 걸쳐 풍부한 상사중재 경험을 갖고 있는 대한상사중재원이 십중팔구 우리 측 '중재사무처리기관'으로 지정될 것으로 예상된다.

(5) 중재규정 작성

남북상사분쟁해결합의서 제3조는 남북상사중재위원회에서 남북한 간 합의로 '중재규정'을 제정토록 규정하고 있다. 따라서 앞으로 유엔국제거래법위원회(United Nations Commission on International Trade Law: UNCITRAL) 중재규칙, 국제투자분쟁해결본부(International Center for the Settlement of Investment Disputes: ICSID) 규칙, 대한상사중재원 중재규정 등을 참고로 남북한 특수관계를 반영한 중재규정(안)을 준비하는 것이 필요하다.[38] 이와 관련, '중재위원회 운영합의서' 제14조 제4항은 합의서 발효 후 6개월 내에 중재규정 초안을 교환하도록 명시하고 있다.

5. 남북이중과세방지합의서에 대한 후속조치

남북이중과세방지합의서는 전체적으로 UN 모델조세조약의 방식을 따르고 있다. 합의서의 전반적인 내용을 살펴보면, 북한지역에 투자하는 남한기업의 조세부담을 경감시켜 대북투자를 촉진시킬 수 있도록 하고 있다. 여기서 문제발생 시 이를 해결하는 수단인 이의신청과 관련하여 합의에 따르도록 하고 있으나, 우선 합의의 가능여부가 의심스럽다. 또한 합의에 이르지 못했을 경우를 예정하고 있지 않아 이에 대한 고려가 필요할 것으로 생각된다.

한편 남북이중과세방지합의서 이행을 위한 필수적인 후속조치라고 할 수는 없지만, 관련 조치로서 생각할 문제는 민족내부거래와 부가가치세 부과에 관한 것을 들 수 있다. 주지하는 바와 같이 남북교류협력법시행령은 부가가치세와 관련하여 북한으로 반출되는 물품과 북한에 제공되는 용역을 각각 수출품목, 국외제공 용역으로 보고(시행령 제51조 제3항), 부가가치세법상 영세율(零稅率)을 적용하고 있다. 한편 "북한으로부터 반입되는 물품 또는 북한으로부터 제공받는 용역은 각각 재화 또는 용역의 공급으로 보아 부가가치세법을 준용한다"고 규정하고, "이 경우 물품에 대하여는 세관장이 관세징수의 예에 의하여 부가가치세를 징수하며 용역에 대하여는 부가가치세법 제34조의 규정을 준용한다"고 규정하고 있어(시행령 제51조 제1항), 부가가치세를 부과하는 이 조항이 북한으로부터의 반입 거래를 국외거래로 보는 것인지 국내거래로 보는 것인지가 명확하지 않다. 그러나 시행령 제53조에 제1항 제2문에 "북한에 물품을 반출하거나 용역을 제공하는 것은 수출 또는 외화획득사업으로 보며, 북한으로부터 물품이 반입되는 것은 수입으로 보지 아니한다"고 규정한 것에 비추어 반출과 반입을 다른 나라와의 수출입과 다르게 취급하고 있는 것이 분명하다.

---

38) 이에 대한 시안 작성에 있어서는 다년간의 국제상사중재 경험과 같은 고도의 전문성 외에도 남북한 특수관계, 남북 간 상사분쟁의 유형 및 특징, 남북 간 분쟁해결 시 중재의 활용 가능성 및 기여도 등이 종합적으로 고려되어야 할 것이다. 남북상사규정의 구체적인 시안에 관해서는 장승화, "남북 상사중재규정의 주요쟁점 및 제정방향," 법무부, 『남북경협과정에서 예상되는 상사분쟁 해결의 바람직한 방향』, 제23차 남북법령연구 특별분과위원회 학술회의 자료(2004.6.28), pp. 7-66 참조.

하지만 반출은 수출로 보되, 반입은 수입으로 보지 않는다는 남북교류협력법의 규정은 모순된 것으로 보인다. 반출이 수출이라면 반입도 수입으로 보아야 할 것이며, 역으로 반입을 수입으로 보지 않는다면 반출도 수출로 취급하지 말아야 할 것이기 때문이다. 즉 후자의 입장에 서는 경우에는 반출입을 완전한 내부거래로 보게 되고, 이에 따라 반출, 즉 북한에 제공되는 상품이나 용역에 대하여 부가가치세를 부과하여야 할 것이다. 이렇게 되면 북한에서 상품이나 용역의 제공을 받은 (최종 소비자가 아닌) 북한의 사업자로서는 매입세액을 공제받을 수 없게 되고, 또한 북한에 제공하는 상품이나 용역의 가격이 상승하게 되는 문제점이 발생하기 때문에 남북교류협력법시행령은 반출의 경우에는 수출로 취급하여 영세율을 적용하는 것으로 풀이된다. 그러나 이는 남북한 간의 경제교류를 '민족내부거래'로 보는 추세와 역행하는 것이라 할 것이다. 따라서 남북교류협력법에 남북경제교류를 '민족내부거래'로 본다는 선언적 규정을 두고, 부가가치세 등 각종 조세와 관련된 문제는 국세기본법 등 관련 세법을 통해 해결하도록 하는 것이 타당하다고 하겠다. 그리고 당해 조세법에서 남북한 간의 거래를 특별히 취급하는 예외조항을 두도록 함이 바람직하다고 할 것이다.

이와 관련, 부가가치세의 경우 구서독의 경우처럼 북한에 수출하는 물품이나 용역에 대하여 상당한 폭의 감경세율을 적용하는 것이 남북한 간의 거래를 '민족내부거래'로 인정받기 위한 하나의 토대가 될 수 있을 것이다. 한편 관세에 대해 남북교류협력법은 제26조 제2항 단서에서 "물품의 반입에 있어서는 관세법에 의한 과세규정 및 다른 법률에 의한 수입부과금에 관한 규정은 이를 준용하지 아니한다"고 명시하고, 동법 시행령 역시 "물품의 반입·반출에 따른 관세의 부과·징수·감면 및 환급 등에 관한 규정은 이를 준용하지 아니한다"(시행령 제50조 제3항 제1호 단서)고 규정하고 있다. 즉 동법은 부가가치세에 관한 규정과 달리 원산지가 북한인 반입물품의 거래에 대하여는 이를 내국거래로 보아 관세 및 기타 수입부과금을 부과하지 않도록 하고 있는 것이다.

6. 「개성·금강산지구 출입·체류합의서」의 주요내용과 후속조치

(1) 공동위원회 구성

「개성·금강산지구 출입·체류합의서」 제12조에 따라 남북한은 출입 및 체류와 관련하여 발생하는 문제의 협의·해결기구로서 남북 단일의 '공동위원회'를 구성키로 하였다. 다만 이 합의서에서는 '공동위원회' 구성 시기를 특정하고 있지 않다.

그러나 '남북중재위원회 운영합의서'에 비추어 발효 후 6개월 내에 구성함이 상당하다고 할 것이다. 앞으로 정부는 이른 시일 안에 공동위원회 구성·운영에 필요한 운영규정(안)을 작성하고, 우리 측 위원을 선정해야 한다. 더불어 합의서 이행과 관련된 정보교환 및 협력 방안을 마련해야 한다.

(2) 북측 조사절차에 대한 인권보장방안 마련

「개성 · 금강산지구 출입 · 체류합의서」에 따라 북측은 우리 측 인원이 범죄 또는 기타 불법행위를 범한 경우 조사절차를 개시할 수 있다. 이 경우 우리 정부는 우리 국민에 대해 가능한 모든 방법의 인권보장을 위해 노력해야 한다. 여기서는 합의서에 의거하여 우리가 강구할 수 있는 방안을 제시하기로 한다.

첫째, 인신 · 주거 · 재산의 불가침권 보장방안을 마련해야 한다. 북측에 대해 사실상 조사권을 부여하되, 조사기간 등 적법절차가 보장되도록 제도적 장치를 마련해야 한다.

둘째, 접견권, 변호인 조력권 문제가 제기되는바, 정부는 북측 지역에서 우리 측 인원이 피의자로 조사를 받는 경우 접견권, 변호인 조력권 등을 실효적으로 보장하는 절차 규정의 마련이 필요하다고 하겠다.

셋째, 범죄사실 통보, 범칙금 부과 이의절차 등을 마련해야 한다. 즉 북측으로부터 범죄사실에 대해 구체적으로 통보받는 절차 및 범칙금 부과 시 이의를 제기할 수 있는 절차를 북측과 협의해서 가능한 이른 시일 안에 마련해야 한다.

(3) 추방 시 신병인수 및 처리방안 마련

다음으로 북측이 우리 측 인원을 추방할 경우 그에 따른 신병 인수 및 처리방안을 마련해야 한다.

첫째, 신변안전보장 규정에 따라 남측으로 추방된 우리 측 인원에 대한 구체적인 신병인수 및 수사관서 지정 등 세부적인 절차규정을 마련해야 한다.

둘째, 추방된 인원에 대해 조사, 처리 후 북측에 통보하는 구체적인 절차와 재발방지에 필요한 대책 수립 등에 대한 세부규정을 강구해야 한다.

셋째, 우리 측 인원이 북측 지역에서 불법행위를 한 경우에 북측에 대해 피해를 보상하는 방법 및 구체적인 남북 협력방안 등을 준비해야 한다.

이와 관련해서 북한과 KEDO 간의 합의에 따라 추진되고 있는 대북 경수로사업의 관련 선례를 참고하여, ① 북측과 별도 협의가 필요한 사항과 ② 국내의 내부절차만으로도 대처 가능한(이 경우 남북 간에만 적용되는 특별한 절차 마련이 필요한지 아니면 기존의 국내절차를 준용해도 충분한지 여부를 검토할 필요성이 제기될 수 있다) 사항을 나누어 사안별로 신속히 준비하고 대처해 나가야 할 것이다.

7. 개성공단의 성공적 건설을 위한 당면 실천과제

(1) 전략물자의 반출 허용

현재 남북한 간에 있어서 가시적인 진전을 보이고 있는 남북경협은 비무장지대에 인접한 개성지역에서의 공단 건설사업이다. 이 사업의 성공적 추진은 민족경제공동체 형성에 도움이 될 뿐만 아니라, 남북한 간 긴장완화 및 신뢰구축에 이바지할 것이다. 그런 점에서 작금 우리 정부가 가장 주력해야 할 남북경협은 개성공단 건설사업이라 해도 과언은 아닐 것이다.

그런데 개성공단 건설사업의 내실 있는 추진을 위해서는 586 컴퓨터 등 개성공단 지역에 고도의 컴퓨터 기술 및 관련 물자・자료의 반출이 불가피하다. 하지만 현재 「바세나르체제」(Wassenaar Arrangement) 등 국제규범이 작동하고 있어 그러한 기술 및 자료가 북한에 반출될 경우 전략물자로서 국제적 규제를 받게 된다.[39] 또 개성에서 생산된 상품의 원산지 문제로 국제시장에 당해 물품의 수출 시 경제제재 내지 불이익이 발생할 가능성이 있다. 아울러 전략물자 수출입 관련 국내통제제도 역시 북한반출에 있어 장애요인으로 작용할 수 있다. 이 같은 문제들에 대한 충분한 법적 대비가 필요하다.

바세나르체제에 의하면 수출통제목록은 「상용 군수품목록」(Munition List)과 「이중용도 품목 및 기술목록」(List of Dual-use Goods and Technologies)으로 대별된다. 컴퓨터는 이중용도 물자의 대표적인 예이다. 「이중용도 품목 및 기술목록」은 제품의 기능에 따라 ① 신소재, ② 소재가공, ③ 전자, ④ 컴퓨터, ⑤ 통신장비, ⑥ 레이저・센서, ⑦ 항법장치, ⑧ 해양기술, ⑨ 추진장치의 9가지 범주로 분류되고 있다. 그리고 이 9가지 품목도 각각 민감도에 따라 기본품목(Basic List), 민감품목(Sensitive List), 초민감품목(Very Sensitive List)으로 나누어진다. 바세나르체제하에서 「이중용도 품목 및 기술목록」의 수출은 원칙적으로 각국의 재량(수출허가 또는 불허여부를 각국이 독자적으로 결정)에 맡겨지나, 회원국 간의 정보교환을 통한 상호 협조하에 수출규제를 하도록 하고 있다. 특히 북한, 이란, 시리아 등 테러지원국들에 대해서는 회원국들이 엄격한 수출규제를 하도록 합의를 하고 있다. 이 때문에 남한의 대북 컴퓨터 반출은 바세나르 통제체제에 의해 제한을 받지 않을 수 없다.[40]

한편 우리의 전략물자 수출입통제제도는 1987년 9월에 체결된 「한-미 전략물자 및 기술자료 확보에 관한 양해각서」의 국내적 실시를 위해 1992년 대외무역법시행령과 대외무역관리규정에 근거규정이 마련됨으로써 처음으로 도입됐다. 1992년 12월에 개정된 대외무역법

---

39) 전략물자란 무기 또는 무기 제조 및 개발에 이용가능한 민수용물품(이중용도물품)으로서 위험한 국가 또는 단체에게 이전될 경우, 국제평화와 안전에 위해를 가할 수 있다. 그렇기 때문에 자유로운 무역거래가 제한되는 물품을 말한다. 무기류와 그 관련 제품만을 의미하는 방산물자는 전략물자의 일부에 불과하며 첨단설비, 재료, 화학제품 등 광범위하다.

40) 제성호, 『남북경제교류의 법적 문제』, pp. 201-210 참조.

에 신설된 제24조의 3은 전략물자의 수출입통제를 보다 명확히 하기 위한 상위법으로서의 의미를 갖는다.[41]

2003년 9월 29일에 개정된 대외무역법은 적성국가에 전략물자로 사용할 수 있는 물품의 범위를 1,2종으로 구분하고, 전략물자 해당여부는 수출 전 신청받아 판정할 수 있는 사전판정신청제도를 도입했다.

전략물자수출통제에 대비하여 우리 정부는 국제법적 규범 틀(바세나르협정)을 면밀하게 점검하는 한편, 미국의 수출관리법 역외적용(域外適用) 등 사실상 강압적인 통제일변도의 수출통제제도의 국내적(남북 간) 시행 등 남북경협에 미칠 부정적 영향을 최소화하기 위해 외교적 노력을 한층 더 강화해야 할 것이다.[42] 남북경협과 WTO협정상의 최혜국대우(MFN) 규정 등과의 저촉문제 역시 사전에 충분히 점검하여 적절한 대응책을 마련해야 한다. 동시에 전략물자의 반출을 통한 남북경협 활성화 촉진 차원에서 대외무역법, 남북교류협력법 등 국내법상 취약한 수출통제제도를 보완하여 우리 기업을 보호해야 한다. 수출통제제도는 기업들이 이행하기 용이한 방향에서 정비하여 합리적이고도 구체적인 기준을 마련함으로써 대북 전략물자(특히 이중용도품목) 반출기업의 부담을 최소화하도록 해야 한다.[43]

(2) 자금융통을 위한 담보의 제공

북한의 경제특구나 개성공단에 입주하는 업체들이 공장을 세우고 원자재구입, 제품판매 등과 관련하여 자금융통이 필요한 경우 어떠한 담보를 제공할 수 있는가가 문제로 제기될

41) 수출통제제도와 관련 있는 국내법의 기초(연원)에는 대외무역법, 원자력법, 기술개발촉진법, 방위산업특별조치법, 남북교류협력법 등 14개 법령이 있다.

42) 현재 미국은 상무부를 중심으로 15개 개성공단 입주예정 업체가 제출한 1,140여 개 품목심사를 진행 중이며, 이 중 600여 개를 1차 심사대상으로 하고 있다. 반기문 외교통상부 장관에 의하면, 미국이 개성공단으로의 반출품목을 검토한 결과 대부분의 물자가 미국의 수출통제규정(Export Administration Regulations: EAR)과 무관하다는 결론에 도달했다고 한다. 이러한 상황을 조성할 수 있었던 것은 한·미 외교부의 고위 실무자 간에 여러 차례 의견교환이 있었고, 특히 우리 정부의 외교적 설득이 주효한 것으로 풀이된다. 이와 관련, 그간 우리 정부는 "개성공단이 남북화해·협력과 한반도 안정에 기여하는 바가 크다," "반출설비의 최종 사용자가 남측 기업이고, 해당 품목에 대한 모니터링 시스템을 통한 지속적인 감시·통제가 가능하다"는 점을 강조했다고 전해진다. 『서울신문』, 2004년 9월 1일자 참조.

43) 조영조, "개성공단 성공을 위한 법제도적 지원과 과제," 『시민과 변호사』, 2004년 2월호, p. 54. 이장희 교수는 이와 관련해서 3가지를 강조한다. 그것들은 첫째, 전략물자수출입공고의 내용을 상세화하고 통제물품리스트의 한글 및 영어본을 작성함으로써 오역, 이용자의 오해소지를 제거하는 한편, 수출허가절차도 알기 쉽게 세분화할 것, 둘째, 전략물자수출관리정보시스템을 구축하고, 전자문서로 판정, 허가 등의 기록 축척 및 정복공유가 가능한 시스템을 개발할 것, 셋째, 자율준수체제의 개발을 모색할 것(미국, 일본 등 선진국의 수출통제 핵심은 기업들의 적극적인 참여와 자발적 협조에 있음)이다. 이장희, "남북경협 활성화와 국제규범 검토 및 정책방안," 남북경협살리기국민운동본부, 『남북경협 활성화를 위한 법적 과제와 정책방안』, 남북경협포럼 발표 논문집(2004.4.9), pp. 52-57, 61-62 참조.

수 있다. 우리 국내법상 개성공단 진출기업과 관련해서 어떤 채권 금융기관도 마땅한 담보를 취득할 수 없기 때문에 신용대출이 아닌 한 사실상 금융지원이 곤란하다. 그 이유는 북한(개성공단)의 현지 공장이 단지 공장부지를 일정기간 임차하였을 뿐이므로 직접 공장 저당권을 설정할 수 없고, 토지사용권을 담보로 취득하더라도 이를 환가처분할 방도가 없기 때문이다. 따라서 이와 관련하여 국내법상 담보제출의 요건을 완화하는 것이 요망된다. 사정은 북한의 경우도 마찬가지다. 정부는 우리 기업들이 영업상 필요한 운영자금을 용이하게 조달할 수 있도록 북한당국에게 제도 개선을 요청해야 할 것이다.

한편 자금융통을 위한 담보제공 및 그 활성화는 중·장기적으로 북한의 개방정책 확대를 유도하여 북한 내 투자여건을 개선하고 민간기업의 대북 교역과 투자가 활발히 이루어지도록 한다는 점에서 남북경협 활성화에 도움이 될 것이다. 아울러 자금융통을 위한 국제적 담보 인정을 위해 북한과 긴밀한 협상을 하는 것도 적극 고려해야 한다.[44]

이 밖에도 개성공단의 성공적 추진 및 남북경협 활성화를 위해서는 분양가 인하 지원, 세제 지원, 안정적 노사관계 지원, 일정 규모 이하의 남북경협 신고제, 저당권 공시제도, 손실보조제도 시행 등이 필요하다고 한다.[45]

8. 남북통신·통행합의서 체결 준비

가칭 「남북 사이의 통신·통행합의서」(일명 「남북통신·통행협정」)의 체결은 남북한 간 인적·물적 교류협력의 전제요건, 특히 남북경제교류협력을 활성화하기 위한 필수조건이다. 자유로운 통신 및 통행이 보장되지 않는 인적·물적 교류 및 경제교류협력은 의미가 반감될 수밖에 없기 때문이다. 1991년 12월에 채택된 남북기본합의서는 민족구성원들의 자유로운 왕래와 접촉을 실현하기 위하여 남북한 간의 육로·해로·항공로의 건설, 자유로운 우편 교환과 왕래 및 전기통신을 위한 시설운영에 대하여 원칙적인 합의를 보았으나(남북기본합의서 제17조 내지 제20조, 남북교류협력 부속합의서 제3조, 4조 및 10조), 아직까지 구체적인 방법이나 세부절차에 대해서는 합의가 없는 실정이다.[46] 다만 남북경협과 관련 있는 합의서

---

44) 위의 논문, pp. 60-61; 박훤일, "개성공업지구 내 담보활용방안," 법원행정처, 『남북교류와 관련한 법적 문제점(3)－특수사법제도연구위원회 제10·11·12차 회의 결과보고－』, 통일사법정책자료 2004-1(서울: 법원행정처, 2004), pp. 49-72 및 동 발표문에 대한 토론문을 참조.

45) 조영조, "개성공단 성공을 위한 법제도적 지원과 과제," pp. 52-55 참조. 위의 여러 지원방안 중에서 손실보조제도는 이미 시행에 들어갔다. 즉, 정부는 2004년 5월 14일 남북협력기금법시행규칙을 개정하여 (5억 원 이상의 남북교역과 20억 원 이상의 남북경협 과정에서 손실이 발생한 경우) 5억 원을 상한으로 약정금액 내에서 사업자의 귀책사유가 없는 손실액의 50%를 보전하는 내용을 골자로 하는 남북협력기금 손실보전제도를 실시하기 시작했다. 정부는 실무적으로 일단 이 제도를 반출입 등 교역분야에서부터 실시하기로 했다고 한다. "내일부터 남북경협 손실보전제도 시행," 『연합뉴스』, 2004년 5월 13일자.

46) 남북주민의 통신 및 통행에 대한 세부절차는, 사회·문화분야의 교류협력 시에는 남북사회문화교류협력 공동위원회가, 경제분야의 교류협력 시에는 남북경제교류협력 공동위원회가, 이산가족의

로서 「개성공업지구 통신에 관한 합의서」(2002.12.8), 「개성공업지구 통관에 관한 합의서」와 한반도에너지개발기구(KEDO)와 북한 간의 「통행의정서」(1996.7.11) 및 「통신의정서」(1996. 7.11) 등이 체결된 바 있다.

남북한 주민의 모든 통신·통행에 대해 포괄적으로 적용되는 「남북 사이의 통신 및 통행 합의서」의 체결은 인적·물적 교류협력과 남북경협을 발전시키는 제도적 장치로 기능할 것이다. 그런 점에서 남과 북에 흩어져 있는 민족구성원들 간의 자유로운 통신과 통행은 민족공동체를 구현하는 길로서 사실상의 남북통일을 확보하는 것이라 할 수 있으며, 인권보호 및 민족복리 증진과 함께 남북당국이 함께 지향해야 할 공동목표가 되어야 할 것이다. 「남북통신·통행협정」 체결방식에는 교류협력사업별(예컨대 학술교류협력, 체육교류협력 등)로 규정하는 방안, 남북주민의 모든 통신·통행에 대해 포괄적으로 규정하는 방안이 있다.[47]

9. 남북 간 인터넷접촉 신고제 폐지요구에 대한 대응

4대 남북경협합의서에 대한 후속조치라고 할 수는 없으나, 남북경협 활성화 혹은 인적·물적 교류 확대와 관련해서 현 단계에서 논란이 되고 있는 대표적인 사안이 있다. 인터넷상의 남북한 주민 간 접촉에 대한 통일부 장관의 사전신고제를 유지할 것인가 하는 문제가 바로 그것이다.

이와 관련, 2004년 초 북한은 내부 인트라넷을 통해 주민들에게 국제인터넷 서비스를 제공할 계획임을 밝혔다.[48] 이에 한국 정부도 북한 인터넷에 대한 준비상황과 북한 주민의 인터넷 접근 가능성을 지켜보면서, 남북 인터넷 접촉을 추진할 뜻이 있음을 표명하였다.[49]

인터넷 접촉의 사전신고제 폐지론자는 인터넷 교류가 그 성격상 국적이나 국경 장벽이 없으며, 인터넷 교류를 통해 북한의 개방과 남북 이질감을 해소할 수 있다는 점을 들고 있다. 이들은 정치·군사 목적이 아닌 경우, 북한 인터넷 사이트 가입, 이용, 채팅, 이메일을 수단으로 하는 인터넷 접촉의 경우 사전신고제의 폐지를 주장하고 있는 실정이다.

이 문제와 관련하여 남북교류협력법을 개정하려 할 경우 다음과 같은 점을 고려해야 한다.

첫째, 형평성문제이다. 인터넷 사전접촉 신고제를 폐지할 경우, 동일한 다른 접촉방법(예: 편지, 전화, 팩스 등)과의 관계에서 형평상의 문제가 발생한다. 이메일을 이용한 편지교환이나 인터넷을 통한 전화통화와 팩스교환은 사전 승인대상이 되지 않지만, 반면 편지지를 이

왕래 및 방문 시에는 쌍방의 적십자사가 정한 합의에 따른다. 남북교류협력분야 부속합의서 제3조, 제4조, 제10조 및 제18조 참조.

47) 최승환, "남북한 통신·통행협정의 체결과제와 정책방안," 남북경협살리기국민운동본부, 『남북경협 활성화를 위한 법적 과제와 정책방안』, 남북경협포럼 발표 논문집(2004.4.9), pp. 36-39.

48) 『明報』, 2004년 2월 15일; 『東京新聞』, 2004년 2월 15일자.

49) 2004년 2월 17일 국회의 대정부 질문 시 고건 총리 답변.

용한 편지 교환이나 일반 전화 및 팩스교환 등은 문제가 된다.

둘째, 북한 측에 의한 인터넷의 악용 소지이다. 인터넷상에서 이루어지는 북한과의 대화는 남한의 일반주민과 전문 사이트 담당자 사이의 대화로 북한의 선전·선동에 노출될 가능성이 크다. 북한은 남한 이용자가 게시판에 글을 올릴 경우, 24시간 이내 꼬박꼬박 글을 주어 계속적인 참여를 유도하고 있고, 주체사상이나 학습자료도 제공하고 있다. 이런 사실에 비추어 북한의 전문가들이 남한의 일반 주민과의 온라인상의 대화를 통해 민족공조에 대한 잘못된 인식을 널리 전파하는 한편, 반미감정으로 연결·이용할 가능성이 충분히 있다.

셋째, 인터넷 상거래의 측면이다. 개인적 상거래가 통일부 장관의 신고 대상이 되는지 불분명한 점이 있다. 북한 서적을 개인적으로 인터넷상으로 결제·반입(제3국 경유 결제·반입)하는 경우, 대부분 사전신고 없이 처리될 가능성이 큰 반면, 인터넷 상거래 과정에서 사고가 발생할 경우 사실상 대처가 불가능하다. 일반 거래에 비해 사업주체의 실체, 물품의 품질, 거래의사 진위 등을 확인하기 어려우며, 사고발생 시 이용자들의 피해로 전가될 공산이 크다는 문제가 있다. 게다가 북한 측으로부터 남한의 수요를 충족시킬 만큼 경쟁력 있는 상품 제공이 어려우며, 내수 부족으로 남한 상품의 반입에도 한계가 있다.

넷째, 사전신고제 폐지의 실효성문제이다. 사전신고제 폐지론자는 인터넷 교류협력을 통해 ① 경제적 이득 발생, ② 대북 거래 비용의 최소화, ③ 북한에 시장경제 및 민주화의 물결 전파, ④ 대북정책의 투명성 확보, ⑤ 남북한관계 유지 및 개선 가능성을 기대할 수 있다고 주장한다. 그러나 거래비용의 감소 외에는 나머지 기대효과는 단기적으로 불투명하다. 인터넷 사전신고제 폐지에 따른 남북교류협력상의 긍정적인 기대는 북한 측의 호응을 전제로 가능한 것인데, 아직까지 북한 사회가 충분히 개방적이지 못하다.

이상의 여러 가지 측면을 고려할 때 인터넷 접촉의 사전신고제 폐지 여부에 대해서는 다음과 같은 방향에서 대처하는 것이 바람직하다.

인터넷 접촉 사전신고제는 단기적으로는 현행대로 유지하는 것이 타당하다고 생각된다. 인터넷 접촉 사전신고제 폐지로 얻을 수 있는 기대가 현재로서는 불확실하기 때문이다. 인터넷 접촉 사전신고제의 폐지는 남북교류협력이 전면적이고 다원적 차원에서 동시에 추진될 수 있는 시점이 됐을 때 긍정적으로 고려함이 타당하다고 할 것이다. 좀더 구체적으로 말하면 북한 핵문제의 해결이 가시화되고, 북한 자체 인트라넷이 외부망(www)과 전면 연결되어 교류협력의 주체가 실질적인 당사자(주민)가 되는 시점을 우선적으로 생각해 볼 수 있을 것이다. 더불어 우리 측에서 가능한 모든 수단을 동원해 북한주민들에게 국제인터넷 서비스를 제공토록 하는 한편, 북한당국이 이를 허용하는지 여부와 그 추이를 지켜볼 필요도 있다.

문제는 인터넷 접촉의 사전신고제가 폐지되기 전까지 우리 정부가 이 문제에 여하히 대처할 것인가 하는 점이다. 한마디로 말하면 현행 인터넷 접촉의 사전신고제 간소화 방안을 마련하고, 이를 국민들에게 널리 주지시킴으로써 최대한 북한주민접촉 관련 법규의 이행준수를 확보하는 것이라 하겠다. 현 단계에서 상정가능한 인터넷 접촉 신고절차 간소화 방안의 예로는 서식 간소화, 사전신고가 필요한 인터넷 사이트를 제외한 사이트의 개방 등을 들 수 있다. 중·장기적으로 인터넷 사전신고제를 폐지할 경우에는 ① 전화, 편지, 팩스 등과의 형평성 문제를 감안해서 남북교류협력법 개정을 추진하되, ② 정치·군사적인 목적이나, 도박 등 불건전한 목적의 인터넷 교류에 대해서는 금지하는 세부규정을 마련하는 동시에, ③ 전자 상거래를 위한 결제시스템을 보완하는 조치를 강구해야 할 것이다.

10. 기 타

앞에서 지적한 사항 외에도 정부가 고려해야 할 사항은 너무나도 많다. 지면 제약상 여기서 일일이 다 열거할 수는 없다. 가장 중요한 후속조치의 하나로 남북경협실무협의회 회의를 통해 가칭 「원산지 확인절차에 관한 합의서」에 규정된 원산지 확인 실무협의회 구성·운영문제를 논의하고 동 기구의 출범을 추진해야 한다.

또한 남북한 간에 산업표준 및 지적 재산권 문제를 협의하고 그에 관한 기본적인 합의를 도출해야 한다. 개성·금강산지구 개발 및 철도·도로 연결과 관련 있는 제도적 장치도 계속 확충해 나가야 한다. 남북 사업자 간 협의를 통해 합의된 개성·금강산지구 하위규정도 조속히 공포되도록 유도하는 일도 게을리 해서는 안 될 것이다.

Ⅴ. 결 론

4대 남북경협합의서 채택·발효는 남북경제협력 활성화와 남북경제공동체 형성이란 민족적 과제가 대화와 협력을 통해 얼마든지 슬기롭게 해결할 수 있다는 가능성을 보여준 것으로 평가된다. 4대 남북경협합의서의 성실한 이행·준수는 남북경협의 활성화는 물론이고 여타의 남북 간 합의사항의 단계적 실천을 앞당기는 긍정적인 영향을 미칠 것으로 기대된다.

하지만 4대 남북경협합의서 내에 미흡한 점들이 적지 않게 존재하고 있음이 눈에 띈다. 그러므로 합의서 내용이 불분명한 것들은 더욱 명료하게 하는 조치를 취하거나 이행과정에서 돌출적인 악재로 등장할 수 있는 것들을 제거하는 방향에서 합의서의 실효성을 높이도록 해야 한다. 아울러 기존 합의서를 보다 구체적으로 실천할 수 있는 후속 내지 관련조치(후속합의서의 체결 포함)가 필요하다.

가령 4대 남북경협합의서 중 상사분쟁과 관련한 '상사분쟁해결합의서'와 '중재위원회 운영합의서'는 종국적으로 분쟁의 원활한 해결을 목적으로 하고 있는데, 그러기 위해서는 분쟁처리 결과를 도출해 내는 방법과 절차가 명확해야 한다. 위의 두 합의서에서는 종국적으로 분쟁 당사자 간의 '합의'에 의한 결론 도출을 규정하고 있어 일면 합리적이라 보이지만, 좀더 깊이 생각해 보면 상당한 문제를 안고 있는 규정이라고 하겠다. 현실적으로 상사분쟁에 대한 중재 자체가 자국기업의 이익을 우선시할 수밖에 없고, 특히 남과 북이라는 특수한 관계로 인하여 합의가 아닌 충돌 내지 대립의 결론에 도달하는 경우가 대부분일 것이기 때문이다. 이러한 점을 고려하여 '합의에 이르지 못할 경우'에 적용할 수 있는 현실적인 대안이 반드시 필요하다고 하겠다.

또한 세금의 부과와 관련해서 '이중과세방지합의서'는 세금의 부과대상이나 세금 부과방식에 있어 남한기업의 대북투자를 촉진할 수 있는 내용들을 담고 있기는 하나, 이 역시 실제로 문제가 발생했을 경우에 적용되는 이의신청에 대하여는 막연히 남북 당국 간의 합의에 따른다고만 하고 있다. 즉 합의가 이루어지지 않을 경우 그에 대한 구제방법이 없는 실정이다.

전반적으로 살펴볼 때 4대 남북경협합의서들은 대부분 그 내용에 큰 문제가 없다고 볼 수 있다. 다만 실제운영에 있어서는 생각지 못한 법적 흠결이나 제도적 미비 등이 노정될 수 있다. 특히 가장 중요한 결론의 단계에 이르러서는 '합의'라는 실효성 없는 방법을 규정하고 있어 이 부분에 대한 보다 분명하고 구체적인 보완책이 필요할 것으로 생각된다.

이 밖에도 앞에서 지적한 바와 같이 개성공단의 성공적 건설을 위해서는 바세나르체제 등 국제규범과의 조화를 기하는 한편, 공단 내 공장건설 과정에서 소요되는 자금의 융통을 위한 담보 제공의 문제도 제기될 것이다. 또 개성공업지구 및 금강산지구에의 출입·왕래에 관한 협정이 체결된 이후 남북경협의 활성화를 위해서는 보다 포괄적인 남북통신·통행합의서의 체결이 필요하다는 목소리가 높아지고 있다. 앞으로 남북한 당국이 이와 같은 요구를 적극 수용하여 협정 체결을 위한 준비에 소홀함이 없도록 해야 할 것이다.

저자: 제성호(諸成鎬)

서울대학교 법과대학 졸업
서울대학교 대학원 법학과 졸업, 법학박사(국제법 전공)
육군사관학교 법학과 전임강사, 수원대학교 법정대학 조교수, 통일연구원 연구위원/선임연구위원(북한인권센터 소장, 북한경제사회연구실장), 중앙대학교 법과대학 부교수, 교수 역임
NSC 정책전문위원, 국방부 정책자문위원, 법제처 자문위원, 남북적십자교류실행위원회 위원, 경수로사업지원기획단 법률자문위원, 외교통상부 국제법 자문위원, 대통령 소속 친일반민족행위진상규명위원회 위원, 제18대 국회선거구획정위원회 위원, 보건복지가족부 저출산고령사회대책위원회 위원 역임
대한국제법학회 부회장, 세계국제법협회 한국본부 이사, 자유민주연구학회 회장, 북한연구학회 부회장, 뉴라이트전국연합 상임대표 역임
사법 · 행정 · 외무 · 입법고시 출제위원 역임
현재 중앙대학교 법학전문대학원 교수
대한민국 인권대사(외교통상부 소속)
통일부 정책자문위원, 민주평화통일자문회의 상임위원, 법무부 자문위원, 법원행정처 연구위원
대검찰청 정책자문위원, 국가정보원 국가대테러정책발전위원회 자문위원, 한반도포럼 회장

주요 저서
『항공기테러와 국제법』, 지평서원, 1989.
『남북한 특수관계론』, 한울아카데미, 1995.
『한반도 비무장지대론』, 서울프레스, 1997.
『한반도 평화체제의 모색』, 지평서원, 2000.
『남북경제교류의 법적 문제』, 집문당, 2003.
『통일시대와 법』(편저), 중앙대학교출판부, 2003.
『신 한일어업협정과 독도 영유권』, 우리영토, 2007.
『바른 통일론』, 중앙대학교출판부, 2007.

상 훈
대한국제법학회 진암 학술상 수상(2005)
국민훈장 목련장 수훈(2009)

남북한관계론 값 30,000원

2010년 2월 16일 1판 1쇄

저 자	제 성 호
발 행 인	임 경 환
발 행 처	**집 문 당**
주 소	413-756 경기도 파주시 교하읍 문발리 514-7(본사)
	110-360 서울시 종로구 와룡동 95번지(서울사무소)
등 록	1971. 3. 23. 제2-304호
영 업 부	(02)743-3192~3 팩스(02)742-4657
전자우편	sale@jipmoon.co.kr
편 집 부	(02)743-3096 팩스(02)743-3097
전자우편	edit@jipmoon.co.kr
홈페이지	www.jipmoon.co.kr

ISBN 978-89-303-1461-9

이 도서의 국립중앙도서관 출판시도서목록(CIP)은 e-CIP 홈페이지
(http://www.nl.go.kr/ecip)에서 이용하실 수 있습니다.(CIP제어번호: CIP2010000240)